ANNALES MANUSCRITES

DE LIMOGES

DITES

MANUSCRIT DE 1638

PROPRIÉTÉ DE L'ÉDITEUR.

ANNALES MANUSCRITES DE LIMOGES

DITES

MANUSCRIT DE 1638

Publiées sous les auspices de la

SOCIÉTÉ ARCHÉOLOGIQUE ET HISTORIQUE DU LIMOUSIN

PAR

ÉMILE RUBEN, FÉLIX ACHARD
PAUL DUCOURTIEUX

Membres de cette Société.

AVEC DEUX PLANCHES LITHOGRAPHIÉES

LIMOGES
Mme Vve H. DUCOURTIEUX, ÉDITEUR
5, RUE DES ARÈNES, 5

M DCCC LXXIII

Tous droits réservés.

NOTICE BIOGRAPHIQUE

Ruben (Jean-Baptiste-Émile), naquit à Limoges, le 15 avril 1823. Après avoir fait de très bonnes études au Lycée de cette ville, il se rendit à Poitiers, puis à Paris, en 1846, pour y suivre les cours de l'École de droit. Inscrit comme avocat stagiaire au barreau de Paris en 1850, il rentra à Limoges pour y exercer la profession qu'il venait d'embrasser et fit devant la Cour d'appel des débuts qui furent remarqués. Mais, privé de fortune, il ne tarda pas à être obligé d'abandonner une carrière qui demande un stage fort long, pour s'assurer des moyens d'existence plus certains. Il accepta donc vers la fin de 1852 le poste de chef de bureau des contributions à la mairie de Limoges. Son tempérament, son caractère, ses aptitudes cadraient mal avec ses nouvelles fonctions, qui constituaient bien plus pour lui un moyen de subvenir aux besoins de son existence modeste qu'un métier, et, le 1er octobre 1853, il les abandonnait pour prendre, à la mairie, la direction du service de la statistique et des archives municipales. Deux ans après, ses connaissances spéciales, ses études, son intelligence le désignaient au choix de M. Armand Noualhier, alors maire de Limoges, comme le successeur de M. Léon Du Boys, bibliothécaire de la ville, qui venait de mourir.

Émile Ruben avait enfin trouvé sa voie, celle dans laquelle sa modestie, son grand amour de la science, son activité nerveuse et énergique, son esprit de suite pouvaient le mieux s'exercer à l'aise, loin de tous les froissements que le commerce journalier des hommes, surtout dans les carrières politiques et administratives et dans le barreau, amène pour les cœurs haut placés, délicats et honnêtes. L'œuvre était rude; mais Ruben ne se montra pas un seul instant au-dessous de la tâche laborieuse, ingrate, obscure qu'il s'était imposée.

La Bibliothèque de Limoges était encore à l'état embryonnaire, se composant de 13,000 volumes, présentant l'aspect disparate de livres de toutes provenances, encore plongés dans le chaos indescriptible où les avaient laissés les administrations révolutionnaires qui les avaient recueillis un peu partout, chez les émigrés, dans les couvents et les corporations supprimées. Le rôle de M. Du Boys, prédécesseur de Ruben, avait été bien moins de mettre de l'ordre dans cette collection que de faire des travaux historiques pour exciter la curiosité publique et grouper autour du précieux dépôt des protecteurs et des sympathies. Il manquait encore à la Bibliothèque limogienne, au moment où Ruben fut appelé à en prendre la direction, une administration municipale bien disposée et un bibliothécaire actif, intelligent, jeune, pouvant continuer l'œuvre de propagande entreprise en l'étayant sur des travaux sérieux, faits pour révéler au grand jour les richesses du dépôt et réveiller les sentiments patriotiques des hommes pour lesquels les gloires historiques et littéraires de leur pays ne sont pas choses indifférentes.

Ruben fut bien l'homme de cette situation. En vingt mois, comme il l'écrit lui-même dans sa *Notice sur la Bibliothèque communale de Limoges*, le nombre des livres de la Bibliothèque fut porté de 13,912 à 14,895, soit près de mille volumes que, par ses démarches auprès des ministères et des particuliers, il avait pu faire entrer dans les collections. Il s'occupa immédiatement de la rédaction d'un catalogue définitif en refondant les divisions qui existaient déjà, collationnant les analyses rédigées par ses prédécesseurs et appliquant au classement les nouvelles méthodes bibliographiques. Un premier crédit de 1,500 francs voté par le conseil municipal, permit l'impression du premier volume de ce catalogue, comprenant la section *Histoire*, en 1858. En mars 1860, parut le deuxième volume comprenant la *Polygraphie* et les *Belles-lettres*; en 1863, le troisième comprenant la section *Sciences et Arts*. Ces catalogues, rédigés avec un soin des plus minutieux et une scrupuleuse exactitude, avec des notes de références ingénieusement combinées pour la facilité et la sûreté des recherches, lui valurent le précieux suffrage de M. Brunet, le savant auteur du *Manuel du libraire,* qui réservait au catalogue *seul* de Ruben cette mention : « *Catalogue fort bien rédigé.* » Ce témoignage d'un homme aussi compétent et aussi difficile en fait d'œuvres bibliographiques suffirait à établir la réputation de bibliographe de Ruben. Malheureusement une mort prématurée est venu le frapper le 18 décembre 1871, au moment où il allait mettre la dernière main à l'immense travail qu'il avait entrepris, et il a laissé le quatrième volume de sa publication (*Religion*) terminé sur fiche et transcrit en partie, et le cinquième volume (*Histoire du Limousin*) tout prêt à être livré à l'imprimeur.

Mais un esprit aussi laborieux et aussi cultivé que Ruben ne pouvait se contenter des rudes travaux du bibliographe. Après ses heures de travail réglementaires, il lui restait le temps et l'énergie de la pensée nécessaires pour diriger la grande publication des *Registres consulaires de Limoges*, pour écrire des ouvrages d'imagination fort remarquables à tous les points de vue, et enfin pour semer les journaux et publications périodiques de la contrée d'articles très appréciés.

Nous ne croyons pouvoir mieux faire que de donner ici une nomenclature complète de l'œuvre de notre regretté collègue et ami :

1º *Notice historique sur la Bibliothèque communale de Limoges.* — Limoges, Chapoulaud, 1857, brochure in-8º;

2º *Catalogue méthodique de la Bibliothèque communale de Limoges.* — Limoges, Chapoulaud, 1858-1863, 3 vol. in-8º (HISTOIRE, un vol.; BELLES-LETTRES, un vol.; SCIENCES ET ARTS, un vol.); la section : RELIGION, et le catalogue spécial : HISTOIRE DU LIMOUSIN, sont en préparation;

3º *Registres consulaires de la ville de Limoges* (1504-1581). — Limoges, Chapoulaud, 1867-1869, 2 vol. in-8º (le tome III, 1592-1662, entièrement transcrit et annoté de la main de Ruben, est sous presse); (1)

4º *Annales manuscrites de Limoges, dites manuscrit de 1638.* Avec de nombreuses annotations. En collaboration avec M. Félix Achard. — Limoges, vᵉ H. Ducourtieux, 1873, un vol. in-8º;

---

1) V. *Almanach limousin*, 1867, p. 50.

5° J. Foucaud. — *Poésies en patois limousin, édition philologique, complétement refondue pour l'orthographe, augmentée d'une étude sur le patois du Haut-Limousin, d'un essai sur les Fabulistes patois, d'une traduction littérale, de notes philologiques et d'un glossaire.* — Limoges, v° H. Ducourtieux, et Paris, Firmin Didot, 1866, gr. in-8°; (1)

6° *De quelques imitations patoises des fables de La Fontaine.* — Limoges, Chapoulaud, 1861, un vol. in-8°; (2)

7° *Ce que coûte une réputation.* — Paris, Michel Lévy, 1864, un vol. gr. in-18; (3)

8° *Historiettes humoristiques.* — Paris, Degorce-Cadot, 1868, un vol. gr. in-18. — Limoges, v° H. Ducourtieux, un vol. in-8° pot vergé, édition elzévirienne, tirée à cent exemplaires numérotés; (4)

9° Les *Roués* (trois contes en vers). — Limoges, imprimerie H. Ducourtieux, 1863, gr. in-18 de 68 pages. (5)

Depuis 1866, Ruben était le rédacteur principal de l'*Almanach limousin*. Il a publié dans cette intéressante collection des poésies en patois limousin et des *Patoiseries* qui sont de petits chefs-d'œuvre dans leur genre. Nous citerons : *Brancassou* (1863); — *Lâ Vestâ de Jantou* (1864); — *Fi countre fi* (1865); — *Notre Toino* (1866); — *Chronique patoise*, et *Tistou Tarneu* (nécrologie) (1866); — *Lou Relei de lo Vilo-ô-Bru* (1867); — *Chronique patoise* (1868); — *Notro-Damo-de-Preservoci* (1869), gauloiseries limousines auxquelles les Félibres provençaux ont souvent fait l'honneur du plagiat.

Nous devons encore signaler des articles de critique littéraire publiés dans divers journaux et recueils : *Recherches sur le capitoulat de Toulouse*, par M. de Juillac (*Bulletin de la Société*

---

(1) La Société archéologique du Limousin a décerné le prix quinquennal de 500 francs à M. Ruben pour cet ouvrage, en 1866. Il en a paru des critiques dans l'*Almanach* de 1866, p. 70, et dans le *Courrier du Centre*, fin 1865.

(2) Ce travail a paru pour la première fois dans le *Bulletin de la Société archéologique*, t. X. — V. *Almanach limousin*, 1862, p. 51; — *Courrier du Centre*, n° du 20 mars 1861.

(3) V. *Almanach Limousin*, 1864, p. 74; — *Almanach limousin*, 1865, p. 80.

(4) V. *Almanach limousin*, 1869, p. 65.

(5) Le volume les *Roués* se compose de quatre contes au lieu de trois; *Un service d'ami;* — *Louise;* — *le Bouchon;* — *le Képi*. Ces contes ont paru dans le *Grelot* (1862-63). — *La Revue fantaisiste*, journal bimensuel de Paris, a publié, dans ses trois premiers numéros (février et mars 1861), *Louise*. Dans les numéros suivants, ce journal annonce comme devant paraître: *le Bouchon*, *les Pantoufles*. Ce dernier conte n'a jamais paru nulle part que nous sachions.

archéologique du Limousin, t. VI). — *Limoges au dix-septième siècle,* par M. Laforest (dans le *Grelot,* 1862). — *Recherches sur la folie instantanée,* par le docteur Mandon. (Même journal.) — *Essai sur l'administration de Turgot dans la généralité de Limoges,* par Gustave d'Hugues. (*Courrier du Centre,* 1859.) — *Préface aux poésies de Charles Valette.* (Paris, Lachaud, 1870, in-18.) — *Mélanges,* par le docteur Mandon. (*Lettres charentaises,* juillet 1871.)

Parmi ces œuvres de Ruben, nous ne pouvons nous dispenser de signaler d'une manière toute spéciale son édition philologique des *Fables de Foucaud,* qui montrent un nouveau côté de sa science d'érudit : l'étude sur le patois du Haut-Limousin qui sert d'introduction à cet ouvrage est pleine d'aperçus entièrement nouveaux et portant le cachet de son esprit primesautier, original, et visant quelquefois au paradoxe. Mais ces qualités et ces défauts aimables se révèlent surtout dans un ouvrage qui, sous une forme excessivement cherchée, brodé sur une idée burlesquement vraie, laisse voir le scalpel impitoyable du philosophe misanthrope. Nous voulons parler de ses *Historiettes humoristiques,* qui auraient suffi pour faire la réputation d'un homme de lettres moins modeste que lui. Ces pages d'une âcreté qui fait mal, semblent être le suprême ricanement de son cœur ulcéré.

Ruben faisait partie de la Société archéologique et historique du Limousin depuis 1852. Le 14 janvier 1856, cette société le nommait son secrétaire archiviste, puis, en 1862, son secrétaire général. Elle lui accordait en 1866 le prix quinquennal qu'elle avait fondé et le chargeait de la publication des *Registres consulaires* qu'il avait eu le premier l'idée d'éditer. Il était encore un des administrateurs les plus actifs et les plus intelligents du Musée céramique, de la Société des Amis des Arts et de la Bibliothèque populaire de Limoges, dont il fut un des principaux fondateurs.

Homme d'une probité inébranlable, d'une délicatesse de sentiments presque inconnue de nos jours, Ruben avait une nature franche et aimante; il avait des amis ou des ennemis, point de relations incertaines ou douteuses. Il aimait sincèrement et profondément, jusqu'au sacrifice, tous ceux qui une fois pour toutes lui avaient plu, et savait se faire aimer d'eux malgré l'inégalité d'humeur que la maladie qui le minait depuis long temps et des chagrins domestiques avaient imprimé à son caractère. Fort peu mêlé par position aux luttes politiques, il avait cependant des convictions républicaines très accentuées qu'il sut conserver sous l'Empire à l'abri de toute atteinte, grâce à l'indépendance de son caractère et à sa modération, et qu'il manifesta après le 4 septembre dans des articles écrits avec la verve humoristique qui caractérise son style métaphorique et tendant toujours à l'apologue, car La Fontaine, son auteur préféré, et les autres fabulistes avaient déteint sur lui d'une façon curieuse.

Tel fut Ruben, bibliographe logique et consciencieux, écrivain distingué, poète aimable ; mais surtout ami dévoué et fidèle, âme délicate et honnête, grand cœur ! Quelque modeste qu'ait été sa vie, quelque modestes qu'aient été ses travaux, le souvenir de cet homme de bien restera toujours gravé dans la mémoire de ceux qui l'ont connu, dans le cœur de ceux qui ont été ses amis, et la postérité lui conservera une large place parmi les hommes qui ont le plus contribué au réveil littéraire et artistique du Limousin depuis une vingtaine d'années.

FÉLIX ACHARD.

PRÉFACE

Les douloureux événements dont la France a été le théâtre depuis deux ans ont arrêté la publication de ce livre, qui devait paraître en 1870. Après la guerre, M. Ruben, privé de la collaboration de M. Achard, nommé archiviste à Avignon, reprit avec ardeur la transcription du *Manuscrit de* 1638; malheureusement pour ses amis et pour la science, la mort l'a enlevé au moment où il achevait ce travail. Nous allons essayer, avec l'aide des notes qu'il nous a laissées, de faire l'histoire du *Manuscrit de* 1638.

Ce manuscrit est un volume in-f° de 381 pages, déposé à la Bibliothèque communale de Limoges. Il contient l'histoire chronologique des événements survenus à Limoges et dans le Limousin depuis les temps les plus reculés jusqu'en 1638, d'où son titre. Ce titre est loin d'être justifié puisqu'on y trouve la mention d'événements qui se rapportent aux années 1666, 1671 et 1676, ainsi que les éditeurs l'ont fait remarquer (1).

---

(1) *V.* les notes des pages 247 et 261. La note de la page 7 constate que le nom de « Louis Durfé de Lascaris » qui termine la liste des évêques est d'une écriture postérieure. Le prédécesseur de cet évêque était François de Lafayette, mort en 1676.

Quoiqu'il en soit, ce manuscrit a été très souvent consulté et cité par les auteurs qui se sont occupés de l'histoire du Limousin, et il paraissait utile aux éditeurs de le publier, ne fût-ce qu'à titre de pièce justificative.

Les éditeurs, trompés par l'importance qu'on avait faussement accordée à ce manuscrit avaient d'abord pensé qu'il constituait un ouvrage original et non une compilation. Mais au cours de la transcription, en rapprochant certains passages du manuscrit de passages semblables dans Bouchet ; Bonaventure ; Bandel ; Bernard Guidonis, Adhémar de Chabannes, Geoffroy de Vigeois et les autres chroniques qui forment le tome II de la *Nova Bibliotheca manuscriptorum* de Labbe ; Pierre Coral, Bernard Itier, Gérard de Frachet, Étienne Maleu et les autres chroniques insérées au tome XXI du *Recueil des historiens des Gaules*, les éditeurs ne tardèrent pas à reconnaître qu'ils possédaient une compilation (1).

Ce point établi, ils se demandèrent si du moins cette compilation était originale. Sur ce dernier point la réponse fut encore négative. Le peu de respect du copiste pour les noms propres et pour les textes indiquait de sa part, sinon une grande ignorance de ce qu'il écrivait, du moins une indifférence que l'auteur de la compilation n'aurait jamais eue. La plus grande partie des fautes relevées dans les notes sont de celles que commettent habituellement les copistes.

L'opinion définitive de M. Ruben fut qu'on n'avait entre les mains qu'une des nombreuses copies faites sous différents titres d'un manuscrit type, dans lequel avaient été réunis les faits mémorables de l'histoire du pays (2). Ce manuscrit se rapproche beaucoup des manuscrits connus, mentionnés ou cités par les auteurs sous les noms de : *Manuscrit Nadaud, Manuscrit de Lépine, Manuscrit Legros,*

---

(1) *V.* les notes des pages 11, 89, 94, 99, 107, 129, 131, 164 à 172, 195 à 224 et 242.

(2) *V.* les notes des pages 189 et 289.

et pourra certainement les suppléer après rectification des fautes nombreuses et de diverses natures dont il est émaillé.

Quel est maintenant l'original des *Annales manuscrites ?* Quel est le nom du compilateur ?

Telles sont les deux questions que nous nous sommes posées et auxquelles il nous est d'autant plus difficile de répondre que, d'une part, nous sommes dans l'impossibilité de connaître les manuscrits que possèdent les anciennes familles du département; et que, d'autre part, l'infidélité des copistes à reproduire les textes qu'ils avaient sous les yeux créent entre les différents manuscrits copiés sur le même original des différences inappréciables. Tantôt le copiste allongeait ou écourtait un passage et, dans le premier cas, il laissait des blancs qu'il remplissait plus tard (1), tantôt il supprimait complétement certaine partie du manuscrit, comme nous l'avons fait ressortir pour le *Manuscrit Legros.*

Les différents auteurs limousins nous donnent le titre ou des extraits de quinze manuscrits à peu près conformes au nôtre. Nous avons divisé ces manuscrits en deux catégories : la première comprenant les manuscrits dont nous ne connaissons que le titre ou des extraits de si peu d'importance, qu'il est bien difficile de se faire une opinion sur eux ; la seconde comprenant ceux dont l'importance des extraits ou la faculté que nous avons eu de les consulter nous ont permis d'appuyer plus sérieusement nos observations.

PREMIÈRE CATÉGORIE.

1° *Manuscrit de la Maison commune de la ville de Limoges.* — A l'époque de la transcription de notre manuscrit (1671-1676),

---

(1) Les notes préviennent le lecteur lorsque ces blancs se sont présentés et lorsque l'écriture a paru être d'une date postérieure à celle de la copie du manuscrit.

les livres sur le Limousin n'existaient qu'en manuscrit ; aussi les personnes qui voulaient se procurer des copies de ces manuscrits étaient-elles à l'affût de ceux que possédaient les maisons religieuses, afin d'obtenir l'autorisation de les copier. Ce besoin de prendre copie des ouvrages sur le pays fit commettre un vol à la Maison de ville par un homme que son poste de confiance aurait dû retenir. Voici comment Collin (*Vie des Saints du Limousin*, saint Calmin, p. 341) nous raconte le fait : « ..... L'ancien manuscrit de la maison com-
» mune de la ville de Limoges est un vieux livre inscrit à
» la main, d'une lettre et d'un stile François fort ancien,
» qui par l'adresse d'un capitaine de soldats gagez, fut-il y
» a quelque temps soustrait dans la maison de ville et qui a
» couru par les mains des habitants et bourgeois curieux
» de l'antiquité, duquel on a fait plusieurs exemplaires tous
» uniformes en substance. »

Notre manuscrit serait-il un des « exemplaires » dont il est question ici ? L'époque de cette soustraction s'accorderait bien avec celle de sa transcription et de celle d'autres *Chroniques* (1). Le livre de Collin a paru en 1672, et la phrase « fut, il y a quelque temps, soustrait, » indique bien que le vol du manuscrit était encore de fraîche date.

2° *Anciens registres du pays*, *Vieilles mémoires du pays*, *Mémoires de Limoges*, *Recherches des Antiquités de Limoges*, cités par notre compilateur, pages 24, 89, 99 et 176. — Nous ne savons si notre compilateur a voulu parler de quatre manuscrits ou s'il a donné plusieurs noms au même manuscrit. Le P. Bonaventure a relevé plusieurs fois les erreurs des manuscrits portant les même titres que ceux dont parle notre compilateur. (*V.* le n° 6, page vi.)

---

(1) Dans les manuscrits de Legros, de Nadaud et dans la fraction de celui copié par Pierre Mesnagier à la fin du sien, la liste des évêques s'arrête à François de Lafayette, mort en 1676. Le nom de son successeur, Louis d'Urfé de Lascaris, a été écrit postérieurement dans ces différents manuscrits, ce qui indique bien qu'ils ont été transcrits dans les environs de l'année 1671.

3° *Antiquités de Limoges*. — « L'abbé Bandel, qui mourut le 1ᵉʳ juin 1639, et dont le livre : *Traité de la dévotion des anciens Chrétiens à saint Martial*, fut imprimé pour la première fois chez Barbou, en 1638, cite au nombre des manuscrits qu'il a consultés pour faire son livre : *Les Antiquités de Limoges*. On trouve à la fin du chapitre vi que « Louis XI, entrant par Manigne, vint à Saint-Martial, au » rapport du livre des *Antiquités de Limoges*, QUI ACHÈVE » L'AN 1538. ».

« L'abbé Texier, dans son introduction à la deuxième édition de Bandel, dit qu'il a laissé des mémoires manuscrits sur l'histoire du Limousin dont s'est servi très avantageusement le P. Bonaventure. Il ne peut être question de notre manuscrit, continué bien après la mort de Bandel. » (*Note de M. Ruben.*) (1)

4° *Chronique manuscrite*. — Duroux (*Essai historique sur la Sénatorerie de Limoges, passim*) rapporte plusieurs faits qu'il appuie sur une *Chronique manuscrite*. Tous ces faits s'accordent parfaitement avec nos *Annales* (2).

5° *Chroniques manuscrites*. — M. Leymarie (*Limousin historique*, t. Iᵉʳ, p. 100) dit : « ..... Nous nous servons de deux chroniques manuscrites dont la première, qui est une compilation faite vers le commencement du xviiᵉ siècle des DIVERSES chroniques de Limoges, nous a été communiquée par M. Bourgoin, de Saint-Junien. La seconde est en notre possession, et nous paraît être une de ces histoires limousines écrites au xvᵉ siècle. Du reste, l'une et l'autre s'accordent ordinairement avec les chroniques imprimées dans les deux ouvrages intitulés : *De Anglicæ historiæ scriptores*, et *Historiæ francorum scriptores*; mais plus particulièrement avec celles de Gervais *(Gervasius)*, et de notre Geoffroi de Vigeois *(Gofridus Vosiensis)* qui écrivait à l'époque même que nous étudions. »

---

(1) *V.* la note de la page 276.
(2) *V.* la note de la page 228.

DEUXIÈME CATÉGORIE.

6° *Mémoires du pays, Mémoires manuscrits, Anciens registres du pays, Vieilles Chroniques, Chroniques manuscrites, Chroniques du pays, Chronique de Limoges,* tels sont les différents titres des manuscrits dont le P. Bonaventure de Saint-Amable parle à chaque instant dans le tome III de la *Vie de saint Martial*. Plusieurs de ces dénominations ressemblent à celles employées par notre compilateur. Ce dernier avait certainement entre les mains quelques-uns des manuscrits dont s'est servi le P. Bonaventure. Quel est celui de ces titres qui s'applique à nos *Annales?* nous l'ignorons. M. Ruben a constaté dans plusieurs notes la ressemblance de notre manuscrit avec le texte de quelques-uns de ceux que nous avons cité, notamment avec les *Vieilles chroniques* (1).

7° *Chroniques manuscrites de Limoges* ou *Chroniques limousines,* désigné dans nos notes : Ms. Bourgoin. — Le lecteur a pu lire ce que M. Ruben dit de ce manuscrit dans la note de la page 189 ; nous avons donné aussi, au sujet des *Chroniques manuscrites* qui étaient en sa possession, l'appréciation de M. Leymarie sur ce manuscrit.

La ressemblance entre les longs extraits de ce manuscrit que le *Limousin historique* contient et nos *Annales,* nous font regretter bien vivement qu'il ait été perdu. Nous y aurions trouvé très probablement quelques indications sur le manuscrit original.

8° et 9° *Manuscrits Maurice Ardant.* — Nous exprimerons les mêmes regrets pour la perte des manuscrits dont M. Ardant a donné des extraits dans le *Bull. de la Soc. d'Agric.,* années 1839 et 1840 (2).

10° *Manuscrit de Jean de Livaud.* — « Ce manuscrit, ap-

---

(1) V. les notes des pages 64, 89, 132, 151, 180 et 182.
(2) V. les notes des pages 271 et 308.

partenant à M. Pinot, curé de Saint-Michel, faisait partie de la bibliothèque de feu M. Muret de Pagnac et avait passé à celle de feu M. le chanoine Chavastelon. Il contient 128 pages chiffrées. A la page 1, on lit :

« A Monseigneur

» Bermondet, seigneur de St-Laurent-sur-Gorre, de la
» Quintaine et de Plenavayre, conseiller du Roy n^{re} sire,
» et président au siége présidial de Limoges et son lieutenant-
» général aud^t siége, Jean de Lavaud, procureur aud. siége,
» salut. »

» Au recto du feuillet précédent, non numéroté : *Épigramme* (suit la dédicace comme dans Pierre Mesnagier).

» Le manuscrit ne va que jusqu'à la prise de la cité par le prince de Galles, en 1370, et se termine :

« Les Anglois se retirèrent au chasteau de Chaslucet. »

FIN.
PÉTINIAUD.
1660.

» A ce manuscrit est attaché, au moyen d'une épingle, un feuillet in-12, bonne écriture, relatant des événements postérieurs à 1638. Nous avons corrigé les dernières pages de nos *Annales* d'après ce feuillet.

» Voici deux notices sur Jean de Lavaud :

« LAVAUD (Jean), procureur au présidial de Limoges en
» 1512, fit des recherches et une étude particulière de l'his-
» toire de notre province ; traduisit en français une chroni-
» que de Limoges composée en latin par un moine de
» Saint-Martial, l'an 1271, et la continua jusqu'en 1512.
» Lavaud dédia son ouvrage à M. de Bermondet, seigneur
» de Saint-Laurent-sur-Gorre, de la Quintaine ; et à M. Plé-
» navayre, conseiller du roi et président au siége présidial
» de Limoges.

» Son ouvrage n'a jamais vu le jour, et nous avons

» remarqué que Lavaud avait peu de goût et encore moins
» de critique. Les erreurs fourmillent dans l'auteur qu'il a
» traduit et dans les additions qu'il y a faites; l'anna-
» liste de Limoges a voulu se servir de ces mémoires en les
» corrigeant, mais il l'a fait avec très peu de succès. »
(Annales de la Haute-Vienne, n° 24, mardi 24 mars 1812.)

« Jean LAVAUD, né au Grand-Bourg, mort en 1512, procu-
» reur au présidial de Limoges, est auteur d'une *Chronique*
» de Limoges depuis son origine jusqu'à 1512, ouvrage
» peu estimé de l'auteur des *Annales du Limousin*... qui a
» relevé plusieurs erreurs de cette *Chronique* QU'IL A PRISE
» POUR BASE DE SON TRAVAIL. » (JOULLIETTON, *Histoire de la Marche*, t. II, p. 100.)

» Jean de Lavaud n'est pas mort, comme le dit Joulliettou, en 1512, puisqu'il a dédié sa *Chronique* à Gauthier de Bermondet (1), lieutenant-général au siège présidial de Limoges, et que le siège a été créé en 1551. » *(Une note de M. Ruben contient tout ce qui précède sur le ms. Lavaud.)*

Si nous ne connaissons pas le nom du moine de Saint-Martial qui a le premier rédigé cette *Chronique*, nous connaissons du moins son traducteur. Nos *Annales* ressemblent comme fonds à ce manuscrit; mais la forme et la disposition des faits sont souvent très différentes. Elles ressemblent bien davantage au feuillet in-12 attaché avec une épingle, dont il est parlé. Ce qui semblerait indiquer que celui qui possédait ce manuscrit, en 1638, avait connaissance de nos *Annales*.

Nous devons à l'obligeance de M. Robert de Lasteyrie les renseignements suivants : « Nous n'avons pas à Paris de
» manuscrit offrant le même texte que le *manuscrit de 1638*;
» mais en revanche nous avons quatre copies du manuscrit
» de Lavaud. Les trois premières portent à la Bibliothèque

---

(1) Gauthier de Bermondet était le deuxième fils de Pierre (assassiné en 1513) et d'Anne Pétiot. Il est le chef de la branche de la Quaintaine et de Saint-Laurent-sur-Gorre.

» nationale les numéros 9,193 latin (f° 777), 5,002 français,
» et Duchesne 48 (f° 263, v°). Le premier (9,193) est une
» copie faite par Dom Col sur un manuscrit de Solignac ; le
» second (5,002, ancien Colbert 2,246) a été écrit en 1604 par
» un procureur au présidial de Limoges. Il est le seul des
» trois manuscrits qui contienne la dédicace à Monsieur
» Bermondet et l'épigramme en latin. Les trois manuscrits
» se terminent en 1370 par ces mots : « y fust mis le can-
» delabre de cuyvre qu'on y veoid presentement. » Je n'ai
» pu trouver la phrase qui termine le manuscrit Lavaud et
» que vous citez dans votre préface. Le manuscrit de Dom
» Col contient de plus que les autres cette mention précieuse :
« Achevé d'eycrire à grandissime peine et hâte le xxj° juin
» mil v° viijii. » Voilà, je crois, la date exacte du travail de
» Jean Lavaud (1).

» La quatrième copie de Lavaud, française, est un petit
» cahier de papier de vingt-neuf feuillets, qui se trouve au
» cabinet des titres dans le dossier *Limoges*. Elle diffère fort
» peu des autres, cependant le texte est tantôt un peu plus
» long, tantôt un peu plus court. Elle se termine quelques
» lignes plutôt que les autres, aux mots « n'en avoit aucune
» pitié ny douleur tant avoit le cœur donné à la vengeance. »

» Il serait très possible que le manuscrit original de
» Lavaud soit celui que Dom Col a trouvé à Solignac. Voici
» pourquoi : 1° c'est le seul qui porte la date de 1508 ; 2° il
» était difficile à lire, car la copie de Dom Col est pleine
» de lacunes et de mots mal lus, ce qui me semble une pro-
» babilité pour qu'on puisse y voir un autographe de
» l'auteur. »

11° *Chronique de Limoges*. — « Justel (*Preuve de la maison*

---

(1) Le siége présidial de Limoges a été créé en 1551. Si Jean Lavaud, procureur près ce siége, dédiait son manuscrit à M. Bermondet, président, il ne pouvait l'avoir écrit en 1508. En supposant qu'il ait écrit ce manuscrit à l'âge de vingt-cinq ans, en 1508, il aurait été nommé procureur au présidial à l'âge de soixante-huit ans, ce qui est peu probable.

de Turenne p. 18) cite une *Chronique de Limoges* dont il donne l'extrait que nous avons reproduit page 430. Notre manuscrit (page 112) ne raconte pas le fait de la même façon.» (*Note de M. Ruben.*)

M. de Lasteyrie nous écrit : « Le manuscrit de Justel est » le même que les copies de Lavaud qui sont à la Biblio- » thèque nationale. J'ai collationné le passage qu'il cite. » C'est identiquement la même chose. »

12° *Manuscrit de Pierre Mesnagier.* — Pierre Mesnagier, ainsi qu'il le déclare, n'est que le copiste de Lavaud. Son manuscrit, est un petit in-f° sur papier de 372 feuilles chiffrées, appartenant à la Bibliothèque communale de Limoges. La copie du manuscrit de Lavaud va jusqu'à la page 182 et se termine par la même phrase que les trois copies de la Bibliothèque nationale plus ces mots : « finct d'icelle. » Les pages 218 à 254, 281 à 285, 308 à 324, 337 à 346, dans lesquelles Pierre Mesnagier raconte les faits dont il est contemporain, de 1629 à 1676, forment la partie véritablement intéressante de ce manuscrit.

A partir de la page 328, on trouve dans ce manuscrit : 1° les mutations, destructions et démolitions de Limoges, les noms des proconsuls, comtes et usurpateurs de Limoges; 2° la liste des évêques de Limoges(1). Cette liste, qui est la même que celle de Legros, s'arrête, comme dans le ms. Legros et nos *Annales*, au nom de « Louis Durfé de Lascaris, » écrit postérieurement; 3° la liste des abbés de Saint-Martial qui s'arrête à Jean de Laubespine ; 4° les noms des ducs d'Aquitaine qui ont été couronnés à Limoges. Toutes ces listes sont semblables à celles du ms. Legros.

Pierre Mesnagier a eu certainement entre les mains une copie de nos *Annales*, et, comme toutes les listes ci-dessus

---

(1) Pierre Mesnagier a reproduit la liste des évêques du manuscrit Legros, que celui-ci avait copiée sur celle rédigée par M. Chabrol, prêtre. L'abbé Nadaud qui constate la chose dans ses *Mélanges*, ajoute que « cette liste a été empruntée à la chronologie de Collin, qui fourmille d'erreurs. »

se trouvent à la fin de son manuscrit, nous pensons qu'il a dû les copier vers 1671.

13° *Chroniques manuscrites* de Dom Col, bénédictin. — L'abbé Legros a écrit en marge de la première page de ses *Mémoires en forme d'histoire sur le Limousin*, que nous allons examiner plus loin : « Corrigé sur l'exemplaire de D. Col, bénédictin. » Nous lisons dans *Limoges au* XVIIe *siècle* (p. 110) que Dom Col était abbé de Saint-Augustin-lez-Limoges en 1766.

M. Ruben, désirant avoir des renseignements plus complets sur Dom Col, écrivit à M. Gustave de Rencogne, archiviste à Angoulême. Voici ce qui lui fut répondu :

« Je ne sais rien de l'origine de Dom Col. Nous avons eu
» en Angoumois les Col de Villars et les Col-Puygelier ; ces
» derniers existent encore dans l'arrondissement de Ruffec.
» Le religieux bénédictin dont vous me parlez a laissé des
» manuscrits considérables, huit ou neuf volumes, je
» crois, qui sont à la Bibliothèque nationale, que j'ai con-
» sultés plusieurs fois et qui contiennent notamment des
» extraits nombreux des protocoles des notaires limousins.
» Il vous sera facile d'avoir le détail exact du contenu de
» ces volumes.

» Ne pouvant vous donner de détails biographiques sur
» le personnage qui vous intéresse, j'ai pensé qu'il pourrait
» être utile de vous envoyer trois lettres qui proviennent de
» l'intendance de Limoges et qui sont relatives à la re-
» cherche d'un manuscrit intitulé : *Privilegia urbis lemo-
» vicensis...* »

La première de ces lettres adressée par Turgot à M. Bertin, ministre, datée du 23 septembre 1779, se termine ainsi :
« ..... Les personnes les plus en état de vous procurer des
» éclaircissements sur ces objets sont : D. Col, religieux
» bénédictin à l'abbaye de Saint-Augustin de Limoges,
» M. Roulhac, lieutenant général, M. Juge, avocat du Roy
» au Présidial, et M. de L'Épine, secrétaire de la Société
» d'agriculture. » Cette recherche fut sans résultat.

D'après les renseignements de M. de Lasteyrie, le manuscrit de Dom Col que possède la Bibliothèque nationale (n° 9,193, latin (f° 777) est une copie faite par lui sur un manuscrit de Solignac, copié lui-même sur celui de Lavaud. (*V.* ce dernier manuscrit page vi et suivantes).

14° *Chroniques manuscrites de l'Épine ou Nadaud.* — M. de L'Épine, écuyer, sieur de Masneuf, subdélégué de l'intendant de la généralité de Limoges, a fait l'inventaire de l'abbaye de Grandmont, en 1771 (1). Il était secrétaire de la société d'agriculture et possédait une riche collection d'ouvrages sur le Limousin. On a pu voir par les lignes qui précèdent qu'il se trouve au nombre des personnes désignées par Turgot au ministre Bertin, comme pouvant lui fournir des renseignements sur un manuscrit intitulé : *Privilegia urbis lemocensis.* L'exemplaire des *Chroniques* que M. de L'Épine possédait était copié sur celui de l'abbé Nadaud, au dire de l'abbé Legros. Comme dans le ms. Legros, l'ordre chronologique des événements s'arrête à l'année 1556 dans ce manuscrit. Nous ne savons ce qu'il est devenu.

M. Nadaud, curé de Teyjac, est l'homme qui a le plus fait pour l'histoire du Limousin ; nous donnons ci-dessous la liste de ses nombreux manuscrits que possède la bibliothèque du Grand-Séminaire, telle que la donne M. l'abbé Roy-Pierrefitte dans sa notice biographique sur l'abbé Nadaud, au tome Ier du *Nobiliaire* :

Opuscules : *Évêques de Limoges,* tableau synoptique d'une feuille, imprimé à Limoges chez Chapoulaud, en 1770.

Chronologie des Papes et des Cardinaux limousins, au *Calendrier* de 1774.

Chronologie des seigneurs et des souverains du Limousin, au *Calendrier* de 1775.

Manuscrits : *Pouillé ou Mémoires pour l'histoire du diocèse de Limoges,* 2 vol. in-f°.

Nobiliaire du diocèse et de la généralité de Limoges, 2 vol. in-f°, comprenant 2,734 pages.

---

(1) Cet inventaire est reproduit dans le *Limousin historique,* page 159.

Mémoires pour servir à l'histoire du diocèse de Limoges, 6 vol. in-f°.

Mémoires pour servir à l'histoire de l'abbaye de Grandmont, 1 vol. in-f°.

Recherches, 1 vol. in-f° de 352 pages.

Histoire du Limousin, 1 vol. in-f° de plus de 300 pages.

Observations sur les bréviaires du diocèse de Limoges, 32 pages grand in-f°.

« A la mort de Nadaud, arrivée en 1775, ses manuscrits furent acquis par l'abbé Legros, humble vicaire de la collégiale de Saint-Martial. Legros eut le courage de transcrire tous ces manuscrits en y ajoutant, heure par heure, ses recherches personnelles, continuées jusqu'à sa mort, arrivée en 1811. » (*Note de M. Ruben.*)

Nous avons eu la bonne fortune de pouvoir consulter les manuscrits de Nadaud et de Legros, à la bibliothèque du Grand-Séminaire ; mais, soit qu'ils aient été pris, soit qu'ils aient été prêtés, nous avons constaté avec regret que les trois ouvrages qui pouvaient nous renseigner sur l'origine de notre manuscrit n'y étaient plus, c'étaient l'*Abrégé des Annales,* la *Continuation de l'Abrégé des Annales* et l'*Essai sur Limoges,* par l'abbé Legros. Nous n'avons pas trouvé non plus les *Chroniques* de Nadaud, copiées par M. de L'Épine.

Voici ce que nous avons noté :

On lit au tome Ier, f° 245, des *Mémoires* de l'abbé Nadaud : « J'ai vu bon nombre de *Chroniques de Limoges,* elles se copient successivement pour les premiers temps, et sont également remplies de préjugés et d'erreurs quant aux proconsuls. »

Le titre du tome II des *Mélanges* de l'abbé Legros est ainsi conçu :

Mélanges ou Recueil
de pièces justificatives
pour servir à l'histoire du diocèse
de Limoges
et de la province du Limousin
tome II

Contenant plusieurs pièces anecdotes et originales, ainsi que des copies authentiques de divers actes intéressants, des fragments de chroniques, etc., le tout en manuscrit et d'ancienne écriture.

recueillis et réunis ici sous l'ordre chronologique
en 1786.

Nous trouvons à la suite un premier cahier petit in-f°, sans titre ni couverture, commençant en tête de la page par ces mots : « avoir combattu vaillamment contre les ennemis » d'Auguste sur le sommet d'une montagne fust surnommé » Capreolus, et ayant sceu, led. Zenobrum, le décès de Dura- » tius, son beau-père, etc. » (p. 26, ligne 15 de nos *Annales*), pour se terminer à la guérison miraculeuse de Sigisbert par le bâton de Saint-Martial (p. 39, ligne 12 de nos *Annales*). Le copiste s'est arrêté en tête d'une page et le cahier contient plusieurs pages blanches. Tout ce qui est copié, sauf des variantes insignifiantes, est conforme à nos *Annales* ;

Un second cahier en très mauvais état, contenant trente-cinq feuillets chiffrés au recto, sans titre ni couverture, ayant fait partie d'un cahier beaucoup plus volumineux, puisqu'il est écrit en marge du feuillet 17, à la suite d'un renvoi sur saint Léobon, « voyez au f° 375 ». Le premier feuillet commence ainsi : « Limoges, jusqu'à la venue de César, etc. » (page 2, ligne 12 de nos *Annales*). Ce manuscrit porte en marge la date des événements comme celui de Legros et de l'écriture même de ce dernier. Le texte est à peu de chose près le même que celui de nos *Annales*, qui contiennent cependant plus de faits. Ce manuscrit a dû être rédigé antérieurement au nôtre ; il n'y est pas question de la *Recherche des Antiquités de Limoges* que cite notre compilateur, page 99. Serait-ce ce livre lui-même ? L'inscription de la porte Manigne, qui se trouve à la page 93 de nos *Annales*, est reproduite dans ce manuscrit, accompagnée de celle du clocher de Saint-Martial que nous n'avons pas, immédiatement avant la liste des abbés de Saint-Martin, page 119. Il n'y est pas question du *Mal des Ardents* (p. 129 de nos *Annales*). Le verso du feuillet 33 ne contient que neuf lignes et se termine à la déposition de l'évêque Humbaud, ligne 11, page 144 de nos *Annales*. Après ces neuf lignes, le reste du verso et le feuillet 35 et dernier contient, de la main de l'abbé Legros, une pièce intitulée : *Copie d'un acte de récusation et d'appel interjeté par le procureur général de l'évêque de Limoges, contre l'abbé de Grandmont, soi-disant conservateur des priviléges, et, d'exemption du chapitre de la cathédrale de Limoges, de l'an* 1453. L'abbé Legros termine en renvoyant à la page 291, que nous n'avons pas trouvée. En tête du verso du feuillet 35, on lit : *Annales de Limoges*, 4 A.

L'abbé Legros avait eu très certainement l'idée de collectionner toutes les différentes copies de nos *Annales*, afin de les compléter les unes par les autres. C'est ce qu'il a fait du reste en transcrivant le manuscrit dont nous allons parler au numéro suivant.

15° *Mémoires en forme d'histoire de Limoges*, désigné dans nos notes : Ms. Legros (1). — « Je dois à l'obligeance de M. Pierre Laforest un manuscrit petit in-4°, papier appar-

---

(1) Le premier volume du *Nobiliaire* de Nadaud, publié sous les auspices de la *Société archéologique et historique du Limousin*, par M. l'abbé Roy-Pierrefitte, contient une notice biographique sur l'abbé Legros de laquelle nous extrayons la liste de ses ouvrages conservés à la bibliothèque du Grand-Séminaire :

1° *Abrégé des Annales du Limousin, ou Suite chronologique des faits qui intéressent cette province*. in-4°, 623 pages;

2° *Continuation de l'Abrégé des Annales du Limousin*, 1683-1790, in-4°, 443 pages;

3° *Pouillé du diocèse*, 2 vol. in-f°;

4° *Table chronologique des cures du diocèse*, in-f°;

5° *Table chronologique ecclésiastique*, 1789, in-f°;

6° *Table chronologique civile*, in-f°;

7° *Mémoires pour les abbayes du Limousin*, in-f°, 627 pages;

8° *Mémoires historiques pour les chapitres du Limousin*, in-f°;

9° *Mélanges*, 3 vol. in-f°.

10° *Dictionnaire des grands hommes du Limousin*, in-f°;

11° *Dissertation sur saint Martial*, suivi d'une *Dissertation sur*

tenant à sa bibliothèque et qui semble avoir été rédigé, sauf quelques variantes, sur le manuscrit type. Ce manuscrit est écrit en entier de la main de l'abbé Legros, et je crois que c'est celui dont il s'est servi pour annoter le P. Bonaventure.

» Il commence ainsi :

MÉMOIRES

EN FORME D'HISTOIRE DE LIMOGES,
CONTENANT L'ORIGINE ET LES ANTIQUITÉS
DU LIMOUSIN, ÉCRITS EN 1556 OU ENVIRON

Ou après 1568 seulement, où encore seulement l'an 1596.

ÉPILOGUE DES MUTATIONS DE LIMOGES.

« Limoges, jusqu'à la venue de Jules César, a couru
» même fortune que le reste des Gaules. Cette ville demeura

---

l'origine des lions en pierre qui sont à Limoges et d'un *Mémoire sur le palais de Jocondiac*, in-4°, 197 pages;

12° *Mémoires pour servir à l'histoire des évêques de Limoges*, in-4°, 667 pages ;

13° *Essai historique sur Limoges et ses environs*, in-4°, 454 pages;

14° *Recueil d'inscriptions et d'antiquités de Limoges*, in-4°, 451 p.;

15° *Mémoire historique et chronologique sur Mgr François de Lafayette, évêque de Limoges*, in-4°, 71 pages;

16° *Mémoire sur Mgr de Langeac, évêque de Limoges*, in-4°, 11 pages ;

17° *Vies des saints du Limousin*, 6 vol. in-4°, de 5 à 600 pages ;

18° *Mémoire pour servir à l'histoire des guerres de religion en Limousin*, in-4°, 22 pages. — Ce cahier est aujourd'hui la propriété de M. Rouard de Cars, de Limoges ;

19° *Histoire de l'abbaye de Grandmont*.

L'abbé Legros a collaboré très activement au *Calendrier ecclésiastique et civil du Limousin* et à la *Feuille hebdomadaire*. Les archives de la *Société d'agriculture* possèdent de lui deux mémoires sans nom d'auteur : 1° *Recherches sur l'antiquité et le gisement des mines du Limousin*; 2° *Dissertation sur l'origine, les progrès et la décadence de la langue limousine*.

Il a publié : 1° en 1778, sans nom d'auteur, un tableau synoptique intitulé : *Indicateur du diocèse de Limoges ou Pouillé de ses cures*; 2° en 1811, une brochure in-18 intitulée : *Recherches historiques sur l'église paroissiale de Saint-Michel-les Lions de la ville de Limoges*.

» sous l'empire romain jusqu'en 488; alors les Visigots
» s'en emparèrent, etc. »

» Legros a fait de nombreuses corrections au texte copié
» par lui et a écrit en marge : « Corrigé sur l'exemplaire de
» D. Col, bénédictin. »

» Ce volume in-4° contient :

» 1° Les mémoires susdits ne vont que postérieurement à
l'entrée du roi et de la reine de Navarre, et finissent :

« Après le décès de César de Bourgoigne, succéda à l'évê-
» ché de Limoges R. P. M. Sébastien de Laubespine, en
» rang 81, qui tint ledit évêché 24 ans. »

Fin du quatrième livre des *Antiquités de Limoges.*

» Cette partie a 267 pages.

» 2° *Mémoires de la généralité de Limoges*, écrits en 1698,
copiés en 1774, 96 pages chiffrés à part ;

» 3° *Etat ecclésiastique du diocèse de Limoges*, écrit en 1698.
De la page 97 à la page 120. (Cet état faisant partie des
Mémoires de la généralité) ;

» 4° *Manifeste sur l'apostat de saint Martial*, 20 pages à part
On lit à la fin : « Se trouve signé ROCHE, procureur. »

» A la page 767, tome III, du P. Bonaventure, à l'occasion
de la sécularisation de Saint-Martial, en 1537, Legros relate,
dans des notes manuscrites, certains faits qui ne se trouvent pas dans le manuscrit copié en entier de sa main. Ces
faits sont tirés d'autres chroniques manuscrites, et notamment d'un manuscrit que Legros appelle : *Manuscrit de
Lépine ou Nadaud.*

» Donc le ms. de Lépine est le même que le ms. Nadaud. »
(*Une note de M. Ruben contient tout ce qui précède sur le
ms. Legros.*)

Le manuscrit sur lequel l'abbé Legros a pris sa copie
contenait plusieurs fautes semblables à celles de nos *Annales*,
mais la plus grande partie de ces fautes était relevées par lui
au courant de la plume, grâce à sa connaissance parfaite

de l'histoire du pays, ce que tout autre copiste n'aurait pu faire. Nous remarquons que son manuscrit ne contient pas : 1° l'extrait de la *Dévotion des anciens chrétiens à saint Martial*, par l'abbé Bandel (p. 242 à 247 du présent livre); 2° la *Prose en l'honneur de saint Martial*, de M. Bardon (p. 247 à 249); 3° les *Stances sur saint Martial*, par Jacques Dorat (p. 250 à 252); 4° l'*État des reliques des églises de Limoges* (p. 253 et 265); et 5° l'article sur l'église de Saint-Michel-des-Lions (p. 266 et 267), probablement parce qu'il possédait déjà sur ces matières des renseignements plus étendus que ceux qu'il trouvait dans le manuscrit qu'il copiait. (1)

Nous sommes donc en présence de trois manuscrits presque semblables : 1° du ms. de Nadaud; 2° du ms. de L'Epine qui n'est que la copie de celui de Nadaud et 3° de celui de Legros qui s'est servi des deux premiers pour écrire ou corriger le sien. Ces trois manuscrits ont appartenu à des hommes connus par leurs travaux historiques, et qui, pour accomplir ces travaux, avaient dû se procurer toutes les copies des manuscrits limousins qu'ils pouvaient connaître. Leurs recherches ont eu pour résultat la copie d'un manuscrit presque conforme au nôtre. Nous pouvons donc avancer, sans trop de hardiesse, que nos *Annales* sont la copie, sauf de légères variantes, des manuscrits connus sous les noms *de Lépine, Nadaud et Legros*.

Quant au nom du chroniqueur, voici ce que les éditeurs écrivaient dans la circulaire qui annonçait la publication des *Annales* :

« Nous lisons au verso du dernier feuillet du *Manuscrit* » *de* 1638 ces mots, qui ont été biffés :

» PÉRIÈRE DE LA GARDELLE.

» et au-dessous :

« *Anno Domini* 1717. »

---

(1) *V.* les notes des pages 186, 298 et 301.

» Cette date, les lignes ci-dessus en ont fait justice.
» Quant au nom Périère de La Gardelle, nous avons
» quelques raisons d'y voir une révélation.

» Nous connaissons trois Périère écrivains :

» 1° Un Jean Périère, jésuite, mort en 1713, d'après la
» *Bibliothèque historique* du P. Lelong (1) ;

» 2° Un autre Périère, chanoine de Saint-Martial (2),
» auteurs tous les deux d'oraisons funèbres remarquables ;

» 3° Et enfin un Henri de Périère, sieur de La Gardelle,
» auquel les *Annales de la Haute-Vienne*, dans le n° du
» 15 janvier 1813, ont consacré une courte notice biogra-
» phique. « Ce seigneur de La Gardelle, y est-il dit, est une
» des lumières de notre barreau. On a de cet auteur une
» *Harangue prononcée en l'audience de la Sénéchaussée et siège
» présidial de Limoges... sur la présentation et la publication
« des lettres de très haut et très puissant prince Henri de La
» Tour-d'Auvergne, vicomte de Turenne, maréchal de France,
» pour le gouvernement du Haut et Bas-Limousin, le 5 jan-
» vier 1654.* » — A Limoges, chez M^{al} Chapoulaud, in-12. »

» Comme on le voit, ces trois Périère étaient des hommes
» lettrés. C'étaient aussi, au moins deux d'entre eux, des
» hommes de talent, ainsi qu'on peut s'en assurer par la

---

(1) Auteur de l'*Oraison funèbre de haute et puissante dame Julie-Lucine d'Angennes, duchesse de Montausier*, prononcée dans l'église cathédrale d'Angoulême, le 2° jour de décembre 1671, par le P. Périère, de la compagnie de Jésus.— Angoulême, Mathieu Pelard, imp. (s. d.), in-4° de 29 pages ; de l'*Oraison funèbre d'Elisabeth d'Aubusson de La Feuillade, abbesse.* — Limoges, 1704, in-4° ; et de l'*Éloge funèbre de Frédéric-Maurice de La Tour-d'Auvergne.* — Tulle, 1708, in-4°.

(2) Auteur de l'*Oraison funèbre de très haut et très puissant prince Henri de La Tour-d'Auvergne, vicomte de Turenne....* prononcée en présence de Mgr l'évêque de Limoges, célébrant pontificalement dans son église cathédrale, le 10° septembre 1675. — A Limoges, chez François Charbonnier Pachi, imprimeur de l'Hostel de Ville et du Collége, 1675, in-4° de 44 pages ; et de l'*Oraison funèbre de messire François de La Fayette....* prononcée dans la cathédrale de Limoges, le 2 juin 1676. . — Limoges, 1676, in-4°.

» lecture des oraisons funèbres que possède la Bibliothèque
» de Limoges. Il n'y a donc pas trop de témérité à
» attribuer à l'un des Périère le manuscrit dit de 1638, et à
» croire que, si le sieur de La Gardelle n'est pas l'historien
» que nous cherchons, il tenait au moins le manuscrit de
» l'un des membres de sa famille. »

La date 1717, qu'il ne faut pas perdre de vue, nous fait penser que Périère était simplement le nom du dernier possesseur de nos *Annales*.

Le nom du compilateur sera aussi difficile à trouver que l'original de la compilation. Aucun des manuscrits que nous venons de passer en revue ne portent de nom, excepté cependant ceux de Lavaud et de Pierre Mesnagier. Au sujet de Lavaud, nous avons remarqué que les *Annales de la Haute-Vienne* n'en font que le traducteur d'une chronique de Limoges composée en latin par un moine de Saint-Martial, en 1271. Nos *Annales* auraient-elles été écrites dans l'abbaye de Saint-Martial? Nous laisserons le lecteur se prononcer.

Le petit nombre de personnes instruites en dehors du clergé, à l'époque où nos *Annales* ont été écrites, la connaissance qu'avait l'auteur de plusieurs de nos chroniques et la quantité des livres cités par lui à une époque où ils étaient très rares et par conséquent très coûteux (1), nous font penser que, si cet auteur n'appartenait pas à l'une des grandes abbayes de Limoges, au moins était-ce un prêtre ayant ses entrées dans ces abbayes. Les couvents seuls pos-

---

(1) Le compilateur cite entre autres livres : Vibius Sequester, *De fluminibus*... paru en 1500; Nicole Gilles, *Les tres elegantes et copieuses annales*.., 1533; Pirckheimerius, *Interp. Ptolœmæi*..., 1545; Postel, *Histoire mémorable*..., 1552; Bouchet, *Annales d'Aquitaine*..., 1557; Orpheu Panvinii, *Veronensis fastorum*..., 1558; Chaumeau (J.), *Histoire du Berry*..., 1556; Genebrardi Gilberti, *Chronographia*..., 1567; Vinet (Élie), *Antiquités de Bourdeaux*..., 1574; Thévet (André), *Cosmographie universelle*..., 1575; Trithème (Jean), *Hommes illustres de l'ordre de saint Benoît*..., 1601. (V. pour les titres détaillés de ces ouvrages la *Bibliographie*, page 433.)

sédaient des copies de nos premiers historiens, presque tous dans les ordres religieux (1).

Dirons-nous maintenant combien de recherches historiques, bibliographiques et philologiques ce livre a coûté à M. Ruben, il suffira au lecteur de jeter un coup d'œil sur la liste des cent cinquante ouvrages qu'il a cités dans les notes pour s'en convaincre. Ceux qui ont parcouru les *Catalogues* de M. Ruben et son édition philologique des *Fables de Foucaud*, savent avec quelle conscience et quel amour de la vérité il écrivait. Il pensait que l'histoire, pour être écrite, devait toujours s'appuyer sur une base sérieusement contrôlée. C'est dans cette pensée qu'il engagea la *Société archéologique et historique du Limousin* à publier les *Registres consulaires de Limoges*, auxquels il a attaché son nom par la transcription qu'il en a faite et les notes savantes dont il les a accompagnés.

Notre travail, dans cette préface, s'est borné à coordonner les notes laissées par M. Ruben. Nous avons placé à la fin de ce volume le complément des rectifications de nos *Annales* d'après le manuscrit de l'abbé Legros. Ces rectifications avaient été indiquées en notes par M. Ruben à partir de la page 289 seulement, parce qu'il ignorait l'existence

---

(1) « *Voyez* sur les sources de l'histoire du Limousin une importante notice de M. l'abbé Texier, insérée au *Chroniqueur du Périgord et du Limousin*, année 1854, p. 15.

» Adémar de Chabannes, Geoffroy de Vigeois, Bernard Itier, Bernard Guidonis, édités plusieurs fois.

» Manuscrits du bénédictin Estiennot, conservés à la bibliothèque nationale, contient : Gérard de Frachet, Pierre Coral.

» Manuscrits du Séminaire : Chronique de l'abbaye de Grandmont en grande partie inédite.

» Mettons en première ligne cent cinquante manuscrits précieux, provenant de Saint-Martial de Limoges, et acquis en 1730 par la Bibliothèque royale.

» Le P. Bonaventure y puisa pendant trente ans les éléments de l'histoire provinciale la plus considérable qui existe (suit une appréciation de Bonaventure). » (*Note de M. Ruben.*)

du manuscrit Legros au commencement de l'impression. Quelques additions d'après différents manuscrits, la liste des ouvrages cités dans les notes et la table alphabétique, terminent l'ouvrage.

Si les *Annales manuscrites* n'ont pas l'authenticité des *Registres consulaires*, elles contiennent pour la période qu'ils embrassent, un très grand nombre de faits qui n'y sont pas rapportés (1). Elles ont déjà servi bien souvent à éclaircir certains points de notre histoire limousine, et les auteurs les ont consulté avec fruit.

Notre but sera atteint si en éditant les *Annales manuscrites* dans leur entier, nous avons rendu la tâche plus facile à ceux qui plus tard voudront entreprendre sérieusement l'histoire de notre pays.

PAUL DUCOURTIEUX.

(1) Le *Premier Registre consulaire*, t. II, ne contient absolument que les noms des consuls élus pour les années 1567 à 1570, 1577 et 1578. M. Ruben a fait, pages 347 et 348 de ce tome II, un extrait de nos *Annales*, afin de combler la lacune des années 1567 à 1570. Il a emprunté aussi à nos *Annales* les lettres patentes de Charles IX relatives à l'élection des conseillers répartiteurs en 1571.

Le *Deuxième Registre consulaire*, qui est à l'impression, contient des lacunes malheureusement plus considérables, que nos *Annales* aideront à combler. Pendant les années 1597 à 1601, 1603, 1604, 1606, 1609, 1611 à 1614, 1616 à 1622, 1626 à 1630, 1634 à 1638 et bien au delà, on n'y trouve que les noms des consuls et des conseillers répartiteurs élus.

RECUEIL

DES ANTIQUITÉS DE LYMOGES

VILLE ET CYTTÉ

ET CHOSES ADVENUES LES PLUS REMARQUABLES

PUIS SA PREMIÈRE FONDATION

[LIVRE PREMIER.]

Au Lecteur, sallut,

Je désire, amy lecteur, te fère service aggréable ez vénérable antiquité, considérant qu'en les choses escriptes, veu l'utilité recueillies, amassées et mises au rangt au mieux qui m'a esté possible, donnant occasion aux successeurs les lisantz, d'avoir esgard ez périlz et fortunes passées de leurs prédécesseurs, et dilligemment pourvoir à celles à venir, l'esprit curieux se void communément affectionné à sçavoir son origine et vraye nation, et qui fust le premier qui luy imposat nom, qui est chose rare à le sçavoir et difficille d'en juger pour la grande longueur de temps et défaut d'escriture de nos pères antiens, s'addonnans plus aux plus beaux faits d'armes, contans d'une temporelle renommée, que rédiger par escript leurs gestes et mémoires. Les historiographes bailhent l'honneur à Samothée, filz de Japhet, filz de Noë, disant que la Gaulle a print le nom de Galatheus, et de Jove-Celta a esté dite *Celtique*, où, selon mon petit pouvoir, pour te satisfaire, je me suis enquis par des croniques, subscriptions, panchartes et vieilles mémoires du pays et tout ce que j'ay peut finer, de la très antique ville, cytté et chasteau de Lymoges, et du traitté d'autruy, et ay tiré ez pièces et coppies la matière pour en dresser un beau chef-d'euvre qui mérite un bon et meilheur architecte que moy pour décorer ce bastiment (car, de ma part, je n'ay escript que les choses maigrement et simplement ainsi que je les ay trouvées), qui fera fin. Priant Dieu de faire la grâce à un autre de les parachever et fère mieux en nous remplissants de ses grâces et bénédictions. Amen !

A Dieu !

Épilogue des mutations de Lymoges.

[Mutations de Limoges.]

Lymoges, jusques à la venue de Césard a courut la mesme fortune que le reste des Gaulles. Et demeura soubs l'empire des Romains jusques en l'an 488, que les Vuisigots le gardèrent, jusques l'an 509 qu'il demeura à la couronne de France, jusques l'an 663 qu'il fust possédé par aucuns ducs de Gascougne, jusques l'an 763 qu'il retourna aux roys de France.

Or, l'an 448, le royaume d'Aquittaine fust érigé en duché. Soubz lesquelz ducs Lymoges demeura pour un temps, puis retourna aux roys de France jusques l'an 1151 que Lymoges fust aux Anglois qui le gardèrent jusques l'an 1200. Quatorze ans après, Lymoges retourna aux Anglois qui le gardèrent jusques l'an 1292 ; parquoy Lymoges retourna aux François jusques l'an 1356 qu'il retourna encore aux Anglois, qui le gardèrent jusques l'an 1372, qu'il retourna aux François, qui depuis l'ont gardé.

[Destructions de Limoges]

Lymoges a esté cinqt fois destruite et démolie avant sa séparation :

La première, par Alaric, roy des Vuisigots, l'an 488 ;

La seconde, par Théodebert, filz de Chilpéric, l'an 577 ;
La troiziesme, par Pépin, roy de France, l'an 763 ;
La quatriesme, par les Normans et Dannois, l'an 848 ;
La cinquiesme, par les Normans et Strelins (1), l'an 911.

La présant ville fust démolie trois fois :

La première, par Guilhaume, duc d'Aquittaine, l'an 988 ; [Démolitions
La seconde, par Henry, roy d'Angleterre, l'an 1155 ; de Limoges.]
La troiziesme, par Richard-Cœur-de-Lion, l'an 1183 ;

Finallement surprinse par Guy (2), vicomte, l'an 1202.

La présant citté a esté démolie deux fois :

La première, par la royne d'Angleterre, l'an 1190 ;
La seconde, par le Prince de Galles, l'an 1370.

Les noms des Proconsulz d'Aquittaine (3) :

Le premier fust Duratius, Proconsul des Celtes. [Proconsuls
Senobrum, gouverna l'antienne Aquittaine. d'Aquitaine.]
Lucius Capreollus, proconsul.
Léocadius fust duc, qui fust père de Ste Valérie.
Junius Sillanus, à présant duc Estienne.
Calminius, qui fist des actes saincts.
Sergius Galba, gouverneur.
Julius Agricola, gouverneur.

Les premiers comtes :

Jocundus, père de Sainct Iriers, [Comtes
Martialis Dampnolenus. de Limoges.]

---

(1) Strelins, Estrelins, Sterlings, habitants de la ville et province de Sterling en Ecosse.
(2) Guy 1er, vicomte de Limoges, 988-1025.
(3) Comparer cette liste avec celle donnée par le P. Bonaventure, tome III, p. 33.

Ceux qui ont usurpé Lymoges :

[Usurpateurs de Limoges.]
Loppes,
Savarry,
Heringue,
Bogis, mary de Saincte Ode,
Eude,
Vueyfert,
Hunault.

Ducz d'Aquittaine qui ont prins la couronne ducalle à l'église de Lymoges :

[Ducs d'Aquitaine.]
Eude, environ l'an 715 ;
Charles-le-Chauve, roy de France, 838 ;
Eudes 2, environ l'an 881 ;
Charles-le-Simple, roy de France, 920 ;
Guilhaume, duc de Guienne, 988 ;
Guilhaume Geofroy, 1025 ;
Richard-Cœur-de-Lion, 1167 ;
Henry-le-Jeune — fust couronné à l'église Sainct Pierre du Queyroir, causant les afferes, l'an 1181.

Ceux qui ont esté ducz d'Aquittaine [1] :

Le premier   Ranulphe,
2   Guilhaume premier,
3   Ebbles 1er,
4   Ebbes 2e,
5   Guilhaume Hugues 2e. — Il eust son frère Ebles évesque de Limoges.
6   Guilhaume 3e, surnommé Teste-d'Estoupe,
7   Guy 1er,

---

(1) Voir le P. Bonaventure, *ibidem*, p. 35. Consulter aussi pour toutes ces listes et celle des vicomtes de Limoges, le *Calendrier ecclésiastique et civil du Limousin*, année 1775.

8	Guilhaume 4e, qui fist grandes abstinances, et canonisé;
9	Guilhaume 5e, qui laissat une fille qui fust mariée avec Louis 7e, roy de France;
10	Louis, roy de France, qui répudia ladite sa femme, et lui randit ses terres; puis elle se se maria avec
11	Henry, qui fust roy d'Angleterre; d'où sorti grandes guerres;
12	Richard-Cœur-de-Lion, Otto, empereur, s'estant retiré en France la tint deux ans;
13	Jean-Sans-Terre,
14	Louis 8e du nom, roy de France,
15	Sainct Louis, qui divisa la duché d'Aquittaine et en fit la duché de Guienne qu'il bailla a Henry, roy d'Angleterre;
16	Louis 11e, roy de France,
17	Charles 8e, roy de France,
18	Louis 12e, roy de France,
19	François premier, roy de France.

Le nom des Évesques de Lymoges (1):

[Évêques de Limoges.]

Le premier	Sainct Martial,
2	Snt Aurélien,
3	Snt Emilie ou Evolius,
4	Actue,
5	Eumenius,
6	Hermogenianus,
7	Adelphius,
8	Daptinus ou Dalterius,
9	Adelphius 2, nepveu du susdit Adelphius,
10	Exupperius,
11	Astidius,
12	Rusticie,

---

(1) Cette liste ne se trouve pas d'accord avec celle de l'abbé Nadaud publiée, en 1860, par M. l'abbé Arbellot; nous renvoyons le lecteur à cette dernière.

13   Rusticus,
14   Sainct Androchius,
15   Sainct Féréol,
16   Sainct Asclippe,
17   Simplicius,
18   Fœlix,
19   Adelphius,
20   Sainct Loupt,
21   Hergenobertus,
22   Cesarius,
23   Sainct Rorice,
24   Rorice 2,
25   Emerarius,
26   Ermenius,
27   Salutaris,
28   Aggericus,
29   S^{nt} Sacerdos ou Sadroc,
30   Ausindius,
31   S^{nt} Césateur,
32   Ebbonus,
33   Remigibertus,
34   Odoacre,
35   Christianus,
36   Stodillius,
37   Aldon,
38   Gerlon,
39   Anselme,
40   Turpin,
41   Ebbles, ou Ebolus,
42   Ildegarius,
43   Aldoynus ou Ildouin,
44   Geraldus,
45   Jordanus de Loron,
46   Hitier,
47   Guy de Loron,
48   Hunibault,
49   Guilhelmus de Claustras,
50   Petre de Bourdeaux,
51   Eustorgius,
52   Géraldus 2, qui fonda le prieuré de St Gérald,
53   Sebrand Chabot,

54 Jean de Veyrat,
55 Bernard de Flavena,
56 Guy du Cluseau,
57 Guilhaume Du Puy,
58 Durandus,
59 Eymeric de Serre,
60 Gilbert de Malemort,
61 Pierre de Seperit,
62 Regnault du Port,
63 Jean de Crose,
64 Eymeric Chat,
65 Bernard de Bonneval,
66 Hugues de Langeac,
67 Nicolas Viaud,
68 Ranulphe de Peyrusse,
69 Hugues de Ruffignac,
70 Pierre de Montbrun,
71 Jean Berthon,
72 Jean Berthon 2,
73 Regnaud de Prie,
74 Philipes de Monmorancy,
75 Charles de Villiers,
76 Anhoine de Tende,
77 Jean de Langheac,
78 Jean du Bellay, cardinal,
79 Césard de Bourgoune, italien,
80 Sébastien de Laubespine,
81 Jean de Laubespine,
82 Henri de la Martonie
83 Raymond de la Martonie,
84 François de Lafayette,
85 (1) Louis Durfé de Lascaris,

Le nom des abbez de S^{nt} Martial (2) :

Le premier, Dodo ou Odo,   { Abbés
   2   Albonus,   de Saint-Martial }

---

(1) Cette ligne est d'une écriture postérieure.
(2) Comparer cette liste avec celle donnée par la *Gallia christiana*,

3	Benedictus,
4	Egosindus,
5	Fulbertus,
6	Fulbertus 2,
7	Estephanus,
8	Aymondus,
9	Eymericus,
10	Malacorona,
11	Guilhelmus Virgo,
12	Guiguo,
13	Geoffroy,
14	Adebalde,
15	Geoffroy 2,
16	Huguo,
17	Alderic,
18	Antherius,
19	Pierre Albert,
20	Meynardus,
21	Pierre Aubonis,
22	Eymard,
23	Bernard Aly,
24	Amblard de Clugni,
25	Albert,
26	Pierre, prieur de Clugni,
27	Pierre de Barri,
28	Isambert,
29	Hugues de Brosse,
30	Petrus Anno (1),
31	Alesmius,
32	Petrus de Gersac,
33	Guilhaume de Genoulha,
34	Raymond Gausselin — fist fère les cloistres,

t. II, colonne 555. Voir surtout l'exemplaire de la Bibliothèque communale, où se trouvent de nombreuses annotations manuscrites de l'abbé Nadaud. L'abbé Nadaud a également donné une Table chronologique des abbés de St Martial dans le *Calendrier* de 1773.

(1) Le seul Pierre que l'on trouve dans la *Gallia christiana* et dans le *Calendrier* entre Hugues de Brosse et Guillaume de Jouinac est Pierre V, de Naillac ; l'annaliste n'aurait-il pas pris *anno* (année) pour un nom propre ?

35	Guy Amaleus, — les fist achever,
36	Guy de Marneil,
37	Jacques, prieur de Chaslux, dit de Calaure,
38	Pierre, prieur de S^{nt} Vaury,
39	Geraldus,
40	Guilhaume Feydy,
41	Guy de la Porte,
42	Gailhard de Miramond,
43	D'Angeoffre de Chabrignac,
44	Guilhaume de Vantadour,
45	Hélies de Lodie de Calaure,
46	Eymeric du Brueil,
47	Gérald Jouvion,
48	Estienne d'Almonis,
49	Pierre Jouvion dit de Droullies,
50	Bartholome Audier,
51	Pierre de Vezeil, fust évesque de Meaux,
52	Jacques Jouvion,
53	Albert Jouvion,
54	Mathieu Jouvion,
55	Le Cardinal de Lavantcourt,
56	Louis de Genoulhac,
57	Jean de Foncèques,
58	Jean de Laubespine,
59	Léonard Cluzeau (n'a jamais été abbé) (1),
60	Pierre Verdier,
61	..... de Vieufville (évesque de Renne) (2),
62	Henry de la Motte Houdancourt, archevesque d'Ausq (3).

[*Ici une page en blanc dans le manuscrit.*]

---

(1) Les mots entre parenthèses, sont d'une autre écriture.
(2) *Idem.*
(3) Archevêque d'Auch en 1662.

Épilogue des mutations des ducs d'Aquittaine, selon Bouchet (1).

[Mutations d'Aquitaine.]

La Gaulle d'Aquittaine fust entre les mains de ses premiers habittateurs, desquelz Galatheus fust le premier roy, selon Bérose, jusques 50 ans avant l'Incarnation de nostre seigneur Jésus Christ ; et Poictou, qui est une comté dudict pays, entre les mains des Scytes ditz poictevins, depuis la destruction de Troye jusques audit an 50 ans avant l'Incarnation. Auquel temps, Julles Césard, qui apprès fust premier empereur, conquist toutes les Gaulles, et furent lesdits pays de Poictou et toute l'Aquittaine entre les mains et soubz la puissance des Romains, depuis ladite conqueste faite par Julles Césard, jusques à l'an 6ᵉ de l'empereur Honnorius, qui fust l'an de notre sallut 419, que Aquittaine fust baillée aux Vuisigots par appointement, dont Vuallia fust le premier roy, l'an 417.

Lesditz Vuisigots tindrent ladite Gaulle soubz 6 rois de leur génération jusques à l'an de sallut 509, que le roy Clovis premier roy chrestien des François en expella et chassat lesdits Vuisigots. Et parce, Aquittaine fust entre les mains des Romains 471 ans ou environ, et entre les mains des Vuisigots 90 ans.

Clovis et ses successeurs rois de France ou leurs cohéritiers tindrent tousjours Aquittaine, et en furent rois jusques en l'an 663, qui sont 158 ans. Et audit temps 663 que comença régner Clotaire 3ᵉ du nom, pour sa pusillanimité et des autres rois de France ses successeurs, et de leurs mutations, Aquittaine fust usurpée par aucuns seigneurs dudict pays qui se disoient rois de Gascougne, contre lesquelz la conquist Charles Martel qui la laissat à son filz Pépin-le-Bref, lequel fust depuis roy de France, en l'an 750. Toutesfois ledit Pépin n'en fust paisible jusques en l'an dernier de son règne qui fust l'an 768. Et parce fust Aquittaine hors des mains des rois de France, et toujours en querelle par 150 ans ou environ.

Despuis ledict temps 768, qui fust l'an dernier du règne de Pépin, Aquittaine demeura ez mains des rois de France ou

---

(1) Voir Bouchet, *Annales d'Aquitaine*, épilogue.

leurs enfans jusques l'an 852, qui sont 84 ans, et toujours gouvernée par rois. Auquel an le roi Charles-le-Chauve supprima le nom de roy, et en fist duché qu'il donnat à ARNULPHE qui fust le premier duc; et par ce fust Aquittaine gouvernée par 24 rois, 433 ans ou environ.

Depuis ladite année 852 jusques en l'an 1137, y eust huict ducs françois et le 9me fust Louis-le-Jeune, roi de France, par le moyen de ce quil espousat madame Aliénor, fille du duc S^{nt} Guilhaume, audit an 1137. Et parce ladite duché [fust] entre les mains des François 285 ans ou environ, sans être possédée par les rois de France, jusques audict roy Louis-le-Jeune, qui la tint jusques lan 1151, qui sont 14 ans. Et audict an 1151, parce que ladite Aliénor fust répudiée par ledit Louis et se maria aveq Henry 2e de ce nom, qui fust roy d'Angleterre, la dicte duché d'Aquittaine fust ez mains des rois d'Angleterre jusques l'an 1200, qui sont 49 ans. Et, audict temps, retourna par confiscation ez mains desdictz rois de France, et y fust jusques l'an 1255 ou environ que le roy S^{nt} Louis en bailla partie (sçavoir est, la duché de Guienne, qui conciste en trois sénéchaussées, Bordeaux, les Lannes et Bazas, avec Xaintonge, Périgord, Agénois et Limousin) au roy d'Angleterre Henry 4e de ce nom. Et furent lesdits duché de Guienne et autres pays susditz faisans partie d'Aquittaine entre les mains d'Angleterre jusques en l'an 1453, que le roy Charles 7e de ce nom recouvra ladite duché de Guienne et pays susdits. Et depuis ledit recouvrement, les rois de France ont estés ducz de toute Aquittaine, comme est encores.

Les rois d'Aquitaine après les Romains (1) :   [Rois d'Aquitaine après les Romains]

Vuisigots.

1	Vualia,
2	Théodorict,
3	Thurismodus,
4	Théodoric,
5	Eoric,
6	Alaric,

(1) Pour cette liste et les suivantes, voir Bouchet, *Annales d'Aquitaine*, épilogue.

Rois de France.

7   Clovis,
8   Clodomires,
9   Clottaire,
10 Gontrand,
11 Sigisbert,
12 Childebert,
13 Théodebert et Théodoric ensemble,
14 Clottaire 2,
15 Héribert,
16 Dagobert,
17 Clovis 2,
18 Clottaire 3,
19 Charles Martel,
20 Pépin-le-Bref,
21 Charlemagne,
22 Louis-le-Débonnaire,
23 Pépin 2,
24 Charles-le-Chauve, qui la supprima et en fist duché dont le premier [duc] fust Ranulphe, comme il [est] dit cy-devant et les suivantz.

Rois d'Angleterre depuis Guilhaume-le-Bastard,
qui conquist le royaume, duc de Normandie.

Le premier   Guilhaume-le-Bastard,
2   Guilhaume-le-Roux,
3   Henry,
4   Estienne,
5   Henry 2,
6   Henry 3, vivant son père et mourust aussy (*sic*) (1),
7   Richard-cœur-de-Lion,

---

(1) Il y a dans Bouchet : « Qui fut couronné durant le vivant dudit Henry 2, son père, et mourut avant lui. »

8   Jean,
9   Louis, filz de France,
10   Henry 4, filz dudit Jean,
11   Édouard, son filz,
12   Édouard 2e, son filz et de Marguerite de France, qui espousa Isabeau, fille de Philippes-le-Bel.
13   Édouard 3e,
14   Richard 2e, son filz,
15   Henry 5, comte d'Herby,
16   Henry 6, qui se fist couronner roy de France,
17   Édouard 4e,
18   Henry 7,
19   Henry 8, qui régnait l'an 1519,

Ducs de Guienne, qui est partie d'Aquittaine.

1   Henry, roy d'Angleterre, 4e du nom,   [Ducs de Guienne.]
2   Édouard, roy d'Angleterre, 1er du nom,
3   Édouard 2e,
4   Édouard 3e,
5   Édouard 5e,
6   Richard, son filz,
7   Henri 5e,
8   Henri 6e,
9   Charles 7e, roy de France,
10   Louis 11e, roy de France,
11   Charles, frère dudict Louis. Et après sa mort ladite duché a esté unie à la duché d'Aquittaine.

Chronologie successive des rois de France, et année de leur décedz, et où ilz gissent :   [Rois de France.]

1 Pharamond,   règne 20 ans, mourut l'an 417, sur le mont Ferkembert.
2 Clodion,   — 20   — 430, gist à Cambray.
3 Mérovée,   — 10   — 459.
4 Chilpéric,   — 26   — 484.
5 Clovis Premier, chrestien, — 30   — 514, à Ste Geneviefve.
6 Childebert,   — 45   — 559, à St Germain-des-Prez.

7	Clotaire,	règne 5 ou 8 ans, mourut l'an 564, à S^{nt} Médard de Soissons.		
8	Chérebert,	—	9	—	573, à St Romain de Blaye.
9	Chilpéric,	—	23	—	587, à St Germain.
10	Clotaire 2e,	—	44	—	631, à St Germain.
11	Dagobert,	—	16	—	645, à St Denis.
12	Clovis 2e,	—	17 ou 18	—	662, à St Denis.
13	Clotaire 3e,	—	4	—	667, à Chelles.
14	Childéric,	—	12	—	670, à S^{nt} Germain.
15	Théodoric,	—	14	—	693, à St Vuast d'Arras.
16	Clovis 3e,	—	4	—	697.
17	Childebert 2e,	—	17	—	715, à Nancy.
18	Dagobert 2e,	—	4	—	719, à Nancy.
19	Clotaire 4e,	—	3	—	721, à Nancy.
20	Chilpéric 2e,	—	5	—	726, à Noyon.
21	Théodoric 2e,	—	15	—	740, à St Denis.
22	Childéric 2e.	—	9	—	752, fust fait moyne.

Race de Pépin, l'autre estant finie.

23	Pépin,	règne 18 ans, mourut l'an 768, à St Denis.		
24	Charlemaigne,	—	47	—	814, à Aix-la-Chappelle.
25	Louis-le-Débonnaire,	—	27	—	840, à Metz.
26	Charles-le-Chauve,	—	36	—	878, à St Denis.
27	Louis 2e le-Bègue,	—	2	—	880, à St Cornille.
28	Louis et Carloman,	—	5	—	
29	Louis-Fénéant et Charles-le-Gros, règnent 7 ans, furent déposés. Charles mourut en 890.				
30	Eude,	régnat 9 ans, mourut l'an 899, fut déposé.			
31	Charles-le-Simple,	—	27	—	926, à St Fourcy, à Péronne.
32	Raoul,	—	2	—	929, à Ste Colombe, à Sens.
33	Louis d'Outre-mer,	—	27	—	955, à St Remy de Reims.
34	Lotaire,	—	31	—	986, à St Remy de Reims.
35	Louis 5e,	—	1	—	987, à St Cornille, à Compiègne

Icy finist la race des Pépins.

36	Huc Capet,	—	9	—	996, à St Denis.
37	Robert,	—	34	—	1030, à St Denis.
38	Henry,	—	30	—	1060, à St Denis.
39	Philippe,	—	49	—	1109, à St Benoist-sur-Loire.
40	Louis-le-Gros,	—	28	—	1137, à St Denis.
41	Louis-le-Jeune,	—	43	—	1180, à Barbeau, abbaye.
42	Philippe-Dieudonné,	—	43	—	1223, à St Denis.
43	Louis 8,	—	3	—	1227, à St Denis.
44	Sainct Louis,	—	44	—	1270, à St Denis.
45	Philippe-le-Hardy.	—	15	—	1285, à St Denis.

46	Philippe-le-Bel,	règne 28 ans,	mourut l'an	1314, à St Denis.
47	Louis-Hutin,	— 2	—	1315, à St Denis.
48	Philippe-le-Longt,	— 5	—	1321, à St Denis.
49	Charles-le-Bel,	— 7	—	1327, à St Denis.
50	Philippe de Valois,	— 23	—	1350, à St Denis.
51	Jean,	— 14	—	1364, à St Denis.
52	Charles 5,	— 16	—	1380, à St Denis.
53	Charles 6e,	— 42	—	1322, à St Denis.
54	Charles 7e,	— 38	—	1461, à St Denis.
55	Louis 11e,	— 23	—	1484, à Cléry.
56	Charles 8,	— 14	—	1497, à St Denis.
57	Louis 12,	— 17	—	1514, à St Denis.
58	François 1er	— 22	—	1547, à Sut Denis.
59	Henry 2,	— 13	—	1559, à St Denis.
60	François 2,	— 1 $\frac{1}{2}$	—	1560, à St Denis.
61	Charles 9,	— 14	—	1574, à St Denis.
62	Henry 3,	— 15	—	1589, à Compiègne.
63	Henry 4,	— ..	—	1610, à St Denis.
64	Louis 13,	— ..	—	1643, à St Denis.
65	Louis 14 (1),	— ..	—	— —

(1) Cette dernière ligne est d'une écriture postérieure.

[Quelques monuments de Limoges.]

[Andeix du Vieux-Marché.]

L'Andeix du Vieux-Marché faict en forme octangulaire, à chasque coingt y ayant une fourche de fert portant autres barres de fert qui font le tour, au milieu duquel est un pillier portant des coulomnes qui vont poser sur les fourches, apellé de quelques uns la Vigne-de-Fert, à cause de la vigne qu'on y avait planté, qui couvroit toutes lesdites colomnes, les fuelles de laquelle randoit le cerne (1) agréable. Lesquelles fourches et barres furent faictes l'an 1236, comme dit est à folio 188 (2).

[Ici le dessin de l'Andeix (3).]

Dans ledict Andeix, ou triangle antiennement s'exersoit la justice des Vigiers, officiers du vicomte, lesquelz prenoient garde aux poidz et mesures, mettant prix raisonnable au bled, pain et vin, exersant la justice et police, comme dit audit fueillet 188.

[Ici le dessin du triangle de Manigne].

[Triangle de Manigne.]

Le triangle de Manigne, dite au vulgaire la Croix de l'Andeix de Manigne, scituée au carré des rues de Crouchador (4), du Montant de Manigne qui va à la place publique des Bancz, ou halle, et à la rue qui descend à la porte de Manigne; autour de laquelle [croix] y avoit une murette couverte de tables fesant

---

(1) *Cerne*, enceinte (Roquefort). « *Cerne* vaut autant comme *cercle* » (*Trésor* de Nicot, 1606.)

(2) Il s'agit du f° du manuscrit. Ces citations se reproduiront souvent. Le lecteur devra consulter la table des matières.

(3) Ce dessin et ceux dont il est parlé ci-après ont été reproduits assez exactement par Tripon, *Historique monumental*. Limoges, 1837, in-4°.

(4) Rue des *Crouchadours* ou fabricants de crochets, actuellement et par corruption, rue Cruche-d'Or

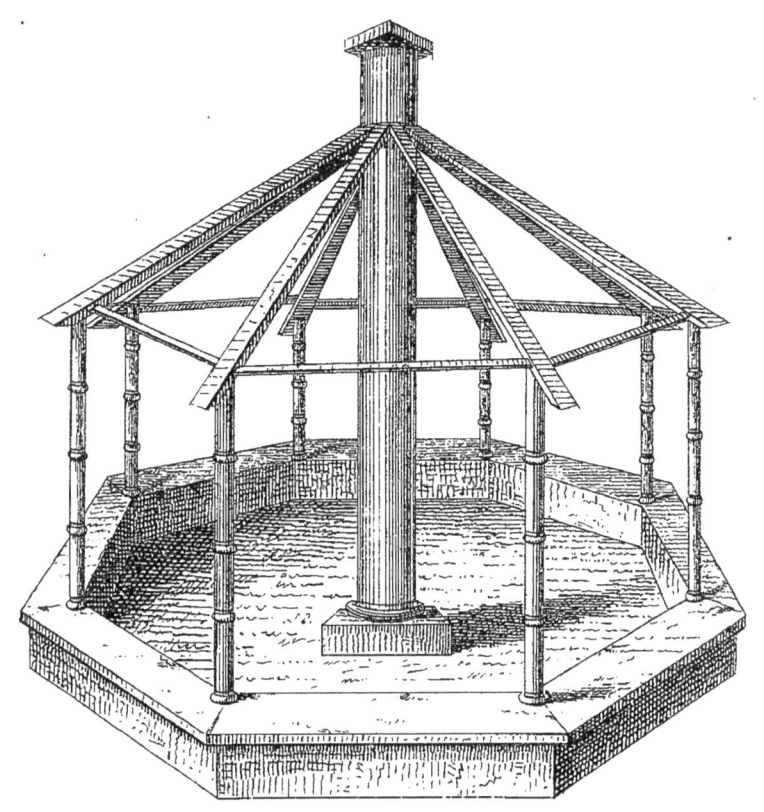

Andeix du Vieux-Marché.

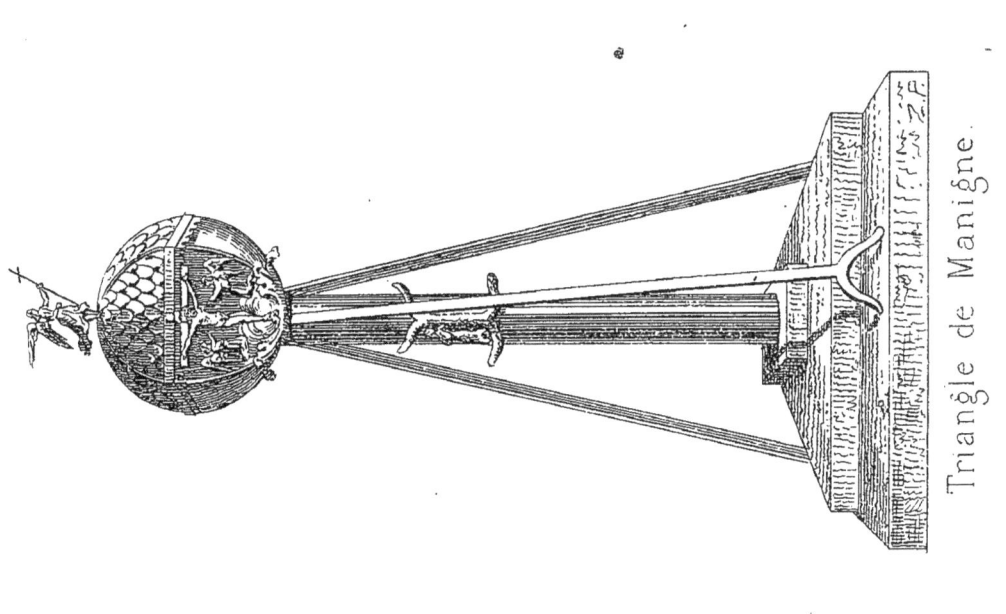

Triangle de Manigne.

nnales Manuscrites de Limoges, dites Manuscrit de 1638, p. 15.

Fontaine d'Aigoulène

Fontaine du Chevalet.

Annales Manuscrites de Limoges, dites Manuscrit de 1638, p. 17.

— 17 —

le triangle, de la hauteur de la jambe, dans lequel y avoit un marché. Ledit triangle fust deffait l'an 1631, incommodant la rue, car il alloit joindre les ruisseaux.

[Ici le dessin représentant les lions.]

C'est la figure des deux lions qui son dans la place, devant le clocher et église de Sainct-Michel, et par ce dite *Sainct-Michel-des-Lions*. Il y en a un autre devant la grand porte de l'église Sainct-Martial, duquel est parlé à f° 97 ; autre au portal Nimbert, lequel a la guelle percée jusques au dernier (3) de la teste, tous de pierre grize. Il y en a un autre à l'entrée du cémitière des Arènes, du costé de la porte Mommallier, sur lequel est la croix, le tout de pierre grize.

[Lions.]

[Ici le dessin de la fontaine d'Aigoulène.]

La fontaine d'Aigoulène, fondée par Aigoland, comme dit est à f° 107, où sont jougnant deux estangtz que l'eau d'icelle rempli, séparés par une digue sur laquelle on passe pour aller à icelle. Lesquels fontaine et estangtz sont au plus haut de la ville, ayant iceux quatre conduictz qui donnent l'eau par toutes les rues de la ville et faux bourgtz de Manigne et Boucherie, commodité très belle pour nettoier les rues, esteindre le feu, les commodités nettoyer et autres immondices. La figure de Sainct Martial y fust mise l'année 1647. Auparavant l'eau sortoit au milieu de la couppe qui est très grande, par un gros tuyau, en plus grande habondance qu'elle ne fait, qui est cause que partie se pert. Les estangtz furent faictz, caussant le feu qui ravageoit fort la ville, comme dit est à fol. 183 et à folio 189.

[Fontaine d'Aigoulène.]

[Ici le dessin de la fontaine appelée du Chevalet et du marché y attenant.]

La dite fontaine apellée du Chevalet, comme dit est à fo-

[Fontaine du Chevalet.]

(3) Derrière.

2

— 18 —

lio 59. La première fondation est du temps de Constantin, empereur, comme dit est. Devant icelle est un carré ou triangle dans lequel autresfois estoit un marché comme aux autres triangles, au coingt duquel est un abreuvoir pour les chevaux. Laquelle fontaine et triangle sont dans la grand rue des Combes et près de l'Hospital de S^{nt} Martial. Tous lesquelz marchés sont à présent réduitz près la halle ou boucherie des Banctz, au Gras et aussi pour le poisson, et à la porte Poullalière pour le gibier et volailhe.

Il y [a] plus haut, près l'arbre de Beauvais, à présent l'église des Filles-de-Nostre-[Dame], une autre fontaine faite en piramide, dite des Barres, de la mesme source de la susdite fontaine.

———

[Ici le dessin de l'arbre de Beauvais.]

[Arbre de Beauvais]   L'arbre de Beauvais. dans le cerne [cercle] des Combes, autour duquel y avoit un triangle de muraille couvert de tables de pierre, dans lequel estoit autresfois un marché, comme aux autres triangles, de petites denrées. Au corps de l'arbre, soubz la première branche, estoit une barre pour y tenir une lampe ou lanterne. Lequel fut planté l'an 1507, par les consulz. A folio 300 (1).

———

(1) Les Registres Consulaires ne font pas mention de ce fait.

MÉMOIRES EN FORME D'HISTOIRE, CONTENANT L'ORIGINE ET ANTIQUITÉ DE LA VILLE DE LYMOGES ET MOEURS DES HABITANS D'ICELLE, ENSEMBLE CE QUI S'EST PASSÉ PUIS SA PREMIÈRE FONDATION JUSQUES A PRÉSENT.

Origine.

Lymoges, que les Grecz appellent Limotz [λιμός], *fames*, selon Phtolémée, livre 2, ch. 7 (1), et les Latins Lemovices, et Lemovicenses et le pays, Lymoges la ville, et le pays Lymousin. Antiennement la ville s'appeloit Ratiastum. Cette diction grecque convient très bien à la nature du pays, dénotant la terre estre légère et affamée, comme à la véritté elle est, laquelle, pour la randre féconde en fertilité de biens, a besoint d'estre séjournée et engressée. Pourtant ne demeure le pays d'estre abondant en fruits naturelz de diverses espèces que la terre y produit, y ayant quantité de fontaines, bois, préz et autres pasturages, qui nourrissent grand quantité de bestial.

[Origine de Limoges.]

Ladite ville a retenu son antien nom, nonobstant la cousume usitée entre les Gaullois de changer le nom ez pays par eux conquis et habités, les uns par honneur et les gens d'armes par ruses. Et ne luy est ce nom et origine sans grande raison réservé, estant le peuple d'icelle contrée en grande estime et réputation, du temps de César, comme appert en ses commantaires. Mais il faut que je confesse de n'estre résolu de la source et premier origine de la fondation d'icelle ville et cyté de Lymoges ; et tout ce que je puis déposer de l'eage d'icelle, c'est que Lymoges avoit bruit et grande renommée avant la venue de nostre Sauveur et Rédempteur Jésus-Christ,

---

(1) Dans Ptolémée il n'est pas question de λιμός, *faim*. Voici la phrase telle que nous la trouvons dans la traduction latine de Erckheimerus donnée à Bâle en 1545 : « In mediterranea autem Pictonibus subjacent Limuici [Λιμουίκοι] et civitas Ratiaston [Ρατίαστον]. » Sur cette question géographique consultez les ouvrages de M. Deloche cités plus bas page 22, en note.

comme tesmoigne César en son 8ᵉ livre de ces Commantaires, et ne doubte point que ladite ville n'aye print son origine longt temps auparavant. Toutesfois je m'en remets à Dieu comme le plus certain.

C'est donq apprès Ptholémée, César qui est le plus antien qui aye parlé de Lymoges et qui en aye plus escript. Aussi les hystoriens les plus probables n'an ont escript que depuis Julles César, car on n'a sceu trouver de croniques que les Druides nous ayent laissé par escript. Or communément on void les armoiries signiffier ou démonstrer l'instantion de ceux qui les proposent. Je dis cecy parceque nos pères antiens firent dépeindre les armoiries d'icelle en un chef (1) d'argent en champt de guelles. Or le sit du pays est tel que ce qui lui deffant il l'apprand (2) aisément de ses voisins pour argent. Du depuis, ez dites armoiries y sont estés adjoustées, sçavoir : la face de Sainct Martial, et, par permission des rois de France, trois fleurs de lis dans une barre azurée.

La constitution de la très antienne ville et cyté de Lymoges print l'origine le longt du fleuve de Vienne, en la région du pont Sainct-Martial, tirant sur un petit promontoire, où, à la cime d'icelluy, fust apprès édiffié un chasteau où les princes romains du temps d'Auguste fesoient leur demeure comme proconsulz et ducz d'Aquittaine. Postel (3), en ses *Expéditions Gaulloises*, dit Sainct Martial avoir trouvé à Bourdeaux et à Lymoges les temples et autelz aveq ces tiltres : *Deo ignoto et invisibili*, le Dieu inconnu et innénarrable, lequel devoient croire les Hébrieux sans le nommer par son hault nom, jusques au temps des apostres. Il [ne] nous reste rien plus de merqué que les Druides nous ayent laissé, sinon le mot et terme de réjouissance de *Guilhaneuf* (4). Or, pour ne me rendre suspect de mensonge, il m'a semblé bon de réciter deux diverses oppinions qu'on tient de nostre ville et pays de Lymousin.

Ceux qui ont les Troyens en cervelle disent qu'apprès le sac et ruine de la grand ville de Troye, aucuns princes Phrigiens,

---

(1) Buste.
(2) Il le prend, *apprehendit*.
(3) Guillaume Postel, l'*Histoire mémorable des expéditions depuis le déluge, faictes par les Gauloys ou Françoys...*, Paris, 1552, in-16.
(4) *V.* sur le Guilhanneuf, P. Laforest, *Limoges au* xviiᵉ *siècle*, 1862, in-8º.

comme Alverinus et ses enfans : Gergovix, Limovix et Pictovix, accompagnés de Narbon, tous parants du roy, voulants éviter la fureur d'Hercules, furent contrainctz d'abandonner leur pays de Frigie, et, navigeant sur la mer Méditerannée, arrivèrent par fortune de temps en Languedoctz, où fust fondé par Narbon la cytté de Narbonne, sur la rivière d'Ausq(1). Puis lesdits Alverinus, Gergovix, Lemovix et Pictovix, marchants outre, le longt de la rivière Haillière(2), dans la Limagne, victorieux des Géans dépopulan icelle contrée, la nommèrent Auvergne, selon Lucan; où firent fortiffier un beau lieu et entourner de plusieurs palaix et fossés, puis y assemblèrent plusieurs gentilz de la région susdicte, entre lesquelz exercèrent actes de grand louange et mémoire éternelle, comme avoient veu faire dans Troye, préservoient ce peuple d'oppressions, et librement constituèrent ledit Alverinus pour leur seigneur sur icelluy pays. Et, apprès son décedz, son fils Gergovix, l'aisné, succéda au gouvernement et seigneuries dudict pays, depuis la ville appellée Clermont.

Quelque temps apprès, le belliqueux et magnanime Lemovix, équippé de bon nombre de combattans, poursuivants les tirans en tous endroictz, arriva au lieu où est à présent assize la cyté de Lymoges, et [de] la beauté duquel se délectant, y fondat, ladite cytté, apprès la création du monde 2682, au tiers eage, avant l'Incarnation du filz de Dieu 1482. [Elle] fust premièrement nommée, de Lemovix, Lemovices, et ceux de la contrée Limousins. En icelle ordonna des loix nottables et fasson de vivre à ses subjects. Et envoya apprès certain temps son fils Folie Limousin aveq bon équippage de gens de guerre sur les frontières du Languedoct. Lequel fonda Thoulouse, la nommant de son nom, comme récite Lucas Thadensis (3), historiographe espagnol. Ce faict, les antiens Gaullois de l'Occidant, creignants perdre leur antienne liberté, firent grand guerre au premier Lemovix, lequel finallement les combatist entre le Clain et Vienne, où fust occis son frère Pictovix; toutesfois la victoire demeura aux Troyens. En mémoire duquel nom du seigneur Pictovix, Lemovix, son frère, fonda le vieux Poic-

Narbonne.

Auvergne.

Clermont.

Lymoges.

Thoulouse.

Poictiers.

---

(1) Notre auteur veut parler de l'*Aude*.
(2) Allier.
(3) *Lucas, Tudensis episcopus*. — Lucas, évêque de Tuy, dans la Galice.

tiers; et, revenu à Lymoges, y décéda, et fust ensepveli au lieu à présant appelé Soubrevas, près ladite ville; lequel avoit préservé longtemps sa ville, retenant son antien nom jusques à la venue de Julles Césard, comme dit Strabon.

L'autre oppinion est que la ville cytté de Lymoges fust fondée par un roy de Barbarie, nation des Géans, nommé Lemoux, et print son nom d'icelluy, au temps que Gédéon jugeoit les Hébrieux, l'an 978 apprès le déluge, et 2482 avant l'incarnation du filz de Dieu. Le roy Louis régna apprès luy, qui fist grandes ordonnances et fist forger grande quantité de monnoye qu'on appelait *barbarensis*(1), dans laquelle estoit ses armoiries ; et dans l'escusson y avoit un chef ayant une grande barbe. Voilà l'oppinion. Desquelz j'en laisse le jugement à Dieu, ne sachant les accorder.

Lymoges est une ville fort antienne, scituée au pays d'Aquittaine, province des Gaulles, terminée, du costé de l'orient, d'Esmoutier; de l'ocidant, Confolant; midy, Périgueux, et du septentrion, Argenton. Ayants vescu les Limousins par tant de ciècles en liberté et authorité, ayant couru la mesme fortune que les restes des Gaulles, comme dit Césard en ses Commantaires, livre 7, chapitres 2 et 20 (2), mesmes allors que Veregentoris fist sy grand amas de gens, puis apprès, quand les Gaullois se révoltèrent pour recouvrer leur antienne liberté et qu'il fust conclud que chacune nation et cytté, eust [eu] esgard à son pouvoir et authorité, forniroient bon nombre de gens d'armes. Et furent taxés les Beauvoisins à dix mille, et autant les Limousins, par leur prince et capitaine nommé Sédulius, lequel choisit cinquante des plus vaillants de toutes les armées des cyttés renommées de vail-

---

(1) Ces *barbarins* n'étaient autre chose qu'une monnaie limousine portant le buste de saint Martial. V. à ce sujet LEYMARIE, *Histoire du Limousin*, t. II, page 226.

(2) Chap. LXXV de l'édit. Panckoucke. — V. à ce sujet la Dissertation de MM. Deloche, *les Lemovices de l'Armorique*; et le grand ouvrage du même auteur, *Études sur la géographie historique de la Gaule, et spécialement sur les divisions territoriales du Limousin au moyen-âge*. — Paris 1864, in-4°.

lance, aux fins d'assaillir César devant l'Arzois (1) en Bourgogne. Toutesfois iceux vaillants Gaullois furent vaincus par les Romains, comme dit Césard, livre 7, *de Fuga Gallorum*, ch. 23 et 24 (2) : « Sedulius, dux et princeps Lemovicum occiditur; Vergasillanus, alvernus, vivus in fuga comprehenditur. »

Lymoges dès lors, ou Lymousins, se virent servir soubz l'Empire romain, esquelz tindrent foy et loyauté, ainsin qu'il appert au 8e livre des Commantaires, ch. 9 (3), allors que grande multitude de Gaullois assemblés ez parties de Poictou et partie de la ville de Poictiers s'estoient realliés. De laquelle le prince Duratius évada et se jetta dans Limoges, et y fust receu pour autant qu'il fust appelé amy du peuple romain. Auquel lieu il fut enclos et assiégé par Dunnacus [Dumnacus], chef de la susdite armée, aveq grand multitude de gens. Mais, sachant venir Caninius Rabilius [Rebolus], lieutenant de César, pour le secours de Duratius, pour le combattre, leva le siége de devant Lymoges, et allat audevant; où, après plusieurs escarmourches et perte de gens, Dunnacus et ses gens laissèrent les Romains et retournèrent assiéger Limoges, où ne gaignèrent rien ; car, sachants la venue de Caius Fabius approcher de Lymoges au secour de Duratius, Dunnacus et ses gens n'attendirent le choc, et, levant le siége hastivement, se despartirent de devant Lymoges, ne se santans asseurés que l'armée Gaulloise n'eust passé la rivière de Loire

---

(1) On a déjà pu s'appercevoir que notre auteur respecte fort peu les noms propres. Il veut probablement en cet endroit parler du mont Auxois ou du pays d'Auxois, où est située Alise-Sainte-Reine. Notre auteur serait donc de l'avis de M. Rossignol et autres; mais son témoignage dans la circonstance n'a aucune valeur. L'opinion qui place l'antique *Alesia* à Alaise en Franche-Comté est, comme on le sait, toute récente, et l'annaliste n'a pu que suivre les historiens, ses devanciers, qui avaient suivi eux-mêmes l'opinion du moine Herric.
(2) Chap. LXXXVIII, de l'édition Panckoucke.
(3) Chap. XXVI, de l'édition Panckoucke.

Du proconsulat de Duratius soubz Julles César, empereur, avant la nativité de Jésus-Christ 44 ans.

[Proconsulat de Duratius.]

Les antiens regestres du pays nous font foy que Duratius estoit filz de Cédulius, et qu'il succéda à ses seigneuries, et fust esleu gouverneur au pays de Poictou, apprès la mort du père; et que, apprès que Crassus eust conquis partie du pays d'Aquittaine, César visita le pays, où il fust receu pompeusement, et luy furent envoyés ambassadeurs et ostages de tous les endroitz des provinces.

Sur ce, César ayant recordation de la fidélité du prince Duratius et habittans de Lymoges, dhuement adverti que la nation Limousine estoit une des nobles et antiennes des Gaulles, par advis et délibération de son conseil, ordonna que Duratius seroit proconsul et principal gouverneur d'icelluy pays des Gaulles, et que ladite ville de Lymoges auroit l'authoritté principalle et supérintance sur les autres villes du pays. Et installa dans Lymoges le sénat, que nous appellons aujourd'huy parlement, et la forme de faire de la ville de Rome. Et ordonnat que les gens d'armes du pays y feroient leur demeure, et que le revenu des Gaulles et tribut annuel payé aux Romains y fust apporté et payé, comme fust apprès antièrement observé. Les historiens s'accordent que toutes les provinces furent attribuées les unes à Césard et les autres au peuple : celles qui appartenoient au peuple s'appelloient consulaires ou prétoriennes, où estoit envoyé de Rome au gouverneur un proconsul, lequel avoit puissance de mettre des lieutenants en chasque ville, pour commander et procurer les deniers fiscaux, ainsin que nous trouvons avoir esté observé à Limoges durant le règne du duc Estienne, comme nous dirons cy apprès.

Duratius, surnommé Ponnerianus Audius, estant constitué par César le premier des Celtes, gouverna la Gaulle Celtique, et Cénobrum ou Zénobrum, l'antienne Aquittaine, où ilz assamblèrent grands thrésors, dont aquirent plusieurs pocessions, fortifièrent et embélirent les cyttés où ilz fesoient leurs demeures et résidanse. Mesment Duratius édiffia dans Lymoges un théàtre sur la rivière, beau et magnifique, où il y a deux fontaines qui se voyent à présent, sçavoir : l'une près le cémitière de S^nte Félicité près le pont Sainct-Martial, et l'autre dans le chemin qu'on va de ladite église au Jeu-d'Amour ; et un palais de grande excellance près le lieu où est à présent l'église de S^nte Félicité, au pont S^nt Martial, près lequel palais estoient de beaux jardrins. Et plusieurs temples, tours, palais, prétoires et forteresses furent de son temps édiffiés audit lieu par les nobles Celtes qui dedans fesoient leurs résidance, lors que ez Gaulles régnoit une souveraine paix, parceque César avoit emmené aveq luy tous les gens de guerre. C'estoit beau de voir fleurir les cyttés et augmenter un chascun de richesses. Et allors commença Duratius à édifïer le palais de Crouchat à une lieue de Lymoges, et un autre surnommé Le Palays, à l'honneur d'Auguste César, lequel il fist paver de marbre, et faire construire les baingtz chaux dessou, aveq plusieurs autres grands édiffices de grand sumptuosité. Dudict théâtre cy-dessus désigné apparoissent des vestiges jusques aujourd'huy, entre ledit cémitière et les vignes et mesme près la rivière, de 40 pas géométriques et 18 pieds de haut, tirant sur le midy, espais 7 pieds, le tout basti à chaux et ciment de petites pierres carrées. Il y en avoit beaucoup l'an 1593 tirant vers la Roche au Got (1) ; et celui près S^nte Félicité, n'en reste que fort peu, qu'on void dans le cimetière jouguant les vignes, et dans icelles jusques au jardin des Jacobins, soubz lequel se void des conduitz et eaux.

Crouchat, le Palais.

Du proconsulat de Lucius-Capreolus soubz Auguste, empereur, avant la Nativité de Jésus-Christ 41 ans.

Ensuitte les antiennes regestes du pays nous disent que Auguste, empereur, octroya d'excellentz privilléges à Lymoges, mesmes voullust que la ville fust nommée Augustoritum.

[Proconsulat de Lucius-Capreolus.]

---

(1) Ce lieu est désigné sous le nom de *Roche au gua*, dans un acte de 1487. — *Voir* p. 98 du Ier vol. des *Registres consulaires*. — Limoges, Chapoulaud, 1867, in-8°. *Gua* veut dire gué. C'est donc abusivement qu'on a écrit et prononcé, plus tard *Roche au Goth*, et qu'on a forgé là-dessus une légende invraisemblable. — La *Roche au Goth* est située sur la rive droite de la Vienne, à 500 mètres environ au-dessous du pont Saint-Martial.

— 26 —

Sy conserva les armoiries de la ville, qui sont un chef d'argent en champt de guelles, donna pouvoir de forger monnoye merquée desdites armes, que les romains appeloient *Barbarins*. Parquoy, les... nations voyants que le tribut se payoit à Lymoges où estoit le sénat estably, et mesmes y avoit cappitolle, palais, théâtre et amphithéâtre, comme à Rome, la nommèrent *Secunda Roma*, métropolitaine de toutes les autres cyttés d'Aquittaine, franche et libre de tribu.

Le dit Lucius, ainsi qu'il se trouve, estoit filz de Zénobrum, gendre du susdict Duratius, lequel Duratius donna audit Zénobrum le revenu annuel de la seconde Aquittaine, limitée de la mer Océane, des monts Pirennées et du fleuve de Garonne. Et, en la guerre que César Auguste eut contre les Bascains dits Cantabres, ledit Zénobrum et son filz Lucius combatirent vailhamment. Et lequel Lucius, pour avoir combattu contre les ennemis au sommet d'une montagne fust surnommé Cappreolus. Zénobrum ayant sceu le décedz de son beau père Duratius, vint en Aquittaine, et, voulant s'emparer de l'administration du pays, fust empesché par aucuns seigneurs du pays soubz la conduitte du cappitaine Bonnius. Mais l'empereur Auguste, de ce adverti, les accorda, en sorte que ledit Lucius Capreollus, filz dudit Zénobrum, demeura proconsul des Celtes et Aquittaniens, et que ledit Lucius demeureroit à Augustoritum, *aliàs Ratiastum*, de présent Limoges.

Zénobrum estant décédé fust ensepveli à Lespare ; partant ledict Lucius jouyst paisiblement des deux Aquittaines, sans rien muer de l'ordonnance d'Auguste. Et, de son temps, les Lémoviques édiffièrent un temple au plus haut de leur cité, dédié à Jupiter, et puis le lieu appelé *Mont gaudii*, et à présant Monjauvys (1), et firent édiffier le susdit amphithéâtre des Arrennes et autres temples, à la mode des Gaullois. Lequel amphithéâtre estoit ordonné pour faire exercer les nobles Celtes au fait de la guerre, et voir courrir les lions et autres

Montjauvy.

Le Creux Arrènes d'où vient.

---

(1) *Voyez*, pour l'étymologie de ce nom, un article de M. Grellet-Dumazeau (*Bulletin de la Société archéologique*, t. III, p. 105.), et le compte-rendu de la discussion soulevée sur ce point à la Société archéologique (*ibid.* p. 148). — Sans prendre parti dans la question, nous pouvons affirmer que le peuple prononce *Moun jauvi* en faisant *au* diphthongue.

bestes sauvages, à l'imitation des Romains. Il fist construire le chasteau et forteresse de Chaslucs, à 5 lieues de Lymoges, et nommé de son nom *Castel Lucii Capreoli* et de présant Chaslux Chabrol. Icelluy Lucius n'avoit qu'un frère nommé Manilius Corintus, gouverneur de Bourges, lesquelz estoient restés de onze qu'ilz estoient filz de Duratius, les autres estants mors au service de l'Empire. Duquel Manilius Corintus descendit une seulle fille nommée Susanne. Lucius visita souvant l'empereur Tibère après la mort d'Auguste, et lequel n'ayant qu'un filz nommé Léocade, qui fust nourry avec Drusus, fils de Tybère. Lequel [Léocade], après avoir esté fait chevallier, fust renvoyé à son perre aveq l'authoritté du proconsul d'Aquittaine, pour la foy qu'il avoit trouvé en ses enceptres, et le fist procureur de César au lieu de son père Lucius, et fust des Celtes appellé duc pour ce qu'il conduisait les gens d'armes d'Aquittaine ez guerres des Romains. Lucius fist espouser audict Léocadius Suzanne, fille de son frère Manilius Corintus.

Chaslucs.

Du Proconsulat du duc Leocadius, père de Saincte Vallérie, soubz Tybère, empereur; apprès la nativité de Jésus-Christ 15 ans.

Le duc Leocadius, pour gaigner l'intégrité de ses prédécesseurs, espousa sa cousine germaine nommée Susanne, seulle héritière de Malinius Corintus, *alias* Manilius Armitus, frère du susdict Lucius, qui avoit esté légat prétorien de la province de Berry, de laquelle environ l'an 15 de l'empire de Tybère. Lequel eust de ladite Suzanne une fille nommée Vallérie, puis un filz nommé Lucillius, qui mourust quelques temps après, revenant de Bourges, en un lieu nommé Bourg-Dieu (1).

[Proconsulat de Leocadius.]

Chommeau (2), en l'Histoire de Berry, livre 2ᵉ, ch. 9, dit que Auguste envoyat Léocade, son parant, affin qu'il enregistra les Gaullois et receut le tribut deubt aux Romains. Et, en le 42ᵉ an de son empire, que nostre Seigneur nasquit, Tybère fist ce

---

(1) Aujourd'hui Déols, département de l'Indre.
(2) Jean Chaumeau, seigneur de Lassay, *Histoire du Berry*... — *Lyon, Gryphius*, 1566, in-fol.

— 28 —

Léocade prince des Gaulles, où estoit sa femme Suzanne et Vallérie, sa fille.

Les vieilles panchartes sur la Bourgougne disent que la première citté de sa principauté estoit lors comme colomne des Romains, et l'autre Bourges.

Bouchet, en ses Annalles d'Aquittaine, nomme Limoges comme célèbre entre les villes de la seconde Aquittaine, et appelle les ductz rois, disant que, puisque Hérode, en ces temps, portoit le tiltre de roy, les ductz que nous disons avoient le mesme tiltre.

Et ceux de Lymoges disent qu'icelluy Leocadius fesoit sa demeure à Chaslux.

Icelluy fist bastir un beau palays à Bourges, au lieu où à présent est bastic l'église cathédralle, et un fort beau chasteau, à deux lieues de Lymoges, qu'il nomma *Castel Lucii*, du nom de son filz Lucillius, à présent nommé Chasluscet (1), entre les rivières de Briance et la Ligoure. Lequel Leocadius fust tué en une bataille que ses voisins avoient contre les Romains, et laissa sa femme Susanne aveq sa fille Vallérie, seulle unique.

Du Proconsulat de Junius Sillanus, que nous appellerons le duc Estienne, soubz Claude, empereur; après la nativité de Jésus-Christ 42 ans.

[Proconsulat e Junius Sillanus.]

Il est à remarquer que, l'empereur Tybère estant décédé, Caius Caligula luy succéda, le 9º apvril, de nostre salut l'an 38; lequel espousa en premières nopces Octave Sillaire, fille d'Appius Sillanus et de Octave Agrippe, fille de Marcus Agrippa. Lequel ayant sceu que Leocadius avoit esté tué par les Anglois, où il avoit esté mandé par l'Empereur d'aller attaquer, dans lequel pays voulant entrer, estant repoussé par lesditz Anglois, fust tellement combattu, qu'apprès la submersion de plusieurs vaiseaux et meurtre de gens, les Gaullois

---

(1) *V.* l'abbé Arbellot, *Château de Chalusset, description et documents historiques*. — Limoges, Ardillier fils, 1851, in-8º de 56 pages. — *Voy.* aussi *le Château de Chalucet*, par Louis Guibert. — Limoges, Sourilas-Ardillier, 1863, grand in-18 de 58 pages.

furent repoussés et ledit Leocadius occis; et laissa sa fille Vallérie seulle unique aveq sa mère Susanne. Ce que ayant sceu l'Empereur confirma pour seigneur Junius Sillanus aveq l'office de proconsul des Celtes, et, partant, il fust duc de l'une et l'autre Aquittaine aveq mesme pouvoir que les autres cydevant. Lequel vint à Limoges ayant mené aveq luy plusieurs nottables seigneurs romains (tous députés de l'empereur, ayants charge en Aquittaine, les uns pour réformer les cérimonies des sacrifices selon l'erreur payenne, comme estoyent Aurelius Creta ou Cotta et Acterius Anthonius, les autres pour servir de gouverneurs particuliers aux villes, comme Sigisbert en la ville et comté de Bourdeaux, Arcade en la compté de Poictiers, Arnulphe en Combraille, dont la capitalle estoit Tulle, qui lesquelz furent receus très magniffiquement, principallement de la duchesse Susanne et de sa fille Vallérie et des gentilhommes du pays), aveq pouvoir d'espouser ladite fille Vallérie. Laquelle ayant vue, [Junius Sillanus] fust espris de sa beauté et la demanda en mariage, suivant la charge que luy en avoit donné l'Empereur. Laquelle luy fust accordée par advis des Estats du pays, soubz le bon plaisir de l'Empereur, et le jour déterminé pour faire le mariage. Mais il arriva que, sur le pourparler, l'Empereur mandast audit Junius Sillanus d'assembler toutes ses forces et l'aller trouver sur les costes d'Angleterre; comme il fist aveq tel heur que dans six mois ledit pays fust remis soubz l'obéissance de l'Empereur. Pendant lequel temps Sainct Martial vint à Lymoges.

Aucuns escrips font foy que ce duc Estienne s'appeloit Junius Sillanus. Et l'empereur Claude aymoit souverainement la famille des Sillanus, tant pource qu'ilz estoient ses cousins, que leur renommée antienne, que pour la nouvelle alliance de la fille Vallérie. Parquoy ce Junius Sillanus, duquel le nom fust changé en son baptesme par Sainct Martial, fust appellé Estienne. Lequel estant proconsul de l'une et l'autre Aquittaine fust constitué son procureur [de Claude] aveq toute puissance, etc.

Je le dis affin d'estre raisonnable qu'on voye s'il est de juger ainsi, car ez légendes de l'Eglise, ny en l'histoire de la vie de S^nt Martial, pareilhement Bouchet en ses Annales d'Aquittaine, ni Chommeau en l'Histoire de Berry, ne parlent nullement de ce nom de Sillanus, mais du duc Estienne; et le vulgaire du pays Estienne-le-duc, et, en leur langue,

Thèvo-lou-duc, duquel sera parlé cy apprès plus amplement.

La venue de Sainct Martial.

[Saint Martial.] Sainct Martial, estant envoyé par divine Providance à Lymoges, apprès avoir résuscité S^{nt} Austriclinien et jetté le mallin esprit du corps de la fille d'Arnulphe, au château de Thou en Combraille, ou Tulle de présant nommée, et résuscité le filz de Nerva, chef, pour les Romains, du sénat d'Aquittaine, lesquelz furent baptisés et avec eux trois mille six cens personnes, et, par sa prière, fist recouvrer la vue aux prestres des idolles d'Ahu (1). Lesquelz ayant perdu la vue pour avoir faict battre le sainct, furent demander secours à leurs Dieux, et voyantz qu'ilz ne leurs randoient responce, furent, pour la dernière fois, consulter l'idole Jupiter, qui fist responce que les autres ne pouvoient parler, mesmes elle, depuis qu'un Esbreut estoit entré dans le Temple, et que l'ange les avoit liés de chaisnes. Ce que entandant, lesdits prestres furent trouver Sainct Martial affin de pouvoir recouvrer leur vue, ce que le sainct leur ottroya. Lequel, après avoir faict sa prière à Dieu fist recouvrer leur vue et après baptiser, et aveq eux deux mille six cens personnes (2).

Nostre Seigneur ayant adverti S^{nt} Martial d'aller à Lymoges, estant pour lors la plus florissante de ce temps, comme dit est, vint à Limoges, où, au palays, guéry un frénétique et converti la duchesse Susanne aveq sa fille Vallérie en la foy de Jésus-Christ. Lesquelles estants baptisées aveq leurs domestiques au nombre de six cens personnes, S^{nt} Martial apprès, preschant l'Evangille, fust battu, et lié de chaisnes, et

---

(1) *Agedunum*, *Ahun*, ville de la Marche limousine, à trois lieues de Guéret, et cinq de *Toulx*-Sainte-Croix. — V. sur cette question, *Toul et Ahun, le Christianisme dans l'Aquitaine*, par M. J. Coudert de Lavillate (Guéret, 1856, in-8°).

(2) Confronter avec le récit du Père Bonaventure, IIIe partie, p. 50. Nous renvoyons aussi à l'ouvrage de M. l'abbé Arbellot : *Dissertation sur l'apostolat de saint Martial* (Limoges, 1855, in-8°), dans lequel on trouvera une bibliographie aussi complète que possible de ce qui a été écrit sur notre saint.

mis en prison par Aurelius Cotta et Altherius Anthonius, souverains pontifes des idolles. Mais les portes des prisons s'ouvrirent, les chaisnes se rompirent, et y eut par toute la citté grand tramblement de terre aveq tonnères et esclairs espouvantables, desquels furent lesditz pontiffes occis. Lesquelz, à la prière de sainct Martial, furent résuscités puis baptisés, et aveq eux vingt-deux mille personnes. Puis sont allés au temple de Jupiter, Mercure, Vénus et Diane pour briser les idolles et consacrer le temple à Dieu, au nom de S^{nt} Estienne, premier martyr.

Exorde de l'Histoire de S^{nt} Martial.

[Saint Martial, suite.]

Sainct Martial, autrement apellé Cœphas, estoit de la lignée de Beinjamin, natif de la ville de Ramatha en Judée, sur le chemin qu'on va de Japha en Hiérusalem, fust baptisé par S^{nt} Pierre avec Marcel, son père, et Elisabet, sa mère, en l'eage de 15 ans, et après receu disciple des appostres — et non sans cause — car il avoit demeuré trois ans à la suitte de Jésus-Christ aveq les apostres. Et fust celluy petit enfant qui portoit les cinqt pains d'orge et deux poissons dont Nostre Seigneur rassasia cinq mille personnes, comme il est escript en S^{nt} Jean, chap. 6, et celluy que Nostre Seigneur monstra à ses apostres lui mettant la main sur le chef, comme est escript en S^{nt} Mathieu, ch. 18 : *Et vocans Jesus parvulum.* En mémoire de ce paroissent encore les merques et intersignes des doigts de Nostre Seigneur sur le chef dudict Saingt, ce qui fust miraculeusement, à Rome, dans l'église S^{nt} Pierre, un jour que le diacre disoit l'Evangille, proférant après les mots : *Vocans Jesus parvulum Martialem, prœsulem Lemovicorum,* et fust ainsi trouvé escript dans le livre. En mémoire de quoy fust dressé un autel dans ladite église S^{nt} Pierre de Rome à l'honneur de S^{nt} Martial. De plus, il assista au résuscitement de Lazare et à la mort et passion de Nostre Seigneur Jésus-Christ. Aussy estoit-il à la S^{nte} Cène, et mist l'eau au bassin, quand Nostre Seigneur lava les pieds à ses apostres. Il estoit aveq les appostres quand Nostre Seigneur vint sur eux en langues de feu, mesmes quand il monta aux cieux ; et receut toute puissance de luy aveq les autres apostres et disciples. Il accompagna tousjours la Saincte Vierge. C'est pourquoy il luy fust loisible de prescher l'Evangille au nom de Dieu aussy bien que les autres apostres et disciples. Il demeura en Judée aveq S^{nt} Pierre 5 ans, puis le suivit en Antioche, et de là à Rome, où il preschat l'Evangille; et y demeura environ deux ans aveq Alpinien et Austriclinien. Puis fust envoyé par Sainct Pierre à Lymoges aveq lesdits Alpinien et Austriclinien, pour annoncer aux Gaullois la parole de Dieu. Et, comme ils furent à deux journées de Rome, en un lieu, Else (1), Austriclinien mourust, qui fust cause que S^{nt} Martial retourna à Rome pour en advertir S^{nt} Pierre, lequel lui bailha son baston pastoral. Auquel lieu estant retourné et faict sa prière à Dieu, touchant le corps mort dudit baston, fust aussitôt résuscité; puis vindrent courageusement en Limousin. Sainct Martial avoit pour sa garde, que Dieu lui avoit donné, six anges. Et, estant au Bas-Limousin, au pays de Combraille, il fist les miracles susdits, comme aussy à Limoges.

Apprès, vint à décéder la bonne dame Susanne, mère de Saincte Vallérie laquelle, illuminée du Sainct-Esprit, cognoissant la fragilité humaine, voua à Dieu sa virginité, en présance de S^{nt} Martial, estant encores le duc Junius Sillanus en Angleterre, qui, de ce adverty, cuida se désespérer, et en fist plainte à l'Empereur, pour autant qu'il avoit approuvé le mariage; lequel lui permist d'aller à Lymoges, et, au cas que ladite Vallérie feroit refus de l'espouser, luy permist de la faire mourir, par forme de colère, pour mieux s'excuser sy les Gaullois en vouloient murmurer, et depputa Hortarius, centurion romain, pour faire cet exploit.

Comment Ste Vallérie fust décolée.

[Décollation de sainte Valérie.]

JUNIUS SILLANUS, revenu à Lymoges, logeast au palays de Lucius, qui estoit dans la ville, près le pont S^{nt} Martial, et envoyast quérir la princesse Vallérie pour traiter le mariage aveq luy, ce que elle refusa, disant qu'elle vouloit vivre et mourir en chasteté, et en avoit fait vœu à Dieu. De quoi ledit Junius indigné la fit incontinant vuider de devant sa face, et

---

(1) Au bord de la rivière d'*Elze*, sur sa route de Sienne à Pise (COLLIN).

commanda audit Hortarius de la suivre et de faire sa charge.
Lequel l'attrappa dans le jardin du palays, du costé de midy,
et, là, lui trancha la teste, environ l'an 16 apprès l'Assention
de Nostre Seigneur. Mais, par miracle, arrivat une grande
clarté, et la sainte se leva debout, comme sy elle fust esté
vivante, prenant entre les mains son chef sanglant, sortit du
jardin et s'en allast au lieu où est à présent la chappelle de
S^{nt} Martial, dans l'église S^{nt}-Estienne, où elle trouva S^{nt} Martial
sacriffiant pour son martyre, duquel il avoit esté adverti par
révélation divine. Laquelle vierge posat son chef sur la pierre
de marbre de l'autel où le sainct fesoit le sacrifice, sur lequel
ont demeuré les merques rouges dudit sang, et s'agenoulhant
sur la pierre du marchepied, ses genoux furent imprimés,
ce qui fust faict présant ledit Hortarius. Laquelle ayant receu
la bénédiction de S^{nt} Martial, son âme fust portée par les
anges au ciel. Lequel Hortarius, esmerveilhé de tels miracles,
courust vers ledit Junius Sillanus, auquel, après avoir récité
ce que dessus, ledit Hortarius, centenier, tombat mort sur la
place. De quoy ledit Sillanus fust fort troublé, creignant mesme
accidant, ne sachant à quoy se résoudre. Sur quoy vinrent
Aurelius et Alterius, nommés en leur baptesme par sainct
Martial Aurelius et Andreas, lesquelz récitèrent les faits et
actes merveilheux qu'ils avoient veu faire à S^{nt} Martial depuis
son partement, luy conseilhant de l'envoyer quérir, ce qu'il fist.
Lequel saint estant venu devant ledit Junius, après avoir faict
sa prière à Dieu, résuscita ledit Hortarius en la présance
dudit duc Junius. Lequel Hortarius demanda estre baptisé,
après avoir dit plusieurs choses de l'autre monde, ayant confessé que le Dieu que preschoit saint Martial estoit le vray
Dieu et sauveur des humains, parquoy il demandoit incessamment estre baptisé, ce qui fust faict avec ledit duc Junius,
lequel fust appellé Estienne (parquoy nous n'userons plus du
nom de Junius Sillanus, mais du duc Estienne), et aveq luy
estants en nombre de quinze mille. Lequel, pour l'expiation
de ses fautes, fondat deux ausmonneries ou hospitaux pour
nourrir chascune, en l'une trois cens pauvres, et l'autre cinqt
cens, et fist publier par toutes ses terres d'adorer un seul Dieu,
et fist fère un précieux tumbeau sur le corps de Sainte Vallerie,
et donnast plusieurs richesses à l'église.

[*Extraict d'ung vieulx livre en parchemyn dud. monastère Sainct-Marcial.*] (1)

Tunc, sanctus presul ad Stephanum ducem venire est dignatus, quem, cum cerneret dux, eadem hora, cum lachrimis misit se ad pedes ejus, et cunctus excercitus ejus cum primatis Romanis. Ac Beatus Marcialis, videns potentes seculi paratos ad credendum, ut eis veritatem fidei demonstraret, tenens manum deffuncti, ait : « Ressuscitet te Dominus meus et Magister meus Jesus Christus, quem Judei cruxifixerunt, et tertia die resurrexit a mortuis, qui apostolo suo Petro me sociare dignatus est, et per eum misit me in istam provinciam, ut gloriam ejus manifestarem ! In ipsius nomine, sta supra pedes tuos ! » Qui, illico surgens, provolutus pedibus Sancti Marcialis, (dixit) : « Tu es vere pontifex Dei. Peccavi occidens sanguinem justum ; sed da michi, obsecro, baptistum christianorum, et fac me christianum. » Beatus vero Marcialis tam ipsi qui ressuscitatus fuerat a mortuis quam Stephano duci et satrapis ejus, cunctoque exercitui suo, credere parato, penitenciam induxit, et baptizavit eos numero quindecim milia. Corpus vero Sancte Valerie, una cum capite secto a cervice, sepelivit beatus Marcialis honore preclaro, astante duce et cunctis optimatis ejus. Hoc dum credendum est absque dubio, quod convercionem sponsi sui spiritus Sancte Valerie impetravit in celis, que multas pro eo preces fuderat in terris. Nam hoc sensisse predictum ducem hic perpenditur, quod omnia que dotis nomine Sancte Valerie per testamentum dederat, facta solempni donatione, Sancto Marciali tradidit, ut ipse ea prout sibi videbatur dispensaret ; aurum eidem et argentum multum ac multa preciosa munera dux obtulit pontifici, ut exinde fabricaret ecclesias quas esset fabricatu-

---

(1) Comme cette pièce, extraite, ainsi que le dit plus bas l'annalyste, du t. 1er des *Registres consulaires*, a été très inexactement copiée, nous la rétablissons d'après ces Registres. Le dessin à la plume ci-contre accompagne la pièce dans les *Registres consulaires;* mais ne se trouve pas dans notre manuscrit. (V. t. Ier, p. 252 de l'édition en cours de publication.)

rus. Et, beato antistite et consilium prebente, construxit hospitale pauperum, et illud redditibus terrarum replevit, ut quothidie pauperes trecenti ibidem alerentur in honorem Christi, pro recordatione beate virginis et martiris Valerie.

Le latin susdict est extraict de la maison consulaire, et traduit en françois :

« Sainct Martial estant venu devant Estienne-le-duc, et
» voyant qu'icelluy duc et sa trouppe avec les princes romains
» estoient prosternés les genoux en terre devant luy, s'estants
» préparés pour se faire baptiser et croire en Dieu, avec
» grandes larmes, print la main du deffunct et dit : « Mort,
» lève toy ! Dieu qui a esté crucifié des Juifs et qui est résus-
» citté le tiers jour de mort, et qui m'a accompagné de Pierre,
» son apôtre, par le commandement duquel j'ai esté envoyé
» en cette province pour prescher son Evangille, te resus-
» citte ! Et, au nom de Jésus Christ, lève-toy debout ! » Le-
» quel défunct, se levant, se jette aux pieds de S^{nt} Martial,
» dit : « Tu es certainement le vrai pontife de Dieu. J'ai
» péché espandant le sangt juste, mais je te prie me bapti-
» ser et faire chrestien. » Lors S^{nt} Martial le baptisat avec le
» duc Estienne et toute sa trouppe, le nombre de laquelle
» estoit de quinze mille, et ensepveli le corps et la teste de
» S^{nte} Valérie en la présance du duc et des plus grands sei-
» gneurs. Ce qui est à croire sans doubte (1).
» Ledit duc apprès bailla par solempnelle donation à Sainct
» Martial grand nombre d'or et d'argent avec de beaux pré-
» sants pour édiffier églises. Dequoy S^{nt} Martial fist édiffier
» un hostel auquel il bailla moyen pour nourrir trois cens
» pauvres, et ce à l'honneur de saincte Valérie. »

Le duc Estienne vescut en bon chrestien le reste de sa vie comme sera dit cy-apprès.

---

(1) « Il est à croire sans doute que l'âme de Sainte Valérie obtint dans le ciel la conversion de son fiancé, elle qui avait tant prié pour lui sur la terre. Car il est à croire que c'est ce que pensa le susdit duc, puisqu'il donna à Saint Martial tout ce dont il avait disposé par testament en faveur de Sainte Valérie, afin qu'il l'employât comme il le jugerait convenable. Il lui donna aussi beaucoup d'or et d'argent, etc. »
Le Compilateur a omis de traduire ce passage.

Hildebert filz d'Arcade, compte de Poictiers, résuscité, et conversion des Bordelois (1).

Les Saxons et les Frisons s'estans révoltés contre l'Empire et faict beaucoupt d'esmotions de guerre sur la mer océane, le duc Estienne fust mandé par l'Empereur d'assembler gens de guerre de tous costés, et leur donner dessus, ce qu'il fist. Et, avant son départ, print congé de S^{nt} Martial, auquel il portoit grande révérance. Mais, comme les ennemis virent qu'il avoit passé la rivière du Rhin, ilz se retirèrent et laissèrent le pays libre. De quoy le duc Estienne fust fort content, persuada aux gens qui estoient aveq luy, qui s'estoient fais chrestiens, d'aller randre grâces à S^{nt} Martial, estimant le bon heur estre venu par son intercession. Et comme l'armée fust arrivée au palais *Jaconcia* (2) ou *Jocgentia*, près Limoges d'une lieue, sur la rivière de Vienne, ayants tandu leurs tantes et pavillons, aucuns gentilhommes se mirent dans l'eau pour se baigner et rafraîchir, entre autres Hildebert, filz du compte Arcade de Poictiers. Lequel, approchant d'un certain gouffre perilhieux appellé *Gourgery* (3), fust submergé par les diables

---

(1) Cff. *Acta sanctorum*, 30 junii, pag. 536, col. 1 in fine; Ordericus VITALIS, apud *Historiæ normannorum scriptores* (Luteciæ, 1619, in-f^o), p. 431 in fine. — M. Maurice Ardant a donné une traduction de ce passage d'Ordéric Vital, ainsi que de plusieurs autres relatifs à S^{nt} Martial, dans ses *Ostensions* (Limoges, Barbou, 1848, in-18).

(2) L'abbé Nadaud, dans un *Mémoire manuscrit sur un palais des rois de France de la seconde race, dans le Limousin*, qui se trouve à la Bibliothèque de Limoges, et dont Allou, *Description des monuments observés dans la Haute-Vienne* (Limoges, 1821, in-4°) a donné un résumé, place *Jocundiac* à Condat, à une lieue en aval de Limoges, rive gauche de la Vienne. Cependant les raisons qu'il donne en faveur du Palais, rive droite de la Vienne, à 8 kilom. environ en amont de Limoges, et qu'il s'efforce de détruire ensuite, nous semblent mériter quelque considération. M. l'abbé Arbellot (*Pierre le scholastique, — Fragments du poème de S^{nt} Martial*, Limoges, 1857, in-8°, p. 24), adopte hardiment l'opinion favorable au Palais.

(3) Ordéric Vital appelle ce lieu *Garricus*. L'abbé Nadaud, dans son *Mémoire manuscrit* déjà cité, le nomme *Jarric*; M. l'abbé Arbellot dit qu'il est encore connu sous le nom de « *Lou gour de Garri.* »

cachés en icelluy gouffre. De quoy le père fust fort contristé, et heust recours à S^{nt} Martial, lequel allast audit lieu depuis Limoges, teste et piedz nudz, vestu de haire, et passant audit Pallais, fust honnorablement receu du duc Estienne et de ceux de l'armée, lesquelz accompagnèrent le sainct jusques au bord de la rivière, où, par son commandement, apparurent visiblement sur l'eau deux esprits immundes en forme de pourceaux noirs et espouvantables, lesquelz, ayants jetté le corps dudit Ildebert à terre, apparurent encor plusieurs autres espritz en figures de Mores, couverts de cheveux, jettans feu et flammes puants par leurs bouches et narines, tenants des chaisnes de feu aux mains, l'un desquelz s'appeloit Neptune et l'autre Mille-Mestiers (1) ; et, au commandement du sainct, tous se retirèrent dudict lieu le laissant vuide. Ce faict, le sainct résuscita ledit Hildebert, présant tous, lequel raconta comme les diables le voulloient porter en enfer, lequel fust deffandu par un ange parce qu'il estoit baptisé et avoit vescu en chrestien. Puis sont venus à Lymoges avec sainct Martial, et dans l'église S^{nt} Estienne sont venus randre grâces à Dieu. Et, depuis l'heure, ne voulust plus retourner aveq ses parans, et demeura tousjours aveq sainct Martial, faisant pénitance aveq luy.

De rechef fust publié un édit, par commandement du duc Estienne, que tous heussent à advouer un seul Dieu vivant, à peine de la vie.

{Visite du duc Estienne à saint Pierre}

Il est à notter que ledit duc ayant son armée dans l'Itallie, après avoir soubmis les Saxons, icelluy duc fust visiter Sainct Pierre, auquel il parla, et récita les faits merveilheux de S^{nt} Martial. Dont S^{nt} Pierre fort resjoui randist grâces à Dieu, confirma le baptesme du duc et lui donnast sa bénédiction de ce qu'il avoit fait mourir Saincte Vallérie, luy en ayant demandé pardon. Puis [le duc] offrit à S^{nt} Pierre deux cens livres d'or qu'il avoit receu de l'empereur Néron, ce qu'il refusa; et [lui dit] de les porter à S^{nt} Martial. Icelluy duc fust sy bien instruit par Sainct Martial, qu'on lui donna le nom de persécuteur des infidelles et protecteur des pauvres, veufves et orphelins, vivant fort austèrement et [en] chasteté, jeusnant le mercredy, vendredi et samedy, et ne beuvant vin.

---

(1) « Ego vocor *Mille-Artifex*, quia mille habeo artes ad decipiendum genus humanum. » (*Ordéric* VITAL.)

En ce temps, le comte de Bordeaux, nommé Sigisbert, estoit perclus de ses membres par une paralysie ; lequel, ayant ouy parler des actes merveilheux de S^nt Martial, eust recours a luy, et y envoyat en bon équippage sa femme, nommée Benoiste, pour impétrer santé. Laquelle, estant venue à Lymoges devant S^nt Martial fust par luy instruite et baptisée et ceux de sa compagnie ; puis saint Martial donnat sa verge à ladite dame, luy disant : « Va trouver ton mary Sigisbert et mets icelle verge sur son corps, et il sera guéry. » Incontinant ladite dame partit de Limoges et s'en retourna à Bourdeaux. Et, comme ladite dame arrivat à Bourdeaux, le diable, qui estoit caché dans l'idolle de Juppiter, révéla au principal sacrificateur des Bordelois qu'il estoit contrainct aveq ses compagnons de quitter la ville de Bourdeaux, par l'admonestement d'un Hébreuf, voulant parler de S^nt Martial, qui estoit aveq [comme] amy de Dieu qui avoit députté douze anges pour le garder jour et nuit, duquel icelluy obtenoit tout ce qu'il demandoit, ne beuvant vin, ne mangeant chair, et ne portoit linge depuis qu'il estoit venu d'Antioche. Laquelle dame estant arrivée en sa maison, ayant faict prière à Dieu et mis la verge sur son mary, comme S^nt Martial lui avoit dit, incontinant fust guéry et en parfaicte santé. Et ayant sceu ce que le diable avoit révélé, la bonne dame fist tout incontinant habattre toutes les idolles. Puis, le susdict Sigisbert se prépara pour aller à Lymoges randre grâces à S^nt Martial et se faire baptiser, ce qu'il fist aveq grande compagnie de gentilhommes qui furent baptisés aveq luy ; puis offrist plusieurs donts à S^nt Martial, lesquels il refusa.

[Guérison miraculeuse de Sigisbert comte de Bordeaux.]

Quelque temps apprès, le feu s'estant mis dans la ville de Bourdeaux, portant grand dommage, ladite dame heust recours à ladite verge, et l'apporta devant la flamme, ayant faict sa prière. Le feu s'esvanouy incontinant, et en sorte qu'il ne se trouva aucun intersigne.

[Incendie de Bordeaux arrêté par le bâton du saint Martial.]

La Guérison de neuf Démoniacles.

Sainct Martial allast [en] plusieurs endroits publier l'Evangille ; il fust dans l'Agénois, près la rivière de Garonne. Entre autres lieux, il arriva en une ville nommée Mortagne (1), où il

[Guérison de neuf démoniaques.]

---

(1) *Mauritania*, Mortagne-sur-Gironde.

baptisa grand nombre de peuple qui estoit là assemblé, où il demeura environ trois mois. Pendant lequel temps, luy fust envoyé de Bourdeaux neuf démoniacles enchaisnés de chaisnes de fer, qui furent tous guéris par le sainct. Et, au lieu de Mortaigne, le sainct fust au temple de Jupitter, de l'idolle duquel il fist sortir le diable en forme de More, jettant feu et flamme, lequel, par son commandement, s'esvanouy. Puis, faisant le signe de la croix sur les malades qu'on avoit amené, furent tous guéris et baptisés aveq plusieurs autres.

Consécration de l'église S^{nt}-Pierre, devant le sepulcre de S^{nt} Martial.

[Consécration de l'église Saint-Pierre.]

Sainct Martial, estant de retour à Lymoges, eust révélation que S^{nt} Pierre et S^{nt} Pol avoient souffert martyre. Parquoy il commanda d'achever l'oratoire qu'il avoit commancé à fère bastir pour luy et pour le duc, lequel il dédia à Sainct Estienne, et y fère un tumbeau pour luy, et un autre sépulcre pour le duc Estienne, l'autel duquel il fist couvrir d'or et [mettre] autour six couronnes d'or, six lampes d'or pour fère bruller six chandelles.

Et le temple au devant icelluy, auquel y avoit paravant des idolles, ayant esté réparé, le sainct fist dresser un autel qu'il fist aussy couvrir d'or, puis mettre dessus un propitiatoire d'or ayant aux quatre coingtz quatre couronnes, et devant l'autel sept lampes d'or pour tenir feu jour et nuit, plus six chandeliers d'or et un encensoir d'or, et une croix d'or, pour l'ornement d'icelle. Puis adverti le duc pour fère préparer le peuple pour assister à la dédicace, ce que le duc fist publier par toutes ses terres. Parquoy, le landemain, après que le peuple fust assemblé, Sainct Martial célébra eu grand solempnité la dédicace à Dieu, au nom de S^{nt} Pierre et S^{nt} Pol; à laquelle fust vu par toute l'église une clarté admirable, et le sainct entouré d'une lumière extraordinaire et telle qu'on ne le pouvoit voir.

Le diable entre dans le corps du comte de Tours alias Arnoult, et Christine.

Il advint pandant icelle un feut épouvantable, car les diables vont entrer dans le corps d'un jeune seigneur, compte de Tours, nommé Arneus, et de sa femme, nommée Chrestienne; lesquelz furent griefvement tourmentés. Mais S^{nt} Martial ne les souffrit en ce martyre; les faisants venir devant luy, furent incontinant délivrés. Lesquelz diables, estants interrogés pourquoy ils s'en estoient saisis, dirent : « Pour ce qu'ilz n'ont ensuivi tes commandements, n'ayants demeuré le jour d'hier en chasteté. » Dont ilz firent pénitance. Et fust icelle consécration le 6ᵉ des nones de may, l'an 14ᵉ du règne de Néron. — A présant la commémoration se fait le 2ᵉ may.

Cela estant faict, Sⁿᵗ Martial institua en ladite église Sainct-Pierre aucuns prestres pour faire le service divin chasque jour, vivants très religieusement, sçavoir : Aurélien et André qu'il avoit résuscités, Ildebert, filz du comte Arcade, qu'il avoit aussy résuscité, aveq trente-six clercs pour servir Dieu, ausquelz le duc Estienne donna pour vivre. Et outre, il ordonna douze pour garder le bien de l'église et vaisseaux consacrés, esquelz aussy furent assignées des rantes. [Organisation du service divin à Saint-Pierre.]

L'Ordonnance des Quatre Temps par Sᵗ Martial, et décedz du duc Estienne.

Apprès que Sainct Martial eust consacré les églises susdites et celles de Thoulouse, Bourdeaux et Poictiers, il ordonna les quatre-temps pour gaigner les pardons, en cette sorte que tous les habittans d'Aquittaine viendroient, chacune année, aux quatre-temps ordonnés, à Lymoges, en l'église Sainct-Estienne, lieu où il avoit estably son premier siége, et, là, faire prières, vœux et oraisons, aveq la cendre et haire, oblations et luminaires, et, de là, s'en aller à l'église Sⁿᵗ-Pierre par l'espace de trois jours, pour entendre la prédication et recevoir la bénédiction de l'abbé dudit lieu. Et ordonna son sépulcre en ladite église Sⁿᵗ-Pierre, et ledit duc Estienne le sien aussy, lequel il avoit fait faire, comme dit est, par Amasius, architecte. [Institution des Quatre-Temps.]

Quelque temps apprès, le duc Estienne fust à Rome visiter Sⁿᵗ Pierre, lequel luy donna sa bénédiction, qui le receu bénignement, aveq grand joye, au lieu où est à présant le Vatican. Et parce que ledit duc estoit chrestien et vivoit en grand austérité, il fust moqué de l'empereur Claude César, cuidant qu'il le faisoit par avarice, ainsin que rapporte Cornelius Tacitus, et par luy appelé *pecudem auri*, l'appelant *beste d'or*. Néantmoingtz il fust esleu proconsul d'Asie, laquelle [charge] il acepta par commandement de Sainct Pierre. [Mort du duc Etienne]

Et, ledit empereur estant décédé, succéda Néron. Mais comme la vertu a pour compagne l'envie, Aggrippina, mère de Néron, creignant que son filz fust troublé en l'empire par le duc Estienne, trouva moien de le faire empoisonner par Publius Celerius, chevalier romain, et Elius, serviteur dudit duc (1). Duquel le corps fust envoié quérir par les exécuteurs de son testament Aurelius et Andreas, et porté tant par mer que par terre à Lymoges, où il avoit esleu sa sépulture, où Sainct Martial fist ses obsèques. Et firent les exécuteurs construire sa sépulture par ledit Amasius, et le portail de marbre noir qui se void de présant. Cella faict, Aurelius et Andreas retournèrent à Rome pour vendre leurs biens, le prix desquelz ils délivrèrent à S^{nt} Pierre et S^{nt} Pol pour distribuer aux pauvres, puis retournèrent à Lymoges. Le duc Estienne, avant que de partir pour aller en son proconsulat d'Asie, obtint pour gouverner l'Aquittaine un noble chevallier romain, nommé Sabinius Calminius, duquel sera parlé cy-apprès.

Bref sommaire de l'Histoire de Sainct Martial, et son décedz.

[Mort de Saint Martial.] Sainct Martial demeurant en ce monde fust, de grâce spécialle de Dieu, préservé et gardé des anges, accompagné de

---

(1) Voici la traduction du passage de Tacite (édition Panckoucke, *Annales*, t. III page 3) : « La première victime du nouveau règne fut
» Junius Silanus [le duc Estienne], proconsul d'Asie; Néron l'ignora,
» Agrippine avait tramé sa perte : la violence de son caractère ne
» l'avait pas provoquée ; il était indolent et si méprisé sous les autres
» règnes, que Caligula avait coutume de l'appeler la *brebis d'or*
» [*pecudem auream*]. Mais Agrippine, qui avait machiné la mort de
» son frère L. Silanus, craignait un vengeur, et la voix publique
» répétait qu'on devait préférer à Néron, à peine sorti de l'enfance
» et maître de l'empire par un forfait, une personne d'un âge mûr,
» irréprochable, noble, et, ce qui était alors considéré, un descen-
» dant des Césars. Car Silanus était arrière-petit-fils du divin Au-
» guste : ce fut la cause de sa mort. Ses assassins furent P. Celer,
» chevalier romain, et l'affranchi Helius, chargés de l'administration
» des biens du prince en Asie. Par eux fut donné le poison au pro-
» consul à table, et si ouvertement que personne n'en douta. »

ses deux saints disciples Alpinien et Austriclinien, lesquelz, par leurs prédications, convertirent à la sainte foy chrestienne plusieurs milliers de personnes. On lit qu'à sa prière il a résuscitté six morts, sçavoir : Austriclinien, son disciple, venant de Rome avec lui, qui mourust à Elsa ou Lincolne (1) en Toscane, ce qui contraignit S^{nt} Martial retourner à Rome advertir S^{nt} Pierre, lequel luy donnat son baston pastoral, et [lui dit de] toucher le corps dudict deffunct, avec la prière qu'il feroit, [et] seroit résuscité ; ce qui fust faict, comme il est dit cy-devant. Il résuscita le filz de Nerva, Aurélian et Andreas, prestres des idolles, Ildebert, filz du comte Arcade, et Hortarius, qui couppa la teste à Saincte Vallérie. [Il] illumina les aveugles et prestres des idolles d'Ahu, [fist] marcher les impotents et contrefaits, parler les muets, sauter les para[li]ticques, chasser les diables des corps, les contraignants, par vertu de Dieu, apparoir en monstres visibles aux hommes, déclarans leurs astuces et malices ; bref, plusieurs autres grands miracles.

Apprès avoir presché à tous ses peuples et leur avoir enseigné le chemin de vertu et sallut, fondé plusieurs églises et hospitaux, comme sont estés par luy les églises de Lymoges (lieu premier où il establly sa chaire), Bourges, Clermont, Le Puy, Mende, Rodeix, Cahors, Agen, Périgueux, Thoulouse, Poictiers, Saintes, Angoulesme et Bordeaux (2). Entre autres se trouve de présant les espitres envoyées a [ad] *Tholosatos et Burdigalenses* (3).

L'an 73 de nostre salut, 4e de la résurrection de Jésus-Christ, et 3e de l'empire de Vespasien, et de l'eage de S^{nt} Martial 59, ledict sainct, ayant évangélisé à Lymoges 28 ans, Nostre Seigneur apparust à S^{nt} Martial aveq grande

---

(1) *Colle*.
(2) Avons-nous besoin d'avertir qu'il y a là une lacune dans les idées du compilateur ?
(3) *Voir* au sujet de ces épitres la *Gallia Christiana*, t. II, p. 499, où elles sont considérées comme apocryphes : « *eo verò
» tempore quo agitata est quæstio de S. Martialis apostolatu, opportune repertæ sunt [epistolæ] in sacrario basilicæ S. Petri urbis
» Lemovicæ, Philippo in Galliis regnante. Verum non est quod diu
» immoremur in iis rejiciendis, cum ab omnibus pene reprobentur
» tanquam fictitiæ ac supposititiæ, etiam Possevino, Bellarmino,*

esplandeur, luy dit : « Paix soit avect toy ! Il est temps que
» tu sois récompancé de tes travaux. » Ce que entandant,
S^{nt} Martial randist grâces à Dieu, puis fist assembler les Aquittaniens, et ayant ordonné pour son successeur à l'archevesché de Lymoges Aurélien, apprès avoir vacqué en prières,
suivant sa coustume, et célébré la messe, il se fist porter hors
la citté, près la porte appelée Callamenea (1), où il prescha
longt temps, et pressé de la fièvre, bailla au peuple la S^{nte} bénédiction en disant : « Le Dieu omnipotens vous bénie de sa
grâce, avec la cognoissance de sa loy catholique et persévérance en icelle. » Puis se fist retourner dans l'église S^{nt}-Estienne, vestu de haire, se mettant sur la cendre à genoux.
Comme il estoit en prière, s'apparut sur luy [une lumière
éclatante], et lors il randist l'esprit à Dieu, l'an de son
eage 59, le 30 juing.

Le jour suivant, s'approcha un paralitique du cercueil du
S^{nt}, lequel incontinant recouvra santé.

Lorsque l'on portoit son corps au tumbeau par luy préparé,
aveq la face descouverte, on le voyoit en plusieurs endroitz
ouvrir les yeux et monstrer par signes le chemin par où il
vouloit que son corps fust vu et conduit au sépulcre. Apprès
sa sépulture, S^{nt} Alpinien fist plusieurs miracles par l'attouchement de son suaire, au nom de Jésus-Christ.

Le pape Clément escrit de S^{nt} Martial :

« *Vero filii Christi discipulus noster Gallicorum in Aquittania. A populis in carne vivent. a salvatore nostro propositus est in exemplum* (2). »

» Miræo, Labbeo. » Ces critiques sont reproduites de la *Bibliothèque
des Pères* (t. II, p. 106, édit. de 1677), où l'on trouvera les deux épîtres
de saint Martial aux Bordelais et aux Thoulousains. L'*Histoire littéraire
de la France* (t. I, 1re partie, p. 406), considère également ces épîtres
comme apocryphes. Cette question se trouvant intimement liée à
celle de l'époque de la venue de saint Martial dans les Gaules, nous
ne pouvons mieux faire que de renvoyer le lecteur au consciencieux
ouvrage de M. l'abbé Arbellot : *Dissertation sur l'apostolat de saint
Martial.*

(1) *Calcinée* (M. Ardant, *Ostensions*).

(2) M. l'abbé Arbellot a publié intégralement la bulle du pape
Clément VI sur l'apostolat de saint Martial, dans ses *Documents inédits*
sur cette question, p. 72, et dans le *Congrès scientifique* de Limoges,
t. II, p. 204. Mais le passage attribué par notre compilateur à un

De luy sont demeurées deux épittres plaines de foy et de doctrine, l'une *ad Tholosatos* et l'autre *ad Burdigalenses*.

Le pape Jean 19ᵉ du nom, en une décretalle envoyée à Jordan de Loron, évesque de Lymoges, et autres évesques de la Gaulle, ordonne que Sⁿᵗ Martial soit tenut pour apostre, ayant faict dresser autel à Rome en l'église de Sainct-Pierre dédié à Sainct Martial, l'ayant fait mettre dans le Bréviaire. Il y eust un concille tenu à Lymoges, l'an 1031, pour ce subject. A f° 141.

Du Proconsulat de Sabinus Calminius soubz Claudius empereur.

Aucuns escrits font foy que le susdit duc Estienne, pour oster la tristesse et souvenance de la mort de la vierge Vallérie, devant que mourir, il allast à Rome pour demander pardon et bénédiction à Sⁿᵗ Pierre, et aussy de ce qu'il avoit toutes les nuitz de grandes visions et songes. Parquoy Sⁿᵗ Pierre luy ordonnast de tenir un cierge allumé toute la nuit ; d'où pourroit bien dériver de là la chandelle qui doit estre perpétuellement à son sépulcre. [Proconsulat de Sabinus Calminius.]

Et, avant que partir pour l'Asie, affin que l'église de Limoges ne demeura sans gouverneur chrestien qui soustint la foy catholique en Aquittaine, il fist tant vers l'empereur Claude, qu'en son nom fust créé proconsul des Aquittaniens, un noble Romain appelé Sabinius Calminius, lequel estoit chrestien, qui soutint la foy. Lequel aida à réduire le pays à la Sⁿᵗᵉ foy catholique, et endobter les églises du patrimoine de Sⁿᵗᵉ Valléric ; et y employa du sien beaucoupt. En casuelle saison fist séparer la Gaulle Lionnoise du proconsulat d'Aquit-

---

pape Clément, n'est ni de Clément VI, ni de Clément V, qui n'a rien écrit sur saint Martial, il est de Bernard Guidonis. Le P. Bonaventure le cite en marge (t. II, p. 76, 2ᵉ col.). Notre auteur, qui n'est guère latiniste, comme on a déjà pu s'en apercevoir, a tellement tronqué et défiguré ce passage que nous croyons devoir le restituer :

« Vere felix iste Christi discipulus, noster Galliarum in Aquitania apostolus, qui ipsis apostolis adhuc in carne viventibus in exemplum propositus est. »

taine, et y fust Junius Lesus, pour l'empereur Claude, natif de Lion, de laquelle il a escript plainement. Calminius gouvernant l'Aquittaine paracheva la nouvelle cytté de Poictiers ; fesant commancer sa résidence au lieu de Chauvigni, qui fust de luy, depuis, nommé *Calvinius* ou *Calviniacum*. Lequel Calminius ne voullust souffrir la persécution de Néron sur les chrestiens dans les terres de son obéissance, soustenant les chrestiens, tellement que plusieurs catholiques de diverses contrées, persécutés, se retiroyent à son refuge. De quoy Néron asscavanté, le déposat de sa charge et y establi Sergius Galba. Lequel Calminius, pour évitter la fureur de Galba, qui estoit venu en Aquittaine pour persécuter les chrestiens et pour le desposer de sa charge, se retira au lieu de Lagueno (1) en Limousin, sur la rivière de Dordougne, où il se sauva à cause de la forteresse dudict lieu. Puis, ayant habandonné tous biens et honneurs mondains, fondat une église en sa pocession au pays d'Auvergne, du nom de S^{nt} Théodose (2), où il se retira, vivant en solittaire jusques à son trépas ; auquel lieu repose son S^{nt} corps. Il est dit qu'il fondast au pays d'Auvergne le collége S^{nt}-Jeoffre (3) et qu'il vescu solitairement au lieu de Lagueno, et que son corps repose resplandissant en miracles, ce qui est le plus probable.

Le dit Galba ne fist rien, n'ayant demeuré qu'un an.

Du proconsulat de Julius Agricola.

En ce temps, gouvernoit un noble seigneur provensal,

---

(1) *Aquina* (Labbe, *Nov. Bibl.*, t. I, p. 632). — *L'Aguaine* ou *l'Aguine* (Bonaventure, t. III, p. 61). — *La Guène*, près de Tulle, en bas Limousin (Collin, p. 339 ; Labiche, t. I, p. 217). — *La Guenne*, arrondissement et canton de Tulle.

(2-3) « Il fit des excursions jusques dans le Vellay, où l'on dit qu'estant en compagnie d'un saint hermite qui s'étoit associé à luy, il bailla commencement à ce beau monastère qui porte aujourd'huy le nom de *Saint-Chaffre* ou de *Théofrède*, martyr, au pied de cette montagne d'où la rivière du Loire tire son origine, appelée *Mansencius* [Mausac]. » (Collin, p. 346.) — *Saint-Chaffre* ne serait qu'une corruption de Saint-Théoffre ou Saint-Théophrède. (Labiche de Reignefort, t. I, p. 218.)

pour les Romains, nommé Julius Agricola, natif de Fréjus, homme de grand vertu et prudance. Il tint la province en paix, sans aucune persécution faite aux chrestiens, durant trois ans qu'il eust l'administration. Et, après qu'il eust fini son proconsulat, lorsque Domitian, filz de l'empereur Vespasian, estoit venu demeurer à Lion, colonie de nouveau érigée par les Romains, lesquelz, pour icelle ramplir, fist gouverner les deux Aquittaines par un légat du proconsulat, les réduisant à mode de province, soubz son administration génerealle des Gaulles.

SAINCT AURÉLIAN, après le décedz de sainct Martial, succéda à l'archevesché de Lymoges, estant Vespasian, empereur. Il escrivit éloquemment la vie et miracles de S^{nt} Martial, en un volume (qui, pour les grandes guerres qui depuis ont couru en ce pays, a esté perdu), comme il est escript aux miracles de S^{nt} Martial, en sa translation. Lequel tint le siége après S^{nt} Martial environ 5 ans, et décéda le jour devant les nonnes de may. [Saint Aurélion.]

Le susdict Sergius Galba ne fist rien aux chrestiens, suivant son ordre, mais remist ledit Aurelius en leurs charges. *Exinde provinciæ Aquitaniæ uno pro fuit Sergius Galba* (SUÉTONE) (1).

Le trespas des disciples de Sainct Martial, l'an de sallut 70. soubz Vespasian.

ALPINIEN et AUSTRICLINIEN, disciples et coadjuteurs de S^{nt} Martial, adhérans continuellement à luy, furent imittateurs de sa saincteté et perfection de vie, firent beaucoupt de miracles. Lesquelz survescurent S^{nt} Martial environ 5 ans. Ledit Alpinien fust asçavanté par révélation divine que dans peut de temps après mouroient, luy le premier, Aurélien, 2e évesque de Lymoges, Alterius, André, Ildebert, Amasius, Celsius, Nice, Hortarius et Austriclinien mourroyent ; ce qu'il raconta à ses compagnons, qui en randirent grâces à Dieu, s'esjouis- [Mort des disciples de Saint Martial.]

---

(1) Il y a dans Suétone (édition Panckoucke) : « *Exin provinciæ Aquitaniæ anno fere præfuit.* » — On a déjà pu s'apercevoir que notre auteur ne respecte pas beaucoup les textes.

santz d'avoir en bref[temps] le fruit de victoire et rétribution. Parquoy, vacquant sans cesse en prières et oraisons, attandans l'heure de leur vacation, et convoqué le clergé, affin que le siége ne demeura sans pasteur, consacrèrent pour évesque de Limoges un dévot personnage, plain de lettres, nommé Evolius (1), pour succéder à Aurélius. Dont tous les chrestiens furent joyeux d'avoir recouvert un tel pasteur, lequel souffrit de grandes persécutions.

Alpinian, peut de jours après, rendit l'esprit à Dieu, la 5me calande de may, et fut ensepveli à la sénextre de la sépulture de S^{nt} Martial. Son corps repose à Ruffect-le-Chasteau ou Ruffect-en-Berry (2), comme sera dit cy-après.

Sainct Aurélian, second évesque de Lymoges, avoit escript éloquemment la vie et miracles de S^{nt} Martial, dont le livre s'est perdu par les guerres. Il tint le siége apprès S^{nt} Martial environ 5 ans, et décéda le jour devant les nonnes de may, que nous disons le 8° may, et fust ensepveli en l'église S^{nt}-Pierre, devant le sépulcre de S^{nt} Martial, puis translaté en l'église de présant dédiée à S^{nt} Cessateur, hors les murs de la ville de Lymoges. Mesmes l'on void dans la cave de ladite église, dans le mur où le sépulcre est, deux ouvertures en rond, l'une plus grande que l'autre, où antiennement les sourds et autres malades mettoient la teste pour obtenir par ses prières guérisons. Et tout auprès estoit un autel ayant la table de marbre noir; mais, à cause des guerres, son corps saint fust porté dans la ville, dans une chappelle de son nom, en laquelle il repose dans une chapse et son chef dans un demy corps d'argent, où l'on void sur le chef les marques de l'escrasement qui fust fait lorsque Saincte Vallérie fust coup-

---

(1) Il est appelé *Ebulus* dans la *Gallia Christiana*, t. II.

(2) « *Roffiacense cœnobium, vulgo* Rofec, *situm est in Biturigibus ad Crausiam amnem.* » (*Acta sanctor.* 27 avril.) Collin, p. 122, dit que les reliques de saint Alpinien sont à présent (1672) pour la plus grande partie dans l'église de Castel-Sarazin, au diocèse de Montauban. Ces reliques étaient depuis longtemps à Ruffec, puisque Geoffroy, prieur de Vigeois, dit qu'Isambert, moine de Saint-Martial et prieur de Ruffec, fit faire pour les reliques de saint Alpinien une châsse d'un travail admirable. (*V. Chronique de Geoffroy de Vigeois,* traduite par François Bonnélye. Tulle, 1864; in-8°.)

pée la teste, puis résuscité par S^{nt} Martial. Il y a grande dévotion. Aucuns appellent ledit Aurelius, Aurelius Cozno (1), dérivé de Aurelius, comme escrit Macrobius, livre 2e, *Saturnalium, de questo* (2). De la translation, il en sera parlé cy-après.

ANDREAS, ainsi nommé en la légende de S^{nt} Martial, décéda six mois après, qui fust la 4e calande de juin, et fust ensepveli près S^{nt} Martial, et puis transféré à La Souterraine, en Limousin, où il repose de présant.

HILDEBERT, filz du comte Arcade de Poictiers, décéda la 16e calande de juillet, qui semblablement fust ensepveli près S^{nt} Martial, et ce, près le sépulcre.

AMASIUS, architecte, décéda le 2e juillet, et fust ensepveli soubz la chappelle de la Courtine, près l'église S^{nt}-Martial, où il avoit édiffié sa sépulture.

JUSTINIEN, jeune enfant baptisé par S^{nt} Martial, décéda la 18e calande d'aoust, et fust ensepveli dans l'église S^{nt}-Pierre, devant le sépulcre, du costé du septentrion, et y reposa jusques au temps que Fœlix Aubeolus (3), comte de Périgord, père de S^{nt} Cibard, donnast le lieu de Paulnat, près Limeuil, au monnastère de S^{nt}-Martial, pour y estre édiffié un monastère, où fust transféré ledit corps, et fust retenu ledit chef en laditte l'église S^{nt}-Pierre, où il est dans la chapse où est S^{nt}-Nice.

CELSE, frère dudict Justinien, décéda le 3e aoust, et fust ensepveli dans ladite église S^{mt}-Pierre, du costé d'Orient, puis transféré au lieu de Rocque, près de Brive, diocèse de Lymoges, retenu le chef, et, aveq luy fust translaté audit lieu un autre nommé Sainct Nice.

NICE, un des frères de l'église Sainct-Pierre, plain de grande

---

(1) Marcus Aurelius Cotta, dans les *Fastes consulaires* de Cassiodore (COLLIN, p. 138).
(2) Nous n'avons pu trouver le passage.
(3) *Aureolus.* — Félix Oriol (BAILLET, *Vies des Saints*, t. V, p. 19).

saincteté et dévotion, fust inhumé au millieu du temple S^nt-Pierre, et décéda le 31e aoust. Son corps repose dans l'église S^nt-Pierre, dans une chapse de bois, laquelle fust ouverte l'année 16.. (1), par aucuns de Messieurs les chanoisnes de l'église S^nt-Martial, après avoir fait les préparations pour ce faire, s'estans à cet effect préparés, car ilz n'en avoient aucune mémoire. Et dans icelle fust trouvé le corps et chef de S^nt Nice avec l'escripteau.

Austriclinian décéda aux ides de décembre, et fust ensepveli à la dextre du corps de S^nt Martial. A présant il repose dans une chapse, au temple S^nt-Sauveur, qui est la grand église dite de Sainct-Martial, sur l'autel S^nte-Croix, soubz les orgues ; laquelle fust ouverte avec la susdite, et fust trouvé le corps dans une malle, sans le chef, ensemble quelques linges.

Hortarius, centurion, qui avoit couppé le chef de S^nte Vallérie, après estant mort soudainement puis résuscité par S^nt Martial et baptisé, vescut fort sainctement. Après son décèdz, fust ensepveli à gauche du sépulcre de Saincte Vallérie.

Comment Domitiam, empereur, priva Limoges de la liberté octroyée par Auguste, l'an 82.

Persécution de Domitien.

Domitiam, filz de Vespasian, frère de Titus, le dernier de la famille Flaviène, tint l'Empire 15 ans, au détriment de la chose publicque. Luy, voullant destruire la foy de Jésus-Christ, jà confirmée par l'universel monde, fist publier édits de sa cruelle persécution, commandant de bruller tous les livres de la religion chrestienne et aussy les histoires antiennes des Gaulles, pour oblier la mémoire de la gloire millitaire des enceptres, et prohiber qu'ez Gaulles n'eussent plus à culti-

---

(1) Le manuscrit ne porte que les deux premiers chiffres du millésime. Labiche de Reignefort (t. I, p. 260) dit que l'église de Saint-Pierre-du-Sépulcre n'était censée faire qu'une seule et même église avec la grande basilique de Saint-Martial, et qu'on trouva les reliques de Saint Nice avec celles de Saint Justinien, en 1644.

ver les vignes, montant à sy grande arrogance qu'il se voullust faire adorer dieu, combien qu'en grand tirannie vivant, se plongeant en l'abisme de toute volupté. Le sénat luy fust tout contraire; il fist mourir plusieurs sénateurs et les autres exiller. Ceste persécution fust exercée en Aquittaine cruellement, tant que l'évesque Evolius fust contraint d'abandonner Lymoges, et se retira secrètement à Evou (1), où il mena une vie solitaire par certains déserts, tant que cette persécution dura, pervageant (2) l'Empire sans miséricorde; d'où l'Église des chrestiens fust appellée antièrement de plusieurs cytés déserte, et n'y avoit plus de prescheurs. Les Lémoviques se révoltèrent contre les persécuteurs et en occirent quelques-uns. Parquoy Domitiam envoyast ses légions et privat les Lymousins de la liberté qu'Auguste leur avoit donnée, et fust régi le pays par gouverneurs. Auquel temps et en l'an 12 dudit Domitiam, S^{nt} Jean fust relégué en l'isle de Pahmos (3). Et un an après fust décolé S^{nt} Denis Aréopagite aveq Rustiq et Eleutère, à Montmartre, près Paris.

Le 15e [an] dudit empire, fust brullée S^{nte} Flavie, en l'isle de Ponte (4), de laquelle le corps ne receut aucun dommage. Il repose à présent en l'église de S^{nt}-Augustin des Religieux-Bénédictins-lez-Lymoges, en propre chapse, resplandissant en miracles. La feste est le 7e may. [Sainte Flavie.]

Le 10e de l'empire de Trajan, fust la troiziesme persécution des chrestiens, en laquelle plusieurs furent martirisés. Et estoit pour lors que la chrestienté commançoit grandement à multiplier en Aquittaine. [Persécution des chrétiens sous Trajan.]

---

(1) *Evaux* (Creuse).
(2) Parcourant; du lat. *pervagari*.
(3) « *Patmos*, île du nombre des Sporades, dans la mer Égée, dite l'Archipel, du côté de l'Asie » (Baillet, *Vie des Saints*. — Paris, 1739, in-4º, t. X).
(4) « *Ponce, Pontiæ*, vulgairement *Ponza*, vulgairement *Palmarola*, vulgairement *Sainte-Marie*, etc. Petites îles voisines de la mer de Toscane... *Ponza* est presque vis-à-vis de Gayette » (*Ibid.*).

Le cimetière des Lémoviques,
au lieu où est à présant S^{nt}-Augustin-lez-Lymoges, soubz Anthonius Pius, empereur, l'an 130 ou 140.

[Cimetière de Saint-Augustin.]

Anthonius Pius prohiba qu'on n'eust plus à faire de sépultures ny ensepvelir les corps des deffuncts dans les cyttés, imposat sur payne de quarante escus contre les infracteurs, et aussy, contre les magistrats qui souffriroient cette ordonnance enfraindre, semblable payne, appliquée au fisque, ordonnant en outre les laits et faitz religieux estre confisqués.

A l'occasion de cette loy, les Lémoviques establirent hors de la citté, pour les sépultures, le lieu où à présant est l'église et abbaye de S^{nt}-Augustin. Lequel cimetière a esté en pratique du temps que les Anglois ont gouverné Lymoges, comme c'est apparu sur divers tumbeaux en langue angloise. Lequel [cimetière] j'ai veu, et mesmes des noms gravés et armes sur lesdits sépulcres, lesquelz sont estés ostés, depuis que les religieux Bénédictins ont réformé ladite abbaye, pour faire leurs bastiments. Lequel cimetière est à présant en pré, et ce tout le longt de l'église.

Le revenu desquelz sépulcres, par succession de temps, fust pour entretenir certain nombre de prestres et ériger une église pour célébrer le S^{nt} Office. Auquel temps estoit Salvius, légat d'Aquittaine.

[Evolius]

ÉVOLIUS ayant régy l'évesché de Lymoges l'espace de 45 ans et fondé l'église d'Esvou (1), succéda à luy

[Emilius.]

EMILIUS (2), 3e évesque de Lymoges, ayant tenu le siége 45 ans et sousfert grandes persécutions pour soustenir la saincte foy catholique, décéda; et lui succéda

[Atticus, selon Nadaud.]

ALTRICUS ou ACTRINUS, l'an de sallut 133, lequel estant

---

(1) D'Évaux.
(2) Nadaud ne fait qu'un seul personnage d'*Ebulus*, *Emilius* ou *Evolius*.

disciple dudict Emilius, le suivit en son exil et persécutions. Il gouverna l'évesché 37 ans, consacra le lieu où est à présent S^{nt}-Augustin, suivant la constitution du pape Eugène.

Soubz le règne de Lucius Anthonius Commodus, empereur, mourut Eumenius, 5e évesque de Limoges, qui tint le siége des fidelles 39 ans, combien que par les payens, durant la persécution, y furent établis autres évêques de leur sorte, qui estoit causse de fort débiliter en Limousin la saincte foy catholique, ce qui ne fust. Et après, luy succéda [Emerinus, selon Nadaud.]

Comment les antiennes prérogatives de Lymoges furent supprimées.

Ermogenianus fust le 6e évesque de Lymoges, homme de grandes lettres de son temps. Les évesques d'Aquittaine avoient en luy recours comme à leur métropolitain ou primat, tant pour la dévotion du siége de S^{nt} Martial, que pour la grand vertu et religion du prélat. Les autres évesques, estans esleus, estoient consacrés par luy. Lequel, venant le cas, ledit évesque de Lymoges se fesoit consacrer par l'évesque de Bourges. [Ce] qui fust, de premier, gardé par l'ordre des Romains, qui divisèrent leur monde soubz eux par régions et provinces, sçavoir, les parties en régions, les région en provinces, les provinces en cittés, les cittés en *parceres* (1) ou paroisses. Auquel temps Claudius gouverna en Aquittaine. [Hermogenianus, selon Nadaud.]

Jean Chommeau, en son *Histoire de Berry* dit, selon *Vibius Sequestris* (2) et *Onophrius Pane* (3), de Vérronne, que Trajan, qui adopta Nerva, fust instruit aux lettres par Plutarque, et fust esleu empereur en la Gaulle Belgique, et Cologne lors appellée Agrippine, comme dit Dion Cassius. Il eust paix aveq les Gaullois, car il estoit prudent et docte. C'estoit l'an de sallut 100. Cestuy-cy divisa et fist deux provinces en Aquittaine, dont la première est Bourges, et primat métropolitain, et la seconde Bourdeaux.

---

(1) « *Parceria*, vox apud Arvernos usitata, vulgò *partière*, quævis pars et portio in re aliqua. » (Ducange.)
(2) Vibius Sequester, *de fluminibus, fontibus, lacubus.*
(3) Onuphrii Pantinii Veronensis. *fastorum*, lib. V.

La cinquiesme persécution
soubz Septimus Severus, empereur, l'an 195.

[5ᵉ Persécution.]

Soubz ledit Severus fust la 5ᵉ persécution des chrestiens, laquelle ne dura guières en Aquittaine par la vertu des vrais chrestiens qui se soustenoient, comme il est escript : « *Per idem tempus Aquitaniæ ecclesia appostolica consacrata est; et si hora vel tempus persecutionis Gentilium patuerit fortior, tamen in ea Christianitas idolatria aut heresi prevaluit.* » C'est-à-dire : « L'église d'Aquittaine a esté confortée par Jésus Christ ; jaçoit qu'elle fust plus de temps de la persécution des Gentilz, toutesfois le christianisme a prévalut l'idolatrie et l'hérésie. »

[Décadence de Limoges.]

En ce temps, la citté de Lymoges diminuoit de pouvoir et authorité grandement. Car, apprès que Domitiam eust osté le proconsulat d'Aquittaine et la liberté des Lémoviques, Albinius Clodius retira le tribut à Lion du payement des provinces d'Aquittaine. Peu après furent les antiennes prérogatives supprimées, et demeura ladite citté pour la pluspart vague, non fréquentée ny peuplée comme auparavant ; dont les vieux palais et antiens théatres, temples somptueux et autres magnifiques édisfices tumbèrent en ruine. Depuis le régime plébée (1) l'a toujours amoindrie.

D'aucuns évesques de Lymoges.

[Adelphius I.]

L'an 231 fust faict évesque de Lymoges un sainct homme, de grandes lettres, nommé ADELPHIUS, 7ᵉ en rangt des orthodoxes et fidelles chrestiens, premier du nom, qui tint le siége 29 ans.

[Dativus, selon Nadaud.]

[Adelphius II.]

Soubz Licurus (2) Valerianus, empereur, l'an 255ᵉ,
Fust esleu évesque de Lymoges DALTERIUS, en rangt 8ᵉ, qui fust dépossédé comme plusieurs autres ; au lieu duquel fust intronisé ADELPHIUS, 2ᵉ du nom et 9ᵉ en rangt, qui tint le siége 23 ans.

---

(1) Plébéien.
(2) Licinius.

Soubz Valerius Aurelianus, empereur, l'an 272,

Exuperius fust évesque de Lymoges, en rangt 10ᵉ, homme de grand vertu et dévotion, qui souffrit plusieurs persécutions et exil aveq autres fidelles chrestiens, durant la persécution de Dioclétiam et Maximiam, empereurs. Il tint le siége 35 ans.

[Exuperius]

Soubz Tacitus, empereur, l'an 277,

L'antienne ville de Limoges fust assiégée par les Allemants qui coururent toute l'Aquittaine, desquelz le pays de Limousin souffrit plusieurs persécutions, soubz Proculus et Preciosus.

[Siége de Limoges par les Allemands]

Soubz Dioclétiam, empereur, l'an 286,

Dacian courust l'Aquittaine, qui fist mourir, en la citté d'Agen, Capraisse (1) et Félician, desquelz les corps reposent en Limousin, et aussi Sᵗᵉ Foy, vierge. En ce temps, les espîtres de Sⁿᵗ Martial aux Tholosains et Bordelois furent cachées dans un tumbeau de pierre et trouvées (2).

[Capraise, Félicien, Sainte Foi.]

Astudius fust 11ᵉ évesque de Lymoges, en l'an de sallut 303, qui tint le siége 18 ans. Jusques à luy demeura la primauté des Aquittaniens à Lymoges, pour l'authorité du siége de Sⁿᵗ Martial, laquelle fust érigée à Bourges, comme sera dit cy-après.

[Astidius, selon Nadaud.]

Hélies Viguier (3), en ses Antiquités de Bourdeaux, dit que

[Division de l'Aquittaine.]

---

(1) *Caprasius*, Capraise.
(2) Le reste manque. Nous complétons d'après la *Bibliothèque des Pères*, t. II, p. 107, édition de Lyon, 1677 :

« Notandum utramque illam [epistolam] primùm fuisse inventam an-
» no circiter 1060... in sacrario B. Petri, in tumulo cujusdam, ubi sepul-
» tura antistitum antiquitùs fuerat, ut narrat qui centum post annis
» vivebat Gaufridus, prior Vosiensis, in Chronico quod editum est
» t. II, *Novæ Bibliothecæ mss. librorum*, pag. 288. Unde mirum
» videtur, quo doctore usus Possevinus dixerit, epistolas illas, qua-
» lescunque sint, sua ætate, dum esset in Gallia, repertas fuisse in
» sacrario Basilicæ S. Petri in urbe Lemovicensi, ubi eatenus la-
» tuerant in arca saxea sub terra defossa, quæ ob nimiam antiqui-
» tatem vix poterant legi. »

(3) *L'Antiquité de Bourdeaux*, par Elie Vinet. — Bourdeaux, 1574, in-4°.

ce furent les ministres de l'Eglise chrestienne qui divisèrent nostre Guienne, non pas les rois et seigneurs d'icelle, où constituèrent quatre villes métropolitaines, qui sont Ausqtz, Bourdeaux, Tours et Bourges. Toutesfois ne sont dénommées en la Guienne que deux des dittes villes, qui sont Bourges et Bourdeaux. Et, départant ainsin la Guienne en deux provinces, ils l'ont appellée l'une *Aquittania prima*, et l'autre *Aquittania secunda*. La première ville d'Aquittaine est Bourges, et la seconde Bourdeaux.

Origine de la fontaine de Constantin, alias du Chevalet. estant empereur Constantin et Maximian.

[Fontaine du *Chevalet*.]

L'an de sallut 310, apprès que Constantin fust instruy à la foy catholique par Sainct Silvestre, pape, l'an 314, convoitant soubz la monarchie tout l'Empire romain, pour ce que Gallus Annavalianus (1) et Constantius avoient aydé Licinius, leur beau-frère, contre Constantin, il leur esmeut guerre et les deffit, mesmes Anavalianus, qui gouvernoit l'Aquittaine, [et] avoit usurpé sur les églises de la contrée le patrimoine de S^{nte} Vallérie, fust par ledit Constantin, empereur, vaincu et prostré par terre; et luy fist passer son cheval sur la teste dudit Anavalianus, restituant aux églises d'Aquittaine ce qui leur avoit esté tollu; en commémoration de cette victoire, fust audit pays faict la figure de Constantin, en divers endroits, monté sur un cheval mettant le pied sur la teste dudict Anavalianus, lequel enfin Constantin fist mourir.

Ceux de la citté de Lymoges, vivants soubz l'empereur Constantin en plus grand liberté qu'ilz n'avoient faict soubz Anavalianus, firent venir par conduits dans leur citté une fontaine qu'ilz nommèrent de son nom, *alias* de Chevalet. Et, pour mémoire de ce qu'il les avoit délivrés de la persécution dudict Anavalianus et ses frères, par aucuns temps exercée en l'Aquittaine, fust mise en la fontaine appellée du Chévallet

---

(1) *Annabalianus*, selon le P. Bonaventure, qui dément son existence et par conséquent toute la légende. — *V.* Allou, *Description des monuments*, etc. (p. 151, et Tripon (p. 66), qui se contente de copier Allou.

la figure de Constantin, séant sur un cheval mettant le pied sur la teste d'Anavalianus, laquelle figure estoit de bronze, très bien faite. Laquelle fust enlevée de nostre temps par un seigneur de marque, qui la fist mettre dans la basse-cour de son chasteau.

Notta que aucuns voudront dire que ceste fontaine ne pouvoit estre à l'endroit qu'elle est de présant, qui est dans la grand rue des Combes. Pour raison, je dis que cela peut estre, estant proche de l'hospital de Sainct-Martial, et que la rue des Combes est aussy antienne que le chasteau de Lymoges. Il est vray que ceste considération fait dire que c'estoit comme un fauxbourgt dessandant par le portail Nimbert, comme sera dit en son lieu, *De l'agrandissement du chasteau, à présant la ville de Lymoges.*

En ceste saison estoit évesque de Limoges [Rurice I.]
RUSTICUS (1), premier du nom, en rangt 12ᵉ, homme de grande saincteté et lettres, qui souffrit grands exil ez persécutions de Dioclétian.

CONSTANTIN, CONSTANTIUS et CONSTANT, l'an 340, divisèrent l'Empire. Constantius, le second, eust l'Ocidant aveq l'Aquitaine, lequel esmeut guerre à Constant sans raison. Ainsin que follement s'abandonnoit aux perilz, fust par ses gens occis. Or Constant, à qui estoit escheu l'Italie, fist par deux ans la guerre ez Gaulles pour les recouvrer, car ilz tenoient pour Constantin. Dont les Lémoviques et autres, leurs voisins, furent grandement gastés. Mais, certiffiés du voulloir de Constantin fesant la guerre aux Perses, receurent Constant, sur la fin du règne de Flavius Claudius Julianus. [Constantin, Constance et Constant.]

RUSTICUS, nepveu du précédant, estoit évesque de Lymoges, homme de saincteté et vie, en rangt des évesques 13, et a environ l'an 364. Il tint le siége 38 ans. Il avoit esté disciple de Sainct Hilayre. [Rurice II, d'après Nadaud.]

SAINCT HYLAIRE, évesque de Poictiers, vint visiter le sépulcre de Sainct Martial à Lymoges; et avoit aveq luy Sⁿᵗ Juste, [Saint Hilaire, Saint Just.]

---

(1) Rurice I, d'après NADAUD, Rusticus siégeait en 712.

[Saint Léonie.] en l'année 367, et S^nt Liène (1). S^nt Juste fust mis dans la chappelle de Notre-Dame, près Périgueux, et y demeura plusieurs années, fesant là de grandes austhérités ; et, après avoir assisté au trépas de Sainct Hilayre, retourna en ladite église et y porta des reliques que S^nt Hilaire avoit porté de Rome. Après avoir longuement vescu en toute saincteté, il décéda en ladite cellule. Son corps gist à deux lieues de Limoges, en l'église de son nom, en une chapse. L'on fait sa feste le [13 janvier].

Finalle destruction de l'antienne ville et cytté de Lymoges par Alaric, roy des Vuisigots, l'an 488.

[Destruction de Limoges par les Visigots.] Les Gotz, Vuisigots et Ostrogotz, Vandalles, Bourguignons et Alains sont une mesme nation, ainsin divisée et nommée du nom de leurs conducteurs et suppérieurs, lesquelz, selon l'oppinion de Cornelius Tacitus, en l'Histoire germanique, et Albanus, sortirent de Gotlandie, ille de mer, confins de Germanie, tandant au septentrion, et occupèrent certain temps le pays de Livonie, soubz leur roy Bérilh, et passèrent la rivière de Thanis (2), et arrivèrent sur le fleuve d'Istre (3) ; puis, par Thrace et Dace, soubz Fulmière (4), leur roy, arrivèrent en la région de Mésie, où ilz esleurent deux roys, sçavoir : Athanaric et Frigiterius (5), lesquels se batirent plusieurs fois, dont fust vaincu Frigiterius, lequel demanda secours à Flavius-le-Vailhant, ce qu'il luy accorda, à la charge de se faire baptiser. Donc Frigiterius, garny de secours, fist la guerre contre Athanaric et le vainquist, qui fust cause que les Gotz se séparèrent et marchèrent les uns vers orient, parquoy furent apelés Ostrogots, et les autres vers occidant, nommés Vuisigots. Lesquelz, baptisés par prestres arriens, furent de mesme

---

(1) Saint Léonie, vulgairement Saint Lienne, disciple de Saint Hilaire, dont la fête est le 1er février (LABICHE DE REIGNEFORT, t. III, p. 99, *Vie de Saint Just*).
(2) *Tanaïs*, le Don.
(3) *Ister*, le Danube.
(4) Filemère, d'après BOUCHET, *Annales d'Aquitaine*, p. 56.
(5) *Fritigern* ou *Friedigern*.

secte comme estoit pareilhement l'empereur Valens, par permission duquel les Vuisigots demeurèrent quelque temps sur la rivière d'Yverne (1), ez lieux circonvoisins. Mais voyant l'empereur que cette nation barbare commettoit de cruelz actes, les voullut chasser, ce qu'il ne peut faire aisément. Ayant prins les armes pour les chasser, ilz les prindrent aussy et se deffandirent en telle sorte qu'ayant tiré une sagette enveuimée qui fust laschée par Sorgeterius contre l'empereur, dont il fust blessé, et conduit hors la presse, en une petite maison couverte de chaulme. Quoy sachant, les Vuisigots y mirent le feu et le firent bruller, l'an 13 de son empire et de nostre sallut 381. Non contans, poursuivirent leur victoire, allarent camper leur armée devant Constantinople où estoit l'impératrice veufve dudict Valens, laquelle leur bailha quelque somme pour lever le siége.

Puis, environ l'an 383, régissant l'Empire d'Ocidant Gratian, son filz, il assotia à l'empire Théodoze, qui poursuivi tellement par armes les Vuisigots qu'il les vainquist en champt de bataiIhe; de quoy il triumpha à Constantinople, en grand magnificence. Néantmoingtz, fust fait une paix entre ledit empereur et les Vuisigots, par laquelle Athanaric, leur roy, fust receu à Constantinople fort honnorablement. Et, estant décédé, cette nation demeura soubz la puissance dudict empereur, sans aucun roy, jusques environ l'an 398, du temps d'Honorius et Arcadius, enfans dudit Théodose que lesdits Vuisigots esleurent un roy nommé Alaric, de la familhe des Baltons, qui régna 15 ans.

En ce temps, vindrent en Aquittaine grand nombre de Vandalles infideIles, conduits par Carocus, leur roy, qui occist grand nombre de chrestiens en Périgord, Poictou et Xaintonge, desquelz, un de leurs capitaines nommé Hirodien (2) fist trancher la teste à sainct Silvain devant la ville d'Ahu, en Limousin. Pour lesquelz chasser de la chrestienté, les empereurs bailhèrent en patrimoine aux Vuisigots la région d'Aquittaine, pourveu qu'ils chassassent lesdits infideIles, ce qui fust faict. Bouchet, en ses *Annales* (3), dit que lesditz Van-

---

(1) *De Noüe* (BOUCHET); *Donau*, Danube (?).

(2) *Héraclée* (COLLIN).

(3) Page 58.

dalles vindrent l'an 410, et que partie de Poictiers avec l'église S^nt-Hilaire furent détruitz, puis qu'ilz passèrent par Gascoune, et qu'ilz furent vaincus près Arles par Marius, capitaine romain, et Carocus, leur roy, prins prisonnier.

Honorius et Theodosius, pour se descharger desdits Vuisigots, [leur] donnèrent l'Aquittaine pour perpétuelle habittation, l'an 419, laquelle fust possédée soubz six rois de leur nation, jusques à l'an 509 que Clovis, premier roy de France chrestien, les chassa comme sera dit cy-après.

Les Gotz, après avoir faict mourir leur roy Sigericus, nommèrent Vualia pour leur roy, qui ordonna pour sa demeure Thoulouse, changeant les loix et ordres de leurs subjects à religion, estants arriens. Et le dit Vualia déçéda l'an 440, et lui succéda Théodoric.

Théodoric, 2ᵉ roy des Gots en Aquittaine, régna 14 ans. A luy succéda Thurismondus, en rangt 3me, puis Théodoric, un de ses frères, en rangt 4ᵉ, puis Eoric, en rangt 5ᵉ, qui régna en Aquittaine 19 ans, s'efforçant d'occuper toutes les Gaulles, persécutant griefvement les vrais orthodoxes, faisant mourir les vrais chrestiens qui ne voulloient consentir à leurs erreurs, commandant de clore les temples, affin que, pour la difficulté des entrées, on mit du tout la religion chrestienne en destruction, destruisant cette tempeste les neufs cittés plus peuplées des Gaulles, et les deux de Germanie, tellement que, en Aquittaine, les évesques estoient bannis et expellés de leurs évesches, les clercs n'osoient administrer les saincts sacrements qu'en secret, dont tout le pays fust fort affligé.

Il fust intronisé un Got après le décedz de l'évesque Rusticus (1), que les Lémoviques ne voullurent recepvoir, à cause que S^nt Justz s'y opposat contre l'hérésie arrienne. Et demeurèrent les Lémoviques sans évesque orthodoxe 17 ans, où Eoric avoit fait ordonner un évesque arrien, lequel, cogneu en son erreur, ne fust receu des vrais chrestiens, et par lesquelz fust nommé un dévot personnage appelé

[Exotius.]   EUXOCHIUS (2) ou Androchius, vray chrestien, homme de lettres et saincte vie, qui souffrit de grandes persécutions et

---

(1) *Rurice II*, d'après NADAUD.
(2) *Exotius* (NADAUD); *Exotius, Exochius, Esotius* (GAL. CHRIST.).

exilz. Icelluy Euric fist tant d'opression aux chrestiens d'Aquittaine que, après sa mort, le pays se révolta et ne voulurent recepvoir Alaric, son filz, à suppérieur, s'il n'ostoit les évesques arriens pour remettre les vrais évesques qui par l'iniquité de son père avoient estés exillés ; occasion de quoy, fist la guerre en Aquittaine, fort grande. Il fust massacré comme dit [est] à fol. 68.

Et, advenant l'an de sallut 488, Alaric, roy des Vuisigots, voyant qu'il ne pouvoit mettre fin à la guerre d'Aquittaine, envoyat quérir secours au roy Théodoric, son ayeul maternel, estant sur les Marches de Piedmont, faisant la guerre à Gondebault, roy des Bourguignons, ausquelz fist paix, et donnat en mariage sa seconde fille à Sigismond, premier filz de Gondebaud ; et, pour cette affinité, fust donné passage et secours à Théodoric et Ostrogots pour entrer en Aquittaine avec grosse puissance. Lesquelz, ayants passé le Rosne, destruisirent le pays de Languedoct, car les Vuisigots venoient d'Espagne avec Alaric et se joignirent ensemble près Carcassonne, où les Aquitanois estans en petit nombre, se confiants sur la foy et bonne cause contre les Arriens, batalhèrent fort ; où fust occis nombre d'une part et d'autre, mais finalement fut la desconfiture sur les Aquittaniens, lesquelz furent chassés.

Allors Théodoric entra dans Thoulouse par force, où tant de gens furent tués que tout un jour courust le sangt comme un ruisseau parmy la cité ; et fist couronner Alaric roy d'Aquittaine, ainsi qu'escript *Capita lunea* (1) : « Théodoricus vero, rex Gottorum, cum Gallorum stragem magnam fecisset, Athalaricum juvenem ex filia nepotem, regem Tolosæ constituit. »

---

(1) *Capitolinus*. Toute la citation latine est tronquée dans le manuscrit. Le P. Bonaventure (t. III p. 156) relève les « contradictions et antichronismes » de ce passage copié sur ce qu'il appelle les « faux mémoires du pays. »

Prinse de Lymoges où estoit Jocundus, compte de Lymoges, père de S^{nt} Iriers.

[Prise de Limoges.] Conquérant l'Aquittaine, il [Théodoric (1)] assiégea Limoges que pour lors commandoit le bon compte Jocundus, vray orthodoxe, ensemble l'évesque Euxochius, qui voyants la perdition et prinse de leur citté se sauvèrent à la fuitte secrettement. Lesquelz furent bannis, et, Arrédius, filz au comte Jocundus, jeune enfant, fust fait prisonnier et mené en Bourgougne. Pour batre ladite citté, ledict Théodoric avoit faict fère plusieurs tours de bois sur puissantes roues, lesquelles, avec nombre de pionniers fesoit rouller contre la muraille, deffandues par une grande trouppe d'archers. Lesquelles murailles il fist percer en beaucoupt d'androits, et après fist mettre le feu aux prochaines maisons, lequel gaigna sy avant qu'il ne cessa jusqu'à ce qu'il heut ruyné les hautes tours, palays, églises, maisons et autres édifices. Les habitans qui ne peurent se sauver furent tous masacrés. La pauvre ville ainsin sacagée demeura habandonnée, ensemble tout le pays, pour un longt temps, pendant lequel les bois crûrent tant audit pais qu'il devint en forestz. Mais une troupe de ceux qui s'estoient sauvés prindrent courage et allèrent bastir sur les cendres et ruynes de leur pauvre ville. Lesquelz ne demeurèrent guières sans estre attaqués par les Arriens, lesquelz chassèrent l'évesque Euxochius de son siége, ensemble les évesques Quintian de Rodeix (2), et Ambroise de Cahors et autres.

Environ l'an 460, florissoit S^{nt} Prosper, docteur et poette, natif du Lymousin, lequel a escript de belles sentances et éloquemment contre les hérétiques, et envoyé contre eux vers l'Orient et ailheurs par S^{nt} Léon-le-Grand, pape, lequel luy donnat l'évesché de Regio en Lombardie, où son sainct corps repose. Ledit S^{nt} Léon en parle en ses escriptz, et le

---

(1) Limoges fut prise d'abord par Alaric, ensuite par Théodebert. C'est lors de cette seconde tuerie qu'aurait eu lieu, d'après Collin, la captivité de saint Yrieix. Du reste les auteurs Limousins ne s'accordent pas. (*V.* le P. BONAVENTURE, t. III, p. 150.)

(2) Rodez.

surplus en sa légende, au 25 juin. Il décéda l'an 466. Dans la Vie des Saints il est apellé Sainct Prosper d'Aquittaine. Aucuns tiennent qu'il estoit enfant de Lymoges.

Du roy Clovis, premier roy chrestien.

Dieu suscita en ces temps le bon roy Clovis de se faire chrestien. Ayant esté couronné roy le 4ᵉ mars l'an 488, régna payen 15 ans, puis baptisé par Sainct Remy, archevesque de Raims. Et auquel temps vivoit Sainct Vuast, natif de Lymousin, disciple de Sainct Remy, qui aydat fort à la conversion du roy, et après fust pourveu de l'évesché d'Arras, après avoir presché par tout le pays et converti plusieurs. Après avoir longt temps vacqué au service de Dieu et conversion de plusieurs, décéda à Arras le 6ᵉ febvrier, où son sainct corps repose resplandissant en miracles.

[Clovis.]

[Saint Vaast.]

LIVRE SECOND

MÉMOIRES EN FORME D'HISTOIRE DE LIMOGES, SOUBZ CLOVIS, ROY DE FRANCE.

[Clovis, suite.]

Les nobles d'Aquittaine, informés que Clovis, roy de France estoit chrestien, le requirent recepvoir à protection contre Alaric, arrien, le priant de faire chasser les évesques hérétiques et y remettre les vrays évesques exillés, comme Euxochius de Lymoges, Quintanus (1) de Rodeix, Ambroise de Cahors, et autres. Sur ce Clovis fist admonnester le roy Alaric par ses ambassadeurs, par lesquelz entrevues furent faictes des deux rois à Amboise, l'an 506, où fust faict quelque acord, lequel Alaric faussat. Dans laquelle paix estoit dit que Alaric remettroit les évesques exillés chascuns en son siége.

Saint Androchius martyrisé.

Et parce que Euxochius, évesque de Lymoges, s'estoit retiré devers le pape Simmachus à Rome, et de là en Angleterre, ayant sceu ladite paix, retourna à Lymoges, et voyant son siége occupé par un autre, n'osa se manifester, ains s'en alla visiter le sépulcre de Sainct Martial, où il fust recognu par les Arriens et misérablement tué par iceux devant le sépulcre de Sainct Martial, et au mesme lieu honnorablement ensepveli par les chrestiens. La commémoration duquel se fait le 24ᵉ septembre. Depuis, le corps a esté transféré dans une chapse, dans la chappelle de Nostre-Dame, dans la carolle de la grande église Sⁿᵗ-Martial, où le corps saint est encore de présant, réservé le chef. Laquelle chapse fust ouverte l'année

---

(1) S*t* *Quintian*, évêque de Rodez (COLLIN).

16.. (1) par certains de Messrs les chanoines, et fust trouvé le corps avec l'escriteau; lequel est appelé Androchius (2).

Deffaicte des Vuisigots par Clovis, l'an 509.

[Bataille de Vouillé.]

Clovis, roy de France, estant adverti de la mort de l'évesque Androchius et d'autres choses que fesoient les Vuisigots contre le traicté qui avoit esté faict, amassa gens de toutes parts, tant des Gaulles que de Germanie, parce qu'il doutoit que Théodoric, roy d'Italie, donneroit secours à Alaric. Lequel Alaric aussy se fortiffia. Clovis, ayant assamblé ses gens, print le chemin de Tours et envoya fère ses dévotions à Snt Martin; et, entrans dans l'église les gens dévotz qu'icelluy roy avoit envoyé, où l'on disoit matines, le chappier commança à chanter le verset du psautier : *Præcinxisti me, Domine, virtute ad bellum, supplantasti insurgentes in me subtus me, et inimicos meos dedisti mihi dorsum, et odientes me disperdisti,* c'est-à-dire : « Mon Dieu, tu m'as lié par tes vertus à ba-

---

(1) Les deux derniers chiffres de la date manquent dans le manuscrit. Ni Collin, qui fit paraître sa *Vie des Saints* en 1672, ni le P. Bonaventure, dans son T. III, publié en 1685 (p. 153), ne parlent de l'ouverture de la châsse. Le P. Labiche de Reignefort dit que le nom de Saint Exoce se trouve dans un bréviaire mss. de l'église de Saint-Martial, du xive siècle, et qu'il est aussi nommé dans la légende du nouveau bréviaire de Limoges, au mois de juillet. Nous ne voyons figurer ni Androchius ni Exochius dans aucun des bréviaires ou missels limousins que nous avons à notre disposition. Il n'en est pas fait mention dans le *Missel limousin* in-fol., imprimé à Paris, par Jean Dupré, en 1483. La *Gallia christiana* est très réservée quant aux renseignements relatifs à *Exotius*, et se contente de citer quelques vers de Fortunat auquel elle renvoie.

(2) V. Collin, *Histoire sacrée de la vie des Saints* (Limoges, 1672), in-12, p. 299 et suivantes. Collin, qui renvoie à Bernard Guidonis, évêque de Lodève, ne fait qu'un seul personnage de Exotius et Androchius. Le P. Labiche de Reignefort (*Six mois de la vie des Saints*), ne parle que de Saint Exoce, évêque de Limoges, et place, comme Collin, sa fête au 6 août, au lieu du 24 septembre, comme le dit notre annaliste.

taille, tu as supplanté soubz ma seigneurie ceux qui contre moy se sont eslevés, tu as donné fuitte à mes ennemis et destruit'mes hayneux. »

Ce qu'estant rapporté au roy, il tint pour bon présage, et promist à Dieu et S^{nt} Martin, s'il gaignoit la victoire, le cheval sur lequel il seroit monté. Et, suivant son chemin vers Poictiers, dans laquelle ville Alaric estoit fortiffié, croyant que ledit Alaric le voyant approcher sortiroit d'icelle ville de Poictiers pour aller à Bourdeaux, parquoy le roy print résolution de luy coupper chemin et le renfermer, et, pour ce, envoyast des gens devant luy. Le roy continuant son chemin vers Poictiers avec le reste de son armée, et estant à une lieue de Chastélcraud, pansants passer la rivière de Vienne à gué, où est à présent appelé le port de Senon, par batteaux ; mais, à causse que la rivière estoit enflée, et qu'ilz ne pouvoient assès avoir de batteaux pour passer sy grand nombre de gens, le roy fust fort estonné. Parquoy il eust recours à Dieu par la prière qu'il fist en secret, dont voici la teneur, ainsin qu'il est dit : « O bon Dieu, vray seigneur de tout le monde, qui avès toute puissance sur vos créatures, regardès mon voulloir et affection ! Vous sçavès que ces malheureux Vuisigots ont infecté tout ce pays de l'erreur arrienne et que ma principalle délibération est de vous vanger par glaive, c'est-à-dire d'estre exécuteur quand à ce de vostre divine justice, et habollir ceste hérésie. Je vous prie que me soyès en ayde à passer ce dangereux passage, en sorte que je puisse rencontrer mon ennemi et fère de lui ce qu'il vous plèra m'ordonner. » La nuit, Clovis fust inspiré d'envoyer partie de son armée tout le longt de Vienne jusques à Lussact, qui pour lors estoit une forte place, et y avoit un pont pour passer ladite rivière de Vienne, ce qu'il fist le landemain pour rancontrer Alaric et ses gens s'ils prenoient le chemin de Thoulouse ou Auvergne. Et estoit sa principalle demeure à Thoulouse. Et, comme les soldats de Clovis fesoient bruit à leurs partements, une biche sortit d'un boccage, après laquelle on se mit à crier pour la prandre et suivre jusques à la rivière. Laquelle biche passat ladite rivière sans nager. Quoy voyant, le roy Clovis fist aller des gens après la biche pour sonder le gué qu'ils nommèrent bon, par lequel le roy Clovis et tout le reste de son armée qui estoit de plus de soixante nil combatans passèrent. Ce que voyants, ceux qui estoient Lussac furent fort estonnés ; par quoy ne l'attendirent et passèrent la rivière sur les ponts pour aller au devant d'Alaic. Quoy voyants, les François se tindrent sur les bords de la rivière attandant le roy Clovis, lequel estoit parti de Poiciers pour aller au devant d'Allaric, lequel Alaric, s'estoit sauvé de Poictiers, pansant trouver passage sur les pontz de Lussac, lesquelz il trouva rompus par ses gens mesmes. Lequel estant près Cubort apperceut d'autres François. Alarict, voyant ses ennemis d'un costé et d'autre, fist campt entre le lieu de Cubort et ledit chasteau de Lussac, en un lieu qu'on appelle de présant Cyvaux, où Clovis et les François présantèrent bataille, qui fust longue et cruelle, et sans cognoistre qui auroit du meilheur. Les Vuisigotz et Auvergnats de prime face voulloient prandre la fuitte, n'eust [été] leur roy qui estoit hardy ; parquoy les remist en ordre. Finallement le roy Clovis et Alaric se rancontrèrent dans la meslée, teste-teste, où se combattirent longuement. Lequel Clovis, enfin, tua ledit Alaric ; par quoy les François, reprenant plus fort leur courage, mirent en tel désordre les Vuisigots et Auvergnats qu'ils prindrent la fuitte. Lesquelz estants suivis, en fut tant tué que les chemins en estoient plains. Et fust la bataille depuis Cyvaux jusqu'à la paroisse des Églises, près Chauvigny, tant deçà que delà la rivière de Vienne. Et encores oid-ont des tumbeaux et sépulcres de pierre par les chemins audit lieu de Cyvaux. où y a cimetière, en si grand nombre et si bien arangés les uns près les autres et dessus les autres que c'est chose admirable, lesquelz y sont estés mis miraculeusement plutost que par mains d'hommes, ce qui est à croire.

ALMARIC, filz dudict Alaric, et Apollinaire, comte d'Auvergne, aveq le reste de leurs gens se retirèrent, sçavoir : Almaric en Espagne, et Apollinaire en Auvergne. Lequel Alaric fust poursuivy par Théodoric, filz aîné de Clovis, et [fut] print Lymousin, Quercy, Languedoc, Rouergue et Auvergne. Et Clovis demeura à Poictiers, puis s'en allast à Bourdeaux, où il passa l'hyvert, et après s'en allast à Thouluse, où il trouva les principaux trésors du roy Alaric, qu'il emporta. Le roy, revenant de Thoulouse avec sa femme Clotilde, vint à Lymoges, où ils séjournèrent aucun temps,

[Amalric.]

et en forme de pélerins visitèrent le sépulcre de S^{nt} Martial.

De Sainct Léonard, hermite. (¹)

[Saint-Léonard.] Clovis ayant séjourné à Bourdeaux, cependant que son filz estoit à Thoulouse, lequel ayant receu l'obéissance des bonnes villes de Gascougne, ledit Théodoric s'en revint par Albigeois, Rouargue, Auvergne et Lymousin, et vint à Lymoges, où il trouva son père Clovis chassant aux bestes sauvages, en ce temps y en ayant grande quantité, le pays estant désert à cause des guerres gottiques. Auquel lieu la royne Clotilde vint voir le roy, estant enceinte. Un jour se trouvant mallade d'enfant sy fort qu'on n'y attandoit vie, estant en un chasteau sur la rivière de Vienne, apelé *Nobiliacum*, distant 4 lieues de Lymoges, où, dans la forêt, fesoit sa demeure Sainct Léonard, hermite, vivant en grande austérité, lequel estant apellé, par ses prières et intercessions, ayant mis sa sainture autour de la royne, elle se délivra miraculeusement sans aucune douleur, et acoucha d'un filz, dont le roy et toute la cour, furent grandement contants. Lequel roy, ayant offert plusieurs dontz à S^{nt} Léonard, qu'il ne voulut recepvoir, mesmes de le retirer de son hermitage, lequel il ne voulust aussi quitter, Sainct Léonnar demandat seullement au roy [que] le circuit qu'il feroit en une nuit fust franche de taille, ce que le roy luy ottroyat. Et despuis a esté bastie une ville nommée dudict sainct, et ont jouy du depuis les habitans d'icelle de ladite franchise, et une lieue tout autour d'icelle. Le corps dudict sainct y repose dans une belle châsse, dans une belle église bastie à son honneur, où il s'est faict de très grands miracles et s'en faict tous les jours. Les femmes enceintes luy ont une grande dévotion, comme aussi les prisonniers et captifs. C'est merveilheux du nombre de chaisnes, ferts, crappaux, enfarges (²), manottes et autres effroyables ferts qui sont pandus dans ladite église, qui sont estés portés

---

(1) V. Oroux, *Histoire de la vie et du culte de Saint Léonard en Limousin.* — Paris, J. Barbou, 1760, in-12. — V. surtout Arbellot, *Vie de Saint Léonard, solitaire en Limousin, ses miracles et son culte.* — Paris, Jacques Lecoffre, 1863, in-8.

(2) *Enferges*, chaînes (Ducange).

par ceux qui sont estés délivrés, estant sy grand qu'il seroit incroyable d'en dire le nombre, que les dévotieux pourront voir.

SAINCT LÉONARD et SAINCT LIEFART (1) estoient filz de Lingoumeris (2), comte du Mans, lequel Clovis, étant encore payen, fist tuer ledict comte, parquoy les enfans Léonard et Liefart se retirèrent vers Sainct Remy qui les receut amiablement, lesquelz il instruisit jusques à l'eage de connoissance. Lesquelz se retirèrent, sçavoir Sainct Léonard en Limousin, après avoir demeuré quelques années avec son frère Liefart le longt de Loire (et tient-on par asseuré que Clovis avoit porté sur les fonts baptismalles ledit S^{nt} Léonard, et que son père estoit son proche parent), et Sainct Liefart demeura à [Meung, avec S. Urbice] (3). [Saint Lifard.]

Tritemius Canisieux (4) parle des S^{ntz} Léonard et Liefart, frères, en son Martyrologe, et que S^{nt} Léonard décéda le 6 novembre l'an 559. Génébrard (5) en dit de mesme. Plusieurs rois, princes et seigneurs sont venus ou ont envoyé à son sépulcre, et plusieurs prisonniers, après leur délivrance, tant des pays estrangers que du royaulme; lesquelz estants délivrés des cachotz et prisons ont apporté les fers dont ilz estoient attachés, comme il se void maintenant à son église, ce qui ne peut estre rapporté, vue la grande quantité, que par la visite des dévotieux. Ses miracles sont dans sa vie, sans comprandre ceux qui se font tous les jours à l'endroit des prisonniers et femmes en travail d'enfans et autres maladies. (6) L'année

---

(1) Lifardus. (V. *Acta sanctorum, 3 junii*). — Baillet dit que l'on croit que Saint Lifart était frère de Saint Léonard de Vendeuvre et non de celui de Limoges (*Vie des Saints*, 1739, t. IV, p. 561.)

(2) *Ligomer*.

(3) Il y a là une lacune dans le manuscrit. Nous renvoyons aux *Bollandistes*, 3 juin.

(4) Le compilateur confond en un seul deux auteurs différents : Jean TRITHÈME, auteur du *Traité des hommes illustres de l'ordre de Saint Benoît*, cité par M. l'abbé Arbellot (*Vie de Saint Léonard*, p. 245), et Jacques CANISIUS, traducteur de la *Vie des Saints*, de RIBADENEIRA.

(5) Gilberti GENEBRARDI *chronographia*. Parisiis, 1567, in-folio.

(6) Ce qui suit, jusqu'à la fin de l'alinéa, est de la même écriture, mais paraît avoir été écrit postérieurement.

[S. Vaulry.]

1638, fust depputté un chanoine et un consul pour porter une relique du saint à [la] royne de France estant enceinte de Monseigneur le dauphin, à présent Louis 14e, Roy.

L'an de sallut 528, Sainct Vaulry, natif de Germanie, vint en Aquittaine, où il édiffia un monnastère dans le Limousin, où il demeura longt temps, resplandissant de grandes vertus et miracles, tant en sa vie qu'après sa mort qui fust le   (1).

De la restitution du comte Jocundus.

[Jocondus. Saint Michel-de-Pistorio.]

Après que Clovis eust deffaict le roy Alaric aveq ses Vuisigots, Jocundus, comte des Lémoviques, qui avoit esté exilé par Théodoric, fust par Clovis restitué en son premier estat; lequel finist ses jours à Lymoges en grand austérité et pénitance, et apprès son décedz ensepvely au monastère de Saint-Michel-de-Pistorie, à présant en cure, où son corps repose dans la chappelle qui est à costé de l'autel, soubz l'antienne tribune des Pénitans Noirs, soubz une arcade, dans un cercueil de pierre eslevé, au devant duquel sont eslevées des fleurs de lis en rose ou en rond. On le tient pour un sainct. Icelle église dépandoit de l'église de Sainct-Martin-de-Tours, laquelle Snt Iriers, filz audit Jocundus, soubzmit à son nepveu Eytier, abbé de Vigeois, avec l'abbaye de Rancon.

Icelle église est fort antienne par plusieurs remarques: dans une petite chappelle qui est dernier [derrière] le sépulcre dudit Jocundus, le marche-pied de l'autel estoit pavé de petites pierres blanches et autres, à la mosaïque. Et au millieu de ladite chappelle se trouva, dans un cercueil de pierre soubz terre, un corps avec ses habitz, lesquelz ayant vu l'air se mirent en cendres, qu'on n'eut le temps de discerner. Et dans le mur de l'église, où estoit antiennnment le grand autel, estoit un autre cercueil de pierre blanche, où le corps estoit, les os estants blancs comme ivoire. Il reste encore de l'antiquité le clocher ou la tour en quarré, au haut de laquelle l'on allumoit des lampes aux vigiles de l'antienne église. L'an 1630, certaines personnes du pont Sainct-Martial ayant dé-

---

(1) La date manque.

votion au tumbeau du susdit Jocundus firent tant envers le vicaire de ladite église qu'elles obtindrent des ossements du sépulcre dudict Jocundus, lesquelz ayantz dans leurs maisons, il y eust tant de tintamare jour et nuit et mesmes chès ledit vicaire ; lesquelz ne sachants d'où cella provenoit, pansoient ne pouvoir plus habiter dans leurs maisons, jusques [à ce] qu'ayant demandé advis à quelques religieux, furent contraintz de les remettre audit vicaire, lesquelz il remist dans ledit cercueil, et en fut tout repantant, et despuis le tenoit pour sainct, et le tenoit en grande vénération, comme il se peut vériffier.

Commancement du bastiment de la Citté.

En ceste saison, commencèrent les habitans de la Citté de Lymoges, estants en nombre compétant, à restaurer de nouveaux murs leur Cytté, n'y comprenant l'antienne région du pont Sainct-Martial, origine première, comme estant de tropt grande estandue, comprenant seullement en icelle nouvelle édification et dans le circuit d'icelle ce que nous appelons la Cytté, qui comprand despuis la rivière ou le pont Sainct-Estienne et le Naveix, tirant à la Porte Pané et de là à S^{nt}-Maurice, puis traversant entre le faux bourgt Boucherie et la porte qu'on entroit venant du fauxbourgt Manigne, et tout le longt des murs jusques à la porte qui est joignant l'abbaye de la Reigle, laquelle abbaye après estoit fermée de mur jusques à la rivière. Et dans l'anclos d'icelle estoient l'église cathédralle de S^{nt}-Estienne et maison épiscopalle ; et, au devant d'icelle, l'église de S^{nt}-Jean, parochialle, anexe de la cathédralle (le curé d'icelle ayant droit de baptiser depuis Pasques jusques à la Pentecoste, seul sur les autres paroisses de la ville et cité, et, le cas advenant, sans avoir sa permission ; les enfans baptisés en icelle ont droit de porter surpeli aux autres paroisses à leur choix) ; ladite abbaye de la Reigle, des religieuses de l'ordre de S^{nt}-Benoist ; l'église S^{nt}-Grégoire, à présant nommée de S^{nt}-Dampnolet à cause du corps sainct qui y repose ; la prioré de Sainct-André, à présent possédée par les révérandz pères Carmes Deschaux, estant aussy curialle,

[Enceinte de la Cité.]

la fontion de laquelle est transférée à la cure de S^{nt}-Dampnolet; autre petite chappelle, anexe du prioré de Sainct-Julien-dans-les-murs, au dessus de la Porte Pané à présent destruite, appelée de Saincte-Affre ; et, plus haut, l'église parrochiale appelée de Sainct-Maurice, plus autre petite église dédiée à Sainct (1), que les religieuses de Saincte-Claire ont tenu. A présent la tiennent les religieuses de S^{nt}-Joseph, dites de la Providence. Despuis les religieuses de Saincte-Claire on fait leur église et bastiments.

[S. Féréol.]

SAINT FÉRÉOL fust le 15e évesque de Lymoges, lequel vescut fort sainctement, et tint le siége 38 ans, et décéda le 18e septembre, auquel jour l'Eglise de Lymoges célèbre sa feste. Son corps repose en l'église de Neixon, à 4 lieues de Lymoges, duquel il sera parlé cy-après.

Le royaume d'Aquittaine supprimé, et comment Sainct Iriers entra en religion.

[Fin de la domination Romaine en Aquitaine.]

Après que Clovis eust remis l'Aquittaine à son obéissance et supprimé le royaume, n'estant plus subject aux Romains les Lémoviques vescurent en paix et tâchèrent à bastir leurs maisons et peupler leur nouvelle citté.

[Successeurs de Clovis.]

Clovis estant décédé laissa trois filz légitimes et un bastard. Childebert partit le royaume aveq ses frères, et luy demeura roy de Paris et tout le pays de Neustrie ou Normandie, et fust seul roy de France ocidantale ; et estoit le siège establi à Paris. Clottaire eust le pays de Soissons et Picardie ; Clodomires eust Orléans et le royaume d'Aquittaine et fust le 8e roy, et Théodoric eust l'Austriche, Loraine et Brabant.

[Clodomir.]

Ledict Clodomires, à la requeste de sa mère Clotilde, ne pouvant retirer ses droitz qu'elle avoit en Bourgougne, fist la

---

(1) Le nom manque. Il ne peut être question que de la chapelle de Notre-Dame-du-Puy-en-Velay où se fixèrent les Dames de la Providence, le 13 décembre 1659. (V. l'abbé ROY-PIERREFITTE, *Etudes historiques sur les monastères du Limousin et de la Marche*. Guéret et Limoges, 1863 et suiv., in-8.

guerre à Gondemar et Sigismond, roys de Bourgougne, ses cousins germains, qui occupoient le bien de ladite royne Clotilde; où Sigismond fust prins, avec luy sa femme et enfans, lesquelz moururent à Orléans, et poursuivit Gondemar qui restoit, qui avoit une puissante armée. Et Clodomires avoit avec luy la puissance d'Aquittaine, sçavoir, Gascons, Auvergnatz, Berruiers, Lymousins, Tourangeaux, Poictevins et autres, qui mirent en fuitte les Bourguignons et leur roy Gondemard, lequel fust poursuivy par Clodomires, lequel s'eslougna tropt de ses gens. Lequel Gondemard, retournant sur Clodomires, le tua; puis se retira Gondemard, dans la citté d'Autun où il fust assiégé par les frères de Clodomires et en fin tué. Lequel Clodomires laissa trois filz apelés Gontier, Théodoal et Clodoal (1), qui demeurèrent à la charge et conduite de leur ayeulle Clotilde. Laquelle désirant les eslever jusques à l'eage de pouvoir jouyr des biens de leur père, quelques temps après, Childebert et Clottaire, oncles desditz enfans, s'assemblèrent à Paris et conclurent entre eux de faire mourir ou tondre en religion les trois enfans de leur frère, qui estoient en la compagnie de leur mère, et pour ce mandèrent à leurdite mère Clotilde de voulloir leur envoyer leurs nepveux, affin de leur départir les biens de leur père, ce que la bonne royne fist, estant joyeuse que cella vinst plutost d'eux que si elle les en avoit requis. Lesquelz estants arrivés devant leurs oncles, incontinant iceux Childebert et Clottaire, oncles desditz enfants, envoyèrent vers leur mère Clottilde un messager avec une épée nue et des scizeaux, et luy dirent laquelle des deux elle ayme mieux pour ses trois petits-filz. Laquelle esmue de tel changement, elle dit qu'elle aymeroit mieux l'espée, estimant en elle que l'espée estoit voccation militaire, que les cizeaux estoient de les reclure par force, ce qui seroit desplaisant au service de Dieu ; parquoy elle choisit l'espée. Ce qu'estant rapporté ausditz Childebert et Clottaire, ledit Childebert prand ladite espée et tua l'aisné, puis venant au segond, lequel s'enfuit à son oncle Clottaire, l'enbrassant la cuisse, lui criant miséricorde de le sauver. Ce que voulant faire, ledit Childebert luy dit que s'il l'empeschoit, il le tue-

---

(1) Gonther, Théodowald et Chlodowald. (H. MARTIN.)

De Saint Cloud.

roit luy-mesme, ayant consanti à leur mort; parquoy il déprint l'enfant qui fust aussytost meurtry. Sur laquelle dispute, Clodoal ou Cloud, le plus jeune, se sauva secrettement derniers les soldatz qui estoient là présants, et trouva moyen d'esvader, et se sauva dans une religion secrettement qu'on ne sceut trouver, et y vescu sainctement; parquoy est mis au rangt des sainctz, et se célèbre le 7e septembre. Les Aquittaniens devroient avoir singulière dévotion à luy, car, par la mort de ses frères, il estoit roy d'Aquittaine. Dont la royne Clotilde fust fort faschée.

[Saint Yrieix.]

Théodebert, roy de Metz, fist Arredius son chancelier, lequel nous apellons S^{nt} Iriers, filz de Jocundus cy-devant dit. Lequel S^{nt} Iryers, estant adverti du décedz de son père, l'an 542, laissat le monde pour entrer en un monastère, pour servir Dieu, édiffiant plusieurs églises en Lymousin, mesmement le monastère d'Hatour ou Athano (1), à présant l'église de Sainct-Iriers, à six lieues de Lymoges, dans son patrimoine, où il mist le corps de Saincte Pélagie, sa mère, de laquelle Grégoire de Tours met, au livre de ses miracles, entre les saintz, descrivant son trespas merveilheux. Ledit S^{nt} Iriers vescut fort sainctement, et, après avoir vescut longuement, il décéda âgé de cent ans, le   (2).

Saincte Pelagie.

[Révolte et mort de Chram.]

Clotaire, seul roy l'an 560, avoit eu cinq femmes, la dernière desquelles fust Saincte Radegonde, de laquelle il n'eust d'enfans. Par certaines raisons elle le quitta et se mist dans un monastère pour servir Dieu. De la troisième il eust un filz nommé Cram, outre d'autres qu'il avoit de sa première et autres. Lequel Cram se porta roy d'Aquittaine contre le voulloir de son père. Lequel [Cram] rançonnoit le pays pour survenir à ses desbauches, ce que ayant sceu, Clottaire envoyat contre Cram Aribert et Gontrand, ses autres enfants, aveq partie de son armée. De quoy Cram estant adverti, parti d'Auvergne pour aller trouver son oncle Childebert qui lui avoit promis ayde contre son père. Sy entra en Limousin accom-

---

(1) *Aton* (COLLIN); *Attanus* (GAUFREDUS VOSIENSIS *apud* LABBE, t. II, p. 286).

(2) 25 août, d'après Labiche de Reignefort, 26 août, d'après Collin, le 25 ou le 26 suivant les anciens bréviaires.

pagné de meschans gens, prenant toutes les forteresses qu'il pouvoit, et plusieurs maux qu'ilz fesoient telz, que le peuple du plat pays se tenoient aux lieux les plus forts pour se garantir de luy. Lesquelz Aribert et Gontrand suivirent jusques au chasteau de Monbrun où ilz l'asiégèrent, et le firent sommer de remettre à leur père les deniers qu'il avoit levé indhuement sur le peuple; et, là, y eut quelque appointement et ne voulurent combatre; par quoy se retirèrent en Bourgougne, et Cram se retira vers le roy de Bretagne, nommé Chonorber. Et, estant poursuivi de rechef par son père Clottaire, avec puissante armée, fust donnée batailhe où ledict Cram fust prins avec sa femme et enfans, lesquelz tous [Clottaire] fist mettre dans une petite maison couverte de chaulme, et les fist tous bruller dedans.

D'aucuns sainctz personnages natifs du pays de Lymousin, soubz Chérebert, roy de France, l'an 566.

Clottaire mort, ses enfants partirent le royaume : Gontrand eust le royaume d'Orléans et Aquittaine, qu'il tint neuf ans, et après bailha celluy d'Aquittaine à Sigisbert.

En ce temps, florissoit Sainct Eulachius, évesque de Chaslons (1), natif de Lymoges, qui avoit esté pourveut à l'évesché à la requeste du roy Sigisbert; lequel décéda à Rodez, revenant d'Espagne d'où il portoit les reliques de Saincte Eullalie, vierge, par commandement du roy. [Saint Elaphe.]

Il eust un frère nommé Lomer, lequel eust beaucoupt de perturbations et vesquit en grande austérité, resplandissant en miracles, lequel finist ses jours eagé de 75 ans (2). [Saint Lumier.]

En ce temps, florissoit Sainct Bolosus, natif de Lymoges, auquel, assigné lieu par l'évesque de Bretagne ou de Rennes, nommé Gilles, au pied d'une montagne, édiflia une abbaye; et, certain temps après, en édiflia une autre au hault d'une grande montaigne. Il demeura 40 ans ou environ vivant en grande austérité et pénitance, où apella un sien nepveu, [Saint Bosule]

---

(1) Châlons-sur-Marne.
(2) *Voyez* sur Saint Elaphe et Saint Lumier le P. Bonaventure, t. III, p. 202, et Collin.

nommé Balsanus, aussy de la citté de Lymoges, auquel il laissa le gouvernement après son décedz, l'an 564.

[Saint Balsême.] Balsanus, suivant les vestiges de son oncle, par aucuns temps, tint ladite scelle en jeusne et oraisons continuelles, faisant œuvres méritoires contre les infidelles Vuandalles qui, en ceste saison, courroient le pays et ravissoient tout.

Du grand thésor que Gontrand, roy d'Aquittaine, trouva en Limousin, dont il fist couvrir la châsse de S^{nt} Martial d'or, l'an 585.

[Rêve de Gontrand; découverte d'un trésor.] Il est escript ez vielles panchartes du pais que Gontrand, roy d'Aquitaine et d'Orléans, estant beningt de nature, sage, libéral et pieux, et de bonne conduitte, chassant par le Limousin, sur le chaud du jour, il eust vollonté de dormir, descendit de son cheval et se reposat près d'un petit ruisseau, à l'ombre d'un bois, à la garde de son escuyer. Lequel, comme il dormoit, l'escuyer vit une petite belette sortir de la bouche du roy, cherchant le longt du ruisseau passage. Ce que voyant, l'escuyer tira son espée et l'appuya sur les deux bordz du ruisseau, où la bellette passat, s'en entrant dans un trou soubz une montagne, et, à peu de temps, sortit, et repassat sur ladite espée, et s'en retourna dans la bouche du roy : dont ledit escuyer fut fort émerveilhé. Le roy estant éveilhé contat audit escuyer un songe qu'il avoit fait pandant son sommeil : c'estoit qu'il estoit venu sur une rivière laquelle il ne pouvoit passer sans pont, et, cherchant, il en avoit trouvé un de fert sur lequel il avoit traversé la rivière, et estoit entré dans une grotte au pied d'une montagne, où il l'avoit trouvé plaine de très grandz thrésors. Lors l'escuyer luy compta ce qu'il avoit vu pandant qu'il dormoit, monstrant où il avoit mis son espée sur le ruysseau et le lieu où avoit entré la belette. Ce qu'entandant le roy fust curieux de savoir la veritté de son songe, appela des manouvriers et gens propres pour la conduitte d'iceux, et fist fouyr au lieu où avoit entré la belette au dire de l'escuyer, où, après quelque temps, trouvèrent dans une cave un roy et une royne et autres moindres qui estoient leurs filz, assis à une table, le tout d'or massif, lesdites figures estantz des mesmes grandeurs de ceux qu'ilz représantoient, et y avoit des lettres qui signiffioient les personnes, le tout de très grande estimation ; dont ledit Gontrand fist couvrir la chasse de Sainct Martial d'or et fondat un prioré de Sainct-Martial près Chaslon-sur-Sône, qu'il mist soubs l'obéissance de S^{nt} Martial, et fist de grandes aumosnes. Nicole Gilles, en ses *Annalles de France*(1), demeure d'accord du songe et non pas des figures, mais d'un très grand thrésor d'or et d'argent.

L'on tient que le susdit trésor fust trouvé près le palais Jocguntia, à une lieue de Limoges, que Duratius, premier duc d'Aquittaine, avoit fait bastir, comme dit est à fol. 28 (2), lequel Duratius estoit fort riche, et que c'estoit sa figure et de sa famme, car il s'en trouva un autre à Chaslux, samblable en figure, du tamps de Richard, roy d'Angleterre, comme sera dit cy-apprès.

Seconde ruine et démolition de Lymoges par Théodebert, filz de Chilpéric, roy de France, estant Sigisbert roy d'Aquittaine.

Tous les historiens s'accordent touchant les grandes guerres qu'eurent Chilpéric, roy de France, et Sigisbert, roy de Metz et Aquittaine, son frère, laquelle guerre dura longuement ; comme Chilpéric fesoit mener cette guerre par Théodebert, son fils, et Sigisbert, soustenu par Gondebaut, guerroyant l'Aquittaine, et fust print Théodebert. Où fust fait accord, lequel ne dura, car, l'an 577, ledit Chilpéric envoya en Neustrie, à présant Normandie, sondict filz Théodebert aveq grande armée estant de l'obéissance de Sigisbert, où il fist pilhier et destruire plusieurs belles places, et, départant de là, vint en Aquittaine. A l'encontre duquel vint Gondebaut, lieutenant du roy Sigisbert, lequel perdit la bataille et

[Ruine de Limoges par Théodebert.]

---

(1) *Les treselegantes et copieuses annalles des trespreux, tresnobles, treschrestiens et excellens moderateurs des belliqueuses Gaulles... compilees par... maistre Nicole Gilles...* Paris, 1533, in-fol., t. I, fol. 22.

(2) *V.* ci-dessus, p. 37.

s'enfuit à Poictiers. Théodebert, ayant obtenu cette victoire, marcha sans aucuns empeschemens, exillant le pays jusques à Lymoges, et, trouvant la Citté dépourvue de gens et de tout ce qui estoit nécessaire pour la garder, la prinst soudainement d'assaut, la mettant en estrange désolation, sans espargner clercs, faisant mourir tous ceux qu'ilz rencontroient, sans rien esparnier, violant filles et vierges consacrées à Dieu. Ce que S^{nt} Grégoire de Tours dit de luy qu'il fust en Touraine, Poictou, Saintonge et Lymousin et Quercy, pillant, ravissant femmes et filles, n'espargnant rien, mettant le tout à feu et sangt, ce qui n'avoit jamais esté faict par les infidelles et barbares aux précédantes guerres. Voicy ce que en rapporte Nicolles Gilles, prins de S^{nt} Grégoire : « Monasteria servorum et ancillarum Dei devastans, monachos sive clericos tormentis, sanctimoniales vero turpibus dehonestamentis afficiens, ut talis visus sit Acquittanicis qualis quondam Diocletianus fuit catholicis ».

La mort du comte Dampnolenus.

[Mort de Saint Domnolet.] Icelluy Théodebert se gouvernoit plutost comme un tirant que comme filz du roy chrestien. Auquel temps deffandoit la ville Martialis Dampnolenus, qui en estoit compte, homme de saincte vie, lequel voullant deffandre sa ville fust tué aveq grand nombre de ses cytadins, s'estant réfugié dans son église dédiée à S^{nt} Grégoire, qu'il avoit faict nouvèlement bastir, et dans laquelle il fut inhumé à l'entrée d'icelle, à costé gauche, comme on void encore de présant. Son corps fust relevé le 2e apvril 1534, comme est dit cy apprès (1). Les autres citadins qui furent tués furent tous relepvés longt temps auparavant, dont les ossements sont dans la cave soubz ladite église, desquelz il y en a grand nombre et de saints personnages. Il y a grand dévotion et s'y fait bon recommander, s'y fesant des miracles, principallement pour les person-

---

(1) Ce fut le 12 avril et non le 2, comme notre auteur le dira plus loin, et comme le dit du reste le P. BONAVENTURE, t. III, p. 764, col. 2, à la fin.

nes qui viennent proches de la mort, pour lesquelles l'on faict dire messes et alumer la lampe qui est audit sépulcre. Mesmes, par tradiction et remarque des antiens, lorsque lesdits ossements viennent à s'abbaisser, c'est signe que la contagion est proche; et, la santé revenue, ilz se retournent en leur premier estat. Ce qui fust remarqué aux dernières contagions de l'année 1631, où lesditz ossements baissèrent de trois à quatre piedz, puis, la santé venue, furent en leur premier estat, chose digne de remarque (1).

[Intervention de Saincte Radegonde en faveur de la paix.]

Saincte Radegonde estant à Poictiers dans son monastère, desplaisante de ces insolances faictes à Lymoges, portant grande amityé au compte Dampnolenus pour sa saincteté de vie, l'ayant en recommandation, escripvit une espitre aux trois frères rois pour les induire à paix; où, apprès plusieurs offres faites par Sigisbert à Chilpéric et Théodebert, lesquelz ne voullurent acepter, parquoy Sigisbert dressa une grosse armée d'Allemants pour recouvrer ses terres d'Aquittaine. Mais l'entreprinse fust rompue à la poursuitte de Gontrand, lequel fist promettre à Chilpéric de remettre ce que son filz avoit usurpé en Aquittaine. A ceste cause Sigisbert envoya en Aquittaine gens pour recepvoir ses terres; mais Théodebert n'en tint compte. Parquoy Sigisbert envoyast Gondebault, son lieutenant, aveq Gaudegessis (2) et Gontrand Bosson, bien accompagnés de gens de guerre, lesquelz sommèrent Théodebert d'effectuer la promesse de son père; laquelle il ne voullust, et se mist en desfiance. Mais enfin il fust chassé de Tours, Poictiers, Angoulesme, et en fin fust tué et ensepvely à Angoulesme; et, par ce moyen, la guerre fust finie entre lesdits frères.

[Enceinte de la Cité.]

Les habitans, qui avoient eschappé de la destruction de leur citté de Lymoges, estants grandement travaillés des guerres, les vieux pallays et autres antiens édifices ayants estés démolis, firent travailher à clore leur citté, y continuans jusques l'an 575. Dans lequel cerne avoient enclos l'église S^{nt} Pierre, où est le sépulcre de sainct Martial. Lesquelz ne furent longt temps en repos.

---

(1) *V.* le P. Bonaventure, t. III, p. 202.
(2) *Godegisil* (Bonaventure).

Comment Marc, commissaire pour lever un gros tribut, fust chassé, et ce qui advint. Le décedz de S.nt Féréol et de Sainct Iriers.

[Troubles au sujet de l'impôt sur le vin.]

Après plusieurs guerres, Chilpéric, roy, vint en Aquittaine, l'ayant mise en son obéissance, après la mort de Sigisbert, où il fist de nouvelles descriptions, collectes et exactions, imposant sur un chacun de grosses sommes excessives que les habittans ne pouvoient payer. Il fist faire un édit que ceux qui cultivoient les vignes seroient tenus de payer chacun an 48 pots de vin. Pour lever ledict subcide fust commis en Limousin un nommé Marc, qui vint à Lymoges ez calandes de mars, une année que les vignes ne portèrent rien, dont le vin estoit bien cher, et ne pouvoient payer ladite imposition. Mais, sans avoir esgard à ce, s'efforça tropt injuricusement. Parquoy il fust chassé par le peuple, qui tuèrent tous ses compagnons, brullèrent les cartes des collectes. Dont Chilpéric, indigné contre les Lémoviques, envoya secrettement des gens de la cour bien accompagnés, qui desmolirent certaines petites villes au pays, et aucuns particuliers firent mourir, les autres affligés de paynes corporelles. Ceux qui s'absentèrent furent multés (1) par la confiscation de leurs biens. Et y eust des prestres, prieurs et abbés liez publiquement à poteaux, et affligés de plusieurs paynes corporelles. Et en eust esté

[Saint Féréol.]

d'avantage, n'eust esté les prières du bon évesque Féréol, qui avoit sauvé la vie audict commissaire Marc. Et depuis, les Limousins furent opprimés de tant de vexactions que plusieurs habandonnèrent le pais. Cepandant, au mois de septembre, les pluyes ayant continué plusieurs jours, les rivières très grosses et le pays inondé d'eaux, que les laboureurs ne peurent couvrir les semances, à cause de ce s'ensuivit de grandes malladies. Allors les Lymousins prièrent Aredius ou

[Saint Yrieix.]

S.nt Iriers, qui se tenoit en son monnastère d'Athano, d'aller devers le roy Chilpéric luy remonstrer la grand pauvreté du pays, pour avoir rabais des tailles et subcides. Et tant fist

---

(1) Lat. *multare*, punir.

ledit sainct que, par ses prières et saincteté de vie, luy ottroya sa requeste à la persuation de la royne Frédégonde, et retourna en Limousin. Incontinant après mourust aagé de cent ans, resplandissant en de très grands miracles. Et fust ensepveli dans son église qui est à présent régie par un doyen et chanoisnes et autres prébandes, et depuis le lieu, en ville, qui porte le nom dudict sainct, le corps duquel repose dans une chapse d'argent.

En ce temps décéda sainct Féréol, évesque de Lymoges, le corps duquel repose de présant au bourgt de Nexon, à 4 lieues de Lymoges, resplandissant en miracles. Et après luy fust esleu [Mort de Saint Ferréol.]

SAINCT ASCLIPEDIUS, ou ASCLIPE, homme plain de saincteté et vie, plain de grande charitté et dévotion, qui, après son décedz, fust ensepveli à l'église Sainct-Pol-les-Lymoges (1) et puis transféré au monastère de Sainct-Augustin aussy lez Lymoges, où il repose dans une chapse. La célébration duquel est le 23 décembre. [Saint Asclèpe.]

D'aucuns évesques de Lymoges.

Asclipius estant décédé, succéda à l'évesché
SIMPLICIUS (2), en rangt des évesques 17. [Simplicius.]
Après la mort de Childebert, Tierry fust roy de Bourgougne et d'Aquittaine, et ce environ l'an 619. Clotaire, roy de France, s'empara de l'Aquittaine pendant la minorité des enfans.
Après le trespas de Simplicius, fust esleu évesque
FOELIX, en rangt des évesques de Lymoges 18, qui tint le siége neuf ans. Et après, luy succéda [Félix.]
ADELPHIUS, en rangt des évesques 19 ; après le décedz duquel l'évesché fust vacante. Parquoy le peuple s'assembla au sépulcre de Sainct Martial pour impétrer de Dieu la grace d'eslire un bon pasteur au proffit de l'Église et contentement du diocèse. Dont fust accordé qu'ilz envoyeroient au roy Clot- [Adelphius.]

---

(1) Aujourd'hui la chapelle des Repenties.
(2) Entre Saint Asclipe et Simplicius, Nadaud place Saint Loup, sacré le 12 mai 614.

tère deux prestres de saincte vie et honneste conversation. Le premier s'appelloit

[Saint Loup.] Luppus, et l'autre   (1), lesquelz furent en cour, où ilz demeurèrent longuement sans avoir audiance, pour exposer leur délégation. Cependant le peuple prioit Dieu incessamment qu'il luy pleust illuminer le roy de nommer le plus idoine et cognu du roy de saincte vie. Ce qui arriva par un miracle qui fust faict dans le palais du roy, à l'endroit de son filz aîné détenu mallade d'une grosse fièvre continüe, sans espérance de guérison, au dire des médecins. Et estant apelé Luppus pour le voir et faire sa prière, laquelle ayant faite et donné sa bénédiction, ledit malade fust guéry et du tout hors de fieuvre, ce qui le fist respecter. Et ayant sceu le roy sa délégation, luy donna aussitost ladite évesché, puis l'envoya à son diocèse. Lequel estant venu à Lymoges fust receu très béningnement et en grand joye. Laquelle dignité n'enfla point son orgueil, mais augmenta son abstinance, vivant dans une comme il avoit faict cy-devant lorsqu'il estoit prestre et gardien du sépulcre de Sainct Martial, auquel lieu, par ses prières, jeunes et veilhes audit sépulcre, il avoit obtenu toutes ces graces. Laquelle vie il continua le surplus de ses jours faisant plusieurs miracles, et mesmes après son décedz, qui fust le 22e may, auquel jour l'église de Lymoges faict mantion. Et fust ensepvely dans l'église de Sainct-Michel-des-Lions de Lymoges, laquelle n'estoit si grande comme de présant, auquel lieu son corps repose dans une chapse, et void-on son cercueil de pierre au-dessus de la porte de la sacristie, resplandissant en beaucoupt de miracles. Et, pour dire de la dévotion, des peuples de touts sexes venoient de toutes parts du diocèze en dévotion la veille de la feste, et couchoient dans l'église jusques au l'endemain. Laquelle coustume a discontinué puis quelques années par ordre de monseigneur François de La Fayette, évesque de Limoges, causant quelques choses mal séantes à la dévotion. Le peuple ne laisse de venir faire

---

(1) Le nom manque. « L'un de ces bons prestres nous est inconneu par son nom, mais non pas par sa suffisance, car on demeure d'accord que c'estoit un très-habile et vertueux personnage et très-propre pour estre évesque » (COLLIN, p. 181.) Les Bollandistes ne donnent pas non plus le nom du personnage qui accompagna Saint Loup.

sa dévotion en très grand nombre. Voyez la translation au fueillet 155.

Notta que le corps sainct reposoit dans une chapse de cuivre surdoré et le chef dans des couppes d'argent. Mais un dévot prestre de ladite église nommé messire Jean Jabraud demandant à un sien amy orpheuvre, par forme de devis, combien cousteroit de couvrir la chapse d'argant, ce que luy ayant esté dit, de ce pas va fère son testament et lègue icelle somme pour ce fère. Lequel estant décédé, son héritier ne voullut payer, mais fère perdre, s'il eust peu. Ce qui ne fust, car les bailles de la frérie de Saint-Loupt le firent actionner, et tant fust plaidé que plusieurs jugements seroient survenus, et enfin, par arrest ledit héritier fust condampné à payer ladite somme léguée, aveq les interestz et despans qui montèrent beaucoupt. Laquelle somme n'estant suffisante pour faire un beau dessaingt, les habitans aydèrent, et fust faicte ladite chasse l'année [1645], laquelle pèze cinquante huict marcz d'argent, et fust faicte à Paris. [Reliques de Saint Loup.]

Pandant lequel procès, il arriva de grands accidans audit héritier, par la cheute de partie d'une maison, où furent tués de ses enfans (1).

A S{nt} Loupt sucéda à l'évesché de Lymoges HERTONOBERTUS (2), en rangt des évesques 21, régnant en France Dagobert, premier du nom. [Hertgénobert.]

De Sainct Eloy.

Environ l'an 635 commança à fleurir Sainct Eloy, natif du [Saint Éloi.]

---

(1) *V. Recherches historiques sur l'église paroissiale de Saint-Michel-des-Lions.* — Limoges, Bargeas, 1811, in-12, page 40. L'auteur, l'abbé Legros, dit que la châsse fut faite en 1645, que cette châsse et les coupes d'argent qui contenaient le chef de Saint Loup, furent enlevées et détruites pendant la Révolution, et renvoie, pour d'autres détails, au P. Bonaventure, t. III, p. 232 et p. 849. Au reste ni Legros, ni Bonaventure ne parlent du procès. Ce dernier auteur dit que le cercueil de pierre était, non au-dessus, mais près de la porte de la sacristie. Nous ne savons ce qu'il est devenu.

(2) Hertgénobert, d'après Nadaud qui place Simplicius et Félix entre Saint-Loup et Hertgénobert. Cette erreur, que Collin partage avec notre compilateur, est réfutée par le P. Bonaventure, t. III, p. 232.

village de Soubz rue (1); près du bourgt de Chaptalat, à deux lieues de Lymoges, filz de Euchère et Théorigie (2). Lesquelz, quand il fust un peut grand, le mirent à Limoges chès un horpheuvre, soubz lequel il apprinst le mestier; lequel auparavant avoit esté instruit à la langue latine, dont il avoit aprins vaquer à l'oraison aussi bien qu'au travail, lequel il ne fesoit jamais sans premier avoir fait sa prière. Duquel art il se randist fort bon ouvrier et le meilheur de son temps. En l'eage de 22 ans, il se retira vers Paris du tamps du roy Clottaire 2e, père de Dagobert, où il fust travailher chès l'horpheuvre du roy, lequel le receut à causse de son bon travail et grand esprit. Un jour que le roy voulloit faire fère une selle d'or et d'argant pour son cheval, fust employé S^{nt} Eloy, auquel donna le dessaingt et l'or et argant pour ce faire, lequel fust pesé. Lequel Eloy travailha [tant] qu'en moins de la moitié du temps pour faire une selle. il en fist deux samblables et du mesme poidz de l'or et argant que luy avoit esté délivré, l'une desquelles il apporta au roy qui en fust très contant et la trouva mieux faite qu'on n'avoit ordonné, ne sachant comment payer ledit sainct d'un sy beau ouvrage. Lequel dit au roy : « J'ai encore une autre selle samblable de l'or et argant que m'avès délivré. » Laquelle il présanta, dont il fust esbay, ensamble les seigneurs qui estoient là présans. Lequel roy s'enquis de quel pays il estoit; et sa façon de vivre estant rapportée, et que tout ce qu'il gaignoit il le donnoit aux pauvres ; ce que ayant sceu le roy, le print à son service. Et, apprès le décedz dudit roy, Dagobert régna, lequel fist faire audit Sainct Eloy plusieurs châsses et autres choses d'or et d'argant, sçavoir : les châsses des saincts Denis, Rustiq et Eleutère, couvertes d'or fin et pierreries; mesmes une croix d'or enrichie de pierreries, laquelle on void au trésor de S^{nt} Denis; la châsse de S^{nt} Germain, évesque de Paris, de S^{nt} Quentin et Lucian, de S^{nt} Séverin, abbé de Saincte-Geneviefve, de S^{nt} Maurice-en-Walais, de S^{nt} Picton, évesque et martir, de S^{nt} Maximian, S^{nt} Julian, S^{nte} Colombe, de S^{nt} Brice et de S^{nt} Martin-de-Tours, où il mist beaucoupt de pierreries que le roy Dagobert luy fornissoit; la table du grand autel de Sainct-

---

(1) Sousrue, commune de Chaptelat, arrondissement de Limoges.
(2) *Eucher* et *Terrigie*.

Denis, reluisante en variété de pierreries prétieuses, de prix inestimable ; et autres choses qu'on ne sçauroit dire (1). Il fust faict par le roy évesque de Noyon, et fist bastir ou restaurer l'église de Sainct-Martial dans l'isle du Palais à Paris, à laquelle il apporta de Lymoges des reliques de S^{nt} Martial. Lesquelles portant, passant par Bourges, les prisons s'ouvrirent d'elles mesmes, où les prisonniers suivirent la procession. Il fonda aussy à Paris un monastère de religieuses où S^{nte} Aure fust abesse. Il fonda l'abbaye de Solompnac (2), à deux lieues de Limoges, et y mist abbé un dévot personnage nommé Rémacle, lequel pour sa saincteté est en la légende des sainctz (3) ; lequel fust faict évesque de Tongres (4) au pays de Liége, où son corps repose. Il fist bastir, aucuns disent qu'il fonda, l'abbaye de Sainct-Martin-lez-Limoges, où estoient ensepvelis ses père et mère, auquel lieu il donna la maison et bien de son père et autres biens pour nourrir vingt religieux, délaisant l'administration à Sainct (5), son germain, et plusieurs grands biens qu'il fist à la conversion de plusieurs. Bref, après avoir vaqué en toute sainteté, il décéda à Noyon, le premier décembre, où son saint corps repose en grand vénération, âgé de soixante-dix ans, resplandissant en miracles (6).

---

(1) Pour tous les détails artistiques nous ne pouvons mieux faire que de renvoyer à l'excellent ouvrage de feu M. l'abbé Texier, notre compatriote : *Dictionnaire d'orfèvrerie, de gravure et de ciselure chrétiennes.* (Paris, Migne, 1857, grand in-8°), aux mots : HISTOIRE DE L'ORFÈVRERIE.

(2) V. *Notice historique et descriptive sur l'abbaye de Solignac*, par l'abbé TEXIER. (Paris, Victor Didron, 1860, brochure in-4°).

(3) 3 septembre. (V. LABICHE DE REIGNEFORT, t. II, p. 1).

(4) Non de Tongres mais de Maëstricht. Son corps repose à Stavelo, abbaye dans les environs du pays de Liége. On gardait à Solignac un des bras de saint Rémacle, que les moines de Stavelo y avaient envoyé en 1268. (Ibid.)

(5) Le mot est surchargé et nous ne pouvons le lire. Il s'agit de Alduin ou Heldoin, prêtre de Limoges, frère de Godefroi, abbé de Saint-Martial, et de Widon, vicomte. L'abbaye de Saint-Martin fut fondée par Alicius, frère de saint Eloi. (*Gallia christiana*, t. II, p. 582). V. aussi la *Chronique de Geoffroy de Vigeois*.

(6) Les biographies spéciales de saint Eloi sont nombreuses. Brunet en donne quelques-unes dans sa *Table méthodique*, numéro 22,163 (dernière édit.).

[Cœsarius.] CESARIUS succéda à l'évesché de Lymoges après Hergenobertus ou Hertonobertus, en rangt des évesques de Lymoges 22.

Fondation du monastère de Sainct-Augustin-lez-Limoges, du règne de Clovis, 2ᵉ du nom, roy de France, l'an 662.

[Monastère de Saint Augustin.] Du règne de Clovis, 2ᵉ du nom, roy de France, fust Roricius ou Roricus, premier du nom, en rangt des évesques de Lymoges 23 (1). Lequel, comme on lit, fonda le monastère de Sainct-Augustin hors les murs de Lymoges, assignant rantes et revenus pour le soustènement des religieux ou chanoines réguliers qui y furent par luy establis. Auquel lieu, depuis le temps de l'empereur Aurelius Adrianus, on avoit accoustumé d'ensepvelir les corps des deffunctz de la citté de Lymoges, servant de cemitière commun, par l'évesque Emilius, comme dit est cy-devant [page 52]. Le corps dudict Roricius ou Rorice repose dans l'église dudit Saint-Augustin, en une châsse, à costé du grand autel.

De Sainct Amand et Sⁿᵗ Junien, et fondation de l'église de Sⁿᵗ-Junien (2).

[Saint Amand et Saint Junien.] En ce temps florissoit au lieu pour lors appelé de Commo-

---

(1) Dans le *Tableau des évêques* de Nadaud, après Cœsarius on trouve Ermenus ou Ermenarius « qui siégeait en 673 ». Nous avons déjà vu (p. 57, en note) que notre compilateur a confondu Rorice avec Rusticus. D'après Nadaud, Rusticus qui « siégeait en 712 » succéda à Salutaris, lequel avait succédé à Ermenius, et fut le vingt-cinquième évêque de Limoges; mais il s'agit bien réellement ici de Rorice Iᵉʳ, qui fonda l'église de Saint-Augustin au vᵉ siècle. (V. *Gallia christiana*, t. II, p. 575, et ROY PIERREFITTE, *Etudes historiques sur les monastères du Limousin et de la Marche*).

(2) V. *Chronique de Maleu, chanoine de Saint-Junien, mort en 1322, publiée pour la première fois avec des notes explicatives, et suivie de documents historiques sur la ville de Saint-Junien*, par M. l'abbé ARBELLOT. — Saint-Junien, Barret, 1847, in-8°.

dalhiac (1), sur le fleuve de Vienne, à sept lieues de Lymoges, Sainct Amand, natif du bourgt de la Meize, aussy près de (2) lieues de Lymoges. Auquel lieu de Commodailhat il fesoit grand pénitance. Auquel vint à luy un jeune homme natif de Cambray, nommé Junien, lequel ayant quitté tous biens et pays se retira avec ledit S^{nt} Aman. Lequel imitta si bien sa vie qu'il sucéda à la cellule dudit S^{nt} Aman et fist des miracles. Advint qu'un gentilhomme nommé Rorice, nepveu de l'évêque Rorice de Lymoges, fust possédé du diable, lequel fust délivré à la prière dudit Sainct Junien, lequel Rorice après parvint à l'évesché. Lequel estant parvenu, se resouvenant du bien que luy avoit randu Sainct Junien, fonda à son honneur une nottable église audit lieu de Commodailbac, auquel lieu ledit saint repose en une chapse. Et despuis, plusieurs y ont basti tellement que c'est à présant une ville assez grande et bonne, et près la rivière de Vienne. Et dopta ladite église de plusieurs revenus, érigée de présant en beau collége de prévosté et chanoines séculiers et autres prébandes.

[Rurice II.]

Apprès le décedz de Sainct Rorice, évesque de Lymoges, succéda audict évesché son nepveu appellé aussy RORICE (3) en rangt des évesques 24, et après luy fust esleu

ERMERARIUS ou EXIMENARIUS et EXIMERIO, en rangt 25. De son temps vivoit à l'abbaye de Solompnac un sainct religieux nommé Theau. Et advint que le susdit évesque par vieillesse vint tout à faict aveugle, et, venant à décéder ledit Saint Theau, il voullut assister à ses obsèques, et, par l'intercession dudict sainct, il recouvra la vue.

[Ermenarius.]

[Teau ou Tillon.]

A Ermerarius sucéda à l'évesché de Lymoges
ERMENIUS ou ERMENIO (4), en rangt 26. Et auquel sucéda
SALUTARIS, en rangt 27. Et à luy sucéda
AGGERICUS, (5) en rangt des évesques 28.

[Ermenus.]

[Salutaris.]

[Aggericus.]

---

(1) Comodoliac.
(2) Environ 30 kilom. au sud de Limoges.
(3) Ce Rurice II est le 13e évêque, d'après Nadaud. Cet auteur dit qu'il fut surnommé Proculus. Il siégeait au vi^e siècle et était petit-fils et non neveu de Saint Rurice.
(4) Nadaud ne fait qu'un seul évêque de Ermenarius et Ermenus.
(5) Entre Salutaris et Aggericus se trouve, dans le *Tableau* de Nadaud, Rusticus dont notre auteur a déjà parlé page 57, le confondant avec Rurice.

D'aucuns sainctz du Limousin.

[Saint Goar.] Du temps dudict Aggericus, évesque de Lymoges, florissoit S^{nt} Gouhault ou Gouhart (1), filz de George et Vallerie, natif du Lymousin, lequel allast fère sa pénitance près la rivière du Rhin en Allemagne (2), resplandissant en miracles ; Sainct

[Saint Bolose.] Bolosus, natif des montagnes du Limousin, lequel se retira pour fère ses pénitances à [Saint-Basle] au diocèse de [Reims] à présant abbaye (3).

[Odo, abbé de Cluny.] Odo, second abbé de Clugni, fust premièrement abbé de Tulle en Limousin, puis gouverna l'abbaye de Clugny, réforma l'abbaye de Sainct-Martial de Lymoges, finallement décéda à Tours, après avoir mené saincte vie, où son corps repose au monastère de S^{nt}-Julien.

[Saint Mande.] Sainct Mande, natif du diocèze de Limoges, duquel le corps repose au diocèze de Tours, en l'église S^{nt}-Mande, près S^{nte} Catherine de Férebois (4).

[Saint Léobon.] S^{nt} Léobon, natif du village de Foursat (5), près la Soutérainne, n'ayant aucunes lettres, fist de grandz miracles durant sa vie, mesmes après sa mort ; et à la translation du corps de S^{nt} Martial, ledit corps estant porté à Lymoges, passant par la Jonchière, fust guéry quantité de malades. Son corps repose au bourgt de Sallagnac (6). Il décéda le 14e octobre.

---

(1) *V.* sur Saint Goar le P. BONAVENTURE, t. III, p. 240 ; LABICHE, t. I, p. 3.

(2) Sur le territoire de la petite ville d'Ober-Wesel, dans l'évêché de Trèves.

(3) *V.* BONAVENTURE, t. III, p. 207 ; LABICHE, t. III, p. 112.

(4) Nous ne trouvons sur Saint Mande que cette note du P. Bonaventure (t. III, p. 250) : « Les mémoires du pays mettent sous Clottaire III Saint Mande, natif du Limosin, lequel repose dans le diocèse de Tours, en l'église qui porte son nom, proche de Sainte-Catherine de Fierbois ». On le voit, les deux auteurs ont copié le même passage du manuscrit primitif.

(5) Fursac.

(6) « Salagnac, à deux lieues de Fursac et dix de Limoges, du côté du levant d'été. » (COLLIN.)

S#t Goussau, confesseur et hermite, repose dans son église de S#t-Gaussaut, dans la montagne. *(Saint Goussaut.)*

Comment la citté de Lymoges fust assiégée par Loppes, duc des Gascons, et comment il fust tué, soubz Clottaire 3ᵉ.

En l'an 663, Clottaire 3ᵉ fust roy de France, et autres rois qui s'ensuivirent ; et, dans peut de temps, se révoltèrent en Aquittaine aucuns gouverneurs, qui usurpèrent le domaine de la couronne aveq totale authorité. Sur ce les antiennes mémoires de Lymoges (1) [disent] que Loppes ou Lopus, extraict d'antienne noblesse, fust créé de Gascons duc, lequel fist plusieurs confédérations et alliances aveq ses voisins. Et, après qu'il eust réduit à son obéissance l'antienne Aquittaine, assize entre les monts Pirenées et la mer Océane et le fleuve de Garronne, il passa avec grande puissance et subjuga l'Agénois, Quercy et Périgord. Désirant non seullement conquester ce qui restoit de l'Aquittaine seconde, outre ce, taschoit de mettre à son obéissance toutes les Gaulles et chasser de France le roy Clottaire et Ebroin, son connestable. Il vint assiéger la citté de Lymoges par telle fureur que tout le peuple frémissoit, mesmes tout le pays devant luy. Lequel mandast à l'évesque, gouverneur et habitants de luy faire comme les autres cittés avoient faict, et, pour lui randre responce, fust requis par les cytoyens un bref délay, qui leur fust ottroyé. Cepandant Loppes vint à l'église Sainct-Pierre, au devant du sépulcre de S#t Martial, laquelle église estoit pour lors hors la citté, plutost pour pillier les trésors dudict sépulcre que par dévotion ; lequel Loppes avet aveq luy nombre de gens qui n'estoient que des brigantz, et tous bien armés, advisans çà et là s'ilz voyoient quelque chose à prandre, et ainsin descendu dans le sépulcre de S#t Martial, ledit Loppes voyant une baudrier très riche donné par dévotion, pandant au dessus de la chapsse ou sépulcre où reposent les *[Siège de Limoges.]*

---

(1) Comparez ce passage avec celui du P. Bonaventure (t. III, p. 233), qui parle également des « Mémoires du pays ».

cendres du glorieux Sainct Martial, lequel baudrier il priust et mist autour de luy, disant qu'il luy siéroit mieux que demeurer sur la perche, devant le sainct qui n'en avoit point de besoingt. Ad ce, voyant un habittant de Lymoges, nommé Proculus, petit homme de stature, mais haut de courage, indigné du sacrilége et témeritté dudict Loppus, se mesla parmy la presse des assistans, tant qu'il approcha de Loppus, auquel de son pougnard luy donna un coupt sur la teste, duquel il fust ranversé par terre ; dont chacun fust escandalizé tellement qu'ilz se jettèrent sur ledit Proculus qu'ilz tuèrent et mirent en pièces sur le champt. Ledit Loppus requérit avoir de l'huille des lampes qui luisoient devant le corps de S^{nt} Martial pour infuser dans sa playe, pansant par ce moyen avoir guérison par les mérites de celuy qui l'avoit offancé auparavant; et rien ne lui proffitta, car soudain que l'huille fust dans la playe, il en sortit une fumée puante furieusement, dont ledit Loppes mourust bientost apprés. Par la mort duquel ses gens se desbandèrent en plusieurs parties, tellement que toute son armée fust toute rompue, lesdits soldatz ayants telle crainte de Sainct Martial que la Citté de Lymoges fust délivrée de grand péril.

[Savary.] Audict Loppes sucéda Savary, qui tint Bordeaux et la moyenne partie de l'antienne Aquittaine,

[Antherius.] Et Antherius tint le Languedoct et la seconde Aquittaine.

[Saint Sacerdos.] A Aggericus, évesque de Limoges, succéda audit évesché SAINCT SACERDOS ou SADROC, en rangt des évesques 29, (1) natif du diocèse de Bourdeaux. Il fust du tamps de Clovis 2e. Premièrement il fust moyne, puis abbé, finallement évesque. Ayant trouvé son père, nommé Laban, mort sans avoir receu le Sainct Sacrement, fust resuscité à sa prière. Ayant vescu fort sainctement, il décéda le 5e may. Son corps repose à Sarlat, en une châsse, en l'église qu'il fonda dans son patrimoine.

[Dogis.] A Clottaire 3e sucéda à la couronne de France Childéric 2e, en l'an 668, et Théodoric, l'an 680. Icelle année Bonba, roy d'Espagne, vint avec puissante armée entrer en Gascougne, et subjuga les Gascons et le Languedoct et la pluspart

---

(1) Le 27e évêque, d'après Nadaud.

— 91 —

de la Seconde Aquittaine. Après vint Héringue, qui donna le gouvernement des terres de Languedoct et d'Aquittaine à Bogis, mary de saincte Ode, lequel les garda bien, recouvra le Languedoct avec la pluspart de la Seconde Aquittaine. Et fust environ l'an 715 (1).

Comment Eude vint en Aquittaine en qualité de duc.

Eude vint en Aquittaine, en estant duc, avec puissante armée, pour secourir Chilpéric contre Charles Martel; toutesfois furent vaincus par Martel au lieu de Venant, et mis en fuitte. Lesquelz avec leurs trésors se sauvèrent jusques à Orléans, et, ne croyants estre en seuretté, ledict Eude mena Chilpéric en Acquittaine, lesquelz Martel suivit.

[Eudes, duc d'Aquitaine.]

Des lions pars donnés à Eude.

Les vieilles mémoires du pays nous rapportent que ce Eude fust couronné de couronne ducale à Lymoges par la tradiction de l'anneau de Saincte Vallérie, suivant l'antienne coustume et fasson de faire, et que, durant le temps qu'il demeura paisible au pays, pour son asseurance fist fortiffier plusieurs villes, entre lesquelles estoit la citté après dite le Chasteau (2) et à présent la ville de Lymoges, qu'il fist entourer de puissants murs et grosses tours deffancibles, la randant quasy imprenable. Il fist reclore dans icelluy circuit l'église de Sainct-Pierre et sépulcre de Sainct Martial. Auquel temps succéda à l'évesché

[Eudes fait fortifier Limoges.]

---

(1) Nous prévenons une fois pour toutes le lecteur que nous donnons le manuscrit tel qu'il est avec toutes ses erreurs et tous ses anachronismes. Nous aurions trop à faire si nous voulions relever les fautes, surtout en ce qui touche l'histoire générale. Pour ce qui concerne l'histoire du Limousin, nous continuerons à donner, quand il y aura lieu, des interprétations sommaires et à renvoyer aux ouvrages spéciaux.

(2) La Cité et le Château, ou la ville de Limoges, n'étaient point séparés dans le principe. La séparation eut lieu entre le VIIIe et le IXe siècles. (LEYMARIE, *Hist. du Limousin*, t. I, p. 64.) A partir de cette époque, la Cité et le Château formèrent deux agglomérations bien distinctes, ayant chacune son enceinte, son administration, ses priviléges.

[Ausindus.]

[Défaite des Sarrazins par Charles-Martel.]

Ausindus ou Dussinde, en rangt des évesques 30 (1).

Après Chilpéric sucéda la couronne de France à Théodoric, l'an 727. Eude voullant recommancer la guerre, se voyant estre le plus foible, appella à son ayde les Sarrazins qui pour lors occupoient l'Espagne, lesquelz vindrent au nombre de quatre cens mille, amenants aveq eux femmes et enfans, pensants s'abbituer en France. Ilz pilhèrent Bourdeaux, Poictiers et autres villes, passèrent par le Lymousin et n'entrèrent à Lymoges, causant la garnison qu'Eude y avoit mis. Eude, ayant esté surprins de sy grand nombre, pour se despêtrer d'iceux, fist paix aveq Charles Martel, car ledit Eude pansoit avoir le secours de son oncle Pelegius, roy d'Espagne, et à son filz Fuzella qui tenoit les Astures et Castille-la-Nove, lesquelz il avoit faict prier. Mais, parceque ledit roy d'Espagne et de Castille avoient les susditz infidelles qui occupoient leurs terres, et, pour s'en descharger, leurs donnèrent entendre qu'ilz se pourroient habituer en France par le moyen du secours qu'ilz donneroient audict Eude. Charles Martel, estant adverti du grand dégast que fesoient lesditz Sarrazins, assembla son armée composée de quarante mille personnes, s'accorda aveq ledit Eudes, soubz promesse de le laisser paisible pocesseur en son pays d'Aquittaine, à la charge de la tenir à foy et hommage de la couronne de France, et par ce joignirent leurs forces et allèrent trouver les infidelles près de Tours, en sorte qu'il en demeura trois cens quatre-vingt mil avec Abiramus, (2) leur roy, et, de Charles mille cinqt cens; et fust la bataille donnée où est à présent apellé Sainct-Martin-le-Bel. Et, parce qu'Eude se porta valhammant contre lesditcz barbares, le pape Grégoire 3º octroyat au ducz d'Acquittaine de porter en leurs armes des

[Lions de pierre] léopards en champt de guelles qu'ilz ont tousjours porté. Et, pour perpétuer l'Aquittaine Eude fist faire des grands lions par de pierre grise, lesquelz il fist mettre ez bonnes villes et cittés de son obéissance (3), desquelz il se void à Limoges

---

(1) Ausindus succéda à Saint Sacerdos et fut le 28ᵉ évêque, d'après le *Tableau* de Nadaud.

(2) Abdérame.

(3) V. sur ce point un article de M. Grellet-Dumazeau (*Bulletin de la Société archéologique*, tome II) ; Allou (*Description des monu-*

— 93 —

un au portail Nimbert, qui autresfois estoit porte de ville; deux devant l'église et clocher de Sainct-Michel, et par ce appelé S^nt-Michel-des-Lions, se regardant l'un et l'autre; et le plus grand devant la porte de l'église S^nt-Martial, sur un pierre sur laquelle est engravé samblables lettres :

Le bob tesselbva di banise dis ist. (1)

Il y a aussi dans le cemitière des Arrennes, du costé de la Porte-Monmailhier, un autre lion sur lequel est la croix, le tout de pierre.

Il est aussi à croire que la Porte-Manigne estoit bastie du temps dudict Eude ou bastie par luy, comme l'on void entre les deux tours, sur le portail, entrant dans la ville, sur une lame de cuivre, semblables lettres :

[Inscription de la Porte Manigne.]

DIEVS GART : LA VILA E S. MARSALS
LA SEN EV MVRS E LAS PORTAS
E MA DOMNA : S:TA MARIA
GARTHOSA EVDE (2) MAINANIA
AM.

L'an 731 ledit Eude tourna s'eslever (3) contre Charles-Mar-

[Waifre.]

---

ments, etc., p. 223 et suivantes), où se trouvent indiqués plusieurs mémoires traitant la même question.

(1) Nous rétablissons d'après ALLOU (*Description des monuments,* etc., p. 223), l'inscription par trop informe qui se trouve dans notre manuscrit. — On donnait autrefois à cette sculpture le nom de *Gog* ou de *Bod*. L'inscription avait été enlevée lorsqu'on déplaça le lion, à l'époque de la démolition de l'abbaye de Saint-Martial.

(2) Nous rétablissons encore ci-dessous d'après ALLOU (p. 260) cette inscription qui n'a pas de sens telle que la donne notre auteur :
Dieus. gart. la. vila. e. s. Marsals.
la gen. eu. murs. e. las. portals.
e. Ma. Donna. Sta. Maria.
gart. thos. aqueu. de. Mainania.
Amen.
« Dieu garde la ville et Saint Martial les gens, les murs et les portes, et madame Sainte Marie garde tous ceux de Manigne. Ainsi-soit-il ! » Nous ne voyons rien dans cette inscription qui puisse faire supposer que la porte Manigne ait été bâtie par Eudes ou de son temps. Il a fallu que notre auteur ait fait une faute bien grossière en lisant *Garthosa EUDE* au lieu de *gart thos aqueu de...*

(3) *S'éleva de nouveau*, expression limousine.

tel; parquoy ledit Charles fust en Guienne contre ledit Eude, lequel enfin fust tué, et laissa deux filz, l'un nommé Vuayfer et l'autre Unalde, autrement Hunault. Et poursuivant Charles Martel l'Aquittaine qu'il subjugua, par ce fust roy d'Aquittaine.

Ledict Vuayfert se porta pour duc 'd'Aquittaine. Lequel assembla grande armée l'année ensuivant et reprint plusieurs places que Martel tenoit, qu'il avoit print sur son père. Parquoy Martel revint aveq grande puissance, print Bourdeaux, Blaye et autres places, et en chassa lesditz Vueyfer et Unalde, et tient-on qu'ils avoient appelé à leur aide les Vuisigotz et Arriens, qui gastèrent partout où ilz passoient, bruslant jusques à la Bourgougne; lesquelz furent chassés.

A Ausinde, évesque de Lymoges, succéda, environ l'an 735,

[Saint Cessateur.] CESSATORIS, dit Sainct Cessateur, en rangt des évesques 31, (1) très savant et sainct, qui batailha longuement contre les infidelles Vuandalles, qui estoient descendus en France; lesquelz il mist en fuitte devant la ville de Sens (2). Après son décedz fust ensepvely hors les murs, en l'église qui porte son nom (3), resplandissant en miracles. Le corps de S^{nt} Cessateur, causant les guerres, fust transporté aveq les autres corps saincts, causant les infidelles; lequel fust transporté au chasteau de Malemort, au Bas-Limousin, qui pour lors estoit une place très forte, et à présent il est dans l'église de Saint-Santin (4); lequel, après les guerres, au lieu de le remettre, donnèrent un autre corps supposé et cachèrent icelluy sainct dans le grand autel de laditte église, le gardant à cause des miracles qui se fesoient. Et l'église de Saint-Cessateur-lez-Lymoges aussy fust ruynée tout à faict et sans aucune habittation, et achevée, causant les malladies de l'année 1631 (5), et n'y resta qu'un peu de couverture et le sépulcre. En l'an

---

(1) 29e en rang, d'après Nadaud.
(2) V. Bern. GUIDONIS, *apud* LABBE, t. II, p. 267; COLLIN, p. 572; LABICHE DE REIGNEFORT, t. III, p. 61.
(3) Vulgairement les *Pénitents-Rouges*.
(4) Près de Brives.
(5) Au sujet de cette épidémie, V. Deuxième *Registre consulaire*, f° 153 suiv., et le *Livre de la recepte et mise pour la frérie du St-Sacrement de St-Pierre-du-Quéroir*, f° 194. Ce registre est à la Bibliothèque de Limoges.

1659, Mre Jean Goudin, prestre, prieur et curé de ladite église et de S^nt-Aurélien, son anexe, preschant l'advent et caresme à Brive, ne sachant au vray où estoient les reliques du sainct, eust advis qu'elles estoient au susdict Sainct-Santin, à deux lieues de Brive, et que les Révérandz Pères de la doctrine, qui possèdent laditte église, avoient trouvé ledict corps, puis quelques années, dans le grand autel, le voulant remuer, avec le tiltre. Icelluy prieur y fust pour leur réquérir une des reliques dudict sainct, ce qui luy fust octroyé, et emporta un bras aveq attestation, qu'il mist dans l'église de Sainct-Aurélien de Lymoges, aveq la permission de monseigneur François de la Fayette, évesque de Lymoges, comme il se void dans un reliquère à demy-corps. Laquelle église de S^nt-Aurélien fust agrandie de son temps, comme aussy, à sa poursuitte, fust [le] revenu d'icelle adjugé par arrest du Grand Conseil contre plusieurs qui en jouyssoient ; et par sa prudance fust institué la compagnie de Messieurs les Pénitans Pourpres, qui n'avoient jamais peu avoir la permission de Monseigneur que par luy ; et, par ce, ladite église a esté remise, y ayant beaucoupt contribué. Et après son décedz y voullut estre ensepvely, qui fust le 26 décembre 1663, devant le grand autel, en deça des balustres.

[Jean Goudin.]

[Pénitents Rouges]

La 3e destruction de Lymoges par Pépin-le-Bref, roy de France, l'an 760 ou 63. Mort de Vuayfert ; et, après la destruction d'icelle antienne citté, le don qu'il fist aux églises (1).

Absant Pépin de France, à son retour de Rome trouva que Vuayfert et Hunaul, son frère (2), avoient prins toute l'Aquittaine, lesquelz avoient estably comtes à chasque province à

[Destruction de Limoges.]

---

(1) V. au t. II du *Bulletin de la Société archéologique du Limousin*, un article de M. Grellet-Dumazeau sur Vaïfre, duc d'Aquitaine, et sur la lionne de Saint-Sauveur, et un autre article de M. Bonaparte Wyse sur le tombeau du duc Vaïfre. V. aussi *Histoire de l'Aquitaine*, par M. de Verneilh-Puiraseau (Paris, 1824, 3 vol. in-8°), t. II, p. 74 et suiv.

(2) Son père, suivant M. de Verneilh.

leur volonté, lesquelz entretenoient un grand nombre de soldats à la grand foule du pays, uzurpant le patrimoine des églises d'Aquittaine, dont lesditz prélatz avoient fait leurs plaintes. Mais voyant Vuaifert qu'il avoit à faire de ses gens les soutenoit. Ce que voyants, les prélatz implorent le secours de Pépin, qui, pour réintégrer les prélatz en leurs églises, envoya son filz Charles en Aquittaine aveq puissante armée. Contre lesquelz Vuaifert envoyast, et, ne pouvant résister aux forces du roy, trouva moyen de faire paix, environ l'an 758, par laquelle il promist de randre à l'église le bien par luy usurpé, et tenir l'Aquittaine à foy et homage dudit roy. Puis le roy Pépin, par commandemant du pape Zacharie, allast combatre les Sarrazins, qui occupoient la Biscaye, les Astures et le royaume de Gallice dont ilz avoient chassé le roy Silla, gendre d'Alphonse. Et fust tellement combattu qu'il y eut quantité de seigneurs françois tués, bien que le champt de bataihle leur demeurast, sy bien que le bruit courust que les François avoient estés battus : ce qui anima le courage à Vuayfert de lever ses forces pour se vanger. Lesquelles il conduisit en propre personne, et, ayant passé la rivière de Loire, entra en Bourgougne où il fist plusieurs maux, mesmes ez pays de Masconnois et Chaslons, poursuivant la Champagne, mist au fil de l'espée tout ce qu'il rancontroit. Pépin, de ce adverti, fust fort fasché, et se résout de s'en vanger. Parquoy ayant subjugué les susditz Sarazins, délibéra de venir poursuivre Vuayfert. Ce que sachant, Vueyfert se retira par le Nivernois et repassa Loyre, faisant bruller maisons et vivres partout où il passoit, affin d'empescher que l'ennemy ne peut vivre. Ce nonobstant Pépin passa facillement et occuppa le Berry, Bourbonnois, Auvergne, Foretz, Vellay, Givaudan, Poictou et Touraine, et vint assiéger Lymoges, l'an 760, sans y rien gaigner, car Vuayfert l'avoit tellement fortiffié qu'il estoit imprenable, parquoy se retira. Finallement, estant venu Pépin pour la quatriesme fois en Aquittaine, vint de rechef assiéger la cyté de Lymoges, ayant assemblé son conseil à Orléans, environ l'an 763, fust, environ la S^{nt}-Jehan-Baptiste, audit siége aveq telle fureur et batterie qu'elle fust prinse par force, et les habittans tous massacrés. Puis fust mis le feu partout, qui consumma toutes les églises tant dedans que dehors, et furent démolis tous les bastiments sumptueux et autres édifices, les tours et murailles abbattues jusques à fleur de terre, chose très pitoyable à voir. Après ce Pépin eust volonté d'aller visiter les ruynes, lesquelles voyant et tant de peuple mort, fust fort triste et eust quelque repantance, récompansa les églises, sçavoir : celle de S^{nt}-Estienne, église cathédralle, de la seigneurie de Sallagnac qu'il leur bailha; à l'abbaye de S^{nt}-Martial, la ville de S^{nt}-Vaulry ; et fist réparer à neuf l'église de Nostre-Dame-de-la-Raigle. (Toutesfois il n'est fait mantion qui l'a fondée. Il est vraysamblable que ce fust S^{nt} Martial qui y institua des vierges pour servir Dieu, et qu'en ce lieu il eust révélation du jour de son trespas.) Et donna [Pépin] à l'abbesse [de la Règle] Gontrade les terres assises entre les fleuves de Gartempe et Creuse et Encla (1). Et aussy remy plusieurs monastères, comme S^{nt}-Pol-hors-les-Murs, où sont de présant establis la compagnie de M^{rs} les Pénitans Bleus, soubz le titre de S^{nt} Hiérosme, puis l'année 16   (2) l'église de Sainct-Michel-de-Pistorie, toutes entièrement destruites, érigée en cure, dont il est parlé cy-devant [page   ], où sont institués messieurs les Pénitents Noirs, soubz le titre de Saincte-Croix, par vénérable Me Mr Bernard Bardon, prebtre, homme de saincte vie, l'an 1598, duquel il sera parlé cy apprès. [N.-D. de la Règle.]

EBBONUS (3) estoit évesque, en rangt 32, au temps de ladite destruction. Pépin vouloit transférer l'évesché à Tulle, ce qu'il empeschat. [Ebulus.]

Vuayfert s'estant encore eslevé contre Pépin, qui fust la neufviefme fois, et enfin fust tué en bataille, aucuns disent par ses gens ennuyés de luy à cause des guerres qu'il fesoit sans subject. Donc, Pépin, après la mort dudit Vayfert qui fust près Engoulesme, print sa femme nommée Berte et ses enfans qu'il emmena à Saintes, lesquelz il fist traiter honnorablement. En laquelle bataihe fust prins Remistant, frère d'Eude oncle [Mort de Waifre.

---

(1) Voir l'acte de donation en latin ainsi que la traduction française dans le P. Bonaventure, t. II, p. 239. — V. aussi *Gallia Christiana*, t. II, p. 609, où l'on conteste la tradition qui attribue : 1° à Saint Martial l'origine de l'abbaye de la Règle; 2° à Pépin, roi de France, la donation ci-dessus. Ce fut Pépin, roi d'Aquittaine, fils de Louis-le-Pieux, qui fit cette donation.
(2) Les deux derniers chiffres du millésime sont en blanc.
(3) Ebulus, ou Ebulo, ou Ebbo, qui fut le 30e évêque, d'après Nauud,

de Vayfert, qui fust pandu et estranglé. L'ornemant que Vayfert portoit en ses bras aux festes solampnelles, enrichi de pierreries prétieuses, fust porté à S^{nt}-Denis, et ce environ l'an 768, estant évesque de Limoges Remigibertus (1).

Origine de l'édifice de l'église de Sainct-Sauveur de Lymoges, à présent ditte Sainct-Martial, et première translation du corps de Sainct Martial soubz Charles Magne.

[Église de Saint-Martial.]

Il est dit ez Annalles de France comme Charlesmagne fist couronner ses deux filz Pépin et Louis à Rome par le pape Léon, l'an 804. Pépin fust roy d'Italie et Louis roy d'Aquittaine. Sur ce, rapportent nos vielles mémoires que ce bon roy Louis, surnommé le Débonnaire, fist édiffier le temple de S^{nt}-Sauveur de Lymoges, à présent apelé St-Martial, et y mist la première pierre, et, par ceux de l'église fust mis dans la muraille regardant devant la fontaine de la cloistre, près

[Lionne de Saint-Sauveur, dite la Cluche.]

la grand porte de l'église, une devise qui est une lionne (2) tenant deux lionceaux signiffiant Vuayfert, qui avoit esté couronné en icelle, l'avoit opprimée ; et estoient gravés en vers latins, sur une lame de cuivre, qui sont cy-après, à costé de la lionne, lesquelz n'y sont plus, y estans du temps d'André Thévet (3) :

ALMA LEÆNA DUCES SÆVOS PARIT ATQUE CORONAT.
OPPRIMIT HANC NATUS WAYFER MALESANUS ALUMNAM ;
SED PRESSUS GRAVITATE, LUIT SUB PONDERE POENAS (4).

---

(1) Regimpertus (NADAUD). Il siégeait en 793 et 817.
(2) Sur Vaïfre, sur la lionne de Saint-Sauveur et sur l'inscription qui va suivre, V. un article de M. Grellet-Dumazeau (*Bulletin de la Société archéologique du Limousin*, t. II, p. 63).
(3) *La Cosmographie universelle*, par André Thévet. — Paris, 1575, in-fol., t. II.
(4) Voici la traduction en vieux vers français telle que la donne Tripon, (p. 38) :

« La nourricière lionne les ducs enfante et corone.
Vaïfer opprimant, insensé ! sa nourrice

Et sur la grand porte de l'église :
HIC SACRA JUSTICIE VENERATUR LUMINA PORTE (1).

Il est dit par de bons autheurs que ledit roy Louis-le-Débonnaire assista à la dédicace de ladite église, qu'il avoit faict bastir l'église de Sainct-Pierre, qui, devant le sépulcre de S^nt Martial, estant tropt petit pour recevoir le peuple qui venoit de toutes pars, tant du royaume de France que d'autres royaumes, au bruit des miracles de S^nt Martial, il est dit en cette sorte (2) :

[Translation du corps de Saint Martial.]

Estant empereur et roy de France Louis surnommé le Débonnaire, estant pape Grégoire 4e, l'an 833, indiction 11, il y eust plusieurs évesques, princes et grands seigneurs aveq grande quantité de peuple de Guienne assemblés à Limoges ; et fust faicte la première translation du corps de S^nt Martial, présant ledit empereur qui estoit logé au palays de Jogentia. A laquelle translation fust faicte de très grandz miracles. Laquelle translation l'église célèbre le 10e octobre. Et on tient qu'audit temps ledit empereur donna le chasteau de Lymoges à Sainct-Martial.

L'autheur de la *Recherche des antiquités de Lymoges* [?] dit que Louis-le-Débonnaire, l'an 817, fist ses enfants rois, sçavoir : Lottaire, d'Italie et Pépin, d'Aquittaine, Louis, de Ba-

---

Qui l'avait engendré, cette atroce malice
Attire un châtiment qui lui cause la mort,
Ses subjets contre luy bandant tout leurs efforts. »

Duroux (*Essai historique sur la sénatorerie de Limoges*, Limoges, Martial Ardant, 1811, in-4º, p. 109) dit que « la Lionne ou *Chiche* fut transportée à Paris, dans les jardins de M. Choiseuil-Gouffier, et de là aux Petits-Augustins, au Musée des pierres antiques. »

(1) L'inscription donnée par Tripon (p. 38) est un peu différente :
HIC SACRA JUSTICIÆ VENERATUR LUMINA PORTA.

L'une et l'autre sont intraduisibles. Peut-être faut-il lire :
HIC SACRA JUSTICIÆ VENERANTUR LIMINA PORTÆ.

(2) *Chronicon Ademari Chabannensis, apud* LABBE, t. II, p. 159 :
» Tunc Ludovicus conventum generalem tenuit in palatio Jogentiaco in Lemovicino, et cum gloria magna dedicare jussit basilicam Salvatoris regalem, mense octobri, et levatum corpus Sancti Martialis, anno incarnationis Domini DCCCXXX. »

— 100 —

vière. Engorius, duc d'Aquittaine, receut la comté de Lymoges, estant pour lors évesque de Lymoges

[Audachar.] ODOAIRE, en rangt des évesques de Lymoges 34 (1).

Toutesfois Nicole Gille dit que ce fut l'an 822 (2) qu'il fist Lottaire roy d'Italie, Pépin roy d'Aquittaine et Louis de Bavière et Germanie dite Allemagne, et ne parle d'autres.

[Passage de Louis-le-Débonnaire à Limoges; donations faites à l'église de Saint-Martial.]

Ainsi que rapportent les antiennes panchartes de Lymoges, l'empereur Louis-le-Débonnaire vint à Lymoges visiter le sépulcre de Sainct Martial, l'an 833. Lequel, ayant trouvé l'église S^{nt}-Sauveur achevée de bastir, il fist transférer de son authorité, toutesfois aveq très grand révérance, de son sépulcre le corps de Sainct Martial et le fist mettre sur le grand autel, dans un coffre d'or de ladite église de Sainct-Sauveur, pansant bien faire. Allors il y eust sy grande inondation d'eaux dans le Lymousin que tout périssoit; et, ne sachant d'où cella pouvoit arriver, le prélatz et gens dévotz s'assemblèrent et firent prière; lesquelz jugèrent que le sainct voulloit retourner dans son sépulcre. Parquoy fust asigné jour pour ce faire, ce qu'ilz firent, et remirent le corps sainct dans son sépulcre sans en donner advis audit empereur Louis-le-Débonnaire, lequel, avant que partir de Lymoges, avoit fait couronner son filz Charles surnommé le Chauve, roy d'Aquittaine. Aucuns disent que ce fust à son autre voyage. De laquelle remise du corps de Sainct Martial en son sépulcre ledit empereur en fust aucunement fasché, mais luy ayant remonstré l'occasion pourquoy il l'avoit remis, il eust repantance. Partant, dès l'an 838, il vint de rechef à Lymoges, et, pour plus ample preuve de sa piété, vint, piedz nudz et teste nue, en habit de pélerin, portant la haire, et aveq luy trois cents chevalliers, visitter le sépulcre de Sainct Martial en très grande dévotion. Il avoit donné à ladite église sept églises et ledit chasteau de Lymoges. Puis, partant de Lymoges, donnast congé à ses deux enfans, qu'il avoit faict couronner roys, de retourner chascuns en son royaume.

---

(1) Audachar, chapelain de Louis-le-Débonnaire, 32° évêque, suivant Nadaud.

(2) F° 57 v°, de l'édition de 1533. D'après NICOLE GILLE, ce fut en 821 et non en 822, qu'eut lieu ce partage.

— 101 —

CHRISTIANUS (1) succéda à l'évesché de Lymoges, en rangt 35, après Odoacrie ou Odoaire, évesque dudit Lymoges. [Christianus.]

L'empereur Charlesmagne avoit grande dévotion à Sainct Martial.

Il se trouve aussi que l'empereur Charlesmagne, pour l'honneur qu'il portoit à Sainct Martial, fist randre à l'église le lieu de Paunact (2), en Périgord, qui avoit esté usurpé par ses prédécesseurs, uni à son domaine ; et, pour autre dévotion, il envoyast à Sainct-Martial le corporalhier apelé *Prædeum* (3), qu'il avoit receu du patriarche de Hiérusalem, duquel il s'estoit servy disant la messe sur le saint Sépulcre de Nostre-Seigneur Jésus-Christ. Lequel estant scellé fust mis dans une bouette au millieu du grand hautel de l'église S^{nt}-Sauveur, et y fust trouvé environ l'an 1040, en remuant ledit grand autel, aveq du baume et Sainct-Cresme que ledit patriarche avoit envoyé audict Charlesmagne. [Charlemagne restitue le lieu de Paunalt à Saint-Martial.] [Lo *Prædeum*.]

Ledit empereur ayant faict couronner ses deux filz, il avoit donné à Charles les terres qu'il possédoit depuis la rivière de Meuse et Rosne jusques aux monts Pirénées, comprenant de la mer Occéane à la mer Méditéranée, et le surplus délaisa à son filz Lottaire, excepté les terres de Bavière que tenoit Louis. Lequel ne se contenta, ny aucuns barrons d'Aquittaine tenant le parti des jeunes Pépin et Charles, filz de Pépin, roy d'Aquittaine ; et voullant venir Pépin le jeune au lieu de son père Géral de Roussilhon, tenant le party de l'empereur, l'empescha : dont sortit grandes guerres en Aquittaine. Sur ce, aucuns Gascons et nobles d'Auvergne, de la seconde Aquittaine, assaillirent les Limousins et Poictevins, lesquelz envoyèrent Ebronius (4), évesque de Poictiers vers l'empereur pour [Guerres en Aquitaine.]

---

(1) « *Christianus*, en 835 et 840, est supposé. » (NADAUD.)
(2) Paulnat, près Limeuil, Dordogne.
(3) *Prædeum*. — V. Traité de la dévotion des anciens chrétiens à Saint Martial, par Jean BANDEL, seconde édition, par l'abbé TEXIER. — Limoges, Ducourtieux, 1858, in-18, page 36.
(4) Ebroinus, 39e évêque de Poitiers. (*Gallia Christ.* t. II, col. 1156.)

avoir secours. Lequel envoyast ses ambassadeurs aux gouverneurs d'Aquittaine, assignant jour pour leur faire droit au mois de septembre, à Chaslons, où estoit estably son parlement.

Apprès, descendit l'empereur avec sa femme Judith et son jeune filz Charles, et, sans donner aucune chose aux susdictz Pépin et Charles, Pépin âgé de neuf ans, filz de Pépin, roy d'Aquittaine et filz dudict empereur, fist couronner sondict filz Charles en la citté de Limoges, auquel il fist fère hommage, punissant griefvement ceux qui ne voulloient obéir. Parquoy il jouist paisiblement.

Origine de la fontaine d'Aigoulesne (1).

[Fontaine d'Aigoulene.]

Les antiens escrits du pays nous rapportent que, absent Charlesmagne et Louis son filz, guerroyants les Saxons et autres ennemis de la chrestienté, il arriva un roy d'Affrique en Espagne, un roy nommé Aigolant, lequel voulant employer ses gens qui estoient en grand nombre, les envoyast secourir les payens contre Mulgarin, roy de Castille, qui faisoit la guerre contre La Noue, filz bastard d'Alphonce, qu'il randist tributaire. Aygolant voulant passer outre descendist en Aquittaine qu'il usurpa certain temps. Lequel estant venu à Lymoges n'estant encore fortiffiée puis la dernière destruction faite par Pépin, entra sans empeschement dans la ville. Lequel prenant plaisir à la sommité de la situation sy propre et commode, le tout considéré, proposa d'y fère quelque acte mémoratif pour y randre son nom immortel. Et, pour ce fère, assamblast son conseil, qui ne peurent satisfaire à son voulloir. Allors un habittant de Lymoges luy inventa la façon en trouvant la source de la fontaine, laquelle il allast voir, et trouvant la source belle, s'y employast en grande dilligence, fesant chercher d'autres sources de fontaines pour joindre à icelle. Et, pour ce faire, Aigolant donnast son cha-

---

(1) V. Duroux, *Essai historique sur la sénatorerie de Limoges*, p. 110; Tripon, *Historique monumental du Limousin*, p. 67; Allou, *Description des monuments de la Haute-Vienne*, p. 152; Arbellot, *Revue archéologique et historique de la Haute-Vienne*, p. 47. Tous ces auteurs s'accordent pour rejeter la fable ridicule d'Aigolant.

riot d'or enrichi de pierreries prétieuses, sur lequel il se fesoit porter en triumphe, comme fesoient antiennement les princes romains; du prix duquel furent faits les conduitz et recherche des autres sources qui se jettent dans icelle. Lesquelz conduitz sont très beaux et grandz, tant des autres sources qui se jettent en icelle que le grand conduit qui vient jusques à la ville, lesquelles eaux s'assemblent toutes en un endroit grand et spatieux. Et fust appellée d'Aigollant et depuis icelle Aigoulesne; et se rand à présant à la sommité de la ville dans une très grande couppe de pierre grize (1),
ayants [quatre] mufles qui vuident la couppe; et au delà, à costé, est un gros mufle qui jette de l'eau pour abrever les chevaux; l'eau de laquelle fontaine faict deux estangtz séparés par une digue qui sert pour aller à ladite fontaine. Lesquelz estangtz sont pour retenir l'eau; ausquelz sont quatre canaux qu'on ouvre pour nettoyer les rues, l'eau desquelz passe par toutes, et aussy pour nettoyer les commodités des maisons de la ville et faux bourgs de Boucherie et de Manigne, et aussy par accidant de feu. Et est encore de présent la dite fontaine apellée Aygoulesne, et au languange vulgaire Aigollène, dérivant du nom d'Aigolant, quoy qu'il y en aye quelques-uns qui veulent dire que laditte fontaine aye prins son nom, non pas dudit Aigolant, mais à cause de ses esgouts coulans qui viennent de divers endroits, qui veut dire en langue vulgaire du pays *aigo leno* (2) d'antienneté, et à présant *aigauleno*. Lesquelz estangtz servoient d'abreuvoir et autres services de l'antien chasteau de Limoges, qui estoit jougnant lesditz estaugts, où est la place de la Motte, n'estant la ville si grande comme de présent. Dont il en est parlé cy après. Laquelle ville a tousjours porté le nom de Chasteau de Lymoges, pour la séparer de la Citté (3). L'eau de laquelle fontaine s'est beaucoupt perdue par le défaut des consulz; mais, recherchée par les consulz de l'année 1647, qui n'en recouvrèrent que partie et firent faire l'ymage de Sainct Martial qui est au milieu de la couppe de pierre grize. Laquelle eau n'ayant assès d'espace pour sortir, faict que la grande quan-

---

(1) Il y a ici un blanc dans le manuscrit.
(2) Eau douce.
(3) *V.* ci-dessus la note 2 de la page 91.

tité faict crever les canaux de plomb, sortant auparavant par un gros canal de plomb qui jettoit de gros boulhounementz d'eaux avec liberté. Et, sy la source estoit en estat, comme elle estoit, l'eau pouroit courir continuellement par les rues, outre la plénitude des estangtz, qui furent faitz du temps de Pierre Audier, sénéchal de la Marche, comme dit est à folio 183.

[Charles-le-Chauve donne à Foulques les comtés de Sens, de Limoges et de Saintes]

Charles-le-Chauve, dont il est parlé cy-devant, estant roy d'Aquittaine, et par le décedz de son père, roy de France et empereur, Louis-le-Débonnaire, il fust roy de France, et [il eut] grandes guerres. Lequel espousa la fille du comte de Sens, lequel comte décéda sans hoirs masles. Géral de Roussilhon s'empara de son authorité privée de ladite comté de Sens contre le roy Charles, qui, de ce indigné, luy confisqua toutes ses terres et seigneuries, et le bannist du royaulme, estant pour lors le seigneur Dragmon, père dudict Gérald, prisonnier par les Sarrazins, ayant esté prins à Carcassonne. Et, parce que ladite comté de Sens appartenoit à Foulques, filz de Eude, nepveu dudict Géral de Roussillon, il la luy restitua avec les comtés de Lymoges et Saintes, puis le maria, et bailla à Seguin, frère dudict Fulques, la comté de Bordeaux et autres terres en Gasgougne.

[Charles-le-Chauve met dans un monastère Pepin et Charles, ses neveux]

L'an 847, les filz de Pépin, roy d'Aquittaine, estans soubz le gouvernement d'aucuns barrons de Gascougne tenans main forte pour eux, jouyssoient de la pluspart de la Seconde Aquittaine, fesant la guerre aux comptes Seguin et Fouques et autres seigneurs d'Aquittaine, qui à eux n'avoyent voulu adhérer. Toutesfois Charles les prinst et les fist tondre et mist en un monastère. Il est dit alheurs que ce fust l'an 852 (1).

---

(1) Jean Bouchet, *Annales d'Aquit.*, 1557, f° 61 v°.

Quatriesme ruine et démolition de l'antienne citté de Lymoges par les Normans et Dannois, et le corps de S^{nt} Martial porté à Solompnac, soubz Charles-le-Chauve.

L'an 848, les Normans et Dannois, Frisons et autres, soubz la conduite de Rorice ou Hastingo et Hier Coste-de-Fer, [et] selon Nicole Gille (1), l'an 846, entrèrent aveq une puissante armée par la rivière de Gironde en Aquitaine, fesant plusieurs maux. Contre lesquelz Foulques, comte d'Auvergne, Limousin et Xaintonge, et Seguin, comte de Bourdeaux, aveq les Aquittaniens, voulurent tenir teste; et fust donné batailhe à laquelle furent tués lesditz deux comtes et grand nombre de leurs gens. De laquelle victoire lesditz Normans enflés furent sy fort puissans qu'ilz coururent sans empeschement tout le pays pandant deux ans. Lesquelz pilhèrent et bruslèrent Bourdeaux, Bazas, Périgueux, Xaintes, Engoulesme, Cahors, Agen et plusieurs autres, bref, firent plusieurs maux. Les Lémoviques sentans venir sur eux la fureur desditz Normans, après la mort de leur comte, transportèrent le corps de S^{nt} Martial à l'abbaye de Solompnact, à deux lieues de Limoges, place pour lors très forte, pansans le porter plus loingt, et ne peurent passer outre, partant furent contrains à demeurer là, parce que la ville de Lymoges n'estoit fortiffiée puis la dernière démolition, et les habitans habandonnèrent leur ville.

[Quatrième destruction de Limoges.]

[Translation du corps de Saint Martial à Solignac]

Le roy Charles avoit son armée contre Néoménius, roy des Bretons, sur lesquelz il gaigna deux batailles, en laquelle [dernière] ledit Breton fust tué avec son filz. Charles revenant victorieux fist paix avec Rorice. Puis s'en retournèrent en leur pays (2).

[Défaite de Néoménius, roi des Bretons.]

Les *Annales* de Nicole Gilles disent (3) que Charles-le-Chauve combatit les Normans fort rudement, et qu'ilz fuirent

[Charles-le-Chauve bat les Normands.]

---

(1) *Les très élégantes et copieuses annales*, édition de 1533, f° 61 v°. Nicole Gilles dit seulement que les Normands et les Danois entrèrent par la Seine et vinrent jusqu'à Paris.
(2) Jean Bouchet, f° 62 v°.
(3) F° 61 r°.

en Bretagne, et de là en leur pays; et qu'il se meust entre leurs rois sy grand guerre qu'ilz se destruisirent eux-mesmes, et n'en resta d'un sy grand nombre de gens qu'un. Voilà la récompense de leurs travaux, et comme Dieu les punist des maux qu'ilz avoient faictz !

[Le corps de Saint Martial rapporté à Limoges.] Les Limousins après voulurent aller à Solompnact pour rapporter en son église le corps de S^{nt} Martial, ce qu'ilz ne peurent, jusques à ce que les chanoisnes de S^{nt}-Martial se furent réformés, et [eurent promis de] laisser l'habit séculier. Lequel ayant promis, les murailhes, qui estoient très fortes, tumbèrent jusques à fleur de terre miraculeusement. Plusieurs des plus grans, [qui] voulurent empescher présumantz de le retenir par force, moururent dans un jour, ce qui donna au peuple moyen de rapporter le corps dudict sainct dans son sépulcre où se fist plusieurs miracles (1).

Comment les chanoines de Sainct-Martial firent profession de la reigle de S^{nt} Benoist, présant le roy Charles tenant ses estatz à Lymoges, l'an 848; et le premier abbé.

[Le royaume d'Aquitaine érigé en duché.] Charles-le-Chauve, roy de France et d'Aquittaine, tenant ses estatz à Lymoges, ainsin que dit Bouchet (2) et autres, il fust advizé de supprimer le royaume d'Aquittaine et ériger en duché, dont le siége principal fust mis à Bourdeaux, et partout des comtes et gouverneurs pour résister aux Normans. Laquelle érection de duché et établissement de comtes et gouverneurs, il n'y estoit compris seullement que le pays Guiennois, c'est à dire Gascougne et trois sénéchaussées : Bourdeaux, les Landez, Bazas et les pays adjacens. Et voulust qu'elle fust tenue de la couronne de France à foy et homaige, comme aussy toutes les comtés de l'Aquittaine. Toutesfois les ducz de Guienne ont esté appelés par les historiens de France ducz d'Aquittaine, et y ont estés

---

(1) L'abbé Bandel, *Traité de la dévotion à Saint Martial*, chapitre XIV ; Bonaventure, t. III, p. 317.
(2) F° 60 v°.

comprinses par aucuns temps les comtés de Lymousin, Périgord, Xaintonge et Poictou.

Or, suivant la résolution et délibération des chanoines de S^nt-Martial, en présence du roy Charles et des évesques d'Aquittaine, firent profession de la religion de Sainct Benoist, à l'exhortation de Aucard (1), prieur pour lors dudict monastère. Sur quoy STODILLE (2), évesque de Lymoges, en rangt 36, s'opposa le premier, mais après bailla son consentement, et les religieux nouveaux esleurent pour abbé DODON ou ODON, abbé de Sainct-Savin en Poictou, lequel les instruisit pandant trois ans en la reigle. Et auparavant il estoit appelé provincial des chanoines, comme prince de l'église S^nt-Martial, et partant fust le premier abbé. Geoffroy, trésorier dudict collége, ne voullust fère profession, adhérant à l'évesque Stodille : qui fust cause d'oster au monastère de S^nt-Martial le collége de Sainct-Junien et la paroisse de S^nt-Pierre-du-Queyroyr, qui despandoient entièrement dudit Saint-Martial.

[Les chanoines de Saint-Martial adoptent la règle de Saint Benoit.]

Les chanoines de S^nt-Estienne et S^nt-Martial estoient antiennement unis.

Sy l'on adjouste foy aux escrits antiens du moyne Geoffroy, de l'abbaye de Sainct-Martial (3), qui dit, parlant des ordres de laditte église, qu'au temps passé une mesme légion et congrégation de chanoines ont régy et gouverné les deux églises de Sainct-Martial et Sainct-Estienne, [en] ceste sorte.

La congrégation qui demeuroit à S^nt-Martial descendoit, la vigille de Noël, à Sainct-Estienne, et y demeuroit jusques à la veille de S^nt-Jean-Baptiste. Et, de mesme sorte, la congrégation de S^nt-Estienne alloit demeurer à S^nt-Martial jusques à

[Chanoines de Saint-Étienne et de Saint-Martial.]

---

(1) Aimard. — V. Gallia Christiana, t. II, col. 555, où l'on transcrit à ce sujet un passage d'une chronique manuscrite de Saint-Martial.

(2) Ancien abbé de Saint-Yrieix, 33e évêque, d'après Nadaud et la Gallia Christiana.

(3) Il s'agit ici, non du trésorier de Saint-Martial cité quelques lignes plus haut, mais de Geoffroy de Vigeois dont la chronique est insérée dans la Bibliothèque de LABBE, t. II, p. 79 et suiv.

la veilhe de S^{nt}-Jean, et puis venoient à S^{nt}-Estienne, et les autres revenoient à S^{nt}-Martial. Et, quand ceux de S^{nt}-Estienne et de S^{nt}-Martial sortoient, les cloches de chacune église sonnoient et s'accordoient fort bien pandant ladite procession, disant d'avantage que les chanoines de S^{nt}-Martial, ayants prins l'habit de moynes, divisèrent et partirent aveq les chanoines de S^{nt}-Estienne les processions antiques de Saincte-Vallérie, qu'elle avoit laissé et que le duc Estienne avoit baillé ausdites églises. Mais Geoffroy et Comodolianus (1) de S^{nt}-Junien, lesquelz par droit les moynes devroient tenir; et, parce que les autres pocessions sont nottoires à tous, ne les a voulu incérer en sa cronique.

Il est dit alheurs que le moyne Geoffroy dit en sa cronique (2) que les chanoines de Sainct-Estienne alloient seullement la veille et le jour de la feste de Sainct Martial à l'église de Sainct-Martial pour y dire matines et la grand messe, ce qui n'a esté discontinué qu'au dernier ciècle. Il adjouste que c'estoit une coustume de près de six cens ans, sellon son compte, de visitter, le jour de Noël après la messe du point du jour, le sépulcre de Sainct Martial pour y faire des prières, et que, au jour des Rameaux, on faisoit une station à Sainct-Martial, après avoir esté au cimetière de Sainct-Pol et à S^{nt}-Martin.

L'abbé de Sainct-Martial doit entretenir devant le tumbeau au sépulchre de Sainct Martial six chandelles jour et nuit allumées, et une chandelle aussy devant le sépulcre du duc Estienne, le tout de cire, et, outre ce, faire dire messe haute à diacre et soubz diacre audit sépulcre, tous les matins, sçavoir : en esté à quatre heures, et en hyvert à cinq heures.

Et ce que dessus fust confirmé par arrest de la cour de parlement de Bourdeaux pour l'entretènemant dudict sépul-

---

(1) *Chronicon comodoliacense, seu ecclesiæ Sancti-Juniani ad Vigennam, ab anno D ad annum MCCCXVI, à Stephano* MALEU. Cette chronique a été éditée en 1847 par M. l'abbé Arbellot. Notre annaliste, en faisant de Comodoliac un nom d'auteur, prend ici le Pirée pour un homme. Du reste la phrase est inintelligible.

On trouve la liste des églises donnces à Saint Martial ou érigées en son honneur, dans le livre de l'abbé Bandel : *Traité de la dévotion a Saint Martial*, p. 133.

(2) *Apud* LABBE, t. II, p. 311.

cre, comme appert par icelle sur une lame de cuivre à l'entrée du sépulcre, en datte du 16 juin 1598 (1).

Apprès l'évesque Stodille, succéda ALDON, en rangt des évesques 37 (2). [Aldo.]

A Odon, premier abbé de Sainct-Martial, succéda ALDON ou ALBON, en rangt 2ᵉ des abbés (3). Il tint l'abbaye 11 ans. Auquel temps Rodolphe, archevesque de Bourges, fonda le monastère de Bellec (4) au Bas-Lymousin, de l'ordre de Sⁿᵗ-Benoyst, dans [son] patrimoine, et d'où il estoit natif. Et s'appelloit ledit lieu Beaulieu. Dans laquelle église reposent saincts Primus et Félicianus, frères, qui furent martyrisés soubz l'empereur Décius. [Abbo.]

Fondation de Bellé [Beaulieu]. Saints Primus et Félicianus, le 9 juin.

Couronnement d'Eude à Lymoges, soubz Louis et Carlomant, rois de France, l'an 881.

Raymond dit Rasmond, compte de Provence, ayant faict retirer l'empereur Richard qui estoit venu luy donner secours, avec sa fille et son filz Charles, en Vienne, qu'il tenoit paisiblement à cause de Bitride, sa femme, et le pays de Provance, Savoye, avecq la plus grande partie de Bourgougne, tant pour raison de ses prédécesseurs que de la comtesse Ive, fille de Richard, duc de Bourgougne, que son filz Eude avoit espousée, lesquelz tenoient la compté d'Angers avecq la plusplart des douze comtes d'Aquittaine, que le roy Pépin avoit donné en appanage à Griffon, son frère, dont lequel Raymond estoit descendu ; pour cette cause, ledit Rasmond envoya son filz Eude gouverneur d'Aquittaine, lequel fust receu par les princes et barrons du pays, apelé roy et couronné à Lymoges [Couronnement d'Eudes à Limoges]

---

(1) Des détails sur cet arrêt sont donnés plus loin (*V.* la table). Quant à l'inscription, nous n'avons pas été assez heureux pour la trouver.
(2) 34ᵉ Évêque, d'après Nadaud.
(3) *Gal. Christ.*, t. II, col. 555.
(4) Belloc, Bellucc, Bellec. — *V. Cartulaire de l'abbaye de Beaulieu en Limousin*, publié par M. Maximin DELOCHE; Paris, Imprimerie impériale, 1859, in-4º. (*Collection des Documents inédits sur l'histoire de France.*)

par Rodulphe, archevesque de Bourges, qui depuis, par sa saincteté de vie, resplandist par miracles, et [est] mis au cathalogue des sainctz.

Translation de S^{nt} Alpinien.

[Translation du corps de Saint Alpinien.] Dans une antienne charte de Sainct-Martial il est dit que Raymond, compte de Lymoges, donna à l'abbaye de Sainct-Martial le lieu de Ruffect en Berry, qu'il avoit faict édifier dans son patrimoine et ériger en prioré. Auquel lieu donna pour nourrir et entretenir dix-huict religieux, où Abbon, abbé de Sainct-Martial et Dodo, abbé de S^{nt}-Junien, portèrent le corps de Sainct Alpinien, disciple de S^{nt} Martial, audit Ruffect. A la translation duquel furent faits plusieurs miracles, et ce l'an 850, au rapport du livre de la dévotion envers S^{nt} Martial, composé par Me Baudel, chanoine et official de Lymoges, chapitre 7 (1).

[Gerlo.] A Aldon, évesque de Lymoges, succéda GERLON, en rangt des évesques 38 (2).

[Siége de Paris par les Normands.] Eude, roy d'Aquittaine, et Robert le marquis, son frère, furent assiégés dans Paris par les Normans ; lesquelz firent une sortie sur lesditz Normans, qu'ilz prindrent au dépourveu, tellement qu'ilz levèrent le siége et prindrent la fuitte.

Suitte de ce qui advint après le décedz du seigneur Rasmond.

[Eudes roi d'Aquitaine.] L'an 890 décéda Gérald de Roussilhon sans enfans. Auquel sucéda ledit Eude, roy d'Aquittaine, qui fust monarque de France neuf ans après. Il fit battre monnoye de son nom et armes, tant à Lymoges que alheurs. Jouissant entièrement du royaume de France, il fust puissant et riche, il traversa [si] fort les Dannois [tant] par batailles, surprinses et assauts que rancontres, qu'il les destruisit et extermina. Il gouverna l'Aquittaine onze ans ; il restitua à Charles-le-Simple le

---

(1) P. 41 de l'édition de 1858.
(2) 35e Evêque, d'après Nadaud.

royaume de France; il divisa ses terres à ses enfants, sçavoir : à Hugues il donna la duché d'Arles en Provence ; à Rodulphe, l'aisné, la duché de Bourgougne avec le surplus des terres (car son frère Robert tenoit la comté d'Angiers, Limoges et Paris ; Louis, Boson, ses autres frères, tenoient Savoye et autres terres en Austrasïe) ; et à sa fille mariée aveq Guilhaume, comte d'Auvergne, délaissa la duché de Guienne.

A Gerlon, évesque de Lymoges, sucéda
ANSELMUS, en rangt des évesques 39 (1), lequel voyant que les Normans estoient derechef eslevés en Guienne et avoient pilhé Toulhouse, Cahors, Agen, Bourdeaux, Périgueux, Rodez, Saintes et Poictiers, et venoient à Lymoges, s'enfuit à Turenne, comme sera dit cy-apprès. [Anselme.]

A Albon, abbé de S^{nt}-Martial, sucéda
BENOIST, en rangt 3 ; et auquel sucéda
EGOSINDUS ou Gousmelanus (2), en rangt 4, prestre séculier et abbé commandataire de ladite abbaye, laquelle il tint dix-huit ans. Et luy sucéda
FULBERTUS, en rangt des abbés 5, qui tint l'abbaye 6 ans ;
FULBERTUS 2e, en rangt 6e des abbés. [Abbés de Saint-Martial : Benoist, Gunsindus, Fulbertus I, Fulbertus II.]

Cinquiesme ruine et démolition de Lymoges par les Normans. Le corps de Sainct Martial transporté à Turène. Miracle fait au sépulcre dudict S^{nt}. Le livre de sa vie brullé.

L'an 911, Raoul, duc des Normans, après plusieurs pilheries et incursions faictes, assiegea Paris, dont il fust rebuté par le comte Robert. Parquoy Raoul tira en Angleterre au secours du roy Adalestant (3), contre lequel aucunes provinces du pays s'eslevèrent et taschèrent à luy oster le gouvernement du royaume. Lequel Raoul après voullant retourner en France pour envayr le royaume, de quoy Charles-le-Simple, [Cinquième destruction de Limoges.]

---

(1) 36e Évêque, d'après Nadaud.
(2) Gunsindus ou Gozilenus (*Gall. Christ.* t. II, col. 555).
(3) Adestan (Jean BOUCHET, f° 65 r°).

roy de France, ayant esté adverti, envoya l'arc'evesque de France audit Raoul pour traiter de paix. Mais Radulphe, duc de Bourgougne, filz du roy Eude, et Hugue, son frère, puis Robert, comte de Paris, et autres barons de France, jugeant ladite paix estre lascheté aux Chrestiens, le dissuadèrent et impétrèrent trefves pour trois mois. Lesquelz finis, Raoul vint à Paris, où il ne s'arretta, et passant outre vint à Sens, Auxerre, Troye, entra en Bourgougne et Lionnois, descendit par Forestz et Auvergne, pillant et exillant le païs, et par le Nivernois vint à Estampes. L'autre partie des Normans qui estoit descendue par la rivière de Loire pilla Bretagne, Nantes, Vannes, bref, tout le pays, tellement que Matindonus, (1) comte de Porhoet, duc de Bretagne, et son filz Alain Barbe-Torte furent contraints fuir en Angleterre à Adalestant, roy, où ilz demeurèrent jusques à l'an 949. Lesquelz Normans brullèrent Angers, prindrent Tours, pilhèrent les habitans d'Orléans, brullèrent le monastère de Sainct-Benoist-sur-Loire et tuèrent les religieux.

[Le corps de Saint Martial porté à Turenne.]

La tierce bande des Normans entra par Garonne, prindrent Bourdeaux, Agen, Thoulouse, Cahors, Lymoges, Périgueux, Rodez, Saintes et Poictiers, pillants et brullans tout. Allors les Lémoviques portèrent par les montagnes le corps de Saint Martial au fort chasteau de Turenne, habandonnant leur ville aux Normans, estant encore ruynée depuis la dernière ruine d'iceux, parquoy les citoyens ne la pouvoient deffandre. Lesquelz [Normans] arrivés en icelle, ne trouvant personne, y mirent le feu. Lesquelz habitans aveq leur évesque Anselme suivirent ledit corps sainct. Auquel temps il y eut un nommé Eliseus (2) lequel estoit paralitique de tout son corps, ayant été porté au sépulcre de Sainct Martial, pour, par l'intercession du sainct, recevoir guérison, lequel Eliseus ne pouvant fuir fut délaissé audict sépulcre. Et lesquelz habittans estans de retour trouvèrent ledict Eliseus audit sépulcre, en vie, lequel receut santé miraculeusement. En ce temps fust brullé le livre de la vie de Sainct Martial, composé par Aurelius Cotta, dit Sainct Aurélien, successeur de S*nt* Martial,

---

(1) Mathuède. — *V.* d'Argentré, *Histoire de Bretagne*, Paris, 1604, in-f°, p. 190.

(2) Hélisec. *V.* Collin, *Vie des saints du Limousin*, p. 265.

ainsin qu'il est escrit au commancement des miracles de la translation dudit Sainct Martial.

Lesditz Normans firent de grandz maulx au royaume et plus que les barbares, ayants demeuré fort longt temps, et jusques que, par le moyen de Francon, archevesque de Rouan, fust faict appointement aveq ledit Raoul, auquel le roy de France donna sa fille nommée Gille aveq le pays de Neustrie, appellée Normandie dérivant de leur nom, à la charge qu'elle seroit du fief de la couronne de France et que ledit Raoul, se feroit baptiser et ses gens, ce qui fust accomply en la ville de Rouan. Il vescut en très bon chrestien et fit de grands biens aux églises tant de Rouan, Esvreux, S^{nt}-Michel-en-Lher (1) et autres. Pandant la guerre ilz emportoient les corps saintz, meubles ecclésiastiques, livres et volumes des Sainctes Escriptures en estranges pays, et mesmes, par ce, pourroient avoir emporté le livre de Sainct Martial, qui est cause que le volume dans lequel est sa vie aujourd'hui n'est prolixe [que] parce que le principal volume est perdu. [Baptême de Raoul.]

Restauration du Monnastère de S^{nt}-Augustin-lez-Lymoges. Et d'aucuns ducz.

Guilhaume-le-Piteux, duc de Guienne et comte d'Auvergne, maria sa fille avec le comte Gérald de Poictiers. De laquelle sortit un filz nommé Ebolus ou Ebbles. L'an 929, ledit duc trespassa et délaissa Ebolus âgé de 15 ans, qui fust duc de Guienne et comte d'Auvergne, tenant la comté de Poictou à causse de sondit père, se nommant de Poictiers, d'où ont retenu le nom les ductz d'Aquittaine jusques à Hélies de Poictiers.

Turpin fust le 40e évesque de Limoges, extraict de la noble maison du Busson (2) et oncle de Robert, qui fust le premier vicomte dudict lieu. Lequel par grande abstinance et sainteté de vie fust grandement aymé des pauvres par la charitté. [Turpio]

---

(1) Saint-Michel-en-L'Herm, Saint-Michel-en-l'Hermite, département de la Vendée.
(2) Turpio, de la maison d'Aubusson, 37e évêque, d'après Nadaud.

<small>Restauration de Saint Augustin.</small>

Odon, abbé de Clugny, à sa requeste (1), composa la vie de S^{nt} Gérald d'Orlhac (2) et un livre intitulé *De contestium mundi* (3). Cestuy Turpin restaura le monnastère de S^{nt}-Augustin-de-Lymoges, qui souvent avoit esté destruit, et y institua moynes pour servir l'église, donnant au monastère le lieu de La Bachélerie (4) contenant dix mestéries pour l'entretènement des religieux. Auparavant la désolation, il y avoit audict lieu un collége de prestres séculiers, et là estoit antiennement érigé le cimetière des Lémoviques, comme il est dit cy-devant [page 52]. Ledit Turpin, évesque, apporta de Rome plusieurs reliques, et depuis avoit impétré luy estre donné une machoire et cinqt dents du chef de S^{nt} Augustin, qui fust cause que le bon évesque fist ladite fondation et donna le nom à ladite abbaye. Lequel décéda audit lieu du Busson (5), et fut porté son corps ensepvelir à S^{nt}-Vaury. Dans l'église de S^{nt}-Augustin sont plusieurs sainctes reliques, dont le registre est à cy-après.

Réédification de la Citté.

<small>Réédification de la cité.</small>

Du temps dudict Turpin, la Citté ni le Chasteau de Lymoges n'estoient point fermés. Et y avoit peu d'habittans assemblés, qui commancèrent à fère édiffier sur les ruines et cendres faictes par les Normans. Et ne ressambloit Lymoges qu'un bourgt ou village, comme appert par la lettre de la fondation de ladite abbaye, où il met : *Det in pago lemovicensi* (6).

---

(1) A la requête de Turpio.

(2) *Vie de Saint Géraud, comte d'Aurillac, écrite en latin par Saint* ODON, *second abbé de Cluny, et traduite en français par M**** (COMPAING). Aurillac, 1715, in-12.

(3) *De contemptu mundi.*

(4) V. à ce sujet *Gall. Christ.* t. II, *instrumenta*, col. 168.

(5) Aubusson.

(6) *Gall. Christ.* t. II, *instrum.* col. 168. — Le compilateur traduit mal. Pagus veut dire circonscription territoriale et non bourg. (V. DELOCHE, *études sur la géographie historique de la Gaule, et spécialement sur les divisions territoriales du Limousin au moyen âge.* Paris, 1861, in-4°.)

Couronnement de Charles-le-Simple, et supprimation de la comté de Lymoges, l'an 920.

Charles surnommé le Simple, roy de France, voullut recouvrer les terres d'Aquittaine lesquelles lui appartenoient, possédées par Robert, comte de Paris. Parquoy il vint à Lymoges et se fist couronner roy d'Aquittaine par Gautier, archevesque de Sens. De ce s'esmeut grand guerre contre le roy Charles, qui dura deux ans; car Robert, comte de Paris, estoit favorisé de Guilhaume, duc de Guienne, Rodulphe, duc de Bourgougne, Géral, comte de Poictiers, Hugues, duc d'Arles, et autres; mais enfin Charles fust victorieux, et fust tué Robert, frère d'Eude.

[Charles-le-Simple, roi d'Aquitaine.]

Allors fust supprimée la comté de Lymoges et unie à la couronne de France, par la rébellion du vassal contre le seigneur; et depuis n'y a eu de comté.

[Réunion du comté de Limoges à la couronne.]

Allors les barrons de Lymousin convindrent à tenir leurs terres en perpétuelle authorité du roy, comme fesoit le comte et vicomtes, comme Thurenne, Vantadour, Ségur, Aubusson, Combort, Bré, Brigueil, Bridier, Brosse, Rochechouart et autres, pour cette victoire.

Le roy Charles pouvoit réduire à son obéissance la pluspart des terres d'Aquittaine, qui par sa simplicité se contenta d'avoir recouvert ce qui luy avoit esté usurpé, qui fust causse à plussieurs de faire des usurpations; car les ecclésiastiques supposaient Saincte Vallérie avoir esté duchesse d'Aquittaine, et son patrimoine délaissé par le duc Estienne pour estre distribué aux pauvres, selon l'ordonnance de l'Eglise primitive; et se sont depuis dits seigneurs, s'attribuant à eux la juridiction temporelle, au préjudice du souverain, en plusieurs endroitz.

D'aucuns ducs de Guienne.

L'an 927, Guilhaume-le-Pitteux fust duc de Guienne pour le gouvernement des deux Aquittaines; et, comme duc, jouissoit de Lymoges du consentement de Raoul, roy de Bour-

[Guillaume-le-Piteux.]

[Ebles.] gougne. Deux ans après le décedz dudit Guilhaume, Ebbles, comte de Poictiers, fust duc de Guienne, et décéda l'an 935.

[Guillaume-Hugue.] Auquel succéda Guilhaume Hugue avec un sien frère nom-
[Eubalus.] mé Ebolus ou Ebole (1), qui depuis fut évesque de Lymoges et succéda à Turpin ; duquel sera parlé cy-après.

Ledit Guilhaume Hugues s'efforça d'usurper les terres de la Seconde Aquittaine comme son père.

---

(1) Eubalus, 38e évêque (Nadaud).

LIVRE TROISIÈME

Briefve description des abbés de Sainct-Augustin-lez-Lymoges.

Sainct-Augustin, lieu antiennement dédié au cimetière des Lémoviques, comme dit est cy-devant [page 52], fust fondée l'abbaye qui est à présent par S^{nt} Rorice, 23e évesque de Lymoges (1), le corps duquel est en ladite église de S^{nt}-Augustin, l'an 662. Et estant ruinée par les guerres en l'an 763, fust restaurée par Turpin, évesque de Lymoges, en rangt 40. [en rangt 37].

[Saint-Augustin.]

Noms des abbés (2).

1 Martinus,
2 Vinclo,
3 Albertus,
4 Géraldus,
5 Guidonus,

---

(1) Rurice Ier, 12e évêque, fin du ve siècle.
(2) L'abbé Roy-Pierrefitte (*Monastères du Limousin*) donne une liste d'abbés, dressée par l'abbé Nadaud, qui complète, dit-il, celle qui se trouve dans la *Gallia Christiana*. Mais elle n'a aucun rapport avec celle de notre auteur. L'abbé Roy-Pierrefitte cite également une liste des 15 premiers abbés, tirée, dit-il, d'un manuscrit de la Biblio-

6 Stephanus,
7 Philippus,
8 P. de Barry,
9 Ramondus,
10 Huguo Guichelanus,
11 Huguo Bricii,
12 Eymericus,
13 Bouha,
14 Geraldus Bounet,
15 Martialis,
16 Melius de Montéluély,
17 P. Bertonnet,
18 Geoffre de Bonneval,
19 Franciscus de la   (1),
20 Martialis Benedicti,
21 Johannes de Montruol,
22 Andreas (2).

Pierre-Barthon. | Chose digne de mémoire de Pierre Berthon (3), abbé de St-Augustin et de Solompnac, possédant par eslection les deux abbayes; il estoit aussy prévost de Varneil et des Seichères et prieur de Nontrond. En son abbaye de S^{nt}-Augustin, il a parlé en présidant et, en toutes choses en pédagogue, de la ville. Il se plésoit fort à l'estude, et pour ce il avoit quantité de livres, et grand nombre de misselz qu'il corigea. Il estoit filz du noble chevallier le seigneur de Monbas et frère de

---

thèque impériale, portant l'ancien numéro 5,152. Comme cette liste est à peu près conforme, sauf l'orthographe, à celle de notre manuscrit, nous la transcrivons ici pour que le lecteur puisse faire lui-même les corrections.

1. Martin; — 2. Wernido; — 3. Albertus; — 4. Geraldus; — 5. Guido; — 6. Stephanus; — 7. Philippus; — 8. Petrus deu Barri; — 9. Raymondus; — 10. Hugo; — 11. Willelmus; — 12. Hugo Buccii; — 13. Aimericus de Bonhac; — 14. Geraldus domus Sancti-Martialis; — 15. Amelius de Montecuculli.

(1) Le nom est en blanc. Peut-être François de la Vergne.

(2) Il y a ici dans le manuscrit un blanc réservé sans doute au complément de la liste.

(3) Pierre Barthon (V. Gall. Christ., t. II, col. 873); Roy-Pierrefitte, Monastères du Limousin, abbaye de Solignac.

l'archevesque de   (1). Par plusieurs jours et cours de l'année, il a régy par eslection l'évesché de Lymoges, et par divine grace la résigna à son nepveu Jean Berthou, lequel il avoit estably son vicaire général en toutes choses spirituelles et temporelles, sans aucune exception, et son official, lequel a vigoureusement fleuri en ce qu'il estoit pardessus les autres comme le soleil entre les estoilles. Il avoit plusieurs donts de Dieu qui seroient longtz à récitter. Il décéda le 24e aoust 1505. Son corps repose audit Snt-Augustin, où est maintenant le cœur, devant le grand autel de ladite église, insérant deux chappelles qui font l'église en croix. Il fist fère deux belles cloches de métal, entre lesquelles est la plus grosse. Il fist fère de nouveau la maison abbatiale joignant le cœur de ladite église, plus la maison du raffettoir, et autres lieux sainctz.

Le nom des abbés de S^{nt}-Martin (2).

L'an 1012, Hildoin (3), évesque de Lymoges, comme il est dit cy-après au fueillet 133, mist à Snt-Martin des religieux de l'ordre de   (4). Le premier abbé fust un moyne de Tulle nommé

[Abbaye de Saint-Martin.]

Rodulphe (5);
2 Béranger ;
3 Donadeus, aussi moine de Tulle, premier pénitancier, bon
   religieux, par lequel l'on dit que Nostre Seigneur, à sa
   prière, a faict de beaux miracles. Il donna le bras de
   Sainct Martin de Tours à ladite église ;
4 Jordan ;
5 Gérald, moine de Tulle, duquel l'on lict qu'il alloit par

---

(1) En blanc. D'après la *Gall. Christ.*, Pierre Barton était frère de l'évêque de Limoges Jean Barton, né en 1417 mort en 1497, qui fut nommé archevêque de Nazareth, suivant le *Tableau* de Nadaud.
(2) *Gall. Christ.*, t II, col. 582 et suiv.; Mabillon, *Annales ordinis S. Benedicti* (Paris, 1707), t. IV, p. 225.
(3) Alduin ou Heldoin.
(4) Saint-Benoît.
(5) Sauf l'orthographe des noms propres et quelques transpositions, cette liste est à peu près conforme à celle de la *Gallia Christiana*.

le diocèze demandant pour Dieu pour l'entretènement des religieux, aportant dernier son cheval ce qu'on luy donnoit ;

6 Regnault. Il apportat le brévière du monastère d'Ahu, l'usage duquel l'on void encores ;

7 Guilhaume, éslen ;

8 Pierre, prieur de Clugni, natif de Pierrebuffière, lequel fust bon religieux et bien lettré. Il despandist grand somme de deniers pour payer les debtes de l'abbaye, laquelle il régist 27 ans ; et, causant la guerre des Anglois et la désolation dudit lieu, se retira à Clugni, et, estant rappelé, ne voulut retourner ;

9 Ranulphe ;

10 Chardonnières ;

11 Guilhaume. Ilz furent six abés d'une mesme lignée, tous gens de bien ;

12 Raymond de Verulhac, fist fère Audier sénéchal audit pays pour le roy d'Angleterre ;

L'an 1201 fust grande famine. Le monastère deubt trante solz ; les maisons furent chargées de grandes debtes, les unes bailhées aux séculiers. A ceste causse, l'abbé remist aux bourgeois du Chasteau, c'est à dire la ville de présant, la question qui avoit esté meuhe par devers Guilhaume, archevesque de Bourges ; et devint le couvent sy pauvre qu'il fallut vandre les chappes à ceux de la Sousteraine. Cest abbé estoit facille à se laisser décepvoir. Appres son décedz, il ne se trouva homme qui voulust estre abbé ; à cause de quoy l'évesque Jean y mist un des prestres de Sainct-Estienne nommé

13 Guilhaume, recteur de Monjauvy, qui fist beaucoupt de biens à ladite abbaye et payast beaucoupt ;

14 Bernard, cellérier de Solompnac, payast le reste des debtes ;

15 Bernard Vigier, fist venir la fontaine et fist fère le pressoir qui est au delà de la rivière de Vienne, l'an 1214 ;

16 Pierre de Mazières. De son temps fust traité de remuer l'abbaye à Beaune, 2 lieues de Lymoges, qui appartient à ladite abbaye. Toutesfois ledit abbé en fust diverti par plusieurs, l'abbé Isambert, de Sainct-Martial, voullust retenir ladite abbaye de S^{nt}-Martin pour en fère un prioré.

L'évesque Jean en voulust fère une église collégialle de chanoines; enfin il fust conclud qu'il demeureroit comme ilz avoient commancé ;

17 Guy de Maleguise ;
18 Guy de Lheur ;
19 Eymerict de La Borne ;
20 Pierre de Lheur ;
21 Gérald Jouvion, apprès la destruction de Citté ;
22 Estienne Maihat ;
23 Pierre des Vallées ;
24 François Mathieu (1), qui fist faire la claustre de la cave ainsin qu'estoit avant le brullement et rasement du couvent. Et, parce que je n'ay sceu voir aucune lettre qui fasse foy des autres subséquens abbés, je m'en desporte et dis seullement que Jean Jonvion fust abbé l'an 1542, et Pierre Reignault l'an 1594. Et du dernier abbé qui estably en ladite abbaye les Pères Foulbants dit est cy-après.

Séparation de l'antienne Citté de Lymoges soubz Louis-d'Outre-Mer, l'an 929.

Certain temps apprès que les Normans eurent laissé de courrir le royaume de France, ceux qui commancèrent à édiffier près l'abbaye de S^{nt}-Martial sur les ruynes et cendres de Lymoges, se voyants multiplier en nombre, reprindrent leur communeauté, et eslirent consulz à leur mode antienne pour la police de leur ville, establissant officiers pour administrer la justice. Et, parce qu'il se trouva que le sacristin du sépul-

[Division de la ville en Château et Cité.]

---

(1) Jean Mathieu. La *Gallia Christiana* complète ainsi la liste : 25. Guillelmus IV Sonlier (1417 et 1437) ; — 26. Petrus VI de Droüilles ; — 27. Johannes II de Lezis (1438) ; — 28. Petrus VII (1441) ; — 30. Guillelmus V (1455) ; — 31. Albertus de Jovion ; — 32. Jacobus II de Jovion (1456) ; — 33. Leonardus Bidonis (1459-1479) ; 34. Eustachius Bidonis (1480) ; — 35. Johannes III de Jovion (1492) ; — 36. Michael de Jovion (1506-1520) ; — 37. Guillelmus IV de Jovion (1524-1542) ; — 38. Jacobus III de Jovion (1542-1548) ; — 39. Johannes III Bermondet ; — 40. Josephus I Juliani (1562) ; — 41. Josephus II Juliani ; — 42. Ludovicus Marchandon.

cre de Sainct Martial avoit eust quelque pocession de connoistre des différents que de premier avoient esté entre les habitans, allors qu'il y avoit peu de bourgeois, par accord faict entre l'abbé et consulz, fust convenu qu'il seroit délaissé au prévost des Combes de ladite abbaye et audit bourgt la juridiction des Combes, pour connoistre des causes, laquelle a duré jusques à présent.

Jurisdiction des Combes.

De l'évesque Ebole, et biens faits ; et réédification de la Citté.

{Ebulus ou Ebulo.}

EBOLE, en rangt des évesques de Lymoges 41e (1) fust faict évesque du règne du roy Louis 4. Ayant d'autres bénéfices, il réédiffia le monastère de Saint-Martial, et, en temps de caresme, il expliqua aux religieux la raigle de Sainct Benoist et donna plusieurs livres et ornements de son propre à l'église. Il fist venir au couvent un riche bénéfice, il réédiffia l'abbaye de Sainct-Maixan et de St-Michel-en-l'Her, au Bas-Poictou ; auquel lieu, après son décedz, il fust inhumé. Et parce qu'il ne pouvoit vacquer au gouvernement de l'évesché de Lymoges, causant ses autres bénéfices, il eust un suffragant nommé Benoist, qu'il aymoit, et le fist fère évesque portatif (2), lequel le comte de Périgord fist crever les yeux, comme dit est à cy-après.

Ledict évesque usurpa sur les citoyens la jurisdiction temporelle, qui commancèrent à réédiffier près l'église cathédralle de Sainct-Estienne, tant par l'authorité de son frère se disant duc de Guienne et comte de Lymoges, que parce que

---

(1) Ebulus, Ebulo ou Ebbo est le 30e évêque, d'après Nadaud. Il siégeait en 761 (*V.* BONAVENTURE, t. II, p. 238). Louis IV, surnommé d'*Outre-Mer*, fut sacré à Reims en 936, époque qui n'est pas suffisamment rapprochée de 761. D'un autre côté, la *Chronique* d'Adémar et la *Gallia Christiana* s'accordent à faire vivre Eblus ou Ebulus du temps de Louis d'Outre-Mer. Il faut donc croire que, cette fois, c'est notre annaliste qui est dans le vrai, et que le P. Bonaventure et après lui Nadaud ont commis un anachronisme. Eblus fut le 38e évêque d'après la *Gallia Christiana*.

(2) Il y a dans le texte d'Adémar *Chorepiscopum*, chorévêque, c'est-à-dire suppléant de l'évêque dans le village.

ledit évesque avoit employé grands deniers à faire clore certaine portion de ladite Citté, et aussy édiffier le palais épiscopal près ladite église, que l'évesque Turpin avoit desja commancé.

L'an 790 mourust Guilhaume Hugues, duc de Guienne, auquel sucéda Guilhaume-Teste-d'Estoupe, son filz.

Dénomination de la Ville et Citté de Lymoges soubz Lottaire, l'an 956.

Le roy Lottaire vint en Aquittaine pour recouvrer les terres confisquées au roy Charles-le-Simple, son ayeul, pour la rébellion du roy Robert, lesquelles Guilhaume-Teste-d'Estoupe quereloit à cause de sa femme.

[Noms primitifs donnés à la Ville et à la Cité.]

Le roy estant à Lymoges commanda aux consulz, bourgeois et à l'abbé Estienne, de S^{nt}-Martial, en rangt 7e, qui avoit succédé à Fulbert, de clore et fortiffier le chasteau de Lymoges selon sa grandeur et habittation des habittans, pour se garder du duc Guilhaume qui les voulloit soubmettre à la duché de Guienne ; car, depuis les ruines daunoises, n'avoit esté renfermée ni peuplée.

Allors l'abbé Estienne avcq les bourgeois commancèrent a clore ledit Chasteau, c'est à dire la présant ville. L'abbé y fist fère deux pourtaux, l'un du costé de la Citté nommé d'Escuderie (1), voire Argoule (2), *alias* Porte-Poissonnerie et Poulalhière, à cause du gibier qu'on y vandoit. L'autre porte du costé des Arrennes fust apelée Sustine (3).

Or ledit abbé voulloit fère apeler ceste closture du Chasteau séparée de la Citté *Estephanopolis*, de son nom *Stephanus*. Ce que voyants, plusieurs nobles édiffièrent des tours et maisons grandes, qu'ilz nommèrent de leurs noms et entre autres :

---

(1) *V. Gall. Christ.*, t. II, col. 556. Il faudrait lire *scuterie*. C'était la porte près de laquelle se tenaient les fabricants de boucliers, *scutarii*.

(2) Argolet (BARNY DE ROMANET, *Histoire de Limoges*. — Limoges, 1821, in-8° p. 44).

(3) La *Gall. Christ.* (*ibid.*) appelle cette porte *Fustivic*, mais il faut lire *Fustinie*.

Premières maisons du Chasteau de Lymoges.

Plenavaire, La Motte de Cavillat, Portal Nimbert, Guain, Charbonnières, La Peyrusse, et autres (1).

Ledit abbé Estienne tint l'abbaye 37 ans. Auquel sucéda

Aymon.

Aymondus (2), en rangt des abbés 8ᵉ (il est appelé alheurs Aymond Durand), lequel la garda 6 ans et mourust ez nonnes de may l'an 993. Auquel sucéda

Aymeric.

Eymeric, en rangt 9ᵉ. Allors demeura l'abbaye sans légitime pasteur 30 ans. Et sy avoit ledict Eymeric l'administration, et faict sèrement de prandre l'habit séculier, jusques trois jours avant son décedz qu'il receut l'habit de religion, creignant d'avoir encouru fortune d'excommunication. De son temps se brulla le monastère de Sᵗ-Martial (3), où le feu Estienne, abbé, avoit fait fère sur le grand hautel de l'église Sᵗ-Sauveur une formance d'église d'or et d'argent, enrichie de pierres précieuses, qu'on apeloit le dont.

Circuit de la nouvelle ville, dite Chasteau.

Pour revenir à nostre ville, les murailles d'icelle nouvelle closture comprenoient l'abbaye de Sᵗ-Martial, laquelle, du costé d'orient, outre le mur estoit recluse d'un estaung jusques au Pont-Hérisson, jougnant l'hospital de Sainct-Martial, tirant la fosse vers la fontaine d'Enjoumard, laquelle fontaine est de présant au couvant des religieuses de Nostre-Dame, et de la fontaine susdite tiroit au portal Nimbert, auquel estoit pour lors les prisons, puis à la Porte-Sustine (4), près où est à présant Sainct-Michel-des-Lions ; et par la Motte descendoit a la Porte-Poulalière, y comprenant le cimetière et monastère de Sainct-Martial, cinquiesme partie du cerne, parquoy ledit abbé payoit le cinquiesme des murs et réparation des fossés.

Circuit de la Cité.

Or, pour bien entandre la dénomination de nostre ville, l'évesque Ebolle ayant faict clore la Citté, dans lequel cerne y avoit comprins l'église cathédralle de Sainct-Estienne ensam-

---

(1) V. Leymarie, *Histoire du Limousin*, t. I, chap. x.
(2) Aymo ou Aymonius, frère de Turpio, évêque de Lymoges (*Gall. Christ.*, t. II, col. 556).
(3) *Gall. Christ. ibid.*
(4) Fustinie.

ble l'abbaye de la Raigle, jusques à la rivière de Vienne et pont Sainct-Estienne, dénommèrent icelle partie de vielle ville Citté, où se tient l'évesque et les habitans citadins, et l'autre susdite partie Chasteau, comme ayant esté édiffiée sur les cendres et ruynes de l'antien chasteau de Lymoges ; lequel mot s'est entendu sur la présant ville jusques au temps du grand roy François, premier du nom, ainsin qu'on void par divers tiltres de plusieurs maisons et autres lettres et mémoires consulaires. Son premier nom d'antienne ville séparée de la Citté a prins son nom despuis, ledit Chasteau ou ville ayant esté despuis grandement augmenté de circuit, comme sera dit en son lieu, et est appellée Ville, faux-bourgtz et Pont-S^{nt}-Martial despandant d'icelle. Parquoy d'une ville en voilà trois, à cause de quoy nous n'userons plus du mot de Chasteau pour notre ville, pour faire que plus aisément soit entandu le mot d'icelle ville et cité. Sont deux remarques que l'on tient pour asseuré que lorsque Sainct Martial vint à Lymoges la ville estoit scituée près l'église Saincte-Vallérie, jusques à la Roche-au-Got, comme est dit cy-devant parlant de l'antienne ville. Et mesme appert par les vestiges qui se voyent encores dans les vignes, et aussy les ruines d'une tour dans lequel il y a un vuide comme une caverne, qui sert de couvert aux voisins qui ont les vignes jougnant. Et à la Roche-au-Got y avoit un beau pont de pierre qui fust démoli par Henry-le-Vieux, roy d'Angleterre, comme il est dit cy-après. Mesme il est à croire que S^{nt}-Michel-de-Pistorie et la Citté estoient comprises dans l'antienne ville, comme dit est cy-devant, par les vestiges qui sont trouvées au chemin qu'on va de la Citté au Pont-Sainct-Martial, par un gros mur de la largeur de six à sept piedz, de grandes pierres longues, venant sous le jardin des Jacobins, continuant dans les vignes, tirant vers la Citté. Et dans toutes les vignes se trouvent des fondemantz de maisons et caves, mesme s'est trouvé des médalles de bronze.

Démolition de la ville de Lymoges qu'on appeloit Chasteau, soubz Hue Capet, l'an 988.

Cepandant que Hue Capet, roy de France, et Charles, duc de Lorraine et de Brabant, se fesoient la guerre, Guilhaume

Siège et ruine de Limoges.

de Poictiers, duc de Guienne, ayant occasion de recouvrer les terres d'Aquittaine que le roy Clottaire luy avoit interdittes, comme estant confisquées au royaume de France par la rebellion du roy Robert, ledit duc vint aveq une grosse armée loger dans la Citté de Lymoges où Ebolle, son oncle, estoit évesque, et où les nobles du Lymousin le vindrent recepvoir comme duc d'Aquittaine. Sur ce, les bourgeois du Chasteau, c'est à dire de la présant ville, ne le voullurent recevoir, parquoy furent assiégés. Pandant lequel temps souffrirent beaucoupt. Cependant envoyèrent devers le duc de Lorraine pour avoir secours, lequel ayant d'autres affaires à desmeller ne leur en peut donner aucun. Parquoy lesditz assiégés se voyants pressés se randirent. Lequel duc fist abbatre les portes et autres fortiffications de la pauvre ville, et y establyt pour gouverneur Eymard, vicomte de Ségur, lequel avoit un frère plain de bonnes lettres nommé Benoist, évesque portatif (1), pour soulager Ebolle, évesque de Lymoges, donnoit les ordres, visitoit l'évesché. Sur ce, dit Bouchet en ses *Annalles* (2) que Elie, comte de Périgord, eust quelque envie sur luy, lequel il fist prandre prisonnier et lui fist crever les yeux, dont l'évesque Ebolle fust fort desplaisant, et en eust faict fère réparation, n'estoit qu'il décéda, comme dit est cy-devant.

Couronnement du duc Guilhaume.

[Couronnement du duc Guilhaume.]

De Aymard, comte de Ségur, sortirent quatre filz, sçavoir : Guy, Hildebert, Ildoin et Estienne Geoffre, et une fille nommée Emine ou Edomalde, laquelle fust depuis retenue au service de la duchesse Agnès et de la cour du duc, et pour sa grande beauté fust nommée *la Limousine*. Ledit duc Guilhaume se fist couronner duc des deux Aquittaines à Lymoges.

Les Vénitiens tiennent traffict à Lymoges (3).

[Les Vénitiens à Limoges.]

Les vieux registres du pays nous rapportent que antienne-

---

(1) Prêtre qui *portait* le titre d'évêque, tandis qu'un autre touchait les revenus de l'évêché.
(2) F° 67 v°.
(3) V. *les Vénitiens à Limoges*, par F. de Verneilh. (*Chroniqueur du Périgord et du Limousin*, in-4°, t. I.)

ment les Vénitiens, traffiquant des marchandizes d'Orient, ne pouvant passer leurs navires et gallères descendans du Levant par la mer Méditerranée dans l'Océant par le destroit de Gibaldar, à cause de quelques rochers fesant empeschement audit destroit, parquoy vindrent demeurer à Lymoges, auquel lieu establirent la bource de Venise, faisant apporter les espiceries et autres marchandizes du Levant, descendre à Aiguesmortes, puis de là les fesoient conduire à Lymoges par muletz à voicture, et de là à La Rochelle, Bretagne, Angleterre, Escosse et Irlande. Lesquelz Vénitiens demeurèrent à Lymoges longuement, et se tenoient près l'abbaye de Sainct-Martin qu'ilz réédiffièrent sur les vieilles ruynes faittes par les Dannois, jusqu'à ce que le destroit fust ouvert, que pour ce faire fallut rompre plusieurs rochers aveq grandes despances. Lequel destroit estant facile à passer, lesditz Vénitiens se retirèrent, [ce] qui porta grand perte à Lymoges, veu l'affluance qui venoit de toutes parts à Lymoges pour avoir des espiceries, veu le grand débitte qui se fesoit. Il se void de présant des caves jusques à l'église de Sainct-Pol, et fondementz de maisons en divers endroitz (1).

L'an 989, après que le duc Guilhaume eust réduit le Limousin à son obéissance, il délibéra de recouvrer la terre de Périgord, laquelle enfin il réduit aveq le Quercy et Agénois. [Guillaume réduit à son obéissance le Périgord, le Quercy et l'Agénois.]

A Aymard, vicomte de Ségur, sucéda Guy, son filz, qui fust fort sage, et lui bailha le duc Guilhaume le Limousin pour gouvernement. [Guy, gouverneur du Limousin.]

A Ebole, évesque de Lymoges, sucéda à l'évesché
HILDEGAIRE de Ségur (2), en rangt 42, par le voulloir du duc. Lequel évesque restaura le monastère d'Ahu et y estably moynes. [Hildegaire.]

Après le décedz de la duchesse Agnès, le duc Guilhaume, âgé de 60 ans et plus, espousa la susdite Emine de Ségur, [Mariage du duc Guilhaume avec Emine.]

---

(1) V. J. GUINEAU, Sur les Progrès du commerce à Limoges... — Limoges, Bargeas, 1822, in-12 de 92 pages.
(2) Hildegaire, successeur d'Eubalus, fils du comte de Poitou, est le 38e évêque, d'après Nadaud ; il est le 39e, d'après la Gallia Christiana, qui, d'accord avec notre auteur, nomme son prédécesseur Eble ou Ebole (col. 509).

dite *la Limousine*, n'ayant qu'un enfant de ladite Agnès, nommé Geoffroy.

En cette saison sucéda à l'abaye de Sainct-Martial

[Malacorona.] Malacorona, en rangt 10 (1), après luy luy sucéda

[Guigo.] Guillaume Virgo, en rangt 11; lequel, après l'avoir tenue 7 ans mourut l'an 991 et fust enterré à S^{nt}-Cibart d'Angoulesme, d'où il estoit aussy abbé.

Au temps du susdit abbé, le temple de S^{nt}-Martial fust brulé d'une chandelle mal estainte jettée entre nombre d'autres. Et après luy, par l'ayde du duc Guillaume, à la poursuitte de l'évesque et du viçomte Guy, fust pourvu à l'abbaye de Sainct-Martial

[Guido.] Guido (2) ou Guy, en rangt des abbés 12.

Hildegard, évesque de Lymoges, revènant du concille de Reims, mourust et fust ensepvely à S^{nt}-Denis, l'an 992. Auquel succéda à l'évesché

[Hilduin] HILDOIN, en rangt 43 (3). Il estoit frère dudit Hildegard. Il fust consacré à Angoulesme par Gombaut, archevesque de Bourdeaux, Frotier, évesque de Périgueux, et Albon, évesque de Saintes.

Cestui Hildoin osta les religieux du monastère d'Ahu et que Hildebert y avoit mis, et y estably des chanoines. Il fist beaucoupt de biens, comme sera dit.

---

(1) Aimeric Malacorona est le neuvième abbé, d'après l'abbé Roy-Pierrefitte (*Monastères du Limousin*). Son successeur est Guigo ou Guigues (*ibid.*). Il mourut en 989, d'après une note manuscrite de l'abbé Nadaud, en marge de la *Gallia Christiana*, col. 557.

(2) On ne trouve de Guido ni dans l'abbé Roy-Pierrefitte ni dans la *Gallia Christiana*. Il est à croire que notre auteur a fait deux abbés d'un seul personnage. Du reste il se trouve complètement en désaccord avec lui-même. *Voir* la liste qu'il a donnée plus haut (page 7). Le successeur de Guigo est Geoffroy, qui porte le n° 13.

(3) Alduin, Hilduin ou Audoin, le 40° évêque, d'après Nadaud et la *Gallia Christiana*, col. 511.

Maladie du feu volage, l'an 994, parquoy fust faict translation de S^nt Martial (1).

En l'an 994, tumba sur les humains une peste de feu sy [Mal des Ardents.] aspre et sy furieuse qu'elle brulloit les corps indistinctement, tant que tout estoit infect de maladie, dont l'historien dit (2) : l'église estoit en repos, l'estat temporel en trouble, la monaschie estant tumbée entre les mains d'un roy qu'on n'espéroit pas, ce qui causa beaucoupt de confusion, chacun faisant ce que bon luy sambloit, et provoquant l'indignation de Dieu qui advertit les hommes de leurs debvoirs par des paynes salutaires et se fait reconnoistre de temps en temps aussi bien roy de justice que de miséricorde. D'ailleurs les peuples ne randoient pas à Sainct Martial les honneurs qu'ilz avoient accoustumés, sy bien qu'estans destitués de son intercession, la vangeance de Dieu, ne trouvant rien qui l'empeschât pour punir les hommes, fist descendre sur la terre un feu très ardant et ensouffré qui donna subject extraordinaire d'estonnement à tout le monde. Les vivants en estants frappés estoient consumés jusques à mourir. Les uns se santoient pris au piedz, les autres aux mains, et, de ces extrémités le mal gaignoit le cœur petits, grandz, jeunes et vieux, hommes et femmes estoient infectés de ceste peste, et l'accrimonie en estoit telle que l'on aymoit mieux mourir que vivre. Dans l'excès de ces douleurs, on s'essayoit parfois de trouver sollagement en jettant de l'eau sur les parties affectées pour les raffraichir, et on voyoit incontinant qu'il s'enlevoit une vapeur aveq une puanteur insupportables. La force du mal pressoit en telle sorte qu'ilz demandoient qu'on leur couppat les cuisses, les autres les bras, et aveq cela ilz n'esvitoient pas la mort. Les plaintes et les cris s'entendoient de tous costés tant de jour de nuit. On ne sauroit dire com-

---

(1) *V.* au *Bulletin de la Société archéologique du Limousin*, un article de M. Grellet-Dumazeau, qui renvoie aux sources historiques. *V.* aussi le P. Bonaventure, t. II. p. 641.

(2) L'auteur veut parler de Jean Bandel. Tout ce qui suit, en effet, est extrait du *Traité de la Dévotion des anciens chrétiens à Saint Martial*, chap. xv.

bien de millier de personnes il mourust. On cherchoit quelque allégement, et il ne s'en trouvoit point ; au contraire le mal se randoit plus violant. On ne voyoit partout que maladie, que frayeur, que désolation et mortalité. On vint principallement à Lymoges pour y trouver remède par l'intercession de Sainct Martial ; plusieurs y furent guéris, les autres n'en pouvant plus randoient l'esprit. Quelques uns y estoient nourris des aumosnes de l'Eglise. C'est pourquoy les prélats s'assemblèrent, jugèrent que c'estoit une punission de Dieu. On désigna un jour certain pour relever les reliques de Sainct Martial, où toute la Guienne accourust pour voir son patron. Ceux de Berry, Auvergne, Languedoct, Poictou, Gascougne et Touraine y vindrent de toutes parts en multitude innombrable. Tous les prélats, tant de près que de loingt s'assemblèrent en la ville, et grands seigneurs. L'on indist en mesmes temps trois jours de jeusne. L'évesque de Lymoges se préparoit dévottement à ce grand ouvrage aveq quelques religieux craignants Dieu. La nuit commançant, ilz s'employèrent à ce qu'ilz avoient entrepris. On commança l'office aveq révérance et dévotion extraordinaire ; la messe y fust ditte à quatre heures après minuit. Cependant le peuple qui estoit venu en très grand nombre estoit hors la ville, n'y ayant aucun lieu vuide à deux lieues autour. La terre estoit esclairée de tant de luminaires qu'il sembloit estre jour. Tout le service estant achevé, l'évesque présante des outilz à ses assistans pour ouvrir la terre, et, les voyants saisis d'une crainte sy respectueuse qu'ilz sambloient estre ravis et n'y osoient toucher, il leur dit : « Courage ! quittons cette crainte servile, et nous confians en l'amour de Dieu, accompplissons sa volonté. » Apprès avoir donc creusé, ilz trouvèrent trois cercueilz l'un sur l'autre : le premier estoit de pierre samblable au marbre, le second de vray marbre et le troiziesme de plomb, où estoient les reliques du glorieux sainct. Comme on eust levé ce trésor incomparable, tout entier envellopé d'un drap de soye, on sentit aussitost une senteur sy douce qu'elle surpassoit toutes odeurs arromathiques. Durant que l'on touchoit ces saintes reliques, ceux qui estoient dehors furent surpris d'une telle frayeur qu'ilz estoient comme morts, et sambla à ceux qui estoient dans l'église que la terre trembloit. Le texte des Evangiles, couvert d'argent, aveq le bois de la croix, se baissa trois fois devers le sépulcre ; les croix et bannières des autres processions en firent de mesme ; un démoniacle, qui estoit dans l'église, qui se débattoit et crioit horriblement, fust délivré. Et fust mis le corps sainct dans une châsse d'or ; les moynes le portèrent du sépulcre au grand autel sur les espaules. Incontinant le feu qui brulloit les corps cessa. Le corps saint demeura tout le jour sur le grand autel, et n'y ayant assès de place dans l'église Sainct-Sauveur, quoique bien grande, qui [cela] donna occasion de porter ce sacré trésor hors la ville, affin d'estre veu de tout le peuple. Et fust porté en un lieu esminant apellé *Mons-Gaudii* (1), à présant Monjauvy, distant deux cens pas de la ville. Et à ceste solempnité fust apporté plusieurs sainctz dans leur châsse, de divers lieux. Et dura cette translation solempnelle quarante jours ; le peuple resjouy de leur santé chantoit incessamment les louanges de Dieu, par l'intercession du sainct. Les reliques qui furent portées à ceste solempnité furent :

Il fust apporté de Chambon le chef de Saincte Vallerie, où fust guéry quatre ardans, qui attendoient pour le suivre ; de S^{nt}-Léobon, du bourgt de Sallagnact, où se fist plusieurs miracles ; mesme, passant à La Jonchère, comme il est dit par sa légende (2) ; et plusieurs autres sainctz. Les archevesques de Bourges et de Bourdeaux, les évesques de Saintes, Clermont, Le Puy, Périgueux et Angoulesme y assistèrent. Depuis, l'on faict la feste d'icelle translation le 10e novembre. Et fust bastie l'église de Monjauvy en mémoire de ce. Il faudroit un long temps pour mettre en escrit tout ce qui se passa en ceste translation ; partant je finis la présante, priant Dieu nous préserver par les intercessions du glorieux Sainct Martial, duquel il sera encore parlé en d'autres endroitz.

---

(1) *V.* note p. 26.
(2) Au 13 octobre (*V.* Labiche de Reignefort, *Vie des saints du Diocèse de Limoges*, t. II, p. 200). Le compilateur, qui n'a pas achevé sa phrase, veut parler de la guérison de plusieurs malades, opérée par l'emploi, comme remède, du vin béni ayant servi à laver les ossements de saint Léobon.

Commancement de la vicomté de Limoges soubz le roy Robert, environ l'an 997; et d'une fille enlevée à S^{nt}-Martial par les frères de l'abbé, et ce qui s'ensuivit.

[Geoffroy, abbé de Saint-Martial.]

Estienne Geoffroy succéda à l'abbaye de Sainct-Martial par le décedz de Guigo, et fust en rangt 13 (1). Il estoit, à ce qu'on dit, abbé, au temps de la susdite translation. Environ l'an 1001, ledit abbé Geoffroy supporte [eut à souffrir de la conduite] de ses frères qui gouvernoient la spiritualité et temporalitté, firent plusieurs insolances à Lymoges contre l'état de religion. On lit qu'un jour de Nostre-Dame de mars, le peuple assemblé dans l'église de S^{nt}-Sauveur pour ouyr matines, s'y esmeut grand bruit et tumulte touchant le ravissement d'une jeune fille, où les fuyarts furent tellement pressés pour sortir à la porte de l'église qu'il fust estouffé cinquante deux personnes, les consulz y voullant mettre ordre, ce qu'ilz ne peurent, car le duc séduit par sa femme, sœur dudit abbé, ne tenoit comte des informations. Sur lequel escandalle plusieurs choses furent déguisées, et tellement que la véritté connue y mist confusion.

[Guy, vicomte de Limoges.]

Allors l'abbé se dit et porta pour seigneur du Chasteau de Lymoges, c'est à dire de la ville de présant, et maintint que Louis-le-Débonnaire avoit donné au monnastère de Sainct-Martial la justice et seignéurie de ladite ville. Et, pour ce qu'il n'estoit puissant pour tenir les habitans à sa subjection, il

---

(1) Ce Geoffroy (*Josfredus*) fut le 10e abbé, d'après Adémar (*Apud* Labbe, t. II, p. 272), et le 11e, d'après la *Gallia Christiana* (t. II, col. 557). Ce Geoffroy, surnommé *Beufcourt*, mourut le 11 octobre 698 (Roy-Pierrefitte). Un autre Geoffroy, *Jauffredus II*, qui fut le 13e abbé et succéda à Adabaldus, n'aurait été élu qu'en 1008. Auquel des deux abbés faut-il rapporter les faits mentionnés ici à la date de 1001? Nous croyons que notre compilateur a confondu les deux personnages. La mort des cinquante-deux personnes eut lieu, d'après l'abbé Roy-Pierrefitte, le 8 mars 1018. Le P. Bonaventure (t. III, p. 387) rapporte cet évènement à 1017, et traite de mensongères les *Chroniques limousines* qui parlent de l'enlèvement de la jeune fille.

donna à son frère Guy la justice de ladite ville avec pouvoir de recepvoir hommage de Pierrebuffière et Chasteau-Chervix, et le nomma depuis vicomte de Lymoges.

Ce vicomte Guy, pour tenir plus facilement la ville sous son obéissance, esleu dix des plus nobles et puissant du pays qui avoient plus de crédit et authorité, esquelz il communiqua et donnast la justice, lequel exercice fust apellé *des Vigiers*, leur attribuant le tiers du proffit qui proviendroit des amandes et confiscations, qu'ilz prindrent de luy à foy et hommage pour eux, leurs hoirs et successeurs.

[Viguiers.]

Le susdit évesque Hildoin fist beaucoupt de biens. Il est dit qu'il restaura le monnastère de Sainct-Martin-lez-Lymoges, qui avoit esté destruit par les Normans, où il establit des religieux, et dottans de plusieurs rantes et revenus, et y institua abbé un religieux de Tulle (1), extraict de la noble maison de Chante-Miaulle, près d'Ahu. Les Vénitiens y aydèrent beaucoupt, lesquelz demeuroient proche dudict Sainct-Martin, comme il est cy-devant dit; et ce l'an 1012.

[Hilduin restaure le monastère de St-Martin-les-Limoges.]

Il réédiffia le monastère de Sainct-Martial, ainsin que dit Bouchet (2).

[Réédification du monastère de Saint-Martial.]

Audit an 1012, ledit évesque commança les fondemantz de l'église cathédralle de Lymoges du costé d'orient. Au bruit des miracles de Sainct Martial, plusieurs d'Italie vindrent à Lymoges en dévotion; et ce l'an 1010 (3).

[Fondation de la cathédrale de Limoges.]

Il releva le corps de Sainct Justz, disciple de S{nt} Hilayre (4), lequel reposoit devant le grand autel de l'église S{nt}-Martin. Et par son décedz, qui fust à Habu, le jour de Sainct-Jean-Baptiste, l'an 1014, le bastiment de l'église cathédralle demeura imparfait jusques l'an 1273, comme dit est cy-après.

[Translation des reliques du Saint-Just.]

---

(1) Il s'appelait Ranulphe (*Gall. Christ.*, t. II, col. 512).
(2) F° 68 v°, de l'édit. de 1557.
(3) *Ibid.*
(4) Le P. Bonaventure (t. III, p. 542) élève quelques doutes au sujet de cette translation.

Le duc Guilhaume se laisoit gouverner par sa jeune femme, et ce qui [lui] advint et à elle.

[Gérald I, évêque de Limoges.]

Ledit duc, à l'exortation de sa famme, fist pourvoir à l'évesché de Lymoges un sien nepveu nommé GÉRALD (1), filz du premier vicomte de Lymoges, lequel estoit trésorier de l'église collégialle de Poictiers. apelée S^{nt}-Hilayre. Il fust en un jour pourvu aux ordres d'acolite, diacre, sous-diacre et prestre, et finallement consacré évesque, dont sortit grand dispute en cour de Rome. Toutesfois le duc appaisa le tout pour complaire à sa femme.

[La duchesse Émine est enlevée par Guillaume Taillefer]

L'an 1018, la duchesse Émine de Ségur estant en fleur d'eage, possédant le duc Guilhaume fort âgé, esleva fort haut ses parans, parquoy elle encourut la hayne de plusieurs, telle qu'elle fust accusée de maintenir secrettement un nommé Guilbaume Vulgrain, filz d'un forgeron. Lequel estant sur ce fait attrappé fust tué, et elle, de crainte, s'enfuit aveq autres qui plus ne furent vus. Et pour ce fist publier qu'elle s'estoit envolée, comme l'on figuroit antiennement les lubriques, par fiction poétique, en centaures Agrippines (2).

L'évesque Gérald troublé de l'ignominie de sa tante, retournant de son diocèze, mourrust à Charroux.

[Troubles pour l'élection de l'évêque]

Le viconte Guy estima à faire eslire un sien filz évesque de Lymoges, non sans grand dispute, outre le vice de simonie, car s'esmeut grand division entre les chanoines, occasion de quoy le peuple limousin fist processions et oraisons. Allors le duc Guilhaume, fesant escruppule pour avoir faict recevoir trois évesque en la chaire de Sainct-Martial à la suassion de sa femme, parquoy voullust estre pourvu par eslection libéralle. Non obstant la mortalité qui pour lors estoit à Lymoges, commandat aux chanoines de l'église cathédralle de s'assembler à Sainct-Junien le jour dit pour ledict acte célé-

---

(1) *Gall. Christ.*, t. II, p. 512.

(2) Emma, femme de Guillaume, fut, d'après Geoffroy de Vigeois (chap. XLI), enlevée par Guillaume Taillefer, fils de Wlgrain, comte d'Angoulême. Notre auteur traduit Taillefer (*sector ferri*) par forgeron, d'où les prétendues basses mœurs d'Emma ou Émine.

brer; auquel il se trouva aveq son filz aisné Guilhaume Geoffroy.

La vicomtesse de Lymoges fist sa requeste tant au duc que élisans en faveur de son filz, offrant de parachever l'édiffice, commancé par Ildoin, de l'église, et fesant encore d'autres offres, lesquelles rejettées sans aucune faveur, fust nommé un dévot homme nommé

JORDAN DE LORON (1), prévost de l'église collégialle de S^{nt}- Léonard, en rangt des évesques de Limoges 45, lequel fust intronisé à Lymoges au mois de janvier, présant le duc et multitude de prélats et barrons d'Acquittaine, combien que le vicomte à son eslection y mist empeschement, le prétandant pour son filz. [Jordan de Loron.]

Consécration et satisfaction faite par ledit évesque à l'archevesque de Bourges.

Le duc Guilhaume allast à Rome par dévotion, et commanda à son filz Geoffroy de fère consacrer le dit Jordan évesque de Lymoges. Toutesfois Gauselenus (2), archevesque de Bourges, différa ladite consécration par aucuns temps, par les moyens du vicomte, demandant quelque chose laquelle ledit Jordan ne voullut accorder. Pour ceste cause, le sabmedy de la my-caresme, ledit Geoffroy le fist consacrer à Sainct-Jean-d'Angéli, par Islo, archevesque de Bourdeaux (3), Arnault, de Périgueux (4) et Isamber (5), évesque de Rodez. A cause de quoy ledit Gausselenus voyant l'authorité de sa primauté mesprisée d'un sien suffragant, excommunia le duc et Jordan, interdisant le diocèze de Lymoges, imposant partout le *cept* (6), excepté l'église de Sainct-Martial. [Difficultés relatives à la consécration de Jordan de Loron]

---

(1) *Bern.* GUIDONIS, *apud* LABBE, t. II. p. 268; ADEMARUS CABANENSIS, *ibidem*, t. II, p. 180; *Gallia Christiana*, t. II, p. 514.

(2) Gauslinus, *Gauzlin* (*Gall. Christ.*).

(3) Evêque de Saintes, coadjuteur de l'archevêque de Bordeaux (*Gall. Christ.*).

(4) Evêque de Rodez (*Gall. Christ.*, t. I, p. 203).

(5) quatre évêques, et non trois, assistèrent à cette consécration : Islon, Arnauld, Boson et Isembert. Ce dernier était évêque de Poitiers, comme du reste notre auteur le reconnaît plus loin (p. 136).

(6) CEPTUS, *vel* CAPTURA, *exactio* (DU CANGE).

Concille provincial tenu à Lymoges.

[Premier concile de Limoges.]

Bientost après, en un concille tenu à Lymoges devant le roy Robert et de plusieurs prélats de France, auquel concille Gausselenus, archevesque de Bourges, prohiba audit Jordan l'esrection de sa charge, lequel, combien qu'il eust matière d'apel à Rome et se purger de sa coulpe, car il n'avoit procuré à estre consacré ainsi, pour obvier au vice de simonie, sans lequel l'archevesque de Bourges ne le vouiloit consacrer, ce néanmoints, pour satisfaire à l'authorité métropolitaine, à nudz piedz, accompagné de cent clercs, allast à Bourges en grand humillité. L'archevesque de Bourges, de ce adverti, vinst au-devant de luy, lequel il receut honnorablement, luy donnast absollution et leva l'interdit imposé sur le diocèse.

Notta qu'il est dit alheurs qu'au temps de ceste assemblée le roy Robert, Guilhaume, duc de Guienne, les archevesques de Bourges, Bourdeaux et de Tours, aveq Isambert, évesque de Poictiers, Arnaul de Périgueux, Islo de Saintes, Rohon d'Angoulesme, Jordain de Lymoges, et leurs autres confrères, en une lettre escrite au pape Benoist VIII reconnaissent que Sainct Martial a converti toute Guienne : « Totam Aquitanicam gentem a via erroris ad veram vitam quæ Christus est perduxit, etc. (1). » Il n'est pas dit que ledit Jordan fust prohibé, toutesfois je m'en rapporte.

[Rétablissement des anciennes coutumes. — Abdication du duc Guillaume.]

A cestuy Jordain le pape Jean 20° (2) luy escrivit, définissant par ces bulles Sainct Martial estre apostre, ordonnant estre inséré ez litanies entre les apostre et de lui estre fait ez diocèzes par luy érigés office comme d'apostre, déclarant le nom d'apostre estre nom d'office et non limite de certain nombre.

Le duc Guilhaume estant de retour de Rome ne tint plus compte du vicomte Guy, luy ostant le gouvernement du Lymousin, confirmant les antiennes coustumes de Lymoges,

---

(1) *V.* Bandel, chap. x; Arbellot, *Apostolat de saint Martial*, p. 45; *Gall. Christ.* instrum., t. II, col. 161 et suiv.

(2) Jean XVIII, d'après la *Gall. Christ.* qui, à ce sujet, renvoie à Labbe, *Concil.*, t. IX, col. 856.

restablissant le Consulat et justice comme ilz estoient auparavant l'érection de la vicomté ; combien que ledit vicomte se jugeoit fort à rentrer en grâce, suivant tousjours la cour du duc et contre sa volonté, lequel [vicomte] il [le duc] ne voulloit voir ny ouyr, tellement que, pour le chasser de Poictiers, lorsqu'il fesoit grand froid, le duc fist interdire par proclamation publique que nul ne fust sy osé à luy donner du bois pour son chaufage, affin que par froid il fust contraint s'absanter de la cour. Ce nonobstant, le vicomte achepta des vielles vignes, faignant icelles voulloir planter, et par ainsi pourvut à la froidure, fesant bruller les ceptz, circonvenant le duc en ce cas et en plusieurs autres, tant que le duc, ennuyé des affaires du monde, délaissa à son filz aisné le gouvernement de ses terres et seigneuries, et se mist dans l'abbaye de S^{nt}-Ciprian de Poictiers, où il finist ses jours religieusement.

Après le décedz de l'abbé Estienne Geofroy cy-devant dit, frère dudit vicomte, fust nommé Adebalde, en rangt 14, combien que le susdit vicomte à son eslection y mist empeschement le prétandant pour son filz. Lequel Adebalde tint l'abbaye 9 ans (1). De son temps décéda le doyen Adalber, homme de grand vertu et religion. [Aldebalde, abbé de Saint-Martial.]

L'an 1022 décéda le vicomte Guy, et luy sucéda son filz Eymeric, qui tint le nom de vicomte de Lymoges, et ses successeurs après luy. [Eymeric, vicomte de Limoges.]

Autre translation de S^{nt} Martial (2).

Il se trouve que l'an 1025 fust faite la 5e translation de Sainct Martial pour porter ce sacré trésor à Angely, à l'invantion du chef de S^{nt} Jean-Baptiste ; et les reliques qui sont à S^{nt}-Estienne [y furent aussi portées]. Où les chanoines de S^{nt}-Estienne et religieux de S^{nt}-Martial chantoient alternativement à la conduitte desdittes reliques, où assistèrent plusieurs grands seigneurs ; estant évesque de Lymoges Gé- [Cinquieme translation des reliques de Saint Martial.]

---

(1) De 998 à 1007 (*Gall. Christ.*).
(2) *V.* BANDEL, chap. XVII.

rald, et Geoffroy abbé de Sainct-Martial. Lequel évesque célébra la messe et bénist le peuple aveq le chef de Sainct Jean. Et furent de retour le 5º jour avant la Toussainctz.

Il se trouve ici de l'erreur aux dates.

Couronnement du duc Guilhaume Geoffroy.

[Couronnement du duc Guillaume Geoffroy.]

L'an 1025 décéda le susdict duc Guilhaume surnommé Teste-d'Estoupe, âgé de 80 ans, auquel succéda Guilhaume Geoffroy, son filz, qui fust sacré et coronné duc à Lymoges, comme son père, où il y a office pour ledit couronnement, lequel est cy-après. Son frère Eymeric, comte de Poictiers, ne jouissoit encore de rien, lequel estoit filz de laditte Émine de Ségur.

[Geoffroy II, abbé de Saint-Martial.]

A Adebalde, abbé de Sainct-Martial succéda Geoffroy, 2º du nom, en rangt 15º, et ce l'an 1029. Il tint l'abbaye 6 ans (1). Il fist fère une couronne d'or qui pandoit devant le corps de Sainct Martial, enrichie de pierreries. Il fist commancer la basilique de Sainct-Sauveur, d'ouvrage magnifique, la 3º de son abbaye.

Fondation de Bénevant l'an 1028 (2)

[Fondation de Benevent.]

Un chanoine de Lymoges nommé Mre Robert (3) commança à construire le monastère de Bénavent, de chanoines réguliers, au village de Sécundélas (4), à dix lieues de Lymoges, du consentement du chapitre et évesque Jordan, lequel luy donna le nom de Bénavent en commémoration des reliques de Sainct Barthélemy qu'il donnast audit lieu, lesquelles il avoit apporté de l'isle du Tibre, en un voyage qu'il fist à Rome, lesquelles avoient estés transportées d'une ville de Cécille nommée Bénavent que l'empereur Othon avoit destruite, en laditte isle.

---

(1) Douze ans, de 1008 à 1019 (*Gall. Christ. vet.*).
(2) *V.* Bonaventure, t. III, p. 396; Roy-Pierrefite, *Monastère du Limousin et de la Marche*.
(3) Aubert et non Robert (Bern. Guidonis).
(4) Segondélas, paroisse de Salagnac (Bonaventure).

Lequel évesque fist la dédicasse. Ledit abbé a une chère à l'église cathédralle. Ledit Jordain, évesque, consacra le monastère d'Arnac, où repose le corps de Sainct Pardoulx (1), à l'honneur de la Très-Saincte-Trinité, le 15 juillet 1028. Lequel consacrement fust faict ez présances de Guy de Lastour et sa femme Endalcie, Eymard de Loron, son gendre, Ebbolus de Combort, filz d'Arcambaud de Combord, Aymard, filz du comte Guy de Lymoges, Bernard Chabot avec Frimier qui bailla la chappelle de Bré aux moynes de Vigeoars (2). [Saint Pardoux.]

Il décéda environ l'an 1052. Il fust ensepvely en la nefs de Sainct-Martial.

Au temps dudit Jordain, évesque de Lymoges, florissoit à Leyster (3) Sainct Gaultier, abbé dudict lieu. [Saint Gaultier.]

L'an 1031 fust tenu un concille à Lymoges (4), par lequel Sainct Martial fut déclaré apostre, et les Grectz, dans leurs litanies, le tiennent pour apostre, ce qui fust vériffié audit concille par deux prestres grectz. [Deuxième concile de Limoges.]

Commant le vicomte chassa les religieux de Sainct-Martial.

En l'an 1035 (5), Aymard second, vicomte de Lymoges, s'efforça de faire homage à l'abbé [de] S^{nt}-Martial Adebalde de la justice de la ville. Mais on luy fist reffus. En haine de quoy proposa mettre l'abbaye soubz l'obéissance de Cluguy. Les- [Les abbés de Cluny s'emparent de l'abbaye de Saint-Martial.]

---

(1) *Vie de saint Pardoux*, par M. J. Coudert de Lavillatte. — Guéret, Dugenest, 1853, in-8º, pag. 34 et suiv.

(2) Engalcie ou Émalsie, Aymard de Léron, leur gendre, Ébles de Comborn, fils d'Archambaud Jambe-Pourrie, Aymard, fils du vicomte Guy, Bernard Chabrol et Firmin, qui donna la chapelle de Bré aux moines de Vigeois. (*Chronique de* Geoffroy de Vigeois, chap. ix.)

(3) Lesterpt, près de Confolens. *V.* Collin, *Vie des Saints*, p. 143.

(4) Ce fut le second. Le premier avait été tenu en 1028. (Arbellot, *Dissertation sur l'apostolat de Saint Martial*, p. 39 et 44.)

(5) En 1068. *V.* le P. Bonaventure (t. III, p. 410), qui réfute plusieurs erreurs des *Chroniques manuscrites*. *V.* aussi Mabillon, *Annales S. Benedicti*, t. IV, p. 647.

quelz firent venir à Lymoges secrettement certain nombre de religieux, laditte abbaye vaquant par le décedz de Geoffroy 2, et se cachèrent ou retirèrent où à présent est l'église de Sainct-Michel-des-Lions et palais; puis, la 3ᵉ nonne d'aoust, le vicomte Aymard entra dans l'abbaye de Sᵗ-Martial accompagné de plusieurs gens de guerre, et parlant aux religieux, les exortoit à eslire pour leur abbé Hugon de Clugny. Auquel les religieux respondirent que dans le monastère de Sainct-Martial y avoit des gens de bien, comme Geoffroy de Nyeulh, Guy Paute et Gérald-le-Gransmérien, desquelz ilz pouvoient en eslire un d'iceux. Ainsin qu'ilz traitoient de ladite esclection, le vicomte ne disoit mot, la teste baissée, pansant à son affaire. Sur ce Geoffroy de Nyeulh, sachant la venue de ceux de Clugny, dit tout haut au vicomte : « Nous n'ignorons ceux de Clugny estre venus en cette ville à votre mandement pour nous mettre hors de nostre monnastère, mais ne savons sy cella sera. » Allors le vicomte, ne pouvant plus dissimuler, print le religieux par son cappuchon, et par force le jetta hors du cloistre. Les autres religieux, voyants ainsin traitter celluy qu'ilz réputtoient pour le plus apparent, s'enfuirent, et n'y demeura que les novices. Lequel vicomte, se voyant maistre, fist entrer ledit Hugo de Clugny et ceux qui estoient aveq luy, lequel il fist recepvoir par les novices. Ledit vicomte chassoit les susditz religieux avec leur frotz jusques à la porte du cimetière, à présent *Soubz-les-Arbres*, où se rancontrèrent, déclarant iceux appélations et réclamations qui ne servirent de rien; et partans, par voye d'effect et puissance royalle, furent chassés les naturelz religieux du couvent, nonobstant leurs aclamations, et, nonobstant le tout, fust receu abbé ledit

[Hugues de Clugny, abbé de St-Martial.] Hugo (1), en rangt 16, lequel aussitost se saisit des chartres et documens de la liberté antienne de ladite abbaye, et brulla ce qui luy estoit contraire, puis envoya les novices comme exillés en divers monastères, n'en retenant aucun, craignant qu'à l'advenir ilz luy heussent peu nuire ou à ses successeurs.

Ceux de la ville, connoissant la réformation très utile, tindrent pour ledit Hugo durant six ans qu'il vescut; lequel

---

(1) D'après la *Gall. Christ.*, Hugo fut abbé de 1019 à 1025. Ce fut Adémar qui fut imposé à l'abbaye par les moines de Cluny. (*V. Gall. Christ.*, t. II, col. 559.)

travailla à faire mettre ez litanies et invoquer Sainct Martial au rangt des apostres et de luy estre faict office comme d'un apostre. A ceste fin obtint bulle du pape Jean 20ᵉ.

Ledit Guillaume Geoffroy estant prisonnier entre les mains de Geoffroy Martel, comte d'Anjou, bailha la cité de Bourdeaux et terres de Guienne pour sa rançon jusques à plène satisfaction.

En ce temps mourust Jordain de Loron, évesque de Lymoges, l'église estant fort affligée de plusieurs perturbations, tant qu'elle fust contrainte à requérir ayde aux princes séculiers, lesquelz esleurent pour évesque un noble homme nommé [Mort de Jordan de Loron.]

ITYER, seigneur de Chaslux, rampli de bonnes mœurs et grande dévotion, estant esleu du consentement du comte de Poictiers, duc de Guienne, et de tout le peuple contre son voulloir, l'an 1052, et en rangt des évesques 46 (1). Il avoit fait édiffier le chasteau de Chaslux Fraisanges. [Itier, évêque de Limoges.]

L'an après se brulla l'église de Sainct-Martial (2) avect toutes les cuisines et officines dudict monnastère. Allors se perdirent de prétieux ornements et plusieurs nobles privilléges. Il y fust estaingt trois religieux sur le sépulcre par la fumée ou par la flamme de feu, sçavoir, Bernard, Arnulphe et Guy. — Le doyen et chanoines de Sainct-Iriers recouvrèrent le monastère de Rauselie (3) par l'ayde du comte Guilhaume d'Auvergne. [Incendie de l'église de Saint-Martial.]

Oldéric (4) fust le 17ᵉ abbé de Sainct-Martial. Il fist édiffier le chef de l'église de Sainct-Sauveur et escrire les livres de la librairie, et recouvra deux monnastères à l'abbaye, et, avec l'aide des bourgeois de la ville, fist fère grande quantité de murailles d'icelle, que le duc Guilhaume avoit abbattues. Il décéda la 5ᵉ calande d'octobre [1040]. [Odolric, abbé de Saint-Martial.]

---

(1) Dans le *Tableau* de Nadaud, cet évêque, le 43ᵉ, est appelé Hicterius de Chalas de Fraisenjas.

(2) *V. Chronique* de GEOFFROY DE VIGEOIS, chap. XIV.

(3) *Monasterium Ransoliœ*, que M. Bonnélye traduit par le couvent de Roseil.

(4) *V.* au sujet d'Odolric, ALLOU. *Description des monuments*, etc., p. 111. Odolric est le 15ᵉ abbé de Saint-Martial, d'après la *Gall. Christ.*

[Antherius.] Auquel succéda à ladite abbaye
Antherius, en rangt 18, qui ne tint beaucoupt l'abbaye, et décéda environ l'an 1064. Et à lui succéda

[Pierre Albert.] Pierre Albert, en rangt des abbés 19 [17ᵉ], estant Aymard second vicomte de Lymoges. Il fist faire le portail de Mommailher pour reclore les Combes dans la ville.

Par le décedz de l'évesque Ityer, fust pourveu

[Guy de Loron évêque.] Guy de Loron à l'évesché de Lymoges, en rangt 47 [44], lequel décéda environ l'an 1095; auquel succéda à l'évesché

[Humbaud, évêque.] Hunibaul, en rangt 48 [45], lequel fust déchassé, comme sera dit cy-après.

Institution de l'ordre de Grandmont [1].

[Institution de l'ordre de Grandmont.] L'an 1074 vint au lieu solitaire de Muret Sainct Estienne, filz du comte de Tiers et de Candide, sa femme, gens craignantz Dieu; lequel nasquit l'an 1044 [1045] et se retira audit lieu de Muret pour fère ses austérités, eagé de 30 ans, séant à Rome le pape Grégoire [VII]. Et audit lieu institua des religieux, duquel ordre il fust le premier instituteur. Et est à présent l'abbé d'icelle abbaye chef de tout l'ordre, qui a beaucoupt multiplié en divers endroitz. Et ne reste du lieu de la première fondation que partie de l'église et quelques vestiges du premier bastiment audit lieu de Muret, qui est à 4 lieues de Lymoges, dans un lieu de montagne et rochers; et depuis a esté basti au lieu de Grandmond, où il y a très belle église couverte de plomb, dans laquelle son corps repose dans une chasse. En laquelle église sont des chefz des Saintz Innocentz, des chefz d'aucuns des compagnons de Saincte Ursule, des reliques de Sainct Martial, une croix à double bras de la Vraye Croix de Nostre Sauveur Jésus-Christ, dans un

---

(1) V. *Annales ordinis Grandimontis... authore et collectore* F. Joanne Levesque, *Trecensi, priore Villamediano*. Trecis, apud Eustachium Regnault, 1662, in-12. — *Opusculum regulæ et sententiarum... Stephani, institutoris ordinis Grandimontensis, vulgo Bonorum Hominum. Studio et opera R. P.* Alberti Barny, *Prioris B. M. de Fagio ac vicarii generalis ordinis Grandimontensis*. — Parisiis, 1650, in-24.

Reliquère d'Argant fermant à deux portes, ausquelles sont gravés certains motz, qui fust envoyé par Amaury, roy de Hiérusalem l'an 1174, comme dit est ci-après, et autres sainctes reliques (1). Le couvent est très beau et bien ranté. Ledit S^{nt} décéda le 8 febvrier 1124, âgé de 80 ans et [le] 50e de sa profession.

L'évesque Hunibaud (2) déchassé, et pourquoi. Venue du pape Urbain 2e à Limoges, régnant Philippes.

A la nomination dudit Hunibaud, évesque, l'abbé de Sainct-Martial n'estant apelé suivant la coustume, donnast occasion audit abbé de s'opposer, lequel s'adressa au pape Urbain 2e, qui par sa bulle déclara l'eslection nulle. [L'évêque Humbaud est déposé.]

Ce que voyant ledit Hunibaul s'efforça d'avoir des bulles déprécatoires audit abbé, qui luy furent refusées. Parquoy il fist falciffier unes bulles par le conseil de l'archidiacre de Lymoges (3) et d'un orpheuvre (4), contenant la substance que, nonobstant ladite annullation d'eslection, faite à Rome, comme dit est, le pape prioit l'abbé de recepvoir ledit esleu. Ausquelles l'abbé obéy, et demeura paisible ledit évesque jusques l'an 1095 que le pape Urbain vint à Lymoges, apprès avoir célébré le concille de Clermond en Auvergne, exortant tous les princes chrestiens à prandre les armes pour conquester la Terre Saincte (à cause de quoy toutes les nations se croisèrent, entre les autres Geoffroy de Lastour, baron de Lymousin, ledit pape accompagné des archevesques de Lion, Bourges, Bourdeaux, de Pize, de Rège [Rhegio], des évesques de Segni (5), Poictiers, Saintes, Périgueux, Rodès et Lymoges), et donné après de belles bulles (6).

---

(1) *V.* au *Bulletin de la Société archéologique et historique du Limousin*, t. VI : Inventaire de Grandmont, fait en 1666 ; — *Note sur le Trésor de l'abbaye de Grandmont*, par l'abbé Texier.

(2) *Humbaldus de S. Severa.* Il succéda à Guy de Loron. L'abbé de Saint-Martial qui s'opposa à son élection, s'appelait Adémar. (*Gall. Christ.*, t. II, col. 518.)

(3) Il se nommait Élie de Gimel. (*Gall. Christ.*)

(4) Nommé Vitalis. (*Ibid.*)

(5) Brunon de Seignie.

(6) *Chronique de* Geoffroy de Vigeois, chap. xxvii, xxviii.

Icelluy pape visitta le corps de Sainct Martial et consacra l'église Sainct-Sauveur, les églises de Sainct-Estienne et Nostre-Dame-de-la-Raigle.

Allors le pape voullust sçavoir de l'abbé de Sainct-Martial comme sans son licence on avoit reçeu l'évesque Hunibaud. L'abbé luy dit que par son commandement; et, à sa descharge, exhiba les bulles falciffiées. Le pape connoissant la fausseté excommunia les falcificateurs et déposa publiquement ledit Hunibaud, qui se retira à S^{nte}-Sévère en Berry, usant le surplus de sa vie comme Layc aveq ses frères, seigneurs dudit lieu. Et en sa place fust évesque frère

[Guillaume de Uriel, évêque.]

GUILHAUME DE CLAUSTRAS (1), qui fust en rangt des évesques 49 (2). Il estoit prieur de l'abbaye de Sainct-Martial. Il résista aux mauvaises mœurs des pernitieux, à cause de quoy il fust empoisonné, trois ans après, par un nommé Martin Chrestien. Et fust ensepvely à Sainct-Martial devant l'hautel de Sainte-Croix.

De son temps furent trouvées les épistres (3) de Sainct Martial escrites aux Tholosains et Bordelois, dans un tumbeau de pierre jougnant le sépulcre, et estoient là depuis la persécution de Dioclétian.

[Mainardus, abbé de Saint-Martial.]

L'abbé Meynardus succéda à l'abbé Albert, en rangt des abbés de Sainct-Martial 20 (4). Il empliffia le monnastère de sumptueux édiffices plus qu'aucuns de ses prédécesseurs, fist fère la nef de Sainct-Sauveur depuis l'autel Sainte-Croix jusques au clocher, et paindre le dedans honnestement. Il donna plusieurs ornemants et reliquères, fist fère la librérie; les grandes cloistres, raffectoir, dortoir et chapitre, infirme-

---

(1) Nous ne savons où notre auteur a pu prendre *Guillaume de Claustras*, La *Gallia Christiana* (t. II, col. 518) l'appelle *Guillelmus de Uriaco* ou *de Uriel*; Geoffroy de Vigeois le nomme *Guillelmus de Ureec. V.* pour les détails la *Chronique* de cet auteur, chap. XXVIII.

(2) 46e, d'après Nadaud.

(3) *V.* ce que nous avons dit au sujet de ces épîtres à la note 3e de la page 43.

(4) Mainardus n'est que le 18e abbé de Saint-Martial, d'après la *Gallia Christiana*.

rie et autres officines Il tint le monastère de Vigeois et Terrasson. Il décéda en septembre. Il gist au chapitre.

Après le décedz de Guilhaume, évesque de Lymoges, sucéda Pierre de Bordeaux (1), homme de grandes lettres, mais tropt adonné à sa bouche, mangeant immodérammant, tant qu'il fust contrainct par l'infirmité de sa nature de laisser sa chaire pour la guerre qui estoit à Lymoges, combien qu'en son lieu exerçoit la charge Guilhaume de Charbonnières, lequel ne peut obtenir la dignité épiscopalle. [Pierre Viroald, évêque.]

En ceste saison mourust Aymard 3ᵉ du nom, vicomte de Lymoges ; et luy sucéda Guy 2ᵉ.

Du Barron de Lastours, et son voyage de la Terre Saincte.

Les chrestiens conquérans Hiérusalem gaignèrent au port de Farfard (2) la première bataille, et obtindrent victoire, le 5ᵉ mars [1096], à Nichée [Nicée]. Parquoy assiégèrent la ville d'Acre, où donnèrent plusieurs assautz. Advint que les chrestiens estans en tropt grand nombre pour assaillir, se partirent distribuant les compagnies selon les nations, et, par [cet] ordre, donnoient lieu de combatre les uns aux autres. Bref, Geoffroy de Lastours (3), conduisant les Limousins, eust, comme les autres, rangt de combatre pour assaillir la cité. Lequel après avoir bien exorté sa bande, les Limousins, par grand hardiesse et générosité, prindrent la cité par force, tuant tous les citoyens qu'ilz trouvèrent, le restant s'estant sauvé par le lac aveq des batteaux qu'ilz avoient préparés ; où ledit de Lastours et Limousins receurent grand gloire et honneur. [Gouffiers de Lastours, son voyage en Terre Sainte, son lion.]

Il advint, un jour, que, ledit de Lastours s'en allant en fourage aveq quelque escouade de ses gens, ainsi qu'ilz passoient dans un bois prochain, il trouva un serpent d'excessive gran-

---

(1) Gall. Christ., t. II, col. 520.
(2) Farfar, Damasci fluvius (Guil. de Tyr, dans le Recueil des historiens des Croisades. t. I, p. 164).
(3) Gouffiers de Lastours, dans Geoffroy de Vigeois.

deur qui combattoit aveq un lion, et tant avoit combattu que le lion commançoit à défaillir. De quoy esmeu, ledit de Lastours, ayant compassion dudit lion, le secourust, et tua de sa lance le serpent. Allors, le lion, comme s'il eust été cappable de raison, s'humillia audict chevallier et offrit par signes extérieurs de le suivre en tout et partout ; comme, de fait, il l'accompagna aveq telle obéissance qu'il sembloit estre aprivoisé, et ne faisoit mal à personne. Jusques à ce que, ledict de Lastours voullant monter sur mer pour s'en retourner, les nautonniers ne voullurent jamais permettre que ledit lion entra dans leur navire, tellement que ledit de Lastours fust contraint de le laisser ; mais l'amitié que ledit lion luy avoit fust causse qu'il se mist à la nage dans la mer, et suivit son maistre tant qu'il luy fust possible, et que, las de nager, il se noya (1).

Choses mémorables advenues à Lymoges soubz Louis-le-Gros, roy de France.

[Incendie à Limoges. — Guerre entre la Ville et la Cité.]

L'an 1103, se brulla la majeure partie de Lymoges, et deux ans apprès, y eust grand guerre entre les habitans de la Ville et ceux de la Citté, sy grande que ceux de la Ville, au mois de juillet, firent bruller la Citté et église S^{nt}-Estienne, aveq ses appartenances, le monastère de la Reigle, Sainct-Maurice, Sainct-Jean-Baptiste, la Trinité, S^{nt}-Genier et S^{nt}-Dampnolet(2).

[Pierre II Aubonis, abbé de Saint-Martial.]

L'an 1107, fust abbé de S^{nt}-Martial Pierre Aubonis (3), du chasteau de Mallemort, en rangt 21, de la race des chevalliers de l'Ordre. Il fist beaucoupt de biens à l'Église. Il fist conduire une pierre de marbre noir de la rue appelée Mazia, laquelle

---

(1) *Chronique* de Geoffroy de Vigeois, chap. xxvii.
(2) *V.* Bonaventure, t. III, p. 436.
(3) Pierre II Aubonis, fut abbé de Saint-Martial en 1063, d'après le *Gallia Christiana*. A cette date, on trouve en effet, dans Geoffroy de Vigeois l'histoire d'un marbre des Pyrénées qui fut transporté miraculeusement à Limoges et placé plus tard comme table de maitre-autel dans l'église de Saint-Martial. Est-ce à ce fait que notre auteur fait allusion ?... Quelle est cette rue Mazia dont il parle ?

fust employée à fère la tasse de la fontaine des Cloistres, qu'on void de présant (1). Il décéda 22 ans après son ordination, le 6ᵉ septembre. Il fust ensepveli dans les Cloistres, devant l'autel de saincte Marie.

Aymard, qui lui succéda, désirant voir ledit Aubonis, comme qu'il devoit mourir bientost, parquoy se retira à Arnact jusques au jour de ses obsèques, et partant, fust ledit Aymard abbé de Sⁿᵗ-Martial, en rangt 22 (2). Et auquel succéda

[Aymard, abbé de Saint-Martial.]

Bernard de Clignact (3), en rangt 23, homme fort dévot. Et auquel succéda

[Bernard de Brancion, abbé de Saint-Martial.]

Amblard de Clugny (4), en rangt des abbés 24. Il estoit prieur de Saligny (5) en Bourbonnois, homme de grande honnesteté et religion. Il répara les cloistres, monastère et officines et autres (6) lieux brullés, lesquelz il fist fère plus beaux qu'ils n'es-

[Amblard de Clany, abbé.]

---

(1) Il s'agit du cloître où se tenait le marché au blé et du cloître boursier, qui se trouvaient tous les deux dans la rue des Taules, adossés à l'église Saint-Martial, comme on le voit par un acte inséré au premier *Registre consulaire* (t. I, p. 159). Dans le plan de Limoges, dressé vers la fin du dix-septième siècle par A. Jouvin de Rochefort, trésorier de France, on voit, en effet, qu'il y avait une fontaine dans le marché au blé. (*V.* aussi le P. BONAVENTURE, t. II, p. 404.)
L'eau de cette fontaine avait une grande vertu aux yeux de nos émailleurs, qui venaient y puiser.
(2) 20ᵉ abbé, d'après la liste de Nadaud. (*V. Gal. ecclesiast.*, ann. 1773 et *Gallia Christ.* qui le nomme Adémar, et rapporte la date de sa nomination à l'année 1063. *V.* aussi à ce sujet ROY-PIERREFITTE, *Monastères du Limousin et de la Marche.*) C'est à cette date qu'il faut rapporter l'installation par violence des moines de Cluny à l'abbaye de Saint-Martial, ainsi que les faits racontés par notre compilateur à la page 139.
(3) A Adhémar succéda Bernard de Brancion (1114-1115), alors prieur de Cluny, *prior Cluniac*. Cette abréviation (*Cluniac.*) aura été lue *Clignact* par notre auteur, d'où sa méprise. (*V.* les auteurs déjà cités.)
(4) V. *ibid.*
(5) Souvigny (*Silviniacus*). Geoffroy de Vigeois dit qu'il était prieur de Solignac (chap. XXXVIII).
(6) Dans le grand incendie qui eut lieu le 31 août 1122, selon

toient auparavant. Il achepta du vicomte Guy un champt à Eysidueil [Excideuil], et fist planter en vignes, et y fist bastir une chappelle avec sa maison. Il gouverna le monastère 18 ans. Il pléda longt temps l'évesché de Lymoges contre Géral, nepveu de l'évesque (1).

[Eustorge, évêque.] EUSTORGIUS, qui succéda à l'évesché par le décedz de Pierre de Bourdeaux, et fust en rangt des évesques 51 (2). Il fist rebastir le chasteau de Chaslucet, où il demeura par crainte du duc Guilhaume. Auquel palays il décéda la 4ᵉ nonne [de] décembre l'an 1137. Il fust ensepveli à Sainct-Augustin-lez-Limoges.

Le susdit Amblard, abbé de Sainct-Martial, fist bastir la maison dite d'Amblard, dans la Citté. Aucuns lui donnent le titre d'évesque.

[Saint Gauchier.] Sainct Gauchier (3), natif de Normandie, vint, environ l'an 1128, au lieu d'Aureil, duquel il fust prieur. Et y avoient des moynes. Auquel lieu son corps repose dans une chasse; la commémoration duquel se fait le neuf apvril. L'église est très belle, ayant doubles chères. Les Pères Jésuittes possèdent ledit prioré, qui est très beau.

[Invention du corps de saint Martial.] Audict temps, fust trouvé le corps de Sainct Martial, qui avoit esté caché, causant les guerres, par Vulgrin, arche-

---

Geoffroy de Vigeois, et en 1112, selon le P. Bonaventure, et qui consuma, outre le monastère de Saint-Martial, les églises de Saint-Pierre, de Saint-Michel, de Saint-Martin et les quartiers adjacents.

(1) Après la mort d'Eustorgius, Amblard fut nommé par quelques-uns évêque de Limoges ; d'autres élurent Gérald, doyen de Saint-Yrieix et neveu de l'évêque. Amblard finit par se désister. Plus loin notre auteur donne des détails sur cette compétition.

(2) Le 48ᵉ évêque (*Gall. Christ.*). Geoffroy de Vigeois et Bernard Guidonis (LABBE, t. II, p. 269 et 304), disent qu'Eustorge, avec Arnaud de Bérault et Bernard de Janillac, fit bâtir, et non pas seulement réparer, le château de Châlusset, où ils demeuraient tous les trois, n'osant habiter Limoges par crainte du comte de Poitiers, duc d'Aquitaine. (V. *Château de Châlusset, description et documents historiques*, — Limoges, 1851, in-8°, p. 13.)

(3) *Acta sanctorum*, 9 april.; BONAVENTURE, t. III, p. 418.

vesque de Bourges, Eymeric, évesque de Clermond, et Ambard, abbé de Sainct-Martial (1).

Environ l'an 1130, sortit un ruisseau dedans le sépulcre de S^{nt}-Martial, en telle sorte que, sy l'on n'eust pourveu à donner cours à l'eau par un conduit qu'on y fist fère du côté d'orient, de grandes pierres fesant sortir l'eau par dehors la fontaine de Combe-Ferrade, l'église en fust esté plaine. Laquelle fontaine estoit où est la piramide du petit Cloistre.

[Travaux ou sépulcre de saint Martial.]

Du schisme touchant la papauté (2).

Durant la prinse du pape Innocent 2e, les Romains esleurent un nommé Pierre Léon, ou Perléon, qui fust apellé Anacletus. Au moyen de quoy, y eust grands chisme en l'Église. Les uns obéissoient à Anacletus et les autres à Innocent ; mesmement ez Gaulles qui adhéroient audit Innocent, reservé la province de Bourdeaux qui tenoient pour Anaclète. A la requeste du duc Guilhaume d'Aquittaine qui fesoit pour le roy de Naples et le duc de Calabre, ses parents, Eustorgius, évesque de Lymoges, et Guilhaume, évesque de Poictiers, estants deux notables prélats, admonestés par ledit duc de tenir pour Anacletus, n'en voulurent rien faire, mais se déclarèrent publiquement pour ledit Innocent. Parquoy, en haine de ce, les fist chasser de leurs siéges et ériger en leurs places un nommé Pierre, à Poictiers, et Ranulphe du Dorat, à Lymoges, par un légat dudit Perléon en Guienne, aveq Gérald, évesque d'Angoulesme, dont le vicomte n'estoit contant. Pour mettre fin audit schisme, ledit Innocent trouva moyen de se retirer en France où il fust receu du roy Louis-le-Gros bénignement, où s'assemblèrent plusieurs prélats de Gaulle et Germanie.

St Bernard s'y trouva aveq les évesques Eustorge, de Lymoges, et Guilhaume, de Poictiers ; où le pappe Innocent fust approuvé par le concille tenu à Reims, et Perléon et ses adhérans déclarés schismatiques et excommuniés ; et en furent remis lesditz évesques de Poictiers et Lymoges. Le duc

[Schisme. — Innocent II et Pierre Léon.]

---

(1) *Gall. Christ.*, t. II, p. 559 ; BONAVENTURE, t. II, p. 589.
(2) BONAVENTURE, t. III, p. 467.

Guilbaume vivoit pire qu'un payen, dont sainct Bernard le voulust plusieurs fois reprandre, partant ne gaisnoit rien, jusques à ce qu'il lui aparut plusieurs choses, et entre autres choses que Ranulphe, qu'il avoit fait évesque de Lymoges, estoit tumbé de dessus sa mulle et s'estoit rompu la teste, dont il fust fort esbay. Ce que voyant, Pierre, qu'il avoit à Poictiers faict évesque, vint devant ledict duc et renonça audit évesché; et plusieurs autres choses qui advinrent.

[Aymeric, patriarche d'Antioche.]

L'an 1134, fust éleu patriarche d'Antioche Eymeric, Lymousin, qui tint le siége 50 ans (1). Auquel sucéda Radulphe 5ᵉ, soubz-diacre de Lymoges et 4ᵉ patriarche d'Antioche, qui tint le siége 33 ans.

Fondation du prioré de S^{nt}-Gérald-lez-Lymoges, l'an 1158 (2).

[Gerald Hector de Cher, évêque.]

Après le décedz de l'évesque Eustorgius, il y eust discorde, pour la nomination, entre les chanoines. Une partie desquelz nommèrent Amblard, abbé de Sainct-Martial, et l'autre partie nommèrent Gérald, nepveu dudit Eustorgius (3), lequel estoit doyen de Sainct-Iryers; parquoy y eust grand procès entre les esleus tant à Bourges qu'en cour de Rome. Finallement, apprès que Géral se fust purgé que, pour avoir esté esleu, il n'avoit donné ny promis aucune chose, et affirmé par sept nobles personnes, fust par le pape ordonné prestre et consacré évesque. Lequel fust fort riche et libéral aux pauvres, et fonda le prioré conventuel de Sainct Gérald lez les murs de la ville de Limoges, l'an 1158 (4). Lequel prioré estoit gran-

---

(1) « Aimeric Malefayda ou de Malefaye, naquit au commencement du douzième siècle dans le bourg de Saint-Viance, en bas Limousin... Il mourut en 1187 » (*Biog. Michaud*). D'après le P. Bonaventure (t. III, p. 474), l'élection d'Aymeric eut lieu en 1143 et non en 1134. — (*V.* aussi Du Cange, *les Familles d'outre-mer*, publiées par E.-G. Rey; Collection des docum. inéd. sur l'hist. de France, 1869, in-4°, p. 472.)

(2) Bonaventure, t. III, p. 486. — Gérald Hector de Cher fut le 49ᵉ évêque d'après Nadaud. Élu en 1137, mort en 1177.

(3) *Gall. Christ*, t. II, col. 522.

(4) Ainsi que l'hôpital. Geoffroy de Vigeois (chap. LIV) dit qu'il y avait antérieurement au même lieu une église dédiée à saint Gérald.

dement bien basti et y avoit belle église, le tout ayant esté demoly causant les guerres. A présant la nomination du prioré est royale ; les religieux apelés de Chancellade occupent la place des antiens moynes qui estoient audit prioré, comme dit est ci après.

L'an 1140, fust rebastie l'église de Saincte-Vallérie au même lieu où elle avoit souffert martyre, ayant esté démolie par les guerres ; où à présant se void son tombeau, au-dessus duquel est une belle voûte portée sur des arcades, au milieu de laquelle, au dedans, sont les armes de la saincte. Les Pères Recoletz y sont de présant, qui ont là un beau bastiment, comme dit est ci après.

[Réédification de l'église Sainte-Valérie.]

Comment Limoges retourna au roy de France par le mariage d'Aliénor, fille du duc Guilhaume, l'an 1138 (1).

Guilhaume, duc d'Aquittaine, ayant renoncé au monde, laissa Aliénor et Aliz, ses deux filles. Laquelle Aliénor il vouloit qu'elle fust espousée à Louis-le-Jeune, filz de Louis-le-Gros, roy de France, et lui constituoit la duché d'Aquittaine, et à l'autre les seigneuries qu'il avoit en Bourgougne. Laquelle Aliénor ledit Louis-le-Jeune espousa à Bourdeaux ; et par ce moyen, les Limousins retournèrent à leur naturel seigneur, dont ils avoient [été] privés depuis le décedz du roy Robert. Lesquelz furent receus à hommage du roy Louis 7, qui leur donna de beaux privilléges, confirma les antiennes coustumes octroyées par les ducz de Guienne, ses prédécesseurs. Ledit Louis répudia quelques temps [après] ladite Aliénor, comme sera dit cy-après, dont s'ensuit grandes guerres.

[Louis-le-Jeune épouse Aliénor d'Aquitaine.]

---

(1) GRELLET-DUMAZEAU, de la Domination anglaise sur certaines provinces d'outre-Loire, au t. II du Bulletin de la Soc. archéol. du Lim. Le mariage eut lieu en 1137, et non en 1138. Le P. Bonaventure (t. III. p. 474) corrige cette erreur ainsi que beaucoup d'autres, dont il faut, dit-il, purger les chroniques du pays ; ce qui prouve encore une fois que notre manuscrit a été rédigé sur ces vieilles chroniques.

Incendie de Limoges.

L'an 1147 fust derechef brullée la ville de Lymoges, le jour de la nativité de saint Jean, avect les clochers (1) de Sainct-Martial et de Sainct-Michel.

Lymoges soubz les Anglais (2).

Louis-le-Jeune répudie Aliénor.

Louis-le-Jeune estant allé en la Terre-Sainte pour la conquérir, avec sa femme Aliénor, laquelle Aliénor avoit fait quelque promesse avec le souldan Saladin (3). Duquel le roy Louis fust adverti et n'en dit mot jusques à ce qu'ilz seroient de retour en France. Lequel, estant arrivé, fist assembler plusieurs prélatz à Baujency, ensemble plusieurs princes et grandz seigneurs du royaume. Parquoy, toutes choses représantées à ladite assemblée authorisée du pape Eugène, fust déclarée ladite répudiation, quoyque le roy eust bien de la payne à en venir là, car il l'aymoit pour sa beauté, bonne grâce et autres calittés d'une grande princesse, outre ce qu'ilz avoient de leur mariage deux filles, et [que] ladite princesse [fust] âgée seullement de 27 ans. De cette séparation la reyne fust fort affligée et demeura long temps espamée; et apprès elle se retira à Poictiers. Ce que ayant sceu Henry, duc de Normandie, comte d'Anjou, qui devoit sucéder au royaume d'Angleterre, luy envoyast des députtés pour traitter mariage entre eux. Ce que sachant, le roy Louis y mist tous les empeschementz qu'il peut. Elle, du commancement, n'y vouloit consentir; mais par plusieurs rai-

---

(1) BONAVENTURE (t. III, p. 479) dit *les cloches* et non *les clochers*, et renvoie à Geoffroy de Vigeois, qui rapporte cet incendie à l'année 1167 et parle du clocher, et non pas seulement des cloches. (*Chron.*, ch. LXVI.)

(2) V. *Bulletin de la Soc. arch. du Lim.*, t. II et III : *de la Domination anglaise outre-Loire*, par M. GRELLET-DUMAZEAU.

(3) L'explication de cette phrase obscure se trouve dans Jean Bouchet, *Ann. d'Aquit.*, 1557, f° 78, r° :

« Aucuns ont escript que, si ledict roy Loys n'eust faict emmener
» son espouse Aliénor, par le conseil de son oncle, duc Haymond,
» elle avoit délibéré délaisser le roy et se marier avec le soudan Saladin : par le moyen duquel mariage, ledict duc Haymond recouvreroit toutes ses terres, en hayne de ce que ledict roy Loys avoit
» refusé luy donner secours pour les recouvrir : ce qui fut rapporté
» audict roy Loys, qui n'en dist jamais rien à Aliénor, jusques à ce
» qu'il fut en France. » — V. aussi *ibid.*, f° 79, v° et suiv.

sons qui lui furent remonstrées, d'autant que le roy de France par ladite séparation lui remettoit toutes les terres d'Aquittaine, et, sy elle ne prenoit un parti pour résister au roy de France, elle n'en jouyroit; ce qui enfin la fist consentir audict mariage. Parquoy ledit Henry, qui estoit à Rouen, partit aveq grand compagnie et vint trouver ladite Aliénor à Poictiers, auquel lieu il l'espousa en grand solempnité. Par lequel mariage sont venus plusieurs maux en France et Aquittaine, car le roy luy remit ladite duché d'Aquittaine et comté de Poictiers à fief et homage de France.

Henry, ayant la pocession de la duché d'Aquittaine, visita ses terres, vint à Bourdeaux, où les barrons, vassaux et subjectz vindrent fère homage des seigneuries et terres qu'ilz tenoient de luy à cause de sa femme. Entre autres luy fust amené Aymard, vicomte de Lymoges, qui luy fist homage des terres qu'il tenoit en Lymousin. Henry, croyant que tout le pays de Lymousin fust à luy comme vicomte de Lymoges, traitta mariage de sa niepce Sarra, fille du comte Romalde de Cornualle, son frère, qui pour luy avoit esté tué pour recouvrer le royaume d'Angleterre. Et comme Henry s'anquist des biens et revenus dudict vicomté, il luy fust donné à entandre que le vicomte jouyssoit du pays de Lymousin, excepté de la ville de Lymoges, que les habitants ne voulloient laisser jouyr. Après que le mariage fust solempnisé à Bourdeaux, Henry et Aliénor, sa femme, vindrent à Lymoges, où ilz furent receus en grand solempnité. Lesquelz logèrent dans la Citté.

[Henri et Aliénor sont reçus a Limoges.]

Henry, ayant prins la garde de la personne et biens du vicomte Aymard, pour sa jeunesse, sans s'informer du droit du vicomte en ladite ville de Lymoges, il commanda à ses officiers de fère jouyr Aymard sans ouyr les parties. Quand les bourgeois de Lymoges ouyrent parler de recevoir le vicomte Aymard et luy obéir comme seigneur, furent fort troublés, et, voyant que l'on procédoit à l'exécution, soudain prindrent les armes et chassèrent les officiers dudict duc; lequel, indigné, assiégea Lymoges mal pourvu de provisions. Lesquelz soustindrent par aucuns temps le siége, mais, à la fin, se randirent et furent contraints recevoir le vicomte. Lequel, combien qu'il eust l'obéissance, n'entreprint aucune chose sur le droit des consulz, mais les laissa jouir des coustumes ancien-

[Prise de Limoges; destruction des portes et des murailles.]

nes ; et, comme vigier, s'efforsa à ériger une motte de terre où il y vouloit faire bastir une maison, fesant le duc abattre les portes et murailles de la ville et remplir les fossés (1).

Ledit Aymard estoit fils de Guy, vicomte de Lymoges, qui décéda l'an 1155, auquel il sucéda en rangt 4ᵉ du nom.

Après le décedz de l'abbé Amblard, succéda à l'abaye de Sainct-Martial

[Albert, abbé de Saint-Martial.]

Abertus, en rang 25 (2), lequel administra l'abbaye 13 ans. Il augmenta la spiritualité et temporalité. Il recouvra à l'abbaye celle de Terrasson et les chapelles d'Aixe, avec la terre d'Eysurat. Il bailla plusieurs chappes et ornemants à l'église. Il ordonna faire mémoire solempnelle des trespassés le lundy après le 15ᵉ de Pasques.

De l'origine du prioré de Saint-Géral (3).

[Prieuré de Saint-Gérald.]

L'an 1158, l'évesque Géral, de Lymoges, fist édiffier le prioré conventuel de Sainct-Gérald aveq son hospital ; mais après, causant les guerres de Lymoges et par antiquité de temps, tout vint en ruyne. Toutefois [fust] rebasti de nostre temps par messire Martial Benoist, vicaire général et official de l'évesché, archidiacre de Lymoges, chanoine de Sainct-Estienne et prieur de Sainct-Gérald.

Translation de Sainct-Loupt (4).

[Translation du corps de saint Loup, 6 septembre.]

Ladite année 1158, fust relevé le corps de sainct Loupt,

---

(1) Cette légende est racontée différemment par Geoffroy de Vigeois (chap. LIV) et par le P. Bonaventure (t. III, p. 483).

(2) Albert de Courceilles est le 23ᵉ abbé, d'après la *Table chronologique*, insérée au *Calendrier lim.* de 1773. L'abbé Roy-Pierrefitte le cite comme 22ᵉ abbé et l'appelle Albert de Courcillas (1143-1156). V. sur cet abbé la notice qui lui est consacrée dans les *Études historiques sur les monastères du Limousin.* — Guéret, 1863, in-8°, p. 41.

(3) V. BONAVENTURE, t. III, p. 486.

(4) GEOFFROY DE VIGEOIS, 54 ; BONAVENTURE, t. III, p. 487.

évesque de Lymoges, lequel reposoit dans l'église de Sainct-Michel-des-Lions de Limoges, laquelle église n'estoit sy grande comme elle est de présant, ayant esté bastie à neuf, comme verrés.

L'on void son cercueil de pierre sur la porte de la sacristie et son corps sainct dans une châsse de cuivre surdoré, et depuis transféré dans une d'argant, comme dit est cy devant. [*V*. p. 82.]

Le sol pour livre en France et en Angleterre.

Et advenant l'an 1167, les rois de France et d'Angleterre parlementèrent et mirent un grand impost sur leurs subjects tant ecclésiastiques que autres d'un sol pour livre, lequel impost dura quatre ans, et lequel argant on disoit envoyé pour conquérir la Terre-Sainte et Hiérusalem. [Impot du sou pour livre.]

Quelque temps après le roy d'Angleterre et ladite Aliénor, lesquelz avoient de leur mariage Richard, qui fust surnommé Cœur-de-Lion, Henry-le-Jeune, Geoffroy et Jean-Sans-Terre (1). [Fils d'Henri et d'Aliénor.]

L'an 1150 ou 60 (2), Thibault, comte de Blois, revenant de S^{nt}-Jaques, passa à Lymoges, où il fust bien receu. Et à la procession les religieux de S^{nt}-Martial chantèrent : *O quam gloriosus miles sanctus Martialis*; et lui fust monstré le chef de S^{nt}-Martial, l'octave de l'Ascension. Il donna pour offrande six marcz d'argent. [Réception de Thibault, comte de Blois.]

Comment Henry, roy d'Angleterre, maria ses deux filz aisnés.

Le roy Louis de France et Henry, roy d'Angleterre, traitèrent de mariage, scavoir, de Marguerite, fille dudict Louis et de Constance, sa femme, avec Henry-le-Jeune, filz de Henry, [Mariage d'Henri-le-Jeune et de Marguerite, fille du roi de France].

---

(1) La phrase n'est pas terminée.
(2) Le P. BONAVENTURE (t. III, p. 490) rapporte cet événement à l'année 1169.

roy d'Angleterre, et de Aliénord, duchesse d'Aquittaine, sa femme. Pour le traité duquel, Henry, roy d'Angleterre, donna à son filz la duché de Normandie.

Mariage de Richard Cœur-de-Lion et de Pétronille Rao- tilde.

Et depuis, ledict Henry traita de mariage de son filz Richard, qui fust apelé Cœur-de-Lion, avect la fille du comte de Barce- lonne ; et, en faveur dudict mariage, ledict Henry promist audict Richard la duché d'Aquittaine.

Laquelle fille dudict compte s'appelloit Pétronille Rotilde, qui fist destruire la Citté de Lymoges, comme sera dit en son lieu (1).

Quelques temps après les mariages faits, le roy Henry

---

(1) Voici, relativement à Pétronille Rhotilde et aux faits relatés par le chroniqueur, une note que nous devons à l'obligeance de M. l'abbé Arbellot, curé archiprêtre de Rochechouart, dont l'autorité en ces matières est incontestable :

Le tombeau de Rhotilde.

L'an 1613, les Bénédictins de l'abbaye de Saint-Augustin de Limoges, voulant rebâtir leur monastère, utilisèrent à cette inten- tion les pierres des tombeaux qui étaient placées autour de leur église, et ils enlevèrent en particulier une dalle tumulaire qui se trouvait sous le clocher, et sur laquelle était gravée, disent les chroniques du temps, la figure d'une reine avec tous ses ornements royaux. « Or ses habits, ayant vu l'air avec le corps, se fondirent et rédui- sirent en cendres, parmi lesquels on trouva sa couronne d'argent doré, bagues, ceintures et autres choses, tant d'or que d'argent, et pierreries, qui montoient à plus de 900 écus, selon le rapport d'un ancien religieux de ce monastère (A). » La dalle tumulaire était sans doute ornée d'une inscription sur laquelle on lisait le nom de Rho- tilde, puisque les chroniques qui parlent de la découverte de ce tombeau l'appellent « le tombeau de Rhotilde. »

Quelle était cette Rhotilde ? c'est la question que se posèrent les archéologues du temps. C'était une reine, à n'en pas douter : sa cou- ronne et ses riches joyaux en faisaient foi. Mais quelle reine? Com- me on savait que la première pierre de l'église Saint-Augustin avait été posée en 1172 par Richard Cœur-de-Lion et sa mère Aliénor, les érudits d'alors supposèrent que cette Rhotilde, qu'ils appelèrent même (nous ne savons pourquoi) Pétronille Rhotilde, était l'épouse

(A) P. Bonaventure, t. III. p. 519.

vint en Aquittaine pour fère consentir la reyne Aliénor à la donnation de la duché d'Aquittaine, promise à Richard

---

de Richard Ier, roi d'Angleterre, et qu'elle était fille d'un roi d'Aragon.

Il n'y avait à cela qu'un inconvénient, mais il était considérable : c'est que l'épouse de Richard Cœur-de-Lion s'appelait Bérengère, et non pas Rhotilde ; c'est qu'elle était la fille d'un roi de Navarre, et non pas d'un roi d'Aragon ; c'est qu'enfin aucun historien, aucun chroniqueur du douzième siècle ou du treizième n'avait fait mention de cette reine Rhotilde.

Une fois entré dans cette voie de suppositions, le compilateur des chroniques ne s'arrêta pas en si belle route ; il supposa que cette reine Rhotilde avait saccagé la cité de Limoges et fait semer du sel dans les rues, et que, le troisième jour du massacre, frappée d'une mort subite, elle était allée rendre compte au juste juge de ses actions (A). Le P. Bonaventure, en rapportant ces faits, sur la foi des chroniques de Limoges, s'étonnait à bon droit que les historiens du moyen âge n'en eussent rien dit.

M. Grellet-Dumazeau, dans le *Bulletin de la Société archéologique* (B), a fait justice de ces faits, inventés par un chroniqueur ignorant.

Toutefois la découverte du tombeau de Rhotilde est incontestable. Si cette prétendue reine n'était pas l'épouse de Richard, roi d'Angleterre, qu'était-ce que cette Rhotilde ?

Rhotilde était une vicomtesse de Limoges, morte vers la fin du dixième siècle ; c'était l'épouse de Gérard ou Gérald, vicomte de Limoges, la mère du vicomte Gui Ier, des évêques de Limoges, Hildegaire et Hilduin, et d'Aimeric Ostofranc, premier vicomte de Rochechouart, et tige de cette illustre famille (c).

Cette Rhotilde est mentionnée dans une charte du vicomte Guy, de l'an 1025, publiée par le *Gallia Christiana nova* (D).

La vicomtesse Rhotilde avait été inhumée sous le clocher de l'abbaye de Saint-Augustin, parce que, apparemment, elle avait contribué à le faire construire : or ce clocher fut bâti vers la fin du dixième siècle, sous l'abbé Gui Ier (E), prédécesseur de Gérard, abbé de Saint-Augustin, à qui Adémar, l'an 1028, adressait sa lettre sur l'apostolat de saint Martial.   (L'Abbé ARBELLOT.)

(A) P. BONAVENTURE, t. III, p. 519.
(B) *Bulletin de la Société archéologique du Limousin*, t. II, p. 226.
(C) P. BONNAVENT., t. III, p. 338. — MORÉRI, *Dictionn.*, édit. 1725, art. *Limoges, Rochechouart*.
(D) *Gallia Christiana nova*, t. II, *Instrum.*, p. 338.
(E) *Gallia Christiana nova*, t. II, p. 576. — P. BONAVENT., t. III. p. 353.

[Richard duc d'Aquitaine couronné à Lymoges.]

en traitant dudict mariage avec ladite Pétronille Rotilde; mais la reine Aliénor ne voulust s'accorder. Parquoy le roy Henry la fist mettre en prison. Bref le roy fist tant envers ladite Aliénor qu'il la fist consentir à ladite donnation de la duché d'Aquittaine en faveur dudict Richard, lequel fust couronné à Lymoges, comme ses prédécesseurs.

[Brigandages des Brabançons (1).]

Environ ces temps, courroyent par le pays environ vingt compagnies de gens qui volloient et destroussoient toutes sortes de gens, lesquels on apeloient Brabansons et Cousteretz [Cottereaux], ayants pour conducteur un nommé Guilhaume Le Clerc, pilhantz églises et [faisant] plusieurs maux infinis. Parquoy fust faict assemblée par l'évesque Géral des nobles du pays à Lymoges, lesquelz suivirent ses gens jusques au lieu de Mallemort, lequel s'appelloit Beaufort, en ceste sorte : à la première pointe estoit Aymard, vicomte de Lymoges; à la seconde, Archambaudt de Combord; à la troisième, Olivier de Lastours ; à la 4e, Stuard de Chabancix (2), ainsi que rapporte le moyne Geoffroy, qui gaignèrent la bataille et en tuèrent 2,500, et ce le jour du Jeudy-Sainct, 21 apvril; et, par ce, le chasteau apellé Beaufort fust apellé *Malle mort*, près Brive.

L'an 1170 décéda Gérald, évesque de Lymoges, et sucéda, par nomination des chanoines de Lymoges,

[Sebrand Chabot, évèque.]

SEBRAND CHABOT, en rangt des évesques 53 (3), natif de Poitou, contre le vouloir du roy d'Angleterre qui haïssoit l'antienne race des Chabotz à cause que, l'année précédante, luy avoient faict la guerre. Parquoy il exilla les chanoines et l'évesque, tellement que l'évesché et chapitre fust vaquant pandant un an et neuf mois, et après, les remist, à la requeste du roy Louis de France.

[Couronnement d'Henri-le-Jeune.]

Ladite année le roy Henry d'Angleterre fist couronner son filz Henry roy d'Angleterre, à Londres.

---

(1) GEOFFROY DE VIGEOIS; BONAVENTURE, t. III, p. 505.

(2) GEOFFROY DE VIGEOIS (chap. LXX) le nomme Eschinard ou plutôt Eschival de Chabanez.

3) Sebrand-Chabot est le 50e évêque, d'après Nadaud. Il fut élu en 1178 et mourut en 1198.

Après le décedz de l'abbé Albert sucéde à l'abaye Pierre, prieur de Clugny, homme de grande religion et honnesteté, qui fust en rangt des abbés de S^{nt}-Martial 26 (1). [Pierre de Cluny, abbé de Saint-Martial.]

L'an 1174, Georges (2), évesque de Lide en la Terre-Sainte, venant de Grandmond de la part d'Amaulry, roy de Hiérusalem, vint à S^{nt}-Martial. [Georges, évêque de Lidde, reçu à Saint-Martial.]

Henry-le-Jeune, roy d'Angleterre, quitte son père contre son vouloir. — Henry-le-Vieux vient à Lymoges avec la royne; et autres choses.

L'an 1173, Henry-le-Jeune ayant esté couronné roy fust si orgueilheux qu'il vouloit tout gouverner, dont le père n'estoit content. Parquoy, un jour, sans rien dire, accompagné de certains chevalhiers, se retira devers le roy de France, qui les receut bénignement comme ses filz. [Henri-le-Jeune se retire à la cour de France.]

L'année après, qui fust l'an 1174, Henry-le-Vieux et la reyne Aliénor (3) avec Henry-le-Jeune et sa femme, Richard-Cœur-de-Lion, Raymond, comte de Thoulouse, qui fist homage a Richard, duc d'Aquittaine, de la comté de Thoulouse, ainsin qu'il avoit esté accordé, et ce à Chinon et de là à Limoges, où ledit comte parlant privativement à Henry-le-Vieux luy déclara que la royne Aliénor et son filz Henry-le-Jeune et Geoffroy, ses enfans, n'aprouvoient la donnation que leur mère avoit faite audit Richard, ayant esté faite par force et par contrainte, l'advertissant qu'ilz avoient délibéré de luy jouer un mauvais tour, dont il debvoit se donner garde. [Henri-le-Vieux et Aliénor viennent à Limoges.]

A ceste cause le roy Henry-le-Vieux, parti de Lymoges, feignant aller à la chasse, fist garnir ses places de munitions de guerre, fist prandre sa femme et Marguerite, sa brutz,

---

(1) 24° abbé suivant Nadaud; 23° selon l'abbé Roy-Pierrefitte (*loco cit.*), qui le nomma Pierre III de Petiviers (1156-1160).

(2) C'est Bernard, et non Georges, évêque de Lidde, qui fut envoyé par Amaury auprès des moines de Grandmont pour leur faire présent d'une Vraie Croix. (*V.* BONAVENTURE, t. III, p. 502; *Annales ordinis Grandimontis*, 1662, p. 138.)

(3) Ajoutez pour le sens : vinrent à Limoges.

lesquelles il fist conduire en Angleterre et mettre au chasteau de Salbritz [Salisbury].

[Mort de Pierre de Barri, abbé de Saint-Martial.]

De ce temps décéda Pierre de Barry, abbé de S^{nt}-Martial, homme de grande dévotion et correcteur des vices. Il augmanta le monnastère, édiffiant les cloistres, infirmerie et les maisons des religieux, du costé d'Orient. Il acquist les dismes d'Aixe; il fist refaire la librérie qui avoit esté brullée; il contraignit le prévost de Varneil, Couzeil, Roussat et Rosières de faire obédiance; il donna plusieurs ornements à l'église. Il fust ensepvely au cloistre, joughant l'abbé Albert. Et lui sucéda

[Izembert Escoblart, abbé de Saint-Martial.]

Isambert, en rangt 28 (4), duquel sera parlé cy-après.

Translation de Sainct Iryers (1).

[Translation du corps de Saint-Yrieix.]

Par l'évesque Sebrand de Lymoges, Guilhaume de Vigeois, Odon de Branthome, Estienne de Chartres, abbés, aveq les prieurs de Castres, et de Lartige le corps de S^{nt} Iryers fust transféré de son tumbeau et mis en une châsse. Le vicomte Aymard aveq les princes de Lastours et autres innombrables seigneurs y furent pour porter le sainct corps, comme il estoit de coustume. Laquelle châsse a esté depuis refaicte d'argent par Me Léonard Baysse, orpheuvre de Lymoges, l'an 1641.

[Incendie de l'abbaye de Solignac.]

L'an 1178, se brulla entièrement l'abbaye de Solompnact, le dimanche 6 callande de juin.

[Guerre entre Henri-le-Vieux et son fils Henri-le-Jeune?]

Comment la guerre fust déclarée entre Henry-le-Vieux (1), roy d'Angleterre, et son filz Henry-le-Jeune (2), estant roy de France Philippe-Dieudonné, surnommé Auguste (3).

Henry-le-Jeune et Geoffroy, son frère, furent advertis

---

(4) Izembert Escoblart (1174-1198), 26e abbé, d'après l'abbé Roy-Pierrefitte.

(1) V. BONAVENTURE (t. III, p. 508), qui rapporte cet événement à l'année 1181.

(3) Cette rébellion commença en 1179 et se termina en 1183, d'après le P. Bonaventure (t. III, p. 507).

comme leur père avoit fait prisonnières dans le chasteau de Salbritz (1) Aliénor, leur mère, et Marguerite, femme dudit Henry-le-Jeune. Parquoy, se mirent en campagne aveq grand nombre de gens, querélantz la duché d'Aquittaine contre Richard-Cœur-de-Lion, leur frère. Et vindrent à leur ayde les comtes de la Marche, Périgord et Angoulesme, puis le vicomte de Turenne, Aymard, vicomte de Lymoges, Geoffroy de Lusignan et autres, qui, par la conduitte du vicomte Aymard, entrèrent facilement dans Lymoges, car les murailles avoient esté habbatues, comme dit est, du temps d'Henry-le-Vieux et avoient esté seullement remises.

Ilz sommèrent les consulz et bourgeois de la ville de faire homage et tenir pour duc d'Aquittaine Henry-le-Jeune ; ce que les consulz différèrent de faire de prime-face, car ilz avoient donné leur foy au duc Richard, nonobstant les menaces du vicomte, qui pour douceur ne les avoit peu attirer.

Or le vicomte marcha par le Lymousin aveq grand nombre de gens réduissant le pays à la puissance d'Enry-le-Jeune ; et print Aixe, ville et chasteau, où il mist douze cens Basques en garnison. Il assiégea S^{nt}-Laurent-de-Gorre aveq Robert de Berry, qu'il avoit faict de nouveau chevallier, accompagné de grand nombre de Béarnois et Biscaiens. Auquel lieu furent advertis comme Richard-Cœur-de-Lion venoit sur eux du costé d'Engoulesme. Parquoy, habandonnant l'assaut, le vicomte se retira par S^{nt}-Priest à Lymoges, et Robert de Berry ayant la conduitte des piétons fust attrappé par les gens de Richard, où fust deffait et plussieurs de sa suitte.

Le Pont de la Roche-au-Got rompu (2).

Le duc Richard, coustoyant la rivière de Vienne, print Aixe, où furent tués et noyés la pluspart des Basques de la garnison, et aux autres Richard fist crever les yeux ; puis vint à la Citté de Lymoges pour la deffandre, car ses frères y avoient donné trois assautz. Incontinant, vindrent de toutes parts gens au secours du duc Richard ; parquoy il dressa une puis-

[Pont de la Roche-au-Go.]

---

(1) Salisbury (V. ci-dessus, p. 160).
(2) V. Bonaventure, p. 512. Ce fut Henri-le-Vieux, et non Richard, qui détruisit le pont.

sante armée pour combatre en campagne ses frères. Et, ayant mis garnison dans la Citté fist asseoir son campt au pont Sainct-Martial, tirant à Sainte-Vallérie, où, pour meilheur assurance, fist rompre le pont de la Roche-au-Gué, dit Got (1), affin d'empescher le passage à ceux de la ville ; lequel pont n'a jamais esté reffaict, et n'y parroit que quelques vestiges dans l'eau. Et estoit icelluy pont sur lequel sainct Martial passa quand il vint à Lymoges, estant pour lors en icelle région la ville antienne de Lymoges, comme dit est cy-devant au commancement du présent livre.

[Les Limousins repoussent l'armée d'Henri-le-Vieux. — Nangeal.]

Henry-le-Vieux fust adverti de la guerre de ses enfans à Lymoges. Apprès avoir faict assembler de ses forces en Gasconne, [il] s'achemina pour le secours de Richard à Lymoges, et à peu de bruit s'approcha. Où, par advanture, Geoffroy, son filz estoit sorti de la ville aveq quelques trouppes des gens d'armes pour escarmoucher l'armée du duc Richard à Sainct-Gérald, et bien commançoient à s'escarmoucher à la Croix-Mandonnaud, destroussant les fourriers de leurs adversaires revenants d'Isle et Aixe, qu'ilz tuèrent, et en prindrent plusieurs prisonniers. Or celluy qui faisoit le gué au clocher de Nostre-Dame-des-Arrennes descouvrist l'armée d'Henry-le-Vieux, lequel venoit du costé du Got-de-Verthamond, et, pour la poussière, doubta que ce fust quelque embuscade pour enclore ledit Geoffroy par le dernier (2). Et, affin qu'ilz ne prinsent garde et ne s'en doubtassent, il trouva ledit Geoffroy, lequel fist esmouvoir le peuple, criant alarme dans la ville. Sur l'heure un chacun sortit en armes, du costé de S^{nt}-Cessadre, auquel lieu rencontrèrent l'armée d'Enry-le-Vieux, un peu en deça de Naujat. Lesquelz ayants estés reconnus pour ennemis, [ceux de Limoges] se jettèrent sur eux tant qu'ilz rompirent le premier rang et les mirent en fuitte. Et, par cas, poursuivans lesditz ennemis, fust rancontré Henry-le-Vieux, qui fust porté d'un coup de lance par terre, où il receut plusieurs coups des communes qui ne le connoissoient, et l'eus-

---

(1) *La Roche-au-Gué* (qu'on prononce *go* en patois), et non La Roche-au-Goth. Il faut se défier des historiens étymologistes et des légendes fantaisistes fabriqués en vue d'expliquer l'intervention des Goths dans notre *Histoire Limousine*.

(2) Expression patoise : *par derrière*.

sent tué, n'eust esté un anglois qui le reconnust à son accoustrement, lequel l'ayant laissé, à peyne peut-il après se remettre pour remonter sur son cheval, et de là, luy et ses gens s'enfuirent et se sauvèrent dans le chasteau d'Aixe, et en fust tué beaucoupt. Et depuis, le lieu est apelé *Naujac*, qui veut dire *noize y eust* (1). Ledit Henry-le-Vieux jura qu'il chastieroit les deux filz Henry-le-Jeune et Geoffroy, et qu'il raseroit le chasteau de Lymoges, et puniroit les habitants d'icelluy.

Apprès ce que dessus fait, pour s'excuser, Henry-le-Jeune et son frère Geoffroy, estants marris de ce qu'ilz avoient faict contre leur père, allèrent à Aixe, où estoit leur père Henry-le-Vieux, accompagnés des bourgeois et consulz de la ville, lesquelz ne furent bien receus, ne les voullant ouyr et mesmes qu'ilz se présentassent devant sa face, mandant aux consulz et bourgeois que dans bref les iroit destruire entièrement. [Henri-le-Vieux reçoit très mal, à Aixe, ses fils accompagnés des bourgeois de Limoges.]

Couronnement d'Enry-le-Jeune, et fortification et agrandissement de la ville, dite Chasteau, du circuit qu'elle est de présant. — Démolition des églises de Nostre-Dame-des-Arrènes, S^{nt}-Gérald, S^{nt}-Maurice et S^{nt}-Martin.

Les habittants du chasteau de Lymoges, creignans les menasses du roy Henry-le-Vieux, furent fort estonnés, et furent par le vicomte sollicités à fère hommage à Henry-le-Jeune de la duché d'Aquittaine, lequel bien les deffandroit, ce qui l'obligeroit. [Les habitants de Limoges font hommage à Henri-le-Jeune.]

Allors, considérans que la plus grande partie des murailles de leur ville tumboient par terre, et d'autres, sy les garnisons s'en alloient à faute de fère le sèrement de fidélité dudit hommage, despourvus de secours, ils seroient en danger d'estre pillés et de tumber ez mains de leur ennemy mortel, lequel

---

(1) Encore une étymologie dont nous ne garantissons pas l'exactitude. Quant à la rectification des faits historiques, nous ne pouvons mieux faire que de renvoyer au mémoire de M. Grellet Dumazeau, déjà cité (*Bullet. de la Soc. Arch. du Lim.* t. II et III).

— 164 —

n'auroit aucune pitié d'eux, à ceste causse, firent les consulz le sèrement de fidélité et hommage à Henry-le-Jeune du Chasteau, c'est à dire de la ville de présant, et ce dans l'église de Saint-Pierre-du-Queyrois d'icelle ville, où il fust couronné duc d'Aquittaine, luy promettant de le secourir de corps et biens.

Reconstruction des murailles, ouvrages de défense (1).

Allors en dilligence édiffièrent les murailles de la ville, tours, barbecanes, et [firent] reclore les bresches, concaver profondz fossés, planter palais (2), ériger propugnacules et autres deffances tant de bois que de pierre ; réparants ponts, portes et barrières, rasteaux (3) et autres choses nécessères ; exhortant l'un et l'autre à se fortiffier pour le commun sallut. Comme aussi fust faict bonne provision de vivres. Et, pour autant que les abbés de Sainct-Martial, depuis la démolition des murailles faite par Henry-le-Vieux, avoient hantés diverses sortes d'arbres et faict jardin de plaisance dernier leur monastère, appellé le Verger-aux-Moynes *alias* Vieilles-Claux (4), iceux arbres furent couppés et abbatus pour fortiffier les murailles de la ville. Dans lequel cerne reclurent les Combes, le Pont, *alias* l'arbre d'Eigoulène (5), les Bancz, rue Torte, Vieux-Marché, Banléger, les Pousses, Manignes, Cruchadors, Rafilhou, Boucherie et tout le Queyroys où est l'église S^{nt}-Pierre, comme dit est, reclos dans l'enceinte des murailles. Pour lesquelles faire, firent abbattre plusieurs maisons et pressoirs hors la ville, avec les églises de Nostre-Dame-des-Arrennes, le couvent, église et hospital de Sainct-Gérald, l'église Sainct-Maurice aveq la tour et clocher S^{nt}-Martin, ensemble les cloistres et dortoirs ; et, n'eust esté la garnison royalle qui estoit dans la Citté, on l'eust destruite entièrement avec l'église cathédralle. Le duc Richard n'y estoit pas, ayant suivi son père à Bourdeaux. Firent aussy brûller les maisons du Pont-Sainct-Martial (6).

---

(1) Geoffroy de Vigeois, *Appendice*, chap. vii.

(2) Pour *palis*, palissades. Le patois Limousin a *palins* dans le même sens.

(3) « *Rastellus*, cataracta in portis urbium, gallice *Herse*, ital. *Rastrello* » (Du Cange).

(4) Aujourd'hui Viraclaud.

(5) L'arbre de Beauvais, dans le cerne des Combes. (*V.* ci-dessus p. 18.)

(6) Bonaventure, p. 511.

Comment la ville, dit Chasteau de Lymoges, fust assiégée. — Procession, et cierge du circuit d'icelle (1).

L'an de sallut 1183, après que Henry-le-Vieux eust convoqué ses vassauts d'Aquittaine, Touraine et Normandie, ayant fait venir grand nombre d'Anglois, lesquelz estans tous assemblés, vint assiéger Lymoges, le jour de mardy gras, premier jour de mars, et ce du costé du Pont-Sainct-Martial. C'estoit chose admirable de voir les pavillons et tantes des comtes et vicomtes et autres grandz seigneurs tendues en sy grand nombre qu'à peyne les sçauroit-on déclarer. Ce nonobstant, les garnisons de la ville faisoient tous les jours des sorties, provoquant leurs ennemis au combat, et faisoint de beaux effects. Cependant le roy Henry se logea dans la Citté et Ribchard, son filz, aux faux bourgt S{ute}-Vallerie, les princes et barrons tout autour. [Siège de Limoges.]

Les religieux de Sainct-Martial, les clercs et menu peuple, tous les jours, faisoient processions circuant la ceinture et murailles de la ville, portant en grand dévotion la châsse de sainct Austriclinien, où reposoit le chef de saint Martial et autres reliques, priants Dieu les préserver de leurs ennemis. Les dames de la ville firent faire une roue de chandelle de cire de la longueur de 1816 brasses, autant que contenoit la ceinture des murailles de la ville, laquelle offrirent à Sainct-Martial pour faire le service divin. Et fust apporté le corps de S{nt}-Justz et autres reliques du monastère de Sainct-Martin-lez-les-Murs à S{nt}-Martial. [Processions, prières, cierge.]

Siège levé de devant Lymoges.

Henry-le-Jeune souvent rompoit courrage aux Anglois et Normans, creignant les menasses de son père, promettant beaucoup aux habittans, aveq commandement de son père soi disant estre receu duc et de sa vollonté. Notta que ledict Henry avoit droit de la terre d'Aquittaine de la part de sa mère. Henry-le-Vieux ayant faict commandement par ses pa- [Levée du siège.]

---

(1) BONAVENTURE, p. 312.

tentes de recevoir Henry-le-Jeune, son filz, vicomte de Limoges ; ce que voyant, les habitants firent hommage et jurèrent fidellité. Ce nonobstant et aveq tort luy faisoient la guerre dans l'héritage de sa propre mère, tant que ūn chacun en estoit troublé.

Cependant Henry-le-Vieux fust adverti que Guilhaume, roy d'Escosse, et Richard, comte de Clocestre, s'estoient saisis de la pluspart du royaume d'Angleterre, y fesant grand guerre. Sur ce, advenant la fin du mois de mars, il fist grands vents, pluyes et froidures sy fortes que les gens d'armes plièrent bagage, levant le siège, estant contraintz de se retirer de devant Lymoges.

Henry-le-Jeune prend le trésor de l'église de Sainct-Martial, et en quoi consiste (1).

[Exactions d'Henri-le-Jeune.]

Henry-le-Jeune ayant exposé ses moyens pour souldoyer ses gens fist sommer les bourgeois de Lymoges à ce besoingt le secourir, lesquelz luy donnèrent vingt mille solz d'or, outre ce qu'ilz avoient frayés durant le siège, vivres et gens de guerre, craignans que les soldats se mutinassent. Ce que voyant Henry, et que les bourgeois n'en pouvoient plus fère, il requist les religieux de Sainct-Martial de luy prester le trésor de l'église qu'ilz avoient, ce qu'ilz n'osèrent sans permission de l'abbé Isambert, qui estoit à la Sousteraine. A ceste cause, Henry-le-Jeune entra au cloistre de nuit, et chassa les religieux, à la réserve de quatre ou cinqt qui favorisoient son parti. Allors il prinst (2) les retaures (3) du grand autel et du sépulcre, print une table d'argent, et des figures, et des lampes, et, dans l'église Sainct-Sauveur la table du grand autel d'argent, enrichie de cinqt figures d'or pur, avec les croix et calices d'or et d'argent, un vaisseau somptueux que Arnault de Montasier (4) avoit donné, l'auberjon que Guy de Grandmond avoit donné, de grand valleur ; Bref, l'or pesoit

---

(1) GEOFFROY DE VIGEOIS, *Appendice*, chap. XIII, XIV.
(2) *V.* le P. BONAVENTURE, qui traduit Geoffroy de Vigeois.
(3) Retables.
(4) Arnaud de Montasir (GEOF. DE VIG.).

cinquante deux marcz, et cent cinquante trois marcz d'argent, estimés à vingt et deux mille solz, sans l'or et pierreries. Et du tout fist une promesse de restituer, pour asseurance.

Henry-le-Jeune pilhe Engoulesme, l'abbaye de la Coronne, prend la custode de Grandmond (1).

Henry-le-Vieux fist fère la solempnité de Pasques dans la Citté, où Henry-le-Jeune, voyant l'armée de son père rompue, après avoir laissé dans la Ville bonne et suffisante garnison pour la garder, partit de Lymoges avec ses gens, et, par surprinse, le jour de Pasques, print Engoulesme, où, au lieu de chanter *Alleluya* on n'entendoit que cris et tumultes des soldats qui pilloyent leur ville, à cause que les habitants soustenoient le parti de son père Henry-le-Vieux contre leur comte Henry-le-Jeune. [Pillage d'Angoulême, etc.]

Henry-le-Vieux, certiffié de ce que dessus, partit de la Citté de Lymoges pour secourir son pays. Ce que sachant, Henry-le-Jeune pilha l'abbaye de la couronne, près Engoulesme, et, passant par Grandmond, emporta un aigle d'or, où le Sainct Sacrement reposoit et la custode. Estant à Lymoges, fist assaillir la Citté en divers endroits, mais ceux de dedans se prindrent à tirer des pierres sur luy et ses gens, [tellement] que plusieurs y furent tués et blessés, mesme luy, assailhant une tour nommé *Aleresias* assize près le Naveix. Et fust frappé à la teste d'une pierre ; de laquelle blessure il n'en sortit que peut de sangt. Parquoy fust contraint de se retirer et laisser l'assaut. Les Citadins luy crioient qu'ilz ne voulloient à seigneur celluy qui pilloit et profanoist les temples de Dieu (2). [Pillage de l'abbaye de la couronne.]

Prinse d'Aixe.

Cependant un bourgeois d'Aixe nommé Eymeric, faignant porter amitié aux soldats de la garnison, les invitta à banqueter en sa maison, à certain jour et heure que Henry-le Jeune [Prise d'Aixe.]

---

(1) GEOFFROY DE VIGEOIS, *Appendice*. chap. XVI.
(2) *Ibid*.

se devoit trouver pour assaillir le chasteau. Qui, de ce tout adverti, surprint en désarroy ceux qui estoient dehors, lesquelz, par ce moyen, ne peurent entrer dans la forteresse causant la grande résistance. Et n'y avoit resté dans ledict chasteau que douze sergens, deux chevailhers et un prestre, parquoy furent contraintz de rendre la place (1).

Durant ce que dessus, arriva plusieurs Brabansons et autres gens d'armes venantz de Bourgougne, que le duc envoyoit, et aussi en venoit de la part du comte de Thoulouse au secours d'Henry-le-Jeune, mangeant le pays attandant qu'on les mist en besougne.

Décedz d'Enry-le-Jeune (2).

[Mort d'Henri-le-Jeune.] Cependant Henry-le-Jeune s'achemina à Nostre-Dame-de-Rochamadour, où il avoit fait vœu d'aller à cause du coup de pierre qu'il avoit heut assailhant la Citté de Lymoges. Estant à Userche, le dimanche avant l'Ascention, les religieux vindrent au devant en procession ; lequel ne fust content, car il prétandoit avoir de l'argent (3). Parquoy, despartant par Donzenat, vint à Brive, et le sabmedy, à Martel, où il fist courir ses chevaux, ensemble le vicomte Raymond de Turenne. Puis, le lendemain, arriva à Rochamadour, portant forme de pèlerin. Mais, incontinant, traitta d'avoir de l'argent des abbés d'Aubazine, de Vigeoas et de Dalon, puis retourna à Martel, où il se trouva mallade, en la seconde feste de Pentecoste, se confessa à l'évesque de Cahors, et receut le Sainct-Sacrement aveq grande contriction, renonsant à toutes compagnies et à la guerre qu'il avoit commancée, requérant pardon à son père par une espitre qu'il luy escrivit, qui commance : « Delicta juventutis meæ ad ignorantias meas ne memineris, domine, » suppliant très humblement son père de bien traiter sa mère Aliénor, qu'il tenoit prisonniere à Sallebry [Salisbury] en Angleterre, aussy de pourvoir Marguerite, sa femme, d'estat compétant, et donner paix aux

---

(1) Geoffroy de Vigeois, *Appendice*, chap. XVI.

(2) *Ibid.*, chap. XVI, XVII ; Combet, *Histoire d'Uzerche*, p. 88 et suiv.

(3) Traduisez : *Il vouloit de l'argent et non des honneurs.*

Limousins, restituant à l'église S^{nt}-Martial ce que injurieusement il avoit prins et ravy, et aux autres églises, et mesmes ce qu'il avoit ravy des habitants de Lymoges, sans les dommaiges qu'il leur avoit porté. Il voulust qu'après son décedz son corps fust porté par la ville de Lymoges dans l'église S^{nt}-Martial, où, pour plège (1), jusqu'à plénière satisfaction, on laissât devant le grand hautel de l'église S^{nt}-Sauveur ses boyaux, ventre, yeux et cerveau, et de là son corps fust porté ensepvelir à Nostre-Dame-de-Rouan.

Obsèques d'Enry-le-Jeune, et composition faicte aveq Richard-Cœur-de-Lyon, auquel Lymoges se randist; partant la ville fust destruitte.

Henry-le-Vieux, roy d'Angleterre, sachant la maladie de son filz, print résolution de l'aller voir; lequel n'eust assez de temps, car ledit filz décéda le samedy, après avoir receu la dernière onction. Le vicomte Aymard et plusieurs barrons du pays vindrent à ses obsèques pour traiter des funérailles. L'abbé d'Uzerche fist faire le luminaire, et procura de porter le corps à l'église, et chanta messe de *requiem,* où à payne fust offert dix-huict deniers tant les nobles du Limousin estoient apauvris pour soutenir la guerre, tellement qu'il fallut vandre le cheval dudict deffunct roy pour le fère porter à Lymoges (2).

[Obsèques d'Henri le-Jeune.]

Henry-le-Vieux vint en grand puissance pour assiéger Lymoges. Estant sur la rivière de Briance en un lieu appelé Las Salessas vint à luy frère Bernard de Peysat, religieux de Grandmond, auquel le roy demanda des nouvelles d'Eury-le-Jeune, son filz. Lequel luy respondit à basse voix qu'il n'estoit l'ange Gabriel, car il ne portoit pas bonnes nouvelles. Allors le roy se doubtant de la mort de son filz commança à pleurer en recepvant les lettres que son filz luy avoit escript, lesquelles ouvertes, à peyne les peut lire. Quoy voyant, chacun s'enfuit de devant sa face, pour le grand dueil qu'il menoit; par-

[Henri le Vieux assiége Limoges, 1183.]

---

(1) « *Plège,* gage, caution » (Roquefort).
(2) Combet, *Histoire d'Uzerche,* p. 89.

— 170 —

quoy le laissèrent dans la maison d'un paysan dudit lieu, où il s'estoit retiré à cause de la grand challeur qu'il fesoit; puis, le lendemain, le roy vinst asseoir son camp devant Lymoges, le 16 juin.

[Les habitants de Limoges obtiennent la paix et rendent la ville.]

Les consulz et bourgeois, advertis de la mort d'Enry-le-Jeune, se voyants desnués de secours et grand disette de vivres, ne pouvant recueilir les bleds estants pretz à coupper, ilz traitèrent paix, laquelle ilz obtindrent à meilleur condition qu'ilz ne pansoient, et randirent la ville à Richard-Cœur-de-Lion, le jour de la Nativité S^{nt}-Jean-Baptiste.

[Destruction des murailles de Limoges; Henri-le-Vieux s'oppose à la destruction complète de la ville.]

Le duc Richard fist raser les murailles jusques aux fondementz et houllier (1) les fossés, puis laissa dans la ville un sénéchal pour achever la ruyne. Ce qui fust empesché par Henry-le-Vieux, s'estant bien informé que le vicomte Aymard tenoit la justice de la ville à foy et homage de l'abbé de S^{nt}-Martial, lequel par force il avoit faict recepvoir aux consulz pour seigneur et vicomte de Lymousin, et en faveur du mariage de sa niepce Sarrat, qui depuis estoit morte ; Et, qui plus, le vicomte estoit le seul cause de faire ceste guerre, car il avoit emmené ses enfans à Lymoges et faicts recevoir par les consulz et habittans, dont ilz avoient tant soufferts de dommaiges, comme ilz firent voir par les lettres que Henry-le-Jeune luy escrivit, et que, sur ce, il eust pitié de la pauvre ville. Ce que voyant, il commanda de cesser la ruyne, pardonnant aux consulz et habittants, puis priva le vicomte de la vicomté de Lymoges. Allors les consulz firent derechef hommage à Richard-Cœur-de-Lion de la seigneurie de la ville, qui leur ottroyats faculté de pouvoir fère réédiffier lesdites murailles par ses lettres patentes.

[Services Saint-Martial pour Henri-le-Jeune.]

Pour conclusion, le corps d'Henry-le-Jeune fust porté à Lymoges à l'église Sainct-Martial ou Tristant, evesque de Nevers, Bertrand, évesque de   (2) et Sebraud, évesque

---

(1) Du Cange ne donne *ouliare* que dans le sens de *creuser* ; nous croyons, au contraire, qu'il faut prendre *oullier* dans le sens de remplir, combler, comme l'emploient nos vignerons. Geoffroy de Vigeois, *Appendice*, chap. xviii, dit textuellement que le roi « fit combler les fossés. »

(2) En blanc. Il faut ainsi rétablir ces noms propres, d'après Geoffroy de Vigeois, chap. xx : Jean, évêque de Nevers; Bertrand, évêque d'Agen; Sebraud, de Limoges; et Thibaut, abbé de Cluny.

de Lymoges firent le service. Et, auparavant que d'enterrer les boyaux, ventre, yeux et cerveau du deffunct, comme il avoit ordonné, Guilhaume, prieur de Grandmond, promist fère randre à [par] son père Henry le-Vieux les trésors que son filz avoit ravy aux églises, car l'évesque Sebrand l'avoit excommunié, et d'autant que le père n'estoit au service. Les entrailles furent enterrées ; puis, ayant remply le corps d'odeurs et embausmé, puis reclos dans un cuir bien estroittement serré et envelloppé dans un linge blanc, et, par dessus le tahu (1) d'un sandal vert (2), le portèrent au Mans, et de là à Nostre-Dame-de-Rouan, et là [fust] ensepveli.

Comment l'évesque Sebrand deffit six mille hommes qui pilhoient et ravageoient le pays. — 1184 (3).

Les gens d'armes qui avoient tenu le parti d'Enry-le-Jeune durant la guerre de Lymoges se joindrent et firent un gros aveq ceux qui estoient venus de Flandres, Brabant et Bourgougne, que le compte de Thoulouse avoit envoyé. Ilz firent des maux innumérables au pays. Entre lesquelz se joindrent plusieurs autres, faisans le nombre de trente mille, establissants pour cappitaines entre eux les nommés Despires et Malinvaux. Lesquelz pilloient tout ce qu'ilz pouvoient attrapper, et n'y avoit personne qui osoit aller en campagne et sortir des places fortes, qui ne fust destroussé et pillé ; et par ainsin, continuèrent tout l'hiver jusques au jour de Pasques, l'an 1184, qu'ilz furent battus, comme sera dit cy-apprès.

Ledit évesque Sebrand ayant compassion de ses diocézains, les voyants destruire par ces pilhards, il convoqua les communes du Lymousin, lesquelz, après avoir receu le S^{nt}-Sa-

[Défaite des Brabançons.]

---

(1) « *Tahuc, tahut,* bierre, cerceuil » (ROQUEFORT).
(2) « Par dessus lequel était un manteau vert qu'on appelle *sendal* » (GEOFFROY DE VIGEOIS, chap. XX, trad. par F. BONNELYE).
(3) Le *Gallia christiana*, t. II, col. 526, rapporte ce fait à l'année 1186 : « Anno 1186, Sebrandus, vicecomes, milites et populus pugnaverunt contra sex millia Barbansonum, ecclesiam Dei vastantium, totamque patriam depopulantium ; eosque per totam Combralhiam persequentes fere omnes peremerunt. »

crement et invoqué le divin secours, par grand vertu les fist assaillir ; desquelz firent demeurer sur la place six mille. Les autres furent suivis et chassés par Hahu [Ahun] et Chambon-Sainte-Vallérie, et hors Combrailles jusques en Auvergue, où se rassemblèrent une grosse trouppe appellée les frères porteur de paix (1), frérie nouvellement érigée à Nostre-Dame-du-Puy, en Auvergne.

Lesdits pilhardz, affriandis dans le pays, ne le quittèrent ; mais allèrent dans le Berry vers le Bourgt-Dieu (2), pour le roy d'Angleterre contre le roy de France.

Comment la Citté de Lymoges fust destruitte et brullée par la reyne d'Angleterre.

[Légende au sujet de la destruction de la Cité par Petronille Rothilde (3).]

L'an 1187, Richard, duc d'Aquittaine fist hommage au roy de France de la duché d'Aquittaine; et, l'année 1189, décéda Henry-le-Vieux, auquel sucéda au royaume d'Angleterre ledict Richard, son filz, qui hastivement print pocession de Touraine et Normandie, puis passa la mer et descendit en Angleterre et se fist couronner roy, où après il demeura quelques temps disposant des affaires du royaume. Pendant lequel séjour, Pétronille Rotilde, sa femme, faisoit sa résidance dans la Citté de Lymoges, laquelle, pour quelques cas, fust diffamée des citadins. Parquoy, indignée, se voyant royne d'Angleterre, sortit de la Citté et fist venir un grand nombre de ces rottiers et pillards qui courroyent le pays de Lymousin, lesquelz assemblés aveq les cappitaines et gens de guerre que le roy avoit laissé au pays en cas de besoingt, et croyants s'enrichir du pillage, allèrent assiéger ladite Citté. Et comme les habittans les virent approcher, fust depputé des principaux pour aller au devant, laquelle ne les voulut voir n'y ouyr. Lesquelz furent contraints à s'en retourner, et sy troublés qu'ilz n'eurent le cœur à pourvoir aux deffences de la-

---

(1) Pacifères. V. GEOFFROY DE VIGEOIS, *Appendice*, chap. XXII ; BONAVENTURE, t. III, p. 545.

(2) Bourg-Déols ou Bourg-Dieu, abbaye célèbre de l'ordre de Saint-Benoît.

(3) V. la note de la page 156.

ditte Citté dans laquelle ladite dame et ses gens entrèrent sans empeschement, et tuèrent tous ceux qui se trouvèrent dans ladite Citté, et pilhèrent tout ce qu'ilz trouvèrent, puis mirent le feu par tout, sans espargner les églises de S^{nt}-André et la Raigle, aucuns disent aussy l'église cathédralle, ce qui n'a lieu, — il est vray qu'il ne resta autre chose, — et, par signe de malédiction, fist semer du sel partout. Laquelle malédiction tumba sur elle, car, trois jours après, elle mourust misérablement de mort soubdaine, et fust ensepvelie soubz le clocher de Sainct-Augustin, antien cimetière, lequel corps fust trouvé comme s'ensuit.

Notta que les révérands pères Bénédictins faisans bastir le corps de leur grand bastiment, faisant l'entrée du costé de l'entrée de l'église, et pour faire leditz bastiments prindrent plusieurs tables qui couvroient les sépulcres des antiens Lémoviques, et desquelles les Anglois estants au pays venant a y décéder se servoient. Et estoit le cimetière dans le pré, comme dit est cy-devant. Voulans fère une chambre pour le portier soubz ledit clocher, [trouvèrent une table] sur laquelle table estoit gravé la figure d'une rayne, laquelle ilz levèrent, et, creusant pour chercher le cercueil qui estoit tout de pierre couvert d'un autre, laquelle ayant levé, virent une royne aveq ses habitz et couronne. Et ayant veu l'air, tout cela se fondist et vint en poudre, ne restant que les ossements et les ornements d'or et d'argent, qui consistoient en une couronne d'argent doré, ses bagues des doigtz, sainture, chaisnes et autres choses, desquelles ilz en firent plus de neuf centz escus, ainsin qu'un antien religieux a rapporté à un de ses amis.

Les susditz soldatz estants affriandis du pillage de la Citté de Lymoges, et voyants le temps propre pour se vanger de ce qui leur avoit esté fait par l'évesque Sebrand, prindrent et pilhèrent Saint-Junien, le Pont de Nouaillias, Chaslux, Nontrond, Autefort, Aubusson, Clouis et plusieurs autres places du Lymousin (1).

[Les Brabançons prennent et pillent diverses villes du Limousin.]

---

(1) Ces faits sont postérieurs à l'année 1192 ou 1193. (BONAVENTURE, t. III, p. 523.)

Le trésor des églises print pour rançon du roy Richard.

Exactions pour la rançon de Richard.

En l'an 1193 (1), fust faict des exactions sur le peuple, et fust prins des églises d'Aquittaine croix, calices et reliquères pour payer la rançon du roy Richard qui estoit prisonnier par l'empereur ; lequel [Richard] paya pour sa rançon deux centz mille marcz d'argent.

Ediffice du clocher de S^{nt}-Estienne, et les murailles réédiffiées de la Citté, et Saint-Léonard circuit de murs, l'an 1197.

Église de Saint-Léonard.

Le roy Richard d'Angleterre ayant payé sa rançon, comme dit est, estant en liberté, par dévotion fust à Saint-Léonard, et là fist édiffier l'église, clore et édiffier certains portaux de la ville.

Reconstruction de la Cité de Limoges.

Pendant le temps que les rois de France et d'Angleterre fesoient guerre aux infidelles, les habittans de la Citté qui restèrent bastirent leur Citté sans crainte, refirent les murailhes et reparèrent leurs églises.

Clocher de Saint-Étienne.

Auquel temps, l'évesque, doyen et chanoines de Sainct-Estienne firent édiffier le clocher de leur église et l'église continuer.

La susditte année décéda (2) le susdit évesque Sebrand Chabot, ayant tenu l'évesché 21 ans, et fust ensepvely à Sainct-Augustin-lez-Lymoges, et succéda à l'évesché

Jean de Veyrac.

JEAN DE VEYRAT, en rangt des évesques de Lymoges 54 (3), duquel il sera parlé cy-après.

---

(1) V. BONAVENTURE (t. III, p. 524), qui rapporte ce fait à l'année 1192.
(2) BERNARD GUIDONIS, cap., XII, apud. LABBE, t. II, p. 270.
(3) Jean de Veyrac, élu en 1198 mort en 1218, est le 51e abbé d'après Nadaud. V. aussi BERNARD GUIDONIS, chap. XIII.

Le susdit Isambert, abbé de Sainct-Martial, se retira à la Sousteraine, causant les guerres d'entre les roys Henry-le-Vieux et son filz Henry-le-Jeune, rois d'Angleterre. Il fust homme vertueux. Il avoit esté prieur de Ruffect-le-Chasteau, où il avoit faict édiffier les cloistres, maison et officines du prioré, et augmenté de plusieurs meubles. Il fist fère la châsse de S^{nt}-Austriclinien qui se void à présent dans l'hautel de Saincte-Croix, soubz les orgues de l'église de Sainct-Martial, où sont les reliques réservé le chef. Lequel, après avoir gouverné l'abbaye 24 ans un mois, il résigna la charge abbatialle ez mains de l'abbé de Clugny et religieux, en plain chapitre, qui, en sa place, firent eslection du futur abbé. Et, icelle faitte, décéda entre leurs mains, et ce dans le chappitre, où il fust ensepvely par Jean, évesque de Lymoges, Grégoire, évesque de Cahors, et Hugo, qui fust abbé après luy, et six autres abbés, l'an 1199, durant les trefves du roy d'Angleterre. [Isembert, abbé de Saint-Martial ; sa mort (1).] [La châsse de saint Austriclinien.]

Hugo, abbé de Sainct-Martial, fust en rangt 29 (2). Lequel n'usa de prudance comme son devantier, mais causa beaucoupt de maux ; parquoy mourust misérable, comme sera dit dans la suitte de son temps. [Hugue II de Brosse, abbé de Saint-Martial.]

Du grand trésor trouvé en Lymousin, et mort du roy Richard d'Angleterre.

En l'an 1199, le sieur de Chaslux trouva dans son chasteau une grotte profonde soubz terre, où il y avoit un grand trésor, sçavoir : des images, grands de la stature d'homme et femme, et de moindres, le tout d'or pur de grand valeur et estime. [Trésor de Châlus ; mort de Richard Cœur-de-Lion.]

Lequel trésors, dit Nicole Gilles en ses *Annales* (3) que ce

---

(1) *Chron.* HELIX DE ROFIACI, *apud.* LABBE, t. II, p. 274 ; ROY-PIERREFITTE, *Monast. du Lim.*

(2) Hugue II de Brosse (1198-1214) fut le 27e abbé de Saint-Martial, d'après l'abbé Roy-Pierrefitte, *loco citato*.

(3) F° 94 v°, de l'édition de 1533. — *V.* sur cette légende le Mém. de M. Grellet du Mazeau, inséré au t. Ier (p. 130) *du Bullet. de la Soc. arch. du Limousin.*

fust un gentilhomme qui les trouva, et que c'estoient les figures d'un empereur, sa femme, leur filz et filles, de leurs grandeur, assis en une table, le tout d'or massif ; qu'il y avoit des lettres qui donnoient entendre celluy qui les avoient faits fère et règne dudit empereur. Toutesfois l'autheur des *Antiquités de Lymoges* [dit] que ces figures estoient de Lucius Capreollus, proconsul d'Aquittaine, qui avoit faict bastir ledit chasteau appelé de son nom *Castel Lucii Capreolli*, comme il est dit cy-devant [page 25] lequel Lucius de son vivant estoit fort riche, ayant de grands trésors. Autant en dit-on de celles qui furent trouvées au palais de Jogencia (1), sur la rivière de Vienne, à demi lieue de Limoges, que Gontrand, roy d'Aquittaine trouva l'an 585 ; lesquelles estoient les figures de Duratius, proconsul, père dudict Lucius, ou les figures des empereurs soubz lesquels ilz régnoient, comme dit est ci-devant [page 76].

Comment le roy Richard d'Angleterre voullust avoir le trésor et comment il mourust.

[Mort de Richard-Cœur-de-Lion.] Le roy Richard ayant sceu qu'on avoit trouvé un trésor dans ses terres, voullust l'avoir, et, pour ce que ledict seigneur de Chaslux, qui l'avoit trouvé, ne le voulust donner, il l'assiégea dans son chasteau aveq aucuns de ses parants et amis. Et lequel trésor appartenoit de droit audit seigneur de Chalux légitimement, à cause de ses prédécesseurs. Lequel se voyant assiégé, un de ses parents estant en santinelle sur la nuit apperceust le roi Richard venant en sa tante, le choisit sy bien que d'une sayette (2) luy donnast dans l'œil, tellement qu'il en mourust tost après. Son corps fust porté enterrer en l'abbaye de Frontevaux et son cœur à Nostre-Dame-de-Rouan. Et par ce moyen fust délivré ledit seigneur [de Chaslux]. Nicole Gille parle dudit trésor et mort dudit roy, toutesfois, il dit qu'il fust blessé au pied, mais le plus certain (3) est à l'œil, estant plus mortel, ou que la flèche fust envenimée.

---

(1) *Jocundiac.* (*V*. la note de la page 37.)
(2) *Saiette, sagette,* flèche, lat. *sagitta.*
(3) *Le plus certain* n'est nullement certain ainsi que le démontre

L'an 1200, fust brullée par accidant partie de la ville de Lymoges. [Incendie d'une partie de la ville de Limoges (1).]

Comment la ville de Lymoges fust surprinse par le vicomte, et ce qu'il fist.

L'an 1202, la reyne Aliénor (2), duchesse d'Aquittaine et comtesse d'Anjou, décéda où le roy Jean, son filz, s'estoit saysi de ses terres, et, par faute de faire hommage au roy Philippe de France, entrèrent en guerre. En laquelle saison, aucuns marchands de Lymoges, édiffians au Vieux-Marché les maisons brullées et ruynées contre les murs, entre Pisse-Vache et Banléger, deschargeoint les terres et vuidages. Lesquelles terres et vuidages, chargeant par trop, pressèrent sy fort les fondements qu'ilz firent tumber deux cens coudées de mur dans les fossés, les remplissants jusques à fleur de terre, pourquoy l'on pouvoit entrer facilement dans la ville de ce costé, ce qui espouvanta les habittans. Lesquelz, pour fère rebastir lesdictz murs, fust dit qu'un chacun payeroit un sol pour livre des biens qu'ilz tenoient en la présant ville. Et ayant remonstré à l'abbé Hugo, en le priant de contribuer comme tous, lequel n'en voullust rien faire, partant entrèrent en courroux, et tant se passa de choses que les consulz et bourgeois s'en prindrent. Où il advint aucuns inconvéniens, tellement que les consulz et bourgeois furent excommuniés par l'évesque, duquel ilz furent appelans, et, sur ce, entrèrent en procès, estant pour lors le pays tout plain de guerre pour le comte de Bretagne. [Troubles à l'occasion de l'impôt du sou pour livre destiné à relever les murailles.]

Or le vicomte réallié aveq le compte (3) et abbé de Sainct-Martial, prenans leur temps, pour [par] le secours du roy de [Limoges surpris par le vicomte Gui.]

MM. Grellet, du Mazeau dans le mémoire que nous avons cité à la page 175.
(1) BONAVENTURE, t. III, p. 525.
(2) Eléonore de Guienne mourut en 1203 à l'abbaye de Fontevrauld. Sa mort est donc postérieure aux événements que va raconter le compilateur de ces fameux *Mémoires du pays* auxquels renvoie le P. Bonaventure (t. III, p. 529).
(3) Le vicomte Gui III. (BONAVENTURE, ibid. p. 530.)

France qu'il avoient (1), tenant le party d'Artus d'Albret et de Bretagne, surprindrent Lymoges, et prenant la ville d'abbort, où le dit vicomte se fist recepvoir à hommage par l'abbé Hugo de la justice de la Ville, non de la Monnoye, que ledit abbé donna à Guy de Burcia, son frère, lequel depuis la quitta aux consulz, comme appert par lettres sur ce passées.

[Impôt sur les métiers.]

Sy tost entré, le vicomte par ses gens fist saisir les portes, tours et muralhes, fortiffications de la ville et autres, prenant prisonniers les principaux et plus apparentz, les envoyants ez chasteaux d'Aixe, Chervix, Nontrond, Eysidueil et autres places, affin d'estre mieux obéi; puis restablit les vigiers en leur bailhant l'administration de la justice. Ce faict, il imposa un nouveau subside sur les habittants de chasque mestier, payable chasque sabmedy par ceux qui tenoient les boutiques et mestiers en laditte ville, affin d'extirper les gens de guerre de la morte paye (2) establys dans laditte ville.

[Autres exactions du vicomte.]

Et, pour subpéditer (3) la commune, furent faitz plussieurs exactions, prenant la marchandize des marchands sans payer, tellement que cette persécution appauvrit fort les habittans. Lesquelz le vicomte contraignit par prison à le reconnoistre pour seigneur et luy devoir tous les ans, de sens et rante sur leur biens, la somme qu'il luy plaisoit imposer, usurpant tous droits seigneuriaux. Et, pour exécuter sa tirannie, fist fère dans la tour de Mayrebuoast (4), servant pour lors de prisons, un instrument nommé *la Drome* (5), servant de tor-

---

(1) On trouve dans le recueil des *Layettes du trésor des Chartes*, publié par Al. Teulet (in-4°, t. I, p. 201), un acte par lequel Aymard V, vicomte de Limoges et son fils Gui se reconnaissent hommes liges du roi de France. Cet acte est du mois d'avril 1199. Il est vrai que, d'après des lettres de paix en date du mois de mai 1200, insérées au même recueil, p 217, Jean, roi d'Angleterre recevait à hommage le vicomte de Limoges.

(2) « Les soldats de la *mortepaye* sont des troupes entretenues pour la garde ordinaire d'une place, qui n'en sortent point. » (TRÉVOUX.)

(3) Pour pourvoir au besoins de la commune, — lat. *Suppeditare*, être nécessaire à.

(4) *Mirebœuf*. Il y a encore une rue de ce nom près la place Saint-Pierre.

(5) L'abbé Arbellot (*Vie de Saint-Léonard*. Paris, J. Lecoffre, 1863,

ture contre ceux qui ne le vouloient reconnoistre à seigneur et payer les imposts. Et, pour mettre fin à une telle tirannie, les consulz connaissantz cette persécution, l'origine venant de l'abbé de Sainct-Martial, compromirent sur le différend (1) et s'addressèrent au dire et ordonnance de Guy, archidiacre de Lymoges, lequel ordonna que l'abbé de Sainct-Martial seroit à l'advenir exempt et quitte de toutes les réparations des murs de la ville en payant chacun an la somme de dix livres de rante à percevoir sur le mas Ste-Vallérie. Allors l'évesque et l'abbé Hugo, tolles les fulminations, remonstrèrent la désolation de la pauvre ville au vicomte, le priant de mettre à délivrance les prisonniers détenus en captivité dans ses forteresses. A quoy ne voulust respondre ny entendre sans payer grosse ranson, dont aucuns particuliers s'accordèrent, et d'autres y moururent aymants trop leur liberté (2).

Commant l'évesque de Lymoges chassa les Brabansons de Sainct-Léonard (3).

Durant quelques temps séjournèrent dans la ville de Sainct-Léonard grand nombre de soldats dits Brabansons, routiers de guerre, lesquelz avoient servi le roy Jean d'Angleterre et par courses pilhoient le pays de Lymousin réduit à l'obbéissance du Roy de France. Lequel roy Jean, aveq les communes du pays et le vicomte, chassèrent dans S^{nt}-Léonard et en tuèrent plusieurs ; puis, quelque temps apprès, l'évesque et le vicomte entrèrent dans Saint-Léonard et en tuèrent plusieurs et chassèrent les autres. Au moyen de quoi l'évesque fist fère hommage au roy Philippes de laditte ville et autres places qu'il tenoit de luy en Lymousin, et il fust receu en pacte

[Siége de Saint-Léonard, en 1204.]

---

in-8°, p. 56 et suiv.) appelle cet instrument de supplice *la Maure*. Nous renvoyons à cet ouvrage pour la description de cette torture et l'indication des sources où l'auteur a puisé.

(1) V. dans Bonaventure, t. III, p. 531, l'acte dressé à ce sujet par Jean de Veyrac, évêque de Limoges.

(2) BONAVENTURE, t. III, p. 530.

(3) V. *Bullet. de la Soc. archéol. du Lim.*, t. IV, p. 208 ; BONAVENTURE, t. III, p. 532.

que le roy ne mettroy jamais hors sa main l'évesque, ce que fust enregistré. L'évesque poursuivit le reste des Brabansons jusques à Pompadour, desquelz en fust tué grand nombre, et prindrent la place par force.

Comment l'évesque et abbé et vicomte furent punis des insolances faites à Lymoges (1).

Apprès que le roy Jean d'Angleterre eust accordé le pays à Hugues-le-Brun, comte de la Marche, et eslargy Savarry de Mauléon, Geoffroy de Lusignan et autres barrons de Poictou, puis devant Mirebeau, il fust adverti des insolances que le vicomte Guy avoit faites à Lymoges. Parquoy le fist prandre prisonnier à Branthôme, où à sa prinse luy furent tués deux cens nobles, puis amener à Chinon. Ledit vicompte demeura longttemps en grand captivité. L'abbé Hugo, qui estoit cause de tout le mal, comme dit est, entendant la prinse et traittement dudict vicomte, fust tellement effrayé de peur qu'il tumba mallade, perdant toute mémoire, tant qu'il fust répudié imbécille de gouverner l'abbaye; et, par punition, le roy d'Angleterre, par un légat du pape nommé Robert de Corce (2), fist desposséder ledit abbé, et y fist pourvoir un religieux d'Angleterre nommé

[Alelmus nommé évêque de Saint-Martial, mais non élu. — Pierre de Girssa.]

Alesmius (3), confesseur dudict roy, qui eut grand procès à Rome contre Petrus de Gersa (4), qui avoit esté esleu des reli-

(1) Le P. Bonaventure de Saint-Amable, qui prend nécessairement le parti des moines de Saint-Martial, et conséquemment de l'évêque et du vicomte, réfute (t. III, p. 531) ce qu'il appelle : « les mensonges du compilateur des chroniques de Limoges. »

(2) Robert de Corso. « En 1213, l'abbé Hugues de Brosse était devenu tout ébété; en sorte que le légat du pape Robert de Corso, qui était venu à Limoges prêcher la croisade contre les Albigeois (BALUZE, t. VI, p. 523, *Miscellanées*), crut de son devoir de le déposer pour incapacité; il usa pourtant de modération, et sut obtenir du malade qu'il lui cédât l'administration de l'abbaye; ce que de Brosse fit avant de se retirer à Saint-Benoît du Sault, où il mourut le 3 mai 1218. » (ROY-PIERREFITTE, *Monast. du Lim. Saint-Martial*, p. 50.)

(3) *V.* sur Alelmus ou Alermus, ROY-PIERREFITTE, *loco citato* et *Gallia Christ.*, t. II, col. 561.

(4) Pierre de Girssa ou Grisa, prévost du Roussac, en Limousin.

gieux, qui fust confirmé par l'évesque après la mort dudit Hugo. Lequel Alesmius est au cathalogue (1) des abbés en rangt 31 et ledit de Gersa en rangt 32, d'autant qu'avant iceux il s'en trouve un, nommé Petrus Anno, en rangt 30. Lequel il faut que, pandant l'infirmité du susdit Hugo il exersoit la charge, et que ledit de Gersa fust apelé Petrus Anno.

L'évesque, creignant le roy d'Angleterre, se retira à Rome où estoit par appel le dévolut du procès de confirmation de Pierre de Gersa par luy faite. Fust par le pape infirmée, et l'évesque grandement blasmé de l'avoir confirmé et [fust] depputé juges apostoliques pour fère recepvoir ledit Alesmius. Par devant lesquelz ceux de Clugni firent empescher la réception par un docteur nommé Légales. Où, après plusieurs allées et venues, certain temps apprès, voyant Alesmius que les affères du roy Jean se portaient mal en Aquittaine, se contenta de la prévosté de la Sousteraine et quitta le droit de sa nomination et provision ; et sy fust après nommé

Petrus de Nailhac, prévost de S^{nt}-Vaulry, en rangt des abbés de S^{nt}-Martial (2); n'estant insin dans le cathalogue. Et quoy qu'il en soit, il régna 4 ans 3 mois.

[Pierre de Nailhac, abbé de Saint-Martial.]

Le roy Jean privast le vicomte de la justice de la ville et déposa les vigiers, excepté Hélies de Rasès, seigneur de Mortemar, lequel se sauva. Et ne peut esvitter lois de Dieu, car la 2e calande de mars, l'an 1210, luy estant couché dans la tour de Rasès, à l'haube du jour, tumbat ladite tour du costé qu'on estimoit le plus fort, et y fust tué aveq deux de ses enfans et une fille. Les autres vigiers, le roy fist finir leurs jours misérablement.

[Le roi Jean dépose les vigiers. Mort d'Élie de Razès.]

L'évesque Jean, se voyant chassé de toutes pars, s'en alla à

[Mort de l'évêque Jean.]

---

(1) Auquel catalogue ? Ni le *Gallia*, ni le tableau inséré au *Calend. ecclés.*, (an. 1773), ni l'abbé Roy-Pierrefitte ne comptent Alermus au rang des abbés, pas plus, du reste, que Pierre de Girssa et Pierre Anno. Voyez au sujet de ce dernier abbé ce que nous avons dit ci-dessus à la note de la page 8.

(2) Le chiffre est en blanc. Pierre de Nailhac ou d'Analac (1216-1220) est le 28e abbé d'après l'abbé Roy-Pierrefitte, auquel nous renvoyons le lecteur.

Acre ou Acron, où il mourust l'an 1217 (1), exillé de son évesché, duquel ne jouist que cinq années. Voilà la fin de ceux qui causèrent tant de maux à la ville de Lymoges et pauvres habittans et pour sy peut de chose.

[Confirmation des privilèges de Limoges.]

Lesquelz habittans, estants remis en leur liberté, firent par leur roy confirmer aux consulz les privilléges de la ville et exercice de la justice ottroyée sellon les antiennes coustumes (2).

[Prise de la Souterraine.]

Le compte de la Marche, ayant recouvert sa comté, assiégeast la ville de la Sousteraine apartenant à l'abbé de S^{nt}-Martial, laquelle il print par force, et fist abbattre les murailles que l'abbé Isambert avoit faites fère, affin qu'ils ne se mutinassent plus contre luy.

Institution de la frérie de Nostre-Dame dans l'église de Sainct-Sauveur ditte à présent Sainct-Martial, aveq la coppie du titre ou statut d'icelle en mesme language qu'on parloit à Lymoges.

[Notre-Dame de Saint-Sauveur.]

En l'année 1242, les bourgeois de Lymoges firent une frérie dédiée à la vierge ; et fut appelée de Notre-Dame-de-S^{nt}-Sauveur, laquelle se fesoit dernier le grand autel de l'église de S^{nt}-Sauveur à présent ditte de S^{nt}-Martial. Où ilz firent fère l'image de la vierge qui se void à la nef de ladite église. Et, le jour de la célébration dicelle feste, on fesoit descendre ledit image par un cable. Mais, creignant le danger, fust aretté comme il est de présent. Lequel statut en original fust trouvé l'an 1646, dont sensuit la coppie ; le languaige duquel est fort différand de celluy qu'on parle à présent, estant plutost cathelane langue que lymousine (3).

––––––––––

(1) En 1218, d'après le *Gallia Christ.*, t. II, col. 527. On trouvera au t. IV du *Bullet. de la Soc. arch. du Lim.*, p. 143, le texte d'une lettre de reproches et de menaces à ce sujet, adressée par le pape Innocent III à Jean, roi d'Angleterre. Cette lettre avait déjà été publiée par Baluze.

(2) « Le compilateur des chroniques dit que Louis vint à Limoges, et Bernard Ithiers, lors vivant et écrivant, le confirme. Le premier assure qu'il fut bien reçu à Limoges et qu'il confirma leurs anciennes coutumes. » (BONAVENTURE, t. III, p. 539.)

(3) V. ALLOU, *Descript. des monum.*, p. 169.

En honor de Dieu (1) e de mi domps Sta -Maria an establit una cofrairia ly prodome de Lemogey, e prezen [pregen] los coffrars que a lors vida la tenhan secou lor poder. E chacun cofrais deu a jurar e convenir a la honor de la mair de Dieu. E an establit que una lampa arja de noch e jorn devant la grand maesta de nostra dompna sobre saint Salvador et a totas las festas annas v j aus dibsades. E los premier setges daquesta cofrairia es lo premier dement davens; e los segons es lo dicment apres lo St-Marsal. E es establit que degus no i mene efan. E adonc deu chascul deu cofrars balhar iiij denier per oli. E au setge aprop la sen Marsal, deu hom mudar los paguedors. E can lo cofrair sera malaptes, deu mandar au paguedors, e li paguedors deven li presentar lo befach de la cofrairia, e, si ha mestier, deven lhi secore en sa malaptia dosca a v sol. E, si Dieu fai son commandamen de lui, deven lhi far dire douâ messas,

[Statuts de la confrérie Notre-Dame]

---

(1) On s'apercevra facilement que l'orthographe est tronquée. Le fait est rapporté sommairement par le P. Bonaventure qui ne donne pas la teneur de cet acte; mais, en marge d'un des exemplaires de *l'Histoire du Limousin* que possède la bibliothèque, et qui est annoté par l'abbé Legros, on voit la note manuscrite : « *j'ai copié de cette pièce.* » Elle se trouve en effet au Séminaire parmi les manuscrits du savant abbé. L'abbé Roy-Pierrefitte, qui l'a reproduite (*Notes historiques sur le culte de la Ste-Vierge dans le diocèse de Limoges.* —Limoges, 1858, in-8°, p.34), dit que cette copie avait été faite au naturel, en 1545 sur l'original que l'on conservait dans l'abbaye de Saint-Martial. Il dit aussi que la traduction qu'il en donne pourrait bien n'être pas complétement exacte. Nous avons en effet constaté plusieurs erreurs, et nous croyons pouvoir hasarder la traduction suivante :

En l'honneur de Dieu et de Madame Sainte-Marie, ont établi une confrairie les prud'hommes de Limoges, et prient les confrères d'en observer, pendant leur vie, les statuts selon leur pouvoir, ce que chaque confrère doit jurer et consentir en l'honneur de la mère de Dieu. Et ont établi qu'une lampe brulerait de nuit et de jour devant la grande majesté de Notre-Dame sur [l'autel de] saint Sauveur, et a toutes les fêtes annuelles cinq ainsi que les samedis. Et la première réunion de cette confrairie est le premier dimanche d'Avent, et la seconde est le dimanche après la Saint-Martial. Et est établi que personne ne puisse y mener d'enfants. Et adonc doit chacun des confrè-

una a la sobostura e autra au septime ; e a chacuua deven profere vj denier. E si de vespras en avant mor deu estre guachatz, e tuch li cofrair deven estre a la guacha e non dever far jornal dosca sia sebelhitz. E deven ardre ij chandelas cofrairia chacuna duna liura, tant cum estera sobre terra. E seu qui ne sera a la guacha deu pajar un cler de iij que ni deu aver de la cofrairia. E a la sobostura deven tuch estre a la soluptio, chacul ab una chandela dun quartairo de cera. E deu chacul melha per almosna e per lo befach daquesta cofrairia mossenhor labes e lo chapitres Monsenhor Sen Marsal acolen parsonniers los coffrars daquesta cofrairia en totz los bes qui sou fach en mostier Mosenhor sen Marsal, e en tos los membres e los nautre en aital partida cum il volen a lors ops. E au coffrar mor deu hom balhar la crotz de largen e lo pali. E deu anar lo chopelos e lou clercz. E deu naver lo chapelos ij denier et lo clercz i denier; e lo messagetz que iro a la crotz deu profere un septime; e

---

res donner quatre deniers pour l'huile. Et à la réunion qui suit la Saint-Martial, on doit changer les payeurs. Et quand le confrère sera malade il doit en prévenir les payeurs, et les payeurs doivent lui offrir les secours de la confrérie, et, s'il en a besoin, le secourir dans sa maladie jusqu'à concurrence de cinq sols, et, si Dieu le rappelle à lui, ils doivent lui faire dire deux messes, l'une le jour de la sépulture et l'autre le septième jour [après] ; et a chaqune ils doivent offrir six deniers. Et le soir avant qu'il meure, il doit être veillé ; et tous les confrères doivent assister à la veillée, et ne doivent vaquer à leur travail journalier jusqu'à ce qu'il soit enseveli ; et doivent brûler deux cierges de la confrairie chacun d'une livre, tout le temps qu'il sera sur terre. Et celui qui n'assisterait pas à la veillée doit payer un des trois clercs assistants de la confrérie. Et, au service funèbre, tous doivent assister à l'absoute, avec un chandelle en cire d'un quarteron. Et chacun doit une maille (A) pour aumône. Et, pour aider cette confrérie, Monseigneur l'abbé et le chapitre de Monseigneur Saint-Martial admettent les confrères de cette confrérie au partage de tous les dons qui sont faits au monastère de Monseigneur Saint-Martial et à chacun de ses membres, et les nôtres doivent partager avec eux ce qu'ils reçoivent, en telle proportion qu'ils veulent, selon leurs besoins. Et au confrère mort on doit donner la croix d'argent et le drap mortuaire.

A) La moitié d'un denier. L'abbé Roy, traduit : un méalh. Nous ne connaissons pas cette monnaie.

los coffrars môr deu aisso pajar si pot. E li cofrar daquesta cofrairia an lo perdo deu mostier aichament cum las autras cofrairias. E si cofrar a tenssa ab lautre, non o deu monstrar a senhoria dosca que o am mostrar au paguedors. E li paguedors, auvit lo clam e apresa las vertatz, deven lor donar patz. E seu qui no volria tener laccort deu estre gitatz de lo cofrairia. E si lo cofrars moria fors desta villa, deu lhom far son ordre cum si era prezens, e deu far leicha a la cofrairia segon son poder. E lo courial deu dir au secresta cant lo coffrars ei mortz, e lo secresta deu o dir en chapitre, e li senhors deven li far labsolucio. *Actum anno Domini* m cc x ij.

Et escript plus bas :

E a chacun menjar deu dir lo chapelos de la cofrairia una messa per los mors e far la sapsolutio cuminal. E deu hom, a

---

Et doivent assister à la sépulture le chapelain et le clerc. Et doivent avoir, le chapelain deux deniers et le clerc un denier. Et le messager qui portera la croix prendra un septième. Et le confrère mort doit aussi payer, s'il peut. Et les confrères de cette confrérie ont part aux indulgences du monastère, tout aussi bien que les autres confréries. Et si un des confrères est en contestation avec un autre, il ne doit pas s'adresser au justicier avant d'en avoir informé les trésoriers, et les trésoriers, après avoir entendu la plainte et appris la vérité, doivent les réconcilier. Et celui qui ne voudrait pas reconnaître l'accord doit être renvoyé de la confrérie. Et si le confrère mourait hors de cette ville, on lui doit les mêmes prières que s'il était présent, et il doit laisser quelque chose à la confrerie suivant son pouvoir. Et le courrier doit avertir le sacristain quand le confrère est mort, et le sacristain doit le dire au chapitre, et les seigneurs moines doivent lui faire l'absoute.
Fait l'an du seigneur mil deux cent douze.
Et à chaque (A), doit dire le chapelain de la confrairie une messe pour les morts et faire l'absoute commune. Et l'on doit, à la procession des miracles, porter deux torches ardentes. *Fait comme dessus. Cette addition a été faite quand la date était mise, mais avant qu'on apposât le sceau.*

(A) L'abbé Roy traduit par *mis* le mot qu'il a lu *menjar*, et qui en effet a bien cette forme dans le manuscrit que nous avons sous les yeux, nous sommes plus prudents que lui. Peut être faut-il traduire *menjar* par manger, repas de corps.

la processiu deu miragles, portar ij tortilz ardens. *Actum ut supra. Scriptio hæc facta est post dattum, fuit facta ante appositionem sigilli* (1).

Ledict titre estoit scellé, comme il appert par icelluy. A laquelle année qu'il fust trouvé, il estoit couvert d'un autre parchemin ; et au dessus : *Tiltre de la frérie*, signé QUEYROYS 1545. La couverture mangée des rats. Et, quand un confrère estoit décédé, on le portoit à ladite église, et estoit veillé suivant ledit statut jusques à sa sépulture, comme j'ay vu dans un manuscript (2).

---

(1) Après avoir reproduit l'acte roman (*Mém. pour l'histoire des abbayes du diocèse de Limoges*, p. 92), Legros ajoute :

« *Nota*. j'ai copié cet acte sur les mémoires de M. Nadaud. Depuis, M. de l'Epine, subdélégué de l'intendant à Limoges, m'en a communiqué une autre copie où il y a quelques variantes peu essentielles ; mais à la fin de laquelle on trouve ce qui suit :

« Titre de la fondation ou   de confrairie de Notre-
» Dame de Saint-Sauveur, duquel l'office se fait derrière le grand au-
» tel de Saint-Martial, de ce temps dit Saint-Sauveur. Et est l'i-
» mage dans les voutes, desquelles les bailes ont les clefs ; et même
» y a des reliques saintes, desquelles j'en laisse le nom. Toutefois
» en passant je dirai qu'il y a deux vraies épines de la couronne de
» Notre-Seigneur et autres reliques saintes.
» Chose remarquable qu'ayant demeuré le titre d'icelle, la cou-
» verture d'icelui ayant demeuré dans un coffre qui fut remué lors-
» que les pillers furent posés au devant le grand autel qui fut érigé
» en l'an 1646 se trouva un parchemin au dessus duquel y avait
» signé Queyrois 1545, tous mangé de rats, et dans lequel s'est
» trouvé le titre au vrai, duquel j'en ai inséré la copie au naturel,
» l'original ayant trouvé moy même, lequel est grandement bien
» écrit suivant le temps ; et, pour le langage, il est fort différent de
» celui qui se parle, étant mieux catelan que limousin ; duquel
» langage on ne peut douter d'autant que les Catelans parlent à
» présent même langage, et pour encore le mieux dénoter c'est que
» dans Sarragosse parlent même langage, et même que leur 1er vi-
» comte était Limousin. »

(2) Dans un autre manuscrit. Notre auteur n'avait sans doute pas pu traduire le titre qu'il avait sous les yeux.

Origine des trois tours des Dégets (1).

Pour réédiffier les murailles de la ville tombées par la forme ci-devant ditte, les consuls firent queste entre les habittants de dix deniers pour livre et expellèrent et chassèrent de la ville les Ballagiers (2), qui n'avaient faict bon, qui, par leur négligence, [étaient cause que] le vicomte estoit entré et avoit surprint ladite ville, aussi pour avoir surchargé les murailles de leurs *degetz* (3) et terres. A cause de quoy s'esmeut grand guerre, car Audebert, comte de la Marche, soustint lesdits Banlagiers. Mais enfin fist la paix, où fust accordé que les dits Banlagiers feroient bastir trois tours ez murailles de la ville, ce qu'ils firent. Lesquelles, depuis, sont estées appelées : Les Tours des *Degetz*, et au vulgaire Limousin *Las Tours deu dit Get*. Et allors, furent reçus en la ville comme habitants (4). [Tours des Dégets; tour Pisse-Vache]

En ce temps, décédèrent à Limoges quatre chevalliers, sçavoir Jordan du Brueil, Bar Bernard, Captard Vigier et Guillaume Plenavaire. [Décès de quatre chevaliers.]

Audit temps fust trouvé dans le grand autel de l'abbaye de La Raigle plusieurs sainctes reliques. [Invention de reliques à La Règle.]

---

(1) Une de ces trois tours était entre la porte Banc-Léger et la porte Manigne, les deux autres entre la porte Manigne et la porte Boucherie. Le P. Bonaventure (p. 541) dit que « ces trois tours sont au-dessous de la tour de Pissevache (ou *tue vache*, espag. *pisar*, frapper). La rue Pissevache existe encore dans le quartier de la Boucherie. »

(2) « Il y avait la tour des Bancxalgiers ou Banclagier, famille qui donna son nom au quartier qu'elle habitait. » (LEYMARIE. *Hist. du Lim.* t, I, p. 322.) N'était-ce pas, peut-être, une aglomération de marchands étalagistes?

(3) Décombres, immondices, balayures, etc. D'où le nom de ces tours.

(4) V. TRIPON, *Historique monum.* Explication des planches, p. 31. BONAVENTURE (t. III, p. 540) réfute ce que dit le compilateur relativement à Audebert, comte de la Marche, mort en 1180, c'est-à-dire cinquante-quatre ans auparavant.

Comment. Louis filz de Philipes, roy de France fust reçeu à Lymoges, l'an 1213.

[Passage a Limoges de Louis, fils de Philippe-Auguste]

Louis, filz de Philipes, roy de France, descendit en Aquitaine, soubsmettant le pays à l'obéissance de son père. Il fust receu à Lymoges, confirma les antiennes coustumes de Lymoges, sans préjudice des droits du vicomte. Ausquels se unirent (1) par le moyen des vigiers qui pour lors estoient, des plus nobles et apparents, et alliez des principaux de la ville. Soubz l'autorité desquels le commun peuple s'accordèrent de vivre, avec certains pactes et conventions. Ledict Louis randit ses devoirs à Saint-Martial (2), comme ont de coustume les rois et princes venans à Lymoges.

[Hélie de Gimel. — Translation de saint Just.]

En ce temps vivoit Hélias (3), chantre de Sainct-Estienne, lequel s'estoit nourry aveq S^{nt}-Guilhaume, archevesque de Bourges ; lequel, après sa canonisation, il fist mettre dans le bréviaire de Lymoges. Icelluy Hélias composa plusieurs belles oraisons à l'honneur dudit S^{nt}-Guilhaume, il fist célébrer la feste de S^{nt}-Vincent en ladite église, et fist aussy plusieurs belles oraisons à l'honneur et dévotion dudit sainct, l'an 1218.

Plus, il assembla plusieurs gens de bien pour aller quérir le corps de S^{nt} Just, qui estoit en la puissance de certains volleurs, sans aucun honneur et faire aucun service divin. Et enlevoient les fruitz de l'église S^{nt}-Just, distant deux lieues de Lymoges, où despuis il repose dans une châsse.

Ledit Hélias a rapporté (4) l'ordre de la bénédiction des

---

(1) L'explication de cette phrase obscure est donnée par le P. Bonaventure (t. III. p. 539) :

« Le compilateur des chroniques dit que Louys vint à Limoges, et Bernard Itier, lors vivant et écrivant, le confirme. Le premier assure qu'il fut bien reçu à Limoges, et qu'il confirma leurs anciennes coutumes, sans vouloir préjudicier aux droits du vicomte, et *qu'ils s'unirent ensemble*, etc. »

(2) BANDEL, *Traité de la dévot. à saint Martial*, 1858, p. 43.

(3) Hélie de Gimel. (BONAVENT. t. III, p. 542.)

(4) Lisez, d'après le P. Bonaventure : « a composé les cérémonies et prières dont on usait au couronnement des ducs d'Aquitaine. »

V. sur ce sujet *Bulletin de la Société d'Agriculture de Limoges*, année 1835, p. 101 et suiv.

ducz d'Aquittaine, qui se fesoit à l'église de Lymoges, dont la coppie est cy apprès.

LE VICOMTE VEUT RÉDUIRE LE LIMOUSIN A LUY (1).

L'an 1217, le vicomte, ayant les habitans de la ville à son commandement, pensant, soubz ombre de la vicomté, soubsmettre tout le Lymousin, par amour ou par force, à luy estre subject, il pria les habittans et Vigiers à prandre les armes, ce qu'ilz luy accordèrent; et, marchants en campagne, prindrent La Pourcherie par force, aveq les chasteaux de Rousiers (2), Chaslucet et Aixe sur les Anglois. [Prise par le vicomte de Limoges de La Porcherie, Rouziers, Châlusset et Aixe.]

Pierre Audier, sénéchal de la Marche, anglois, en ce temps vint demeurer à Lymoges. Il édiffia de belles maisons dans la ville de Lymoges. Ayant acheté le lieu de Laborie, près la ville, à un mil d'icelle, fist clore la forteresse dudict lieu de belles murailles. Il fist caves soubz terre pour aller de sa maison de Lymoges audit Laborie, indirectement. Il trouva le moyen d'amener l'eau de la fontaine d'Aigoulenne, où, après, furent faits les estangtz pour garder l'eau pour estaindre le feu qui affligeoit pour lors souvant ladite ville. Il décéda l'année 1255. Et furent faitz les estangtz [en] 1244, comme dit est ci-après (3). Laborie. Les estangz.

A Pierre de Gersa (4), abbé de Saint-Martial, sucéda Guilhaume de Janailhac ou Genoillac, prieur de Montmoril- [Guillaume de Jouignac, abbé de Saint-Martial.]

---

(1) Pour comprendre le paragraphe qui va suivre, il faut lire tout au long ce qui concerne la vicomté de Limoges dans le *Limousin Historique*, de Leymarie, p. 348 et suiv. M. Leymarie a reproduit, dit-il, les *Chroniques manuscrites de Limoges*, communiquées par M. Bourgoin-Mélice, de Saint-Junien. On remarquera (p. 355) que le paragraphe de ces chroniques relatif à la prise de la Porcherie, etc., est presque identique, quant aux termes, à celui de notre annaliste. Evidemment il a existé ou il existe encore un manuscrit type sur lequel ont été faites différentes copies. Nous avons remarqué les mêmes coincidences dans l'ouvrage du P. Bonaventure. Il eût été curieux de comparer notre manuscrit tout entier avec celui de M. Bourgoin-Mélice; malheureusement M. Bourgoin-Mélice a prêté son manuscrit, qui ne lui a pas été rendu.

(2) Royères, dans le manusc. appart. à M. Bourgoin-Mélice.

(3) V. Allou, *Descript. des monum.*, p. 152 et suiv.

(4) A Pierre de Naillac (et non de Gersac) succéda, d'après le

hon, en rang des abbés 33. Il gouverna l'abbaye cinq ans cinq mois (1). Il mourust la veilhe S¹-George, l'an 1226.

[Bernard de Savène, évêque.] L'an 1217, mourust l'évesque Jean, exillé; et à luy sucéda BERNARD DE FLAVENA (2), en rangt des évésques 55. Il receut les Pères Jacobins à Limoges. On dit de luy qu'il [mourut] devant Avignon, fesant la guerre contre les hérétiques, où il fust tué. Lors de son ellection, il estoit curé de S^{nt}-Hilaire-Bonneval.

[Mort de Gaucelm Faydit.] L'an 1220, mourust, au service de S^{nt} Dussault, en Provence, surnommé d'Argout (3), Anselme Faydy (4), antien poëte comique...., natif d'un village du Limousin nommé Ucertii (5).

[Mort de Bernard de Ventadour.] Et en l'an 1223, mourust Bernard de Vantadour, Limousin et poëte provençal (6).

La Châsse de S^{nt}-Martial se portoit à la procession des Rameaux.

[Châsse de saint Austriclinien portée à la procession des Rameaux.] L'an 1224, fust faict un ordre à Sainct-Martial, en délaissant l'antienne coustume de porter, le jour des Rameaux, la chapse d'or de Sainct-Marcial en procession, s'il ne survenoit

---

Gallia Christiana et l'abbé Legros (*Calend. ecclés.* ann. 1773). Guillaume de Jouignac ou de Jaunac, qui fut 29ᵉ abbé. Le *Gallia Christ. vetus* l'appelle aussi de Janailhac, ainsi que notre auteur.

(1) Cinq ans et six mois, d'après le *Gallia*.

(2) A Jean de Veyrac, succéda Bernard de Savène, et non de Flavena, qui fut le 52ᵉ évêque, et non le 55ᵉ, d'après le *Tableau*, de NADAUD, et qui installa à Limoges les Dominicains, et non les Jacobins, d'après le *Gallia* et le P. Bonaventure (t. III, p. 545).

(3) NOSTRADAMUS *Hist. de Provence* (Lyon, 1614, in-fol.) p. 170. Lisez : au service du S^r d'Agoult, seigneur de Sault. — V. aussi pour les détails, l'*Histoire littéraire de la France*, t. XVII, p. 86 et suiv. — MILLOT, *Hist. lit. des Troubadours*, 1774, t. III. — *Galerie des Hommes illustres de la Corrèze*, publiée par M. ALBERT.

(4) Anselme ou Gaucelm Faydit.

(5) Génitif latin mal orthographié, qu'il faut traduire par Uzerche.

(6) V. *Hist. littér.*, t. XV, p. 467 et les autres ouvrages cités à la note 3.

urgente nécessité; et, au lieu de laquelle, portèrent la châsse de sainct Austriclinien, laquelle est dans l'autel de Saincte-Croix, soubz les orgues (1).

L'an 1223, mourust Guy 3ᵉ, vicomte de Lymoges ; et luy succéda, Guy 4ᵉ, qui espousa en premières nopces la fille de Tibaut, compte de Blois (2).

L'an 1226, décéda Guillaume de Janalhact, abbé de Sᵗ-Martial, et à luy succéda
Raymond Gausselin, en rangt des abbés de Saint-Martial 34(3), homme digne de mémoire. Il délivra l'abbàye de grands debtes dont elle estoit par trop chargée, et tellement qu'apprès son éslection, il la voullust résigner en plain chapitre. Mais, réformés les religieux, recommancèrent les miracles de Sᵗ Martial à multiplier, où tant de biens affluoient de toutes parts au monastère que, en bref, satisfit les créditeurs. [Raymond Gausselin, abbé de Saint-Martial.]

IL FIST FÈRE LES CLOISTRES ET AUTRES CHOSES.

Il fist fère le cloistre où sont les appostres et autres figures d'excellent ouvrage, et des plus belles figures de France, le tout peint d'excellante beauté ; avec les cloistres et vitres, desquelles ne reste rien que les apostres et autres figures, en nombre de 22, de la hauteur d'un homme, qui coustèrent vingt mille solz. Et, outre ce, édiffia la maison abbatiale tout à neuf, qui cousta trente mil livres. [Cloîtres de Saint Martial.]

---

(1) V. *Chron.* de GEOFFROY DE VIGEOIS, chap. XLII ; le P. BONAVENTURE, t. III, p. 548.

(2) Le P. BONAVENTURE, t. III, p. 554, rapporte le même fait, tiré, dit-il, des mémoires du pays, et qu'il place à l'année 1236. Cependant la liste donnée dans le *Calendrier ecclésiastique* pour 1775, ne s'accorde nullement avec notre auteur. C'est Gui VII qui succéda à Gui VI, en 1230. — D'après le même Bonaventure (t. III, p. 339), ce fut bien Gui IV qui succéda à Gui III (mais ici en 1230). Guy IV épousa Marguerite de Bourgogne, fille d'Hugues IV, et non de Thibaut. — V. encore la *Chronique* de GEOFFROY DE VIGEOIS, chap. XLI.

(3) Raymond Gaucelin ne fut que le 30ᵉ abbé, d'après la *Table* insérée au *Calend. ecclés.*, ann. 1773, et le *Gall. Christ.* — V. aussi ROY-PIERREFITTE, *Etudes hist. sur les monast. du Limousin*, et le P. BONAVENTURE, t. III, p. 550.

[Délivrance de la Souterraine.]

Il délivra la ville de la Sousteraine des mains du comte de la Marche, qui par viollance l'avoit usurpée aveq la justice, exigeant tailhe sur les habittans pour luy et une pour sa femme, contesse d'Angoulesme, jadis royne d'Angleterre, pour maintenir son estat. Parquoy ledit abbé obtint arrest ; et permutta avec le monastère de Chambon-Saincte-Vallérie, où il fist porter le corps de sainte Vallérie (1). Puis il mist en procès ceux de Clugny par [pour] l'obbédiance uzurpée sur le monastère de Sainct-Martial, les poursuivant durant sa vie.

Il receut l'homage de Guy, vicomte de Lymoges.

Il acquit à son adveu La Motte-Chambon-Sainte-Vallérie.

Il décéda l'an 1245.

De Sainct Gaucher, prieur d'Aureilz.

[Saint Gaucher.]

Audict an 1226, florissoit Sainct-Gaucher à Aureilz, natif de Normandie, lequel fist édiffier l'église dudict lieu d'Aureil, à 3 lieues de Limoges, estant prieur en icelle, resplandissant par miracles. Le corps duquel est en ladite église en propre chässe. L'église célèbre sa feste le 9° avril. Il décéda l'an 1230. Les Pères Jésuites de Lymoges possèdent la prioré (2).

[Louis VII reçoit le serment de fidélité des Limousins.]

Le roy Louis envoya son légat à Limoges pour prendre serment, lequel fust bailhé libéralement. Et luy fust envoyé deux cens arbalestiers qu'il demandoit (3).

---

(1) Roy-Pierrefitte, *Monast. du Lim.*, *Prévôté de Chambon-Sainte-Valérie.*

(2) *V.* Labbe, *Nov. biblioth.* t. II, p. 560, *Beati Gaucherii vita, ex antiquo codice mss. ecclesiæ Lemovic.* Ce manuscrit fait mourir saint Gaucher en 1120 et non en 1230. — *V.* aussi l'ouvrage déjà cité de l'abbé Roy-Pierreffitte. — D'après une pièce qui se trouve aux archives du département, le prieuré d'Aureil fut concédé aux Jésuites de Limoges le 31 août 1609.

(3) Le P. Bonaventure (t. III, p. 548) rapporte ce fait à l'année 1224, d'après les *Mémoires du pays.* Il s'agit de Louis VIII, qui, après la prise de La Rochelle, reçut le serment de fidélité de tous les peuples de la Guienne, à l'exception des Gascons.

Venue des Pères Jacobins à Lymoges, soubz Louis père de Sainct-Louis, l'an 1224 (1).

Au temps dudict Bernard de Flavena [*V.* ci-dessus page 190], évesque de Lymoges, vindrent audict Lymoges pour s'y placer les perres de l'ordre de Sainct-Dominique dictz Jacobins, ou frères prescheurs. Lesquelz ledict évesque receut béninnement et nourrit. Lesquelz firent pour un temps l'office divin à l'église Saincte-Félicité, près le pont Sainct-Martial, où ilz demeurèrent jusques à ce qu'ilz furent placés par ledict évesque où ilz sont de présant, au bout des faubourgtz de Manigne, où ilz ont très belle église et couvent. Et tiennent que c'est le second de leur ordre en France institué. Duquel est sorti de grandz personnages. [Les Jacobins.]

Sainct-Anthoine de Padoue, de l'ordre de S^{nt}-François, vint à Lymoges en l'année 1226 pour y instituer son ordre dit des Cordeliers, et print lieu près la fontaine de Menudo (2), fesant l'office divin à l'église de Sainct-Pol, où ilz demeurèrent quelque temps, jusques à ce qu'ilz se retirèrent où ilz sont de presant. Qui fust au mois de septembre l'an 1243. Pandant le temps que ledit saint demeura à Lymoges, il fist de grandz miracles. [Les Cordeliers.]

Guy du Cluseau (3), doyen de Sainct-Iryers et archidiacre de Lymoges, succéda à l'évesché de Lymoges, en rangt 56, par le décedz de Bernard de Flavena. Il tint le siége 9 ans et décéda l'an 1236. [Gui de Cluzel, évêque.]

---

(1) *V.* Roy-Pierrefitte, *Monast. du Lim.*: *les Dominicains en Limousin.* Ce fut, d'après cet auteur, en 1220 que les Jacobins s'établirent à Limoges.

(2) « Ils se portèrent, dit le P. Bonaventure (t. III, p. 547), premièrement au proche de Saint-Martial ou à la fontaine de *Mandet* ou *Menudet,* d'où ils se remuèrent au lieu où ils sont maintenant, proche de la Porte-Boucherie. »

(3) D'après le *Tableau* de Nadaud, Gui de Clozel ou Cluzel, successeur de Bernard de Savène, et non de Flavena, est le 53e évêque, et non le 56e. Il mourut en 1235, et non en 1236.

[Vieux marché] Ladicte année 1236, furent faittes les fourches de fer du triangle du vieux marché, et ce par Mre Thomas Sarlandier. Dans lequel triangle s'exerçoit la justice des vigiers (1), prenant garde aux mesures, aunages et poids, mettant prix raisonnable aux bleds, pain et vin ; justice et police, et autres choses à ce concernant.

Les femmes de Lymoges changent d'habits en ce temps.

[Les femmes se coiffent du chaperon.] En ce temps, les femmes de Lymoges couvrirent leurs testes de chaperons, à la persuasion des Frères de sainct Dominique, ditz Jacobins, au lieu qu'elles portoient des couvrechefs.

[Guillaume du Puy, évêque.] GUILHAUME DUPUY, chanoine d'Engoulesme, succéda à l'évesché de Lymoges par le décedz de Guy du Cluseau, et fust en rangt 57e (2). Il estoit homme vénérable et magnanime, jeune d'eage et antien de mœurs, tant que le diocèze estoit réputé heureux d'avoir recouvert un tel prélat. Lequel décéda dans l'an avant qu'estre consacré, l'an 1237. Auquel succéda

[Durand d'Orlhac, évêque.] DURAND, archidiacre de Lymoges (3), d'une partie du chapitre étant en discorde sur la confirmation, dont le procès dura longuement, et ce jusques l'an 1240 qu'il fust paisible. Il mourut l'an 1245 et fust ensepveli au milieu du chœur des Jacobins de Lymoges.

[Disette, épidémie.] Environ l'an 1237, fust grand cherté de vivres en Aquittaine, ce qui engendra une espèce de feu vollant, brullant les corps humains.

---

(1) V. LEYMARIE, *Hist. du Lim.*, t. I, p. 170.
(2) 54e, d'après Nadaud.
(3) « Le clergé de Limoges s'assembla pour nommer un autre évêque, et les suffrages étant partagés, Durand, archidiacre de Limoges et prévôt de Saint-Junien, fut élu par une partie, et y ayant procès en cour de Rome. Enfin Durand l'emporta et eut ses bulles, l'an 1241, après que le siége de Limoges eut demeuré vacant presque durant quatre ans. » (BONAVENTURE DE SAINT-AMABLE, t. III, p. 558.)

La prinse du chasteau de Bré, et le premier sénéchal de Lymousin, soubz S^{nt}-Louis, roy.

Et advenant l'an 1242, le vicomte de Lymoges (1), accompagné des habittans de la ville, mist le siége devant le chasteau de Bré, le 3e jour d'octobre, lequel, enfin, ilz prindrent par force. Qui fust cause qu'il fust abattu. De laquelle destruction vint un grand bruit, car l'évesque fist sa plainte au roy contre les habittans de Lymoges, lesquelz firent responce qu'ilz n'estoient tenus de l'escandalle ny excès, estans au service du vicomte, dont ilz furent receus par des seigneurs circonvoisins. [Prise du château de Bré.]

Icelle année, le roy S^{nt}-Louis envoya en ladite ville de Lymoges Guy de Mallemort (2), sénéchal de Lymousin, Périgort et Quercy, pour gouverner le pays soubz son obéissance. Ce fust le premier sénéchal de Lymousin (3). [Premier sénéchal du Limousin.]

L'an 1243, les Cordeliers de Limoges se remuèrent du lieu [Les Cordeliers s'établissent près de l'étang Palvézy.]

---

(1) Comparez le P. BONAVENTURE, t. III, p. 559 : « Les mémoires du pays disent que Guy, quatrième vicomte de Limoges, mit le siège devant le château de Bré, qu'il prit par force et démolit, etc. » Le Pouillé inédit de Nadaud donne un Bré, « annexe ruinée de Coussac dans l'archiprêtré de Lubersac. »

(2) « Le compilateur qui met, cette année (1242), Guy de Malemort, sénéchal de Limoges, se trompe au nom, et n'est pas le premier, comme nous avons dit ci-devant. » (BONAVENTURE.)
On lit en effet, page 526 : « Le premier sénéchal d'Aquitaine que je trouve est Vasius, anglais, 1186 et 1190 ; le second, Brandis, sénéchal du roi d'Angleterre, l'an 1194 ; le troisième, Pierre Audier, l'ayant été de la Marche, le fut du Limousin pour l'Anglais, et mourut en 1206 ; le quatrième, Henri, est dit sénéchal de Limoges, 1227...; le cinquième, Bertrand de Kardillar, sénéchal pour l'anglais, 1260. »

(3) Pierre Coral, dans sa grande Chronique Limousine, insérée au t. XXI du *Recueil des Hist. des Gaules*, met cet événement à la date de 1243. On remarquera que ce paragraphe de notre manuscrit, ainsi que beaucoup d'autres qui vont suivre, n'est en quelque sorte qu'une traduction littérale de Pierre Coral.

de Menudo (1), où ilz estoient de premier, au lieu où ilz sont de présant, appellé auparavant de Palvezyx, où ilz ont très belle église, cloistres et autres bastimantz.

[Incendie, étangs de la Motte.]

L'an 1244, le feu fist grand dommage à Lymoges, où se brullèrent, dans la rue du Clocher, vingt et deux maisons, et d'autres en divers endroits. Qui fust la cause de fère fère les estangts qui se voient aujourd'hui, que l'eau de la fontaine d'Aigoulesne faict.

Le roy sainct Louis vint à Lymoges.

[Passage de Saint-Louis à Limoges.]

Icelle année 1244, le roy sainct Louis, Blanche, sa mère, et trois frères (2) passèrent à Lymoges allans à Rochamadour. Lesquelz furent en grand honneur receus, le 27° avril, et firent leurs dévotions à S^{nt}-Martial.

[Aimeric de Serre, évêque.]

EYMERIC DE SARRA (3) fust esleu évesque de Lymoges, après le décedz de l'évesque Durand, et fust en rangt 59. Il estoit prévost de S^{nt}-Junien et archidiacre de la Marche. Il tint le siége 26 ans et demy. Il estoit riche. Il poursuivit l'édiffice de l'église Sainct-Estienne, que l'évesque Ildoin avoit cy-devant commancé, comme dit est cy devant.

Achèvement des cloistres de l'abbaye de Sainct-Martial de Lymoges.

[Guillaume Amaluin, abbé de Sainct-Martial.]

Après le décedz de l'abbé Raymond Gausselin, qui fist beau-

---

(1) « L'an 1243, les Frères Mineurs, dits Cordeliers, changèrent leur demeure de la Fontaine de Menudet au lieu de Palvézy, où ils sont maintenant. » (BONAVENTURE, t. III, p. 559.)

« Cet emplacement se trouve partager presque (aujourd'hui 1863) l'espace qui sépare la rue des Tanneries de la statue du maréchal Jourdan. » (ROY-PIERREFITTE, *Monast. du Limousin*.)

(2) Il y avait aussi le comte de Boulogne, d'après Bandel, édition de l'abbé Texier, 1858, p. 38. L'abbé Texier date cet événement de l'année 1243 (*ibid*, page 176). Notre-Dame de Rocamadour était déjà un lieu célèbre de pélerinage.

(3) Aimeric de Serre de Malemort est le 56e évêque, d'après Nadaud. Il fut élu en février 1246 et mourut le 2 juillet 1272.

coupt de biens, comme dit est, succéda à l'abbaye de Sainct-Martial

Guilhelmus Amaleus, en rangt des abbés 35 (1), lequel fist parachever par Guillaume Rafflard (2), architecte, ce que son devancier avoit desja commancé, scavoir : la cloistre du costé du chappitre, qui cousta seize mille solz ; la seconde, devers le monnastère, vingt mille solz, et la troisiesme partie, du costé de la cellerie, huict mille solz, et la quatriesme, du costé du raffetoire [réfectoire], six mille solz. Il tint l'abbaye 15 ans et 8 mois et décéda l'an 1261.

L'an 1248, fust brullée la ville de Féletin (3). [Incendie de Felletin.]

L'an 1252, les habittans de Lymoges assiégèrent Corbefis, qu'ilz prindrent par force (4). [Prise de Courbefy.]

Incendie à Limoges.

L'an 1253, fust consacré le grand autel de l'église de Sainct-Martial par Filippes, archevesque de Bourges, soubz la dédicace de Sainct-Sauveur. [Grand autel de Saint-Martial.]

L'an 1255 (5), ez rues Sainct-Nicolas, Beauvais, le Temple et le Clocher, dans Lymoges, se brullèrent environ cent maisons. — Et, quelque temps après, furent faits les conduits de la fontaine de S^{nt}-Martial, venant l'eau de Combe-Ferrade. [Incendie.]

L'an 1259, il se brulla au fauxbourgs Sainct-Martin-lez- [autre incendie.]

---

(1) Guillaume Amaluin est le 31e abbé de Saint-Martial (*Calend. ecclésiast. du Limousin*, année 1773). Il fut élu en 1245.

(2) G. Rafart, d'après P. Coral (*loco cit.*, p. 767), qui rapporte cet événement à l'année 1248, et dit que, à cette époque, fut commencé et non *parachevé*, le cloitre. Pour le reste, le compilateur n'a fait que traduire P. Coral.

(3) V. sur Felletin : *Notice historique sur la ville de Felletin*, par G.-A.-F. QUEYRAT, Limoges 1862, in-8°.

(4) V. *Notice sur l'oppidum Gaulois de Courbefy*, par F. DE VERNEIL. *Bullet. de la Soc. archéol. du Lim.* t. XIII.

(5) Le P. Bonaventure rapporte cet événement à l'année 1252 ; mais P. Coral l'enregistre bien à la date de 1255.

Lymoges vingt et trois maisons, la veille de Sainct Gervais et Prothais (1).

Comment Limoges retourna soubz l'obéissance du roy d'Angleterre, soubz Sainct-Louis.

[Le Limousin, le Périgord, etc., cédés au roi d'Angleterre.]

Et advenant l'an 1259 (2), le roy Henry d'Angleterre, aveq le comte Regnier de Lincestre, autres princes et prélats de son royaulme, vindrent en France visitter le corps de Sainct-Denis. Lesquelz furent receus du roy Sainct-Louis à Paris, en grand honneur. Allors, le roy d'Angleterre fist remonstrer au roy de France le droit qu'il avoit ez duchés de Normandie et Guienne, Anjou, le Mayne, et Tourenne, lesquelles estoient tenues par le roy en tiltre de confiscation faite par constumace. Le conseil du roy dit qu'il en avoit plus juste titre, que la pluspart des dites terres avoient esté usurpées par les ducz de Guienne, estants entièrement de patrimoine aux prédécesseurs du roy Sainct-Louis, en estandant ladite Guienne, qui est partie portion de l'antienne Aquittaine d'Auguste, lesquelles il avoit jouy longt temps sans aucun titre aveq le parricide d'Artus de Bretagne commis par Jean Sans-Terre. Finallement, firent un traitté de paix par lequel le roy sainct Louis délaissa au roy d'Angleterre et à ses successeurs, pour tout le droit que luy pourroit appartenir ez susdites duchés et comtés, les sénéchaussées de Lymoges, Perigord, Agénois, Quercy, Sainctonge, jusques à la rivière de Charante ; le surplus demeuroit au comte de Poictiers; lequel accord acepté par le roy Henry, du consentement de son frère Richard pour luy et les siens, sauf et réservé l'homage lige qu'il seroit tenu de fère au roy de France, son souverain. Et, pour ce, le roy de

---

(1) Pierre Coral (*ibid.*, p. 767), rapporte cet événement à la date de 1251.

(2) Cff., Bonaventure, t. III, p. 569 ; Grellet-Dumazeau : *De la domination anglaise dans les provinces d'outre-Loire*, mémoire inséré aux t. II et III du *Bullet. de la Soc. archéol. du Limousin*. — V. aussi au t. XV du même bulletin le *Vidimus de plusieurs lettres des rois de France, Louis VIII et Louis IX, et des rois d'Angleterre, Henri III et Edouard I*[er], relatives aux privilèges de la commune de Limoges. Nous renvoyons surtout à Pierre Coral (*loco cit.*, p. 760.)

France, pour garder sa souveraineté, establit esdittes sénéchaussées garde-des-sceaux royaux, qui connoissoient des obligations passées soubz le sceel de France, qu'on nommoit juges Cartulaires, car les sénéchaux tenoient pour les ducz de Guienne. Et auquel temps, [le duc de Guienne] confirma les coustumes antiennes de la ville de Lymoges ; et voullurent les consulz exercer soubz son authorité la justice et plus n'obéir au vicomte ny a ses vigiers, ny les habittans aller au service dudict vicomte. [Confirmation des coutumes de Limoges.]

Venue des Pères Carmes à Lymoges.

Les Pères Carmes vindrent à Lymoges en l'année 1260 (1). Leur première retraite fust au pont Sainct-Martial ; puis se retirèrent près les ruines de l'Amphitéatre, ou *Creux des Arrennes*, où ilz sont de présant. Et là, ont belle église, belles cloistres et couvent, qui fust commencé à bastir l'an 1265. [Les Carmes.]

Le clocher fust basti l'an 1506.

Et, l'an 1619, furent réformés.

En l'année 1626, lesditz religieux ostèrent le chœur de devant le grand autel, où ilz fesoient le chœur pour chanter l'office, et le portèrent dernier l'autel.

Guillaume de Marueil (2) succéda à l'abbaye de Sainct-Martial, en rangt 36, par le décedz de Guilhaume Amaleus, qui décéda l'an 1261. Il fist fère la maison abatialle et somilherie [sommellerie] aveq les despandances, où estoient les cuisines. [Guillaume de Marueil, abbé de Saint-Martial.]

---

(1) Ce fut bien en 1260 que l'abbé Pierre de Mileton posa la première pierre de l'église des Carmes, aux Arènes (*Brevissimum Chronicon Lemovicence*; *Rec. des hist.*, t. XXI, p, 807); mais les religieux de Notre-Dame du Mont-Carmel s'étaient établis en 1244 à Limoges, près de Sainte-Félicité, au pont Saint-Martial (Bonaventure, t. III, p. 559). Cependant Pierre Coral dit que ce fut en 1260 que les Carmes vinrent à Limoges.

(2) Guillaume de Mareuil, élu en 1261, mort en 1271, est le 32ᵉ abbé de Saint-Martial, et non le 36ᵉ, d'après la *Table chronologique*, insérée au *Calend. ecclés. du Limousin*, année 1773.

L'antienne procession des Rameaux délaissée, et pourquoy [1].

[Différend au sujet de la procession des Rameaux.]

L'année 1263, fust délaissée la très antienne coustume des Rameaux, qui estoit, que le jour des Rameaux, tout le clergé de la Ville et Cité s'assembloit à l'église cathédralle, ensemble les religieux des couvents de Sainct-Augustin et de Sainct-Martin, aveq les autres religieux, chascuns avec leurs croix, suivant la procession au cimetière Sainct-Pol puis à l'église Sainct-Martin.

Par un autre costé venoient les religieux de Sainct-Martial en chantans, et, après le sermon, l'évesque bénissoit les fleurs ou rameaux; à deffaut de l'évesque, l'abbé de S^{nt}-Martial; ou à deffaut aussy, l'abbé de S^{nt}-Augustin, finallement, l'abbé de S^{nt}-Martin. Ce faict, les chanoines de Sainct-Estienne et les autres ecclésiastiques, excepté les religieux de S^{nt}-Martial, qui demeuroient à S^{nt}-Martin, alloient randre graces à Dieu à Sainct-Martial, puis chacun s'en retournoit à son église.

Or le différend fust, la présante année, que les chanoines de Sainct-Estienne disoient que les religieux de Sainct-Martial debvoient, au partir du cimetière de S^{nt}-Pol pour venir à S^{nt}-Martin, partir les premiers de la place. Par quoy, par six ou sept ans furent en trouble pour ladite procession, tant que, finallement, les chanoines et moynes se mirent en arbitrage de l'évesque de Périgueux, qui s'estoit mis de l'ordre des des Frères Prescheurs (2), et du prieur dudict couvent, qui firent quelques appointements l'an 1268. Du despuis, en est perdue la mémoire.

[Viguiers.]

Icelle année 1263, le vicomte de Lymoges, se voyant expellé par le roy d'Angleterre, fist ses vigiers dans les Cordelliers et receut l'homage, leur laissant l'exercice de la justice avec le tiers des amandes (3).

---

(1) P. Coral, *loco cit.*, p. 774.

(2) Ce fut en 1267, d'après le P. Bonaventure (t. III, p. 574), que Pierre de Périgueux quitta son évêché pour entrer dans l'ordre des Frères Prêcheurs. Les parties ne purent s'accorder et l'on fut obligé de faire disparaître la cause du différend.

(3) Distinguer les viguiers féodaux des viguiers des consuls. C'étaient

Icelle année, mourust Gilbert [Gaubert] de Puisibot, gentil- [Mort de Gaubert de Puycibot.]
homme Limousin, qui a écrit en langue provençalle un traitté
appelé *Las bausias d'Amour* [*les Baisers d'amour*].

L'an 1264, Henry, roy d'Angleterre, vint fère sa résidance [Henri, roi d'Angleterre, à Grandmont.]
pour un temps à Grandmont, et, sitost arrivé, il chassa le vi-
comte Guy de Lymoges et y envoya Guy de Lusignan et Bertrand de Cadilhact pour recepvoir serment de fidellité des
habittans de Lymoges, de plus n'en faire à l'advenir au vicomte (1).

Renouvellement de la guerre à Lymoges, causant la vicomté (2).

L'an 1266, Guy, vicomte de Lymoges, espousa en secondes [Guerre entre le vicomte de Limoges et les habitants.]
nopces Marguerite, fille du duc de Bourgougne; duquel ma-
riage sortit Marie. Au traité duquel mariage, fust promis
grand secours des Bourguignons pour assubjectir les habittans de Lymoges. Parquoy le vicomte restablit ses vigiers.
Allors commença la guerre.

Et advenant l'an 1269, le vicomte accompagné du comte de [Siège de Limoges.]
Nevers, frère de la vicomtesse, aveq grand nombre de gens
de guerre, vindrent à Lymoges le 15 juin, où grandement se
travalhèrent, pansant les prandre par surprinse; mais vivement repoussés par les habittans, fust le comte de Nevers

---

toujours des juges inférieurs. V. à ce sujet, LEYMARIE (*Histoire du Limousin*, t. I, p. 170), qui relate le passage suivant des *Chroniques
manuscrites* : « Le vicomte Guy, pour tenir plus facilement la ville
» soubz son obéissance, esleut dix des plus nobles et puissants dudict
» lieu, et qui plus y avoient authorité, auxquels il commit l'exercice
» de la justice; lesquels furent appelés viguiers, et leur octroya le
» tiers du proffit qui provenait des amendes et confiscations, ce
» qu'ils prirent à foi et hommage pour eux, les leurs et leurs succes-
» seurs. » Nous ne voyons pas ce que les Cordeliers viennent faire ici.

(1) Tout cela est réfuté par le P. Bonaventure (t. III, p. 572). On
ne trouve rien de relatif à ce prétendu séjour du roy d'Angleterre
dans les *Annales de Grandmont*.

(2) Comparez pour ce qui va suivre notre manuscrit avec le manuscrit communiqué par M. Bourgoin-Mélice, de Saint-Junien, à

tué et ses gens chassés. Par le décedz duquel comte de Nevers, fust donnée la comté à Jean Tristam, filz du roy de France.

[Les parties conviennent de prendre le roi de France pour arbitre.]

Or le vicomte se retira dans la Citté, où, par le moyen de l'évesque Eymeric, fust accordé que le roy de France connoistroit du differand des parties, et la guerre cessa pour un temps.

[Mort du vicomte. — Marguerite de Bourgogne.]

Et y furent envoyés commissaires pour s'enquérir du droit des parties. Cependant que l'enqueste se faisoit, le vicomte vint à déceder à Branthome, lequel laissa une seulle fille nommée Marie, fort jeune, et laquelle, Marguerite de Bourgougne, sa mère, eust la charge et la tutelle de sa personne et biens. Laquelle donna bien de la peyne à Lymoges, comme il sera dit.

[Saint-Louis somme les consuls de faire serment de fidélité.]

Le roy Sainct-Louis, avant son deppart pour aller à la Terre saincte, voullust marrier son filz Robert aveq ladite Marie, fille dudict vicomte de Lymoges, voyant que son fils et ladite Marie estoient d'eage compétant l'un pour l'autre et que les terres du Lymousin estoient proches d'Auvergne. Parquoy, envoya son bailhif pour saisir les terres de la vicomté, lequel estant à Lymoges au mois d'apvril, il somma les consulz et habitans de faire le serment de fidélitté comme estant des appartenances et chef de la vicomté (1).

[Réponse des consuls.]

Les consulz firent responce qu'ilz feroient telz homages qu'il désireroit, mais non comme estant chef ny partie de la vicomté, car le chasteau de Lymoges, c'est-à-dire la ville de Lymoges, ilz la tenoient nueument (2) du duc de Guienne, et non du vicomte de Ségur, exhibant pour contre preuves leurs antiennes coustumes. Dequoy le roy sainct Louis adverti, délaissa le traicté dudict mariage, car il pensoit que le vicomte fust seigneur du pays de Lymousin entièrement.

---

feu M. Leymarie, qui en a reproduit tout ce qui a trait aux vicomtes de Limoges dans son *Limousin historique*. (Limoges, 1837. in-8°, p. 348 et suiv.)

(1) P. CORAL, *loco cit. ad annum* 1269, p. 775.
(2) *Nûment*, immédiatement, sans intermédiaire.

Comment les habbitans d'Aixe assiégèrent leur chasteau (1).

[Siége du château d'Aixe.]

Le peuple d'Aixe, en cette saison, estoient opprimés d'exactions par Aymard de Maumond, chevallier, cappitaine et recepveur dudict lieu, avec ses frères Géral et Hélies de Maumond, [qui] fesoient de mesme. Parquoy les assiégèrent dans le vertueil (2) et forteresse d'Aixe, eux et leur famille, à laquelle travallèrent grandement pour la prandré. Et fallut que le sénéchal de Lymousin (3) y vint pour les délivrer. Auquel lieu les parties s'accordèrent de gens sur le differand, promettants par serment les croire et garder de costé et d'autres.

Cependant ceux de Maumond, nonobstant le compromis, munirent la place de vivres nécessaires et autres munitions, puis irrittèrent les habitans, fesant de grands maux, jettans pierres, carreaux du haut du chasteau en bas, tellement que personne n'osoit passer sur le pont ; occasion de quoy furent réassiéger ledit chasteau et assaillir vivement.

La vicomtesse s'efforça fort à fère lever le siége, ayant apellé les Bourguignons à ayde, affin de destruire la ville. Pour obvier aux inconvéniens, l'évesque s'y transporta aveq certains abbés, où estant à Beynac un jour de Pantecoste, voullant trouver quelque expedient de payx, les gens de la vicomtesse se jettèrent sur eux, les mettans en fuite, battirent le prieur des frères Preschurs, rencontré sur les derniers. A cette cause, l'évesque fust en cour remonstrer l'affaire au roy, lequel luy envoyast le baillif d'Orléans aveq des conseillers pour s'enquérir. Lesquelz ne firent rien, car pour empescher l'enqueste, la vicomtesse compromist du tout à l'ordre de l'évesque, qui avoit donné une sentance que ceux d'Aixe demeureroient en paix, et que Aymard de Maumond et ses frères

---

(1) V. *Monographie du canton d'Aixe*, par l'abbé Rougerie, au t. XIV du *Bulletin de la Soc. arch. du Lim.*, p. 65 et suiv. — Bonaventure, t. III, p. 575.

(2) *Vertueil*, de *Verticillum*, sommet, éminence. « *Vertuel*, sommet, extrémité » (Roquefort).

(3) Pierre de Serviant (Bonaventure, p. 575).

se retireroient à Chaslux ou ailheurs. Lesquelz, nonobstant, firent tousjours des viollances et oppressions, tant que Boyer de La Bourdelhe et Hélies (1), chevalliers, et autres tuèrent ledict Aymard de Maumond, duquel Gérald s'en plaint au roy.

Comment la vicomtesse mist garnison en ses places fortes pour guerroyer Lymoges (2).

[Marguerite de Bourgogne ruine le pays.]

Le roy sainct Louis estant en voyage de Thunes [Tunis], et Edouard, roy d'Angleterre, en Sirie, Marguerite de Bourgougne, vefve du feu vicomte, désirant recouvrer la ville de Lymoges, s'esforça d'y entrer par plusieurs fois pour se faire recepvoir, espérant que facillement réduiroit le pays à son obéissance. Parquoy establit garnison de grand nombre de pilhars dans Chaslux, ruynant tout le pays, faisant maux infinis aux bourgeois de Lymoges, destroussant les vivandiers et marchands qui venoient apporter vivres ou achetter marchandizes à Lymoges.

[Intervention de l'évèque.]

L'évesque, esmeu, les fist prier de cesser telles actions, mesmes escrivist à la vicomtesse affin de les fère vuider, ce qu'elle ne voulust entendre, mais au contraire les renforsoit. Ce que voyant, il fist assembler les communes incorporées aveq les habittans de la ville, lesquelz surprindrent une grosse bande hors de leur fort, qu'ilz tuèrent. Puis assiégèrent Chaslucet, à deux lieues de Lymoges, qu'ilz pressèrent fort estroitement, tant qu'ilz furent contraincts de randre la place ez mains de l'abbé de Solompniact, pour ce qu'il est tenu du fief de son abbaye. Ce qui le préserva d'estre abattu.

[La vicomtesse Marguerite fait battre monnaie à Aixe. Les bourgeois de Limoges ne veu-]

La vicomtesse, de ce indingnée contre les habittans de la ville, prétandoit avoir droit de battre monnoye à cause de l'homage faict à ses prédécesseurs à l'abbé de S^{nt}-Martial, fist forger à Aixe une espèce de monnoye, appelée Lemovix (3) de

---

(1) Bozon de Bordeille et Hélie Flamenc (BONAVENTURE, p. 576).

(2) V. BONAVENTURE (t. III, p. 578), qui raconte à ce sujet ce que disent « les mémoires du pays. »

(3) Cette monnaie, appelée *Lemona* ou *Lemovia* dans la Chronique de Saint-Étienne de Limoges, année 1263, n'était autre que les Bar-

grande antienneté, péculiéres des Lémoviques. Laquelle les bourgeois de Lymoges ne voullurent permettre avoir cours, la scizaihant comme adhultérine, combien qu'elle fust de poidz et alloy accoustumé. Duquel en sortit grand procès devant le roy Philippes, et enfin fust ordonné que la monnoye ne se feroit qu'au lieu accoustumé antiennement. Ce que la vicomtesse accorda par transsaction, et fust la monnoye fondue. [lent pas recevoir cette monnaie, qui est mise au creuset.]

Jacques de Calaure, prieur de Chaslux, succéda à l'abbaye de Sainct-Martial, en rangt des abbés 37ᵉ (1), à Guillaume de Marueil. Lequel Jacques tinst teste contre laditte vicomtesse touchant l'hommage, comme sera dit cy après. [Jacques de Calaure, abbé de Saint-Martial.]

Apprès le décedz de l'évesque Eymeric, furent esleus en discordz Messire Clément de Sⁿᵗ-Hilayre et Simon de Rochechouard. Le premier mourust à la poursuite du procès, et l'autre fust pourveu de l'archevesché de Bourdeaux (2). Et fust nommé

GILBERT DE MALLEMORT, en rangt des évesques de Lymoges 60 (3), duquel sera parlé cy apprès. [Gilbert de Malemort, évêque.]

Origine de la tour de Maumond dans la Cytté de Lymoges (4).

L'an 1272, Gérald de Maumond eust l'office de conseiller du [Tour de Maumont.]

---

barins dont il a été question ci-dessus à la page 48. Consultez à ce sujet Du Cange, qui renvoie aux sources et cite notamment le passage de la chronique de Saint-Etienne (*V*. P. Coral, *loco cit.*, p. 777), où se trouve mentionné le fait relaté par notre compilateur : « *Burgenses Castri Lemovicensis fecerunt pactum cum Margareta filia ducis Burgundiæ relicta vicecomitis Lemovicencis, et moneta quæ vocatur Lemona (alias Lemocia) ubi erat nomen vicecomitis omnino cassaretur, licet esset legalis.* » — *V*. aussi BONAVENTURE, p. 578 ; — LEYMARIE, *Lim. hist.*, p. 362.

(1) Jacques de Calaure (1272-1276) est le 33ᵉ abbé, d'après l'abbé Roy-Pierrefitte (*Monast. du Lim.*).
(2) Conforme au *tableau* de Nadaud.
(3) 57ᵉ évêque, d'après Nadaud.
(4) *V*. BONAVENTURE, t. III, p. 581.

roy. Puis achetta de Marguerite de Bourgougne le chasteau de Chaslucet, et fist lever fourches patibulaires en la paroisse de Boyseil, dans la terre du chapitre de Lymoges, où il fist exécuter un homicide.

Il fust après archidiacre de Lymoges, et fist bastir dans la Citté de Lymoges, près le pallais de l'évesque, une forte tour carrée, qui depuis fust appellée la tour de Maumond. Depuis, elle fust achettée par l'évesque Regnault des hoirs de Maumond. La moitié fust démolie par le prince de Galles, cent ans apprès, et finallement par Jean Langheac, évesque, entièrement destruite, l'an 1533. Et au lieu d'icelle, [on] commança un très beau chasteau et forteresse, qui se void à présent, apellé l'Évescaut. La continuation cessa par son décedz, et depuis par la ville à causse de la force (1).

Continuation de l'église cathédralle (2).

[Cathédrale de Saint-Etienne.]

L'an 1273, les chanoines de Lymoges ampliffièrent le chef de l'église Sainct-Estienne, c'est à dire la nef ou voulte aveq tout ce qui se void de l'église, et ce au mois de juin, où Hélies de Mallemort assist la première pierre, présant le chappitre en procession. (3) Laquelle [cathédrale] avoit esté cy devant commancée par l'évesque Ildoin, comme il est dit (4), et puis par l'évesque Eymeric.

Guerre renouvellée pour la vicomté (5).

[Rencontre entre les habitants de Limoges et ceux d'Aixe.]

Marguerite de Bourgougne ne laissoit de se péner et tra-

---

(1) Rétablir ainsi, d'après le P. Bonaventure, cette phrase inintelligible : « Et au lieu d'icelle on commença un beau château qui a demeuré imparfait jusqu'à nos jours, et, selon les apparences, ne sera de longtemps achevé. »

(2) V. ce que dit à ce sujet M. l'abbé Arbellot dans l'*Histoire et description de la cathédrale de Limoges.* (Bullet. de la Soc. arch. du Lim., t. III, p. 187.) V. aussi BONAVENTURE (t. III, p. 581), qui reproduit à peu près textuellement le paragraphe de notre manuscrit.

(3) P. CORAL, *Loco cit.*, p. 780.

(4) Ci-dessus page 133.

(5) Comparez ce qui suit avec le manuscrit de M. Bourgoin-Mélicé (*Lim. hist.*, p. 362).— V. aussi LEYMARIE, *Hist. du Lim.*, t. II, p. 227 et suiv.— V. surtout. P. CORAL, *loco cit.*, p. 781 et suiv.

vailler les habittans de Lymoges tant par prières que menasses, afin de la recepvoir ; mesmes avoit gaigné par dontz ou promesses aucuns particuliers, et d'autres endettés et criminelz craignans estre punis de leurs mesfaits, qui ne désiroient que changements et mutations d'offices, combien que la majeure partie du corps de la ville aymoient la liberté et le repos du bien public, viollemment résistoient. De quoy grandement indignée, [elle] establit garnison ez chasteaux d'Aixe et Chaslucet pour pilher les pocessions des bourgeois de la ville contraires à son parti. Parquoy firent des maux infinis, ravissant fruitz et marchandizes, couppant oreilhes et cués [queues] aux chevaux des voituriers, jettans grains et vin par terre quand ilz ne les pouvoient porter, combien que le roy de France l'eust deffandu, et aussy le chappittre, vacquant le siége épiscopal, à peyne d'excommunication. Ce nonobstant, en procédant de mal en pis, le 11e novembre l'an 1273, nombre sortirent de la ville de Lymoges, les habittans en armes, qui en tuèrent de la garnison d'Aixe, prins et chargés du pillage, et les autres chassèrent dans Aixe, dans laquelle ville en tuèrent et blessèrent force. Et en prindrent de prisonniers à mode hostile, pour réparations des excès et injures à eux faittes, lesquelz le roy mandat de délivrer incontinant.

Or Edouard, roy d'Angleterre, ayant faict homage au roy de France Philippes de la duché de Guienne et comtés qu'il tenait en la seconde Aquittaine, le roy de France dit aux gens de la vicomtesse qu'elle choisist au mieux qu'elle pourroit du différend par elle prétandu aveq les habittans de la ditte ville de Lymoges. Car attandu que Edouard, roy d'Angleterre, avoit esté receu à homage des terres d'Aquittaine, il ne scavoit plus que faire. Sur ce, arriva à Lymoges la royne d'Angleterre, femme dudict Edouard, le 24 juillet 1274, et fust receue honnorablement et logea en la maison abbatialle de Sainct-Martial. Ce nonobstant, ladicte vicomtesse, femme de grand hardiesse, ne laissa de faire la guerre à Lymoges, assemblant gens de toutes pars pour raffraichir ses garnisons, faisant incursions et ribleries (1) ez terres des bourgois de Lymoges.

[La reine d'Angleterre à Limoges.]

---

(1) « *Ribler*, débaucher une femme ; d'où *Riblerie*, débauche, libertinage » (Du Cange, *Glossaire français*). — « *Ribler*, courir la nuit comme font les filoux, les débauchés, les traineurs d'épée » (Trévoux).

[Rencontre entre Aixe et Limoges]

Le roy Edouard, adverti de ce que dessus, envoyast son sénéchal pour le secours des habittans de Lymoges. Lequel obtint une victoire sur les gens de la vicomtesse, entre Aixe et Lymoges, où il y eust des tués et blessés, et fust gaignée l'enseigne de Gilbert d'Estamines (1), cappitaine des gens à cheval de ladite vicomtesse, qui furent rompu et mis en fuitte. Et le 10e jour d'aoust 1274, y eust autre rancontre, où ilz furent semblablement battus, et y perdirent chevaux et harnois.

Sortie sur les vicomtins.

[Sortie des habitants de Limoges, contre la garnison d'Aixe.]

Les consulz et bourgeois de Lymoges ayants presté le serement à Guy de Lusignau (2), lieutenant du roy d'Angleterre, exhibant leurs pièces, où estoient contenues les coustumes antiennes qui furent confirmées par le roy, envoyant inhiber la vicomtesse de ne faire la guerre ny exactions aux bourgeois et habittans de la ville de Lymoges. A quoy elle ne voullust entendre, fesant sortir ses gens ez garnison d'Aixe, renforcés de plusieurs Bourguignons. Lesquelz, le 26e de septembre, vindrent frapper sur les vandangeurs d'Isle et Balezis, parquoy les habittans sortirent sur eux, lesquelz ilz rompirent et mirent en fuitte, les poursuivans jusques à Aixe, où mirent le feu ez plusieurs maisons et pressoirs, et à l'intérieur de la ville en tuèrent et blessèrent grand nombre. Puis, le lendemain, jour de dimanche, firent les Lémoviques une sortie aveq trompettes, bussines [buccines], clérons et tambours, passant la Vienne au-dessoubz de Sainct-Priest, à gué, entrèrent dans la terre d'Aixe, brullant le bourgt, pillèrent l'église, cierges et chappes, et autres ornementz d'église, où reposoit le corps de sainct Martin (3) des Anades, confesseur du roy Charles-le-Grand, le corps duquel reposoit audict Sainct-Prieds-oubz-Aixe.

---

(1) De Tamines, d'après P. Coral et le mss. Bourgoin-Mélice ; de Thémines, d'après le P. Bonaventure, p. 582.

(2) D'autres mémoires portent, selon la relation du P. Bonaventure (p. 581), que ce fut au comte de Bigorre, pour le roi d'Angleterre, que les bourgeois de Limoges prêtèrent le serment de fidélité.

(3) Saint Martin des Arcades, confesseur de Charlemagne. (Manus. Bourgoin ; Bonaventure, p. 581.)

Donc venus à Aixe, bruIlèrent deux rues de la ville, bref jusques aux portes du chasteau. Or les premiers s'advansèrent pour retourner rebrousser leur chemin à Lymoges. Un nombre de jeunes escoliers, n'ayants jamais veu aucuns exploits de guerre, s'admusèrent [au] pillage, parquoy furent attrapés par ceux de la garnison, en leur couppant le pont par l'ayde du peuple qui estoit retraint dans le chasteau. Occasion dequoy, laditte compagnie print la fuitte à travers les hayes et buissons, jettans leurs armes par terre. Desquelz en fust tué 37 et deux bannières perdues aveq leurs escus, targes, arbalestes et autres arnois.

GILBERT DE MALLEMORT, filz à Gérald de Mallemort, archidiacre de Lymoges, fust esleu évesque de Lymoges le jour de Sainct-Louis, l'an 1275, en rangt des évesques de Lymoges 60 (1). Il fust cons acré [à] Bourges le 21e mars, et print pocession en juin 1276. Il tint l'évesché dix-huit ans.

[Gilbert de Mallemort, évêque.]

Suitte de la guerre pour la vicomté (2).

La vicomtesse ayant assemblé les communes de sa terre, incorporées aveq gens d'armes de sa maison et garnisons, vindrent le 18e septembre 1274 jusques au pont St-Martial bruller des pressoirs et cabanes des vigners. Donct auscuns furent surprins par les Lémoviques passants sur le pont et aussy le gué de la Roche-au-Got. Lesquelz se voyants enclos perdirent plusieurs hommes et chevaux.

[Incursion des gens de la vicomtesse au pont Saint-Martial et à Montjovis.]

Le 3e octobre, les gens de la vicomtesse retournèrent courrir sur les vandangeurs à Montjauvy, lesquelz se deffandirent et suivirent jusques auprès d'Aixe, où ilz tuèrent quelques-uns et prindrent bon nombre de prisonniers. Sur ce, le roy de France, à la requeste de la royne, fist prohiber par son hérault aux habittans de Lymoges de plus faire la guerre, soubz grandes paynes, et délivrer les prisonniers à ladicte vicomtesse, assignant jour aux parties à la quinzaine prochaine après la St-Martin par devant luy. Incontinant, les

[Le roi de France defend aux habitants de Limoges de continuer la guerre.]

---

(1) 57, d'après Nadaud.
(2) Cff. le manuscrit Bourgoin-Mélice Lim. hist., p. 364 et P. CORAL, loco cit.

[Le roi de France ordonne au roi d'Angleterre d'abandonner les habitants de Limoges.]

prisonniers furent randus. Cepandant Gérald de Maumont allast devers le roy de France pour faire voir la véritté de la chose. Ce que le roy de France voyant, manda au roy d'Angleterre par ses lettres, de quitter le sérement de fidellitté que les consulz et bourgeois de la ville de Lymoges luy avoient faict, et les habandonner et les renvoyer à la vicomtesse pour les punir par justice ou par armes, ainsy que bon luy sembleroit (1).

[Refus du roi d'Angleterre.]

Le roy d'Angleterre fist responce que, comme duc d'Aquittaine, il soustiendroit les bourgeois de la ville ses vassaulx, car ilz tenoient de luy nuement la ville ; et sur ce, [il] manda aux barrons et sénéchaux de leur donner secours et ayde en cette cause, car ladite vicomtesse ny ses prédécesseurs vicomtes n'avoient jamais estés receus à homage de ladite ville par les ducz d'Aquittaine.

[Le Chalard.]

En ce temps, un homme dévot, nommé Geoffroy commança à édiffier le monnastère du Chaslard-Peyroulhier, près Sainct-Iryers, qui avoit demeuré destruit despuis le temps des Dannois (2).

[Passage du roi de France à Limoges.]

L'an 1275 (3), le roy Philippes de France, à son retour de Languedoct, passa à Lymoges. Et arriva la veille de Pasques, et le lendemain s'an allast.

Il est dit alheurs qu'il y demeura huict jours, accompagné de son filz, et visita Sainct-Martial, comme d'ordinaire ont fait les autres rois et princes.

---

(1) On trouvera dans la Chron. de P. Coral, *loco citato*, la lettre adressée par le roi de France au roi d'Angleterre. Cette lettre est de 1273.

(2) Cette assertion est contredite par le P. Bonaventure, t. III, p. 583. — Sur le Chalard-Peyroulier, voyez ARBELLOT, *Revue archéol. de la Haute-Vienne*, 1854, p. 198.

(3) Il y a là une confusion. On ne connait d'autre passage de Philippe à Limoges que celui de l'année 1272, dont il a été parlé ci-dessus.

Le roy d'Angleterre vint à Lymoges; suitte touchant la vicomtesse et la ville [1].

Le 8ᵉ may 1275, le roy d'Angleterre entra à Lymoges, lequel fust receu en grand honneur des habitans. Et après des chanoines, abbés de Sⁿᵗ-Augustin et de Sainct-Martin, vindrent à son logis, à Sainct-Martial, accompagnés des Frères Mandians et autres nottables prélats, le supplier de donner telles provisions à la guerre qu'elle cessât en Lymousin. [Le roi d'Angleterre reçu à Limoges.]

A cette causse, le roy envoyast ses ambassadeurs devers le roy de France pour y mettre fin. Et cependant, ne laissoient de s'escarmoucher les uns contre les autres, mesmes durant son séjour à Lymoges. La vicomtesse fist tuer certains voicturiers qui conduisoient certaines marchandizes à Lymoges. Par ses garnisons de Bridiers, Eymeric Brun, comte de la Marche, en faisoit autant en d'autres lieux, vollant toutes les marchandizes qu'il pouvoit pour ladite vicomtesse. [Démarches du roi d'Angleterre auprès du roi de France pour obtenir la cessation des hostilités.]

Cependant le roy d'Angleterre alloit souvant à la chasse du costé de Grandmond et de Veyrac, tournoyant les montagnes en attendant ses ambassadeurs. Lesquelz retournèrent à la fin du mois, qui n'avoient faict aucune chose en cour, non seullement ne peurent avoir surséance de guerre ou tresve jusques à ce que ledict roy Edouard d'Angleterre eust parlé au roy de France. Et plus fist Gérald de Maumont, gouverneur des affaires de la vicomtesse, par unes simples lettres qu'il escripvit à la royne de France, au nom de sa maîtresse la vicomtesse, que ne firent les orateurs du roy d'Angleterre. [Inutilité de ces démarches.]

Allors, les bourgeois de la ville voyants que cella ne se passeroit sans guerre, requérant au roy de leur donner quelque cappitaine pour les conduire, attandu que le comte de la Marche et autres en faveur de la royne s'estoient déclarés leurs ennemis. Mais le roy d'Angleterre ne le voullust faire, causant les inhibitions que le roy de France luy avoit escrittes. Bien leur accorda de faire la guerre, s'ilz voulloient aller en personne devers le roy de France. [Les bourgeois de Limoges insistent auprès du roi d'Angleterre pour obtenir qu'il les défende.]

---

[1] Pierre Coral, *loco citato*. Ce fut le 8 des ides de mai 1274, et non en 1275, que le roi Edouard vint à Limoges. Tout ce qui va suivre dans notre manuscrit est extrait de Pierre Coral.

A la parfin, les consulz et bourgeois luy portèrent les clefs de la ville, les luy randans en le suppliant en disposer à son plaisir, ou les ayder à deffandre sa terre, qui de luy, comme dit est, la tenoient nuement, et sy mieux il n'aymoit les donner à la vicomtesse.

{ Le roi se rend aux prières des bourgeois. }

Ces piteuses remontrances le firent pleurer, aveq autres qui estoient présants. Une fois, estoit en délibération de les quitter; toutesfois, le landemain, au partir de Lymoges pour aller devers le roy de France, déclara qu'il ne quitteroit point le droit qu'il avoit acquis par sérement des consulz et bourgeois. Lequel bailha dans la ville des hommes d'armes, non pour faire la guerre, sinon pour garder les habittans d'oppressions.

Ceux du pont de Noualhas (1) estans en garnison, tenans la plasse pour Eymerict Brun, tuèrent dix sergens et prindrent leurs chevaux à S^{nt}-Pried. Lesquelz sergens estoient sortis de Lymoges pour fère quelques exploitz.

Sortie de Lymoges sur les vicomtins.

{ Sortie de Limoges sur les gens de la vicomtesse }

Le roi d'Angleterre, voyant qu'il ne pouvoit rien faire aveq le roy de France touchant la guerre de Fymoges, il envoya son oncle, Guilhaume de Valleuf (2), et deux barrons d'Angleterre et plusieurs autres pour conforter Lymoges. Lesquelz arrivèrent au mois de juillet, la guerre estant chaude entre les vicomtains et Lémoviques (3).

{ Siège d'Aixe. }

La vicomtesse avoit assemblé à Aixe gens de toutes parts. Ce que sachant, les habittans de Lymoges sortirent, deux cens hommes à cheval et quatre mille hommes à pied. Lesquelz entrèrent dans Aixe, tuans et chassants les gens de la vicomtesse jusques dans le vertueil du chasteau, où ilz se fortiffièrent. Lesquelz furent assiégés du costé de la ville par le sieur

---

(1) Du pont de Noblac? Il y a *Nobiliacensis* dans la *Chron.* de P. Coral.

(2) *Sic.* Guilaume de Valence *W. de Valenssa* (P. CORAL), *loco citato*, p. 784.

(3) *V.* P. CORAL, *ibid*; l'abbé ROUGERIE, *Monog. du canton d'Aixe*, au t. XIV du *Bullet. de la Soc. arch. du Lim.*

de Valensa, en attendant les barrons d'Aquittaine, qui ne faillirent de s'y trouver pour assiéger le chasteau de toutes parts. Il est à notter qu'il y falloit trois puissants siéges, desquellz nul ne peut secourir l'autre. Et firent ceux de Lymoges de grands maux ez vignes, bleds et autres fruitz.

Ceux du chasteau estoient trois mille et plus, lesquelz tenoient les deux ponts de Vienne et Exsète (1), et bien se defandoient.

Sur ce, arriva le sénéchal d'Angleterre aveq grand nombre de Gascons et Périgourdins, lequel assist son campt du costé de Beynac, estant le plus foible.

Ceux de Lymoges envoyèrent engins, souffres, darts, cordes, cables et autres choses nécessaires pour jetter feu, pour assaillir et démolir la place. Les engins furent dressés par un maistre ingénieur nommé Cidres (2), lesquelz commançans à traire et crevantaient fort la place. Lesquelz assiégés jettoient du chasteau plusieurs pierres et carreaux sur ceux qui s'approchoient tropt près dudict chasteau. Mais, sur ce, advint un hérault du roy de France, qui deffandit aux bourgeois de Lymoges de n'assaillir la place, sur payne de confiscation de corps et de biens, et de lever le siége, assignant jour aux parties au prochain parlement.

[Le roi de France ordonne aux bourgeois de Limoges de lever le siège d'Aixe.]

La vicomtesse requérant permission de justiffier ses hommes de la ville par justice ou par armes, ainsin que bon luy sembleroit, et, pour preuve de ce qu'elle demandoit, produit les recognoissances qu'aucuns particuliers avoient faites au vicomte Guy, 3e de ce nom, du temps du roy Philippes-Dieu-Donné ;

Aussy l'enqueste que le vicomte Guy 4e, dernier décédé, par certains conseilhers [avoit faict fère], environ l'an 1270, par laquelle monstroit la pocession que Guy en avoit heue audit Lymoges. Lesditz consulz, voullant deffandre les bourgeois obligés, appellèrent le roy d'Angleterre à garrient [garantie] comme duc d'Aquittaine, qui print le garriment. Toutesfois, audit parlement, par le roy fust prononcé que le roy d'Angleterre ne failliroit à recepvoir et deffandre les hommes de la vicom-

---

(1) L'Aixette, petite rivière qui se jette dans la Vienne.
(2) Pierre Coral ne donne pas le nom de cet ingénieur.

tesse du chasteau et ville de Lymoges (1), à l'encontre de laditte vicomtesse au nom qu'elle procédoit, qu'ilz ne fussent ses justiciables. Et sy ne deffandit point la guerre entre les parties.

Division entre les habittans pour recepvoir la vicomtesse a Lymoges.

[Division entre les habitants de Limoges au sujet de la reception de la vicomtesse.]

Les bourgeois, connoissants la faveur qu'avoy la vicomtesse en cour, considérants qu'ilz pourroient encourir l'indignation du roy de France s'ilz poursuivoient leur droit par justice, et sy par armes les voulloient deffandre, [ils] pourroient estre cause de plusieurs inconvéniens et peut-estre de leur totalle destruction ; parquoy commancèrent à diviser les corps de la communauté en deux factions, dont ceux qui estoient descendus des obligés, et aucuns voulant temporiser, voullant avoir la bienvueillance de la vicomtesse, compromirent sur tout le différand et querelles qu'ilz avoient ensemble, au dit et arbitrage desditz Géral et Hélies de Maumond, frères, combien que tousjours eussent estés principaux conseilhers de la vicomtesse et solliciteurs des susditz procès pour icelle, comme dit est, s'obligeant par foy et sérement à tenir la santance arbitraire qui seroit par lesditz arbitres prononcé[e]. Dequoy fust passé instrument et opposé peynes contre ceux qui ne voudroient tenir.

La plus saine partie des habittans, nommés les preudhomme de l'ospital, aymans mieux mourir que de perdre leur liberté, comme mesme ceux des Combes, ne voulurent acepter ledit arbitrage, n'y consentir aucunnement, dont se retirèrent aucuns devers le roy d'Angleterre (2).

---

(1) Pierre Coral dit : « Dans ce parlement, qui eut lieu au mois de septembre, la cour décida que le roi d'Angleterre n'avait aucun droit sur le château (la ville) de Limoges, et que les bourgeois étaient justiciables, et en toute justice, de la vicomtesse de Limoges. Dans ce parlement, la cour ne prohiba pas la guerre. »

(2) « Cette sentence arbitrale, très longue et très curieuse, se trouve
« en latin aux pages 56 et 57 du troisième volume des *Ordonnances des*
« *rois de France*. Elle fut rendue exécutoire en 1275 par des lettres
« de Philippe le Bel, et confirmée par une ordonnance du roi Jean.

Comment la vicomtesse entra dans Lymoges à bannières ouvertes.

Le dimanche (1) après la St-Martin, aucuns particulliers de Lymoges, procurans recouvrer [de la] vicomtesse leurs parents ou aucuns détenus en ses prisons, luy portèrent les clefs de la ville. Allors la vicomtesse fist délivrer les prisonniers qu'elle avoit en sa puissance, et puis elle vint à Lymoges, où elle entra sans contredit, à bannières ouvertes, ayant aveq elle plusieurs gens de guerre. Où elle receut le sérement du compromis des parties des habitans. [Entrée de la vicomtesse à Limoges.]

Mais les preudhommes de l'hospital ny ceux des Combes ne le voullurent faire, desquelz l'abbé de S^{nt}-Martial a la jurisdiction. Car l'abbé Jacques le leur avoit deffandu, disant que ce droit prétandu du vicomte tant au chasteau et ville de Lymoges, avoit esté donné à ses prédécesseurs par les abbés de St-Martial à homage, qui n'avoit esté éfaict aucunement par elle. [Opposition des prud'hommes de l'hôpital et des Combes.]

La vicomtesse, pour randre plus enclin les habitans à passer le compromis, déclara par ses lettres patentes scellées des sceaux d'elle et de Marie de Ségur, sa fille, les habitans de laditte ville et faux bourgts estre francz et libres de toute servitude, et exempta perpétuellement tant en leurs personnes que biens. Laquelle franchise et liberté, tant pour sa fille leur ottroya pour en jouir, uzer et tenir à tousjours main, à faculté et pourvoir de s'en aller et venir à leur vollonté, en payant, à cause de leurs biens, les debvoirs accoustumés. Donné la 3e nonne de mars l'an 1274. [Franchises et libertés accordées à la ville.]

Le mercredi ensuivant, la vicomtesse partit de Lymoges et laissa dedans ses prévosts et vigiers, lesquelz estoient interdits d'aucune jurisdiction jusques à ce que les arbittres auroient prononcé leur sentance. [Départ de la vicomtesse.]

Certain temps apprès, Géral et Hélyes de Maumond, arbittres susdits, prononcèrent le laudz (2) arbitraire adjugeant à la [Sentence arbitrale prononcée par Gérald et Elie de Maumont.]

« au mois de mai de l'année 1356, et non pas 1350, comme le dit le
« P. Bonaventure qui, du reste, n'indique pas la source où il a puisé
« ce document » (Note de M. A. Leymarie, *Lim. hist.* p. 368.)

(1) P. Coral, *loco cit.*, p. 784.

2) « *Laud*, arbitrage, décision » (Roquefort).

vicomtesse, au nom qu'elle prenoit, tous les debvoirs et subbordes qu'elle demandoit à ses hommes de la ville et chasteau de Lymoges, dont le peuple appella. Le 23 juillet ensuivant, Marie de Ségur fust mariée dans Tours aveq Artus de Bretagne, et par ledit mariage d'icelle, fust transportée la vicomté de Lymoges audit Artus.

Comment Jacques de Calaure, abbé de S^{nt}-Martial, fist mettre la juridiction de la ville de Lymoges à sa main.

[Fourches patibulaires à la Croix-de-la-Chièze.]

Apprès la pronontiation de la sentance des arbittres, la vicomtesse, au nom et comme tutrice de ladite Marie de Ségur, sa fille, nonobstant l'appel interjetté par le peuple de la ville, fist ériger des fourches patibulères à la Croix de la Chiéze, où elle fist pendre un malfaiteur (1).

[Jacques de Calaure, abbé de Saint-Martial, se saisit de la juridiction de la ville.]

L'abbé Jacques (2), voyant que la vicomtesse jouissoit de la justice de la ville, en vertu du bail et homage que jadis avoit faict l'abbé Geoffroy, premier de ce nom, à son frère Guy de Ségur, du temps de l'évesque Ildoin, pour conserver le droit de son abbaye, il fist sommer la vicomtesse à luy faire homage qui luy appartenoit. Et par deffaut de ce faire, certain temps apprès, il fist mettre la jurisdiction de la ville à sa main comme suppérieur, et députta commissaires pour la gouverner. Dont la vicomtesse appella au roy et à son parlement, où la cause fust appellée. Devant lesquelz furent produits pour ledict abbé certains homages, adveufs et dénombrement faitz à ses prédécesseurs abbés. A la réception desquelz le procureur du roy d'Angleterre s'opposa, disant que à luy, comme duc d'Aquittaine, appartenoit recepvoir l'homage de la ville de Lymoges, comme le lieu principal de la duché, où les ducz avoient accoustumé à recepvoir la couronne, mouvant de luy nuement. De quoy estoit fondé par disposition de droit commun, sy l'abbé ne monstroit de coustume ou

---

1. Une note manuscrite de l'abbé Legros, mise au bas de la page 590 du t. III de P. Bonaventure, rapporte ce fait aux « Mémoires manuscrits sur le Limousin, » de l'abbé Nadaud, t. II, p. 156.

(2) P. BONAVENTURE, p. 590.

privilége au contraire. [Ce] qui fust cause de différer le procès pour l'heure, tellement que ledit abbé, retournant de Paris, décéda à Grassay (1), le lendemain de Ste-Agathe, l'an 1277. Son corps fust porté à Lymoges.

Apprès le décedz dudit abbé, la vicomtesse mist grande dissention entre les religieux, lesquelz par force elle voulloit contraindre postuller (2) un cuidam à elle propice. Ce qu'ilz ne voullurent, et, pour ce, elle fist venir dans l'abbaye bon nombre de gens d'armes, dont le peuple s'esmeut contre eux, et les chassèrent de la ville. Et fust esleu [Dissention à Saint-Martial pour l'élection de l'abbé.]

Pierre, prieur de S^nt-Vaulry, en rangt des abbés 38 (3), et confirmé par l'évesque, Gilbert de Mallemort. Auquel abbé la vicomtesse fist hommage, comme sera dit cy après. Le dit abbé fist apparoir, devant le roy de France comme antiennement solloyent fère hommage à l'abbé de Sainct-Martial. Parquoy fust dit qu'elle le feroit au nom de sa fille, ce qu'elle fist en plain chappitre, l'an 1277. [Pierre, prieur de Saint-Vaulry, abbé de Saint-Martial.]

L'an 1278 mourust Gérald Berneyix (4), gentilhomme limousin, surnommé la Mer (5) des poettes provansaux. Il est le premier qui a invanté les sonnets et cantures (6) en Provance. [Mort de Giraud de Borneil, poète provençal.]

---

(1) Grassay, dans le Berri (BONAVENTURE, *ibid.*). — « Il y a un chapitre fondé en 1002, par Bernard II, seigneur de Graçay... Jean duc de Berri donna cette terre au chapitre de la Sainte-Chapelle de Bourges, en 1484. » (SAUGRAIN, *Dic. univ. de la France.*)

(2) Postuler, en matière bénéficiale, nommer une personne qui ne peut être élue canoniquement pour quelque défaut. (TRÉVOUX, *Dictionnaire*, t. V.)

(3) 34e, d'après l'abbé Roy-Pierrefitte.

(4) V. CÉSAR DE NOSTRADAMUS, *His. et chr. de Provence*, 1614, in-fol. p. 259 ; — MILLOT, *Hist. litt. des troubadours.* 1774, t. II, p. 1 et suiv.

(5) LE MAITRE, « *Maestre del trobadors.* » (RAYNOUARD, *Choix de poésies des troubadours*, 1820, t. V, p. 166.)

(6) Lisez, avec Nostradamus, *Cantarels.* « *Cantaret*, petit chant. » RAYNOUARD, *Lexique roman.*

Comment la vicomtesse fust excommuniée et chassée de Lymoges (1).

[Siège d'Uzerche.]

Peut de temps après, la vicomtesse, soubz ombre d'authorité qu'elle avoit recouvert à Lymoges, voullust inférer que tout le pays de Lymousin estoit d'elle tenut soubz le nom de la vicomté de Lymoges. [Elle] s'y efforsa par armes à soubzmettre ses voisins et les contraindre à obéir, et, pour ce que ceux d'Uzerche furent les premiers refusans, elle les vinst assiéger l'an 1279, les pressants de toutes parts à la reconnoistre dame d'Uzerche, comme membre de la vicomté. Lesquelz, pour la nécessité, eurent recours à l'évesque Gilbert, lequel fist souvant prier de lever le siége. A quoy elle ne voulust entandre, parquoy elle fust excommuniée (2) et toute la vicomté supposée à l'interdit. Lequel ceux du chasteau, c'est-à-dire de la ville de Lymoges, ne voullurent garder, disants n'estre aucunement de la vicomté, combien que les Frères Prescheurs et Mineurs le gardassent.

[La vicomtesse excommuniée fait lever son excommunication.]

Laquelle vicomtesse de ces fulminations et interditz appella à Bourges, où elle obtint absolution quand à elle de prime face (3). Apprès, [elle] obtint de l'évesque de Lymoges absolution, et vint en la ville faisant plusieurs oppressions aux habittans qui ne la voulloient reconnoistre pour dame. Dont le peuple indigné s'esleva, et la chassèrent aveq les officiers de la ville, et bientost apprès, elle mourust, délaissant sa fille Marie seulle héritière.

[Gérald de Maumont, seigneur de Châlus Chabrol.]

L'an 1280, Artus de Bretagne et ladite Marie de Ségur, sa fame, donnèrent audit Gérald de Maumond, pour ladite santance arbitraire qu'il avoit randue à leur proffit contre les habitans de Lymoges (4), la terre et jurisdiction de Chaslux-

---

1) Comparez le manuscrit Bourgoin-Mélice, *loco cit.*, p. 370, t. V ; — Bonaventure, t. III, p. 591 ; — Combet, *Hist. d'Uzerche*, p. 101.

(2) V. *Anonymum Sancti Martialis chronicon.* (Corps des hist., t. XXI, p. 803 et 804.)

(3) De la Primace (Mss. Bourgoin-Mélice).

(4) V. ci-dessus, page 214 ; — V. aussi Bonaventure, t. III, p. 592, *Anonymum Sancti Martialis chronicon*, *loco cit.*, p. 804.

Chabrol aveq toutes ses appartenances. Duquel prinse la pocession, vint en armes, accompagné de plusieurs gens de guerre, contre Aymard, vicomte de Rochouard, pour le différend de la justice du bourgt d'Auradour-sur-Vayrey, et ce le 7e de septembre.

Le roy Philippes de France vint à Lymoges, où il fust magnifiquement receu ; et, par plusieurs fois voulust accorder les Lémoviques aveq le duc de Bretagne et sa famme, en modiffiant la santance donnée par les arbitres, ce que les habittans ne voullurent acepter. [Reception de Philippe-le-Hardi (1).]

En l'an 1284, Pierre de S^{nt}-Vaulry, abbé de S^{nt}-Martial, voyant que Artus de Bretagne, à cause de sa famme, jouyssoit de la justice de Lymoges qu'il tenoit de l'abbaye de S^{nt}-Martial, il fist saisir et mettre à sa main icelle par deffaut d'homage, et interdisant le juge prévost et sergens que ledit Artus avoient députtés. Et, le 4e jour de febvrier, fist bailher la commission à Guilhaume de S^{nt}-Vaulry, nepveu dudict abbé, qui establit juge pour exercer la jurisdiction Mre Jean Clary, laquelle ne dura que jusques au lundy ensuivant, que ledict roy de France arriva à Lymoges, ayant en sa compagnie deux de ses enfans, Philippes-le-Bel, roy de Navarre, et Charles, roy d'Arragon. Lesquelz furent receus des bourgeois en grand triomphe et logés dans l'abbaye de Sainct-Martial, où le roy, à plain informé du droit des parties prétandant sur la justice et seigneurie de la ville de Lymoges, octroya lettres a l'abbé, par lesquelles la justice fust mise à sa main, comme suppérieur. En signe de ce, fust faict proclamation par toute la ville à son de trompe, comme s'ansuit : [L'abbé de Saint-Martial se saisit de la justice du vicomte (2).]

DE PAR LE ROY, seigneur de Lymoges, prohibons et deffandons, interdisons à tous autres juges et officiers de n'exercer que pour le roy de France, ny rien entreprandre à son

---

(1) V. *Anonymum Sancti Martialis chronicon*, loco citato, p. 805, ad annum, 1284; BONAVENTURE, p. 594.

(2) *Anonymum Sancti Martialis chronicon*, ad annum 1320 continuatum, loco cit., p. 810, et le P. Bonaventure .p. 594., qui « rectifie les erreurs du compilateur ; » — l'abbé ROY-PIERREFITTE, *Saint Martial de Limoges*, p. 56.

préjudice, et à aucune cour et jurisdiction connoissance, et à tous autres de n'obéir qu'à ces officiers.

[Gerald Faydit abbé de Saint-Martial.]

Ledit abbé décéda peu de temps apprès. Et luy succéda Géraldus, en rangt des abbés de S^{nt}-Martial 39 (1).

[Violence du vicomte envers l'abbaye de Saint-Martial (2).]

Le [l'an] dernier du roy Philippes, Artus de Bretagne arriva à Lymoges aveq sa femme. Lequel fist rompre, briser et bruller les portes de l'abbaye de S^{nt}-Martial. Outre ce, se jettèrent sur les moynes, lesquelz furent battus. Et de plus, [Artus] changea leurs officiers députtés à gouverner la justice de Lymoges, saisie à la main du roy de France. [Ils] rompirent les conduitz des fontaines. Dont bientost mourust ladite Marie de Ségur, sadite femme, qui délaissa Jean et Guy, ses enfans.

Commant la ville de Lymoges fust mise à la main du roy de France, soubz Philippes-le-Bel, l'an 1286 (3).

[Edouard Ier fait hommage du duché d'Aquitaine à Philippe le Bel.]

Apprès le couronnement du roy Philippes-le-Bel, Edouard-aux-Longues-Jambes, roy d'Angleterre, vint fère homage au roy de France de la duché d'Aquittaine. L'année 1287, Jean de Bretagne, Jean, comte de Richemond, son filz et de Béatrix, fille du roy d'Angleterre, avoient receu Artur, fust marié aveq Marie de Ségur, vicomtesse de Lymoges. En ladite année mourut Edouard-aux-Longues-Jambes, auquel sucséda son filz, Edouard, surnommé Carmenan.

[Masleon]

En ce temps, commança la communaulté de Masleu ou Masléon en Lymousin (4).

---

(1) Gérald Faydit (1295-1298), est le 35e abbé, d'après l'abbé Roy-Pierrefitte, *ibid.*
(2) Roy-Pierrefitte, *ibid.* — Le P. Bonaventure (p. 596) rapporte ces faits à l'année 1290.
(3) V. *Annales d'Aquitaine*, 1557, f° 101 recto.
(4) V. *Anonymum Sancti Martialis chron.*, loco cit., p. 81, ad annum 1289.

Guilhaume Feydi (1) sucéda à l'abbaye de S^nt-Martial, en rangt 40, par le décedz de l'abbé Géral, et décéda l'an 1300. [Gui de La Porte, abbé de Saint-Martial.]

L'an 1292, Edouard, roy d'Angleterre, apprès qu'il eust faict homage au roy Philippes et serment de fidélité, ce nonobstant, commança la guerre, fesant ses gens plusieurs excès et rebellions. Parquoy, le roy Philippes fist mettre à sa main Lymoges, Périgueux, Saintes, Engoulesme, Agen et Cahors par Renault, comte, de son connestable et de Charles de Vallois, son frère. [Reprise des hostilités entre Edouard et Philippe-le-Bel.]

Venue des Pères Augustins à Lymoges, l'an 1290 (2).

L'an 1290, les frères hermittes appelés Augustins vindrent à Lymoges, et commancèrent à édiffier leur couvent aux faux bourgs de Montmallier. Et onze apprès, le jour de l'Assomption de Nostre-Dame, l'an 1301, commancèrent à célébrer dans leur église, qui estoit très belle. Laquelle fust destruite aveq partie du couvent, causant les guerres. Duquel ne reste que le portal d'icelle, comme dit est [plus loin]. Et en l'année 1638, ilz ont commancé à fère bastir l'église et leur bastiment. [Les Augustins s'établissent à Limoges.]

PIERRE DE SEPERIE (3), natif de Donzenat, chanoine d'Evreux, plain de doctrine et de bonté, par le décedz de l'évesque Gilbert, qui décéda l'an 1294, fust esleu évesque de Lymoges, en rangt 61. Laquelle eslection luy fust présantée par Regnault du Port ou de La Porte, chanoine et archidiacre de Lymoges. Lequel, s'excusant, la refusa tout à plain. Semblablement, il avoit refusé l'evesché d'Alby. Parquoy, à son refus, fust ledit REGNAULT DU PORT esleu évesque de Lymoges, [Raynaud de la Porte, évêque.]

---

(1) C'est une erreur de notre compilateur. A Gérald Faydit succéda Gui de la Porte, frère de Raynaud, évêque de Limoges, d'après le *Gallia Christiana* et l'abbé Roy-Pierrefitte. — V. aussi *Brevissimum Chronicon Lemovicense* (Corps des hist., t. XXI, p. 807).
(2) V. *Anonymum Sancti Martialis chronicon*, loco cit. p. 81.
(3) V. *Bernardi Guidonis nomina episcoporum. Lem.* (Rec. des hist. des Gaules, t. XXI, p. 756.)

en rangt 62. Lequel fist beaucoupt de choses remarquables, comme sera dit chacune en son rangt (1).

L'an 1300, mourust Guilhaume Feydy, abbé de S^{nt} Martial. Auquel succéda

[Guy de La Porte abbé de Saint-Martial.]

Guy de la Porte, frère du susdit évesque, en rangt des abbés 41 (2), estant avant abbé de Vigeoas. Lequel fist grand poursuitte à Paris contre Artus de Bretagne, à cause de ses enfants, pour avoir l'homage de la justice de la ville de Lymoges. Incontinant après, fust ledit Guy déposé par le pape Boniface, grand ennemy de la France, qui en déposa plusieurs autres. Lequel pourveut à l'abbaye

[Gailhard de Miraumont, abbé de Saint-Martial.]

Gailhard de Miramond, en rangt des abbés 42 (3).

Audit an, mourust Gérald de Maumond, cy devant archidiacre et conseiller du roy, à Chaslux ; lequel fust enterré à S^{nt}-Pardoulx-la-Rivière, que la vicomtesse avoit fondé.

[Date des lettres et contrats]

En ce temps, Jean Faure (4), chancellier de France, fist commancer la datte des contractz au 25e mars, et non à Pasques, comme on avoit de coustume.

---

(1) V. *Majoris chronici Lemovicensis secundum supplementum*, au *Recueil des historiens des Gaules*, t. XXI, p. 791. *Notice sur la vie et l'épiscopat de Raynaud de La Porte*, par ARMAND DE LA PORTE, au t. XI, p. 139, du *Bullet. de la Soc. arch. du Lim.*

(2) Guy de La Porte (1298-13...) est le 36e abbé, d'après Roy-Pierrefite, *loco citato*.

(3) Gaillard de Miraumont (1302-1344), 37e abbé, *ibid*.

(4) « Pierre Fabri (M. de La Porte, *loc. cit.* l'appelle Nicolas Fabri), chancelier et garde des sceaux de la cour de Limoges, changea la date des lettres et contrats, qui se faisoit au jour de Pâques dans le diocèse de Lymoges, et ordonna qu'elle se fist doresnavant à l'Annonciation de la Vierge, qui échoit au 25 de mars. » (BONAVENTURE, p. 604.) Voici le texte latin du passage de la chronique anonyme de saint Martial, traduit par le compilateur :

« Item nota quod data litterarum solebat mutari quolibet anno in
» festo Paschæ in diœcesi Lemovicenci ; sed magister Petrus Fabri,
» cancellarius et custos sigilli curiæ Lemovicensis, instituit quod
» data mutaretur quolibet anno in festo Annunciationis beatæ Mariæ ; et prima mutatio fuit anno Domini M. CCC. primo. » (*Corps des historiens des Gaules*, t. XXI, p. 810.)

En l'an 1305, fust esleu pape Berthrand Gotto (1), archevesque de Bourdeaux, et fust nommé Clément V[e], natif de Lymousin. Le jour de son sacre à Lion, fust tué Jean de Bretagne par la cheute d'une muraille qui tumba sur luy et autres, et le pape blécé, lequel y perdit une escarboucle estimée six mille ducatz (2).

[Election de Clement V.]

Comment Lymoges retourna aux Anglois, où fust envoyé un bourgeois de Lymoges.

En laditte année 1305, estant mort Edouard-aux-Longues-Jambes, roy d'Angleterre, qui laissa de la comtesse de Poictiers (3), sa première famme, Edouard 5e, surnommé Carmenan (4). Lequel, après qu'il fust couronné roy d'Angleterre, espoussa Izabelle, fille du roy Philippes de France ; en faveur duquel mariage luy furent randues les terres et seigneuries d'Aquittaine, que le dit roy Philippes avoit faites mettre à sa main, desquelles ledit Edouard fist homage au roy de France.

[Retour de l'Aquitaine aux Anglais]

Les consulz de Lymoges ayants sceu comme Edouard, roy d'Angleterre, avoit esté receu à homage des terres d'Aquittaine que le roy lui avoit délivrées, envoyèrent à Londres Simon Boyol, bourgeois de la ville, homme honnorable, aveq pouvoir des habittans, pour avoir la confirmation des priviléges et coustumes antiennes (5).

[Les consuls envoient Simon Boyol à Londres pour obtenir la confirmation des priviléges de la ville]

La Justice de la Citté et S[nt]-Léonard (6).

[Partage de la Cité et de Saint-Léonard.]

Icelle année 1305, l'évesque Renault de La Porte asseura

---

(1) Bertrand de Got. — Les événements indiqués par notre compilateur sont racontés dans la *Biographie Michaud*. — V. aussi *Ann. d'Aquitaine*, 1557, f° 102 v°, et surtout Bernard Guidonis, *loco cit.* p. 715.
(2) BERNARD GUIDONIS, *loco cit.*, p. 715.
(3) De Ponthieu (J. BOUCHET, *Ann. d'Aquitaine*, 1557, f° 103, r°).
(4) Edouard II, né en 1284, dans le pays de Galles, à Caernavan, dont il retint le nom, que notre annaliste peu scrupuleux écrit *Carmenan*. — V. aussi J. BOUCHET, *ibid.*
(5) Le P. Bonaventure, p. 609, rapporte ce fait à la date de 1308.
(6) On trouve au t. XIII, p. 205, du recueil des *Ordonnances des*

[associa] le roy Philippes de France à la justice de la Citté de Lymoges et de Sainct-Léonard, craignant estre troublé. Et depuis, sont tenues en commun pariage, avec pacte que, sy l'évesque n'y avoit droit, le roy le seroit par moitié à icelle. Dont fust faict par les ecclésiastiques de la Citté procession.

[Tour de Maumont.]

L'an 1307, Pierre et Guilhaume de Maumond, chevalliers, et héritiers de feu Gérald leur oncle, vandirent à l'évesque Renaud la tour de Maumond, que ledit Gérald avoit fait bastir dans la Cité de Lymoges (1); et, d'avantage, firent eschange aveq le roy Philippes des terres qu'ilz tenoient en Lymousin. Et, en eschange, le Roy leur donna Tonnay-Boutonne, près S^{nt}-Jean-d'Angely (2).

Hommage faict à l'abbé [de] S^{nt}-Martial, et la forme (3).

[Hommage fait par Jean, duc de Bretagne à l'abbé de Saint-Martial]

Apprès le décedz de Jean duc de Bretagne, Artus, son filz, obtint la duché, qui [lequel] de sa première femme, Marie de Ségur, vicomtesse de Lymoges, avoit eu deux enfants, scavoir Jean et Guy. Lesquelz voyants qu'ilz ne pouvoient jouyr de Lymoges pour l'empeschement que l'abbé de S^{nt}-Martial luy faisoit à cause de l'homage, Jean, filz aisné d'Artus, duc de Bretagne, fust envoyé par son père à Lymoges pour praudre pocession des terres de sa mère au pays de Limousin. Lequel fist homage à l'abbé de S^{nt}-Martial, appellé Gailhard de Miramond, dans le chappitre, en la forme qui s'ensuit.

Scavoir: un serment de fidellité pour la justice de Lymoges, laquelle il advoua tenir dudit abbé;

---

rois de France de la troisième race, des lettres, datées de Chinon, 1434, par lesquelles Charles VII confirme le pariage pour la Cité de Limoges et Saint-Léonard, et dans lesquelles sont tout au long rapportées les lettres de Philippe le Bel, du mois de septembre 1307, et non de 1305, comme le dit notre compilateur. (V. LEYMARIE, Hist. du Lim., t. II, p. 273; — Almanach Limousin, année 1869, p. 9; — BONAVENTURE, p. 607.)

(1) V. ci-dessus.
(2) V. Anonymum Sancti Martialis chronicon, loco cit., p. 814, ad nnum 1306.
(3) V. ibid., p. 811, ad annum 1407.

Item, un autre serment de fidélité et baiser pour le droit à luy donné et à ses prédécesseurs à recevoir l'homage de Pierre-Buffière et de Chervix (1).

Cella fait, il disna au reffectoir de ladite abbaye aveq l'abbé et religieux, puis députta ses officiers de la justice ordinaire de la ville.

Venue du pape Clément à Lymoges, et le chef de S^{nt} Martial mis dans une châsse.

L'année 1307, fust mis le chef de sainct Martial dans une châsse. — Toutesfois, il est dit alheurs que le pape Clément 5° vint à Lymoges, et desira voir le chef de S^{nt}-Martial, et, après l'avoir regardé révèremment, le baisa en pleurant, le tenant entre ses mains, [le] jour de dimanche, 24° avril 1306 (2), qui peut bien estre l'année qu'il fust mis dans une châsse par ledit pape. [Clément V à Limoges.]

Il est plus certain de l'année 1307, car Jacques, roi de Majorque, retournant de Poictiers, où il estoit allé pour voir le pape Clément 5, vint à Lymoges faire sa dévotion à S^{nt}-Martial, et fust reçeu en grande solempnité, le 13 juin 1307.

Dam Geoffre de Chabrignact (3) fust esleu abbé de S^{nt}-Martial, en rangt des abbés 43, par le décedz de Gailhard de Miramond. [Élie. Geoffroy de Chabrignac, abbé de Saint-Martial.]

---

(1) *V.* Roy-Pierrefitte, *Monast. du Lim.*, *Saint-Martial*, p. 58 ; et le P. Bonaventure (p. 608), qui cite à ce sujet les « *Chroniques de saint Martial.* »

(2) *V.* Bonaventure, t. III, p. 607. Les annales de Grandmont disent que ce fut en 1306 que le pape fit visite au monastère avec sept cardinaux et sa cour (*Ann. ord. Grand.*, p. 250). C'est également à l'année 1306, et non à l'année 1307, que Jean Bouchet (*Annales d'Aquitaine*), rapporte le séjour de Clément V à Poitiers. — *V.* aussi Bandel, chap. IV, *Dévot. à saint Martial;* — Bernard Guidonis, *loco cit.* p. 716.

(3) Elie Gaufridi de Chabrinhac (1311-1338) est le 38° abbé d'après Roy-Pierrefitte, *loco citato*.

Des vicomtes qui ont prétandu droit à Limoges.

[Enfants d'Arthur de Bretagne.]

Environ l'an 1312, mourust Artus de Bretagne, et laissa Jean et Guy, comme dit est, de ladite Marie de Ségur; et de Yolant, fille du vicomte de Narbonne (1), comtesse de Montfort, sa seconde femme, Jean, qui fust comte de Montfort, et quatre filles. L'aisnée espousa le comte de Barbe (2), seigneur de Laval; la seconde, le comte de Vandosme; la troisiesme et quatriesme furent religieuses. Et Jean, l'aisné, tint la duché de Bretagne 28 ans, et délaissa à son frère Guy les terres et seigneuries à eux escheues à cause de Marie de Ségur, leur mère, aveq la comté de Ponthaumur (3) et la seigneurie de Gresse (4).

Le duc Jean espousa en premières nopces la sœur du roy Philippes de Vallois, de laquelle n'eust aucuns enfans, comme aussy des autres deux, scavoir : Isabeau, sœur du roy d'Espagne, et de Jeanne de Savoye, esquelles assigna pour dhouaire la ville de Lymoges et la vicomté de Ségur.

[Les templiers (5).]

En ce temps, les templiers furent chassés, et leurs biens furent baillés aux chevalliers de Rodes (6). Il y en avoit dans la ville de Lymoges, et leur temple et demeure estoit devant S^{nt}-Martial, au bout de la rue du Temple, qui faict le coingt

---

(1) Fille d'Amaury, duc de Narbonne, vicomte de Bourges et de Carcassonne, comte de Montfort. (J. Bouchet, *Ann. d'Aquit.*, f° 105 recto.)

(2) Lisez *Bar*, et rétablissez ainsi la phrase, d'après J. Bouchet : « La première des filles épousa le comte de Bar; la seconde, le seigneur de Laval; la tierce, le comte de Vendôme; et la quarte fut religieuse à Poissy. »

(3) Lisez la *Comté de Penthièvre*, d'après J. Bouchet.

(4) De Grelo. (J. Bouchet.)

(5) *V.* au t. IX du *Bullet. de la Soc. arch. du Lim.* : *Procès des Templiers*, procuration de Jean fils aîné du duc de Bretagne, nommé le 29 avril 1308, pour le représenter au procès des Templiers; Bonaventure, p. 608.

(6) V. dans le *Bulletin de la Soc. Arch.*, t. IX, un art. de feu M. Maurice Ardant : *Chevaliers hospitaliers de Saint-Jean de Jérusalem de Rhodes et de Malte.*

tirant à la porte Poulalière, dont les voutes de leur temple paroissent encores dans quatre maisons jougnantes. Comme aussy ilz tenoient la commanderie du Palais.

Translation de S^nt Aurélien.

L'an 1315, fust relevé le corps de sainct Aurélien, 2⁰ évesque de Lymoges, gissant en l'église S^nt-Cessateur, hors les murs, par le susdict évesque Régnault, et ce le 15ᵉ febvrier (1). Ledit corps sainct repose dans une châsse de cuivre surdoré, et le chef dans un demy-corps d'argent enrichi de pierreries de peu de valleur, auquel est gravé : *Béchameil* (2) *de Las Portas me fey far l'an 1365*. A présant, il repose dans la chapelle bastie l'an 1475, qui porte son nom, au bout de rue Torte, annexée à l'église S^nt-Cessateur. Partant le prieur et curé est de l'une et l'autre. [Translation de saint Aurélien.]

Le vicomte achette une maison dans Lymoges.

En ce temps, 1315, estoit vicomtesse dhouairière de Lymoges Jeanne de Bretagne.

Guy de Bretagne, second filz d'Artus de Bretagne, aquist à Lymoges, pour sa demeure, la maison du convent de Peyrusse, jougnant où à présent est l'église de Sainct-Michel-des-Lions. Laquelle, apprès, fust la maison curiale, puis eschangée pour les dismes de S^nt-Lazare aveq le curé, pour y placer le siége présidial (3) et sénéchal, où il [est] à présant, appellé le Palais. [Maison du présidial de Limoges.]

---

(1) Le 15 des calendes de mars, d'après une *Chronique anonyme de saint Martial* et la chronique de Maleu, insérées toutes deux au Corps des Hist. des Gaules, t. XXI, p. 813. — *V.* au sujet de cette translation BONAVENTURE, t. III. p. 613.

(2) Dans l'exemplaire du P. Bonaventure que possède la Bibliothèque de Limoges, lequel exemplaire a appartenu à l'abbé Legros et est annoté de sa main, le nom propre Béchameil a été biffé et remplacé par la note marginale : « *Hel. Hannelius ou Hamieli.* »

(3) Le siége présidial fut établi en 1551. — *V.* BONAVENTURE (p. 607).

Du pape Jean 22, qui divisa l'évesché de Lymoges en deux, soubz Philippes-le-Longt [1].

[Érection de l'évêché de Tulle.]

Environ l'an 1316, fust esleu pape Jean 22e du nom, natif de Cahors. Lequel, après quelque temps divisa l'évesché de Lymoges en deux, érigeant l'abbaye de Tulle en évesché, desmembrée de celle de Lymoges.

[Fondation de couvents à Mortemar.]

Du temps dudit pape Jean, le cardinal de Mortemar fonda audit lieu, duquel il estoit natif (2), trois couvents, scavoir : de Chartreux, Augustins et Carmes, lesquelz il dotta richement. Lesquelz Chartreux ont quitté aux autres.

[Passage à Limoges du comte de La Marche.]

Environ l'an 1319, le comte de la Marche, frère du roy Philippes de France, fust à Lymoges, et ne visita Sainct-Martial ni n'entra au monastère, ce qui fust dit estre innouy, car tous les princes ont tousjours accoustumé d'honnorer S^{nt} Martial (3).

---

(1) *V.* Baluze. *Hist. Tutelensis*, 1717, p. 189, 190. — *V.* surtout à l'Appendice du même ouvrage : *Bullæ Joannis papæ XXII de erectione episcopatus Tutelensis, anno 1317; ejusdem papæ epistola ad Philippum regem Francorum de erectione episcopatus Tutelensis anno 1317 ; ejusdem papæ epistola ad Arnaldum electum Tutelensem, ut nonobstante quod nondum habeat litteras apostolicas de provisione episcopatus, possit accipere administrationem ecclesiæ Tutelensis; ejusdem papæ litteræ de limitibus et parrochiis ecclesiæ Tutelensis, anno 1318*, etc.

(2) V. *Historia episcoporum Autissiodorensium*, apud Labbe, t. I, p. 509-510. — *V.* aussi Roy-Pierrefitte, *les Chartreux en Limousin*. (*Etudes sur les monast. du Lim.*)

(3) « …. J'en tire la preuve de ce que je trouve dans un ancien manuscrit contenant plusieurs mémoires de divers temps et finissant l'an 1319, qui porte qu'à la fête de saint Grégoire, le frère de Philippe, roi de France, comte de la Marche, fut à Limoges et ne visita point le saint ni n'entra au monastère, ce qu'il dit être inoui: « *Non visitavit sanctum, neque intravit monasterium, quod est inauditum.* » (Bandel, *Dévot. à saint Martial*, chap. vii.)— V. *Anonymum Sancti-Martialis Chronicon ad annum* 1320 *continuatum*. (*Corps des Hist.* t. XXI, p. 814.)

Soubz Charles-le-Bel, 4ᵉ du nom, roy de France [1].

L'an 1325, Isabeau, reyne d'Angleterre, vint en France aveq Edouard de Vinderose [de Windsor] son filz, lequel fist homage au roy Charles son oncle, de toutes les terres et seigneuries qu'il tenoit en France, puis confirma les antiennes coustumes de Lymoges.

[Confirmation des coutumes de Limoges.]

Soubz Philippes de Valois.

L'an 1328, mourust Guy de Bretagne, comte de Panthièvre, délaissant une seulle fille nommée Jeanne, boiteuse (2), en la garde de Jean, duc de Bretagne, son frère; lequel, n'ayant laissé d'enfants de trois femmes qu'il eust, fist laditte Jeanne son héritière apprès son trespas, la mariant avec Charles de Chastillon, filz du comte de Blois et de Marguerite, sœur du roy Philippe.

[Jeanne de Penthièvre.]

Guilhaume de Ventadour fust esleu abbé de Sⁿᵗ-Martial, en rangt 44, (3) par le décedz de Dam Geoffre de Chabrignact, abbé. Ledit de Ventadour estoit frère du Sᵉ de Donzenac.

[Guillaume de Ventadour, abbé de Saint-Martial.]

Du pape Clément 6ᵉ.

Environ l'an 1340, fust pape Clément 6ᵉ, Limousin, lequel estoit appelé Mʳᵉ Pierre Rogier, archevesque de Sens. Il fust premièrement simple moine, puis prieur de Sᵗᵉ-Babille, après, abbé de Fescamps, après, évesque d'Arras, puis, archevesque de Sens, après, translaté en l'archevesché de Sens, et faict cardi-

[Clément VI, pape (4).]

---

(1) *V.* Bonaventure, t. III, p. 617.
(2) Jeanne la Boiteuse, *ibid.*, p. 622. Bouchet. (*Ann. d'Aquit*, fᵒ 108, rᵒ) rapporte la mort de Guy à l'année 1330.
(3) 39ᵉ abbé, d'après l'abbé Roy-Pierrefitte.
(4) *V.* dans la *Galerie de Portraits des personnages célèbres de l'ancienne province du Limousin*, publiée par M. Albert (1848-18., in 4ᵒ), une vie de Clément VI par M. l'abbé Tixier. Le P. Bonaventure rapporte l'élection de Pierre Roger à l'année 1342. En effet, Benoît XII mourut le 25 avril 1342.

nal, finallement, pape. Il eust toutes ces qualittés en moingtz de seize ans. Il fonda une chappelle à l'honneur de saint Martial dans l'église de Sens, qu'il dotta de plusieurs rantes ; auquel il avoit grande dévotion, comme appert par sa bulle du 7ᵃ juillet 1343 (1).

[Prise du château de Combarn.]

L'an 1346, un brigant nommé Bacco print le chasteau de Combort en Lymousin, qu'il tint par force pour un temps, fesant plusieurs volleries. Mais, enfin, le roy Philippes trouva moien de le retirer, et en fist son huissier d'armes, où, depuis, demeura en grand honneur.

[Engins de guerre de Limoges.]

Auquel temps, les habittans de Lymoges envoyèrent au comte d'Ailhe (2) ayant le gouvernement de Guienne pour le roy Philippes quatre gros engins, lesquelz par six jours battoient contre la forteresse d'Auberoche, tellement que tout le haut du chasteau fust rompu, et se tenoient ceux de la garnison ez chambres voûtées soubz terre.

[Jean de Cros, évêque.]

Le 4ᵉ may 1348, fust esleu évesque de Lymoges
JEAN DE CROSE ou de Corsat (3), en rangt 63, natif du lieu où commence la rivière de Creuse en la Marche. Il souffrit beaucoupt du prince de Galles, comme sera dit cy-apprès.

Soubz le roy Jean de France.

[Elie II de Luys, abbé de Saint-Martial.]

Hélies de Lodie (4), du lieu de Calaure, en Périgord, fust

---

(1) En l'honneur de saint Martial apôtre. Il y a deux bulles à la même date, et toutes les deux sur saint Martial. La seconde est relative aux ostensions. (BONAVENTURE, t. III, p. 631-632.)

(2) Le P. Bonaventure, p. 636, rapporte ce fait à l'année 1345, d'après « les chroniques du pays. » Au lieu de *comte d'Ailhe*, il faut lire : *comte de l'Isle*, d'après le même auteur et probablement les mêmes chroniques. Leymarie, *Hist. du Lim.* t. II, p. 289, dit que c'était le comte de l'Ille-Jourdain.

(3) Jean de Cros de Calimafort, qui prit possession de son évêché le 26 octobre 1348, et mourut le 21 novembre 1383, est le 64ᵒ évêque, d'après le *Tableau* de Nadaud.

(4) *Helias de Lodio*, que l'abbé Roy-Pierrefitte (*loc. cit.*) traduit

esleu abbé de Sainct-Martial, en rangt 45, et ce environ l'an 1350. Et tint l'abbaye jusques l'an 1361.

L'an 1352, fust esleu pape Estienne Aubert, natif du Lymousin, lequel fust évesque de Clermont, puis cardinal d'Ostie, enfin pape, nommé Innocent 6ᵉ. Lequel fonda à Thoulouse un collége qu'il voulust estre appellé de Sⁿᵗ-Martial, auquel il avoit grande dévotion. [Innocent VI.]

En ce temps, florissoit Guido, Jacobin, natif de (1), lequel fust fait évesque de Lodève ; qui rédigea trois gros volumes de livres intitulés : *La Chronique des papes, empereurs, rois de France et comtes Tholosains*, et deux autres contre les Anglois et Germains, et le cathalogue des saints du Lymousin. Et dit que Sⁿᵗ Martial a fondé les églises de Bourges, Clermond, du Puy, Mende, Rodez, Cahors, Agen, Périgueux, Thoulouse, Poictiers, Saintes, Angoulesme, Bourdeaux et Lymoges. Le corps dudit Guido repose en l'église des Jacobins de Lymoges. [Bernard Guidonis.]

En l'année 1353, mourust à Avignon Bernard Chascas (2), gentilhomme Limousin, poette en langue provansalle, excellant théologien et grand jurisconsulte, parant de Clément 6ᵉ et Innocent 6ᵉ, papes. [Bernard Rascas.]

Sainct Anneius (3), enfant de Lymoges, florissoit en ce temps. [Guillaume Lamy, patriarche de Jérusalem.]

---

par Elie de Luys, est le 40ᵉ abbé d'après cet auteur, et le 41ᵉ, d'après le *Gallia Christiana*. Il fut élu en 1340 d'après le *Gallia*, qui ne sait trop à quoi s'en tenir sur son véritable nom et qui l'appelle : « Hélias II, de Baudir, *alias* de Podio, *du Puy*, et *etiam* de Lodio, e loco de Caliers, *alias* de Colauries, *diocesis Petragoricensis oriundus*. »

(1) Le mot est en blanc. « *Ex vico vocato* ROERIA, *prope Rupem-Apis* (près La Roche-l'Abeille). » — *V.* au t. II de LABBE, p. 512 : *Brevis Chronica de vita et moribus ac scripis et operibus Domini episcopi Lodovensis*, etc. — *V.* aussi ROY-PIERREFITTE, *Monast. du Lim.*, les *Dominicains*.

(2) Lisez *Rascas*. — *V.* NOSTRADAMUS, *Hist. de Provence*, 1614, in-f°, p. 399 et suiv.

(3) Lisez *Amicus* ou plutôt *Amici*, trad. latine du nom propre Lamy ou de Lamy, et voyez la vie de ce saint dans le P. Bonaventure, t. III, p. 633.

Il fust 22ᵉ patriarche de Hiérusalem et évesque de Chartres. Après son décedz, fust porté ensepvelir à l'église cathédralle S^{ut} Estienne de Lymoges, dans la chappelle de Carmélo, et fust relevé le 9ᵉ juin 1360.

Courses des Anglois et prinse du roy Jean de France devant Poictiers.

[Les Anglais en Guienne.]

L'an 1355 (1), les Anglois estans en Guienne prindrent le chasteau de Nontrond, où Hélies de l'Estrade establit garnison. Et ledit de l'Estrade se mit dans (2) et Le Bouthier de L'Estrade dans Eysidueil. Lesquelz ayant augmenté leurs compagnies pilloient le Limousin, Périgord, Engoumois et le Poictou; prenants les forts de Chassaingt, Morselle, Segur, Chasteau-Chervix, Ayens, Aixe et autres places apartenant à Jeanne de Bretagne, laquelle, pour lors, estoit bien empeschée de deffandre la duché de Bretagne.

A Lymoges, faisoient grosse garde, se fortiffiants, creignans les surprinses angloises. Lesquelz [Anglois] appercevans la petite résistance qu'ilz avoient trouvé ez terres de la vicomté, advertirent le prince de Galles, qui estoit à Bourdeaux. Lequel assembla gens de toutes parts, et vint en bataille jusques près Lymoges; mais, connoissant l'advis des habittans, passa outre sans s'approcher, pillant le païs de Lymousin.

[Bataille de Maupertuis.]

Et advenant le 19ᵉ septembre l'an 1356, le roy Jean de France fust prins devans Poictiers par ledit prince de Galles, anglois, à une lieue près appellé Champ-Beauvoir et Maupertuis. Le nombre des tués fust de cinqt à six mille. Les chevalliers qui furent prins en cette bataille, le nombre estoit plus grand que n'estoit l'armée des Anglois deux fois. Et y mourust du Lymousin : Jean de Maumond, Robert de Chaslux, Robert de Donzenac, Imbert de Chambourand, le vicomte de Rochouard, Gautier de Montagut, Jean de Brie et plusieurs autres (3).

---

(1) 1356. (LEYMARIE, *loco cit.*)
(2) Le mot est en blanc dans le manuscrit.
(3) F. BOUCHET, *Ann. d'Aquitaine*, 1557, f° 114, r°.

L'année 1360(1), la Guienne fust donnée aveq autres terres, pour la ranson dudict roy Jean, au roy d'Angleterre. Parquoy fust mandé à Lymoges. [Cession de la Guienne au roi d'Angleterre.]

Et advenant l'an 1361, Bouciquaud, mareschal pour le roy de France, vint à Lymoges aveq pouvoir exprès pour quitter le sérement de fidélité au nom du roy de France, que les consulz luy debvoient. En vertu de quoy, les quitta entièrement, présantant autres lettres de commandement du roy d'obéir et fère sérement de fidélitté au roy d'Angleterre.

Allors, furent délivrées la Ville et Citté de Lymoges à Messire Jean Chandos (2), connestable du roy d'Angleterre, pour partie de la ranson du roy Jean, qui avoit expresse procuration pour recepvoir et accepter. Et, pour ce fère, [Jean Chandos] estoit bien accompagné de noblesse d'Angleterre et de Gascougne. Et fust prinse la pocession de la ville la veilhe de la Conception. [Délivrance de Limoges à Jean Chandos]

Pour ce que les bourgeois de la ville disoient n'estre tenus que faire un sérement de fidélité au vicomte, ledict connestable Chandos fist confirmer les antiennes coustumes octroyées ausdits consulz et bourgèois par les ducz d'Aquittaine, et fère les consulz à la mode antienne. Lesquelz receus, supprimant les arrests du vicomte présant, Martial Briselon, trésaurier(3). [Confirmation des coutumes.]

Allors Charles de Blois fist venir l'abbé de S^{nt}-Martial à

---

(1) Traité de Brétigny. — *V.* au *Corps diplomatique de Dumont* (1726, t. II, p. 22) l'acte de cession du comté de Guienne par Jean à Edouard III, fait à Calais, le 24 octobre 1360. — *V.* aussi Bonaventure, t. III, p. 647.

(2) *Procès-verbal de la délivrance à Jean Chandos, commissaire du roi d'Angleterre, des places françaises abandonnées par le traité de Brétigny, publié d'après le manuscrit du Musée britannique,* par A. Bardonnet, in-8°, p. 70.

(3) Cette phrase n'est pas terminée et est inintelligible. Nous croyons devoir reproduire en entier le passage suivant, que le P. Bonaventure dit extrait des « chroniques du pays : »

« Et, parce que les bourgeois disaient n'être tenus à faire serment
» de fidélité qu'au vicomte de Limoges, selon que nous avons vu sous
» Philippe-le-Hardi; Chandoz, pour saper son autorité et établir celle
» de son maître, permit qu'on fît les consulz à la façon ancienne,
» c'est-à-dire indépendamment du vicomte et de sa juridiction. Ainsi

Poictiers, secrettement ; auquel il fist homage du Chasteau de Lymoges, c'est-à-dire la ville.

[Château d'Isle.]

En laditte saison, l'évesque Jean commansa à édiffier la tour du chasteau d'Isle, dépandant de l'évesché.

[Eymeric du Breuil, abbé de Saint-Martial.]

Eymeric du Breuil, natif de Leychousier, sucéda à l'abbaye de S^{nt}-Martial, en rangt 46(1), par le décedz de Hélies de Lodie. Ledict Eymeric fust novice dès son jeune eage, et instruit au monastère, maistre des clergeons(2), prieur du cloistre et prévost de Roussac. Il obtint du pape Grégoire xj un concervatoire perpétuel et privillége de créer un pénitancier lors de l'ostention du chef de S^{nt} Martial. Et aussy fust envoyé par ledit pape le joyau ou reliquère pour mettre le chef de sainct Martial, qui sont les couppes où il est de présant, comme appert gravé en la couppe de desoubz : *PP. Gregorius xj as donna las coupas. P. Vidal las fey l'an mcccxiij.* Ledit abbé décéda icelle année 1383.

[Urbain V.]

Pour conclusion du 3e livre, après la mort du pape Innocent 6e, les cardinaux furent en grand discordz à eslire pape. Car les cardinaux de Boulougne et Périgord par grandes factions estimoient lequel des deux ce seroit, comme les plus apparents du clergé ; [ce] qui fist différer l'eslection des autres cardinaux, tant qu'ilz compromirent à icelluy qui par les deux susditz seroit esleu. Lesquelz esleurent l'abbé de S^{nt}-Victor de Marseille apellé Mre Guilhaume Grimoald(3), grand clerc et

---

» les consuls ayant secoué ce joug qui leur était importun, rendi-
» rent hommage au roi d'Angleterre entre les mains de Chandoz.
» Charles de Blois, vicomte de Limoges, voyant cette oppression et
» voulant conserver ses droits, envoya chercher secrètement l'abbé
» de Saint-Martial, qui le vint trouver à Poitiers, et lui fit hommage
» du château de Limoges, c'est-à-dire de la ville. »

(1) Eymeric du Breuil de Drouilles (1364-1384), né au château de l'Eychoisier, est le 41e abbé d'après l'abbé Roy-Pierrefitte, *loco citato.*

(2) « Clerçon, Clerjon, petit clerc, enfant de chœur. » (ROQUEFORT.) M. l'abbé Roy-Pierrefitte traduit par *Novices.*

(3) Nostradamus (*Hist. de Prov.*, p. 411) l'appelle Grimald Grisant,

homme de sainte vie, qui avoit grandement travaillé pour l'église tant en Lombardie que ailheurs, lequel estoit natif du Lymousin, qui fust nommé Urbain 5, et fust esleu pape à Avignon l'an 1362. Un an après, le roy Jean de France mourust à Londres.

Les vicomtes de Lymoges ont esté s'y aggrandis et honnorés à l'endroit de Charles-le-Gros, Charles-le-Simple, Louis-d'Outre-Mer et Lottaire 3e, rois de France, qu'ilz leurs permirent de faire battre monnoye à Lymoges, de quoy ilz se sont prévalleus. J'ay veu de laditte monnoye d'argent, de grandeur d'un double tournois; d'un costé il y avoit un chef et autour : *S. Martialis*, et de l'autre une croix tenant le rond, et autour d'icelle : *Lemovicensi* (1).

Limousin de nation, fils d'un très-haut personnage et savant docteur médecin anglais. Le paragraphe du t. III de P. Bonaventure (p. 650) relatif à ce pape et à son élection a été greffé par l'ancien propriétaire du vol., l'abbé Legros.

(1) *V.* ALLOU, *Descript. des monum.*, p. 264.

LIVRE QUATRIÈME

L'ORDRE DE LA BÉNÉDICTION DES DUCS D'AQUITTAINE A L'ÉGLISE DE LIMOGES [1].

[Cérémonial de la bénédiction des ducs d'Aquitaine.]

Premièrement, l'évesque doit venir en habit pontifical, aveq une chappe de soye, et tous ceux du cœur aussy vestus de chappes de soye, à la grand porte de l'église, ainsin qu'on a de coustume faire aux processions solempnelles, aveq le texte des évangilles, ensensoirs et eau béniste. Et vest le duc d'un mantheau de soye, disant cette oraison :

Dieu tout puissant, éternel gouverneur des choses célestes et terrestres, qui aves daigné eslever ce tien serviteur N. de [en] la dignité ducalle, ottroye nous que icelluy nous délivre de toutes adversités, et du don de paix ecclésiastique, et par ta bonté il puisse parvenir à la joye de l'éternel repos.

AUTRE ORAISON.

Seigneur Dieu, l'oppération de l'effet de la [ta] vertu assiste à nostre office, affin que, toy ouvrant Monsieur nostre duc N. à

---

(1) On a vu, page 188, que ce fut Elie de Gimel, chantre de Saint-Étienne qui composa les cérémonies et prières en usage au couronnement des ducs d'Aquitaine. M. Maurice Ardant a reproduit dans le *Bulletin de la Société d'Agriculture de Limoges*, an. 1835, ces cérémonies, extraites d'un autre manuscrit, en les faisant précéder d'une courte explication. Nous disons d'un autre manuscrit, car on remarquera qu'une lacune de notre manuscrit est comblée dans la copie donnée par M. Maurice Ardant. Quant au texte, on le trouvera dans l'*Hist. des ducs de Guienne*, par J. Besly (1647, in-fol. p. 187). Ce texte est extrait, d'après l'historien, d'un manuscrit de l'église Saint-Étienne de Limoges.

eslire en l'honneur ducal, estant appuyé de ta grande puissance et garde, il puisse deffendre le peuple qui luy est subject efficacement.

Apprès, l'évesque luy baille l'anneau de Ste Vallérie, disant :

Prenes icelluy anneau, et par icelluy connoisses en vous la merque de la foy catholique ; car aujourd'huy vous estes institué duc et prince d'Aquittaine, affin qu'estant heureux en œuvres et riche en foy, vous vous resjouissies au Seigneur des seigneurs, auquel soit honneur et gloire.

Après, l'évesque luy met le cercle d'or sur la teste, disant cette oraison :

Dieu éternel tout-puissant, qui aves daigné eslever cestuy N., tien serviteur, en honneur ducalle, nous vous supplions luy donner un secours mortel de ce siècle, qu'il puisse tellement disposer ses subjectz au commun sallut de tous, qu'il ne se desvoye du droit sentier de la vérité, par nostre seigneur Jésus-Christ. R. Amen.

Après, l'évesque luy présante l'enseigne, disant :

Prend la verge de vertu et équitté, par laquelle tu dois gratiffier les bons et espouvanter les meschands, remettre les desvoyés au bon chemin, et bailler la main à ceux qui sont tumbés, disperser les orgueilheux et relever les humbles, aymer justice et avoir en haine iniquitté.

Après, l'évesque dit ceste oraison :

Dieu, qui sais que le genre humain n'a pouvoir par aucune sciance et vertu, ne pouvoir demeurer en un mesme estat, donne-nous comme favorable que ton serviteur N., lequel tu as voullust estre préféré à ton peuple, qui [soit] tellement secouru de ton ayde qu'il puisse proffiter à ceux ausquelz il est préféré par Nostre Seigneur Jésus-Christ.

Apprès, le duc, accoustré de telle fasson, entrera dans l'église, l'évesque le soustenant et le cœur suivant, le chantre commancera à chanter cette antienne :

Honor et virtus, etc.

Le duc ira au grand autel et recepvra l'espée de la main de l'évesque, et les esperons du doyen, l'évesque disant :

Prenes le glaive pour la deffense de la Ste Eglise de Dieu, qui vous est divinement ordonnée, et soyes sauvement d'icelluy

duquel le psalmiste a prophétisé, disant : Saintures vostre
espée sur vostre cuisse, très virillement, affin qu'en icelle et,
par icelluy qui est le Seigneur des Seigneurs, vous exercies
la force d'équitté et deffandies la Ste Eglise et les fidelles, et
les ayes en votre protection, et que vous ne haïssies moints
ceux qui ont faussé la foy que les ennemis du nom chrestien,
affin de destruire l'un et l'autre ; que vous aydies aux vefves
et pupilles aveq toute clémance et douceur, que vous remet-
ties les désolés et conservies ceux qui sont réunis et prenies
vangeance des choses mal disposées, aveq l'aide de Nostre
Seigneur Jésus-Christ qui vit et règne aveq Dieu.

Le duc doit louer et promettre, fesant son sérement, que selon son pouvoir il deffandra et conservera les droits de l'E-
glise de Lymoges. Cella faict, il s'en retournera au cœur, et
le chantre se mettra en la place du doyen, et le duc en la place
du chantre, et ouira la messe aveq dévotion, en laquelle l'é-
vesque dira les oraisons suivantes :

Dieu qui disposes toutes choses par un ordre admirable
et les gouvernes par un moyen indivisible [invisible], nous te
supplions nous ottroyer que ton serviteur N., nostre duc
d'Aquittaine, ordonne au cours de ce siècle ce qui se doit
accomplir, de fasson qu'à tout jamais il te soit aggréable.

AUTRE ORAISON.

Dieu tout puissant, nous te prions nous ottroyer qu'estant
appaisé à caüsse de ces sacriffices salluttaires que ton serviteur N., soit tousjours trouvé cappable pour accomplir le debvoir de sa dignitté, et qu'il te soit randu agréable à la cour
celeste.

Ce faict, la messe estant célébrée, devant l'*Agnus Dei* le
duc, de rechef, retourne à l'autel et, s'agenouilhant devant
l'évesque qui célèbre, l'évesque disant sur luy:

Nostre Seigneur te bénie et te garde. Ainsi comme il a vo-
lust que tu sois esté duc sur son peuple, ainsi qu'il te fasse
heureux en ce monde. Que tu sois participant de la félicité
éternelle, et qu'il te donne contre tous les ennemis visibles
et invisibles de la foy chrestienne la victoire triumphante, et
que tu sois très heureux fondateur de la paix et repos en plusieurs et divers lieux, en tant que toy tenant le gouvernement d'Aquittaine, le peuple estant à toy subject, gardant
les droits de la religion chrestienne de toutes parts en seureté,

et qu'il jouisse de la tranquilitté et paix, et t'ayants prins en l'assemblée des princes bien heureux et nom méritoire, estre en la félicité éternelle.

Après, l'oraison s'achève :

Dieu, lequel faict proffiter toutes choses à ceux qui t'ayment, donne au cœur de nostre duc une affection, affin que les désirs conceuz par ton inspiration qu'ilz ne puissent par aucune tentation estre changés.

Apprès l'achèvement de la messe, le duc s'en retourne de rechef à l'hautel, et offre sa robe et son cercle d'or, l'anneau et l'enseigne, et, cela faict et l'oraison dite par l'évesque :

Dieu, duquel est toute puissance au ciel et en la terre, nous te prions d'ottroyer à nostre duc, lequel tu as voullu préférer à ton peuple par ta permission, et qu'il soit gouverné ainsi par ta prudence, affin qu'il ne domine sur son peuple en orgueil et abus, mais en toute humillitté et justice provenant de Dieu le Père, auquel soit honneur et gloire à tout jamais.

Cette oraison dite, l'autre s'ensuit :

Dieu, qui es le sallut de tous, sauve ton serviteur N., nostre duc, en corrigeant l'excès des erreurs et brisant les vices dépervertissant la chrestienté.

AUTRE ORAISON.

Dieu, qui illumine tout homme venant au monde par la lumière de ta sapiance sallutaire, nous te supplions que tu illumines nostre duc, affin que, selon ta faveur, il prenne goust aux choses droittes et qu'il ordonne les choses justes.

Ce bien dhuement faict, le duc s'esjouissant en Dieu, par la grace d'icelluy retourne en sa maison, randant au jour de la solempnité un jour aux chanoines de ladite église de Lymoges, le prix pour un banquet qui leur est deubt.

Les faictz contenus en ce chappitre, lequel on a par cy-dessus veu de la réception du duc d'Aquittaine, par l'admonition de son chappitre, Hélias, humble chantre de S^{nt}-Estienne de Lymoges, ainsi qu'il a entendu dire par gens provides et honnorables, a mis élégamment et clèrement par plusieurs considérations, c'est à sçavoir que cy-après il ne puisse estre assouppy par oubly aveq quelle révérance, et, comme on lit cy dessus, que le duc, à sa nouvelle réception, estre orné de ses prémices de sa nouveauté (1). [Sémblablement qu'il n'advienne jamais à l'église cathédrale de Limoges d'être frustrée de l'honneur de son droit, ou bien d'être privée de cette dignité, de laquelle, après avoir été privilégiée du temps passé par les institutions de leurs prédécesseurs, excellent, comme l'âge présentement le représente jusques à ce temps.]

Quand à la nottice de ce que s'ensuit, nous avons bien estimé le publier, affin qu'il ne puisse par aucune efficace [estre] mis en oubliance, mais au contraire en perpétuelle mémoire. Que l'eage présant donques sache et la future postérité connoisse que le prince auquel, par la grâce de Dieu, la dignitté ducalle d'Aquittaine estre dévollué par droit héritage, devant qu'il estre fait et appellé duc.

Premièrement, il doit venir à l'église matrice de Lymousin, dédiée à l'honneur de S^{nt} Estienne, premier martir, église cappitalle de toute la province d'Aquittaine, par certaine prérogative de dignité et excellence superéminante de nostre sainct Martial, apostre de Nostre-Seigneur Jésus-Christ, lequel a gaigné à Dieu le duc Estienne et saincte Vallérie, sa prétendue espouse, laquelle fust héritière et unique fille de Léocadius, premier duc d'Aquittaine.

Pour cette raison et considération, approuvée et retenue, quiconque sera duc d'Aquittaine et constitué en cette dignitté ducalle par la grâce de Dieu, premièrement doit prandre sa principauté en la Ste-Église de Lymoges en la manière que s'en suit.

C'est un œuvre de Dieu que le seigneur d'Aquittaine, lorsqu'il est esleu à la dignitté ducalle, soit receu par l'évesque premièrement de Lymoges, et de tout le clergé, en solempnelle procession. A laquelle le prince doit venir accompagné de multitude de barrons, et doit s'arrester hors l'église, et doibt avoir en sa teste une guirlande d'or faitte en manière de cércle, laquelle, luy arrivant, luy sera ostée de la teste par l'é-

---

(1) Ce qui est entre crochets ne se trouve pas dans notre manuscrit. Nous le reproduisons d'après la version donnée par M. Maurice Ardant, *loco citato*.

vesque, et sera vestu d'un mantheau de soye, qui sera mis à travers d'une espaule à l'autre soubz le bras de l'une. Et après, ledit seigneur évesque luy met le cercle d'or sur la teste, et lors, il commance estre honnoré de la dignitté ducalle, disant l'oraison à ce propice. Apprès, il doit recepvoir de la main de l'évesque l'enseigne, puis après, l'anneau de saincte Vallérie, qui est en la sacristie de l'église de Lymoges; il commance estre vestu de la dignitté ducalle.

Ce faict, assistant l'évesque le prince, en entrant en l'église aveq la procession, le chantre commance l'antienne : *Honor virtus*, ou bien : *Deum time*, ou bien une prose de S[nt] Estienne : *In cœlo martyrum primus dux victoriæ*. Et allors, le prince, en signe de la victoire qu'il doit désirer sur les ennemis, durant la procession, coronné du cercle dor, doit porter de sa propre main l'enseigne et une lance jusques à l'hautel, et là, il reçoit de l'évesque une espée enguainée, promettant par sèrement selon son pouvoir deffendre les droits de l'Église de Lymoges.

Allors, sellon l'antienne coustume, il promet fidellitté. Par apprès, le doyen luy chausse les esperons, [ce] qui signiffie qu'il doit estre prompt et hâtif pour la deffense du peuple qui luy est subject.

Apprès, l'évesque se préparant pour dire la messe, il est mené au cœur et mis par le chantre en la place du doyen. Et là, doit ouyr la messe dévottement, et devant luy doit estre son sénéchal ou autre homme illustre qui luy pléra. Cependant qu'il ouyra la messe et durant icelle, le duc doit tenir l'espée qu'il a receu de l'évesque, eslevée en haut, et l'estandart estant de l'autre costé. Allors, l'office de la messe qui se dira sera chantée solempnellement aveq le chantre et soubzchantre, et un chanoine qui asistera durant la messe, eux gouvernant le cœur. Lequel office, le *Pater noster* dit, le duc doit venir à la bénédiction épiscopalle à l'hautel. Et là, incontinant la messe achevée, le duc en grande révérance doibt offrir à l'honneur de Dieu et en mémoire de sa réception, de sa dignité, tous les ornements desquelz il avoit esté honnoré, lesquelz doibvent estre préparés par ses officiers, et à son retour attandu sans difficulté, promptement estre randus; car en ce jour de solempnitté et de joye, toutes choses parachevées, il doit bailler tteouet telle procuration aux chanoines de Lymoges qu'il appartient à un tel seigneur nostre duc, Dieu augmentant en luy les dontz de ses grâces. Quand ledict seigneur d'Aquittaine est vestu par l'évesque, en la procession, d'un mantheau de soye, lors le mantheau ou chappe duquel il est venu habillé et qu'il a despouillé, il doit estre prins par les gardes de l'église de Lymoges, et estre leur. Car, tout ainsi que les despouilles des gens d'armes, lors qu'ilz exhibent homage à un seigneur, sont de droit aux vallets de chambre, par semblables raisons et conditions, les vestements du duc appartiennent aux parties, selon le droit des coustumes.

Duquel Hélias, chantre d'icelle église cathédrale de Sainct-Estienne, a rapporté ce que dessus, duquel il est parlé cy devant.

Venue du prince de Galles à Limoges soubz Charles 5ᵉ.

[Le prince de Galles à Limoges.]

Quelque temps après la prinse de pocession de Lymoges, et ce, le premier jour de may 1364, arriva à Lymoges le prince de Galles aveq sa femme. Et furent les consulz et habittans au devant de luy jusques à Aixe, au nombre de 120. Et fust bien receu dans la ville, où il demeura jusques au 7° juin ensuivant, où, après avoir veu le chef de sainct Martial, partit de la ville. Et Mʳᵉ Jean Chandos fust fait connestable d'Aquittaine, et Richard d'Angleterre, mareschal et sénéchal de Lymoges. Auquel temps fust fait ostention du chef de sainct Martial (1).

Des obstentions du chef de Sⁿᵗ Martial et processions faictes à son honneur, tiré du livre intitulé : De la dévotion dudict sainct, composé par Mᶜ Bandel, chanoine et official de Lymoges, 1638 (2).

Les autheurs de l'Histoire ecclésiastique remarquent, en di-

---

(1) « 1363. Ostension extraordinaire faite à l'occasion de la visite du prince de Galles, duc d'Aquitaine. Le concours des populations est immense et douze personnes sont étouffées dans la foule. » (L'abbé TEXIER, Rech. sur le culte de saint Martial, dans l'ouvrage de l'abbé Bandel déjà cité.)

(2) Tout ce qui suit est, comme le dit le compilateur, la reproduc-

vers siècles, que les chrestiens ayant randu grande vénération aux reliques des saincts, ont tousjours faict estat particulier de conserver et honnorer leurs chefs, comme représentant le principal organe dont le S^{nt}-Esprit s'estoit servy pandant leur vie. Cette considération a donné subject en plusieurs endroits de la chrestienté de séparer le chef du reste du corps. Et quand le suppérieur des églises où l'on a gardé ces sacrés despots ont faict des distributions des autres ossements, ilz ont ordinairement retenu la plus noble partie. Nous ne sçaurions dire précisément le temps auquel cette pratique a esté introduitte à Lymoges pour le chef de sainct Martial, et je n'en ay rien trouvé de plus antien que ce qui est rapporté par le moyne Geoffroy en sa *Chronique* (1). Il avait remarqué, parlant de la translation de l'an 1028, que le corps entier de S^{nt} Martial fust remis au sépulcre. Il dit depuis (2) que, en présance de Gérald, légat du pape, évesque d'Angoulesme, d'Eustorge, évesque de Lymoges, et Amblard, abbé de Sainct-Martial, ce sacré chef fust trouvé dans une chasse d'or, au-dessus du grand autel de l'église de S^{nt}-Sauveur, et que, pour preuve que c'estoit le vray chef de S^{nt} Martial, il se fist de grands miracles en cette première ostention, à la vue de plusieurs milliers de personnes qui y estoient en affluance. Un autre recueil manuscript contenant quelques mémoires historiques, et plus exact en sa cronologie, réduit cette ostention en l'année 1130, et adjouste que Vulgrin, archevesque de Bourges, et Eymerrit, évesque de Clermond s'y trouvèrent. Que, s'il est permis d'user de conjecture, je dirois que le chef de ce grand sainct fust séparé, ou à l'occasion de ce que nous avons dit (3), ou au subject de la dédicace faicte par le pape Urbain 2e, l'an 1095 ; et que cella fut jugé convenable affin qu'on peut honnorer sainct Martial dans un lieu spatieux comme la grande église y tenant le chef,

---

tion textuelle du chapitre XVIII du *Traité de la dévotion des anciens chrétiens à saint Martial*, par Jean BANDEL. — *V.* aussi M. ARDANT, *Ostensions*.

(1) *Chronique* de GEOFFROY DE VIGEOIS, chap. X.

(2) Chap. XLII.

(3) Ajoutez, avec Bandel : « estre arrivé, sur la fin du chapitre précédent. » Il est question de la translation des reliques « à Montjovis ou en la grande église, à l'occasion de la maladie du feu volage. »

et que d'ailleurs le restant du corps demeurast en vénération dans le sépulcre où le mesme sainct avoit choisy son principal domicille.

Ceste première ostention du chef fust suivie de plusieurs particulières, et le moyne Geoffroy (1) fait mantion d'une environ l'an 1162, lorsque les chanoines de Lincolne vindrent demander des reliques de sainct Martial. Le jour, dit-il, de la Toussaintz, après l'évangile de la grand'messe, l'abbé nous monstra le chef de sainct Martial en présance du peuple.

On en faisoit d'autres pour satisfaire à la dévotion des grands, comme de Thibaut comte de Blois (2).

Je crois que les guerres des Anglois dont le Lymousin fust le téâthre ordinaire durant longt temps empeschèrent qu'il ne s'en fist de solempnelles. Et en effect, je n'en ay point trouvé qui ayent suitte qu'es années 1286, 1290, 1300, 1309, spécifiées au recueil cy-dessus allégué (3), où il est dit que ces ostentions furent faictes devant l'autel de S^{nt} Austriclinien, depuis la feste de sainct Michel jusques à l'octave de sainct Martin. [Depuis] nous voyons que la bulle du pape Grégoire 11° donnée à Marseille la 5° des callandes d'octobre (4), l'an 6° de son pontificat, présuppose la coustume des ostentions de ce chef, qui se fesoit de temps en temps, et qu'il y avoit grand concours de peuple y venant en dévotion. *Caput beati Martialis aliquibus temporibus et solempniter populo ostendi consuevit,* etc. *Cum*

---

(1) Chap. LXI.

(2) Rétablir ainsi la phrase, d'après Bandel : « On en faisait d'autres pour satisfaire à la dévotion des grands, dont nous avons fait voir un exemple de Thibaud, comte de Blois, au chap. VII. »

(3) V. *Anonymum sancti Martialis chronicon* (*Rec. des hist. des Gaules,* t. XXI, p. 812). « Nota quod caput B. Martialis apostoli fuit ostensum publice anno Domini 1286. *Item* fuit ostensum alia vice, anno Domini 1290. *Item* fuit ostensum alia vice, anno Domini 1300. *Item* fuit ostensum alia vice anno Domini 1308. *Item,* hæ quatuor ostensiones fuerunt factæ ante altare sancti Austricliani ultra januas, inter festum sancti Michaelis et octabas festi sancti Martini hyemalis. » Voici bien « les mémoires historiques, » ou une traduction de ces mémoires, que l'abbé Bandel a eu sous les yeux.

(4) Bulle du 27 septembre 1376. V. la traduction française de cette bulle dans le P. Bonaventure, t. III, p. 666.

caput ipum sic ostenditur illuc causa devotionis [magna consuevit] accedere fidelium multitudo. Cella est confirmé par un registre de nostre chappitre, qui, avant cette bulle, met une ostention en l'an 1364, pandant laquelle le prince de Galles fust à Lymoges. Je traiteray des autres sommairement, suivant ce que j'en ay recueilly des archives de nostre église, des registres de la grande confrairie et d'autres mémoires asseurés.

L'an 1138 [1388] il y eust une autre ostention qui dura depuis le vendredy apprès l'Assention jusques au 14 juin, environ six sepmaines.

L'an 1399.

1404, du mardy de Pasques jusques au dernier may.

1408.

1424, du 10e avril au 8e juin.

1435, 1445, 1458, 1464.

1481, un jour de dimanche, 17e febvrier, apprès la procession faite en l'église cathédralle pour la prospérité du roy et fertillité de la terre.

1496, 1504, 1510, 1519, 1525.

1533, depuis le mardy de Pasques.

1540.

1542, le 22e jour d'octobre, jour de dimanche, l'évesque de Basas, assisté de Rolland Barthon, abbé de Solompnact, et de Guilhaume Jouvion, abbé de Snt-Martin, fist l'ostention du chef de Snt Martial qui dura depuis 7 heures de matin jusques après les vespres du mesme jour, où assistèrent en robes rouges messieurs les président et conseillers de parlement de Bourdeaux, tenants les grandz jours à Lymoges.

1554, jusques au mardy après la Trinité, 22e may, jour de Sainct-Loupt.

1561.

1569, depuis le mardy de Pasques.

1575, jusques au mardy de la Pantecoste.

1582, 1589, 1596, 1603, 1610, 1617, 1624, 1631, 1638.

La suitte de ces années faict bien voir que les ostentions de ce sacré chef ont esté continuées de temps en temps, mais non pas tousjours par mesmes intervalles d'années, en mesme saison uy en égalle durée, cella dépandant des divers rencontres de la paix, de la guerre, des hostilités, des pestes et mortalités et des instantes prières que l'on faisoit pour jouir de ce bon heur. Et depuis mesme que nous voyons y avoir eu réglement de sept en sept ans, l'an 1533, il y eust interruption l'an 1547 (1), [à] cause de la grande peste qui commança au mois de mars à Lymoges, comme j'ay veu dans un journal de ce temps-là, où il est aussy dit qu'en l'an 1568, on fust en doubte sy l'on feroit l'ostention, à cause des troubles de l'estat ; ce qui ne fust résollu que le samedy avant le dimanche des Rameaux.

L'usage de ces processions estant fort antien en l'Église, nous avons subject de croire que le clergé et le peuple limousin n'a pas manqué d'honnorer S^{nt} Martial par cette cérémonie, dans les premiers siècles. Cella est confirmé clèrement par la coustume dont nous avons parlé dans les translations, où l'on trouvera plusieurs processions faites à l'honneur du mesme sainct, sinon que cette dévotion est bien fondée en l'antiquitté.

Le moyne Geoffroy (2) fait mantion de celle qui fust faitte du temps que Henry, roy d'Angleterre, assiégeait Lymoges contre son filz, Henry-le-Jeune, disant qu'on porta autour des murailles la chapse d'or où estoit le chef de sainct Martial, et que les femmes firent le tour des murailles au dedans avec du fillet qui servit à plusieurs cierges, que l'on distribua à S^{nt}-Martial et aux autres églises. Pour les autres dont nous avons des preuves particulières, il y en eut d'extraordinaires, comme pour demander la conservation de l'estat contre les ennemis, pour le bien inestimable de la paix, pour divertir les fléaux de Dieu, dans les nécessités générales ou particulières; mais il y en avoit d'ordinaires, qui se fesoient à certain temps et jour de l'année. Il est vray que, par diverses considérations, on n'y a pas tousjours tenu une raigle certaine, comme ez années 1386, 1404; néantmoings, le plus commun usage, [depuis] l'an 1385 jusques à présant, a esté au mardy de Pasques. Je n'en sais point autre raison, sinon que, dès l'an 1130, la chapse où estoit le chef n'ayant plus esté portée à la procession du dimanche des Rameaux, suivant le récit du moyne Geoffroy, on eust trouvé bon, pour la satisfaction des âmes dévottes, de la fère paroistre avec la mesme cérémonie au jour plus proche

---

(1) V. *Registres Consulaires de la ville de Limoges.* t. I, p. 442.
(2) *Appendice*, XII.

et plus commode, qui est le mardy de Pasques. On pourroit aussy dire que cette dévotion a esté pratiquée en mémoire des grands miracles qui furent faicts par S⁽ᵃᵗ⁾ Martial, l'an 1010 au temps de Pasques.

Quoy qu'il en soit, il n'y a peut-estre en France aucune dévotion solempnelle qui donne plus d'édiffication, de consolation et des sentiments de piété que celle de cette procession, qui se fait tous les ans à Lymoges le mardy de Pasques, où l'on porte la chapse dans laquelle est conservé le chef de sainct Martial, suivie ordinairement de neuf à dix mille personnes, entre lesquelles il y a communément plus de quinze centz en chemises et piedz nudz, aveq cierges en main, comme aussy plusieurs femmes la suivant piedz nudz aveq cierges en main; entre les hommes il y en a plusieurs des principalles familles, officiers et autres, sexagénaires et septuagénaires, bien souvant dans les incommodités du froid et des pluyes, dont pourtant on fait remarque commune qu'aucun n'a esté mallade.

La continuation des ostentions du mardy de Pasques au mardy de la Pentecoste a esté ez années 1638, 1645, 1652. Icelle année, en mesme temps fust le grand jubillé, où il vint plusieurs processions et affluance de peuple 1659, 1666 (1).

PROSE EN L'HONNEUR DE S⁽ᴺᵀ⁾ MARTIAL, COMPOSÉE PAR MONSIEUR BARDON, EN L'ANNÉE 1624, ANNÉE D'OSTENSION (2).

Gaude, SANCTE MARTIALIS,
Qui tuis foves sub alis,
Gregem tibi subditum,
Digne præsul, pastor bone,
Lemovicorum patrone,
Et munimen inclitum.

Gaude, sancte Martialis,
Cujus modo triumphalis

Recurrit ostensio,
Quam celebrat plebs devota,
Toto corde, mente totâ,
Transacto septennio!

Gaude, sancte Martialis,
Voce et re martialis,
Dum vincis terrestria:
Qui Crucem pro armis gerens,

---

(1) Voici enfin un renseignement qui nous permet de fixer approximativement la date de notre manuscrit. Les ostensions qui suivirent celles de 1666 furent faites en 1673. Notre auteur les eût certainement notées. C'est donc entre ces deux dates qu'a été écrite la compilation que nous éditons.

(2) Cette prose se trouve reproduite à la fin du t. II, du P. Bonaventure.

Et Christum in corde ferens,
Obtines cœlestia !

Gaude, qui discipulorum
Septuaginta duorum:
Diceris ex numero :
De tribu Benjamin nate
Puer; et dilecto sate
Israëlis puero !

Gaude, qui Petri cognatus
Et Stephani colligatus
Es cum illis sanguine ;
Sed cognatione junctus
Sanctitate sis conjuctus
Majori ligamine !

Gaude, Martialis, gaude,
Dominica fulgens laude,
Cum audis puerulus ;
In regnum æternitatis,
Non ibitis, ni fiatis
Sicut iste parvulus !

Gaude, Christifer signate,
Qui à primæva ætate
Fers (ut est traditio)
Christi digitos impressos,
Ac cernentibus expressos
In tuo calvitio

Gaude, qui ità tulisti
Viventis stigmata Christi,
Et fers adhuc insita ;
Cum manus ejus sacrata,
Benedictione lata
Tibi est imposita.

Gaude, qui puer es ille,
Cum Jesus quinquies mille
Quinque cibat panibus,
Qui præ manibus tulisti
Quinque panes, qui sunt Christi
Benedicti manibus.

Gaude, panis lator talis,
Sub quo et panis vitalis
Figuram contuleras ;
Quem in largitione plena
Christus dedit post in Cœna,
Ubi simul aderas !

Gaude, qui figuræ lator
Fis, et veri attestator,
Cujus subest claritas ;
Cum Christus panem cœlestem

Se dat, sic te habens testem,
Figura est veritas !

Gaude, qui panes portasti
Quinque, quintæ ministrasti
Feriæ, Cœnobio;
Quinque digitis sacratus,
Denique Christo dicatus
Semper, in quinario !

Gaude, Christum elevatum
In cruce, et suscitatum
Qui vides à mortuis;
Cum ubi adstàs miratus
Ipse jam clarificatus,
Clausis intrat januis !

Gaude, Christum ascendentem
Ad Patrem omnipotentem
Qui mereris cernere ;
Et quam benedictionem
Ante hanc ascensionem
Dat suis accipere !

Gaude, qui numen promissum,
A Patre Natoque missum
In cordium intima
Paraclitum accepisti
Una cum electis Christi,
Die quinquagesimâ !

Gaude, qui, Petro jubente,
In Christum flagranti mente
Te confers Lemovicas ;
Ubi idola subvertis,
Cunctum populum convertis,
Cœli viam indicas !

Gaude, qui hanc virgam geris,
Qua Petrus quem revereris
Te dicat Discipulum ;
Unde summi (sicut ferunt)
Pontifices jam non gerunt
Pastoralem baculum !

Gaude, ex hinc Martialis,
Cujus virga pastoralis,
Per tot signa proficit,
Virga quæ à Petro manat,
Vitam reddit, ægros sanat,
Et dæmones ejicit !

Gaude, Austriclinianum,
Decies quatriduanum,
Excitans à mortuis,
Qui hunc et Alpinianum,

Per iter ad Cœlos planum,
Dirigis, et instruis!

Gaude, virgineum florem
Per martirii splendorem
Qui servas Valeriæ,
Ac demum Stephanum ducem
Versis tenebris in lucem,
Christi capis acie.

Gaude, qui Aurelianum,
Qui falsum colebat fanum,
Mox consumptum fulmine,
A mortuis suscitasti,
Convertisti, elevasti
Episcopi culmine!

Gaude, qui nos Aquitanos,
Tolosates, Occitanos
Christo gignens dirigis;
Et qui has genitas oves
Pascis, alis, ducis, foves,
Hinc ad cœlos erigis.

Gaude, rector animorum
Et corporum infirmorum
Salubre remedium,
Suscitator mortuorum,
Mirande miraculorum
Operator omnium.

Gaude, qui apostolatus
Es et voce decoratus
Et functus officio,
Nudis pedibus incedens
Rudi habitu procedens,
Accinctus cilicio!

Gaude, cujus cibus totus
Panis est et aqua potus,
Qui raptus es precibus,
Humi cubans memor mortis,
Memor Christi magis fortis,
In infirmitatibus!

Gaude, qui virginitate
Micas, cujus summitate
Non altior summitas,
Alba stola decoratus,
Christum agnum comitatus
Per quascumque semitas!

Gaude, qui dum vitam agis,
In terris cœlestem magis
Agis zelo nimio,
Atque in terris moranti
Et in cœlis commoranti
Tibi conversatio!

Gaude, Christi vir dilecte.
Multis ab eo illecte
Apparitionibus,
Unde tua mors clarescit,
Illustratur et vigescit
Gratiis cœlestibus!

Gaude, qui ante præscitam
Mortem, sed potius vitam,
Ardore prosequeris;
Tum populos convocasti,
Convocatis prædicasti,
Et prædicans moreris!

Gaude, cujus cum exivit
Anima in cœlos ivit,
Angelis cantantibus;
Quorum sonos audierunt
Populi qui adstiterunt,
Animis mirantibus!

Gaude, tuorum laborum
Præmium regnum Cœlorum
Qui triumphans possides;
Ubi fulgente corona,
Quam ditant æterna bona,
Cum electis considas!

Gaude, qui tot successores,
Qui tot sanctos, tot pastores
Tuis illustras precibus;
Et præsulem nunc sedentem
Tuos suosque regentem,
Exornas virtutibus!

Gaude et ora pro grege
Ut vivat sub Christi grege
Hæc tua plebs æmula;
Et ut tandem vera vita
Sit nobis per infinita
Seculorum secula.

Amen.

BERNARDUS BARDONIUS
BRUNIUS, *anno* 1624.

STANCES SUR LES LOUANGES DE SAINT MARTIAL,
APOSTRE D'AQUITAINE, COMPOSÉES PAR M^{RE} JACQUES DORAT,
AUMOSNIER DU ROY, L'AN 1624 [1].

Pour louer des mondains les œuvres peu louables,
On va de leurs ayeulx les actes recherchant,
Et pour les relever on forge mille fables,
Soubz l'habit des vertus tous leurs vices cachant ;
Mais pour louer des sainctz les actions insignes,
Il ne faut n'y mantir, n'y faindre, n'y flatter
Ny pour de leurs vertus parer nos petits himnes,
Des Grecs ny des Romains les brillantz emprunter.

Je scay que ces bons sainctz, faitz compagnons des anges,
Vivantz ont mesprisé du monde les honneurs,
Et n'ont aucun besoingt de nos basses louanges,
De l'odeur des parfuntz ny de chapeaux de fleurs.
Que si nous festoyons leur louable mémoire,
C'est affin d'exciter les espritz généreux
A suivre leurs sentiers qui guident à la gloire
Ceux qui de leurs vertus se rendent amoureux.

Et c'est la seulle fin qui ma fait entreprandre
A dévouer ces vers au bon et sainct pasteur
Qui premier travailla pour aux Gaullois apprendre
Et le nom et les loix de nostre redempteur.
Que si je ne puis pas esgaller les oracles
Qui ces rares vertus ont chanté tant de fois,
Je pourray pour le moingtz, admirant ses miracles,
A révérer son nom inviter ses bourgeois.

L'Illustre Martial, dont les mains embausmées
De l'odeur qu'il receut du sauveur des mortelz,
Et qui nous a porté des plaines Idumées
Le cresme qui nos cœurs peut randre des autelz,
Suivit comme les siens Jésus dez son enfance,
Attiré par l'esfort de sa puissante voix,
Et Jésus daigna bien louer son innocence,
Et se servir de luy et trois et quatre fois.

---

[1] Ces stances se trouvent dans l'ouvrage sur les *Ostensions* de feu M. Ardant, p. 104, et dans les *Poésies de Jacques Dorat, archidiacre de Reims, recueillies et publiées par* feu AUGUSTE DU BOYS. (Limoges. 1851, brochure in-8°, p. 17.)

Il luy fist pratiquer les divins exercices,
Entendre ses secretz, ses conseilz révérer,
Servir à ses festins, gouster de ses délices,
Et de l'amour parfaict le nectar savourer.
Il voulust recevoir de ses mains innocentes
Le pain mistérieux et les sacrés poissons,
Et par luy faire voir aux ames patientes
Le vray chemin du Ciel en diverses façons.

Il le fist caresser, de sa mère très saincte,
Le mist au premier rang de ses premiers guerriers,
Voulust que sur son chef sa main se vid empreinte,
Et qu'il fust tout couvert de célestes lauriers,
Affin que mesprisant de l'enfer le tonnerre,
La rigeur des bourreaux et la fureur des rois,
Les faux dieux des Gentilz il fist mettre par terre,
Et leurs autelz brisés fist servir à sa croix.

Martial, eslevé soubz un si parfait maistre
En l'apvril de ses ans fust de luy baptisé,
Et, suivant ses conseilz, se fist sy bien paroistre
Que parmy les dévotz il fust le plus prisé,
Eust l'honneur d'assister en son banquet mistique,
De porter le bassin, verser l'eau sur les mains
Des douze colounelz de ce roy pacifique,
Et de le voir mourir pour sauver les humains.

Après avoir baigné du torrent de ses larmes
La croix et le tombeau de Jésus, son amour,
Après avoir souffert pour son nom cent alarmes,
Il luy fallut quitter de Sion le séjour,
Suivre le général des invincibles princes,
Qui par tout l'univers la croix a arboré,
Patissant comme luy dans diverses provinces,
Pour ranger soubz ses loix le bercail esgaré.

Il constoya tousjours ce prudent chef de guerre,
Aux veilles, aux travaux, aux jeusnes, aux combatz,
Et Rome triumphant des trois parts de la terre,
Sur ses premiers autelz lui vist hausser les bras.
Aussi son nom fameux par tant de belles marques,
Qui sur les montz latins tesmoignent ses beaux faitz,
Fait que ses grands pasteurs, des ames les monarques,
L'ont tousjours mis au rangt des saintz les plus parfaitz.

Ils sçavent qu'il laissa la merveille du monde,
Par le commandement du vray portier des Cieux,
Et que sa charité, à tous pays féconde,
Apprit aux vieux Gaullois le nom très prétieux.
Ils sçavent qu'il fonda aux champs Aquitaniques
Le culte du vray Dieu sur des piliers si forts

Qu'ils bravent des Gentilz et des folz hérétiques
Et braveront tousjours tous leurs maglins esfortz.

Ils scavent qu'en ces champs il dompta la furie
Des ministres d'Enfer contre luy conjurés,
Guarit les languissants, convertit Vallérie,
Remit à la raison les espritz esgarés,
Feit parler les muetz, taire les faux oracles,
Les démons enragés sortir de divers corps,
Et tous les éléments feit d'insignes miracles,
Les foudres excittant, ressuscitant les mortz.

Ils sçavent qu'en nos montz sa voix et ses exemples
Cent et cent mille cœurs unirent soubz Jésus,
Qu'ilz firent consacrer beaucoup d'insignes temples
A l'honneur des héraulz, de ses premiers éleuz ;
Que les comtes et ducz de toute l'Aquittaine
Prindrent par son moyen le doux joug de la croix,
S'asservissant aux chefs de l'église romaine,
Et le chemin du ciel aprindrent aux François.

Aussy ces dignes chefs de l'église fidelle
Ont les thrésors du ciel, ouvert en sa faveur,
Et promis le pardon à ceux qui d'un bon zelle,
Un acte de vertu fairont à son honneur ;
Et pour faire louer ses actes héroïques,
De sept ans en sept ans leurs abolitions
Accordent à tous ceux qui près de ses reliques
Dirigeront à Dieu toutes leurs actions.

Qui sera donq celluy des voisins de la Vienne
Qui de ce bon pasteur le nom n'exaltera,
Qui parmy ses dévotz bien heureux ne se tienne,
Quand son prétieux chef on luy présantera ?
S'il s'en trouve quelcun que la vertu n'excitte
A bénir l'éternel et ses sainctz glorieux,
Il ne faut point doubter, hélas, qu'il ne méritte
Les peines de l'Enfer, non la gloire des Cieux.

Moy chétif, aresté par des justes supplices,
Ne pouvant visiter ses très saintz ossementz,
Addresseray mes vœux à ses faveurs propices,
Croyant quelles feront adoucir mes tourmentz,
Et que Dieu, qui par luy a faict tant de merveilles,
Et près de son tumbeau en fait tant tous les jours,
Enfin me prestera ses bénignes oreilles,
Puisque d'un sien mignon j'implore le secours.

Ledict sieur Dorat décéda l'an 1626. Il gist à Sainct-Augustin devant l'entrée du chœur de l'église.

Estat des reliques qui sont dans les églises de la ville et Citté de Lymoges, suivant le registre qui en a esté faict l'année 1666, année de l'ostention commançant le mardy de Pasques 27ᵉ avril, finissant au mardy de Pentecoste (1).

DANS SAINCT-MARTIAL.

Dans la chapse de Sainct Martial, d'argent doré, relevée de belles figures, qui fust faicte à Paris l'année   (2), y a un coffret d'argent doré parsemé de fleurs de lis, et dans lequel sont deux couppes d'or données par le pape Grégoire XIᵉ, l'an 1383 (3), comme il est gravé sur la couppe basse, et dans lesquelles repose le chef du glorieux sainct Martial, apostre de la Guienne, sur lequel paroist les sacrés merques des doigts de N.-S. Jésus-Christ.

Plus, dans icelle, trois ossementz dudict sainct, de ses cheveux, son suaire et autres linges.

Deux os de Sⁿᵗ Austriclinien.
Une coste de Sⁿᵗ Benoist.
Un os de Sⁿᵗ Sulpice.
Une dent de Sⁿᵗ Sébastien.
Des cailloux dont Sⁿᵗ Estienne fust lapidé.
Une pierre du Sⁿᵗ Sépulcre de Nostre-Seigneur.
Une pierre du sépulcre de Sᵗᵉ Catherine.

Et autres reliques desquelz les noms sont inconnus; desquelles n'est fait ostention que du chef de Sⁿᵗ Martial.

Dans un coffret qui est dans la sacristie il y a :

Une croix d'argent de 3 pouces tout à plain de la croix de J.-C.

---

(1) Monsieur Maurice Ardant a reproduit cette pièce dans son livre des *Ostensions* (Limoges, Barbou frères, 1848, in-18, p. 89). Notre copie diffère notablement de celle que M. Maurice Ardant a eue sous les yeux, ainsi qu'on va le voir d'après les notes.

(2) 1645, le 30 mars. *V.* Manuscrit Mesnager déposé à la Bibliothèque de Limoges, p. 231 ; Bonaventure, t. III, p. 849.

(3) « L'une d'icelles l'an 1383. » (*Texte de M. Maurice Ardant.*) C'est une erreur de date, le pape Grégoire XI mourut le 27 mars 1378. (Baluze, *vitæ papar. Aveniens.*, t. I, p. 441.)

Dans un cristal, deux espines de la couronne de Nostre Sauveur, à l'une desquelles paroist du sangt.

Un ossement de S^nt Jean-Baptiste, et un de sainct Médard; des machoires de saincte Valérie, enchâssées d'argent, sa sainture où sont ses armes.

Plus un os de S^nt Nice, disciple de S^nt Martial.

Et dans l'enceinte de ladite église est le sépulcre du glorieux sainct, où sont ses cendres (1). Au devant sont allumées cinq chandelles de cire, qui, par arrest, devroient demeurer allumées nuit et jour, comme il est porté sur une lame, à l'entrée d'icelluy. Ce grand sainct est invoqué en toutes sortes de malladies et contre les quatre fléaux de Dieu, guerre, peste, famine (2), et pour les fièvres et goutte.

29e [19e] may. Au bout du sépulcre (3) se void le monument de sainct Estienne, duc et proconsul des Gaules (4). Ses ossementz et chef sont dans la mesme bierre de plomb renfermée d'une bierre de pierre très grande; au-devant duquel est un cierge allumé qui doit y estre nuit et jour, ce qui n'est, dont est dit par ledit arrest. Il est prié contre les illusions nocturnes et phantosmes, et fièvres.

Sur l'autel du sépulcre se monstre tous les lundis, dans un bras d'argent, un os de S^nt Martial.

---

(1) « Et aux deux côtés d'icelles sont les tombeaux de saint Alpi-
» nien à la dextre, et de saint Austriclinien à la senestre, ses disci-
» ples ». (M. A.)

(2) « Et inondations pour les biens de la terre, maturité et récolte
» d'iceux, auxquels les peuples ont recours de la Guienne et la ville
» de Limoges, faisant, en ces rencontres, des processions solennelles
» où sont portées les sainctes reliques et des autres saints ; comme
» aussi il est prié pour les fièvres et gouttes ». (M. A.)

(3) « Au bas de la cave du ». (M. A.)

(4) « M. de Gaujal a prouvé sans réplique, dans une dissertation sur ce nom populaire de Théve-le-Duc, que c'est Waifre, le duc d'Aquitaine, qui a été enterré dans la crypte, derrière le tombeau de saint Martial. » (*Note de M. Maurice Ardant*; Ostensions, p. 90.)
Le Mémoire de M. de Gaujal se trouve au *Bulletin de la Société d'Agricult. sc. et arts de Limoges*, année 1833.

— 255 —

Plus, aux festes de S^{nt}-Martial se monstre un petit calice d'argent, qu'on tient que S^{nt} Martial s'est servy (1).

Au devant du sépulcre est l'antienne église dédiée par S^{nt} Martial au nom de S^{nt} Pierre et S^{nt} Pol, sur l'autel de laquelle est une chapse de cuivre, où autresfois estoient les reliques de Ste Valérie, dans laquelle sont de ses linges qu'on ne monstre pas (2). *La dédicace le 2e de may.*

A costé dudit autel est une chapse de bois, dans laquelle sont le corps et chef de S^{nt} Nice, disciple de S^{nt} Martial. Il est invoqué contre la tigne. *31e aoust.*

Le corps de S^{nt} Celse, le chef à l'église cathédralle ; *7e aoust.*
Plus, le corps de S^{nt} Justinien, petit enfant fort jeune. Desquelz n'est fait ostention. *16e juillet.*

A costé du grand autel de S^{nt} Martial, dans un armoire, il y a une relique de sainte Agathe, dans un beau reliquère d'argent. Elle est priée contre le feu. Les miracles qui sont estés faitz sont merveilheux, qui seroient longtz à escrire. On l'expose le jour de sa feste (3). *5e febvrier.*

Et dans la carolle, dans la chappelle de l'Annontiation de Nostre-Dame, une châsse de bois, le corps de sainct Androche, évesque de Lymoges, sans le chef, et de ses vestementz. Il fust martirisé par les Gotz, du temps de Clovis, premier roy chrestien. *6e aoust.*

Dans la chapelle (4) S^{nt} Eutrope, dans un armoire, sont les reliques dudict sainct, qui se monstrent le jour de sa feste (5). *30e avril.*

---

(1) « Et dans l'armoire où l'on met les chandelles du sépulcre » était le sépulcre de saint Aurélien. » (M. A.)
(2) « Le chef de la sainte est à Chambon-Sainte-Valérie ». (M. A.)
(3) « Il y a une frérie de bourgeois. » (M. A.)
(4) « A côté de. » (M. A.)
(5) « Il y a une frérie. Les confrères, la veille de la fête dudit saint, donnent pour distribution de l'office de l'église, dans le cha-

15e octobre.

Sur l'autel Saincte-Croix, soubz les orgues, est une châsse de cuivre surdoré, dans laquelle est le corps sans chef de S^{nt} Austriclinien, disciple de sainct Martial, avec son suaire. Il est invoqué contre la mort soudaine. Desquelles reliques ne se faict ostention que de S^{nt} Martial et des reliques qui sont dans la sacristie (1).

DANS L'ÉGLISE DE SAINT-MICHEL-DES-LIONS.

22e may.

La chapse de sainct Loupt, laquelle cy devant estoit de cuivre surdoré, et faicte d'argent en l'année   (2), de beau ouvrage, à Paris, estant premier autheur un prestre de ladite église ; dans laquelle est le corps et chef dudict sainct, le chef dans des couppes d'argent qu'on [met] dans un coffret d'argent doré, semé de fleurs de lys, puis dans ladite châsse. Il est invoqué contre les diarrées, mal des intestins et douleurs de ventre.

Plus, un os du bras (3) dudict sainct, dans un bras d'argent.

Du bois de la Saincte-Croix dans une grande croix d'argent.

22e octobre.

Plus le chef de Ste Bénigne, vierge et martire, dans un demy-corps d'argent.

Plus, un coffret de cuivre surdoré, un oz de S^{nt} Cappraise, de S^{nt} Estienne de Muret et des Innocens.

---

pitre de messieurs de Saint-Martial, des pains à tous Messieurs et bas-chœur et officiers de l'église, appelés *Gâteaux*, avec du vin et desdits pains pour faire collation ; et après les confrères font la leur chez les bayles. La confrérie susdite de sainte *Agathe* donne des gâteaux deux fois l'année, savoir : la veille de sainte *Agathe* et la veille de la *Fête-Dieu*, qui est aussi la frérie de la Fête-Dieu de ladite église unies ensemble. Et les confrères ont droit de porter le poêle et les panonceaux lors de la procession du Saint-Sacrement de la *Fête-Dieu*. » (M. A.)

(1) « NOTA. Que l'autel est démoli, et était où est la porte de l'entrée du chœur, par le bas du côté des orgues ; au-dessus est le jubé. Et ne se fait montre que du chef de saint Martial et du coffret où sont les épines de la couronne de notre Seigneur. » (M. A.)

(2) 1645. (LEGROS, *Recherches sur Saint-Michel-des-Lions*, 1811, in-12, p. 40 ; Manuscrit MESNAGER, p. 234.)

(3) « Un bras. » (M. A.)

— 257 —

Dans un bras de bois, des reliques de S^{nt} Anthoine (1).

DANS SAINCT-AURÉLIEN.

Le corps et chef de S^{nt} Aurélien, second évesque de Lymoges, dans une chapsse de cuivre surdoré. Le chef est dans un demy-corps d'argent couvert d'une mitre ornée de pierreries et perles, faict l'an   , sur lequel chef paroissent les marques du coup de foudre qui le tua lorsqu'il fist emprisonner sainct Martial, qui le ressuscita (2).

Il se monstre aussi la plataine et bout de crosse dont il s'est servy de son temps.

Il est invoqué contre le tonnère et foudre, et sourdité des oreilles.

Plus, un os du bras de S^{nt} Cessateur, évesque de Lymoges. Le surplus du corps est à Sainct-Santin, près Mallemort, au Bas-Limousin. Et fust apporté l'an   (3) par Mre Jean Goudin, père prieur de S^{nt}-Aurélien dans un demy-corps de bois surdoré. Il est pour les galeux et lépreux avec grand succès.

Plus, un os de S^{nt} Médard dans un bras de cuivre ; dans un reliquère du bois de la Ste-Croix, et un os de S^{nt} Blaise (4).

Un os du bras de S^{nt} Eustache, martir.

Une dent de S^{nt} Laurans, enchâssée d'argent.

Un bras d'argent, dans lequel est un os du poulce de S^{nt} Christophle.

Dans un reliquère, soubz un cristal, des cheveux de S^{nte} Catherine ; un os du crane de S^{nt} Jean-Baptiste ; un de S^{nt} Eutrope et de son sépulcre ; un de S^{nt} Anthoine, hermite ; une pierre du sépulcre de Nostre-Seigneur ; une de celluy de Ste Magdelène ; une de S^{nt} Estienne, martyr ; une sur laquelle la Ste-Vierge reposa estant en Egipte ; une sur laquelle N.-S. bénist les cinqt pains et deux poissons.

---

(1) « Plus, dans un cristal, un doigt de saint Jean-Baptiste. » (M. A.)
(2) « Avec Andréas, son compagnon. » (M. A.)
(3) « 1639. » (M. A.)
(4) « Et du bois de sa croix. » (M. A.)

Plus, des reliques de S^nte Agathe, et des Innocentz.

Plus, dans une double croix esmaillée, du bois de la S^nte-Croix.

Des os de S^nt Pierre et S^nt Pol, et de S^nt Vincent, martyr.

Dans une croix de nacle, contenant une petite croix d'argent, dans laquelle est du bois de la Ste-Croix.

DANS L'ÉGLISE DE S^NT-PIERRE-DU-QUEYROY.

Une effigie d'argent doré de sainct Jean-Baptiste, au bas de laquelle est un os du dernier de la teste de S^nt Jean-Baptiste.

17e aoust. Le corps de S^nt Rustique, martyr, dans une châsse de cuivre surdoré, et son chef dans des coupes d'argent. Ledict corps sainct fust porté de Rome l'an 1664, et en fust fait ostention le 20e juillet pendant 8 jours (1).

Un reliquère d'argent. Dans le milieu est du bois de la Ste-Croix, et autres reliques autour.

Une double croix ornée de pierreries, où est du bois de la Vraye-Croix.

Un grand reliquère d'argent doré porté par deux anges. Dans le milieu, du foin de la creiche de N.-S.; de son tombeau et de celluy de la Vierge Marie; un os de S^nt Nicolas; de la thunique de S^nt François-d'Assize; un os de la Magdelène.

Plus, un reliquère de bronze surdoré, dans lequel sont un os et partie d'une coste de sainct Pierre; un os de S^nt Pol; deux os de S^nt André, apostres; trois os de S^nt Apollinaire,

---

(1) « A la clôture l'on voulait faire procession où assistaient les religieux mandiants et MM. les prêtres de l'église et les compagnies pénitentes; lesquels tous étant assemblés, il y eut dispute entre les compagnies, causant les Noirs qui voulaient avoir le dessus de tout, dont il y eut quelques coups dans l'église, dont fut fort scandalisé le peuple qui était nombreux; et pour ce n'en fut point fait. Par où devait passer la procession les maisons étaient tendues de tapisseries. » (M. A.)

martyr; des cailloux (1) de S^{nt} Estienne, et deux os des Innocens.

Plus, un reliquère d'argent doré, où est la figure de saincte Catherine; dans lequel est un de ses ossementz.

Plus, [dans] un reliquère de cuivre surdoré, un os de S^{nt} Sébastien.

Plus une effigie (2) de Ste Marguerite, où est une sienne dent, et au bas un os de S^{nt} Apolinaire.

Plus, un bras surdoré, où est un os de S^{nt} Anthoine (3).

DANS L'ÉGLISE CATHÉDRALLE DE S^{NT}-ESTIENNE (4).

Se void le chef de S^{nt} Celse, disciple de S^{nt} Martial, dans des couppes de cuivre surdoré (5).   7e aoust.

Et dans une teste d'argent sont des machoires et os de saincte Valérie.

Et dans un coffret d'argent esmaillé, la chemise de saincte Valérie, faicte de toille de cotton (6).
Et des linges de S^{nt} Augustin.

---

(1) « Deux cailloux. » (M. A.)
(2) « D'argent. » (M. A.)
(3) « Et dans une effigie.... une relique de saint Fiacre. Dans icelle église est le tombeau de feu M. Bardon, prêtre, qui décéda le 19 janvier 1625, en réputation de grande sainteté, et fut enseveli devant le marchepied de l'autel de saint Fiacre, et cinq jours après relevé et mis dans un cercueil de plomb. Et, parce que le lieu de sa sépulture était incommode à cause de la dévotion du peuple, fut fait un sépulcre, où il fut mis le mercredi de la semaine sainte, 21 avril 1666, présents M. l'official et son greffier, M. le curé et prêtres, MM. les marguilliers et autres. Il y a grande dévotion de peuples qui vont au dit tombeau. » (M. A.)
(4) V. BONAVENTURE, t. II, p. 235.
(5) « Dans des coupes d'argent qui furent faites l'an 1680, étant auparavant de cuivre surdoré. » (M. A.)
Cette date de 1680 prouve que M. Maurice Ardant n'a pas eu sous les yeux le titre original, puisque l'inventaire est de 1666.
(6) « Où paraît du sang. » (M. A.)

DANS L'ÉGLISE PARROCHIALLE DE S^{NT}-MAURICE, DE LA CITTÉ DE LIMOGES.

Une belle croix d'argent doré enrichie de pierreries, et au milieu d'icelle une petite croix de bois de la Vraye-Croix. A l'oration d'icelle sont soulagés plusieurs du mal des yeux et autres maladies. Et des vestementz de la sainte Vierge sont aussy dans icelle.

Un os de sainct Victor, évesque de Marseilhe.

Plus, dans un coffret esmaillé, une pierre du sépulcre de S^{nt} Estienne, une de son lapidement ; partie d'une coste, un os de S^{nt} Agricole, de S^{nt} Denis-Arréopagite, un de S^{nt} Maurice, et une dent de S^{nt} Laurans.

DANS L'ÉGLISE DE L'ABBAYE DE N.-DAME-DE-LA-REIGLE SONT PLUSIEURS RELIQUES.[1]

Une croix d'argent doré où est du bois de la Vraye-Croix. Dans un bras d'argent, un os de S^{nt} Martial. Dans un autre bras d'argent un os de S^{nt} Anthoine. Dans un reliquère d'argent, un oz de S^{nt} Blaise. Dans un cadre faict en broderie d'or et d'argent, couvert d'une vitre, se void un os de S^{nt} Jean-Baptiste, un de S^{nt} Pierre, apostre; de S^{nt} Thomas, apostre ; de S^{nt} Clément, de S^{nt} Loupt, de S^{nt} Dampnolet, [de] S^{nte} Cécille, S^{nte} Margueritte (2), S^{nte} Essence, S^{nte} Eulalie, de S^{nt} Dulcème, de S^{nt} Macaire, de S^{nt} Nicolas, évesque, aveq une fiole de liqueur qui descoule de son tumbeau ; un os de S^{nt} Laurens, martir; un de S^{nt} Avioli (3), un de S^{nt} Améfit, de S^{nt} Placide, de S^{nt} Gérald d'Aurilhac ; de S^{nt} Érasme, de S^{nt} Benoist, de S^{nt} Cloud (4), de S^{nt} Anthoine, de Pade [Padoue] ; de S^{nte} Albine, de S^{nte} Julienne, S^{nte} Panafrette, de saincte Apollonie et de saincte Éfance (5).

---

(1) *V.* BONAVENTURE, t. II, p. 242.
(2) Sainte Madeleine. (BONAVENTURE.)
(3) « De saint Aurélien. » (M. A.)
(4) « De saint Claud. » (M. A.)
(5) « De sainte Efamée. » (M. A.)

— 261 —

Et en l'année 1671 (1), lesdites dames ont receu de Rome le corps de saincte Béatrix, vierge et martyre. L'ostention en fut faicte le (2).

DANS S^{NT}- DAMPNOLET.

Se void le chef dudict sainct dans des couppes d'argent ; et dans un coffret, son corps et son buffle ou pourpoint qu'il avait lors qu'il fust tué (3). Madame de Verthamond, abbesse de la Raigle, luy a donné une châsse d'argent, l'an 1671.

25e juin.

DANS L'ÉGLISE DU PRIORÉ DE S^{NT}-ANDRÉ DES PP. CARMES-DESCHAUX (4).

Se void, dans une chapsse dorée, le corps et, dans des couppes d'argent, le chef de S^{nt} Eugène, roy et martyr, qu'ilz receurent de Rome, l'an . Plus, dans une autre chapsse, le corps de S^{nt} Pudence, consul romain, premier hopte de S^{nt} Pierre, et le chef dans des couppes d'argent, qu'ilz receurent aussy de Rome, l'an (5). Plus, [dans] deux effigies à demy corps des sainctz Flavius et Severin, martyrs, qu'ilz receurent de Rome, l'an , les ossements desditz saints.

29e juillet.

19e may.

DANS L'ÉGLISE DE L'ABBAYE DE S^{NT}-AUGUSTIN.

Il y a quatre crânes (6) des chefs des S^{nts} Innocents.

Plus, le corps de S^{nte} Flavie, vierge et martyre, avec son chef, dans des couppes d'argent, et dans une chasse émaillée.

7e may.

Plus le corps de S^{nt} Ascleppe, évesque de Limoges, et celluy de S^{nt} Rorice, aussy évesque, qui fonda ladite abbaye.

2e décembre.

---

(1) Encore une date qui confirme ce que nous avons dit à la note 1 de la page 247. Notre manuscrit a été écrit entre les années 1671 et 1673.
(2) « Cette année, pendant huit jours. » (M. A.)
(3) « Au Puy-Lannaud. » (M. A.)
(4) V. BONAVENTURE, t. II, p. 248.
(5) « D'iceux fut faite ostension pendant huit jours. » (M. A.)
(6) « Quatre corps et crânes. » (M. A.)

Leurs cranes sont dans des couppes de cuivre, et dans une chapsse esmaillée.

Un os du bras de S^{nt} Anthoine, hermitte.

Un [du] bras de S^{nt} Benoist, un de S^{nt} Zénon, martyr.

Un de S^{nte} Aurélie, v. martyre ; de S^{nte} Eulalie.

Du chef et du bras de S^{nt} Guy, martyr.

Un os du bras de S^{nte} Radegonde, royne de France.

Un poulce et de la cervelle de S^{nte} Berthe, v. martyre.

Un poulce de S^{nt} Eutrope, dans un reliquère d'argent.

Un os de S^{nt} Augustin dans un reliquère.

Des charbons du martire de S^{nte} Flavie.

Une croix d'argent dans laquelle sont du bois de la Vraye-Croix, et des drappeaux où il (Jésus) fut enveloppé dans la crèche.

Plus un grand reliquère fait en quarré, couvert d'un cristal, contenant quantité de reliques.

DANS L'ÉGLISE PAROCHIALLE DE S^{NT}-CHRYSTOPHLE PRÈS L'ABBAYE DE S^{NT}-AUGUSTIN.

Une pierre du sépulcre de Nostre-Seigneur.

De la chemise de S^{nte} Anne,	Un bel os de S^{nt} Gervais,
Un [os] de S^{nt} Martial,	Un de S^{nt} Jean-Baptiste,
Un de S^{nt} Christophle,	Un de S^{nt} Léger,
Un de S^{nt} Laurans,	Un de S^{nt} Capprais,
Un de S^{nt} Mem (1),	Un de S^{nt} Éloy,
Un de S^{nt} Léonard,	Un de S^{nt} Cloud,
Un de S^{nt} Léobon,	Un de S^{nt} Benoist,
Un de S^{nte} Catherine,	Un de S^{nte} Marthe,
Un de S^{nt} Augustin,	Un de S^{nt} Barthélemy.

DANS L'ÉGLISE DE L'ABBAYE S^{NT}-MARTIN.

Se void, dans deux demy corps surdorés, des os des martirs de la légion des Thébains, et, dans un bras doré, un doigt de S^{nt} Thomas, apostre, qu'il mit dans le costé de N.-Seigneur,

---

1 « De saint Méry. » (M. A.)

donné par la république de Venise, tenant bource commune à Lymoges, l'an 1012.

Dans un bras, un os de S^{nt} Laurans, martyr.

Dans un beau bras d'argent ayant des pierreries au doigt, des os du bras de sainct Martin de Tours (1).

Dans un bras, des os de S^{nt} Blaise.

Dans un reliquère d'argent, des os du bras de S^{nt} Benoist.

Dans un demy corps surdoré, des ossementz de sainct Guilhaume, duc de Guienne.

Le corps de S^{nte} Martine, v. martyre, dans un coffret doré, et son chef dans une éfigie à demy corps.

Dans un reliquère aveq une croix esmaillée, une phiole du sangt de S^{nt} Jean-Baptiste.

Une phiole de liqueur du tombeau de S^{nt} Nicolas.

Un os de S^{nt} Benoist.

DANS L'ÉGLISE DES PÈRES CORDELIERS.

La thunique de S^{nt} Louis, archevêque de Thoulouse.
L'escuelle de S^{nt} François, estant de bois.
Du crane de saincte Agathe.

Dans un reliquère en pied d'argent, un os du doigt de S^{nte} Magdeleine.
Un autre de S^{nte} Marthe et une pierre de son tumbeau.
Une coste de S^{nt} Hilayre, martyr.
Un os de S^{nte} Romaine, martyre.

DANS L'ÉGLISE DU PRIORÉ DE S^{NT}-GÉRALD.

Dans un bras d'argent, un os du bras de S^{nt} Gérald.

Dans autre bras d'argent, un os de S^{nt} Fortunat, martyr ;

---

(1) « Un chef de saint Clément, pape, dans une couppe d'argent, » depuis 1734. » (M. A.) *V.* la note 5 de la page 259.

Dans un image de la Vierge, d'argent, un vertèbre de S^nt Cessateur.

Dans un petit reliquère d'argent doré, un os de S^nt Simphorian et un de S^nt Gérard.

Dans une petite châsse de cuivre esmaillé, des os du bras de S^nt Anthoine, de S^nt Christophle, de l'espaule de S^nt Blaise, de S^nt Denis et de S^nt Laurans.

Dans un petit coffret, une coste et joincture du bras de S^nt Jean, martyr.

Une coste, plus un os de la nuque de S^nt Maximin, martyr.
Du suaire des S^nts martyrs thébains.
Le cœur de S^nt François de Salles, dans un taffetas.

DANS L'ÉGLISE DES P. JACOBINS.

En un demy corps doré, du crâne de S^nte Margueritte ; un os de S^nt Vincent, martyr ; un de S^nt Cosme, martyr ; un bras de S^nt Fabien, martyr.

Et, dans une croix d'argent, un os de S^nt Grégoire, martyr, et, à la teste de la croix, du bois de la Vraye-Croix.

Dans un reliquère en forme de soleil, un os du genouil de S^nt Pierre, martyr ;
Un os de S^nt Phallier, natif de Lymoges.

Dans un coffret, plusieurs s^ntes reliques.

Dans ladite église repose le corps du bienheureux Guidonis, évesque de Lodève, de l'ordre des Jacobins.

DANS L'ÉGLISE DES PÈRES CARMES DES ARÈNES.

Un os apelé vertèbre de S^nt Simon Stoch, général de l'ordre du Mont-Carmel, qui receut le S^nt Scapulaire de la Vierge, dans un demy corps surdoré.

Dans un bras surdoré, des reliques de S^nt Alexandre, martyr.

Dans un autre, des reliques de S^nt Alexandre, martyr.

Dans un autre, des reliques de S^{nt} Crespin, martyr.

Dans un coffret, des reliques de S^{nt} Mutius, martyr, et de S^{nt} Auxilius, aussy martyr (1).

DANS L'ÉGLISE DES P. AUGUSTINS, AUX FAUX BOURGTZ MONTMALIER.

Dans un demy corps surdoré, le chef de saincte Ursule, vierge martyre.

Plus, un os de S^{nt} Jean-Baptiste.

Dans un demy corps surdoré, un os de S^{nt}   (2).
Dans un autre demy corps, un os de S^{nt}   (2).
(3)

---

(1) « De saint Candide et saint Constance, martyrs, depuis quel-
» ques jours dans des demi corps des reliques. » (M. A.)

(2) Les noms sont en blanc.

(3) Ici se termine ce qui, dans notre manuscrit, a trait à l'inventaire de 1666. Le manuscrit de M. Ardant contient en outre ce qui suit :

« Les religieuses Ursulines reçurent de Rome le corps et chef de S^{nt} Elysée, martyr ; l'ostension duquel fut faicte le jour de Saint-Mathias, 25 février, l'an 1672, qui dura jusqu'au dimanche 28 dudit mois, avec grande solemnité. »

« *Les Pères de la Mission,*

« Ils ont reçu, depuis l'année 1736, le chef de saint Fortunat. » (M. A.)

[Église
de Saint-Michel-
des-Lions.]

Bastiment de l'église de S^{nt}-Michel-des-Lions, et clocher d'icelle église [1].

A l'honneur souverain et la vive mémoire
Du grand Dieu tout puissant en son règne céleste,
De sa mère sacrée et du bon sainct Michel,
Et des biens heureux saincts du Paradis en gloire,
L'an que l'on comptoit mil trois cent soixante quatre,
Le vingt-cinquiesme may, d'un premier fondement
Le pied de cette église a prins commancement,
Que l'injure du temps jamais ne puisse abattre.
Dix neufs ans apprès, pour embélir ce temple,
En l'an mil [le] trois cens [et] quatre vingt [et] trois,
Par les donts d'un chacun et libéraux octrois
Fust basti ce clocher que chef d'œuvre on contemple.
Louons donc ce bon Dieu qui a toute puissance,
Le premier s'emploiant à cet œuvre si beau !
Qu'il le conserve à soy, et son divin flambeau
Sur tous ses bienfaiteurs luise pour récompence [2].

Ce que dessus est gravé sur une lame de cuivre au bas du clocher et entrée de ladite église. Lesquelz vers estoient au fondement d'icelle église et clocher, gravé sur une pierre près icelle lame ; mais le temps l'a mangée, estant à l'eau [3]. Et faut advouer qu'on ne scauroit voir un plus beau clocher

---

1) V. *Recherches historiques sur l'église paroissiale de Saint-Michel-des-Lions de la ville de Limoges*, par l'abbé LEGROS. (Limoges, 1811, in-12 de 68 pages.)

(2) A la suite de ces vers, on lit dans Legros (*loco cit.*) et dans les *Éphémérides* de 1765 : « Relevé par Jean Verger et Jean Mersin (A), en l'an 1584. »

(3) « On observe que cette inscription, qui avait été gravée, dans le principe, sur une pierre auprès de la porte du clocher, se trouvant presque effacée, fut transcrite et gravée sur une table d'airain par les soins de ces bailes (ceux de la note ci-dessus) et mise auprès du bénitier. » (LEGROS, *loco cit.*)

A) « Ou Merrin, ou, peut être mieux, Merlin. » (*Note de Legros.*)

et mieux basti pour de la pierre grize et dure ; contenant dans icelluy huict cloches, et celle de l'orloge font neuf. Comme aussy est l'église, la nef ou voute portée par dix pilliers très délicats pour la structure; contenant en icelle vingt et deux autelz, comprins la chappelle de Nostre-Dame-des-Aydes, de laquelle l'image de la Vierge fust couppée la teste au pillory (1) par les Huguenotz, comme est dit en son lieu, en l'année 1560. Les chères pour célébrer l'office divin furent faites par le curé et prestres d'icelle, comme appert aux quatre pilliers, incérant icelles sur une lame à chasque pillier, comme s'ensuit :

> L'an quarante et quatre et mille cinq cens,
> Les curé et prestres de céans,
> Par commune distribution
> Des biens, chacun sa portion,
> Selon sa calitté et pouvoir,
> Firent faire pour se assoir,
> Pour vaquer au service divin,
> Ces siéges que voys ainsin.

Au bas de la lame, de l'autre part du bastiment, est gravé :

> Relevé par Jean Verger et Jean
> Merlin, estant bailles, l'an 1584 (2).

Commencement de guerre contre les Anglois (3).

L'an 1367, le 10ᵉ may, fust fait une ordonnance en la maison de ville que tous voyages qui se feroient par le mandement du prince, et autres affaires concernant les affaires de la maison de ville, qu'on ne prandroit gaiges ou sallaires que les despans. Ce qui ne s'est observé jusques à présent, mais au contraire.

[Les consuls décident qu'il ne sera perçu aucun salaire pour les affaires de la ville.]

---

1) Les *Registres consulaires* (t. II, p. 202), qui parlent de la profanation, ne mentionnent pas cette particularité.

2) V. la note 3 de la page 266.

(3) V. Froissard, *passim*, et Cff. l'extrait du manusc. Bourgoin, inséré au *Lim. hist.*, p. 394 et suiv.

[Guerre contre les Anglais.] Icelle année 1367, aucuns seigneurs du Lymousin, scavoir de Mallemort, de Marueil (1), Pierrebuffière et autres, pour les exactions que fesoit le prince de Galles de tant de tailles et subsides, se révoltèrent contre luy et se randirent François. — Et, deux ans apprès, fust fait taxe dans la maison consulaire de ceux qui huchent le vin, et des trépassés.

Or les seigneurs de Guienne firent plainte au roy Charles-le-Quint, roy de France, contre le prince de Galles, suppliant le roy, auquel le prince de Galles devoit foy et homage (2) dudit pays, de se monstrer souverain comme il estoit. Ce qu'il fist ; et fust donné adjournement personnel au prince de Galles, à Paris, pour ouyr les plaintes et griefs contre luy faits, auquel mandement il ne voullust obéir. Parquoy commança la guerre ; et eurent charge pour entrer en Aquittaine les ducz d'Anjou et de Berry, l'un par l'Agénois et l'autre par le Limousin, tous en telle manière que le duc d'Anjou et ses gens estoyent entrés par l'Agénois en Aquittaine, de mesme, les ducz de Berry et de Bourbon, d'Alenson, aveq les comtes de la Perche, de Blois, Jean d'Armagnac, Hugues, comte dauphin d'Auvergne, Jean de Villemur, Roger de Beaufort, le S^{re} de Beaujeu, de Villard, de Sennac, de Montégut, Mallemort, Marueil, Usès, Boulougne, Suilli, Tailleton, Confray, du Perche, d'Acon, Pechin, et autres barrons, chevalliers et escuyers, fesans environ le nombre de douze cens chevaux et trois mille lances, se hastans de conquester villes et chasteaux et forteresses ; esquelz le pays se randoient vollontairement. Ainsin vindrent devant la Citté de Lymoges.

Le roy Charles avoit tenu propos aux habittans de la villechasteau de Lymoges de se randre, lesquelz en avoient bon voulloir ; mais la crainte du prince résidant à Engoulesme leur fesoit peur.

D'autre part, creignant Jeanne de Bretagne se disant vicomtesse de Lymoges, ayant perdu le tiltre de duchesse de Bretagne, qu'elle se voullust porter dame de la ditte ville, comme avoient fait ses prédécesseurs, pourquoi, voullants pourvoir à ces fins du différend, le firent remonstrer au dit

---

(1) « Marnueille. » (Mss. BOURGOIN.)
(2) « Devait faire hommage. » (*Ibid.*)

roy Charles. Lequel, pour randre les habitans de la ville plus enclins à se randre, fist admonnester la dite Jeanne à luy transporter le droit qu'elle prétandoit sur la dite ville et chasteau de Lymoges, ce qu'elle fist librement ; dont fust passé lettres (1), les choses demeurant ainsin imparfaites.

Messire Jean Chandos, connestable du prince en Aquittaine, entra dans Limoges bien accompagné d'Anglois pour garder la ville, car les ducz de Berry et de Bourbon et Allanson estoient proches.

Comment la Citté de Lymoges se soubzmit au Roy de France, et comment le fauxbourgt S^{nt}-Martin fust brullé.

La Citté de Lymoges estoit pour lors forte et bien munie de murailles, tours et fossés, et pouvoit battre la plaine par le moyen du clocher de Sainct-Estienne, qui commande partout. Cependant [que] le duc de Berry tenoit le siége devant Lymoges, Berthrand du Clesquin y arriva avec grand force, dont la compagnie en fust bien joyeuse. Pour l'heure, on estoit sur les termes de se randre aux François (2), ce que diligemment [fut] poursuivy par l'évesque, qui, ce mesme jour, arriva dans la citté, venant d'Engoulesme, où le prince de Galles estoit mallade. Lequel dit et rapporta aux Citoyens, affin de les induire à se randre François, qu'il avoit veu ensepvelir le prince de Galles, lequel affirma pour certain estre mort. Ce qui fust causse aux cittoyens de se randre plus librement françois (3). [La Cité se soumet au roi de France.]

Le duc de Berry et autres seigneurs entrèrent dedans, et se raffraichirent durant trois jours, pandant lequel séjour, les François assaillirent la ville de Lymoges. De laquelle sortit sur eux messire Jean Chandos et les Anglois, escarmouchans [Incendie du faubourg St-Martin.]

---

(1) On trouvera ces lettres, datées du 9 juillet 1369, au t. VII du *Bulletin de la Soc. arch. du Lim.*, p. 130.
(2) « De se randre François. » *(Ibid.)*
(3) V. dans l'*Almanach Limousin* pour 1869. le procès-verbal authentique de la reddition de la Cité.

entre la Ville et la Citté jusques aux barrières faictes entre les monastères de Sainct-Martin et de S^{nt}-Gérald, et les couvents des Jacobins et Mineurs. En cet endroit de Sainct-Martin et Mineurs estoit un beau fauxbourgt (1) renfermé entre les deux villes, lesquelz furent destruitz et brullés, dont à présent ne reste que des fondements et caves vers Sainct-Martin et S^{nt}-Pol. Lequel fauxbourgt estoit l'antienne demeure des Vénitiens, comme il est dict cy-devant [page 126].

Le duc de Berry estant dans la Citté fust conseillé de rompre sa chevauchée, ainsi que le duc d'Anjou avoit faict, et qu'un chascun retournàt en son pays pour le deffendre contre Robert Canolle, qui estoit entré en France aveq puissante armée du costé de Calais. Berthrand du Clesquin demeura sur les frontières de Lymousin aveq trois cens lances pour recouvrer les terres de la vicomté pour sa maîtresse Jeanne de Bretagne. Et fust establi pour garder la Citté Jean de Villemur, Roger de Beaufort et Hugues de La Roche aveq deux cens lances.

Destruction de la Citté par le prince de Galles.

Siège et destruction de la Cité, 1370.

Le prince de Galles ayant entendu la révolte de la Citté de Lymoges fust fort fasché, mesmes sachant que l'évesque, qui estoit son compère et chancellier, en avoit esté cause. Parquoy n'eust en estime les gens d'église, comme il souloit faire, jurant par l'âme de son père qu'il la recouvreroit quoi qu'il en couste, et que jamais à autre n'entendroit qu'il n'eust parfait ce que dit est. Ses gens estoient assamblés à Cougnact, fesant le nombre de 2,500 lances, six milles archers et trente mille hommes de pied. Là estoit Michel d'Angle (2), Louis vicomte de Chasteleraud, les seigneurs de Pontz, Partenay, Puyanne, Tonnay-Boutonne, Persevac, Coulougne (3), Godefroy de Nontrond, Montferrand, Chaumond, Languoyrand, Thouars (4), Pommiers, Mucidant, Lespare, Chabanes, Rochouard, Thomas de Percy, les sieurs de Rosé (5), Guilhaume Beauchamps, Michel de La Pouille, Cousenton, Richard du

---

(1) « De beaux faubourgs. » (*Ibid.*)
(2) Messire Guichard d'Angle. (FROISSARD.) — (3) Perceval de Cologne. (*Ibid.*) — (4) Aymery de Tarste. (*Ibid.*) — (5) Le sire de Ros. *Ibid.*

Pont-Chardon, Beaudoin de Francville, Simon Burlé, d'Augousse, Jean d'Euvreux, Guilhaume de Marville (1), Eustache d'Aubertincourt (2), Perducas d'Albret (3), Nontrond (4), et grand nombre d'autres gens de guerre (5), lesquelz vindrent tous assiéger la Citté de Lymoges.

Le prince de Galles ne pouvoit chevaucher, causant sa malladie, parquoy se fesoit porter dans une lictière; tant qu'il arriva devant la Citté de Lymoges, et se logea au couvent de S^{nt}-Gérald, le comte de Lancastre aux Jacobins. Les comtes de Pannebrot [Pennebroch] et Cantebruge logèrent au couvent de S^{nt}-Augustin aveq les seigneurs Guienne. Ceux de Poictou, Saintonge, Périgord, Engoulmois et Lymousin logèrent à S^{nt}-Martin et [aux] Cordeliers. Et pardelà la rivière de Vienne furent logés le captai de Buch, Thomas Féleton aveq cinq cens lances Hannuyers (6) à mille archers et dix mille Gascons. Et messire Jean Chandos estoit logé dans la ville dite Chasteau (7). Allors le prince de Galles fist serrement de ne se partir de devant la Citté qu'il ne l'eust à son obéissance. L'évesque connoissant avoir heu tort d'avoir esté cause de ce, mais il n'y pouvoit plus remédier, car il estoit trop tard. Jean de Villemur, Hugues de la Roche et Roger de Beaufort (8) confortoient les habitans citoyens disants qu'ilz estoient assez forts pour les deffandre.

Le prince ayant veu la situation de la place de la Citté, par

---

(1) De Neuville. (Froissard.)—(2) D'Aubrecicourt. (Ibid.)—(3) Perducas de Labretto. (Ibid.) — (4) Naudon de Bageraud. (Ibid.)— (5) La liste donnée par Froissard est beaucoup plus complète.

(6) Soldats du Hainaut. — V. Bullet. de la Soc. d'Agricult. du Limousin, année 1840. M. Maurice Ardant, qui a reproduit, en l'abrégeant, dit-il, ce qui dans notre manuscrit concerne le siége de la Cité, dit à propos de ce mot *Hannuyers* : « Le mot est ainsi écrit dans les deux manuscrits. » Un peu plus loin, il dit tout aussi formellement : « Un autre manuscrit que j'ai collationné, etc. » Ce qui prouve une fois de plus qu'il a été fait plusieurs copies d'un manuscrit original.

(7) Froissard ne donne pas ces détails topographiques.

(8) V. au *Bulletin de la Soc. arch. du Lim.*, un art. t. VIII, de M. l'abbé Arbellot : *Les trois chevaliers défenseurs de la Cité*.

l'advis de son conseil, fist venir ses *huroux* (1), gens bien expers pour miner, lesquelz il mit en besoghe du costé du Naveix à l'endroit d'une tour appelée de *La Resia* (2), où la murailhe estoit bastie sur le tus [tuf] et non sur le roc. Ce faict, les huroux et pionniers ayants miné et appuyé le mur sur des pillottis de bois ensoufrés, ilz firent tant par leurs labeurs qu'ilz vindrent à bout du dessaingt de leur ouvrage, laquelle contenoit cent coudées de murailhes, sans comprandre ladite tour de l'*Arresia*. Ilz mirent bois souffrés et autres matières seiches pour bruller et consommer les pillottis, puis advertirent le prince que, quand il luy plairoit, feroient renverser les murs dans les fossés, où ses gens pourroient facilement entrer. Ce qui fust faict, car, le lendemain, 19e septembre l'an 1370, les capittaines françois commandans dans la Citté furent advertis de la mine. Parquoy firent une contremine, laquelle ne servit de rien, ayant failli le rencontre de l'autre.

D'autre part Berthrand du Clesquin aveq ses François battoit l'estrade nuit et jour aux champs, dont le prince estoit asçavanté à causse des plaintes ; mais pour ce ne voullust lever le siége.

Pour conclusion, le feu mis aux mines et les murailles renversées dans les fossés, les Anglois estants en armes pretz à combattre, et l'assaut donné au cry des trompettes et clérons, les gens de pied donnèrent dedans, puis montèrent sur les murailles, couppant les portaux, pont-levis, barrières et autres deffances sy soudainement que ceux de dedans ne peurent empescher, tant ilz estoient estonnés de la cheute de la muraille, et incontinant, le prince entra dans la Citté accompagné du duc de Lanclastre, des comtes de Pannebrot, Canthebruge, Richard d'Angle, et autres, tuants tous ceux qu'ilz trouvèrent dans la Citté, hommes et femmes, enfans et filles

---

(1) *Sic*. — La copie de M. Maurice Ardant insérée au *Bulletin*, porte : *Huroux ou pioniers* ; mais Froissard, dont notre manuscrit n'est en quelque sorte que l'abrégé, dit *Hurons ou mineurs*. *Huroux* ne se trouve point, en effet, dans les glossaires de l'ancien français ; mais Roquefort donne *Huron* comme terme d'injure et de mépris. Nous croyons qu'il faut lire *Hurons*, avec Froissard.

(2) Ou *Alérésia*.

de tous eages se jettans à leurs piedz, criantz miséricorde au prince d'avoir pitié d'eulx, lequel prince ne les voulloit escoutter, au contraire les fesoit massacrer devant luy. Et vindrent en cette sorte depuis la porte Sainct-André, dilte porte Pané, jusques au devant de la porte et église de Sainct-Estienne, là où il y eust grand tuerie, parce que la pluspart des habittans s'estoient retirés dans icelle pansans estre en seureté et sauvegarde à cause du lieu, ce qui ne leur servit de rien. Et en fust tué ou massacré plus de dix huict mille (1), et la plus grand partie de ceux et celles qui estoient innocens de la rebellion. Et furent en grand danger les religieuses de la Raigle. Parquoy c'estoit chose pitoyable à voir la pauvre Citté en tel estat et effusion de sang si grande (2). [Et de mémoire de ce, fust mise l'image de la Vierge tenant son fils Jésus qu'elle portoit devant, et couvrant son visage à cause de l'effusion du sang qui fut répandu ; lequel image étant dehors et dans le mur de l'église a ésté mis dans la chapelle joignant où elle est, l'année... (3), où il y a grand dévotion, étant appelée *Notre-Dame-de-Bonne-Délivrance*].

De toutes parts entroient les Anglois dans la Citté sans contredit ; une partie vinst au pallays de l'évesque, lequel ilz prindrent et lièrent. Lequel [fut] emmené devant le prince qui le renvoya de grand fureur, le menassant de luy faire trancher la teste, commandant qu'il ne le vist en sa présance.

Or s'estoient retirés dans la tour de Maumond les capitaines françois. Parquoy, voyants la fureur un peu appaisée sortirent et vindrent devers le prince, qui estoit accompagné des-

---

(1) Feu Henri Ducourtieux, dans une « *Courte dissertation sur le siège de la Cité*, » insérée au t. XI du *Bullet. de la Soc. arch. du Lim.*, p. 192, et dans l'*Almanach Limousin* pour 1862, conteste ce chiffre ainsi que plusieurs des allégations de notre compilateur et des annalistes Limousins. Dans un autre article que l'on trouvera dans l'*Almanach Limousin* pour 1863, Henri Ducourtieux revient sur le même sujet en réplique à un article de M. Buisson de Mavernier, inséré au *Courrier du Centre* du 17 janvier 1862.

(2) La phrase mise entre crochets ne se trouve pas dans notre manuscrit. Nous la copions dans le texte communiqué par M. Maurice Ardant au *Bulletin de la Soc. d'Agriculture*.

(3) « Il y a ici une lacune. » (*Note de M. M. Ardant.*

ditz duc de Lanclastre, Canthebruge et Pannebrot, et se randirent au prince, qui les receut à mercy selon le droit des armes.

Charitté des habittans de la ville ditte Chasteau de Lymoges envers leurs frères cittoyens.

[Les habitants du Château rachètent les prisonniers de la Cité.]

La Citté de Lymoges toute pilhée, le surplus des cittoyens que le glaive avoit pardonné estans prisonniers en grand captivitté, après le feu, murailhes et tours abbattues, et les Anglois chargés de leur despouilhes, furent racheptés par les habittans de la ville de Lymoges, ayants compassion de leurs parants et amis charnelz, vandans domaines et héritages, remplissants la ville des pauvres citoyens n'ayants maisons pour se retirer ny meubles pour s'en servir. Les uns furent contraints de se retirer ez hospitaux et autres places couvertes, contre leur mode accoustumée. A cause de quoy, ez mois de novembre et décembre, se print entre eux des malladies, qu'il en mourust la plus grande partie, et peu se sauvèrent.

Les Anglois se retirans abbattirent Rancond et Champagnac (1), brullèrent Montmorillon et autres. Le pays de Lymousin estoit en grand tribulation, causant les guerres angloises et françoises. Le sénéchal de Limousin, appellé le seigneur de Vertincourt, fust prins à Pierrebuffière par Thibaut du Pont, chevalier breton.

Le duc de Lanclastre demanda au prince l'évesque, ce qui luy fust refuzé. Parquoy fust dit à la princesse que sy le prince ne le randoit, le pape l'excommunieroit et déclareroit ses enfans illégitimes (2). Qui causa que le prince renvoyast ledit évesque au pape Urbain en Auvergne; lequel [évesque] après quelque temps, fust faict cardinal, délaissant son évesché.

---

(1) « Je crois qu'il faut lire, au lieu de *Champagnac, Comproignac*, lieu voisin de Rancon. » *(Note de M. M. Ardant.)*

(2) « On voit que le pape portait un véritable intérêt à l'évêque de Limoges par l'avancement qu'il lui donna. Mais la princesse de Galles avait deux motifs pour redouter qu'il prît au souverain pontife l'idée de déclarer son mariage non valable : d'abord il y avait la parenté, et ensuite les doubles fiançailles de Jeanne de Kent avec

— 275 —

Eymeric Chat (1), qui fust en rangt des évesques de Lymoges 64; lequel, causant les guerres, fust contrainct habbandonner son pallays, et se retira dans la ville.

[Aimeric Chati, évèque.]

Le cardinal dit de Sarragosse ensepveli dans l'église de Sainct-Martial (2).

L'an 1369, décéda à Viterbe, ville d'Itallie, Guy d'Arfeulle, appellé le cardinal de Sarragosse, lequel voullut son corps estre porté à Lymoges et ensepveli dans l'église de Sainct-Martial, où il repose à costé du grand autel près la bénitière. Il fist de grandz biens à l'église. L'on void son tumbeau, qui est très beau, et son effigie en long sur icelluy, lequel Messieurs de Sainct-Martial laissent tout rompre.

[Mort de Guillaume d'Arfeuille, cardinal de Saragosse.]

Du pape Grégoire XIᵉ; ses bienfaitz à l'église de Sainct-Martial (3).

Apprès le trespas du pape Urbain Vᵉ, Limousin, qui fust le 19ᵉ décembre 1370, le 30ᵉ dudit mois fust esleu pape Messire Pierre Roger, appellé le cardinal de Beaufort, en Lymousin (4),

[Grégoire XI pape.]

---

lord Holland et avec lord Montaigu. Or on pouvait revenir sur la décision du pape Clément VI, qui avait décidé en faveur du premier, et c'était à la mort de lord Holland que le Prince-Noir avait épousé sa cousine, devenue la plus riche héritière d'Angleterre. » (*Note de M. M. Ardant.*)

(1) Aimeric Chati de la Jauchat, près Saint-Yrieix, évêque de Volterra, puis de Bologne, en Italie, mort le 8 novembre 1390, est le 65ᵉ évêque, d'après le *Tableau* de Nadaud.

(2) Gui d'Argfeuille, archevêque de Saragosse, mourut à Viterbe, le 4 des nones d'octobre 1369, fut enseveli au couvent des ermites de la Sainte-Trinité, selon le *Gallia purpurata*, p. 360. — V. aussi Baluze, *Vitæ paparum Avenionensium*, à la table, et Bandel, *Dévot. à saint Martial*, chap. v.

(3) V. sa biographie par feu l'abbé Texier, dans la *Galerie de portraits des personnages célèbres du Limousin*, éditée par M. Albert; — V. aussi Bandel, *Dévot. à saint Martial*, chap. iv; mais V. surtout Baluze, *Vitæ paparum Avenionensium*.

(4) Lisez, avec le P. Bonaventure (p. 660) : « Pierre Roger de Montroux, de Maumont (près Aixe), comte de Beaufort, en Anjou. »

nepveu du pape Clément VIe. Et fust nommé Grégoire onziesme. Il avoit grand dévotion à sainct Martial. En l'an 1376, il permet par sa bulle à l'abbé et religieux de S^{nt}-Martial de choisir des confesseurs et les nommer lors de l'ostension du chef du glorieux S^{nt} Martial, qui ayent mesme pouvoir que les pénitenciers de Rome, en date du 27e septembre (1).

Par autre du cinquiesme janvier 1379 (2), [il dit] qu'à cause de la dévotion qu'il a vers saint Martial, il envoye à l'abbaye un image d'argent esmaillé, enrichi de pierreries, du poidz de sept cents marcs, pour servir de reliquère au chef de sainct Martial.

Les couppes ou joyaux d'or où repose à présent le chef de sainct Martial, sont estés baillés ou envoyés par luy, et portés par le cardinal de Lymoges, jadis évesque, du temps de la destruction de la Citté, nommé Jean de Crose, comme il est gravé sur la couppe de bas :

PP. *Gregorius XI as donna las couppas. P. Vidal las fey an. m. ccc. lxxxiij* (3).

Comment la ville-chasteau de Lymoges se soubzmist au roy de France Charles V (4).

[Les habitants de Limoges se soumettent au roi de France, 1371.]

L'an 8e du roy Charles 5e, les habittans de Lymoges voyants tousjours les Anglois ransonner le peuple, et plusieurs autres

---

(1) Il y a, au sujet des pénitenciers, deux bulles relatées par le P. Bonaventure : l'une du 3e des nones de juillet 1373, laquelle institue deux pénitenciers durant l'ostension ; l'autre du 27 septembre 1376, qui confirme la précédente et ajoute 14 jours du pouvoir des pénitenciers aux autres 14 jours.

(2) Le P. Bonaventure donne aussi le texte et la traduction de cette bulle qu'il rapporte, avec raison, à l'année 1378 ; cet acte, ainsi que plusieurs détails relatifs à la donation, se trouve également dans un extrait d'un manuscrit de M. Duroux, inséré au *Limousin Historique*, p. 452.

(3) Cette date est fausse, Grégoire XI était mort en 1378. V. la note ci-dessus

(4) V. BONAVENTURE, t. III, p. 661 ; *De la domination anglaise dans les provinces d'Outre-Loire*, par M. Grellet-Dumazeau. (Bullet. de la Soc. arch. du Lim., t. III, p. 32.)

maux et dommaiges qu'ilz souffroient, ne les pouvants plus supporter, fust députté pour envoyer par devers le roy d'Angleterre à Londres un bourgeois de la ville nommé Pierre Boulhon, pour luy remonstrer les dommaiges sy longtemps soufferts au pauvre pays de Lymousin, le suppliant d'y pourvoir; autrement ne pouvoient plus tenir soubz son obéissance. Ledit Boulhon fist très bien son légat, obtenant lettres adressantes à Jean de Urnes, gouverneur, et à messires Richard et Albert Buery (1), sénéchaux (2) audit pays pour le roy d'Angleterre, où estoit mandé de fère réparation aux habittans de Lymoges des dommaiges à eux faitz par les Anglois. Ce voyage fust de quatre mois onze ou douze jours.

Cependant ledit de Urnes, Richard et Buery, sénéchal, retournèrent en Angleterre, habandonnant le pays sans gouverneur, occasion de quoy les Anglois qui estoient au pays pilhoient plus fort le Lymousin.

Pour conclusion, les consulz de Lymoges, du voulloir et consentement de la plus saine partie de la communauté de la ville, envoyèrent devers le roy de France Jean Bayard, Jean Martel (3) et Laurans Sarrazin, esquelz donnèrent procuration expresse et pouvoir, selon leurs instructions et signe (4), de remettre le chasteau et ville de Lymoges à son obéissance. Lesquelz furent receus du roy à Paris, joyeusement, et en faveur de ce que les habittans de Lymoges, ville et chasteau, se mettoient de leurs liberalles vollontés, sans estre sommés ny contraints, des premiers d'Aquittaine, Sa Majesté leur ottroya, tant aux consulz que habittans, de beaux et excellents privilléges, libertés et franchises, par ses lettres pattantes, scellées en cire verte et lactz de soye, dont s'ensuit l'extraict; lesquelz, par la négligence des consulz, sont tout à fait abolis (5).

---

(1) Lisez : *Richard de Malmesbury*.
(2) Lisez : *sénéchal*.
(3) Jean Martin. (BONAVENTURE.)
(4) Ces instructions sont relatées en entier dans *l'Hist. du Lim.* de M. Leymarie (t. II, p. 302 et suiv.),
(5) *V.* Lettres en date du 28 décembre 1371, portant que la ville et la châtellenie de Limoges seront unis inséparablement à la couronne, et que cette union ne portera aucun préjudice à la juridiction des

Extraict mémorial des privilléges de la ville-chasteau de Limoges, soubz Charles cinquiesme de France (1).

[Priviléges.] 1. — Le roy annexa le chasteau et ville de Lymoges à la couronne de France perpétuellement.

2. — Par autre lettre, il bailla en recompance à Jeanne de Bretagne la somme de mille livres de rante sur le chasteau de Nemours, pour le droit par elle prétandu sur laditte ville et chasteau de Lymoges, promit et jura garder et garantir pour l'advenir les habittans en leurs droitz et franchises, à l'encontre de ladite Jeanne de Bretagne et de ses enfans successeurs.

3. — Par autre lettre, promist à l'abbé de Sainct-Martial récompance pour le droit de l'homage par luy prétandu sur ladite ville et chasteau de Lymoges.

4. — Par autre lettre, donna de nouveau le chasteau et chastellenie de Lymoges, aveq toute la jurisdiction haute, moyenne et basse, sens et autres choses, sans rien retenir et réserver, aux consulz, manants et habittans de Lymoges.

5. — Par autre lettre, donna aux habittans et consulz, pour les réparations de la ville et chasteau, le souchet et imposition du vin qui seroit vandu.

6. — Par autre, quatre deniers pour livre de toute la marchandise qui seroit vandue en ladite ville, laquelle ilz pour-

---

consuls de Limoges ni aux priviléges des habitants de cette ville. (*Ordonnances des rois de France*, t. V, p. 430.) — Lettres du 2 janvier 1371, par lesquelles le roi donne aux consuls et habitants du château de Limoges le château et la châtellenie de cette ville, qu'il s'engage à garder. (*Ibid.*, p. 143.) — V. aussi au t. XIV du *Bullet. de la Soc. arch.*, le vidimus général des priviléges donnés par le roi Henri II, en 1555. Le *Limousin historique* donne, p. 573 et suiv., le texte roman complet, avec la traduction française des ordonnances et franchises de la ville de Limoges confirmées par le roi Charles V, connues sous le nom de *Coutumes de Limoges*. Il a été fait un tirage à part de ces coutumes, en 1839 (in-8° de 90 pages).

(1) Nous connaissons deux autres copies de cet *extrait* : l'une, imprimée dans l'ouvrage du P. Bonaventure, t. III, p. 664, et qui « est, dit l'annaliste, dans les Chroniques du pays; » l'autre, insérée par M. Maurice Ardant au *Bulletin de la Société d'Agriculture de Limoges*, année 1835, p. 11. Les trois textes diffèrent un peu.

roient oster et remettre toutes et quantes fois que bon leur semblera.

7. — Par autre lettre, que les clefs des portes et forteresses de Lymoges demeureront en la garde des consulz, sans que autre en puisse prandre la charge.

8. — Par autre lettre, que nul consul ou qui l'eust esté ne soit puny criminellement d'aucun délit par luy commis.

9. — Par autre lettre, remist et quitta tous crimes et délitz que les habittans de Lymoges pourroient avoir fait et commis contre Sa Majesté en aucune manière.

10. — Par autre lettre, remist et quitta tous les debtes que les habittans pourroient debvoir pour cause de recepte du fait des monnoyes ou pour quelque autre que ce soit.

11. — Par autre lettre, confirma tous les droitz, privilléges, libertés et franchises que le prince de Galles et ses prédécesseurs avoient octtroyées aux habittans et communauté de la ville (1).

12. — Par autre lettre, quitta aux consulz et habittans toutes désobéissances que contre Sa Majesté pouvoient avoir esté faites, et que, nonobstant icelles, tout ce qui leur avoit esté octroyé vallust et tinst.

13. — Par autre lettre, il privilégea exprès et prit en sa protection et sauvegarde les consulz et habittans (2).

14. — Par autres lettres pattantes, scellées en cire blanche, le roy octroya privillége à tous les habittans de ladite ville de ne payer de dix ans, pour le royaume de France, aucun péage, imposition ou autre subvention.

15. — Par autre lettre, qu'ilz ne fussent tenus recepvoir dans laditte ville aucun nombre de gens d'armes en garnison, sinon tel nombre qu'il leur plairoit.

16. — Par autre lettre, que nul homme illégitime ne puisse tenir office en Limousin.

17. — Par autre lettre, déclare les consulz et habittans quittes des despostz que le prince de Galles fist prandre entre les mains lors qu'il destruit la Citté de Lymoges.

---

(1) Il s'agit des *coutumes de Limoges*, publiées dans le *Lim. hist.* (*V.* la note 5 de la page 277).

(2) « Qui sont douze lettres scellées en cire blanche. » (*Texte de M. M. Ardant.*)

18. — Par autre lettre, que tous les officiers du roy [qui] demeureront dans la ville seroient tenus contribuer aux tailles et autres charges de la ville.

19. — Par autre lettre, révoqua toutes donnations qu'il pourroit avoir fait des biens d'aucuns particuliers de ladite ville et chastéau de Lymoges pour quelque cause que ce soit.

20. — Par autre lettre déclara que aucunes marchandises [qui] avoient esté prises et arrettées sur les chemins deppuis la paix, veut icelles estre remises et restituées à ceux à qui elles appartiendront.

21. — Par autre lettre, veut et ordonne que tous les debtes que le feu roy Jean, son père, lors estant duc de Normandie, avoit fait en ladite ville et chasteau de Lymoges, qu'on pourroit monstrer par bons enseignements, fussent payés.

22. — Par autre lettre, le roy promettoit payer soisante hommes d'armes pour un an, en cas de nécessitté, pour garder laditte ville.

23. — Par autre lettre, mande au sénéchal de Limousin que sy aucun prélat mettoit le *lef* (1) dans la ville et chasteau, le faire oster par prinse de son temporel.

24. — Par autre lettre, que le procureur du roy ne postuleroit pour autres particuliers que pour l'intérest publiq et personne du roy seullement.

25. — Par autre lettre, prohibe à tous ses capittaines, gens de guerre et autres de ne prandre aucuns vivres qu'on apporteroit à ladite ville et chasteau de Limoges.

26. — Par autre lettre, il prohibe aux consulz, manants et habittans de Lymoges de payer aucuns subcides au duc de Bretagne.

Notta que j'ay veu dans un antien tiltre que le roy donne aux consulz et habittans de Lymoges la place de La Motte

---

(1) Le texte donné par M. Maurice Ardant est identique au nôtre en cet endroit. Le P. Bonaventure, ne pouvant expliquer le mot *lef*, traduit : « que si aucun prélat commettoit de l'excès dans la ville de Limoges, le fasse oster par prise de son temporel, » ce qui n'a guère de sens. Le mot *lef* ne serait-il pas la traduction du bas latin *Leva*, levée, tribut? « *Levata, tributum, exactio* » (*Glossarium ad Gall. Christ.* t. II); « LEVA, *collecta, tributum quod exigitur et levatur.* » DUCANGE.

près les Estangtz, [de (1) laquelle place, depuis, les habittans de la rue de la Ferrerie, qui avoient leur derrier de maison prenans leurs clartés par laditte Motte, aucuns prenoient de la place, y plantant de la vigne, et y fesoient de petits jardins, commencèrent à usurper ; dont y eust procès entre voisins en cour de parlement ; que j'ai veu les pièces. Et, les consulz intervenant finallement, les consulz en firent vente par permission du roy, se réservant rante payable à la maison de ville ; lesquelles rantes sont à l'hospital général] (2).

La réception de Messire Louis de Sanxerre, mareschal de France, à Lymoges.

Le 24ᵉ jour d'apvril, l'an 1372, arriva à Lymoges messire Louis de Sanxerre, mareschal de France, qui logea aux Jacobins, auquel les consulz et bourgeois allèrent faire la révérance. Ledit sieur les somma, tant consulz que habittans, de se mettre à l'obéissance du roy, ainsin qu'ilz avoient promis. Et, sur ce, délibération par les consulz, habittans et plus apparants bourgeois de la ville, [qui] bailhèrent l'obéissance et prestèrent le serment.

[Réception du Maréchal de Sancerre.]

Allors, monsieur le maréchal entra dans la ville en armes aveq ses gens, pour le roy de France, enseignes desployées, lequel fist mettre ses bannières sur les portaux de la ville.

Trois mois après ladite réception et obéissance faite, le roy octroya pareilles, samblables, et réitératives lettres et privilléges.

---

(1) Ce qui est entre crochets ne se trouve pas dans notre manuscrit et est copié sur le texte donné par M. Maurice Ardant. L'ancien titre dont il est parlé n'est autre que l'ordonnance de Charles V, du 28 décembre 1371.

(2) Ici s'arrête le texte communiqué par M. Maurice Ardant. Le P. Bonaventure ajoute à la nomenclature par lui donnée : « Voilà les priviléges que les Chroniques du pays mettent en abrégé. Pour plus forte preuve et plus claire intelligence, je produirai au jour ce qui est de principal dans les patentes des rois qui ont gratifié Limoges ou ses consuls et habitants, que j'ay eu entre mes mains, et en ay tiré copie pour m'acquitter du devoir d'un fidèle historien » (t. III, p. 662). Suit l'analyse de diverses chartes des rois de France, documents intéressants, auxquels on fera bien de recourir.

[Les Anglais défaits à Pierrebuffière.]

Or le seigneur de Bertincourt, sénéchal pour le roy d'Angleterre, auquel le prince avoit donné lettres de la vicomté de Ségur, que Bertrand du Clesquin chaslongeoit (1) après la destruction de la Citté de Lymoges, asscavanté de la révolte de laditte ville et chasteau, il assembla des gens le plus qu'il peut et s'en vint à Pierrebuffière pour guerroyer Lymoges. Auquel lieu il fust prins et ses gens deffaitz par Thibault du Pontbreton, et allors furent recouvertes sur les Anglois les terres de la vicomté.

[Portes de la ville murées.]

En l'an 1373, furent closes et murées les portes du S^{nt}-Esprit, Pissevache, Banléger, Vieille-Monnoye, S^{nt}-Martin et Mairebuaost (2), affin de lever mieux l'imposition (3).

[Ordonnance changeant le jour de la nomination des consuls.]

Il fust fait une ordonnance que les consulz seroient nommés le jour S^{nt}-Pierre de febvrier, pour mieux continuer les fortiffications de la ville.

Comment la ville de Lymoges fraya deniers pour chasser les Anglois (4).

[Sacrifices faits par Limoges pour chasser les Anglais, 1381.]

La ville de Lymoges estant au service du roy de France, pour chasser les Anglois du pays fraya grosses sommes de

---

(1) Le mot *chalenger* ou *chalanger* est donné par le *Dict.* de Ducange avec la signification de réclamer (*Chalenge*, demande en justice). Au XVIe siècle ce mot avait une acception plus étendue : « *Clalanger* ou *chalenger* une terre, s'en emparer, la faire et maintenir sienne ; *chalanger* et défendre une terre contre un autre seigneur ; *chalanger* et requerre une terre ; *chalanger* et conquerre une damoiselle ; *chalenger* la mort de quelqu'un ; *chalenger* une proye, etc. » (*Trésor* de NICOT, 1606.)

(2) Le P. Bonaventure (t. III, p. 666) dit : « Mairebeuf, qui est Saint-Martin. »

(3) « J'estime que c'est celle que Charles cinquième leur permit, à sçavoir du *souchet* ou douzième partie du vin estranger, et quatre deniers pour livre des marchandises et autres choses qui se vendoient, et peut-être encore pour payer le foüage que le roy avoit demandé. » (BONAVENTURE, *ibid.*)

(4) Le P. Bonaventure rapporte ces événements à l'année 1381. — V. aussi LEYMARIE, *Hist. du Lim.*, t. II, p. 309 et suiv. ; JOULLIETTON, *Hist. de la Marche*, t. I, p. 241.

deniers à messire Berthrand du Guesclin, Louis de Sanxerre, Ollivier Blanchard et autres, pour chasser et mettre hors de Chaslucet et Corbefi les Anglois, qui gastoient tout le pays.

Semblablement, Gautier dépassa, sénéchal de Lymousin, pour jetter les Anglois ennemis du Chasteau Chervix (1).

Le duc de Berry tenant assiégée la ville de la Sousterraine, dans laquelle commandoit messire Jean d'Albret aveq grand quantité d'Anglois, les consulz et habittans de Lymoges envoyèrent au camp dudit duc vivres, engins, charpentiers, massons, manouvriers, et autres outilz de guerre. Eu fin la ville se randit au duc de Berry. [Prise de la Souterraine et autres places par les Français.]

Apprès ce que dessus, furent prins et chassés les Anglois du chasteau et ville de Rochouard, puis de Jumilhact (2), du Breuil, S^{nt}-Vic et de La Vauguion, toutes lesquelles places tenoient pour les Anglois.

Il restoit encores au pays circonvoisin : S^{nt}-Chamant (3), Chambaret, Chaslucet, Grandmond, Besse, les Cars, Corbefi, S^{nt}-Jean-Descolle (4) et autres places. Lesquelles, pour les prandre et en chasser les Anglois, ladite ville de Lymoges donna ayde et secours d'argent, gens, brides, vivres et autres munitions de guerre. Grand nombre d'Anglois venans du costé de Forestz en Auvergne passèrent les rivières de Loire et du Hallier [de l'Allier], Dordongne, le Lot, menassants Lymoges. [Ils] n'y gaignèrent rien, car il en mourust beaucoupt en ce voyage.

Pour survenir aux affaires de la ville, causant le passage des Anglois, furent esleus vingt conseilhers. En laquelle saison, la ville paya plusieurs sommes aux capittaines françois poursuivants les Anglois.

---

(1) Cette phrase est incompréhensible. Il faut lire, d'après le P. Bonaventure : « Gautier de Passac, séneschal du Limousin, dépensa le l'argent pour faire sortir les Anglais de Château-Chervix. »

(2) Une note manuscrite de l'abbé Legros, en marge de notre exemplaire du P. Bonaventure, et renvoyant aux *Mém. manusc.* de Nadaud, t. II, p. 456, porte : « Janailhac. »

(3) « Saint-Amand. » (*Ibid.*)

(4) « Saint-Jean-de-Col, en Périgord. » (*Ibid.*)

Prinse et reprinse des chasteaux de corbefi et Chaslucet soubz Charles 6°, roy de France, 1381.

[Prise de la Souterraine.]

Au commancement du règne du roy Charles 6°, monsieur le mareschal de Sanxerre vint en Limousin pour reprandre la ville de La Souterraine et en chasser ceux qui l'avoient prinse. Lequel, aveq l'ayde des communes, contraignit les Anglois par composition quitter la place, qui, en se retirant, firent grandz maux en Lymousin. Mais, poursuivis vivement par ledit sieur mareschal, y eut plusieurs rancontres et légères batailles. Bref, en fin, les François eurent l'advantage. En laquelle saison, Peyrot de Béarneix et les Anglois prindrent le fort chasteau de Chaslucet, à deux lieues de Lymoges, où furent faits maux infinis et incroyables.

[Prise de Châlusset par les Anglais.]

[Gerald Jauviond, abbé de Saint-Martial.]

Gérald Jonvion succéda à l'abbaye de S^{nt}-Martial par le décedz de Eymeric du Brueil, qui fust l'an 1383, et, par ce, fust en rangt des abbés de S^{nt}-Martial 47 (1). Il avoit esté abbé de S^{nt}-Martin et de Chasroux. Il fust esleu en febvrier 1384, et tint l'abbaye jusques au 5° mars 1393.

[Mort de Guillaume de Chanac.]

Icelle année 1384, Guilhaume de Channac, cardinal, appelé le cardinal de Mende, estant décédé en cour de Rome (2), outre grands donnations qu'il fist à S^{nt}-Martial, et pour plus grand dévotion, y voullust estre inhumé. Et fust son corps apporté à Lymoges en ladite église de S^{nt}-Martial, où il repose dans un beau sépulchre, à costé du grand autel où l'on dit l'*Évangille*.

[Bernard de Bonneval évêque.]

BERNARD DE BONNEVAL, natif du Lymousin, fust en rangt des évesques de Lymoges 65° (3), par le décedz de Eymerict Cha[ti.]

---

(1) Gérald II Jauviond (1384-1392) est le 42° abbé de S^{nt}-Martial, d'après l'abbé Roy-Pierrefitte. Il était né, dit cet auteur, à *Joviundas*, près Treignac (Corrèze).

(2) A Avignon. — *V.* sur la biographie de Guillaume de Chanac, le P. Bonaventure, t. III, p. 664. Son testament en latin se trouve au t. II, col. 952, des *Vies des papes d'Avignon*, par BALUZE.

(3) 66° évêque d'après le *Tableau* de Nadaud.

Fondation de l'église de S^nt-Germain.

[Église de Saint-Germain.]

L'an de sallut 1385 (1), indiction 8ᵉ, et 7ᵉ du pontificat de Clément 7ᵉ du nom, pape, l'église parrochialle de Sainct-Germain en Lymousin fust érigée en collége de doyenné et chanoines, par la dilligente instigation de vénérable Pierre, prestre de S^nts-Nérée et Achillée, cardinal du tiltre de Saincte-Marie-au-Porche, diacre de la sainte Église romaine, exécuteur de Hugues Rogier, natif du Lymousin (2).

Origine de la ville d'Esmoutier.

[Eymoutiers.]

La ville d'Esmoutier fust antiennement édiffiée par Dagobert, roy de France, après avoir deffait et ruyné les Sarrazins, qui habbittoient en Lymousin. Il la nomma *Aenteni* (3). Il édiffia aussy le monstier ou église, en signe de trophée de cette victoire. Elle fust destruitte par les Anglois, réservé le chasteau et le monstier. Despuis, elle fust édiffiée, du temps du roy Charles 6ᵉ, comme elle est aujourd'huy, contenant de circuit neufs cens pas, cinqt grosses tours, quatre portes, murailles et fossés. Dans icelle sont deux beaux temples, dont le premier est le monstier, dédié à Dieu soubz le tiltre de sainct Estienne, est le plus antien, patron de seize églises parrochialles, en Poictou, la Marche, Haut et Bas-Lymousin, qui en dépendent. Il y a un prévost, 13 prébandiers, 4 chantres, 18 vicaires (4).

Vers orient est le costeau du chasteau antiennement des Sarrazins, duquel les ruines et fossés se monstrent encores.

---

(1) Lisez 1384. V. *Baluzius, Vitæ papar. Aven.*, II, col. 972 : *Acta fundationis* etc.

(2) Il y a ici un blanc qui semble indiquer que le compilateur se proposait de compléter ce paragraphe. *V.* la suite dans le P. Bonaventure, t. III, p. 673.

(3) *Aënti monasterium, Aëtense monasterium, Antimonasterium, vel Antiquum monasterium.* (V. *Gallia Christiana,* II, col. 548.) D'après Collin (*Vie des saints du Lim.*, p. 188). Ahen est le nom du Sarrazin qui occupait le territoire (*Vie de saint Psalmet*).

(4) BONAVENTURE, t. III, p. 673.

Surprinse faicte par le duc de Berry contre les nepveux de Geoffroy Teste-Noire, qui tenoient Vanthadour (1).

Et advenant l'an 1390, Geoffroy Teste-Noire décéda, et laissa la garde de la place à Alain et Pierre, ses nepveux, qui suivirent la mesme trace de leur oncle quand aux pilheries et nombre de gens de guerre, qui par force d'armes affligèrent plusieurs fois lesdits Alain et Pierre. Dequoy indignés, en voulurent avoir revanche, et par faintize, promirent randre la place au duc de Berry pour certaine somme de deniers. Laquelle somme compromise leur fust envoyée par Guilhaume Le Bouteiller, qui bien exploicta, signiffiant esdits Alain et Pierre Teste-Noire sa venue. Lesquelz pansans, butiner les deniers, avoient faict embusquer trente hommes dans la forte tour du chasteau pour surprandre et enclore les François qui apportoient l'argent, sytost qu'ilz auroient mis le pied dans le chasteau. Ce qu'ilz ne peurent, par la prudance dudit Bouteiller, qui, de son costé, avoit dressé une forte ambuscade pour garder les portes dudict chasteau. Et allors se virent prins au nez lesditz Alain et Pierre, car ledict Boutellier les contraignist, avant que toucher l'argent, d'ouvrir la ditte tour, et, au reffus, prindre les clefs par force, et se rendirent maistres, prenants prisonniers ceux qu'ilz trouvèrent dedans. Où, après avoir faict laisser les armes, envoya lesditz Alain et Pierre et autres qui s'y trouvèrent au duc de Berry, qui renvoya le procès aveq eux au roy. Lesquelz, enfin, eurent la teste tranchée.

[Rachat du château de Chalusset (2).]

Trois ans après la prinse de Vantadour, le 4 janvier 1393, Peyrot Fouquaud dit le Béarneix (3), qui, par l'espace de douze

---

(1) On trouvera dans l'*Hist. du Bas-Lim.*, de Marvaud, t. II, p. 226 et suiv., un récit détaillé de toute cette affaire.

(2) V. *Château de Châlusset* (Limoges, 1851, in-8°, p. 30 et suiv.); — L. Guibert, *le Château de Châlucet*. (Limoges, 1863, in-18, p. 27 et suiv.)

(3) Notre compilateur l'appelle plus haut Peyrot de Béarneix, le

ans neuf mois, avoit gardé le fort chasteau de Chaslucet, faisant la guerre aux hommes et bestes, brullant granges et villages, et plusieurs autres maux, fust mis hors, ladite année, par composition faicte au duc de Berry, moyenant certaine somme de deniers, dont la ville de Lymoges, désirant la liberté, en payèrent douze mille livres.

Estienne Minonis, *alias* Allumin (1), natif de Vaublanche en la comté de la Marche, en Lymousin, succéda à l'abbaye de Sainct-Martial, en rangt des abbés 48, par le décedz de Gérald Jonvion, qui décéda l'année 1393. [Étienne Almoyns abbé de Saint-Martial.]

Hugues de Magnac, dit de Langheat (2), en rangt des évesques de Lymoges 66, succéda audit évesché à Bernard de Bonneval. Icelluy de Langheat décora l'église de Lymoges de livres et chappes et autres ornementz. Il donna le joyau du *Corpus Domini* et [fit] plusieurs autres belles réparations. Il institua apprès son décedz le chappitre son héritier pour une moitié, et [donna] l'autre au monastère de Sainct-Martial, et [fit une] fondation à St-Estienne. Il décéda l'an 1412. [Hugues de Magnac, évêque.]

Reprinse du procès de la Vicomté (3).

Jean de Bretagne, filz de Charles de Blois, prinst à femme Margueritte de Clisson. Duquel mariage issirent Ollivier, [Procès pour la vicomté.]

P. Bonaventure le nomme Peyrot de Barneix; M. Grellet-Dumazeau (*Bullet. de la Soc. arch.*, t. III, p. 44) dit que Peyrot s'appelait *le Bernois* parce qu'il était de Berne, village du comté de Foix. [M. l'abbé Arbellot, dans une note au bas de la page 33 du premier des deux ouvrages que nous venons de citer, « pense que Perrot s'appelait le Bernois ou plutot Béarnais, parce qu'il était de Béarn, province que Froissard appelle Berne. (*V.* Froissard, liv. III, chap. xcix, ci.)

(1) Etienne II Almoyns, appelé Minonis dans le *Gallia Christ.*, est le 43e abbé de Saint-Martial, d'après l'abbé Roy-Pierrefitte.

(2) Nous ne trouvons ce surnom nulle part. Hugues de Magnac est le 67e évêque, d'après Nadaud.

(3) Ici nous reprenons le *Limousin hist.* à la page 375, et nous collationnons notre texte avec celui du manuscrit ayant appartenu à M. Bourgoin-Mélice et reproduit par M. Leymarie. — *V.* à ce sujet Leymarie, *Hist. du Lim.*, t. II, chap. vii.

Charles, Guilhaume et Françoise de Bretagne, mère du roy de Navarre. Ledit Jean de Bretagne ne demandoit aucune chose contre les consulz et habittans de Lymoges pour raison du vicomté, non plus que sa mère avoit fait; mais Ollivier de Bretagne, l'an 1415, en vertu de certaines lettres royaux en forme de désistat, renouvella procès en la cour de parlement contre ceux de Lymoges, lesquelz obtindrent lettres du roy, par lesquelles fust prohibé audit Ollivier, sur payne de confiscation, de faire aucune poursuitte (1).

Toute la procédure faite en parlement et pour companser Ollivier que son père avoit faicte à Jeanne de Bretagne pour la ville (2), le roy manda à ses officiers de Lymoges de certifier au vray que valloit ladite vicomté à ladite Jeanne, et de combien [de temps] elle jouissoit entièrement d'icelle. Lesquelz lui mandèrent par le menut, montant environ 270 livres pour un chacun an. Qui fist différer au roy de livrer lesdits mille livres de rante promis sur la comté de Nemours. Pour lors demeuroit (3) Margueritte de Clisson, vefve de feu Jean de Bretagne, au chasteau de Chasteauroux, avec laquelle estoit Ollivier de Panthieuvre, Charles et Jean.

Le sieur de Laigle estoit au service du roy d'Angleterre, et Guilhaume à celluy du roy (4) de Cecille.

Procès des consulz contre l'abbé, causant la justice (5).

[Procès entre les consuls et l'abbé de Saint-Martial.]

En ceste saison, l'abbé de Sainct-Martial et les consulz de la ville de Lymoges eurent procès pour la justice de la ville. En fin, le roy octroya lettres aux consulz, interdisant l'abbé de ne poursuivre ny molester pour l'advenir lesditz consulz, sur payne du prinse de son temporel.

---

(1) « Contre les Lémoviques, *causam evocantem ad nullam.* » (Mss. BOURGOIN.)

(2) Phrase incompréhensible et qu'il faut rétablir ainsi, d'après le manuscrit Bourgoin-Mélice : « Pour compancer Ollivier de la promesse que son père avoit faicte à Jeanne de Bretagne pour la ville, le roy manda, etc. »

(3) « Pour ce demeura Madame Marguerite. » (*Ibid.*)

(4) « De la reine. » (*Ibid.*)

(5) V. LEYMARIE, *Hist. du Lim.*, t. II, chap. VII.

En l'an 1412 décéda le susdict de Langheac [Hugues de Magnac], évesque de Lymoges; en son lieu fust créé, au mois d'octobre,

JACQUES, *alias* NICOLAS VIAUD (1), en rangt des évesques 67, lequel ne vescut. Par le décedz duquel fust pourveu par le pape HUGUES DE ROFFIGNAC, dont sortit grand procès contre messire RANULPHE DE PEYRUSSE, qui avoit esté esleu. En fin, le pape Martin 5ᵉ pacifia le tout; car il pourveut ledit de Peyrusse de l'évesché de Mende, et Rouffignact de l'évesché de Rieux.

[Nicolas Viaud, Ramnulphe de Peyrusse, Hugues de Roffignac, évêques.]

Comment Jean de Laigle voullust essayer de faire la guerre à Lymoges, causant la vicomté (2).

Les Anglois estans sur les Marches du Lymousin prindrent le chasteau d'Aixe (3), appartenant au comte de Panthieuvre.

En cette saison, Jean de Laigle passa devant Lymoges, et, sans s'arrester, alla droit à Aixe. Lequel envoya homme exprès à Lymoges, et ce au mois de juillet [1417], affin que les consulz vinssent parler à luy. Au mandement duquel envoyèrent messire Raymond de La Chapelle (4), juge ordinaire

[Jean de Laigle veut recommencer la guerre.]

---

(1) Entre Hugues de Magnac et Nicolas Viaud ou Veau se trouve, au *Tableau* de Nadaud, Ramnulphe de Peyrusse des Cars, archidiacre de Tours.

(2) Cff. manuscrit BOURGOIN-MÉLICE, *loco citato*. V. LEYMARIE, *Hist. du Lim.*, t. II, chap. VII. — Au moment où nous corrigeons l'épreuve de cette feuille, un des hommes qui se sont le plus consciencieusement occupés de l'histoire de notre pays, l'auteur de *Limoges au XVIIᵉ siècle*, M. Pierre Laforest, nous communique un manuscrit faisant partie de sa bibliothèque. Ce manuscrit, copié en entier par l'abbé Legros, qui l'a, dit-il, collationné sur un autre manuscrit du bénédictin Dom Col, est à peu près conforme au nôtre quant à la rédaction, ne va que jusqu'en 1556, mais contient plus de faits. Nous croyons utile de reproduire dorénavant en note les événements dont notre manuscrit néglige de faire mention.

(3) « Lisez d'Ayen. » (Mss. Bourgoin et Mss. Legros.)

(4) « De La Chapoulie. » (Mss. BOURGOIN.) Le P. Bonaventure le nomme Raymond de La Charlonie « ou, selon d'autres mémoires, de La Chapelle. » Legros, qui a eu sous les yeux des chroniques ma-

de la ville, et autres, qui furent bien receus et festoyés dudit sieur de Laigle, leur disant qu'il ne désiroit autre chose que l'amitié des habittans, s'excusant s'il n'est entré à Lymoges causant le bruit de la mortallitté.

Apprès avoir discouru de quelques propos tendant à conoistre si la ville le voulloit recepvoir, c'est à dire pour vicomte, il fist dire par aucuns qu'ilz luy devoient faire obéissance et le recepvoir à seigneur. Mais voyant qu'ilz luy faisoient la responce trop froide, à laquelle n'y avoit point de fondz, les renvoya. Et luy, despartant d'Aixe, alla à S^{nt}-Iryers, auquel lieu eust plusieurs advis et conseil aveq certains seigneurs du pays contre les habbittans de Lymoges, aveq menasse de leur fère coupper leurs vignes par ses soldatz. Allors ledit sieur de Laigle envoya lettres de deffiance à la ville. Parquoy messieurs les consulz envoyèrent devers monseigneur le Dauphin, qui estoit pour lors régent en France, lequel envoya Berthrand Champion, son maistre d'ôtel, exprès pour deffandre audit de Laigle de porter aucun doumaige ausditz habittans de Lymoges, lequel fist bien sa commission. A cause de quoy, ledit de Laigle cessa de mesfaire pour un temps, [en] attandant, fèsant demander quelque somme d'argant aux habittans pour sa despance.

Comment Lymoges donnèrent ayde aux François pour chasser les Anglois des chasteaux d'Ayen et Chaslard-Peyroullier [1].

[Sacrifices faits par Limoges pour chasser les Anglais.]

Les Anglois tenant le chasteau d'Ayen [1416] faisoient infinis larçins sur les marchandz de Périgord et Lymousin. Parquoy creignants les trois-estatz du pays qu'ilz se fortiffiassent et prinsent encore d'autres places, il fust conclud les assiéger [2],

---

nuscrites qu'il appelle manuscrit de Lépine, a biffé ce passage du P. Bonaventure et a mis en marge la note : « de La Chapoulie, » conformément au mss. Bourgoin ; cependant le manuscrit Legros porte « de la Charlonie. »

(1) Cff. mss. Bourgoin. (*Lim. hist.*, p. 400.)
(2) « Pour les garder d'enjamber. » (Mss. Bourgoin.) « Pour les garder d'*estambes*. » (Mss. Legros.)

ce qui fust fait. Auquel siége fust envoyé de Lymoges, Jean Dupont bourgeois de ladite ville, aveq bon nombre de gens garnis de traitz et artilheries et autres munitions requises ; où demeurèrent 17 jours, au bout desquelz la place se randit par composition, et [fust] le chasteau d'Ayen rasé.

Le 8ᵉ febvrier 1415, fust brullée la chapse où reposoit le corps de Sⁿᵗ Martial au Sépulcre (1). *La chasse de Snt Martial bruslée.*

Ez années 1416-17 et 18, les consulz de Lymoges firent édiffier les murailles jà commencées, depuis la tour Branland jusques à la porte Monmailler, dernier la rue Saincte-Vallérie (2). [Murailles de la ville.]

Le cappittaine Beauchamps, anglois, tenant le chasteau d'Auberoche, sur les Marches du Lymousin, par un mois de mars 1419 (3), vint faire course aveq deux cens lances jusques devant la ville de Lymoges, et print quelques prisonniers à l'entrée du chasteau d'Isle, se pansant sauver dans icelluy. Et ceux qui se sauvèrent de bonne heure se sauvèrent la vie. Creignant (4) que le sieur de Laigle, qui se tenoit au chasteau d'Isle, heust intelligence aveq eux, faisoient grand garde. [Courses des Anglais (4).]

Le landemain, ledit cappitaine Beauchampt se retira au prioré du Chaslard-Peyroullier, près Sⁿᵗ-Iriers, s'y fortiffiant, fesant la guerre à tout le pays. A causse de quoy, à Lymoges, s'assembla les trois-estatz, où conclurent que le sieur de Marneil (5) les assiégeroit. Ce qu'il fist. Auquel se joignirent les sieurs de Mortemart, Lastours (6) et autres, aymans soustenir la patrie et suivre l'honneur de Monseigneur le Dauphin aveq les communes. Et fust tant la place battue durant un [Prise du Châlard.]

---

(1) *V.* Bonaventure, t. III. p. 691.

(2) V. *Ibid.*, p. 692. Cff. mss. Bourgoin. — *V.* Bonaventure, t. III, p. 693.

(3) 1420. (Mss. Bourgoin.) « Par un 23 mars 1420. » (Mss. Legros.)

(4) « Limoges creignant. » (Mss. Bourgoin.) « A Limoges, craignant. » (Mss. Legros.)

(5) « Du Mareuil, séneschal du Limousin. » (*Ibid.*)

(6) « Destours. » (Mss. Bourgoin.) « De Las Tours. » (Mss. Legros.)

mois, que les Anglois la quittèrent aveq leurs prisonniers, et vindrent leurs vies et bagues sauves, le 21ᵉ apvril 1421. Audit siége la ville envoya dix piesses d'artilherie et 500 hommes garnis de poudres, boulets et autres munitions, pour desmollir ladite place. A cause de quoy, les Anglois estants dans le fort (1) de Périgord et autres lieux conceurent sy grande haine contre les habittans de Lymoges, qu'ilz firent après courses consécutives jusques à la ville, faisants maux infinis ez pocessions des habittans, pilhant le bestail et meubles des paisans, les ransonnans et prenans prisonniers. Tant que, par le conseil de la ville, il fust publié que ceux qui voudroient combattre à gaigner sur les Anglois, on les armeroit et monteroit, sy expers [étaient] à cheval, au deppans du commun, et iroyent soubz la charge d'un nommé Pothon (2), qu'ilz retindrent à gaiges aveq 50 lances. Allors se présanta un nommé Lespara et autres gens hardis, lesquelz, en combattant, s'apprindrent sy bien à l'exercice de la guerre, qu'ilz tuèrent plusieurs Anglois, leur baillant une crainte sy grande, qu'ilz n'approchèrent de la ville sans grand perte, dont n'ozèrent venir comme ilz souloyent.

[Pierre de Montbrun, évêque.]

Le différand des deux évesques cy-devant estant terminé, comme dit est [page 289], fust esleu évesque de Lymoges PIERRE DE MONBRUN, en rangt des évesques 70, duquel il sera parlé en son rangt, et de ses nepveux cy-après.

Entrée faicte à Monseigneur le Dauphin (3).

[Entrée du Dauphin, 1420.]

Sur la fin de l'année 1420 et ensuivant l'année 1421 (4), le 20 janvier, Monseigneur Charles, Dauphin de Viennois (5),

---

(1) « Les forts. » (Mss. Legros.)
(2) « Ponthon. » (*Ibid.*)
(3) Cff l'extrait du manuscrit de M. Maurice Ardant inséré au *Bullet. de la Soc. d'Agr. du Lim.*, année 1839, p. 102, et le mss. Bourgoin, inséré au *Lim. hist.*, p. 401.
(4) Les mots « ensuivant l'année 1421, » ne se trouvent pas dans le manuscrit Legros. C'est très certainement une addition de notre copiste.
(5) Depuis, Charles VII.

venant de Languedoc, passant par Lymoges, fust receu des habittans en grand honneur. Lequel, s'estant informé de la résistance que fesoient les habittans, bourgeois et consulz de la ville contre les Anglois, pour accroistre le cœur ausditz habitans et servir la couronne de France de mieux en mieux, donna aux armoiries de la ville, qui sont un chef d'argent en champ de guelles, une bande azurée (1) avec trois fleurs de lis d'or (2). *Armes de la ville.*

Il donna priviliége aux consulz de la ville et à leurs successeurs à l'advenir, à perpétuité, puissance de tenir fiefs nobles, franchement, sans estre tenus de vuider leurs mains ny payer aucune redevance pour raison des francz fiefs et nouveaux acquestz (3). *Priviliége des franc-fiefz.*

Ledit prince entra par la porte Manigne, où sur luy fust porté par six consulz un riche pouelle, chose qu'il eust grandement agréable. Et, devant que partir de laditte ville, il commanda aux consulz de faire changer la fasson des coiffages des bourgeoises, et prandre tel coiffage qu'il leur plairoit prandre et choisir, au port de France. *Coiffure des femmes changée.*

Le 12ᵉ de febvrier l'an 1421, la comtesse de Panthieuvre se retira d'Aixe (4) à Sⁿᵗ-Iryers. *[La comtesse de Penthièvre se retire à Saint-Yrieix.]*

Environ ce temps, estoit abbé de Sⁿᵗ-Martial Pierre des Droulhes, autrement Jonvion, licentié ez loix, nepveu de feu frère Gérald Jonvion, son prédécesseur. Il avoit esté prévost *[Pierre de Droulles, abbé de Saint-Martial.]*

---

(1) « Au chef dudit écu. » (Mss. Legros.)

(2) Limoges porte : *de gueules au chef de saint Martial d'argent, orné à l'antique de même, ombré de sable, accosté des initiales S. M. d'argent; au chef d'azur chargé de trois fleurs de lys d'or.* Le nouvel élément introduit dans les armes est donc un *chef* et non une *bande*. Les gravures d'armoiries de Limoges du XVIᵉ siècle indiquent toutes l'argent comme métal du buste de saint Martial; notre manuscrit, conforme à celui de Legros, est du même avis. C'est à tort que de nos jours on a blasonné quelquefois ce buste comme étant d'or.

(3) Voyez les lettres de Charles VII, régent, données à Limoges en janvier 1421, et confirmées par Louis XI en juillet 1463, à Saint-Junien. (*Ordonnances des rois de la troisième race*, t. XVI, p. 28.)

(4) « D'Isle. » (Mss. Legros.)

des Combes, official de Lymoges, abbé de S⁽ⁿᵗ⁾-Augustin, enfin abbé de S⁽ⁿᵗ⁾-Martial. Il fist fère la grille devant le sépulcre de S⁽ⁿᵗ⁾ Martial et autres biens (1).

Sommaire de la conspiration faicte par Gautier de Roy (2) *contre la ville de Lymoges; comment il fust descouvert, et sa mort, l'an 1426* (3).

[Conspiration de Gauthier Pradeau, 1426.]

Jean de Bretagne, seigneur de Laigle, eust plusieurs conspirations (4), durant son séjour au pays de Lymousin, aveq aucuns seigneurs dudict pays pour recouvrer Lymoges. Et par le moyen de Thibaut de la Comblaye, il paciffia (5) aveq un nommé Gautier Pradeau, autrement dit de Roy, natif de Leyter, depuis 35 ans ou environ en ladite ville, consul la présante année 1426, qu'on mouroit de peste, parquoy les habittans s'estoient retirés à la campagne en leurs mestéries et lieux circonvoisins. C'est pourquoy, la ville estant despeuplée, ledit Gautier accorda d'ouvrir la porte audit sieur de Laigle, et randre la ville, moyenant quelque certaine somme d'argant que ledit de Laigle promist payer audit Pradeau, et, pour ce faire, fust assigné le 27ᵉ jour d'aoust, au point du jour, à la porte des Arrennes, laquelle pour lors estoit la plus foible. Or advint que les garnisons des Anglois, au commancement du mois d'aoust de la présante année 1426, prindrent une place nommée Nantiat à 11 lieues de Lymoges, près Eysidueil. Donc, prinse occasion, ledit seigneur de Laigle fist sommer les consulz de Lymoges de luy envoyer artilheries, arnois et munitions pour assiéger icelle place de Nantiac joignant à ses

---

(1) Pierre VII ou VIII de Drouilles (1409-1422), nommé aussi de Joviond et que le *Gallia Christ.* nomme à tort Joumart, 44ᵉ abbé, d'après l'abbé Roy-Pierrefitte.
(2) « Gautier du Roi. » (Mss. Legros.)
(3) V. Leymarie, *Hist. du Lim.*, t. II, p. 344 et suiv., et Cff. le mss. Bourgoin. (*Lim. hist.*, p. 376.)
(4) « Consultations. » (Mss. Legros.)
(5) « Pactisa. » (Mss. Bourgoin.)

terres (1). Ce néantmoings, le 27ᵉ aoust, le sieur de Laigle, accompagné de deux cens lances et trois mille hommes de pied, soubz la charge de Jean de La Roche et des cappitaines Daneau (2), Bernardières, Aubeterre, Clays, Rocherol et Nontrond, se randirent devant Lymoges à trois heures devant jour, et s'enbuschèrent dans les vignes qui sont depuis l'église Sⁿᵗ-Cessateur jusques à la porte murée ditte Sⁿᵗ-Esprit, et porte des Arrennes, entre lesquelles, et dans le grand chemin allant à Sⁿᵗ-Cessateur, ledit Gautier Pradeau avoit une vigne, et dans icelle estoit la principalle embusche dressée. Et dans les autres vignes autour estoient les caches pour attandre l'ouverture de laditte porte pour prendre laditte ville, ce qui estoit facile, veu qu'elle estoit desgarnie de gens. Et n'eust esté Dieu tout premier et quelques passantz (3) qui avoient veu ordonner ladite embusche, qui le nottiffièrent au gué de la ville qui estoit sur les murs, lesquelz soudainement esveilhèrent les habittans qui courrurent aux armes, chacun en sa garde, et sans effroy mirent les deffances pour empescher et repousser les ennemis ou besoingt seroit. Le peuple, esmeu, sur l'haube du jour, trouva cinqt cappittaines bretons en armes, bien montés, près ladite porte des Arrennes, attandant qu'on ouvrist la porte. Lesquelz furent prins et amenés dans la ville prisonniers.

Quand Jean de Bretagne et ses gens eurent longuement attandu nouvelles de leurs cappittaines, qui attandoient l'ouverture de la porte des Arrennes, voyants desjà estre fort tard, furent estonnés et crurent bien avoir faillist. Parquoy imputèrent le déffaut audit sieur de Laigle, qui les avoit menés aveq crudélitté, ayant donné foy aux simples parolles dudict Gautier de Roy. Lors ledit de Laigle exhiba aux assistans certaines lettres qu'il avoit receu de luy. Lesquelles sytost leues, les rompit, jettant les pièces cà et là par la vigne où estoit ladite embusche, laquelle vigne appartenoit audit de Roy. Mais après ce attandirent davantaige, attandant tous-

---

(1) « Ce que les consuls lui accordèrent librement. » (Mss. Bourgoin et Legros.)

(2) « Daneor. » (*Ibid.*)

(3) « Quelque passant qui avait vu. » (*Ibid.*)

jours qu'on ouvrist la porte, tant qu'il estoit heure de disner, dont chacun s'ennuyoit. Parquoy se retirèrent desdites vignes le plus couvert (1) qu'ilz peurent, et s'an allèrent au palais de l'évesque, dans la Citté, et au monastère de la Raigle, où ilz disnèrent. Après disner, eux estans raffraichis, vindrent escarmoucher à la porte de Boucherie les habittans, lesquelz n'estant déppourvus les reppoussèrent aigrement et en tuèrent et blessèrent plusieurs. De quoy ledit sieur de Laigle indigné, fist coupper beaucoupt de vignes prestes à vandanger, et fist rompre plusieurs pressoirs et les bruller, rompre tous les moulins proches de la ville et plusieurs autres maux. Et en eussent fait d'avantage, n'eust esté qu'ilz furent empeschés par les habittans, qui leur résistèrent de toutes parts.

Ce mesme jour, appres que les embusches furent desparties des vignes, deux prestres voisins de ladite ville s'approchèrent du lieu où avoit esté posée la principalle embusche, qui estoit dans la susdite vigne dudit Gautier de Roy, et trouvant les pièces de la lettre missive que ledit Gautier avoit escripte de sa propre main audit sieur de Laigle, l'exhortant à venir et ne faillir à fère armer vivement et gaigner la porte, arretter le pont-levis et rasteau, et plusieurs choses concernant l'entreprinse et trahison, que les prestres connoissoient par aucuns mots appartenir audit Gautier de Roy, vindrent à la porte de la ville, et, reconnus, entrèrent librement, trouvant ledict Gautier auquel voullurent randre les pièces de ladite lettre qu'ilz avoient trouvé dans sa vigne. En pansant ouvrir sa bource celluy qui les avoit pour les luy donner (2), ledit Gautier n'ayant le temps de pouvoir leur parler, et lesquelz connoissant, invitta à disner, et qu'après disner les verroit à loisir. Le disner fini et congé prins, les prestres s'en allèrent par la ville sans se souvenir ny tenir aucun propos pendant le disner desdites pièces de la lettre, car, ayants entandu le bruit de l'escarmouche fait à la porte Boucherie,

---

(1) « Leplus courtement. » (Mss. Bourgoin.) « Le plus couvertetement. » (Mss. Legros.)

(2) « En pensant ouvrir leur bourse où ils les avoient mises, ledict Gaultier, qui les bien connoissoit, les invita, etc. » (Mss. Bourgoin et Legros.)

sortirent subittement aveq ledit Gautier de la maison (1). Lequel dit Gautier, fesant le bon consul et prévost qu'il estoit, estoit allé voir quel ordre se faisoit à ladite porte de Boucherie. Sur ce, les prestres, passants par la ville après l'esmutte, rencontrèrent deux cousulz qui racontoient au canton ce qui s'estoit passé. Allors l'un d'iceux prestres dit à l'autre que pauvrement ilz avoient exploité qu'ilz n'eussent exhibé les pièces de la lettre missive qu'ilz avoient trouvé dans ladite vigne audit Gautier Pradeau, qui sy bien leur avoit donné à disner. Et allors les gettarent de leur bource, et les donnèrent auxdits deux consulz, qui les leurent, après avoir assemblé les pièces l'une à l'autre selon l'ordre de leur sustance. Adonc conneurent l'intelligence que ledit Gautier avoit avec le sieur de Laigle. Sur ce, informations faictes secrettement aveq plusieurs personnes dans la maison commune de la ville, ladite escripture [fut connue] estre de la main dudict Gautier. Lequel fust apellé, où, après sèrement de dire vérité, fust interrogé s'il connoissoit l'escriture de ladite missive rompue à luy exhibée, respondit que non, feignant ne la sçavoir lire. Il luy fust remonstré qu'ilz estoient asses informés qu'elle estoit escripte de sa propre main, comme on luy fist apparoir par comparaison d'autres lettres escriptes de sa main, à luy présantées. Il fust exhorté de dire la vérité, veu les indices véhéments et manifestes dont il estoit chargé. Toutes fois il percista en ses négatives. A ceste cause, commancèrent à le désarmer pour le questionner (2). De rechef il fust exhorté de dire vérité et ne permettre de gaster son corps. Lequel, voyant les appretz de la torture prestz à luy donner, il confessa la vérité, déclara avoir escript ladite lettre de sa propre main, déclarant la forme et manière comme ledict de Comblaye et Héliot de Peysac (3) luy avoient depuis machiné cette trahison, les convenances (4) et promesses d'icelle es-

---

1) « Sortirent subittement de la maison dudict Gautier, où, par la ville, rencontrèrent deux consuls. » (Mss. Bourgoin et Legros.)

(2) Lui donner la question.

(3) « Héliot de Peyrat. » (Mss. Bourgoin.) « Héliénot de Peysac. » (Mss. Legros.)

(4) *Convenances* se disait pour *conventions* aux xvi⁰ et xvii⁰ siècles. (*Dict.* de Nicot.)

toient dans son logis, en lieu secret dans sa chambre où il couchoit, dans une bouette de buitz, signées de la main dudict sieur de L'Aigle et scellées de son scel. Y furent envoyées personnes publiques aveq tesmoingtz au lieu par luy désigné, où trouvèrent ladite bouette, convenances et promesses, tout ainsin qu'il avoit confessé ; apprès avoir reconnust icelle bouette et pièces en icelle contenues, percistant par plusieurs fois et divers jours en sa confession première.

Le lundy, second de septembre, il fust condampné à avoir la teste tranchée, et son corps à quatre quartiers. Laquelle sentance fust exécutée au Pillory de Lymoges, où assistèrent les cinqt cappitaines bretons, nudz en chemise, la corde au col, lesquelz estoient entrés, le jour devant que la ville debvoit estre prinse, pour gaigner la porte au point du jour, aveq cinqt autres, qui debvoient estre dehors à la porte ouvrant. Ledit Gautier, interrogé plusieurs fois et enquis de ses complices consentant à ladite trahison, affirma ne sçavoir aucun coulpable que lesditz de L'Aigle, de La Comblaye et de Peisac.

(1) La teste fust mise sur le boulevard des Arrennes à la pointe d'une lance. Mesmes à présant, se void la figure d'une teste de Pierre au mesme endroit qu'elle fust mise, pour mémoire à la postérité (2). Les quatre quartiers du corps sur les quatre portes de la ville, et les entrailles et surplus furent enterrés dans les treilles ou vigne où avoit esté faicte la principalle embuscade, où avoient estées trouvées les pièces de la lettre. En mémoire de ce, ledit jour 27ᵉ aoust, se fait procession, sçavoir : une année à l'église S^{nt}-Pierre, et l'autre année à Sainct-Michel-des-Lions, consécutives, où assistent à icelle procession les Quatre-Mandiants et Pères Recoletz (3), où suivent Messieurs les consulz en habitz consullaires. Et, le

---

(1) Tout ce paragraphe manque dans le mss. Bourgoin, et dans le mss. Legros. Mais, dans l'exemplaire du P. Bonaventure, annoté par l'abbé Legros, qui se proposait de donner une seconde édition, de l'*Histoire du Limousin*, se trouvent plusieurs notes manuscrites relatives à la procession commémorative dont il va être question. et renvoyant à une autre compilation manuscrite que Legros appelle *Manuscrit de Lépine*.

(2) Mss. de L'épine, *apud* Bonaventure, p. 697.

(3) « A cette procession assistoient les paroisses de Saint-Pierre

soir auparavant, passent les tambours de la ville aveq un homme armé de capt à pied, portant un guidon ou estandard fort antien en la main et une clef au costé, monté sur un cheval, et le lendemain, de la mesme sorte, devant la procession; et à chasque carefourt, fesoit faire trois tours à son cheval, où jouoit la trompette de la ville ; et en ceste sorte alloient devant ledit boullevard. Laquelle coustume dudit homme armé commance à se laisser à cause que les enfans l'accablent de pierres, ce que on n'eust ozé faire, sur grosses paynes. La mémoire commance à se perdre dudit homme armé puis quelques années, et la procession se continue.

Ledit sieur de l'Aigle, connoissant estre frustré de son intention, certiffié de la mort dudit Gautier, se retira de devant la ville de Lymoges aveq ses gens, bien qu'il eust juré de n'en bouger qu'il n'eust l'obéissance, ou mourir devant, ou estre prins. [Le sieur de l'Aigle se retire.]

Le roy de France estant à Poictiers luy manda de se retirer, ce qu'il fist.

Comment le Palais de l'Évesque fust abbatu, et autres édiffices [1].

Apprès que Dieu eust préservé la ville de Lymoges de la conspiration susditte, les habittans, considérans les grandes guerres qui avoient couru en ce temps, dont il sembloit que Lymoges estoit le théâtre depuis plusieurs années, comme dit est cy-devant (et mesmes toute la France s'en est ressantie desditz Anglois), [comme] ledit sieur de l'Aigle voullant poursuivre son entreprinse s'estoit fortiffié devant le pallais de l'évesque assis dans la Citté de Lymoges, jougnant le clocher et église cathédralle, place assès forte où ne demeuroit personne [Démolition du palais de l'évêque et d'autres édifices.]

---

et de Saint-Michel, les Mendians et les consulz en grande pompe. Elle a été interrompue en 1768, attendu qu'on donnoit 10 livres à chaque corps de Mendians pour y assister, et qu'on a été bien aise de supprimer cette dépense, M. Juge étant pour lors maire de la ville. (Mss. de Lépine, note mss. sur cet endroit.) » (Note mss. de l'abbé LEGROS, loco citato.)

(1) V. LEYMARIE, Hist. du Lim., t. II, p. 350 et suiv.

pour la deffandre, ny dans la Citté pareilhement, depuis la destruction et ruyne faite par le prince de Galles, et s'estoient retirés dans la ville l'évesque et chanoines, dont il pouvoit venir un dommage irréparable à la ville, ainsin qu'ilz avoient peu voir par expériance, et que le roy, par ses lettres pattantes, avoit commandé d'abattre et desmollir toutes les forteresses qu'on ne pourroit garder, et aussy un commun bruit estoit que les Anglois se voulloient emparer de la Citté contre la ville, et pour ce avoient envoyé quérir secours à Bordeaux ; bref, pour obvier à tant d'inconvéniens et dommages, il fust ordonné que le palays et autres édiffices ez environs de cette qualitté seroient desmolis ; ce qui fust fait aussytost.

Guerre renouvellée par le sieur de Laigle contre la ville de Lymoges.

[Renouvellement de la guerre entre Jean de Laigle et les Limousins.]

L'an 1427, Jean de Bretagne, sieur de l'Aigle, fesoit la guerre aux habittans de Lymoges, en haine de ce qu'ilz avoient fait mourir Gautier de Roy. Parquoy il fist prandre un marchand de Lymoges nommé   (1), auquel il fist coupper la teste à Aixe, et à plusieurs autres semblablement, tellement que plusieurs en souffrirent (2). Et n'osoit-on aller aux champs sans sauf-conduit, que l'on ne fust tué ou vollé ; dont le pays estoit grand foulé (3). L'évesque travailla beaucoupt pour avoir tresves, lesquelles il obtint d'un costé (4) pour un an.

L'an suivant, 1428, ledit Jean de Bretagne, sieur de Laigle, à la sollicitation des ecclésiastiques et nobles du pays, moyennant certaine somme de deniers qui luy furent donnés, prolongea les tresves pour certaines années.

---

(1) Bouchaud (BONAVENTURE, t. III, p. 697) ; Rouchaud (mss. Bourgoin) ; Rouchaud (mss. Legros).

(2) Le mss. Bourgoin paraît tout aussi naïf. « Tellement, dit-il, que plusieurs en furent occis ; » mais le mss. Legros ajoute : « par causes très légères, » ce qui corrige un peu la première impression du lecteur.

(3) « Estoit antièrement détruit. » (Mss. Bourgoin.)

(4) « De part et d'autre. » (*Ibid.*) Legros a biffé sur son manuscrit, d'après celui de D. Col, les mots : « de part et d'autre, pour un an. »

L'an 1434, les tresves furent renouvellées entre le sieur de Laigle et les habittans de la ville de Lymoges.

En cette saison, la ville faisoit bonne garde, posant les sentinelles ez clochers de S^{nt}-Estienne, S^{nt}-Michel, Monjauvy, faisants fortiffier les murs, tours, portes, boullevars et rampars de la ville.
(1)

L'an 1436, furent affichées ez quatre portes (2) de la ville les armes de France et de la ville.

Comment les habittans de Lymoges empeschèrent le chemin à Rodrigres de Villandras (3).

Rodrigres de Villandras (4), cappitaine espagnol, destitué par le roy à gages, receut dans sa compagnie grand nombre de gens sans adveu, volleurs et larrons, lesquelz traversèrent tout le pays de Lymousin, fesants des maux infinis. Ilz passèrent devant Lymoges, en grand dangier, car on avoit empesché de passer des charettes ez passages qu'ilz prenoient près la ville et faux bourgs, chargées de pierres mises ez barrières, de fasson qu'ilz ne pouvoient courir ny advancer, sinon le petit pas, ny secourrir les uns aux autres, estants assaillis des vignerons dedans les vignes sy puissamment que Rodrigues et ses gens furent contraintz de lascher les prisonniers qu'ilz emmenoyent et restituer ce que les pauvres gens des

[Bandes d'écorcheurs, Rodrigue de Villandras.]

---

(1) « L'origine de la procession du mardi de Pâques fut la présante année 1435, le 10 avril. » (Mss. Legros.)

(2) « Ez quatre portes capitales et entrées de la ville. » (Mss. Legros.)

(3) Le P. Bonaventure, d'accord avec le mss. Legros, rapporte ces faits à l'année 1436, c'est-à-dire postérieurement à l'entrée de la reine de France, relatée ci-dessous, et qu'il place, comme notre compilateur, à l'année 1435. Une note mss. de l'abbé Legros, en marge de ce dernier fait, dans notre exemplaire du P. Bonaventure, porte : « Les chroniques mettent ce trait en 1438, et que la reine arriva à Limoges le 19 et non le 29 mars. » Quelles chroniques? Ce ne sont toujours pas les nôtres.

(4) « De Violundra s» (Mss. Legros.)

champs monstroient leur avoir esté ravi et leur appartenant. Dont Rodrigues eust grand haine contre Lymoges, tellement que quand il eust passé la ville, il fist pis, luy et ses gens, qu'ilz n'avoient faict pour le passé, pour compenser les pertes qu'ilz avoient faites à Lymoges.

[Entrée de la reine de France.]

(1) En l'an 1435, la royne de France manda aux consulz de Lymoges de luy envoyer des guides pour conduire ses charriotz. Laquelle arriva à Lymoges le 29e mars, visitast le chef de S^{nt} Martial, l'obstention duquel se fesoit icelle année, commançant le mardy de Pasques.

[Séjour du roi à Limoges.]

Le 2e mars 1438 (2), le roy ayant tenu son parlement pour le fait du concille de Basle à Bourges, arriva à Lymoges, avec Monsieur le Dauphin, les ducz de Bourbon et d'Anjou, les comtes de Vandosme et de la Marche, les sieurs de Dunois et de La Fayette, l'archevesque de Thoulouse et autres. Il séjourna dix jours à Lymoges, puis partit.

---

(1) Le mss. Legros rapporte cette entrée à l'année 1436 et le 19 mars, mais ici notre mss. à raison. C'est en 1435 que fut faite l'*Ostension*. La reine Marie d'Anjou arriva à Limoges le 28 mars. (*V.* M. ARDANT, *Ostensions*, p. 44 ; l'abbé TEXIER, sur J. BANDEL, *Traité de la dévot. à saint Martial*, p. 81.)

(2) Ce passage est confirmé par une note en langue romane, de l'écriture du temps, mise en regard du 2 mars, dans un calendrier qui se trouve relié avec plusieurs autres pièces formant le volume désigné improprement sous le nom de *premier registre consulaire*, page 96 du recueil ; ce volume est déposé à la bibliothèque communale de Limoges. V. dans BONAVENTURE, t. III, p. 701, le long récit de cette réception, tiré, dit l'auteur, des *Mémoires de saint Martial*, de Limoges. M. Maurice Ardant a donné au *Bullet. de la Soc. d'Agr. de Lim.*, année 1842, page 108, la traduction française de cette relation, dont le texte latin (tiré d'un vieux registre de la chambrerie de l'abbaye de Saint-Martial, et copié par l'abbé Nadaud) a été inséré dans un volume des *Mémoires de la Société des antiquaires de France*. Plus tard, le même auteur a donné le texte latin lui-même avec la traduction française dans le *Bullet. de la Soc. arch. du Lim.* t. V, p. 55. L'abbé Legros a aussi publié cette relation dans la *Feuille hebdomadaire* de 1776.

Comment deux espions furent surprins ez la ville de Lymoges, dont furent accusés le sieur de Monbrun, nepveu de l'évesque de Lymoges, et ce qui s'en suit.

L'an 1440, à Lymoges estants sur leurs gardes causant les troubles de Poictou, furent advertis que dans la ville il y avoit un Basque nommé Martin Lescalador, et son compagnon (1) Savoye, qui espioient la ville. Pour lors, causant les guerres qui avoient courust, tout le pays de Lymousin, lequel pays estoit tout couvert de gens de guerre, les consulz commandèrent au prévost de prandre lesditz deux espions pour sçavoir ce que ilz cherchoient. [Prise et procès de deux espions.]

Savoye fust prins, et le Basque se sauva (2) dans les Carmes. Cepandant qu'on interrogeoit son compagnon, et gaigna au pied. Ledit Savoye, estant interrogé, confessa estre natif de Savoye et nommé Jean de Villeardz (3), ayant tousjours servy le parti de l'Anglois, et servoit d'escaladeur aux fortes places et forteresses; lequel, par commandement de Jean de Monbrun, nepveu de l'évesque de Lymoges, et de Robert de Monbrun, évesque d'Engoulesme, estoit venu à Lymoges pour fère faire deux cousteaux à scie, six manches de plomb en forme de lime sourde et un pied-de-chieuvre, pour prandre Ribeyrac et une autre place angloise près de Nontrond, dont ledit de Monbrun avoit esté constitué cappitaine pour ledict comte de Panthieuvre et seigneur de Laigle; et qu'il avoit ouy dire à quatre hommes d'armes de la compagnie dudit de Monbrun que la ville de Limoges seroit en bref soubz l'obéissance dudit comte de Panthieuvre; et confessa qu'il y avoit entreprinse sur ladite ville, bien grande, car il avoit ouy dire audict de Monbrun, le jour des nopces de la bastarde de Panthieuvre, qu'à ce coupt voulloit avoir ladite ville de Lymoges. Il estoit ordonné entrer par la porte des Arrennes, qu'on édiffioit; laquelle pour garder l'hyvert (4), on avoit couverte

---

(1) « Nommé François Savoye. » (Mss. Legros.)
(2) « Se mit en franchise. » (Mss. Bourgoin et Legros.)
(3) « De Villard. » (*Ibid.*)
(4) « Pour conserver pendant l'hiver de l'injure du temps. » *Ibid.*)

de paille, et que une embuscade se debvoit asseoir dans un hospital proche la porte (ledit hospital estoit l'hospital S^{nt}-Jacques pour les pélerins, jougnant l'église du prioré des Arrennes), fesant entrer à la porte ouvrant une charette sur le pont, ayant premièrement scié les barrières, ne restant qu'à les abattre, tellement que, cella faict, on pourroit entrer facillement en sureté dans la ville en jettant des fusées sur la couverture de la tour affin de la faire bruiler, n'estant que de paille, ce qui pourroit empescher la deffance de la porte, et par ce moyen seroit légèrement gaignée la ville. Il dit que Martial Borie lui fesoit lesditz outilz. Parquoy fust envoyé quérir pour sçavoir s'il estoit suspect, à cause qu'il estoit famillier fréquentant la maison de Panthieuvre, et pour ce, on lui avoit deffandu de faire aucuns outilz de guerre ny assister au gué. Lequel présanté à Savoye, confessa librement le connoistre et aussy Jean de Monbrun, nepveu desditz évesque de Lymoges et Engoulesme ; lequel Savoye et Jean de Monbrun luy avoient fait fère quatre cousteaux de scie, manches de plomb, deux terrières et un pied-de-chieuvre, lesquelz il exhiba en justice. A cette cause, fust ordonné que Jean de Monbrun seroit appellé et ouy. Et, d'autant que les gens du roy en voulloient avoir la connoissance, ilz furent envoyés par devant eux. Lequel Savoye percista en sa déposition, et ledit de Monbrun ne voullust rien dire. Savoye luy fust présanté, qui se maintin en son premier dire ; mais ledit de Monbrun nya le tout. Allors ledit Savoye luy dit que, passant un jour devant la porte des Arrennes, ledit de Monbrun luy avoit monstré ses gens d'armes et la couverture (1) de ladite tour, et que allors le trompette dudit de Monbrun luy avoit dit qu'il ne quitteroit sa part de butin de la ville pour trois cens écus. A ceste cause fust présantée la question audit de Monbrun assès légèrement, parquoy ne voulust rien dire. Apprès, ledit Savoye le deschargea, mais auparavant avoit déclaré par sérement qu'il avoit grande entreprinse contre ladite ville. Et ledit Savoye fust condampné à avoir la teste tranchée, et ledit de Monbrun relaxé. Ledit Savoye fust exécuté au pillory de Lymoges. Lequel exhorta les habitans de se garder ; car il y

---

(1) « De paille. » (Mss. Legros.)

avoit grande entreprinse contre eux, laquelle il ne voulust déclarer, ayant juré ne la révéler.

Les deux oncles dudit de Monbrun firent de grandes poursuittes à Paris contre les consulz et habittans de Lymoges ; et y en eust dix qui furent adjournés personnellement, lesquelz furent arrettés prisonniers en diverses prisons ; mais enfin, la procédure vue, furent déclarés absoutz.

En ce temps [1440], le roy de France aveq son connestable, le comte de la Marche, et le bastard d'Orléans, aveq 800 hommes d'armes et deux mille archiers, vindrent à la Soustéraine et Guéret. Pothon Floquet, et Jean de Bresay [Brézé], estans de l'advangarde du roy, prindrent Chambon-Sainte-Vallérie, où ceux qui furent dans l'église furent suivis par le connestable Pothon (1). [Charles VII dans la Marche.]

Le roy Charles 7 vinst à Lymoges (2).

L'an 1442, le roy vinst à Lymoges, accompagné de Monseigneur le Dauphin, son filz, des ducz de Lorraine et d'Orléans et la duchesse, sa femme, et du comte du Mayne et autres grandz princes et seigneurs. Le roy fust mené en procession à Sainct-Martial. Et passèrent les festes de Pantecoste à Lymoges, où il receut advis du siége de Tartras en Gascougne par les Anglois, qu'il alla secourir. Et pendant son séjour, il fist grand feste à Lymoges. Nicole Gilles, en ses *annales*, dit que le roy y fist haute feste (3). [Charles VII à Limoges, 1442.]

---

(1) V. Joulletton, *Hist. de la Marche*, t. I, p. 264 et suiv.

(2) V. au *Bullet. de la Soc. d'agr. de Lim.*, an. 1842, et au t. V du *Bullet. de la Soc. arch. du Lim.*, la relation de ce passage tirée d'un vieux registre de la Chambrerie de Saint-Martial et communiquée par feu M. Maurice Ardant.

(3) « En l'an 1442, le roy alla à Lymoges, et là tint haulte feste; et estoit en sa compaignie Monseigneur le Dauphin, son filz, les ducz de Lorraine, d'Orléans et la duchesse, sa femme, le comte du Mayne et plusieurs autres princes. Et là eut nouvelles que les Anglois avoient mis le siége devant la ville de Tartas, etc. » (Nicole Gilles, 1533, in-f°.)

Comment la vicomté est venue au roy de Navarre.

[La vicomté de Limoges passe au roi de Navarre.]

Apprès le décedz d'Ollivier de Bretagne, qui ne laissa aucuns enfans, mourust Charles de Bretagne, duquel ne demeura qu'une fille nommée [de] Panthieuvre.

Nicolle, femme de Jean de Brosse, sieur de Bossat, et Jean de Bretagne, voyants qu'ilz n'avoient point d'enfans, accorda aveq le duc de Bretagne de tous différentz, et retira Guilhaume son frère de prison.

Le roy paciffia Lymoges à cause de la vicomtesse de Lymoges (1), érigeast la comté de Nemours en duché, laquelle il donnast audit Jean de Bretagne. A cette cause ne fist plus la guerre à Lymoges pour la vicomté.

Jean de Bretagne, comte de Panthieuvre, mourust l'an 1452 (2). Auquel succéda messire Jean de Brosse, à cause de sa femme, qui forma complainte contre Guilhaume de Bretagne, aveugle.

L'an 1454, mourust ledit Guy ou Guilhaume de Bretagne (3), lequel délaissa Françoise héritière universelle.

Le roy s'empara de la duché de Nemours et la laissa à Jacques d'Armanact, comte de la Marche (4).

L'an 1460, Alain d'Albret espousa la susdite Françoise de Bretagne. Duquel mariage sortit Jean d'Albret, depuis roy de Navarre.

[Barthélemy d'Audier, abbé de Saint-Martial.]

Barthélemy Audier succéda à l'abbaye de Sainct-Martial par le décedz de Pierre Jouvion, en rangt 50 (5); lequel estoit prieur Dunet (6).

---

(1) « Le roi pour pacifier Limoges, érigea, » etc. (Mss. Legros.)

(2) « Quoique Justel lui donne plus longue vie. » (BONAVENTURE, p. 705.)

(3) « Comte de Périgord, délaissée Françoise de Bretagne, sa fille, héritière universelle. » (Mss. Legros.)

(4) « Le roi sépara la duché de Nemours, qui étoit portion salique, laquelle ne tombe en quenouille, et la bailla à Jacques d'Armagnac, comte de la Marche. » (Ibid.)

(5) « 49. » (Ibid.)

(6) Barthélemy d'Audier, prieur de Dunet, est le 45ᵉ abbé, d'après l'abbé Roy-Pierrefitte.

Pierre de Verseil (1) succéda à l'abbaye, en rangt 51 (2) ; lequel fust faict évesque de Meaux (3). (4).

[Pierre de Versailles, abbé de Saint-Martial.]

JEAN BERTHOND succéda à l'évesché de Lymoges, en rangt des évesques 71 (5), par le décedz de Pierre de Monbrun, évesque, qui fust l'an 1455. Icelluy Berthond estoit homme de lettres et bon conseil. Avant sa nomination, il estoit président aux enquestes, à Paris, et autres dignités en l'Église, qu'il cedda audict évesché, duquel fust pourveu son nepveu, JEAN BERTHOND, et luy fust pourveu de l'évesché de Nazaret. Il mourust au chasteau d'Isle, le 4º may 1497. Lequel Berthond nepveu fust en rangt des évesques de Lymoges 72. Il fist édiffier une partie du chasteau d'Isle, et pourveut ses parents, et mourust audit chasteau l'an 1510.

[Jean Barton, évêque.]

L'an 1458, les consulz de Lymoges firent fère la justice à six pilliers de pierre de taille à Sainct-Pried (6).

---

(1) « Pierre de Verseuil. » (Mss. Legros.)
(2) « 50ᵉ. » (Ibid.)
(3) « Pierre VIII ou IX, de Versailles (1430-1431), et non pas de Versillac (BONAVENTURE, p. 699), ni de Verseil (Gall. Christ. nova, t. VIII, col. 1640), était moine de Saint-Denis, etc. » (L'abbé ROY-PIERREFITTE.)
(4) Ici se trouve, dans le mss. Legros, la notice sur Jacques Jauviond qui est portée plus loin dans notre mss.
(5) Jean Barton, né en 1417, élu en 1458, mort en 1497, est le 69ᵉ évêque, d'après Nadaud. — V. dans BONAVENTURE, t. III, p. 713, la généalogie de la maison Barton de Monbas.
(6) Traduisez avec le P. Bonaventure, p. 715 : « Les consuls firent faire sur la colline de Saint-Priest les six pilliers de pierre qui y sont pour exercer la justice. »

Entrée faite au roy onziesme en sa ville de Lymoges, en l'an 1462 [1].

[Passage de Louis XI à Limoges.]

Le roy Louis [2] estant de retour de Bourdeaux et pays de Languedoct, vint à Lymoges. Les consulz, sachant son arrivée à Uzerche, députtèrent certains bourgeois pour aller supplier Sa Majesté de visiter sa ville de Lymoges, ce qu'il promist, nonobstant quelques empeschements. Et fist son entrée le premier jour de juillet, heure de vespres, en cette sorte.

Les consulz sachans que le roy disnoit à Boyseil [Boisseuil] montèrent à cheval, et aveq eux grand nombre d'honorables bourgeois [3]. Lesquelz furent béningnement receus du roy, en leur disant : « Vous vous estes bien gouvernés jusques icy, faites toujours de mieux en mieux. »

Sur la plaine Sainct-Lazare estoient dressés les enfans de la ville, chacun une verge blanche en la main, à laquelle pandoient panonceaux, où, dans l'escusson, estoient dépeintes trois fleurs de liz, criants à haute voix : Vive le roy ! en telle ordonnance, sur le pandant de la coline, que l'un n'empeschoit la vue de l'autre.

Apprès estoient dressés les gens d'église en procession,

---

(1) 1463. C'est le 27 juin 1463 que le roi passa à Brive, selon une relation du temps en langue romane, insérée au t. XIX du *Bullet. de la Soc. arch. du Lim.*, et c'est de Saint-Junien, 3 juillet 1463, que sont datées les lettres portant concession aux habitants de cette ville d'un droit d'appétissement ou de huitième à prélever sur le vin, pour être employé aux réparations et entretiens de la ville. (*Ordonnances des rois de France*, t. XVI, p. 26.) Pendant son séjour à Saint-Junien, le roi confirma également les lettres du 28 décembre et 2 janvier 1371, et mai 1405 en faveur des consuls et habitants des ville, château et châtellenie de Limoges. (*Ibid.*) Le P. Bonaventure a été induit en erreur par les « chroniques manuscrites » en rapportant à l'année 1462 l'entrée de Louis XI à Limoges. Du reste le mss. Legros porte également 1462.

(2) Comparez notre manuscrit avec celui communiqué par M. Maurice Ardant à la Soc. d'Agric. du Lim. (*Bulletin*, année 1839, p. 103). La relation donnée par le P. Bonaventure est identique à la nôtre.

(3) « D'hommes à cheval, officiers et bourgeois de la ville. » (M. A.)

passantz devant le roy en grand humillitté et très bel ordre, qui tenoit jusques dans la ville.

Le roy passa sur le pont Sainct-Martial à travers eux jusques aux Jacobins, où l'évesque de l'église cathédralle se présanta et [le] receut honnorablement, et de là le conduisirent à l'église cathédralle S^{nt}-Estienne, comme première d'Aquittaine. Lequel, ayant faict sa prière, s'en retourna par le mesme chemin, et par la porte Manigne entra dans la ville, où les consulz portèrent sur luy un riche pouelle de drap d'or semé de fleurs de liz. Lequel, estant à Sainct-Martial, fist sa dévotion puis se retira à son logis. Les rues par où passoit le roy estoient tendues de tapisserie de draps de soye et surciel (1), chose qu'il fesoit beau voir.

Le roy avoit en sa compaignie son frère le duc de Berry, et plusieurs autres seigneurs et princes du sangt. Apprès luy avoir fait l'ostention du chef de sainct Martial, partit le lendemain et alla disner à Varneil [Verneuil] et coucher à S^{nt}-Junien, où il fist sa dévotion à l'église de Nostre-Dame-du-Pont.

Les consulz nourrissoient dans les fossés de la ville, qui pour lors estoient très proffondz, trois cerfs (2) et trois biches, qui furent données au roy, qui les receut et les fist conduire a Amboise.

L'an 1464, l'arceau de la porte Manigne (3) tirant aux faux bourgtz tumba par terre. [Chûte de l'arceau de la porte Manigne.]

Bastiment de l'église S^{nt}-Aurélien (4).

L'an 1475, l'église ou chappelle de Sainct-Aurélien fust [Église Saint-Aurélien.]

---

(1) « Couvert par-dessus à surciel. » (Mss. Legros.) — *Surciel*, pour *ciel*. « *Supercœlum*, supremum tegmen, baldachinum, umbella, Gallis *ciel*. » (Du Cange.)

(2) « Deux cerfs. » (Mss. Legros).

(3) « L'arceau de la porte Saint-Martin, tenant aux faubourgs tomba à terre (Nadaud, Mém. mss., t. II, p. 458) ; mss. de Lépine, note mss. sur cet endroit, où Nadaud lui-même dit que c'était l'arceau de la porte Manigne. » (*Note mss. de Legros à la p. 718 du P. Bonaventure.*) Le mss. Legros dit que ce fut l'arceau de la porte Saint-Martial qui tomba.

(4) Ce paragraphe et le suivant ne se trouvent pas dans le mss. Legros.

bastie au bout de rue Torte, dans le circuit de la prioré et cure de Sainct-Cessateur. Laquelle dite église est annexée à celle de Sainct-Cessateur (1), et en icelle repose le corps de sainct Aurélien, dans une chasse, et un bras de S{nt} Cessateur, et autres reliques.

[Jacques II Jauviond, abbé de Saint-Martial.]

Jacques Jonvion, nepveu des susditz Pierre et Gérald Jonvion, fust abbé de Sainct-Martial, en rangt des abbés 52 (2), après Pierre de Verseil [de Versailles], qui [fut] faict évesque de Meaux.

Icelluy Jonvion estoit prévost de Rilhact et de la Sousteraine, prieur de Sennat [Saignac] et abbé de Sainct-Ciprian de Poictiers et ailheurs, qu'il estoit aussy prévost de S{nt}-Augustin. Il fist fère [rebâtir] la maison abbatialle de S{nt}-Martial, de laquelle ne reste que la tour du Degré, la maison prévostalle de Couseilz [Couzeix] et chasteau de Beauvais. Il donna une chasuble d'or au monastère. Ayant permuté l'abbaye de S{nt}-Martin, il fust faict évesque.

Son corps repose au chappitre de S{nt}-Martial, jougnant son oncle, Pierre Jonvion, dont les effigies se voyent de pierre blanche.

[Six pièces de canon conduites à Bayonne.]

L'an 1474, Martin Bureau (3), vallet de chambre du roy, vint à Lymoges aveq ordre, où il print six pièces de canon qui furent envoyées à Bayonne.

---

(1) « Et annexée à Saint-Cessadre, suivant l'acte du 7 avril 1471, signé Amelin, étant évêque de Limoges Regnaud de La Porte. (Mss. de Lépine, note mss. sur cet endroit.) Il se trompe de date. » (Legros, note mss. à la p. 723 du P. Bonaventure.) En effet, en 1471 et en 1475, était évêque Jean Barton de Monbas, et non Regnaud de La Porte qui vivait plus d'un siècle et demi auparavant. Cependant les dates ci-dessus sont acceptées par l'abbé Arbellot. (Rev. arch. du Lim, p. 83.)

(2) Jacques II Jauviond (1433-1488) est le 17e abbé, d'après l'abbé Roy-Pierrefitte.

(3) « Morin Bureau. » (Mss. Legros).

Esrection de l'office de maire et eschevins de la ville de Lymoges, causant le désordre de la nomination des consulz (1).

[Office de maire.]

Causant les grandes divisions qui furent à Lymoges la présante année [1470] pour la nomination des consulz, le roy envoya en laditte ville messire Pierre de *Souresay* (2) et Simon David, sieur de Saint-Pierre, maistres des requestes de son hostel, pour connoistre du désordre procédé de plusieurs gens de petite condition et réputtation, lesquelz estoient receus à donner voix ez eslections des consulz. Lesquelz nommoyent des gens incappables, dont en vint désordre, parquoy fust changée la forme de ce faire. Et pour ce fust nommé cent bourgeois des plus apparents de laditte ville, lesquelz furent appelés centenaires (3), esquelz fust ottroyé l'authoritté d'eslire les consulz. Et, pour tenir la police en crainte, fust esleu prévost criminel de la ville Balthasard Dupeyrat, lequel fust augmanté de gaiges selon sa qualitté; et d'avantage on souldoya des gens pour le servir.

Et advenant l'an 1476, François de Pontbrian, natif de Bretagne, seigneur de La Villatte en Lymousin, à cause de sa femme, à l'instigation de plusieurs autres habittans de Lymoges, indignés de ne pouvoir gouverner les deniers communtz de la ville à leur appétit, il impétra l'office de maire de la ville de Lymoges du roy, durant sa vie, à six cents livres de gaiges par an. Combien que jamais il n'en fust parlé en laditte ville, dont fust mémoire, icelluy office le chancellier Doriolle luy despécha, en faveur [de ce] que le dit de Pontbrian avoit grand authoritté auprès du roy. C'est pourquoy il eust telles lettres qu'il luy pleust, donnant à entendre au roy telles choses, qu'il fallust que l'office demeurât. Dont prinse de pocession et changement de gouverneur en laditte ville, qui d'anquitté

---

1) V. Bonaventure, t. III, p. 722; Leymarie, *Hist. du Lim.*, t. II, p. 404, et comparez notre mss. avec l'extrait du mss. Bourgoin reproduit dans le *Lim. hist.*, p. 515.
(2) « Sorizay. » (Mss. Bourgoin et Legros.)
3) « Centenaux. » (*Ibid.*)

avoit accoustumé estre administrée par douze consulz, et fust transmuée en sept eschevins qui estoient esleus par 75 conseilhers, et douze desquelz le maire et soubz maire élissoient sept eschevins des ditz douze personnages, telz que bon leur sembloit, qui gouvernoient un an seullement, comme fesoient les consulz. Quand au maire, c'estoit un office créé en la ville dudit Pontbriant (1). Lequel sustitua, pour la jurisdiction tant civile que criminelle, pour icelle exercer, un soubz-maire nommé La Chome (2), Breton, qui le garda sept ans. Tant que les habittans, voyants que c'estoit la totalle destruction du peuple, se portèrent pour appelants tant de l'office de maire que réception de la substitution de soubz-maire, que aussy de la prinse de pocession, et autres [choses] de nouveau introduites contre les priviléges de ladite ville, se travaillants grandement à relever l'appel, ce qu'ilz ne pouvoient pour la faveur que ledit Doriolle portoit audit de Pontbriant. Et furent les lettres en cas d'appel qui estoit de justice refusées en plaine chancellerie, dont ceux qui procuroient l'affaire en prindrent acte, et se portèrent pour appelants de ce qu'on ne voulloit sceller les lettres du relevé (3), et firent faire secrettement leurs instruments appellatoires qu'ilz gardèrent jusques à temps.

[Procès entre Jean de Brosse et Alain d'Albret.]

L'an 1479, fust vuidé le procès de complainte à Paris, formé par messire Jean de Brosse, seigneur de Bossat [Boussac], contre Allain d'Albret, à cause de la comté du Périgord; et le premier chef estoit à cause de la vicomté de Lymoges.

[Négociants limousins à Arras.]

Icelle année, le roy manda aux habittans de Lymoges de luy fornir de bons marchandz pour aller demeurer et négotier en la ville d'Arras (4). André Rougier et Hélies Disnema-

---

(1) « A la vie du dit de Pontbriant. » (Mss. Bourgoin et Legros.)
(2) « Ou La Chaume. » (Note mss. de Legros, BONAVENTURE, t. III, p. 723.) « La Chaume. » (Mss. Legros.) « La Chosne Breton. » (Mss. Bourgoin.)
(3) « Du relèvement d'appel, qu'étoit de justice. » (Mss. Legros.)
(4) « Ce fait, dit J. Guineau (*Progrès du commerce à Limoges*, 1822, p. 29), est aussi attesté par Hardouin dans ses mémoires sur le chef-lieu du département du Pas-de-Calais; il en est fait mention au *Mercure* d'octobre 1744, p. 2152. »

tin promirent d'envoyer leurs enfans. Et se trouvèrent au jour assigné au pont de Meilhaud (1), ainsin qui est escript dans un acte en parchemin du 15 juillet 1479, signé Mareschal (2).

L'an 1481, Zaliab, filz puisné (3) de Mahomet, grand turc, empereur, lequel par 30 ans avoit persécuté les chrestiens, et pour les grandes guerres que son frère aisné nommé Zezum [*sic*, Bajazet] luy fist après la mort de son père, se randist au grand maistre de Rodes, qui l'envoya en Limousin, demeurer à Bourganeuf aveq 18 ou 20 serviteurs; lequel Bourganeuf appartenoit audit grand maistre, où il demeura environ 12 ans (4). Lequel Zaliab fust baillé au pape Alexandre 10e, qui, puis après, le redonna au roy de France, Charles 8e, estant à Rome (5). Mais quand le pape le donna au roy il estoit empoisonné, et ce l'an 1494, dont il mourust bientost appres, qui fust grand perte pour la France, car le roy eust recouvert Constantinople.

[Zizim.]

Supprimation de l'office de maire de Lymoges soubz Charles 8e, l'an 1484 (6).

Charles 8e, estant à Baugency, supprima l'office de maire de Lymoges, destituant François de Pontbriant et son sustitué, remettant les consulz comme devant en leur premier

[Suppression de l'office de maire.]

---

(1) « Moulhaud. » (Mss. Legros.)
(2) « Les Mémoires d'Aimoustié disent que les officiers du roi Louis XI choisirent du Haut-Limousin 150 hommes avec leurs familles pour aller peupler la ville d'Arras en Picardie. » (BONAVENTURE.)
(3) *Sic.* Bonaventure l'appelle aussi *Zaliab* (t. III, p. 731); le mss. Legros dit Zaliat. Ne faut-il pas lire *Scelbi*, nom de Zem ou Zizim ? — V. sur l'histoire de Zizim : *Hist. de Pierre d'Aubusson*, par le P. Bouhours, Paris, 1676, in-4°, p. 86 et suiv.; 179 et suiv.
(4) On montre encore à Bourganeuf la *tour de Zizim*. (V. TRIPON, *Hist. monum. du Lim.* 1837, in-4°.)
(5) « Qui l'emmena à Naples; dont les Rhodiens avoient chacun eu grosse pension du Turc. » (Le mss. Legros termine ici le paragraphe relatif à Zizim.)
(6) Comparez ce paragraphe avec le mss. Bourgoin. (*Lim. hist.*, p. 516.)

estat, confirmant leurs premiers priviléges octroyés cy-devant par Charles 7° et autres, ses prédécesseurs, aux habittans de Lymoges. Allors, la commune, restituée en sa première forme et liberté, ne voullust attandre à fère la nomination des nouveaux consulz du 22° febvrier, suivant l'antienne coustume observée il y a cent ans; mais, sytost avoir receu les lettres, qui fust le 7° décembre 1484, ilz procédèrent à la nomination des consulz, laquelle à continué jusques à présant (1), audit jour, jusques à l'année 1602, qu'ilz furent réduitz de 12 à six consulz, comme dit est cy-apprès.

[La foudre abat la pointe du clocher de Saint-Étienne.]

Laditte année 1484 (2), le jour de S^{nt}-Marc, le feu du ciel tumba par tonnère sur le clocher de Sainct-Estienne, qui habattit la pointe d'icelluy, de laquelle cheut des pierres qui tuèrent un jeune enfant de 15 ans, deux chevaux et une mulle près la salle de l'évesque. Laquelle poincte fust refaicte et couverte de plomb.

[Bapteme d'un Turc.]

L'an 1488, fust baptisé à l'église cathédralle un Turc appellé Zalonat (3), un dimanche 16° novembre, lequel fust nommé par Jean Berthond, évesque de Lymoges, Jean, et fust son parrain Anthoine Cassaigne (4), marchand de Lymoges, et marraine Marguerite Lascure, vefve de feu Guilhaume Dubois. Ledit turc avoit 50 ans.

[Grèle et tremblement de terre.]

L'année suivante 1489, jour de lundy premier de mars, environ 9 heures de matin, fust sy grand grelle, suivie de tremblement de terre et autres choses durant icelluy jour jusques a la nuit, que les maisons en tremblèrent, et en aucunes villes tumbèrent des maisons, murailles et clochers.

---

(1) Ce qui suit ne se trouve pas dans le mss. Legros.

(2) Le P. Bonaventure rapporte cet événement au 26 avril 1483 (t. III, p. 730).

(3) « Appartenant à Zaliab. » (Mss. Legros.) Ce Turc, dit le P. Bonaventure, qui copie les chroniques du pays (t. III, p. 731), appartenait à Zizim ou *Zaliab*.

(4) « Antoine de La Chassaigne. » (*Ibid.*)

Renouvellement du procès de la vicomté, l'an 1498.

A l'advénement de la couronne de France de Louis 12°, Alainct d'Albret, au nom de ses enfans, requist au roy luy randre la duché de Nemours, que le duc Jean, filz du comte de la Marche, tenoit, délaissée par le roy Charles 7ᵉ à Jean de Bretagne, auquel Françoise de Bretagne [sa femme] avoit succédé après le décedz de Guilhaume, son père, ou permettre à ses enfans poursuivre le procès intanté contre les consulz de Lymoges en désistat, l'an 1415, par Ollivier de Bretagne, et qu'il fust permis de rechercher les deffences faittes auxditz consulz (1).

[Procès au sujet de la vicomté.]

(2).

En l'année 1505, fust réédifiée la chappelle de Saincte-Marthe devant le cimetière Sainct-Pol, au coingt et devant le grand portail de la place des Cordeliers, sur ses vieux fondements (3). De laquelle n'y reste rien depuis la contagion de l'année 1631.

[Réédification de la chapelle de Sainte-Marthe.]

---

(1) « Le P. Bonaventure, qui reproduit ce qui précède (t. III, p. 737 et suiv.), ajoute : « Comme le sire d'Albret estoit venu au secours de Louis lors duc d'Orléans et de François duc de Bretagne, ignés ensemble contre Charles huitième, il n'y a pas de doute que le roy Louys ne voulût le favoriser en tout ce qu'il pourroit. Enfin ela fut si souvent balotté, que l'an 1537, les consuls perdirent la justice de Limoges à cause de laditte vicomté, qui fut unie au domaine du roy de Navarre. »

(2) C'est à l'année 1504 que commencent les *Registres consulaires de la ville de Limoges*, dont les deux premiers volumes, allant jusqu'en 1581, ont été publiés, et le troisième est en publication. Nos consuls étaient des hommes prudents mais sincères ; le contrôle de la plupart des faits locaux avancés par notre chroniqueur va donc devenir plus facile. Nous disons de la *plupart* des faits locaux, car nos consuls ont négligé d'en mentionner un certain nombre auxquels ils n'attachaient pas une grande importance pour l'histoire de l'administration municipale.

(3) Ce qui suit ne se trouve pas dans le mss. Legros.

[Clocher des Carmes.]

L'année 1506, fust édiffié le clocher des Carmes des Arrennes, sur le portail de l'église.

(1).

[Arbre de Beauvais.]

L'année 1507, les consulz de Lymoges firent planter l'arbre appelé de Beauvais (2), au millieu du triangle, dans le cerne des Combes, au dessoubz du portail Nimbert. Au corps dudit arbre il y avoit une barre pour y mettre une lanterne, et dans lequel triangle estoit un marché de petites danrées. Lequel arbre estoit très beau et fust couppé le 2ᵉ octobre 1666. Duquel triangle n'y reste aussy rien que la place.

(3).

A Jean Berthon, évesque de Lymoges, qui décéda l'an 1510, succéda audit évesché

[René de Prie, Philippe de Montmorency, évêques.]

REGNAULT DE PRIE (4), en rangt des évesques 73, lequel fust cardinal. Et à luy succéda

PHILIPPES DE MONMORANCY, en rangt des évesques 74, jeune homme [de bonnes] mœurs et lettré, duquel on avoit grande espérance. Lequel mourust bientost suivant la cour du roy à Blois.

[Assemblée générale à Saint-Gérald.]

L'an 1512, à cause du passage des Anglois, il fust fait as-

---

(1) « L'an d'après 1507, y eut gros procès entre l'abbé, les religieux de Saint-Martial et les consuls, pour cause de l'eau des fontaines du Chevalet et des Barres, chose qui intéressoit fort le public. » (Mss. Legros.) On trouvera le texte de l'appointement fait entre les consuls et l'abbé, en date du 31 août 1508, au t. Iᵉʳ des *Registres consulaires*, p. 9.

(2) V. *Reg. consul.* t. I, p. 14.

(3) « L'an suivant (1509) fut tenu le chapitre de la province de Guienne et Toulouse ez Augustins, où se trouvèrent environ 100 religieux. » (Mss. Legros.)

(4) Le *Tableau* de Nadaud donne bien pour successeur à J. Berthon, René (et non Regnault) de Prie, et pour successeur à ce dernier, Philippe de Montmorency; mais le manuscrit de Legros n'est nullement conforme au nôtre. « En 1510, y lit-on, mourut Jean Barthon, évêque de Limoges, et furent élus en discorde Guillaume Barthon et Foucaud de Bonneval. »

amblée et monstre généralle à S^{nt}-Gérald et ez Jacobins entrans par Manigne et sortans par Boucherie. Les villageois stoient les premiers, en nombre de 3 à 4 cens, bastons ongtz à pointes de fert, et 500 arquebusiers (1). Les habittans de la ville estoient les derniers, fesants tous en gros 4,000 hommes (2).

En ce temps 1512, estoit abbé de Sainct-Martial, Albert Jouvion, en rangt 53e, qui succéda [à] Jacques Jouvion, son oncle. Il estoit aussy abbé de S^{nt}-Martin.

[Albert II Jauviond, abbé de Saint-Martial.]

Entrée faitte à M. le duc de Bourbon (3).

Le 23e juillet 1512, arriva à Lymoges Monsr le duc de Bourbon et monsieur son frère, accompagnés de deux cens chevaux. Les consulz allèrent au devant, accompagnés des officiers et nottables bourgeois et marchands, au nombre de deux cens quarante chevaux. Sur le chemin de Sainct-Léonard rancontrèrent ledict seigneur qui les receut joyeusement ; et rebroussant chemin, vindrent à l'église cathédralle, où le duc fust receu de messieurs les chanoines de ladite église. Lequel, ayant fait sa prière, vint par le faux bourgtz de Manigne et entra dans la ville, où il fust receu par les ecclésiastiques. Tout premier estoient les quatre mandians, apprès les prestres des parroisses, puis l'abbé de S^{nt}-Martial aveq ses religieux, chantans himnes et cantiques à la louange de Dieu. Et sur les murs y avoit trompettes et clairons et autres instrumentz, et l'artillerie jouyoit à son tour, laquelle se faisoit ouyr de toutes parts, y en ayant pour lors bon nombre de pièces, ce qui n'est de présant. Toutes les rues par où il devoit passer estoient tandues de tapisserie. Vint à Sainct-Martial, où il fist sa prière, puis alla descendre à son logis du Brueil. Auquel lieu, à l'heure de vespres, les consulz et officiers et 40 des plus apparentz de laditte ville furent trouver ledict seigneur, qui leur demanda à voir le chef de mon-

[Réception du duc de Bourbon.]

---

(1) « 500 arbalériers. » (Mss. Legros.)
(2) « Cela s'entend tout en un gros. De chacun feu il en avoit un, et des bonnes maisons à l'avantage. » (*Ibid.*)
(3) V. *Reg. consul.* t. I, p. 57.

sieur S^{nt} Martial, de S^{nt} Aurélien et de S^{nt} Loup. Parquoy fust faict ostention le samedy et dimanche. Et devant que partir, ledit seigneur visita les prisons et délivra les prisonniers. Et estant mandé en cour, se retira, laissant à la ville un grand contentement de luy.

[Charles de Villers, évêque.]

A Phillipes de Monmorancy, évesque de Lymoges, succéda CHARLES DE VILLIERS, en rangt des évesques 75 (1). Il fist faire le candélabre de l'église Sainct-Estienne.

Célébration de la messe du Jubillé.

[Jubilé.]

Le grand pardon et jubillé fust transmis à Lymoges par le pape Léon 10e, l'année 1514. La messe du pardon fust ordonnée pour estre célébrée à l'église cathédralle S^{nt}-Estienne, le 3e dimanche de caresme, 11e mars 1514. Pour la célébration du service divin, fust faict un théâtre aux premières fenestres du clocher de l'église cathédralle, large et espatieux pour recepvoir 20 ou 30 personnes. Messire Guilhaume Berthond, doyen de laditte église, dit la messe du pardon. Le peuple y estoit sy pressé, que, par commune estimation, on [y] jugeoit plus de quatre vingt mille personnes. La messe fust chantée solempnellement et en silence. Icelluy jour, le temps estoit fort beau et chaud. Le service estant achevé, on ne pouvoit passer pour la multitude du peuple. Le poisson fust à meilleur marché qu'il n'avoit esté de toute l'année.

[Saint-Pierre-du-Queyroix.]

L'an 1517, fust faite la grand voulte de la nef de l'église de S^{nt}-Pierre-du-Queyroir (2), deppuis le grand hautel jusques

---

(1) Charles de Villers, de l'Isle-Adam, est le 73e évêque d'après Nadaud. Ici le manuscrit de Legros donne l'explication de ce qu'il dit plus haut (p. 316, note 4).

« L'année suivante, 1513, Régnaud de Prie, cardinal, fut pourvu de l'évêché de Limoges, litigieux entre Foucaud de Bonneval, qui fut pourvu de l'évêché de Soissons, et Guillaume Barthon, coéln. [A] lui fut laissé l'évêché de Leytoure pour pacifier celui de Limoges, qu'il consentit que Jean Barthon, son neveu, fût pourvu. »

(2) Ce fait n'est pas relaté dans le mss. de Legros.

au grand portail. Auquel temps régnoit François de Vallois, roy de France.

L'an 1521, fust représanté par personnages le mistère de la passion de Nostre-Seigneur Jésus-Christ, le second dimanche d'aoust, finissant le 2° septembre. Lequel fust autentiquement représanté soubz les arbres de l'abbaye de S⁰ᵗ-Martial. [Mystere joué à Limoges (1).]

L'an suivant 1522, grand nombre de pilliardz, malfacteurs, qu'on appelloit les mille diables, vindrent passer devant Lymoges, à bannières desployées, et jusques devant les portes de la ville, dont ilz furent chassez (3). [Les mille diables (2).]

L'an 1523, arriva madame de Lautret, gouvernante en Guienne, laquelle fust receue des consulz et habittans en grand honneur. Lesquelz furent au devant et l'accompagnèrent jusques au monastère de S⁰ᵗ-Martial, où elle fust receue de l'abbé et religieux, et logeast en la maison abbatialle. [Réception de Mᵐᵉ de Lautrec (4).]

Mathieu Jonvion, en rangt des abbés de S⁰ᵗ-Martial 54 (5), succéda à Albert Jonvion. Lequel, le 11ᵉ octobre 1523, fist son entrée à Lymoges. Les consulz et habittans le receurent devant les Carmes et le conduisirent à son église, où il célébra la messe, puis donna à disner dans la maison abbatialle aux consulz et principaux habittans, en grand nombre (6). [Mathieu Jauviond, abbé de Saint-Martial.]

Le 20ᵉ aoust 1524, Messire Gaillot de Lastour, baron et séneschal de Lymousin, fist son entrée à Lymoges, où il fust receu en grand honneur (7). [Réception du gouverneur Galiot de Las Tours.]

---

(1) V. *Reg. consul.*, t. I. p. 108; *Bullet. de la Soc. arch. du Lim.* t. I, p. 55.
(2) V. *Reg. consul.*, t. I, p. 119.
(3) « Dont mal leur en prit. » (Mss. Legros.)
(4) V. *Reg. consul.*, t. I, p. 136.
(5) Mathieu Jauviond (1523-1542) est le 49ᵉ abbé, d'après l'abbé Roy-Pierrefitte.
(6) V. *Reg. consul.* t. I, p. 133
(7) V. *Ibid.* p. 155.

[Disette en Limousin.]

L'an 1528 fust sy grand stérillitté de vivres génerallement par toute la Guienne, particulièrement en Lymousin, chose sy pitoyable et misérable qu'on ne sauroit s'imaginer, laquelle dura l'espace de cinqt ans (1).

Entrée faicte au roy de Navarre, et des chaperons de damas, merques des consulz (2).

[Réception du roi de Navarre.]

L'année 1529, Henry, roy de Navarre, venant à Lymoges, envoya au devant son lieutenant général et admiral de Guienne (3), où il fust publié par la ville de faire nettoyer les rues et abbattre les hauvants par où devoit passer le roy. A laquelle entrée les consulz commancèrent à porter le chapperon de damas cramoisy, pour marques consullaires. Et fust fait en cette sorte :

Les consulz, aveq leurs merques consulaires, leur portemasse, prévost et officiers, aveq les principaux bourgeois, au nombre de 160 chevaux, partirent de Lymoges le 7° de janvier 1529, et allèrent au devant du roy jusques à la forestz de Beaubrueil, où ilz rencontrèrent ledit seigneur roy, accompagné de monsieur le gouverneur et autres seigneurs. Et de là rebroussèrent chemin devers la Citté, et entrèrent par la porte Sainct-Maurice, où rencontrèrent les Quatre-Mandians et prestres des paroisses, en bon ordre. De là furent à Sainct-Estienne, où se présantèrent audit seigneur les doyen et chapitre, qui le reccurent en grand honneur et cérémonies. Lesquelles achevées à l'église, le roy vint par la porte Manigne, où il fust sallué de l'artilherie, trompettes et clérons en grand nombre. Allors se présentèrent en habits pontificaux messire Mathieu Jonvion, abbé de S^{nt}-Martial, aveq ses religieux en chappes, ayant la croix d'or. Quatre consulz mirent un riche pouelle sur ledit roy, qu'ilz portèrent par la ville ; lequel estoit de satin, où estoient dépeintes la devise du roy et ses armoi-

---

(1) V. *Reg. consul.*, p. 177.
(2) V. *Ibid.* p. 185.
(3) Lisez avec le mss. Lelong : « fit son entrée dans Limoges Henry, roi de Navarre et lieutenant général, gouverneur et amiral de Guienne. »

ries. Par les carrefours de la ville, fust joué des commédies, où le roy fust content.

L'an 1530, la maison illustre de Pompadour fonda le collége de Senna (1), dit de S^{nt}-Michel, à Paris, duquel ilz sont les collecteurs et patrons. Et pour ce faut que le principal et procureur soit lymousin, d'autant que le lieu est affecté à la nation lymousine. [Fondation du collége de Chenac.]

Laditte année fust fait feu de joye pour les nouvelles de la royne Éléonor de France, de monsieur le Dauphin et duc d'Orléans, pour leur retour d'Espagne (2). [Réjouissances pour le retour d'Espagne de la reine et des princes.]

Brief recueil de la cherté des vivres (3).

L'an de sallut 1530, le temps s'addonna à sy grandes pluyes, qu'elles durèrent sans cesser depuis la my-novembre jusques à la my-mars. Les semances ez valléez furent tout à faict perdues, et celles du plat pays perdues et gastées (4), desnuées et desracinnées, à cause des innondations d'eaux couvrant tout le pays (5). En décembre, les rivières de Vienne, Briance et Gardempe devindrent sy grosses, que plusieurs édiffices, pontz et moulins en furent emportés et plusieurs gens submergés, biens et bestiaux. Et, à la my-avril, fist de si grandes froidures, que les biens qui restèrent eurent beaucoup à souffrir, causant les innondations d'eaux, et généralement les vignes de tout le pays (6). L'eau de la rivière de Vienne vint jusques au mur de la Raigle, couvroit le moulin de S^{nt}-Estienne ; et, à S^{nt}-Junien, l'eau entra dans l'église de Nostre-Dame. [Disette.]
Allors, le peuple de Lymoges et pays circonvoisin ayantz recours à Dieu, se mirent en jeusnes et prières, faisantz pro-

---

(1) « De Chenac. » (Mss. Legros.)
(2) V. Premier *Reg. consul.*, t. I, p. 193.
(3) V. *Ibid.*, p. 198 et suiv.
(4) « Gâtées de vers. » (Mss. Legros.)
(5) « Qui couvroient la terre du Limousin, qui est légère. » (*Ibid.*)
(6) Ce qui suit, jusqu'à la fin de l'alinéa, ne se trouve pas dans le mss. Legros.

cessions jour et nuit, en pleurs et larmes, les uns en simple chemise, teste et piedz nudz, portant les chapses de S^{nt} Martial et six ou sept autres, et le S^{nt}-Sacrement. Les ecclésiastiques, tant séculliers que réguliers, portans cierges et flambeaux ardantz, imploroient l'assistance divine par l'intercession des saintz et saintes de paradis. La messe fust chantée à S^{nt}-Pierre (1).

De tous estats et sexes, pleuroient incessament, criantz à Dieu miséricorde. Il ne demeuroit personne dans les maisons; bref, tous suivoient la procession, tant grandz que petits, jusques aux plus innocents (2), chose plus lamantable qu'on ne sçauroit s'imaginer, et n'y avoit personne qui les voyantz se peut tenir de pleurer. Les prédicateurs ne cessoient jamais de prescher et exhorter le peuple ez églises et couvents, où gens dévots et littérés (3) fesoient ordinèrement leurs stations. Le sestier froment monta jusques au prix de 50 sols, et le seigle 40 solz.

Entrée faite à monsieur le gouverneur.

[Réception du gouverneur Marin de Montchenu, 1532.]

L'année 1531 (4), fist son entrée à Lymoges monsieur le gouverneur, lequel [fut] bien receu de messieurs les consulz, officiers et habittans. Dont il y eut altercassion entre les officiers de justice et les consulz pour l'honneur, mesme entre les bandes. Tant que pour les appaiser, monsieur le gouverneur déclarast qu'il entendoit que les consulz, représantans les corps de ville, eussent l'honneur marchantz joignant sa personne. Ce que entandants, ceux de la basoche plièrent enseigne et [firent]

---

(1) Cette dernière phrase ne se trouve pas dans le mss. Legros.
(2) « Fors que les petits innocents. » (Mss. Legros.)
(3) « Descors et litteurs (?). » (Ibid.)
(4) Le gouverneur fit son entrée le 21 septembre 1532, et non en 1531, comme le disent notre mss. et le mss. Legros. V. à ce sujet le Premier Reg. consul., t. I, p. 216. Voici du reste ce qu'on lit dans le mss. Legros qui n'est nullement conforme au nôtre en cet endroit : « Les consuls, le 21 du mois de septembre 1531, furent au devant de M. Marin de Montchenu, gouverneur, jusqu'à l'Aurance, du côté de Nieul, accompagnés de 3 à 400 hommes, tant cuirassiers, picquiers que autres, entre lesquels il y en avoit bon nombre armés à blanc. Les bouchers

tambour cesser, et à grand haste firent belle explanade, s'esvanouissantz de l'assemblée. Apprès que le consul Cassaigne eust fait son arrangue à monsieur le gouverneur, les bourgeois aveq leurs bonnetz, robes, montés à cheval, rebroussèrent chemin vers la ville, aveq les six enseignes et compagnies de gens de pied, aveq tambours, trompettes et clairons en grand nombre à leur suitte, marchans les officiers du consulat et homme armé à blanc à cheval, portant le guidon de la ville, le porte-masse et consulz coustoyants monsieur le gouverneur. Estans à la porte Montmailler, de la la tour fust lasché bon nombre de pièces d'artilherie, aveq beaucoupt de fusées tirant vers S^{nt}-Estienne. Apprès avoir faict son oraison, vint entrer par la porte de Manigne, auquel lieu, à sa louange fust joué une commédie. Puis entra dans la ville et alla loger à la maison abbatialle de S^{nt}-Martial. Où, le landemain, fist un banquet dans le réfectoir, libre à tous les habittans, où s'y trouvèrent plus de quatre cens personnes.

ANTHOINE DE TENDE (1) succéda à l'évesché de Lymoges, en rangt 76, par le décedz de Charles de Villiers, évesque. (2). [Antoine de Tende, évêque.]

JEAN DE LANGEAC, en rangt des évesques de Lymoges 77, succéda à Anthoine de Tende audit évesché. Lequel fist son entrée le 22 juin 1533, et fust receu en grand magnifissence. [Jean de Langeac, évêque.]

étoient habillés de livrée, enseigne, fiffre et tambour. Entre les autres reluisoit une bande de bourgeois, habillés de velours noir, portant épées à deux mains, arquebuses et arondelles [boucliers]. La livrée du capitaine et enseigne étoit de couleur gris et noir. Au milieu du drapeau étoit dépeint un triomphe d'or, et dedans deux mains en forme de foi, où le gouverneur prit grand plaisir.

» Ceux de la basoche s'étoient séparés en bande, marchant à part pour eux, avec leur enseigne et tambour, habillés de livrées de satin, accompagnant les officiers jusques au lieu de Teyssoniéras, où ils rencontrèrent M. le gouverneur, et, rebroussant chemin devers la ville, rencontrèrent les consuls. Il y eut altercation, etc. ».

(1) Antoine de Lascaris de Tende, 74e évêque, d'après Nadaud.
(2) « L'an 1532, y eut contagion en ladite ville. » (Mss. Legros.)

[Mystère.] Au mois d'aoust, audit an, fust représanté le mistère de S^nte Barbe par personnages (1).

Translation de sainct Dampnolet (2).

[Translation de saint Domnolet.] Le 12e apvril 1534, fust transféré de son sépulcre le corps de sainct Dampnolet, comte de Lymoges, lequel fust tué par l'armée de Théodebert, l'an 537, qui destruisit la Cité, comme dit est. Et fust relevé par ledict Jean de Langeac, évesque, et mis dans une chapse, où il repose dans l'église de son nom dans la Citté, auparavant apellée de S^nt-Grégoire.

Le chef dudict sainct Dampnolet est dans des couppes d'argant, lesquelles furent données par Madame de Saincte-Croix, de la maison de Bourbon, abbesse de l'abbaye de la Raigle, l'an 1582, année d'ostention, ainsi qu'il est graivé sur icelles.

L'année 1671, dame [Jeanne] de Verthamond, abbesse de ladite abbaye, fist fère une châsse d'argent pour mettre ledit corps sainct, et fust portée à la procession du mardy de Pasques icelle année, l'autre n'estant que de bois.

Icelle année, ladite église fust agrandie comme se void. (3).

Les religieux de S^nt-Martial sécularisés, soubz François premier, roy de France (4).

[Sécularisation des religieux de Saint-Martial.] En l'année 1537, les religieux de Sainct-Martial furent sécularisés et réduitz en un abbé, prévost, chantre et chanoines au nombre de   et 12 grandz vicaires, maistre de

---

(1) V. Premier Reg. consul. t. I, p. 226.

2) Le mss. Legros dit simplement : « Ledit évêque de Langeac releva le corps de saint Domnolet, le 12 avril 1534. »

(3) « L'an 1537, il [l'évêque] fit commencer à édifier son château aux murailles de la Cité, près son palais. » (Mss. Legros.)

(4) V. Premier Reg. consul., t. I, p. 295. V. dans l'Hist. de Saint-Martial, par l'abbé Roy-Pierrefitte, des extraits de la bulle de sécularisation, en date du 1er décembre 1535. Le mss. Legros dit simplement, à cet endroit : « Icelle même année, les religieux de Saint-Martial

sellette, et six enfans de cœur, suivant la bulle du pape Paul, 3ᵉ du nom, régnant en France François premier du nom. (1).

Entrée faite à la Royne de Navarre (2).

Madame Marguerite de France, sœur du roy de France, royne de Navarre, fist son entrée à Lymoges le 28ᵉ décembre 1537. Et furent au devant les consulz aveq leurs chaperons, assistés des bourgeois, marchans et principaux habittans de la ville, et d'un bon nombre d'enfans de la ville, ayants [les consuls] des casaques de velours noir, le propoint de satin cramoisi, le haut de chausse coulleur du drappeau, my-parti de gris et noir, et au millieu estoit dépeinte une foy d'or, et bon nombre de trompettes, fiffres et tambours qui jouoient qu'il fesoit beau voir. Et près la rivière de l'Aurance, ladite dame fust receue. Et lui fist arrangue maistre Jean Lamy, consul. Puis, rebroussant chemin, entrèrent par la porte Montmalhier dans la ville, où l'artilherie jouoit à merveille. Les ecclésiastiques marchoient devant elle en procession. Elle venoit après dans une littière, sur laquelle quatre consulz portoient un riche pouelle de satin blanc, où estoient dépeintes les armoiries de Navarre entières, dans un chappeau de triomphe [où], au millieu, et par les quatre coingtz [estoient] my parties. Ladite dame estoit accompagnée de la sénéchalle de la Chasteneraye, et beaucoup de dames et damoizelles, et bon nombre de gentilhommes de la cour. Par les carrefours de la ville se fesoient des ballades aveq des chansons composées à sa louange, le tout représanté par des bergères et damoiselles, habillées en vertus. Et devant Sainct-Martial se présanta Mʳᵉ Mathieu Jouvion, abbé, qui luy bailla offrir

[Réception de la reine de Navarre, 1537.]

---

quittèrent l'habit de moines et se firent chanoines, l'an 1537. » Cependant l'abbé Legros a relaté, en marge de notre exemplaire du P. Bonaventure p. 767, un certain nombre de faits tirés d'autres chroniques manuscrites, et notamment du mss. « de Lépine ou Nadaud. »

(1) « En icelle saison [1537], les consuls perdirent la justice de la ville à cause de la vicomté. » (Mss. Legros.)

(2) Premier V. Reg. consul., t. I, p. 302.

[à vénérer] un reliquère. Puis ladite dame sortant par la porte Manigne, vint à l'église de S^nt-Estienne, cathédralle, où fust receue par l'évesque honorablement, et alla loger à la maison épiscopalle.

Trois jours apprès arriva le roy de Navarre, son marry, qui fust receu de la mesme sorte et alla loger avec elle.

Incontinant apprès vint Madame d'Estampes.

[Les consuls perdent la justice de la vicomté.] Icelle année [1538], les consulz de Lymoges perdirent la justice de la ville, causant la vicomté (1).

[Grêle et pluie de pierres.] Le jour de S^nt-Urbe, l'an 1540, tumba de la grelle (2) grosse comme noix par une tempeste. Ce qui porta grand dommaige aux biens de la terre durant la banlieue; car l'impétuosité fust sy grande qu'elle gasta les vignes jusques aux vieux septz.

Venue des grands jours à Lymoges (3).

[Les grands jours à Limoges, 1542.] L'an 1541 (4), les grandz jours furent tenus à Lymoges. Les consulz furent advertis de leur venue. Lesquelz estoient Mess^res le troiziesme président de Bourdeaux, sieur de Brignon, conseilhers et advocatz, procureurs, huissiers et autres officiers de la cour de parlement de Bourdeaux. Et arrivèrent le 31e aoust, environ vespres, et furent au devant d'eux Mess. les consulz et habittans en grand nombre. Monsr le président logea au Brueil, et les autres officiers ez maisons bourgeoises. Ils commancèrent entrer pour tenir leur cour le premier jour de septembre, et ce dans la grand salle de la maison de ville, où assistèrent Messieurs les consulz aveq

---

(1) V. le Premier Reg. consul. (t. I, p. 320), qui donne un extrait de l'arrêt.

(2) Le mss. Legros dit : « de la pierre. » Le P. Bonaventure (p. 769) concilie les deux versions : « Il tomba de la grêle et des pierres. »

(3) V. Premier Reg. consul., t. I, p. 337. Le récit qui se trouve dans le mss. Legros est beaucoup moins détaillé.

(4) 1542, d'après le Premier Reg. consul., t. I.

leurs merques consullaires, et tindrent leur cour jusques au dernier octobre.

Il est dit alheurs que ce fust l'an 1542 (1), ce qui peut estre, d'autant qu'il est dit qu'il fust faict ostention du chef de S^{nt} Martial, le 22e octobre, par l'évesque de Bazas, assisté de Rolland Barthond, abbé de Solompniact, et Guilhaume Jouvion, abbé de S^{nt}-Martin, qui dura tout le jour, où assistèrent en robbes rouges lesditz sieurs. Auquel temps arriva la royne de France.

Entrée faitte à la royne de France (2).

Les consulz sachantz la venue de la royne de France, furent au devant jusques à Sainct-Léonard, pour la salluer. Le deuziesme novembre et sur l'heure de 4 heures dudict jour, les consulz, assistés des principaux de la ville en grand nombre, aveq trompettes, clérons et instruments de musique, receurent laditte dame en grand honneur à la chappelle de Papaut (3), *alias* Bonne-Dompne, près Panazol. Et rebroussèrent chemin à S^{nt}-Estienne, où elle fust receue des doyens et chanoines de ladite église, et où elle fist sa dévotion. Puis elle vint entrer par la porte Manigne, où à l'entrée d'icelle estoit dressé un théâtre remply de joueurs d'instruments de musique. Au surciel, il y avoit un triumphe semé de fleurs de lis, armoiries de France. Et se présantoit sur le théâtre deux personnages : l'un, nommé *Lymoges*, en habit de damoizelle ; et l'autre, en habit d'homme, s'appeloit *peuple commun*; lesquelz, par beaux ditz et rondeaux salluèrent la Royne. Ce faict, quatre cousulz richement vestus luy mirent sur la teste un riche pouelle de velours cramoisy, semé de fleurs de lis, lettres et franges d'or. Estant au devant S^{nt}-Martial, se présantèrent messieurs les chanoines, qui la receurent en grand honneur. Au partir d'icelle église, ladite dame alla descendre au logis de monsieur le lieutenant criminel Chantois, et ses

[Réception de la reine de France.]

---

(1) Notre annaliste a raison, comme on a pu le voir à la note précédente.

(2) V. Premier *Reg. consul.*, t. I, p. 339.

(3) « Pappot » (Mss. Legros) ; « Papet » (BONAVENTURE, p. 770).

dames auprès d'elle ; puis, le lendemain, elle partit pour aller en cour.

[Réception de M. de Montréal, gouverneur du Limousin (1).]

L'an 1543, Monsr de Montreal, gouverneur, fust receu à Limoges des consulz et habittans avec trompettes et clérons ; et furent au devant près les Trois-Treilz (2). Où estoient messieurs les lieutenants général, criminel, civil et particuliers, ensemble les autres officiers. Lesquelz tous ensemble rebroussèrent chemin à S^{nt}-Estienne. Passant devant la porte Monmailhier, fust fait sallut d'artilherie. Apprès sa dévotion faite à S^{nt}-Estienne, vint à S^{nt}-Martial, puis alla descendre au Brueil. Et, le lendemain, il monta au siége, où il fist son arangue en latin fort réthorique.

[Feu de joie pour la naissance du Dauphin, 1543 (3).]
[Jean du Bellay, évêque.]

Au mois de febvrier ensuivant, fust faict [un feu] de joye pour la naissance de Monsr le Dauphin.

JEAN DU BELLAY, en rangt des évesques [78], succéda à Jean de Langheac, évesque de Lymoges, qui décéda le 7e juillet 1541. Ledit du Bellay fust faict cardinal, et lui sucéda (4).

[César de Borgognonibus, évêque.]

CÉSAR DE BOURGOUGNE, italien, en rangt des évesques 79. (5).

---

(1) V. Premier *Reg. consul.*, t. I, p. 359.
(2) Lisez les Trois-Treuils et non les Trois-Treilles comme l'écrit Legros.
(3) V. Premier *Reg. consul.*, t. I, p. 370.
(4) Entre J. du Bellay, 76e évêque, et César de Borgognonibus, 77e évêque, Nadaud place Antoine Sanguin, nommé en 1546 et démissionnaire en 1547.
(5) « L'an 1544 et le 6 septembre, fut prononcé l'arrêt contre les consuls, touchant la justice de la vicomté. » (Mss. Legros.) — V. le texte de cet arrêt prononcé le 5 septembre, dans le Premier *Reg. consul.*, t. I, p. 375 et suiv.

Esmeute du peuple, causant certains qui voulloient loger dans la ville, sans adveu (1).

Au commencement du mois de septembre 1544, la ville de Limoges eust advertissement qu'une grande bande de Gascons, gens sans adveu, estans en nombre de quatre mille hommes de pied et cinq cens chevaux-légers, lesquelz avoient faict des maux infinis ez pays de Touraine, Poictou et Berry [arrivoient]. Leur rendes-vous estoit à Arnac; leurs dessaingtz estoient d'assaillir les fauxbourgtz et Citté de Lymoges, puis la ville. Les gens de cheval estoient cotte maillez, et aussy partie de ceux de pied, portant piques, allebardes, espées à deux mains et arquebuses. [Limoges assailli par une bande de Gascons.]

Les habittans de Lymoges, considérantz comme telle trouppe de pillardz sans adveu ny commission du roy tenoient les champs, apprès avoir faict offre aux fourriers de leur trouppe de leur deslivrer quantité de pain et vin et autres munitions, à la charge qu'ilz passeroient outre sans loger ez fauxbourgz et Citté, le fourrier fist responce que les colomnel et capitaines avoient délibéré de loger ez fauxbourgtz et Citté de Lymoges, mesmes où bon leur sembleroit. Ouy ce, les habittans résolurent de résister à leur entreprinse et fermer les portes de la ville, ce qu'ilz firent, fesant bonne garde jour et nuit. Estant la bande à Beaubreuil à demy [deux] lieue de Lymoges, au Pallais, Rilhac et autres bourgades, tuèrent environ 25 villageois, et en eussent tué d'avantage, n'eust esté les fossés des champs (2). Ils se jattoyent exécuter leur entreprinse contre la ville; contre lequel dessaingt, les consulz firent garnir les tours et murailles d'artilherie, et bon nombre de gens choisis des cantons de la ville, pour la garder.

Et advenant le 10e (3) dudit mois, heure de 10 heures du matin, les bandes s'assemblèrent en un gros, puis se mirent

---

(1) « Émeute du peuple, conduit par le baron de Bèze. » (Mss. Legros.) — V. *Premier Reg. consul.*, t. I, p. 387.

(2) « Qu'on avoit creusé pour empêcher leurs courses. » (BONAVENTURE, p. 771.)

(3) « Le 12. » (Mss. Legros.)

en bataille ; les drappeaux desployés, entrèrent dans la Citté et fauxbourgtz en toute force et viollance. Les gens à cheval entrèrent dans les vignes, où tuèrent plusieurs qu'ilz trouvèrent des habittants dudit Lymoges; lesquelz voyantz les mauvais trétements de dessus les murs de la ville, contre le gré des consulz laschèrent bon nombre d'artilherie parmy leur trouppe, qui estoit près la porte de la Citté et maison de l'official. Quoy voyants, gaignèrent le pont Sainct-Martial, où ilz firent maux infinis. Ce que entandans des murailles de la ville, fust lasché quelques pièces de qualibre sur eux, qui mirent l'espouvente. Parquoy ilz deslogèrent et tirèrent à Solompniact, et par ainsin se virent frustrés de leur entreprinse.

[Peste (1).]

L'an 1547, la ville de Lymoges fust affligée de peste. A cause de ce, la nomination des consulz fust faitte soubz les arbres de Sainct-Martial.

Esmotion du peuple pour raison de la gabelle, soubz Henry 2, roy de France (2).

[Trouble au sujet de la gabelle, 1548.]

Au mois de novembre 1548, aucuns particuliers de la ville et autres vagabons forains, gens ramassés, intigués, pratiqués et cachez (3) par ceux qui courroient le pays de Guienne, par une nuit, ces gens se mirent en armes et se saisirent des clefs de la ville. Le lendemain rompirent les greniers à sel, pilhèrent et saccagèrent plusieurs maisons, tenantz pour leur grand nombre de gens le corps de la ville en subjection et perplexité deux jours. Mais eu fin, le troiziesme, les habittans avoient en partie assemblés en armes plusieurs, lesquelz mirent ces vagabons en fuitte.

---

(1) Le Premier *Reg. consul.*, t. I, p. 413, dit qu'il mourut de six à sept mille personnes.

(2) V. Premier *Reg. consul.*, t. I, p. 417, 422 et suiv., 447 et suiv. ; *Limous. hist.*, p. 492 et suiv.

(3) Dans une note manuscrite de Legros, en marge de la page 773 du P. Bonaventure, on lit : « Gens exécrables et intigués, pratiqués à cachette. » Le mss. de Legros porte également : «Amassés et pratiqués à cachette. »

— 331 —

Monsieur le connestable estant à Bourdeaux, entandant ce que dessus, despescha Monsieur de La Fayette et de La Tarride (1), chascun sa compagnie de cent hommes d'armes et leur suitte d'archers, avec six enseignes de gens de pied, fesants deux mille hommes, roullant quand eux deux pièces d'artilherie aveq la munition, conduitz par le sieur de Grandmont, le vicomte d'Horte et Beffort (2), capitaine basque. Lesquelz arrivèrent à Lymoges et y séjournèrent dix jours, y vivant à discrettion. Or, deux jours auparavant, Monsieur Depassy (3), commissère des gens de pied, et nombre d'hommes d'armes et archers se saisirent des clefs de la ville et maison commune. Et à son de trompe fust publié une ordonnance dont voicy la coppie de l'imprimé (4), signé de Bermondet, qui estoit pour lors lieutenant-général à Lymoges, et Biays, greffier, dont voici la teneur :

De l'ordonnance de monseigneur le connestable, seigneur de Montmorancy, premier baron et grand maistre de France, gouverneur de Languedoct et duché de Guyenne, envoyé à Monsieur le sénéchal de Limousin ou Monsieur son lieutenant.

Il est enjoinct et faict exprès commandement à toutes personnes de la présant sénéchaussée de Lymousin, de quelque qualitté ou condition qu'ilz soient, excepté les gentilhommes et gens des ordonnances estant à la solde du roy, qu'ilz ayent, dans deux jours, après la publication des présantes, à déposer, consigner et apporter incontinant toutes sortes d'armes, comme piques, allebardes, javelines, eppieux, voulges, bastons à deux boutz, arquebutes, arbalestes, arcz,

<small>Ordonnance du connétable de Montmorency au sénéchal du Limousin.

Punition des habitants.</small>

---

(1) « Tarrade ou Tarride, » d'après une note manuscrite de Legros, *loco citato* ; « Terride, » d'après son mss. ; « Terride, » d'après le Premier, *Reg. consul.*, t. I.

(2) « D'Hortes et Belfonce ou Bellefolenc, » d'après une note manuscrite de Legros ; « d'Elte et Belfort, » d'après son mss. ; « d'Orthe et Belsompse, » d'après le Premier *Reg. consul.*, t. I.

(3) « De Bassy » (mss. Legros) ; « de Passi » (note manuscrite du même, en marge du P. Bonaventure).

(4) Le mss. Legros ne reproduit pas la teneur de cette ordonnance et le Premier *Reg. consul.* (t. I, p. 447) n'en donne que le résumé.

rondelles, boucliers, eppées, dagues, poiguardz, corcelctz, animes, arnois, chemises de mailhe, et autres eppèces d'armes offencives et déffencives qu'ilz ont et aurons en leur puissance, sans en rien retenir, sinon des cousteaux à leur usage. Scavoir est, à ceux des villes et fauxbourgtz, dedans les chasteaux, tours et lieux fortz desdittes villes, s'il y en a, sinon au lieu le plus fort et seurt desdittes villes, à la garde desquelz seront commis gens seurs et feables au roy et à son service; et à ceux des villages et plat pays, dedans les chasteaux et maisons fortes des gentilhommes, seigneurs, chastelains et haut justiciers desquelz ilz sont vassauts et subjectz, pour là estre conserver par lesditz seigneurs pour le bien du pays et tranquilitté des bons et loyautz subjetz et habittans d'icelluy. Aussy est faict commandement à tous consulz, eschevins, gouverneurs des villes, marguilliers, scindictz et procureurs des paroisses, et à tous abbés, prieurs et couvents de ladite sénéchaussée, chascun en droit soit, qu'ilz ayent, dedans dix jours après la publication des présantes, pour tous délays, à faire abbattre, rompre et faire mettre en pièces toutes et chascunes les cloches grosses et petites qu'ilz ont en leurs églises, et qui se trouveront aux lieux communs et publictz desdittes villes, sans aucune excepter ne réserver. Et le métail et bronse qui sortira desdites cloches apporter et consigner par bon invantaire et poidz pardevant M^r le sénéchal de Lymousin ou Monsr son lieutenant, à Lymoges, ou du plus prochain jugé royal du lieu où seront lesdittes cloches, pour le fère, par ledict sénéchal ou ledit jugé royal, conserver en lieu seurt au proffit de qui il appartiendra. Et est deffandu à tous de ne fère faire ne remettre sur aucuns clochers et aucuns lieux de ladite sénéchaussée sans exprès congé, permission du roy. Le tout sur payne de confiscation de corps et biens, et d'estre très estroitement punis comme infracteure des ordonnances et commandement du roy.

Et est enjoinct à tous seigneurs, justiciers, leurs officiers et tous autres, en vertu de ladite commission et pouvoir par icelle donné, de faire publier à son de trompe, mettre et fère mettre à exécution d'heue ce que dessus par toutes les villes, chastelenies et paroisses de ladite sénéchaussée, lieux et endroictz qu'il appartiendra chascun en droit soit, et en artifficier ledit sénéchal ou son lieutenant incontinant après lesditz

— 333 —

délays escheus et passés, par procès sommaire, pour du tout estre fait procès et roolle, suivant lesdittes lettres et commission, et autres missives depuis envoyées par mondit seigneur connestable, et le total estre diligemment estre envoyé par devant luy, tant du dépost qui aura esté faict desdites armes et des lieux où auront estées mises, des noms ausquelz en aura été donné la charge et garde, que semblablement du nombre de toutes les cloches qui auront estés trouvées et fait abbatre en chacun lieu, église et paroisse, du poidz d'icelles et du lieu où auront estés mises et assemblées, et entre les mains de qui aura esté mis le métail et bronze, et de tout le contenu cy-dessus sur les peynes y contenues. Signé : Bermondet et Biays, greffier.

Les gens d'armes fesoient jour et nuit garde aux portes et aux murailles de la ville, en attandant toute la trouppe. Laquelle entra dedans la ville en ordonnance, scavoir : l'home à pied le morion sur la teste, le chevallier la lance sur la cuisse, le tambour battant et trompettes jouantz, come prestz à combatre. Les hommes d'armes se logèrent dans la ville, et ceux de pied dans la Citté et fauxbourgtz.

Monsieur de La Fayette fist descendre toutes les cloches et horloges des églises de la ville et Citté, fauxbourgtz et lieux circonvoisins, sans excepter une petite. Lesquelles demeurèrent sans estre remises jusques l'an 1551. *La ville reste trois ans, sans cloches.*

Ledit sieur de La Fayette fist fère bresche ez murailles de la ville de huict toises, et un des principaux [portaux] rompu. La bresche fust faitte la prochaine tour de la porte des Arrennes (1), sortant à main gauche, ainsin qu'il se void de présant, et depuis appelée la tour de la Bresche. Cependant fesoient garde jour et nuit, quoy que la ville fust ouverte par laditte bresche. Plusieurs tours furent rasées, qui estoient semblables à la tour Branlant, et autres petites sentinelles. *Une brèche est faite aux murailles, plusieurs tours sont rasées.*

Ce faict, le terme préfix, toutes les susdites trouppes deslogèrent, et en arriva d'autres toutes fraisches, soubz la con-

---

(1) Lisez : « proche la tour, etc. » Le mss. Legros dit : « Les huit toises furent rompues près la porte des Arènes et le portail de la tour du Saint-Esprit. » Le reste de l'alinéa manque dans le même mss.

duitte de Monsieur de Bracelles (1), lieutenant du duc d'Estampes, où avoit 50 hommes d'armes ordonnés pour la garnison du Haut-Limousin, qui séjournèrent dans la ville quelques jours, durant lesquels firent le partement, laissant pour le corps de la ville 25 hommes d'armes et leur suitte d'archers, le reste dans la Citté et villes de la sénéchaussée.

Incontinant après, passèrent par Lymoges le colomnel des vieilles enseignes (2) fesant le nombre de deux mille hommes à pied. Il logea luy et ses gentilhommes dans la ville, et ses soldats dans la Citté et fauxbourgtz ; esquelz la ville donna vivres, estape et munition pour deux ou trois jours.

Tout à l'instant, arrivèrent trois cens chevaux légers conduitz par Monsieur de Nègrepelisse. Les principaux furent logés ez hostelleries de la ville, les autres vesquirent par estappe en ladite ville, Citté et fauxbourgtz.

[Peste (3).]

L'an 1549, la contagion retourna dans la ville depuis le mois de juing jusques en octobre.

[Naissance d'Henri de Bourbon, réjouissances (4).]

L'année 1551, furent portées en procession solempnelle les châsses des sainctz de la ville et Citté. Où fust faict feus de joye pour la naissance de Monsieur le prince, fils du Roy de Navarre, qui depuis fust roi de France et de Navarre, nommé Henry 4e du nom, etc.

Esrection du siége présidial, 1551 (5).

[Siége présidial.]

Icelle année, le roy fist un édit de l'esrection des siéges présidiaux, contenant la toute puissance et règlement. Et depuis, fust publiée une amplification, où sont nommés les

---

(1) « De Bussel » (mss. Legros); « de Busset » (Premier *Reg. consul.*, t. I).
(2) « Nommé Boinnel et Bensirgues » (mss. Legros); lisez Bonnivet.
(3) V. Premier *Reg. consul.*, t. I, p. 432.
(4) V. Premier *Reg. consul.*, t. I, p. 451.
(5) L'édit de création des siéges présidiaux est du mois de janvier 1551 (Filleau, *Rec. des édits*, etc., p. 135). L'ampliation est du mois de mars de la même année (*Ibid.*, p. 137). La Cour présidiale fut installée le lundi 11 septembre 1553, par Massiot, conseiller au parlement de Bordeaux. (Bonaventure, *Ann. du Limousin*, t. III, p. 775.)

villes et ressortz des siéges, entre lesquelz est la ville de Lymoges pour le Haut-Limousin.

(1).

(2).

Les triomphantes entrées du roy et royne de Navarre à Lymoyes, l'an 1555 (3).

Après plusieurs monstres et reveues faictes par les habitans de Lymoges, desirans voir les illustrissimes princes faire leur entrée en la ville de Lymoges (4). Estans advertis qu'iceux roy et royne de Navarre estoient arrivés au chasteau d'Isle près Lymoges (5), les consulz furent les trouver et présenter les clefs de la ville. Auquel jour partirent lesditz roy et royne et vindrent loger au prioré Sainct-Gérald. Le 22 décembre, les bandez furent mises en ordre et équippage à la place des Carmes, et, partants sur les dix à 12 heures, prindrent le chemin à la Croix-Mandonnaud, près S^{nt}-Gérald, où se trouvèrent les gens d'église et enfants d'honneur prestz à marcher pour procéder au fait de cette réception. [Entrée du roi et de la reine de Navarre.]

Le prince, adverti de ce, sortit de son logis de S^{nt}-Gérald, accompagné des évesques de Mende et d'Oleron (6) et autres, aveq sa garde de Suisses. Et fust conduit sur un téatre eslevé de cinqt à six pieds, tapissé et entouré de ses armoiries, cou-

---

(1) « L'an 1555, fut le cens (le cène ou synode) général du diocèse, où assistèrent les curés et vicaires à la procession générale, le jour de St-Marc. » (Mss. Legros.)

(2) Les Ostensions de 1547 furent remises à l'année 1554, à cause de la grande peste qui commença à Limoges au mois de mars 1547, et continua presque trois ans à diverses reprises. (BONAVENT., III, p. 775.)

(3) Le mss. Legros porte 1556. Ce fut en effet le 20 décembre de cette année que les consuls allèrent recevoir les princes au château d'Isle. — V. Premier *Reg. consul.*, t. II, p. 103, 108 et suiv.; *Lim. histor.* p. 45

(4) « Ils séjournèrent quelques jours au château de Cars, d'où le seigneur les accompagna à Limoges. » (*Note mss. de Legros en marge du P. Bonaventure*, t. III, p. 776.)

(5) « A demi-lieue de Limoges. » (Mss. Legros.)

(6) « Vêtus de rochets, avec les S^{grs} de Montauban, baron de Bretagne, Les Cars, Lavauguyon, Pompadour, et autres gentilshommes du Limousin et d'ailleurs, en grand nombre. » (*Ibid.*)

vert de verdeur, en la place de S^{nt}-Gérald (1), ayant au devant de luy ses trompettes et autres jouants de divers instruments. Allors commancèrent à marcher les habittans (2) en la forme que s'ensuit.

Premièrement, marchoient (3) les Quatre Mandiantz et les prestres des paroisses de la ville (4).

Le cappitaine Boyol (5), général, venoit après, couvert d'un mantheau de velours noir garny de boutons d'or, et une chaisne d'or au col, monté sur un cheval blanc richement harnaché, aveq un beau pennache flottant sur la teste. Et devant luy battoient quatre tambours, où marchoient dix personnages vestus de drapt rouge découppé à la suisse, portantz chascun une allébarde, et dernier luy deux autres, vestus de mandilhe blanc, ayants chascun une pertuisanne à la main.

Ledit Boyol descendit de cheval, et se mist à genoux devant le roy, luy faisant une harrangue, lequel fust receu joyeusement ; cependant les trompettes jouoient, les clérons et autres instrumentz.

Sur ce, arriva le lieutenant (6), monté sur un cheval richement bardé. Ledit lieutenant estoit vestu de velours gris, conduisant les bandes ; puis passa outre.

A la suitte marchoient les cappitaines des cantons du Clocher et des Combes, vestus de velours incarnat, aveq les lieutenants et enseignes, où dans le drappeau estoient despaintes les armes dudict seigneur et dame. Les soldatz marchoient de cinqt en cinqt, et passants devant le roy, le salluant tirant leur coupt, au nombre de 450.

Après, marchoient les cappitaines des cantons de Lansecot et Ban-Léger, vestus de velours, richement équippés, lieute-

---

(1) « Ayant prospect au chemin (ayant vue sur le chemin) que l'on vient de la Croix-Mandonnaud en ladite ville. Le prince avoit au devant. » (Mss Legros.)

(2) « Du côté de la Croix-Mandonnaud. » (*Ibid.*)

(3) « Deux à deux. » (*Ibid.*)

(4) « Passant par le milieu du faubourg de Manigne, entrant dans la ville. » (*Ibid.*)

(5) « Bouyol, receveur des tailles. » (*Ibid.*)

(6) « Dudit Bouyol. » (*Ibid.*)

nants et enseignes, esquelz drappeaux estoient aussy peintes les armes desditz seigneurs, en nombre de 215(1) soldatz.

Puis marchoit le capitaine du canton de Boucherie(2), homme eagé de 87 ans, en bon équippage, aveq son lieutenant, enseigne et sergentz. Sa compagnie estoit couverte de mandilles blanches, en nombre de 400.

Pour le dernier marchoient les cappitaines des cantons de Manigne et des Taulles ou Consulat, vestus de colets de velours incarnat, semé de boutons d'or, et bonnetz de mesme, leurs lieutenants vestus de velours incarnat, bordé de passement d'argant, les porte drappeaux, l'un vestu de velours incarnat, et l'autre de velours blanc(3), estants les compagnies d'environ 600.

Après l'infanterie suivoit ledit colomnel monté à cheval, où marchoient devant luy deux jeunes enfans vestus de velours, ayantz chascun une targe d'acier en la main.

Après venoit le capitaine des enfans d'honneur, monté à cheval, la scelle bordée et acoustrée de velours rouge, le panache flottant, vestu d'un collet de satin blanc decouppé, les chausses blanches, le haut de velours blanc découppé, bouffantes de taffetas, les bottines blanches enrichies de velours incarnat et boutons d'or, esperons dorés, le mantheau de velours incarnat, bordé de passement d'argent, suivy du nombre de vingt-six, vestus de mesme parure. Le guidon estoit de taffetas blanc (4).

Ledit cappitaine descendit de cheval, et fist une harangue au roy à genoux, où le roy [fust] fort satisfaict ; puis remonsta à cheval et passa outre aveq les trouppes (5).

A la suitte marchoient les gardes (6) de la ville, puis le porte-masse à cheval, suivi des bourgeois et marchands, advocatz et procureux, à cheval et bel ordre. Après venoient les consulz, vestus de juppes de damas noir, robes longues de

---

(1) « 230. » (Note ms. de Legros, en marge du P. Bonaventure.)
(2) « Pierre Nadaud. » (Ibid.)
(3) « Les porte-drapeaux vêtus de velours incarnat cavé (crevé ou doublé?) de velours blanc. » (Ms. Legros.)
(4) « Où étoient dépeintes les armoiries desd. seigneurs et dames, d'un côté, et celles de la ville, d'autre. » (Ibid.)
(5) « Avec ses trompettes et clairons. » (Ibid.)
(6) « Les gagers. » (Ibid.)

velours noir, aveq chaperons à bourletz sur l'espaule, de damas rouge, montés à cheval, aveq housses jusques à terre. Descendirent de cheval pour salluer le roy, lesquelz furent bien receus, puis remonstèrent sur leurs chevaux et suivirent les bandes.

Ainsi que le roy voulust descendre de son théatre, se trouvèrent devant luy ses officiers de la ville aveq leurs sergens ; où, après avoir fait une harangue, suivirent les précédans. Et à l'instant se présantèrent messieurs du présidial de la ville, lesquelz, après avoir sallué le roy et fait une harangue, suivirent les autres.

A donc le roy monta à cheval accompagné desdits évesques et seigneurs, pages et ses suisses. Estant à la porte Manigne, trouva un théatre richement eslevé, où dans icelluy estoient les joueurs et un grand cœur de satin rouge, duquel sortit une fille richement vestue et ornée (1), qui bailha une clef d'argant ; et aussy tost fust chanté et dancé un bergerage.

Ce faict, les consulz descendirent de cheval, et mirent sur la teste du roy un pouelle de velours incarnat, où estoient dépeintes les armes, enrichi de bordure d'or. Par où le roy passoit, les rues estoient tandues de tapisserie.

Au carrefour de la porte Poulalhière, sur un autre théatre, fust représanté Vertu et Honneur. Et après jouèrent trois habittans aveq *Lymoges* sur la venue dudict seigneur. Puis le roy vint à S$_{nt}$-Martial, où il fust receu des chanoines en grand révérance et cérimonies ; lesquelles parfaites, le roy allast descendre au logis du Brueil, au devant duquel y avoit une gallerie artificiellement couverte de verdure.

En mesme forme fust receue (2) la royne, à trois heures après midy, accompagnée de ses dames et damoizelles, et desditz seigneurs évesques et gentilhommes de sa cour. Et passèrent toutes les trouppes susdites devant elle, comme devant le Roy.

La royne estoit vestue d'une robe de drapt d'or enrichie de parrure magnifique, montée sur une haquenée grise. A l'entrée de la porte Manigne fust chanté une chanson ; puis jouèrent *Apollon* et trois muses : *Calliope*, *Cléo* et *Eu[t]rope*. Ce faict, les consulz mirent sur elle un pouelle de velours

---

(1) « Représentant Limoges. » (BONAVENTURE, t. III, p. 777.)

(2) « Sur le théâtre de la place St-Gérald. » (Note ms. de l'abbé Legros, en marge du P. Bonaventure.

blanc, enrichi de bordure d'or, aveq ses armoiries. Sur le théâtre de la porte Poullalière fust chanté une autre chanson; puis représantèrent *Pallas* et *Mercure*. Ce fait, fust ladite dame en grande humillité et honneur reçeue des chanoines de Sainct-Martial, où, achevée sa prière, sortant de ladite esglise, alla descendre au Brueil, où estoit le roy logé.

Or, la salle du palais royal (1) estoit tapissée et couverte de verdeur naturelle. Dans laquelle, sur le soir, fust faict un festin magnifique ez seigneurs, gentilhommes, dames et damoizelles.

Le lendemain, le roy alla à l'église cathédralle ouïr la messe; où le doyen et chanoines le receurent en grand honneur.

Le mesme jour, heure de relepvée, les consulz, accompagnés des principaux de la ville, allèrent trouver le roy et royne à leur logis du Brueil, ausquelz en grand révérance présantèrent deux couppes d'argant doré de belle fasson, et deux pièces d'or en rond, de la largeur de demy pied, épesses de demy doigt. A celle du roy estoient ses armoiries, entourées du grand ordre de S^{nt}-Michel, et par l'autre des trophées (2), estoient les armes de la ville; et autour de la piesse estoit escript :

Anthonius, Dei gratia rex Navarræ, Dominus supremus Bearnæ, dux, Vindinotium et Belmontis, Comes Arveniari et Petragoriensis, Vicecomes Lemovicum (3).

A celle de la royne, les armes d'un costé, et de l'autre, une Pallas armée d'un corcelet et morion en teste, tenant à la main dextre une tarje, dans laquelle y avoit un chef de Gorgonie enveloppé de serpens, et à la senestre tenant une lance et chouette (4). A son costé estoient les armes de la ville, tout le champ de la terrasse semé de branches d'ollive. Et y avoit autour ce qui s'ensuit :

Jouanna, Dei gratia, regina Navarræ, domina suprema

---

(1) « Du siége présidial. » (N^{te} de Legros, en marge du P. Bonaventure.)

(2) « Et au dessous desdits trophées. » (Ms. Legros.)

(3) Rétablissez ainsi cette inscription, d'après le *Premier Registre consulaire* (t. II, p. 126) :

ANTONIUS, DEI GRATIA, REX NAVARRÆ. DOMINUS SUPREMUS BEARNIÆ, DUX VINDOCINUM ET BELLIMONTIS. COMES ARMENIACI ET PETRAGORICENSIS, VICECOMES LEMOVICUM, 1556.

(4) « Ayant à ses pieds des livres et une chouette. » (Ms. Legros.)

Bearnæ, Dux Vindiconum et Bellimontis, Comes Armentarii et Petragorensis, Vicecomes Lemovicum (1).

Lesquelz présantz iceux prince et princesse receurent fort contents, et les gardèrent en leurs cabinetz en mémoire perpétuelle de leur entrée en la ville de Lymoges. Puis, ayant séjourné huict jours, ayantz visité le chef du glorieux S{nt} Martial, partirent de Lymoges (2) aveq grand contentement. Les habittans les conduisirent une lieue ; puis, prenantz congé, se retirèrent fort satisfaits.

[Robert de Lenoncourt, abbé de Saint-Martial.]

Le cardinal de Lavancourt succéda à l'abbaye de S{nt}-Martial, en rangt 55 (3), par le décedz de Mathieu Jouvion.

1556. *Ordre baillé à la cherté des vivres* (4).

[Cherté des vivres ; mesures prises par les consuls pour l'approvisionnement de la ville.]

Pour conclusion, au pays de Lymousin fust grand stérillité de bledz ; en sorte que la présante année, chacun avoit mangé presque le bled de sa provision. A cause de quoy vint une grand cherté au pays, car ceux de la montagne, qui avoient accoustumé porter vendre leur bled en la ville, le venoient achetter en grand requeste et prix presque volontaire, tellement que, causant le transport, on ne s'enquéroit de la valleur, mais seullement d'où l'on en pouvoit avoir pour argent, cessant l'apport du bled à la Cloistre (5).

Les consulz et officiers du roy de Navarre y mirent telle police, tâchant de pourvoir les habittans des grains nécessères pour leur provision à prix modéré jusques à la moisson, laquelle, moyennant la grace de Dieu, assouvit à un chacun. Le sestier diminua jusques à 17 solz (6).

---

(1) Rétablissez ainsi cette inscription d'après le même registre : JOHANNA, DEI GRATIA, REGINA NAVARRÆ, DOMINA SUPREMA BEARNIÆ, DUX VINDOCINUM ET BELLIMONTIS, COMES ARMENIACI ET PETRAGORICENSIS, VICECOMES LEMOVICUM.

(2) « Le mardy 29 décembre 1556. » (BONAVENTURE, t. III, p. 778.)

(3) Robert de Lenoncourt (1543-1561) est le 50ᵉ abbé de Saint-Martial, d'après l'abbé Roy-Pierrefite. Son neveu, Philippe de Lenoncourt, lui succéda.

(4) V. *Premier Reg. cons.*, t. II, p. 128 et suiv.

(5) V. la note de la page 147. — « La Claultre ou Claustre. » (*Premier Reg. cons.*, t. I, p. 159 en note, et t. II, p. 129.)

(6) Le setier de froment valait 23 sols 10 deniers en 1556, d'après

Il se trouve un registre du forléal de la maison de ville pour faire voir que le bled n'estoit cher à l'esgard du temps où nous sommes ; car, l'année 1631, il vallut jusques à 8 livres le sestier, et despuis 6 livres, 5 livres et 4 livres, et le vin au prorata. L'année 1559, le vin 34 solz 4 deniers la charge ; froment, 28 s. 4 d. ; seigle, 16 s. 6 d. L'année 1561, le vin, 38 s. ; le froment, 27 s. 8 d. ; le seigle, 16 s. 3 d.

Entre juin et juillet 1556, passèrent neuf enseignes de gens de pied, soubz la charge des capittaines de Teneur (1) et Boisse, de Prix, de Tournon, de Seizat et de Monpolian, lesquelz logèrent ez quatre fauxbourgtz, Citté, pont S{nt}-Estienne et pont S{nt}-Martial et Naveix. Et séjournèrent huict jours, les uns attendant les autres. Esquelz fust distribué pain, vin, chair et autres choses nécessaires. [Passage de neuf enseignes.]

Icelle année, fust le cène général du diocèze, où assistèrent les curés et vicaires à la procession géniralle, le jour de Sainct-Marc (2). [Synode général du diocèse.]

Comment l'hérésie de Luter se mist dans Limoges ; l'image de la Vierge de la place couppé la teste au Pillory ; une pierre jettée sur la châsse de sainct Martial, et autres choses remarquables. L'an 1560 (3).

L'hérésie lutérienne ayant print peu à peu puis quelque temps à Lymoges, caussa, cette année 1560, grande division dans la ville, par le renversement des croix qui estoient [Troubles religieux, 1560.

---

les forléaux du seizième siècle copiés sur les registres de la mairie. (Leymarie, *Lim. histor.*, t. II, p. 53 et suiv.)

(1) « De La Nommuis, de Boisse, du Prix, de Thouron, de Seissat et de Montpouliant. » (Mss Legros.) — « De la Vauverne, de Boisse (note ms. Legros), Duprez, Dethoron, de Seyssac et de Montpeillan. » (Bonaventure, t. III, p. 778.)

(2) Le ms. Legros relate ce fait antérieurement.

(3) Reproduit dans le *Lim. hist.*, p. 7. — V. *Premier Reg. consul.* t. II, p. 202.

autour de la ville et des images, et, entre autres, de celluy de Nostre-Dame-de-la-Place, qui estoit au coingt de l'église de Sainct-Michel-des-Lions et au dehors d'icelle; auquel, au mois de juillet, couppèrent à l'image de la Vierge la teste, et l'apportèrent sur le Pillory de la place publique des Bantz, où l'on exécute les malfaiteurs (1). Laquelle teste et image furent remis en procession solempnelle en son lieu, dont Jean Champsat, chanoine de Sainct-Estienne, meust de dévotion, fist enfermer ledit lieu d'une chappelle qu'il fist couvrir de plomb, ainsi qu'il se void à présent; laquelle chapelle porte son nom, ditte la chappelle de Champsat, et, à cause d'une frérie qui fust instituée, Nostre-Dame-des-Aydes (2).

[Mesures prises par les consuls.]

Ces troubles croissants, donna occasion aux consulz de créer un capittaine aveq des soldats pour fère la garde; et les ecclésiastiques mesme à garder leur église.

[Le ministre La Fontaine.]

En cette année, un ministre nommé La Fontaine, vint prescher dans le bois du Moulin-Blanc, où les Huguenotz gardoient les passages.

[Le comte de Ventadour (3).]

Le sieur de Pontbriant, gouverneur, ne pouvant remédier à ces troubles, le comte de Vantadour fust envoyé par Sa Majesté pour informer du tout.

[Le maréchal des Termes (4).]

Et, enfin, Monsieur le maréchal des Termes, avec dix compagnies et son ordonnance, et 1200 hommes, arriva à S^{nt}-Junien le 6e décembre 1560, et retenant la cavallerie autour de son infanterie, logea dans Aixe, où les cousulz envoyèrent des

---

(1) Le *Premier Reg. consul.* (t. II, p. 202.) dit seulement qu'ils « froissèrent et jectèrent par terre l'image de la benoiste Vierge Marie. »

(2) « Le P. Bonaventure rapporte à l'an 1560 la construction de la chapelle de Notre-Dame-des-Aides, qui est un hors d'œuvre, bâtie à côté de l'église de Saint-Michel, à l'occasion d'un meurtre commis auprès de cette église pendant les guerres civiles causées et soutenues par les calvinistes. Un chanoine de la cathédrale nommé de Chansat en fut le fondateur. Les pénitents bleus y font maintenant leurs exercices. » (LEGROS, *Rech. sur Saint-Michel-des-Lions*, p. 33.)

(3) V. *Premier Reg. consul.*, t. II, p. 203.

(4) V. *Premier Reg. consul.*, t. II, p. 206.

vivres, jusques à ce que, par le décedz du roy François second, Monsieur de Thermes fust mandé. Les affaires demeurèrent en paix.

Et, à l'advènement du roy Charles neufiesme, les Huguenotz, qui avoient demeuré quelque temps en paix, reprindrent cœur, et preschèrent dans les mestairies ciconvoisines, comme à Laborie, La Cousture, Montjauvy, Sainct-Cessadre (1), et puis dans l'église de Saincte-Vallérie, de laquelle ne voullurent sortir (2) qu'après l'édit de l'an 1561, portant restitution de temples; après lequel, se retirèrent dans les maisons et firent leurs prières en seureté, jusques à ce qu'ayants acheté la maison d'un nommé Jean Bertrand, orpheuvre, située près l'hospital de St-Martial, dans la basse-cour d'icelle dressèrent une chère et des bantz pour l'exercice de leur religion et fère prescher leur ministre Duparc, où affluoit quantité de peuple, mesme des enfans de Lymoges. Et des Augustins y laissèrent le froc (3). [Prêches huguenots.]

En ceste année, prescha en Limousin un grand prédicateur nommé Cérès, qui fist beaucoupt de fruit (4). [Prédicateur catholique.]

En l'an 1562 (5), le mardy de Pasques, fesant la procession, lorsqu'elle passoit devant la Croix-Neufve, une pierre fust jettée sur la chapsse de sainct Martial, de quoy fust subsonné un nommé Binloud (6), d'autant qu'on l'avoit vu à sa fenestre le chappeau à la teste. De quoy le peuple indigné se jetta dans la maison, et, ne le trouvant pas, firent un grand dégast. Lequel escandalle donna occasion aux consulz de fère garder les portes pour serrer de près les Huguenotz, qui, pour cet [Pierre jetée sur la châsse de Saint-Martial.]

---

(1) « Et dans l'hôpital et monastère de Saint-Gérald, dont les habitants du faubourg Manigne les [chassèrent. (Note ms. de l'abbé Legros, en marge du P. Bonaventure.)

(2) V. *Premier Reg. consul.*, t. II, p. 223.

(3) V. le ms. sur parchemin intitulé : *Livre de la recepte et mise pour la frérie du Saint-Sacrement de Saint-Pierre-du-Queyroix*, f° 44, v°, et la reproduction qui a été faite de l'extrait relatif aux calvinistes dans le *Lim. hist.*, p. 9.

(4) V. BONAVENTURE, t. III, p. 782.

(5) Ce qui suit a été reproduit dans le *Lim. hist.*, p. 10. — V. BONAVENTURE, t. III, p. 782, avec les annotations mss. de Legros.

(6) « Billo, soi-disant de la religion prétandue réformée. » (Note ms. de l'abbé Legros, en marge du P. Bonaventure.)

effect, remuèrent leur presche à Sainct-Gérald, dans le jardrin de l'ospital. Mais estans visités aux portes de la ville lorsqu'ilz alloyent au presche et revenoient, pausèrent causer de plus grandz troubles. Et pour lors, mesme les fauxbourgtz de Manigne se renfermèrent de trois pourteaux de pierre, et firent leur garde à part.

[Guerre civile.] La guerre civile ayant commancé, les uns prindrent les armes contre le roy, et demeurèrent les affaires de la religion un peu calmes, jusques à l'édit de pacification, qui fust le 3ᵉ mars 1563.

[Les consuls vendent les joyaux des églises.] En l'an 1562 (1), les consulz obtindrent permission de vandre les joyaux de l'église de la ville pour rembourser les fraitz pour la conservation de la ville, ce qui fust exécuté par la permission du roy, à la requeste des consulz, par le gouverneur, le Sʳ de Pombriant, en la présance des advocatz et procureur du roy (2).

---

(1) V. *Livre mss. de la confr. du S.-Sacrement de S.-Pierre*, fᵒ 46, vᵒ et suiv.; *Premier Reg. consul.*, t. II, p. 249 ; et le P. Bonaventure (t. III, p. 783) qui assure que c'est pour ce sacrilége que Limoges fut puni de la peste.

(2) Le P. Bonaventure (p. 783), d'accord avec notre manuscrit, se contente de dire que les consuls obtinrent des lettres de Charles IX, en vertu desquelles ils mirent la main sur les trésors des églises, et assure que c'est pour ce sacrilége que la ville fut punie de la peste ; mais il passe sous silence une circonstance bien atténuante selon nous. Charles IX, ainsi que le racontent les consuls eux-mêmes (*Prem. Reg. consul.*, t. II, p. 249), avait fait un édit général qui ordonnait d'enlever les joyaux des églises pour les soustraire au pillage des huguenots, et aussi pour subvenir aux frais énormes que lui coûtait la répression. Les consuls, gens pratiques et avisés, ne commirent d'autre crime que de faire tourner au profit de la ville une mesure générale. Du reste voici un document qui ne saurait être suspect. Il émane des bayles de la confrérie du Saint-Sacrement de Saint-Pierre, dont la bibliothèque publique possède les comptes manuscrits, in-fᵒ, parchemin. Voici ce que nous lisons, fᵒ 46, vᵒ et suiv. Nous copions en entier ce récit, c'est une peinture de mœurs qui ne manque pas de couleur locale :

[Extrait du livre ms. de la confrérie du Saint-Sacrement de Saint-Pierre.] « S'ensuit ce que nous rendons à vous, messieurs les bayles, par nous esleuz. (Compte de l'année 1562-1563.)

» En premier lieu, vous plaira d'entendre que le Roy, au comman-

La paix susditte de l'année 1563 n'ayant encor esté publiée à Lymoges, huict jeunes hommes du costé de Mussidant, qui avoient autresfois porté les armes contre Sa Majesté, furent prins passantz près la ville, par commendement du gouverneur, et condampnés à estre pendus. Desquelz quatre furent exécutés, et, sans le messager de Mussidant, qui menassoit de traitter ceulx qu'ilz avoient prisonniers de la mesme fasson

[Exécution de quatre jeunes gens de Mussidan.]

cement de n^{re} d. année, voyant que ceulx de lad. religion nouvellement forgée pilloyent et volloyent tous les joyaulx qu'ilz pouvoient des églises et luy en faysoyent guerre, que aussi, pour subvenir aux fraiz de la grand guerre qu'il avoit heu contre ceulx de lad. nouvelle sédition, par cedict général, il commanda de prandre et fondre les joyaulx tant d'or que d'argent des églises de France. Quoy sçaichant, messieurs les consulz et habitans de la présent ville mirent telle diligence qu'ils obtinrent pour se rambourcer des grandz fraiz qu'ilz avoyent faitz à la garde de lad. ville contre ceulx de lad. nouvelle religion, comme est contenu aux comptes de nos derniers prédécesseurs [lettres], suuyvant lesquelles lettres du roy, les joyaux d'or et d'argent, tant de S^{nt}-Martial, S^{nt}-Pierre, S^{nt}-Michel, que aussy mesmes des couvens et aultres églises près lad. ville furent prins, et monsieur le gouverneur de Lymosin, assistant les gens de la justice avec les consulz de la présent ville, pour rambourcer, comme dit est, ceulx qui avoyent forny argent pour la garde de lad. ville. (Quant est des joyaux de S^{nt}-Estienne, messieurs les chanoines mirent en faict qu'ilz les avoyent vanduz pour souldoyer et payer ceulx qui avoyent gardé leur d. église.) Et par ce furent prins tous les joyaulx de lad. frayrie, excepté le grand joyau d'argent douré, les calices et la grand croix d'argent que led. S^r gouverneur layssa par quelques remonstrances et requestes que nous luy fismes. Aussi nous layssa les deux tilz couvers de feuilhe d'argent, parce que n'estoyent de grand valeur. Touchant les aultres joyaulx de lad. frayrie, led. sieur gouverneur les fyt pourter en la maison de Consulat, et les fit crier et délivrer au plus offrant et dernier enchérisseur. Nous, voyans que ceulx qui les avoyent achaptés les voloyent fère fondre, et qu'il se perdroit beaucoup, et considérans principallement que l'honneur de Dieu en seroit diminué, d'aultant que lesd. joyaulx servent presque journellement pour plus honorablement fère et céllébrer le divin et sainct service et sacrifice, fismes plusieurs diligences et requestes aux principaulx et plus aysés de la parroisse, qu'il fust leur bon plaisir de prester de l'argent à lad. frayrie pour rechapter et garder de fondre lesd. joyaulx, leur promettant de bailher lesd. joyaulx en gaige

que Lymoges traitoient les leurs, les autres quatre courroient la mesme fortune que les autres, ce qui fust empesché.

Arrestation et mise en liberté de plusieurs huguenots.

Deux jours après, furent prins sur les chemins de Pierrebuffière un ministre, sa femme et plusieurs Huguenotz, lesquelz estants arettés prisonniers, furent mis en liberté, l'édict estant arrivé.

Prèche huguenot.

Les affaires estant paisibles à Lymoges à cause de l'édit, les

---

jusques ad ce qu'ilz seroyent entièrement rambourcés; mais ne trouvasmes personne qui vouloist prester argent, sinon le sire Marcial Verthamond, qui libérallement presta pour ung an sans profit la somme de seize-vingtz cinq livres, unze soubz, huict deniers, qu'estoyent montés et vandus les deux chandaliers d'argent, pour rechapter et garder de fondre lesd. chandaliers. En ce que, nous fist obliger ung chascun de nous bayles susd. pour le tout à luy randre lad. somme dans ung an. Aussi le sire François Martin, de bon cœur, nous presta pour ung an, sans profit, la somme de sept-vingtz dix livres pour rechapter les encensiers montans à lad. somme, lesquelz encensiers, canette et paix luy layssasmes en gaige pour son argent. Touchant les deux anges d'argent, les quatre cornetz aussi d'argent, et une navette à tenir encens, avec ung culier et une chaynette y attachée, le tout d'argent, Jehan Vidaud les ayans achaptés, les fist fondre, nonobstant que l'heussions prié de ne les fondre, luy promectant en brief le rambourcement. Le dangier de peste passé par la grâce de Dieu, et nous estans de retour en la présent ville, les sud. Srs Verthamond et Martin demandarent estre rambourcés, comme leur avions promis, de leurd argent qu'ilz avoyent presté libéralement et sans aulcun profit pour ung an, lequel estoit passé, aultrement qu'ilz se pourverroyent comme de raison. Lors, nous bayles susd. avec les bayles par nous esleuz, alasmes fère plusieurs requestes aux plus riches et aysés de la présent parroisse qu'il fust leur plaisir de prester à lad. frayrie pour quelque temps de l'argent pour contenter lesd. Srs Verthamond et Martin, affin qu'on ne fust contrainct de fondre lesd. chandaliers et encessiers pour les contenter et payer, et qu'on bailheroit lesd. chandaliers et encessiers en gaige à ceulx qui presteroyent argent, jusques à entière satisfaction. Mais ne trouvasmes personne qui voulust fère comme lesd. sieurs Verthamond et Martin. Quoy voyant, nous tous ensemble, après avoir faict plusieurs aultres diligences de trouver moyen de garder de fondre lesd. chandaliers et encessiers, nous retirasmes au sire Jehan

Huguenotz estant en liberté, fust estably par iceux le presche, comme devant, dans la maisons de Miette, jougnant par le dernier à celle dudit Bertrand. Et se voyantz ceux du parti incommodés à cause de disette, firent bource pour leur sollagement.

En ce temps, les magistrats firent porter beaucoupt de grains du costé d'Auvergne, duquel le peuple fust grandement soullagé. Laquelle disette dura despuis febvrier jusques à juing (1). [Disette.]

D'un ministre qui fust privé de parolle par providence divine.

En ces temps, quelques gendarmes huguenotz allant semer [Un ministre protestant perd la parole en chaire.]

Romanet, recepveur, et lors seul fabriqueur de lad. église, le priant de nous ayder et fère part de l'argent provenu de l'ymage du crucifix d'argent qui soloit estre sur le hault de l'entrée du cheur de lad. église, lequel il avoit faict fondre; mais nous fist responce que de l'argent provenu dud. crucifix il en avoit poyé quelque argent que devoit lad. fabrique despuys que les cloches furent faictes, et qu'il falloit qu'il fust rambourcé de plusieurs choses et deniers qu'il avoit despuys fourny pour lad. fabrique. Toutesfois nous dict qu'il avoit un bourdon d'argent appartenant à la frayrie de la my-aougst, lequel offroit de bailher, comme de faict il bailha. Lequel bourdon, ensemble le bourdon d'argent appartenant à notre d. frayrie, poisans tous deux ensemble dix marcz dix sept deniers, furent fondus et venduz xiiij livres x solz le marc, montans à la somme de vij^{xx} vj livres vij solz.

» Nous susd. bayles avec noz successeurs, voyans que n'avions assés d'argent pour poyer lesd. Verthamond et Martin, allasmes par toutes les bonnes et aysées maisons de la présent parroisse, leur remonstrans que sans leur ayde on seroit contrainct de fondre lesd. chandaliers et encessiers pour rambourcer lesd. Srs Verthamond et Martin, les priant de fère leur debvoir. En faisant laquelle queste, receusmes et amassasmes comme s'ensuit... etc.

» (Signé au Registre :) Michel THARAUD, A. VEYRIER, DUBOYS, DANGREZAS. »

(1) V. *Premier Reg. consul.*, t. II, p. 255. — *Mss. de la confrérie du Saint-Sacrement de Saint-Pierre*, f° 45. v°.

la religion par le pays à coupt de pistollet, arrestèrent quelques jours à Monmorilhon, dont la pluspart des habittans fust infectée. Leur principal estoit nommé La Pouge, homme d'esprit, vif, naturellement disert, lequel fust institué ministre dudit lieu. Arriva, peu de jours après, que cest apostre monta en chaire pour prescher devant quelque peu d'auditeurs. A peine eust-il mis en advant quelques maximes de cette prétandue religion qui chocquoient celles de l'église romaine, et protesté que ce qu'il disoit estoit véritable, et que, n'ostants [non obstant] il voulloit perdre la parolle s'il ne disoit la pure véritté nécessaire au sallut, tout à coupt, il se sentit frappé de punition divine par la privation de faculté de parler. Ce sillance succéda [a] la vanitté de son caquet, qui en estonna plusieurs, qui abjurèrent l'hérésie et retournèrent à leur première [religion].

[Peste de 1563 (1).]

Sa susditte année 1563, la contagion commança à Limoges durant Pasques, et, s'eschauffant durant l'esté, obligea les habittans qui avoient des commodités de se retirer à la campagne. Durant lequel temps, les consulz nommèrent Raymond, cappitaine, aveq 30 soldatz, pour garder la ville, aveq pouvoir audict Raymond d'exercer la justice du juge ordinaire. Ilz establirent aussi un chirurgien et un prestre. Et la malladie cessant à Noël dans la ville, s'espandit aux champs. Et mourust dans la ville et fauxbourgtz six mille personnes. Et furent faitz plusieurs aumosnes.

[Arrivée de la reine de Navarre, qui fait prêcher ses ministres.]

L'année 1564, la royne de Navarre estant venue à Lymoges, fist prescher ses ministres. Et pour cest effect, fist porter la chaire du prédicateur de S^{nt}-Martial, laquelle les chanoines après ne voullurent reprandre, mais rompre et fère brusler, et en firent faire une neuve (2).

---

(1) V. *Premier Reg. consul.*, t. II, p. 258 et 263; *Mss. de la confrérie du Saint-Sacrement de Saint-Pierre*, f° 45, v°.

(2) On sait que M. de Lépine découvrit une peinture sur verre représentant, à ce que l'on croit, Jeanne d'Albret placée dans une chaire et prêchant au peuple. (V. TRIPON, *Hist. monum. du Limousin*, p. 39. — Le *Premier Reg. consulaire* ne parle pas du passage de la reine de Navarre à Limoges en 1564.)

En ceste mesme année se leva deux partis de jeunes gens qui se nomma *la Bande joyeuse*. Courrantz la nuit le pays commettoient beaucoupt d'insolences. A l'occasion de quoy, y eust arrest de la Cour de parlement de Bourdeaux, portant inhibition et deffances de telz noms et de telles assemblées. L'arrest est de l'année 1565 (1). [La bande joyeuse.]

Sébastien de L'Aubespine, en rangt des évesques de Lymoges 80 (2), succéda à César de Bourgougne, aussy évesque. Il régna 24 ans, et décéda le 2ᵉ juillet 1582, comme dit est cy-après. Il fist fondation d'un service ledit jour, où il veut que deux consulz de la ville y assistent, et six pauvres vestus de noir. [Sébastien de Laubespine, évêque.]

Esrection des foires de S^{nt}-Loup et Innocens (3), *et Juridiction de la Bource.*

En l'année 1565 (4), les consulz obtindrent pouvoir d'eslire deux foires, de Sainct-Loupt, 22ᵉ may, et des Innocens 28ᵉ décembre; comme aussy d'eslire cent preudhommes, pour assister aux affaires de la ville. [Foires de Saint-Loup et des Innocents.]

Juridiction de la Bource pour les Marchand (5).

En ceste mesme année 1565 (6), les consulz, bourgeois et [Bourse.]

---

(1) « Il s'éleva un tas de jeunes gens dans Limoges, qui menoient deux partis et se contrequarroient quoiqu'ils portassent le même nom de *Bande joyeuse*. Les habitants n'osoient sortir de leurs maisons de peur de les remontrer, ce qui occasionna la Cour du parlement de Bordeaux de prononcer en 1585 un arrêt qui prohiboit cette *Bande joyeuse*, les assemblées et le port d'armes. (*Chr. ms.* de D. Col, bénéd., p. 352.] [Note mss. de Legros à la page 785 du P. Bonaventure.)

(2) 79ᵉ évêque, d'après Nadaud. Le mss. de Legros se termine ainsi : « Après le décéds de *César de Bourgoigne*, succéda à l'évêché de Limoges R. P. M. Sébastien de Laubespine, en rang 81, qui tient ledit évêché 24 ans. » — « Fin du quatrième livre des antiquités de Limoges. »

(3) V. *Premier Reg. consul.*, t. II, p. 270. — *Annuaire de la Haute-Vienne*, 1821, p. 46. — *Almanach limousin*, 1869. p. 9.

(4) Le *Premier Reg. consul.* (t. II, p. 314) rapporte cette création à l'année 1566.

(5) V. Guineau, *Sur les progrès du commerce à Limoges*, p. 26 et suiv.

(6) Le *Premier Reg. consul.* (t. II, p. 270) dit que les démarches fu-

marchandz de Lymoges obtindrent par édit du roy un juge et deux consulz, apellés les juges de la Bource, pour le faict des marchandises. Laquelle juridiction commança le 5ᵉ mars de ladite année. A présant la nomination se fait le (1) may.

[Louis de Genouilhac et Jean de Fonsèques, abbés de Saint-Martial.]

Louis de Genoulhact, en rangt des abbés de Sⁿᵗ-Martial 56 (2), succéda après le cardinal de Louvencourt. Et, après ledit de Genoulhact, abbé, succéda à ladite abbaye Jean de Fonsèques, en rangt 57.

Comment la guerre civille recommança (3).

[Guerre civile.]

L'an 1567, la guerre civille ayant recommancé, obligea les Huguenotz à quitter l'exercice de leur religion pour prandre les armes. Fust envoyé à Lymoges, pour gouverner, le sieur de Ventilhact, qui fist fère beaucoupt de réparations pour fortiffier la ville. En ce mesme temps, pour contrecarrer les Huguenotz, les catholiques érigèrent la feste de la Sainte-Croix, qui se célèbre le 3ᵉ may. Et le premier jour dudict moy, feste de Sⁿᵗˢ Jacques et Philippe, les bailles d'icelle frérie font planter un arbre, qu'on appelle may, devant la maison du premier frère. Et fust le premier d'icelle institution sieur Mathieu Benoist. Laquelle nomination se fait depuis le jour de nostre dame de mars. Lequel premier frère donne à chascun des confrères une croix qu'on porte au

---

rent commencées en 1563, et que la création de la Bourse eut lieu en 1564. Une note ms. de l'abbé Legros (p. 786 du P. Bonav.) porte : « Fut commencé led. exercice le 5ᵉ de mars 1566 dans la grand salle du bâtiment où sont à présent les Recollets de S. François. (*Chr. mss.*) »

(1) Le quantième est également omis dans le *Premier Reg. consul.*, t. II, p. 318. — *V.* dans l'*Annuaire de la Haute-Vienne*, pour 1830, p. 266, le « Tableau des anciens présidents du tribunal de commerce établi à Limoges par Charles IX, édit de Roussillon du mois de juin 1564... Ses audiences commencèrent le 5 mars 1565. »

(2) Louis Ricard de Gourdon de Genouilhac (1551-1561) est le 52ᵉ abbé d'après l'abbé Roy-Pierrefitte. Jean de Fonsèques (1561-1573) est donc le 53ᵉ abbé.

(3) *V. Premier Reg. consul*, t. II, p. 344; BONAVENTURE, t. III, p. 787; *Journal de P. de Jarrige*, au *Lim. hist.*, p. 12 et suiv.

chappeau ; lesquelles [croix] n'estoient que d'estaingt, mais à présant on les donne d'argent.

L'an 1568, le sieur de Ventilhact [Vertillac] estant décédé, le roy envoya le comte des Cars pour gouverneur, qui envoya Masset dans la ville. Et passèrent cette année dans Lymoges les régimens de Montluc (1), qui brullèrent les bancz charniers. [Le comte des Cars gouverneur.]

L'an 1569, les consulz voyantz les approches du duc des Deux-Pontz, qui venoit joindre l'admiral pour venir ataquer Lymoges, escrivirent au duc d'Anjou, qui coustoyoit les ennemis, de les venir secourir, qui, partant de Sainct-Pardoux, vint loger la veilhe de la Feste-Dieu, à Couzeilz, où les consulz luy portèrent les clefs. [Arrivée du duc d'Anjou.]

En ce temps mesme, la royne mère vint à Lymoges, où elle fust visitée par le duc d'Anjou, le jour de la Feste-Dieu. Lequel deslogeant de Couzeil, logea à Isle, et fist attaquer le faux bourgt d'Aixe (2), que les ennemis tenoient, et, le duc des Deux-Pontz estant mort à Nexon, emporta la ville d'Aixe. Et durant le séjour de l'armée à Lymoges, le pain de munition cuysoit dans le raffettoir de Sainct-Martial, où estoient dressés des fours exprès. [Arrivée de la reine mère.—Prise d'Aixe par le duc d'Anjou.]

Le sieur de Masset ayant eust advis que les ennemis prenoient le chemin de la Roche-l'Abeilhe, s'y transporta, où il fust tué, et fust ensepvli dans l'église de S^{nt}-Pierre-du-Queyroy de Lymoges. Et sucéda à sa place le sieur de Jurniac. [Combat de la Roche-l'Abeille (3).]

---

(1) « Le neuvième de novembre 1567. » (*Journal historique de Pierre de Jarrige*, viguier de St-Yrieix [1560-1574], continué par Pardoux de Jarrige, son fils [1574-1591], publié par de Montégut, p. 56.)

(2) V. *Monographie du canton d'Aixe*, par l'abbé Rougerie, au t. XIV du *Bulletin de la Soc. arch. du Lim.* — BONAVENTURE, t. III, p. 788.

(3) V. au t. V du *Bulletin de la Soc. arch. du Lim.*, p. 161 et suiv. : *Aperçu sur les opérations de la campagne de 1569 dans la Saintonge, le Périgord et le Limousin par les armées catholiques et protestantes, et plus particulièrement sur le combat de La Roche-l'Abeille*, par CH. D'HENIN.

[Édit de pacification, 1570.]

L'an 1570, fust faict un édit de pacification des secondz troubles, enjougnant a tous de fere profession de la religion de la foy catholique-romaine (1).

[Le duc de Ventadour, gouverneur.]

L'année 1571 (2), M° de Vantadour fust receu comme gouverneur. Mr Verthamond, présidant, estoit colomnel de l'infanterie.

[Jean de Laubespine, abbé de Saint-Martial.]

Jean de l'Aubespine fust abbé de S^{nt}-Martial, en rangt des abbés 58 (3), par le décedz de Jean de Fonsèques.

Le feu du ciel sur le clocher de S^{nt}-Estienne, dont les cloches furent toutes fondues (4).

[Foudroiement du clocher de Saint-Étienne.]

L'an 1571, le dernier juingt, jour et feste de S^{nt}-Martial, le feu du ciel tumba sur la pointe de l'esguille du clocher de S^{nt}-Estienne, qui fust sy grand, qu'on ne peut jamais l'esteindre. Laquelle pointe estoit couverte de plomb de la hauteur de deux piques. La bardèche ou bastiment qui porte les cloches fust toute brullée, et onze cloches qui estoient dedans furent fondues aveq le susdit plomb, comme aussy l'horloge bruslé. Lequel dommage fust grand. Laquelle pointe despuis n'a esté remise. Le tonnère a aussy despuis [destruit] les petits clochers, reservé un. Cy devant la pointe estoit de pierre, qui fust aussy destruite par tonnère l'an 1484, comme dit est cy devant [page 314]. — L'année fust infertille, n'y ayant pas de bled pour semer.

---

(1) L'édit de Saint-Germain accordait au contraire la liberté de conscience.

(2) « En octobre 1570. » (*Premier Reg. consul.*, t. II, p. 362.)

(3) Jean II de Laubespine (1574-1591) est le 54° abbé d'après l'abbé Roy-Pierrefitte.

(4) V. *Premier Reg. consul.*, t. II, p. 370. — *V*. aussi manuscrit de Jean de Lavaud, dit à tort de Pierre Mesnager, p. 211 et suiv. Ce manuscrit appartient à la Bibliothèque publique de Limoges.

Juges de police, et division des cantons.

Icelle année mil cinqt cens septante un, furent érigés à Lymoges six juges de police ayantz droit sur les grains, boulangers et autres choses despandantes de police. Lesquelz sont nommés tous les ans des consulz, qui élisent deux de justice, deux consulz et deux bourgeois.

[Juges de police (1).]

Icelle année, les cantons de Lymoges, qui estoient sept en nombre, furent divisés en huict (2). Lesquelz sept estoient : Consullat, les Manignes, Lansecot, Banlégier, le Clocher, Boucherie et les Combes. Et furent réduits, sçavoir : Consul-

[La ville divisée en huit cantons de police.]

---

(1) « Cette année 1571, les consuls de Limoges obtinrent lettres de six juges de police, afin qu'à l'avenir la ville fut mieux administrée. On la divisa en 8 cantons; auparavant elle n'était qu'en 7. Il fut arrêté qu'un magistrat, assisté de deux capitaines, feroit tous les soirs la ronde par les murailles; et on mit sous la charge du capitaine 30 soldats soudoyés. (Ms. de L'Épine, note ms. sur cet endroit.) » (Note ms. de l'abbé Legros à la page 789 du P. Bonaventure.) — V. *Premier Reg. consul.*, t. II, p. 325 et suiv.

(2) Il s'agit de circonscriptions militaires et non de circonscriptions électorales pour l'élection des consuls, dont les limites étaient différentes (LEYMARIE, *Histoire du Lim.*, t. I, p. 230). — On lit à la page 359 du t. II, du *Premier Reg. consul.*, année 1571 : « Et pour garde du jour furent continués les HUIT capitaines centeniers auparavant créés. » Cependant, vers 1522, pour réprimer les exactions d'une troupe de vagabonds appelée les *Mille diables*, les consuls avaient élus des capitaines pour chacun des dix cantons. (*Premier Reg. consul.*, t. I, p. 119.) — Lors de la réception d'Antoine de Bourbon, en 1557, nous voyons figurer (*Ibid.*, t. II, p. 111) les capitaines des cantons du Clocher, des Combes, de Lansecot, de Banc-Léger, de Boucherie, de Manigne et des Taules, ce qui ne fait que sept cantons. On lit au *Deuxième Reg. consul.*, f° 83) que, lors de l'entrée d'Henri IV, les troupes de la ville étaient divisées en neuf compagnies; aux années 1620 et 1625 (*Deuxième Reg. consul.*, f°s 117 v° et 130 v°), que les capitaines nommés sont au nombre de huit, savoir : les Taules, Manigne, les Bancs, le Clocher, Boucherie, *Ferrerie*, les Combes et le Vieux-Marché (les cantons du Consulat et des Taules étaient réunis sous le même commandement); aux années 1632 et 1633, il y a encore huit capitaines, un pour chacun des cantons suivants : Consulat, Mani-

— 354 —

lat, Manigne, Les bancz ou Banléger, le Clocher, la Ferrerie et Arennes, Boucherie, Lancecopt et les Combes.

[Nouveaux impôts.] Icelle année, il y eust à Limoges de nouveau impositions, et la cottisation estant mal faite, les habittans furent au Conseil, tant pour les tailles que autres impositions. Et fust dit ce que s'ensuit :

[Lettres patentes de Charles IX.] Charles, par la grace de Dieu roy de France, au sénéchal de Lymousin ou son lieutenant, et eslens de nos aydes et tailles du Haut-Lymousin, et chacun d'eux premier sur ce requis, sallut.

Nous, ayants entendu en notre privé conseil les remonstrances à nous faites par les consulz et aucuns habittans de la ville de Lymoges sur le despartement qui a esté faict de la somme de neuf mille livres, par nous ordonnée estre levée ceste année sur ladite ville et fauxbourgtz pour la subvention génerale; et après avoir ouy en notre conseil l'un desditz consulz et le députté des susditz habittans sur lesdites remonstrances, avons connu le différend qui est meu entre eux procéder de ce que les tailles et équivalent n'ont estés cydevant esgallement cottisés selon les biens, facultés et industrie d'un chascun. Pour à quoy obvier à l'advenir et oster le susdit différend et tous autres qui se pourroient mouvoir entre

---

gne, les Bancs, le Clocher, Boucherie, *Ferrerie*, les Combes et Lansecot. — Nous pensions, au sujet du canton militaire *Ferrerie*, qu'il y avait là une erreur du copiste, et qu'il fallait lire : LA FOURIE, un des cantons pour l'élection des consuls, des prud'hommes et des conseillers répartiteurs; mais nous trouvons constamment *Ferrerie* désigné comme un canton de la milice bourgeoise. Cette remarque nous confirme dans notre idée que les cico nscriptions militaires n'étaient pas les mêmes que les circonscriptions civiles.

Quant aux circonscriptions électorales, elles n'éprouvèrent aucune modification de 1484 à 1602, ainsi qu'en font constamment foi les *Registres consulaires*. Le nombre des cantons était de dix : les Taules, la Porte, Manigne, le Marché, la Fourie, le Clocher, Boucherie, Lansecot, les Combes, le Vieux-Marché. Chaque canton élisait un consul ; les *Croissances* en élisaient deux, ce qui portait à douze le nombre total des consuls.

iceux habittans à cause desdittes cottisations, et en ce soulager nos pauvres subjectz et fère esgallement départir nos deniers, vous mandons et ordonnons par ces présantes que vous enjougnès de par nous auxditz consulz qu'ilz ayent dans quinzaine à faire procéder à l'eslection de deux collecteurs des tailles de ladite ville, de chascun canton séparément, et pour cette année seullement, encore que lesditz collecteurs l'ayent esté puis cinqt années en ça; et estantz iceux collecteurs tous ensemble, nommeront deux officiers dudict siége présidial et deux desditz esleus; et sur un roolle qui sera pour cet effect dressé, où sera seullement escript le nom de tous les habitantz de la présant ville, le fort portant le foible, le plus justement et également que fère se pourra, selon la faculté de leur bien et industrie, chacun desquelz consulz, collecteurs, officiers et esleus escrira ou fera escrire en un petit billet les taux qu'il sera d'advis que chacun desditz habitans doit porter; et estantz tous lesditz bilhetz escritz sur les taux de chacun habitant, ilz seront mis ensemble, et, après, leus l'un après l'autre par l'un des consulz ou autre de la compagnie qui sera esleu par les susditz, et, suivant le plus grand nombre des bilhetz semblables ou des autres approchants d'iceux, la cottisation des tailles et équivalent de ladite ville sera arettée sur chacun desditz habittans; et, lorsqu'il sera question de bailher lesditz bilhetz sur le taux de chacun desditz consulz, collecteurs, officiers et esleux, il sera tenu de s'absenter de la compagnie, affin qu'aucun abbus n'en adviene; laquelle cottization sera ainsi continuée à l'advenir de dix en dix ans. Et, ce faict, nous enjougnons auxditz consulz que lorsqu'ilz procéderont au despartement des autres subcides qui seront par après imposés sur ladite ville, ilz suivent les taux desdites tailles et équivalent, qui sera faict en la forme susdite, mesme celluy dudit équivalent, excepté des empruntz qui seront mis sur ladite ville; auquel cas ilz suivront la forme qui sera par nous ou par nos commissaires prescrite. Et estant faite la susdite cottization desdites tailles et équivalent comme dessus, vous faites cottizer et despartir de rechef la susdite somme de neuf mille livres; départie, lesditz consulz bailheront les rolles signés de vous, sénéchal, ou votre lieutenant ou esleuz, et desditz consulz, à ceux qui auront fait la première levée de la susdite somme de neuf mille livres, lesquelz seront tenus de rambourcer ceux qui auront tropt payé du premier taux, et recepvoir le surtaux de ceux qui seront taxés à plus grand somme qu'ilz n'ont esté par le premier taux. Et, ayantz iceux consulz délivré le premier roolle aux susditz, ilz demeureront deschargés de fère ladite levée et rambourcement, voulant estre procédé à tout ce que dessus après l'execution de nos lettres patentes du 20e du présant mois, portant contrainte de lever ladite somme de neuf mille livres, que voulons que, tous afferes postzposés, estre executtés selon leur forme et teneur et avant ces présantes. Et à ce faire souffrir contraignès ou faites contraindre tous ceux qu'il apartiendra, par toutes voyes et manières deues et raisonnables, nonobstant oppositions ou appellations quelconques faites ou à fère, relevées ou à relever, et sans préjudice d'icelles, pour lesquelles ne voulons estre différé. Car tel est nostre plaisir, nonobstant aussy tous autres éditz, ordonnances, statuz, coustumes, deffences, lettres impétrées et autres choses fesant au contraire. Donné à Fontainebleau le 26e jour de juillet l'an de grâce 1571 et de nostre règne le 11e. Signé : *Par le Roy en son conseil,* POTTIER, et scellé du grand sceel en cire jaune.

[Limoges envoie des canons au duc de Ventadour.]

L'an 1572, le sieur de Vantadour, pour assiéger le fort de Cazillac au Bas-Limousin, tenu par les Huguenotz, obtint des canons de Lymoges. Lors la place fust randue.

[Ici se retrouve la reproduction du fait rapporté ci-dessus, p. 347, à l'année 1563, et relatif au ministre La Pouge, qui perdit la parole en prêchant.]

La Générallité de Lymoges ; — et cherté de vivres.

[La généralité établie de nouveau à Limoges.]

L'an 1573 (1), fust estably le bureau et officiers des thrésoriers généraux de France à Lymoges.

---

(1) « Aussi au dict moys de mars [1573] fut envoyée une commission par le dict sieur d'Anjou à Limoges, pour cotiser par forme d'emprunt sur les aides de la dicte ville et aultres villes de la seneschaussée de Limosin, la somme de 50,000 livres..... » (*Journal historique de Pierre de Jarrige*, viguier de Saint-Yrieix (1560-1574), continué par Pardoux de Jarrige, son fils (1574-1591), annoté et publié par DE MONTÉGUT, p. 68. (Angoulême, Goumard, 1868, in-8°.)

Et icelle année, y eust grand cherté de vivres, à cause du siége de La Rochelle. Le seigle vallut 8 livres le septiers, le bon vin 8 sols, et 4 sols la pinte du commun (1). [Cherté des vivres.]

L'an 1574, Jacques de Maumont, sieur de S^{nt}-Avy, aveq une troupe de volleurs, se saisit du chasteau de Chaslucet, et s'y fortiffia si fort, qu'il le randy quasy imprenable. Incommodant et vollant les passantz, obligea le roy Henri 3e de commander de courir sus, ce que firent les habittans conduits par le capittaine Vouzelle. [Prise de Châlusset par Jacques de Maumont (2).]

Comment Limoges faillit d'estre pilhé, et autres choses bien remarquables (3).

Le 16e aoust, la ville de Périgueux fust surprinse par Languoyrant et pillée.

Laditte année (4), Gilbert de Levy, sieur de Vantadour, gouverneur de Lymoges, voulant, à l'exemple de Languoyrant, aveq lequel il avoit convenu se saisir de Lymoges par ruse pour la pilher, et n'ayant peu induire les consulz et habittans à le recepvoir aveq ses gens de guerre, qu'il disoit amener pour la conservation de la ville, se déclara ouvertement ennemi, se saisissant de la Citté et église de Sainct-Estienne, [Le gouverneur de Ventadour tente de piller Limoges.]

---

(1) V. *Premier Reg. consul.*, t. II, p. 396, et *Lim. hist.*, t. II, p. 53 et suiv.

(2) V. l'abbé Arbellot, *Château de Châlusset*, 1851, in-8; V. aussi L. Guibert, *le Château de Chalucet*, 2e édition, 1872, in-18.

(3) Le *Premier Registre consulaire* (t. II, p. 405 et suiv.) ne raconte pas les faits de la même manière. Il n'y est pas question du pillage de la Cité ni de la démolition de Saint-Gérald, de Saint-Martin et des prieurés des Arènes et des Augustins.

(4) « Le 16 octobre 1576, Gilbert de Levi, comte de Ventadour, accompagné des seigneurs de Pompadour, de Bouchiet, de Courbiers, de Sedieves, de Lanthonie et de grand nombre d'autres, délogea de Saint-Léonard, y laissant bonne garnison pour l'assurance du retour, et alla droit à Limoges. » (Bonaventure, p. 793 et 794, note ms. de l'abbé Legros, qui dit avoir corrigé d'après la page 335 du ms. de D. Col.)

qu'il pilha (1), et logea ses gens dans les faubourgtz de Manigne et Boucherie, où ilz se barricadèrent, les habittans ne les ayantz peu faire fleschir par deux ou trois représantations qu'ilz avoient faites par des plus notables de la ville, desquelz en fust retenu quatre, sçavoir : les sieurs Petiot, juge de la ville ; Guybert, advocat du roy ; Dubois et Coulomb, consulz, aveq le scribe. Ce que voyant, les habitans se mirent en deffence, et, par l'ordre du sieur de Chambaret, lieutenant du gouverneur, attaquèrent et rompirent lesdites barricades des fauxbourgtz, et repoussèrent les ennemis jusques dans la Citté. Desquelz en fust tué 140, et seullement deux des habittans.

Démolitions de Saint-Géral, Saint-Martin, prioré des Arènes et Augustins.

Lesquelz [ennemis] prévoyants qu'ilz se voulloient saisir des églises et maisons de S^nt-Géral, S^nt-Martin, le prioré des Arrennes et les Augustins pour tenir la ville en bride, pour empescher l'abbord des vivres, y mirent le feu le 24e octobre, et desmolirent les bastimentz, ensemble la pointe du clocher des Jacobins et officines des Cordeliers. Ce que voyant, ledit duc de Vantadour fist tirer contre la ville des vollées, depuis S^nt-Estienne, tout le jour, et ne se croioit asseuré en la maison du doyenné, où il estoit logé, et, le soir, se retira à la Raigle, où ayant passé la nuit en grand appréhension, le matin plia bagage et se retira à S^nt-Léonard, où il avoit laissé deux ou trois compagnies pour l'asseurance de sa personne ou retraite, et contremanda le vicomte de Turenne, son nepveu, qui venoit à son secours, et envoya le seigneur de Sedières pour se saisir de Brive, dont ledit sieur estoit gouverneur, ce qu'il fist le 29e octobre, s'estant faict porter les clefs auparavant. Et ayant faict advertir trois compagnies qu'il avoit fait à son entreprinse, envoya vers le roy. Et les consulz envoyèrent pareillement le sieur Baillot, marchand, aveq lettres ; lequel Baillot comparoissant devant Sa Majesté, loua les habittans de Lymoges, approuvant tout ce qu'ilz avoient faict.

[Les habitants de Limoges poursuivent les gens de Ventadour.]

Le sieur de Vantadour ayant laissé dans Sainct-Léonard pour commander quatre compagnies (2), le sieur du Buy obligea

---

(1) « Fict fondre la grande orgue pour en faire des boulets, mit le feu à la maison du doyen Boyol. » (Note de Legros, en marge de Bonav.)

(2) « Le capitaine de l'une desquelles était le baron de Lostenges. » (*Ibid.*)

les habitans de Lymoges commander au capittaine Vouzelle de tenir la campagne pour empescher leurs sorties et courses. Lesquelz étant venus aux rencontres au bourgt des Alois, les ennemis furent mal traités, et, à leur retour, trouvèrent les portes de Sainct-Léonard fermées, qui, à ces fins, avoient demandé secours à Lymoges; et les compagnons dehors se retirèrent les uns vers Chaslux, les autres vers S^{nte}-Anne près Esmoutiers, desquelz lieux ilz furent pareilhement chassés par ledit Vouzelle.

Laditte année 1576 (1), la paix estant publiée, le sieur de Chambaret se retira, et les Huguenotz firent leur presche à la rue de Manigne en la maison de sieur Joseph Verthamond. Et les consulz, appréhandantz quelque trame, establirent inquisitoires aux portes, Pierre Jambier, dit Bouchaud, aveq quatre soldatz, pour voir que personne n'entrast en ville aveq armes à feu (2).

Signature de la paix. — Les huguenots reviennent à Limoges.

L'année 1577, le sieur de Vic, qui tenoit Chaslucet, continua ses courses et volleries, et obligea les habittans de Lymoges de l'assiéger. A ces fins, partirent le 14e octobre, ausquelz se jougnirent les habittans de Solompniac, de S^{nt}-Léonard et Esmoutiers, lesquelz tous ensemble saisirent les advenues, tandis que ledit Vouzelle, aveq deux cens chevaux, battoit la campagne. Et enfin, le 19e octobre, sortit le capitaine par cappitulation aveq 60 soldatz, et le sieur de S^{nt}-Vic s'estant retiré, le siége fust levé incontinant, et le fort desmoli par les communes.

[Prise et destruction de Châlusset (3).]

En ceste saison, se leva dans Lymoges un party par les enfans, qu'on nommait les enfans de la Motte, qui se prenoient aux Huguenotz et à ceux qui avoient suivy le parti du gouverneur.

[Enfants de la Motte]

---

(1) « Le 20 avril. » (Note ms. de l'abbé Legros, en marge de la p. 794, t. III du P. Bonaventure.)

(2) « Il recommença à exercer sa charge, le 15 avril. » (*Ibid.*)

(3) V. *Premier Regist. consul.*, t. II, p. 425 (la note). — V. l'abbé Arbellot, *Château de Châlusset*, 1851, in-8°; et L. Guibert, *le Château de Châlucet*, 1872, 2e édition, grand in-18.

[Passage du duc d'Alençon.]

La mesme année 1577, Monsieur le duc d'Allanson, revenant d'Auvergne, fist son entrée à Lymoges.

[Augmentation sur la monnaie.]

En ceste année, les payementz avoient tellement rehaussé durant les guerres, que l'escu valloit 6 à 7 livres, les autres payements à proportion.

[Sébastien de Laubespine, évêque de Limoges.]

En l'an 1578, arriva Mre Sébastien de L'Aubespine, évesque de Lymoges, et fust reçeu en cette qualitté.

[Arrivée du duc de Montpensier et de Mme de Sainte-Croix, sa fille.]

L'an 1579 (1), arriva à Lymoges Monsieur de Montpensier, son filz et madame, conduisantz Madame de Sainte-Croix, abbesse de La Raigle. Et logèrent à la Cité, et y demeurèrent trois mois. Ladite abbesse estoit de la maison de Bourbon. Elle donna les couppés d'argent où est le chef de sainct Dampnolet, l'année 1582 (2), ainsi qu'il est gravé dessus.

[Arrestation de conspirateurs.]

Au mois d'octobre, la mesme année 1579, furent prins au fauxbourgtz de Manigne certains, lesquelz, attaintz et convaincus de conspiration contre la ville, furent punis, et eurent la teste tranchée le 12e dudict (3).

[M. de la Motte, gouverneur.]

L'an 1580, le sieur de La Motte fist son entrée comme gouverneur à Lymoges, et fust logé chez le général Benoist. Lequel après, par le moyen du canon et quelques trouppes de la ville, ataqua et prinst plusieurs places sur les Huguenotz.

[Jean de Laubespine, évêque.]

En l'année 1582, le 2e juillet, décéda à Lymoges Mre Sébastien de L'Aubespine, évesque de Lymoges, et fust son corps porté ensepvelir à l'église S^{nt}-Estienne de Bourges, et son

---

(1) Le *Premier Registre consulaire* (t. II, p. 375) rapporte une première réception du duc de Montpensier et de Mme de Sainte-Croix au 8 décembre 1572.

(2) *V.* ci-dessus p. 253, *Inventaire de 1666.*

(3) C'est un peu bref, même pour un annaliste. Heureusement le *Premier Registre consulaire* (t. II, p. 441) donne les détails de cette importante conspiration qui coûta la tête à deux hommes : Innocent de Prinçay, sieur dudit lieu en Berry, et Bigot, sieur du Bouschet en Poitou.

cœur à S⁻ᵗ-Estienne de Lymoges, où il a fait fondation. Et luy succéda

Jean de L'Aubespine, en rangt des évesques 81 (1).

Le Collége de Lymoges (2).

L'an 1583, fust érigé à Lymoges un collége. Et fust faict principal monsieur Mʳᵉ Malerbaud, docteur théologal de Sⁿᵗ-Estienne de Lymoges, et soubz luy six régents instruisantz la jeunesse, tant en langue grecque que latine. Et se tenoient près l'église Sⁿᵗ-Pierre, ez murailles, où depuis sont establis les jésuittes. [Collége de Limoges.]

L'an 1584, se descouvrit la contagion, le jour des sainct Cosme et Damian au serviteur de Bouty (3), laquelle demeura jusqu'à Noel. [Peste de 1584.]

Les Huguenots, n'obéissants à l'édit du Roi bannissant tous les ministres et huguenotz qui ne voudraient fère profession de la foy catholique, courroyent la campagne, et obligèrent les habittans qui estoient à la campagne, causant la contagion, de se retirer tropt tost dans la ville. [Les huguenots tiennent la campagne.]

L'an 1586, l'estérillité fust très grande, la guerre fort [Disette et peste de 1586.]

---

(1) 80ᵉ, d'après Nadaud. Cet évêque, nommé en 1583, fut sacré et prit possession de son siége en 1584.

(2) Le collége de Limoges fut établi en vertu d'une ordonnance de Charles IX datée de Fontainebleau (mars 1564), reproduite dans le *Premier Registre consulaire*, t. II, p. 333. Le même registre dit (p. 236) que l'exécution de cette ordonnance fut remise à l'année suivante à cause des guerres entre les pays circonvoisins. L'histoire du collége de Limoges se trouve dans l'ouvrage de M. Laforest, *Limoges au xviiᵉ siècle* (p. 141 et suiv.). La délibération de la ville de 1598 contenant la liste de souscription des trois ordres pour l'érection et l'entretien du collége, est à l'appendice du même ouvrage, p. 596 et suiv. — V. aussi Leymarie, *Limousin historique*, t. I, p. 436 et suiv.

(3) « Bouthin, marchand de Limoges. » (Bonaventure, t III, p. 797.)

eschaufée, et la contagion sy grande, qu'on trouva dans la ville 610 maisons frappées.

(1)

[Réception de la duchesse du Maine.]

Ceste mesme année, passa par Limoges Madame la duchesse du Mayne, qui fust honnorablement receue.

[Les huguenots essaient de s'emparer de Saint-Germain.]

Içelle année, les Huguenotz faillirent à prandre S^{nt}-Germain, près Magnact (2), la veille S^{nte}-Catherine.

[Les huguenots essaient de s'emparer de Saint-Junien. — Peste, disette et misère.]

L'an 1587, les Huguenotz faillirent à prandre S^{nt}-Junien (3). En laquelle année, la disette fust si grande, que l'affluance des pauvres et enfans qui se jettoient de tous côtés dans la ville heust causé plus grande contagion que les précédentes, sans la prévoyance des magistratz, qui donnèrent quartier aux pauvres au delà du Pont Sainct Martial (4), où ilz envoyèrent tous les jours des aumosnes.

[Les chanoines de Saint-Étienne mettent garnison dans leur église, et officient à Saint-Martial.]

Ladite année 1587, après la bataille de Coutras, les chanoines de Sainct-Étienne mirent garnison dans leur église, et vindrent faire le service divin aveq ceux de S^{nt}-Martial.

[M. de Turcant, intendant à Limoges.]

En laquelle année, le Roy envoya Mr de Turcant (5) pour intendant de la justice et police de Lymoges; et, le jour de S^{nt}-Jean-Baptiste, fist preuster le sèrement de fidélité aux habittans, et leur commanda, de par le roy, de ne plus tenir pour gouverneur le S^r d'Autefort, lequel ayant plusieurs partisans dans la ville, fust incontinant apelé, et arriva au fauxbourgtz de Manigne, [et] eust causé une sédiction, sy les

[Le sieur d'Hautefort essaie d'entrer dans la ville.]

---

(1) Une note ms. de Legros, en marge du P. Bonaventure dit que le duc de Mayenne ravagea le Limousin en 1586.

(2) Magnac-Bourg.

(3) *V*. BONAVENTURE, annoté par Legros, t. III, p. 800 et suiv.

(4) « Au village de Lascoux et de la Maîterie de Vourg. » (*Ibid.*)

(5) M. Gay de Vernon, dans son *Mémoire sur l'Administration de la province du Limousin* (inséré au t. Ier du *Bull. de la Soc. arch. du Lim.*), met la nomination de Charles de Turquant à l'année 1592.

consulz n'y eussent pourveu en redoublant les gardes et [en] n'ouvrant que le guichet de Boucherie. Et fust fait roolle de quarante-huict maisons soupsonnées.

Ceste mesme année, par le décès de Jean de l'Aubespine, évesque de Limoges, fust pourveu
HENRY DE LA MARTHONIE, en rang des évesques de Lymoges 82 (1). [Henry de la Marthonie, évêque.]

En laquelle année, le Roy envoya Monsieur de Vic aveq mesme pouvoir que Monsr de Turcant. [M. de Vic, intendant à Limoges.]

Prodige arrivé à Lymoges pour la confirmation de la foy.

Environ ce temps, un chanoine de l'église de Lymoges [Ardant] vint à décéder. Pendant son vivant, [il] donnait scandalle pour ses pailhardizes. Le landemain de son trespas, il paroist dans la maison de son frère, où il habitoit. Il est veu des domestiques et estrangers. Il se montre aux fenestres, et ceux qui passent par la rue le peuvent voir. Cela dura environ six mois, jusques à ce qu'un bon ecclésiastique, aveq la permission de l'évesque, s'y transporta avec le S^{nt}-Sacrement. Le déffunct est interrogé de sa qualité et du sujet pourquoy il vient. Lequel, après une profonde révérance devant le S^{nt}-Sacrement, se tint à genoux, dit estre le chanoine [Ardant], condamné aux flammes éternelles pour n'avoir gardé chasteté promise en recepvant les ordres sacrés, pour avoir plusieurs fois célébré la saincte messe en mauvaise conscience, et que le souverain juge l'a obligé à se montrer, affin d'exhorter ses concitoyens à prandre sur luy exemple de sa meschante vie, dont il sent déjà une peine inexprimable. Cela dit, il disparut, et depuis ne fust veu (2). [Prodige pour la confirmation de la foi.]

---

(1) 81e, d'après Nadaud.
(2) Ce récit se trouve rapporté presque sans variantes dans le P. Bonaventure, t. III, p. 802, col. 2. — *V.* aussi BARNY DE ROMANET, Limoges, 1821, in-8°.

Traité de la Ligue (1).

[Les ligueurs surprennent Saint-Yrieix. Le gouverneur de la Voulte essaie de les chasser.]

L'an 1589, les ligueurs, desquelz estoit le chef le S⁰ de Pompadour, lieutenant au gouvernement de Lymousin, surprindrent Sainct-Yryers ; lequel, sans effet, à cause du canon de Lymoges, fust assiégé par le comte de la Voulte. [Et] de part et d'autre firent plusieurs captures. Et, le premier jour de mai, furent prins neuf habittans aux portes de Lymoges, et furent conduitz à Sⁿᵗ-Yryers, lesquelz ayant estes bien traités furent mis à rançon.

[Réception du gouverneur de la Voulte.]

Ceste mesme année, fust receu pour gouverneur ledit comte de La Voulte, frère du duc de Vantadour. Monsieur le président Martin estoit colomnel de l'infanterie.

[Les chanoines de Saint-Étienne officient de nouveau à Saint-Martial.]

Ceste mesme année, les chanoines de Sainct-Estienne vinrent de rechef fère le service à Sainct-Martial.

[Assassinat d'Henri III. — Troubles à Limoges, 1589.]

Les nouvelles de la mort d'Henri 3ᵉ, roi de France (2), estant venues, et les obsèques faites à Sainct-Martial, l'évesque et plusieurs autres se desmembrèrent du consullat et se déclarèrent de la ville, par un dimanche 15ᵉ octobre. Desquelz ligués estoient chefs le juge Petiot, consul ; Pierre de La Roche, vis-sénéchal ; Claude Rouard, capittaine, et Léonard de Lauze, mestre du *Cheval blanc*, aussy capittaine. Lesquelz se saizirent de l'église de Sainct-Michel-des-Lions, ayantz rompu le sèrement qu'ilz avoient presté, parrurent, environ une heure après midy, en armes descouvertes, ce qui mist la ville en trouble. Car iceux ayantz faict sauver des prisons cer-

---

(1) *V.* Bonaventure, t. III, p. 801 et suiv. — *V.* aussi *Journal historique de Pierre de Jarrige*, viguier de Saint-Yrieix, continué par son fils, Pardoux de Jarriges, p. 98 et suiv.

(2) Le *Deuxième Registre consulaire*, f⁰ 16, r⁰, en cours de publication, dit que les consuls envoyèrent aussitôt saisir provisoirement le « chasteau d'Isle, qui est à Monsieur l'évesque de Limoges et qui est fort et important. » C'était l'évêque de Limoges, Henri de la Marthonie, qui avait poussé les ligueurs à la guerre civile, ce qui explique la précaution prise par les consuls.

tains prisonniers qui paravant avoient surprins le chasteau de Veyrac, les consulz, de ce avertis, députtèrent quatre de leur compagnies, savoir Messieurs Rolland Verthamond, Durand Brugière, Estienne Pinchaud et Pierre Mazeutin, pour, et aveq l'authoritté de la justice, fère remuer les prisons à une des tours de la ville pour se tenir plus asseurés de leurs personnes.

Or lesditz consulz ayantz leurs chaperons sur l'espaulle, qui sont les marques consulaires, arrivés en la place Sainct-Michel, aboutissant au Palays Royal, rencontrèrent les femmes des prisonniers, assistées de quelques autres, adverties de la résolution consullaire, qui se prindrent à crier contre eux et les attaquer d'injures. Et à ce cry, certains des partisans de la conspiration, et suivant l'instruction qu'ilz avoient, prirent la cause en main de ces femmes, et, après quelques propos insolentz, qui ne respiroient rien que rebellion, ilz viennent à crier aux armes et redoubler de plus en plus ce cry. Dont l'alarme estant venue au canton du consul Petiot, y accourust aussytost quelque trouppe de séditieux, et parmy eux le capittaine Rouard.

Or les consuls députtés, voyantz que la partie estoit mal faite, se retirèrent sur leurs pas, fesoient la retraite. Mais, passantz entre la maison du capittaine Rouard et l'église Sainct-Michel saisie desja par les rebelles, et, par conséquent, ayantz les ennemis des deux costés, le consul Pinchaud, receut un coupt d'arquebuzade, dont il mourust sur-le-champt, et le consul Brugière y fust blessé, comme aussy le capittaine Lombard, lieutenant d'une compagnie entretenue, lequel mourust quelques jours après de la blessure. Ainsin ces députtés des consulz se retirèrent non sans grand risque de leurs personnes, joinct que de Lauze survint en mesme temps aveq bon nombre de gens et s'en alla retirer dans l'église de St-Michel à son randez-vous, où vint aussytost le consul Petiot et le vissénéchal aveq tout ce qu'ilz avoient peu promptement amasser et assembler des gens de leur parti.

Cepandant l'alarme se donna par toute la ville, et la mort du consul Pinchaud s'estant espandue par toute la ville, monsieur le gouverneur fist fermer toutes les portes de la ville, principallement celle de Manigne qui estoit ouverte de jour, et, assisté du sieur de Montagnact et autres gentilhommes, du président Martin et lieutenant criminel, son frère, et de quelques habittans, vint loger dans la maison de ville pour estre plus asseuré. Cepandant l'alarme vinst à la mesme heure aux fauxbourgz de Manigne et Boucherie, et, de là, à la Citté, où le sieur évesque estoit venu, le jour précédent, d'Isle. Donques, à ceste alarme, comme un signal donné, presque tous les habittans de la Citté estant ligués sortirent en armes de leurs maisons, font un gros en la place des Bantz où se trouvèrent plusieurs ecclésiastiques, ensemble les domestiques dudit seigneur évesque. A laquelle heure, le capittaine Avril fist paroistre sa perfidie qu'il avoit tenue longuement secrette, car il avoit presté la foy et sèrement audit sieur gouverneur aveq les autres de tenir l'église de Sainct-Estienne soubz l'obéissance du roy, lorsqu'il fust estably de gouverner sur la garnison establie dans icelle ; et contrevenant à son sèrement, il mist ladite église à la dévotion dudit sieur évesque, et parmy l'alarme, sorti dehors suivi de la pluspart de ses soldatz, vint se joindre aux autres, qui tous ensemble vont attaquer les maisons des autres qu'ilz apelloient Huguenotz et hérétiques, et en prindrent quelques-uns prisonniers, qu'ilz emmenèrent à la maison épiscopalle, entre autres un nommé Pierre Cibot, prestre, bon théologien et homme sans aucune erreur ny autre reproche.

Sur ce, les autres ligués sortent de S^{nt}-Michel au nombre de 100 ou 120, en armes descouvertes, conduitz par le consul Petiot, le vissénéchal Rouard et de Lauze. Fesoit marche devant eux un prestre nommé Hiérosme Blanchard, vicaire, vestu d'aube et estolle, qui portoit une grande croix en criant : *Vive la croix et la liberté!* (1). Passantz par le canton de Lansecot, qui estoit à leur dévotion, et de là, voulloient

---

(1) Une note ms. de l'abbé Legros, en marge du P. Bonaventure, est ainsi conçue : « Ceux de Béchadie mirent le feu à la Chabrouille, appartenant à un consul; le sieur de La Chapelle chargea les gens du gouverneur près Solignac, et pour mettre fin aux contrariétés, les huguenots prirent les armes les uns contre les autres; de sorte que, le 13 octobre 1589, il y eut une grande émeute devant le clocher de Saint-Michel et le consul Pinchaud y fut tué; Pétiot, chef de l'émeute, et le vice-sénéchal Vouzelle firent marcher devant eux Jérôme Blanchard, vicaire de l'église Saint-Michel, ayant son surplis et portant une grande croix, criant : *Vive la croix et la liberté !* »

aller joindre le canton de Boucherie, qui estoit de mesme et prétandoient en passantz de cette sorte que tous ceux de leur caballe les suivroient, lesquelz estoient en bon nombre, ce qui fust empesché. Car estantz dans la rue des Banctz, venantz du vieux marché, trouvarent un corps de garde qui les empescha de passer, et, sur ce, vint le président Martin, qui leur estoit contraire, avec environ cent hommes, à l'escarmouche ; et furent blessés le vissénéchal, de Lauze et son filz en lieu non dangereux. Ce que voyantz, retournèrent sur leurs pas et se randirent à la place S^{nt}-Michel, et se mirent en corps de garde. Le président Martin s'alla joindre avec le sieur de Montignact. Après avoir renvercé certaines barricades dressées en quelques endroitz, vindrent en la place de S^{nt}-Michel, où ilz chargèrent furieusement les ligués, lesquelz furent contraintz se retirer dans Sainct-Michel, et lesquelz furent aussytost investis, car ayant saisi les maisons voisines, mesmes le Palays, qui est jouignant ladite église, la cour de la jurisdiction de la ville, où fust mis corps de garde pendant la nuit. Cependant, monsieur le gouverneur craignant les cantons de Lansecot et Boucherie, se saisit de la tour de Sainct-Esprit et de l'église Sainct-Pierre, dont l'ordre fust mis incontinent.

Le lundy matin, environ neuf heures, estants convenus à parlementer, ce qui fust accordé. Parquoy le vissénéchal sort de Sainct-Michel et vient trouver monsieur le gouverneur en la maison de ville pour cappituler tant pour son chef que pour les autres ses compagnons. Mais ayant fait des demandes qui ne se pouvoient accorder, luy fust commandé de se retirer. Toutesfois, au lieu de retourner dans le fort, se retira chez un sien amy. Ce que sachant, le consul Petiot, Rouard et plusieurs autres en firent de mesme. Le restant qui estoit dans l'église sortit sans recepvoir aucun coupt, aucuns desquelz furent arettés et prins, qui furent exécuttés en la place où le consul Pinchaud avoit esté tué, le mardy 17e octobre, dont le roy fust fort malcontent. Lequel donna depuis une déclaration de n'imputer à reproche les parents de ceux qui furent exécutés, aux femmes, enfans et leurs descendantz, à peyne de la hart (1).

---

(1) Ces lettres patentes sont du mois de février 1596. En voici la

teneur d'après une copie qui se trouve aux archives du département :

HENRY, PAR LA GRACE DE DIEU ROY DE FRANCE ET DE NAVARRE, A TOUS PRÉSENTS ET A VENIR SALUT. La continuation des guerres qui ont eu cours en n^{re} royaulme despuis ses derniers mouvementz a produict tant de malheurs et calamites publicques et privees que plusieurs de noz subjectz ont resanti a leur dommage combien les praticques que l'on a faictes parmy eulx pour les diviser leur ont apporte de perte, ruyne et de prejudice. Entre lesquelz se seroient trouves aulcuns habitans de n^{re} ville de Lymoges, laquelle a este aultant que nulle aultre de n^{re} royaulme travalhee de divisions, dissentions, parfiallites et haynes domestiques, de maniere que sur lesd. divisions et partialitez il seroit intervenu plusieurs troubles et esmotions en n^{re} d. ville, mesmes pandant les annees m v^e iiij^{xx} neuf et iiij^{xx} dix, lesquelles auroient cause diverses condempnetions et executions de mort allencontre de plusieurs de noz subjectz et officiers de lad. ville. Ce que ayant este propose et remonstre au traicte de la paix generalle de n^{re} royaulme, nous aurions accorde que toutes condampnations et executions de mort advenues en ladicte ville de Limoges esdictes annees iiij^{xx} ix et iiij^{xx} x, pour l'effect des presents troubles et a l'occasion d'iceux seroient et demeureroient pour non advenues, la memoire des decedes et lhonneur de leurs familhes restably, permis de faire funerailhes, et leurs testamentz et dispositions vallidées, comme il appert par l'extraict des articles particulhers accordes en consequance de n^{re} ecdict de paix cy attache soubz le contrecel de nostre chancelerye, signe de lung de noz secretaires destat ; SÇAVOIR FAISONS que nous, voulant entretenir en tout et par tout le contenu aud. traicte de paix et arracher en tand qu'il nous sera possible toutes semances de discord entre noz subjectz, et mesmes en n^{re} d. ville de Limoges quy en a este grandement travailhee, et leur donner occasion de santretenir en paix et amitye mieulx quilz nont faict par le passe, affin de conspirer tous ensemble a lobeyssance qui nous est dheue, avons de n^{re} grace specialle, plaine puyssance et authorite royalle dict et declare, disons et declarons par ses presentes, voulons et nous plaist que toutes condampnations et exequtions de mort advenues en lad. ville de Limoges esd. années iiij^{xx} neuf et iiij^{xx} dix allencontre de nosd. subjectz habitans dicelle pour le faict desd. presentz troubles et a loccasion diceulx seront et demeureront pour non advenues, la memoyre des deceddez et lhonneur de leurs familhes reintegre et restably en leur antienne splandeur, lustre et renommee, comme, entant que besoing est, nous les reintegrons et restablissons, voulons et entandons que leurs testemens et dispositions de derniere vollonte, sy aulcunes ilz ont faictes, tiennent et ayent lieu, et quelles soyent mainctenues, approuvees et authorisees par tous noz juges et officiers, sans que, pour raison desd. executions, elles puyssent estre disputees et debatues en quelle sorte et maniere que se soit, les ayant a ceste fin vallidees et authorisees, vallidons et authorisons par ces presentes, permetans a leurs vefves, enfentz et heritiers de leur faire randre les honneurs funebres telz qu'ilz adviseront ainsin qu'il est accoutume, sans que, pour cest effect, il leur soict donne aulcun empeschement.

SI DONNONS EN MANDEMENT a noz ames et feaulx les gens tenans n^re court de parlement de Bourdeaulx, seneschal de Limosin ou son lieutenant au siège dud. Limoges, et premier deux sur ce requis, que ses presentes ilz facent lire, publier et enregestrer, et du contenu en icelles jouir et user les vefves, enfentz et heritiers desd. decedes, sans en ce leur fayre, mettre ou donner aulcun trouble, destourbier ou empeschement ; lequel, sy faict, mis ou donne estoict, le remectent ou facent incontinant remettre et reparer a playne et entiere delivrance et au premier estat et deub. Mandons en oultre a noz advocatz et procureurs generaulx ou leurs substitus de requerir et poursuivre instamment la veriffication et execqutions de sesd. presentes, sans aulcune remise ou modification, de sorte que les heritiers et parantz desd. decedes en puyssent jouyr playnement et paisiblement, et sans contredict du contenu en icelles. CAR TEL est n^re plaisir. Et affin que se soict chose ferme et stable a tousjours, nous avons faict mectre n^re scel a sesd. presentes, sauf en aultre chose n^re droict et laultruy en toutes. DONNE à Folembray au mois de feubvrier l'an de grace mil v^c quatre vingtz seize et de n^re regne le septiesme. Ainsin signe sur le reply : Par le Roy, DE NEUFVILLE ; et scelle du grand scel de cire verte en las de soye rouge et vert ; Et a couste : Visa contentor BALHON. Et est attache soubz le contreseel ce que sensuict : Extraict des articles accordes par le roy a aulcuns particuliers en faveur de Monsieur le duc de Mayenne, suyvant le traicte de paix, article xxiij^e : QUE TOUTES condampnations et executions de mort avenues en la ville de Limoges ez annees quatre vingtz neuf et dix, pour le faict des presentz troubles et a loccasion diceulx, seront et demeureront pour non advenuz, la memoire des decedes et lhonneur de leurs familhes restably, et permis de faire funerailhes, leurs testaments et dispositions vallidees. Et ez marge dud. article est escript : Acordé, et au desoubz est escript : collationne, DE NEUFVILLE.

Collationne sur loriginal des presentes estant en deheue forme par les notaires royaulx soubz signes, ce requerant dame Anne Duboys, vefve de feu Me Claude Rouard, en son vivant greffier criminel en la seneschaucee de Limousin ; lesquelz originaulx sont demeures ez mains de Me Joseph de Petiot, juge de Limoges. Le ve doctobre m. v^c. iiij ^xx seize.

(Signé) DESFLOTTES, notaire royal ; BRUNET, notaire royal.

[Le Sr de Pompadour s'empare de la cité.]

Le sieur de Pompadour et autres nobles appellés par l'évesque et ceux de la ville s'estans saisis de la Citté (1), lors le duc d'Espernon mandé par les consulz vint aveq deux mille arquebusiers et cinq cens chevaux. [A] l'arrivée duquel, le sieur de Pompadour (2) laissant le sieur de La Cappelle-Biron dans la Citté pour commander..., se retira dans S^{nt}-Estienne et maison épiscopalle. Contre laquelle église et maison l'artilherie ayant esté roullée, le sieur de La Cappelle-Biron capitulla, et sortit le lendemain 22e octobre, jour de dimanche.

[Le duc d'Épernon chasse le Sr de Pompadour. — Ses gens pillent la cité.]

Le mesme jour, le duc d'Espernon (3), gouverneur, et consulz furent à S^{nt}-Martial chanter le *Te Deum laudamus*, ayant mis garnison dans la Citté et église S^{nt}-Estienne. Le lardemain, les gens du duc d'Espernon pilhèrent la Citté entièrement, excepté la Raigle, les religieuses s'estants retirées dans la ville, faisantz leur office dans la chapelle de la Courtine, près S^{nt}-Martial. Auquel temps la maison épiscopalle fust ruynée.

[Thomas Papon, capitaine à St-Étienne. — Roumanet, capitaine à Limoges.]

L'an 1590, le gouverneur mist dans S^{nt}-Estienne Thomas Papond, et dans la ville, le capitaine Roumanet pour commander.

[Le duc d'Épernon s'empare d'Eymoutiers, Saint-Germain, Masseret, St-Paul, et assiège Ladignac.]

Monsieur le gouverneur ayant print sur la ville d'Esmoutiers, S^{nt}-Germain, Masseré, S^{nt}-Pol et assiégé Ladignact, assisté de beaucoupt de noblesse et des enfans de la ville, soubz la conduitte du président Martin, et avec le canon nommé *La Marcelle*, sur lequel y avoit escript dessus : INANIA PELLO ; lequel canon fust envoyé aveq un autre aussy gros au roy Louis 13 devant La Rochelle, l'année 1628. Lesquelz n'ont estés remis. Ilz estoient des plus beaux.

[Le Sr de Pompadour bat les gens du gouverneur et s'empare de leur canon.]

Au retour du susdict siége de Ladignact, le Sr de Pompa-

---

(1) « En 1589. » V. *Bull. de la Soc. arch. et hist. du Lim.*, t. XVIII, p. 128.

(2) « Le sieur de Pompadour était assisté du sieur de la Capelle-Biron, des Restignats, « Cougnac, » la Bastide, le Boffran et autres. » (Note ms. de Legros, en marge du P. Bonaventure, t. III, p. 803.)

(3) « Le marquis de *Pizani*. » (*Ibid.*)

— 371 —

dour chargeant les gens du gouverneur près du Garreau (1) les mist en fuitte, et emmena leur canon, qu'ilz ont depuis gardé à Pompadour.

Les consulz de Lymoges, appréhendant qu'au bruit de cette desfaite les ligués vinsent assiéger Lymoges, mirent une partie des murailles de la Citté par terre. Pour lors les religieuses de la Raigle se retirèrent en leurs maisons paternelles. [Les consuls font abattre les murailles de la cité. — Les religieuses de la Règle se retirent dans leurs familles.]

L'an 1591, le roy envoya mons' de Turcant aveq mesme pouvoir qu'il avoit cy-devant. [M. de Turcant envoyé de nouveau à Limoges]

Le vicomte de Pompadour ayant assiégé S^{nt}-Iryers (2) avec quatre cens hommes de pied et deux cens chevaux et trois canons, pressoit si fort le s^r de Chambaret qui estoit dedans, parquoy le s^r gouverneur assembla plusieurs noblesses. [Siége de Saint-Yrieix par le vicomte de Pompadour.]

Le 20e mars 1591, estant arrivés à S^{nt}-Iryers, contraignirent les ennemis de se serrer dans le faubourgt, qui, sachant le Sr de Monpesat le secours proche, mirent des mousquetaires en embusche dans des moulins et des maisons aux deux costés des grands chemins. Dans lesquelz s'estant jetté le sieur de la Rochefoucaud, pour empescher que le reste de l'armée n'y tombast, dit : *Gaigne le haut!* Lesquelles parolles mal entendues donnèrent l'espouvante à tous, et firent prendre la fuitte, en laquelle fust faict grand tuerie par le Sr de Monpesat.

Audit mois de mars, le sieur de La Guierche ayant assiégé avec 1,200 hommes la ville de Belac (3), et fait bresche et [Siége de Bellac par le Sr de la Guierche.]

---

(1) « De Béchadie. » Les gens du gouverneur étaient commandés par le comte de Ventadour. (BONAVENTURE, t. III, p. 804.)

(2) « Le 12 de mars et un mardi, à la pointe du jour, l'an 1591. » (*Journal historique de Pierre de Jarrige*, viguier de Saint-Yrieix, continué par Pardoux de Jarrige, son fils, p. 99). — Angoulême, 1868, in-8°.

(3) « Le 21 mai, avec 200 hommes, fit tirer 240 coups de canon. » (Note ms. de Legros, en marge du P. Bonaventure.) — V. *Siége de*

donné plusieurs assaulz en vain, fust contrainct se retirer et lever le siége, au bruit du secours que conduisoit le sieur de Chambaret.

Espouvante du Bestail à la foire.

[Épouvante du bétail à la foire.] Le jour et feste de la grand S^{nt}-Martial, dernier de juin 1591, la foire se tenant ledit jour, survint une espouvante à la foire, sy furieuse que ceux qui y estoient tâchants à se sauver dans la ville par la porte Monmaillier, qui estoit seulle ouverte, furent tellement pressés que la pluspart et quantité de bestail furent estouffés dans le chemin soubz le cimetière des Arrennes, et autres. L'occasion vint que ceux qui gardoient les chemins d'Aixe et S^{nt}-Junien, qui, sur le chaud du jour, se jouoient puis venoient aux mains avec leurs espées, donnèrent l'apréhention des ennemis ; dont le bestail, ayant eu peur, se destacha de la foire aveq une fureur sy grande qu'on ne sauroit s'imaginer et qu'on aye jamais ouy parler. Et le subject le plus certain est par punition, d'autant que l'on n'observoit la feste du glorieux patron de la Guienne, S^{nt}-Martial, et particulièrement Lymoges qui ont son sacré corps en grand vénération, et ne chommoient ce jour. Laquelle foire n'a tenu depuis ce jour, mais le lendemain.

Et ne faut trouver estrange cella, d'autant que, à Cahors, ne fesoient observer laditte feste icelluy jour. Tous les ans, le jour de S^{nt}-Martial, dans le diocèze arrivoit des incommodités incroyables de tempestes, de grelle, qui arrachoit les arbres et gastoit les fruitz. De quoy le S^r évesque Mre Simon de Popiant aveq les SS^{rs} chanoines de l'église cathédralle se mirent à chercher la cause, et n'en trouvèrent d'autre sy ce n'est que S^{nt}-Martial n'estoit honnoré ce jour comme on fesoit entiennement, ce qui fust vériffié dans les entiens breviéres, dans lesquelz on fesoit commemoration de Sainct-Martial en qualitté d'apostre et fondateur patron de ladite église.

---

la ville de Bellac, non pris en 1591, par Genebrias, seul consul de Bellac, inséré au *Bull. de la Soc. arch. et hist. du Lim.*, t. II, p. 242 et suiv.

La susditte année, le roy donna le gouvernement de Lymoges à Madame d'Engoulesme, et fist son lieutenant Monsieur de Chambaret.

[Le roi donne le gouvernement de Limoges à Mme d'Angoulême.]

Esmotion du peuple pour la nomination des consulz, l'an 1591 ; et autres choses remarquables.

Ceste mesme année, le jour de la nomination des consulz, quantité de peuple s'assembla devant la maison de ville, demandant des consulz qui ne fussent ny ligués ny Huguenotz. Et, parce que les portes estoient fermées, ils ne cessèrent de remuer les verrous, et furent iceux apelés les *verroulhatz*.
Les consulz et le sieur de Turcant, commissère, n'ayant peu les appaiser, sortirent en armes par la porte de dernier, et paroissantz au bout de Consullat et des Bantz, estonnerent tellement ceste troupe désarmée que tous prindrent la fuitte. Et tous ceux qui furent soubsonnés estre de leur parti furent expellés. Et, quoy qu'ilz fussent catholiques, ilz estoient ennemis des ligués.

[Troubles pour l'élection des consuls de 1591. — Les *verrouillats*.]

L'an 1592, le sieur de Chambaret, aveq le comte de Busset sieur de Chaslux et beaucoupt de noblesse, assiégea ledit Chaslux ; et, l'ayant battu avec le canon de Limoges, s'en rendit maistre par capitullation (1).

[Siège de Chàlus par le Sr de Chamberet.]

L'an 1593, ledit sieur de Chambaret fust receu à Limoges en quallitté de lieutenant de Madame d'Engoulesme.

[Réception du lieutenant de Chamberet.]

---

(1) « Le sieur de Chamberet mena des gens devant le fort du Breuil et Genouillac ; d'un autre côté, la Capelle-Biron fit une embuscade près de Corbefi et surprit ceux de dedans, qui tenaient pour le roi et qui furent tous taillés en pièces. Le Sr de Chamberet surprit sur le capitaine Labesse le fort de Châlus, et dans l'église il y eut plusieurs meurtres. Le comte de Busset, pour retirer la place de Châlus, pria plusieurs seigneurs, entre lesquels furent le vicomte d'Aubeterre, les sieurs de Lavauguyon, de Palissand, Oradour, etc., qui prirent la ville basse par le secours des sieurs de Chamberet, Samathie et Bonneval : Mr des Cars obligea la Capelle-Biron de se retirer de Corbefi. » (Note de Legros en marge du P. Bonaventure.)

[Conversion d'Henri IV. — Réjouissances.]

Le 7ᵉ aoust de ladite année, la ville de Lymoges receut la joyeuse nouvelle de la conversion du roy Henry 4ᵉ. De quoy fust randu graces à Dieu, et feu de joye, où mist le feu ledit sieur de Chambaret, avec le commandeur du pallays et magistratz.

Les seigneurs (1) expellés eurent pour lors permission de venir à la Citté et fauxbourgz.

[Scandale causé par le Sʳ de Chambe et.]

Au mois de novembre, le sieur de Chambaret estant allé à la cène qui se fesoit hors la ville, escandaliza plusieurs (2).

[Publication de la conversion du roi.]

L'an 1594, le mardy 8ᵉ mars, fust publiée la déclaration du roy touchant sa conversion à la foy catholique, apostolique et romaine.

Eslèvement des Croquantz, l'an 1594 (3).

[Les *croquants*.]

Les paisantz surnommés les Croquantz (4) ne pouvant supporter les impositions extraordinères, prindrent les armes en Limousin, Périgord et autres lieux circonvoisins, et

---

(1) Lisez « les ligueurs. » BONAVENTURE, annoté par Legros, t. III, p. 806.

(2) Le *Deuxième Registre consulaire* (1592-1662), en cours de publication (f° 6, v° et suiv.), dit que les consuls de l'année 1593 firent un « accord sur l'altercation et différent des médecins de Limoges ; » ils publièrent plusieurs arrêtés afin d'engager les habitants qui, par méfiance, refusaient les vieux douzains (A), à accepter toutes sortes de monnaies fabriquées « sous le coin et armes de France ez monoyes établies par Sa Majesté et non aultres. »

(3) V. *Lim. Hist.*, p. 20.

(4) « On leur donna le sobriquet de *Tard-avisez*, et les gentilshommes rejetèrent aussi sur eux celui de *croquans*, dont ces paysans les avaient voulu charger, parce que, en effet, ils croquaient et dévoraient ces pauvres gens de la campagne. Leur première assemblée se fit en Limousin. Chamberet, qui en estoit gouverneur pour le roy, les battit et les dissipa. » (MÉZERAY, *Histoire de France*.)

(A) Le douzain valait douze deniers ou un sou ; c'était une sorte de billon d'argent. Les douzains fabriqués en 1586 contenaient trois deniers de fin. (Jean ROIZARD, *Traité des monnaies*, chap. III, p. 17.)

n'ayantz voullu obéir à l'esdit portant cessation d'imposition extraordinaire et les obligeant à cesser et quitter les armes, le sieur de Chambaret assembla la noblesse et feit un gros de 7 à huict cens hommes, les desnicha de Couzeilz aveq le canon, puis de S^{nt}-Pried-Ligoure, et enfin, s'estantz campés au nombre de quatre mille au lieu des Pousses, les chargea de telle furie que d'abbord ilz prindrent la fuite et en fust fait un grand carnage, le jour de S^{nt}-Jean-Baptiste.

Le dimanche, dernier de juillet 1594, fust fait procession générale, où les chapses des corps saintz furent portées pour obtenir par leurs intercessions le beau temps nécessaire pour la récolte des fruitz, la pluye ayant duré 40 jours, ce qui avoit grandement estonné le peuple. [Procession pour les récoltes.]

En ce temps les verroulhatz eurent permission d'entrer dans la ville et non les ligués. [Les *verrouillats* rentrent dans la vi le.]

En ceste mesme année, le sieur de Chambaret aveq mons^r de Bossize, M^{re} des requestes, prindrent par capitullation le fort et ville de Gimel, dont en sortit 30 cuirasses et cent arquebusiers. [Prise de Gimel par le Sr de Chamberet.]

L'année 1595 (1), les chanoines de S^{nt}-Estienne, qui avoient demeuré six ans hors de leur église, retournèrent pour faire le service divin, comme devant, dans leur église. [Les chanoines de Saint-Étienne retournent dans leur église.]

Ladite année 1595 (2), la gellée fust si grande qu'elle dura [Gelées de 1596.]

C'est aussi l'étymologie donnée par de Thou et le P. Daniel. — « La petite guerre des *croquans*, ainsi nommez pour ce que la première bande qui prit les armes fut d'une paroisse nommée *Croc* de Limousin. » (D'AUBIGNÉ, *Hist.*, t. III, p. 382). « Ce qui, sans venir en confirmation de l'étymologie donnée par de Thou contredirait celle de d'Aubigné, c'est que *Croquant* se trouve dans Froissart. » (LITTRÉ, *Dict.*)

(1) « Le 22 juillet. » Note de Legros, en marge du P. Bonaventure.
(2) D'après le *Deuxième Registre consulaire* (f° 16, v°), les consuls de l'année 1595 durent conserver la garde de cent arquebusiers aux frais de la ville, à cause de la guerre civile ; ils prirent des mesu-

jusques au 18ᵉ avril, et l'on appréhendoit l'antière perte de tous les fruitz. Et, pour subvenir à la nécessité des pauvres, ilz furent distribués par les maisons des bourgeois. Le seigle vallut 7 livres le sestier.

[Restauration du petit clocher de Saint-Pierre-du-Queyroix.]

Le jour de Sᵗᵉ-Magdelène, le petit clocher de Sⁿᵗ-Pierre-du Queyroy, qui avoit esté abbattu du temps, fust achevé de remettre.

[Le vicomte de Châteauneu fait flotter son bois.]

L'an 1596, le vicomte de Chasteauneuf trouva moyen de faire descendre le bois de ses forestz par la rivière de Vienne au Naveix, ce qui n'avoit plus esté. [Ce] qui sert beaucoupt à la ville de Lymoges.

[Ostensions de 1596.]

Ladite année, fust l'ostension du chef de Sⁿᵗ-Martial et autres sainctz. A cause de quoy vindrent en procession les chanoines de Sainct-Germain et de Sⁿᵗ-Léonard.

[Réception du lieutenant de Sallagnac. — Les ligueurs rentrent à Limoges.]

Le sieur de Chambaret estant décédé ceste année, le sieur barron de Sallagnact lui sucéda, et fist son entrée à Limoges comme lieutenant de madame d'Engoulesme (1). Lequel voulust réunir tous les habitans, trouva moyen en une assemblée de ville qui fust faicte à ce subject qu'on aggréast que les Ligueurs entrassent, ce qu'il obtint. Il fust à la porte Manigne, accompagné du sieur de Bossise et des consulz pour les recepvoir, et tous de compagnie furent à Sⁿᵗ-Martial chanter *Te Deum laudamus* (2).

---

res contre la cherté des blés, ils eurent à soutenir plusieurs procès intentés contre la ville, et ils firent exécuter plusieurs réparations, notamment la reconstruction de la « Courtine des murailhes, entre la tour de la Prison jusques à la tour du Puy-de-Vieilhe-Monnoye. » Sur les réclamations du contrôleur des finances Le Maistre, ils firent vérifier les priviléges de la ville de Limoges (1371) par la Chambre des comptes. (*V.* pour ces priviléges, p. 278 et suiv., *Bull. de la Soc. arch. et hist. du Lim.*, t. XIV, p. 25. — *V.* aussi *Ordonnances des Rois de France*, t. V. p. 439.)

(1) « Le 9 juillet 1596, par la porte Montmailler; les consuls et les principaux habitants furent au-devant de lui, avec de l'infanterie « conduite par messire Fayan, médecin. » (Note de Legros, en marge du P. Bonaventure.)

(2) Il est à croire que cet acte de réconciliation ne mit pas complétement terme aux dissensions. Des critiques s'élevèrent contre la

Venue des pères Recoletz.

Le premier (1) jour d'aoust 1596, les Pères Recoletz, de l'ordre Sainct-François, prindrent pocession de l'église de Saincte-Vallérie-lez-Lymoges, et y commancèrent faire le service divin, le 3 dudict mois. Et, cependant, par provision, se logèrent au prioré de S^{nt}-Géral. On trouve par escript qu'elle fust rebastie l'an 1300. Et, au temps des Huguenotz, ilz ont aussy possédé ladite église, comme dit est. Et, depuis, ont basti lesd. religieux un beau couvent. [Les Récollets.]

Et aussy se sont placés dans la ville et y ont un couvent, l'église dédiée à sainct François. Lesquelz servent bien la ville.

L'an 1597, le 8 juin, le duc d'Espernon fist son entrée à Lymoges comme gouverneur. Et furent au devant les sieurs de Sallagnact, consulz et infanterie, au nombre de 800, conduitz par le président Martin. Et fust receu à S^{nt}-Martial par l'évesque et chanoines. Et, passant à la place des Bancz fust joué une comédie à son honneur (2); et [Réception du gouverneur d'É- pernon.]

---

composition du conseil de la commune. Et le *bon roi* qui venait de *confirmer* les priviléges de la ville, saisit ce prétexte pour nommer lui-même et pendant trois ans dix des consuls sur douze, préludant ainsi à la réforme radicale qu'il devait opérer en 1602 (p. 381). (*Voy.* Leymarie, *Hist. du Limousin*, t. II, p. 463.)

(1) « Le troiziesme. » (*Deuxième Reg. consul.*, f° 20, v°.) Une note manuscrite de l'abbé Legros, en marge du P. Bonaventure (t. III, p. 824), porte : « L'an 1614 et le 14 d'avril, les Pères Récollets furent mis en possession de la maison qu'on appeloit le *Bastiment*, où les bateleurs et les comédiens faisaient auparavant leurs exercices. La première pierre de la chapelle des Récollets fut posée le 14 juillet 1616. Ils y ont introduit une confrérie pour les femmes.» (Nadaud, *Mém. ms.*, t. II, p. 433.) On y a rétabli la comédie en 1791. Il y avait en outre, depuis cette époque, un établissement de bains et un café. Tous ces bâtiments sont devenus propriété de la ville depuis un certain nombre d'années. »

(2) Le *Deuxième Registre consulaire* dit que cette comédie était

— 378 —

en plusieurs lieux furent mis des chapeaux de triomphe (1).

[Feu de joie à l'occasion de la reprise d'Amiens.]

Le dernier septembre fust faict feu de joye pour la reprinse d'Amiens, et y mist le feu le sieur de Sallagnact, consulz et magistratz.

[Procession à l'occasion de la paix entre la France et l'Espagne.]

L'an 1598, vindrent les nouvelles de la paix entre France et Espagne, dont fust faict procession généralle et feu de joye.

Les Pénitens Noirs institués.

[Les Pénitents noirs. — Bernard Bardon de Brun.]

Ceste mesme année [1598], fust instituée la compagnie de messieurs les Pénitens noirs, soubz le tiltre de Sainte-Croix, par vénérable Mᵉ Bernard Bardon, lequel a mené une vie très exemplère, ayant avant icelle institution fréquenté messieurs François de Salles et César de Bus, saintz personnages; comme aussy est décédé ledit Bardon en odeur de sainteté, en l'année 1623. Duquel le Révérend P. Petiot, de la compagnie de Jésus, a faict un livre de sa vie (2).

[Arrêt du parlement de Bordeaux.]

Laditte année, fust donné arrest de parlement de Bourdeaux (3), requérant Mʳˢ les consulz et bailles du sépulchre de Sᵗ-Martial, contre Mʳᵉ Léonard Cluzeau (4), abbé de

---

composée par M. Bardon, avocat. On ne connaît de Bernard Bardon de Brun qu'une tragédie en cinq actes et en vers ayant pour titre *Saint-Jacques*, imprimée par H. Barbou, 1596, in-8° de 180 pages ; mais dans le langage limousin, *comédie* signifie toute pièce de théâtre. Sur la vie de ce saint homme, voy. *Biographie des Hommes illustres de l'ancienne province du Limousin*, par A. du Boys et l'abbé Arbellot, et *Limoges au* XVIIᵉ *siècle*, par P. Laforest.

(1) D'après le *Deuxième Registre consulaire* (f° 22, r°), les consuls de l'année 1597 réduisirent de moitié la garde de la ville ; ils remboursèrent 400 écus au contrôleur des finances ; ils remboursèrent aussi les consuls de l'année 1587, et firent diverses réparations. — Le duc de Bouillon passa à Limoges au mois de février 1597.

(2) Limoges, Chapoulaud, 1668.

(3) En marge : « Du 16ᵉ juin 1598. » Cet arrêt fut mis à exécution le 23 février 1600. (BONAVENTURE, t. II, p. 580.)

(4) Léonard Clouzeaud (1591), 55ᵉ abbé, d'après l'abbé Roy-Pier-

..ᵗ-Martial, touchant la messe et luminaire dudit sépulchre ; ..t ordonné, en confirmant la sentence de Limoges, que la ..esse seroit ditte haute avec diacre et soubz-diacre à 4 heures ..e matin aux grandz jours, et 5 heures aux petits, et qu'il y ..uroit continuellement 7 chandelles de cire alumées, et par ..hasque défaut 3 livres prins sur le revenu dudit abbé.

Venue des Pères Jésuittes (1).

L'an 1599, les Pères Jésuittes de la compagnie de Jésus, ..yantz demeuré quelque temps pour chercher à trouver ..oyen de s'installer dans Lymoges, enfin furent placés au ..ollége de la ville, où ilz sont de présant. Et firent leur ou- ..erture le premier jour de caresme.   [Les Jésuites.]

Notta que pour avoir fond [s] pour iceux, les consulz pas- ..èrent par la ville sçavoir ce que un chacun voudroit donner ..us les ans pour l'entretènement d'iceux, à cause du collége ..our l'instruction de la jeunesse, ce que tous promirent. Et, ..yantz promis, iceux Jésuittes obtindrent lettres du roy pour ..dmortissement de ladite somme promise [par] chascun, ..u'ilz appelloient rante, au solz la livre, tellement que celluy ..ii avoit promis vingt sols fust contrainct à donner vingt ..vres, et les autres à proportion. Et furent contraintz les ..abittans par toutes voyes d'exécution de meubles ou mar- ..andises, sans apel; et par ce moyen, furent fondez par ..s habittans.

L'année 1607, le 11ᵉ juillet, fust posée la première pierre ..e leur église par monseigneur l'évêque de Lymoges Henry de ..a Marthonie et Messieurs les consulz.

..itte, fut nommé par la protection du vicomte de Châteauneuf ..ne reçut pas ses bulles de Rome. On ne sait ni comment ni pourquoi ..quitta, d'après le même auteur. (Bull. de la Soc. arch. et hist. du ..m., t. XII, p. 79). — « L'abbaye de Saint-Martial était tenue en ..nfidence par les seigneurs de Châteauneuf, sous le nom de Pierre ..seau, qui n'avait pu avoir de bulles. (Ms. DE LÉPINE.) » (Note de ..gros en marge du P. Bonaventure.)

(1) V. Deuxième Reg. consul., f° 78 et suiv.; Bull. de la Soc. arch. et t. du Lim., t. I, p. 107, et t. III, p. 160. — V. surtout ¡Limoges au ..ᵉ siècle, par P. LAFOREST, p. 141 et suiv., et p. 596 et suiv.

L'année 1608, le 18ᵉ febvrier, jour de dimanche gras, commença l'oraison de 40 heures, et ce dans l'église de Sⁿᵗ-Pierre-du-Queyroy, où iceux pères disoient leurs messes puis un an, à cause que leur chapelle estoit tumbée (1).

L'année 1610, les 20, 21 et 22ᵉ febvrier, à l'occasion de l'oraison de 40 heures, les pères Jésuittes firent une procession d'escolliers, les uns habillés en anges, vierges, martyrs et autres saintz. Le Sʳ évesque fist la prédication et closture du Sⁿᵗ-Sacrement.

Au mois d'aoust (2) 1622, fust faict procession générale pour la canonisation des Sⁿᵗᶻ Ignace et Xavier, où assistèrent tous les ordres, mesmes les Jésuittes avec bon nombre d'escolliers, chacun leur rangt, portans un cierge à la main, passantz devant la procession. En mémoire de ce, fust mise la bannière dans l'église cathédralle, et l'autre dans leur chappelle, et depuis, dans leur église, l'an 1629, le 14ᵉ aoust. Et fust consacrée à l'honneur de l'Assomption de la Vierge par Monseigneur François de La Fayette, évesque de Lymoges.

Le Sainct-Sacrement renversé aux Jacobins.

[Le Saint-Sacrement renversé aux Jacobins.]

Ceste mesme année 1599, le jour de l'Octave Dieu, pendant que l'on faisoit la procession généralle du Sainct-Sacrement, fust mis par terre le Sainct-Sacrement dans l'église des Jacobins. Ce que ayant esté sceu Soubz-les-Arbres, où se disoit la prédication heust causé une grande sédition sans la prudence des magistratz. Et de ce furent accusés Mʳᵉ Martial Deschamps et Martial Bonnin, nottères, qui furent absoubz; et furent condampnés Ardant et Nobis comme autheurs de l'escandalle, lesquelz gaignèrent le longt.

[Réception du gouverneur de Château-neuf.]

Laditte année, fust receu comme gouverneur à Lymoges Monsʳ le baron de Chasteauneuf. Les canons jouèrent à son entrée, et s'en fandit un.

---

(1) M. Laforest (*Limoges au xviiᵉ siècle*) dit que les Jésuites purent rentrer dans leur chapelle restaurée le 2 avril 1608.

(2) « Le 12. » (LAFOREST, *loco citato*.)

Ceste mesme année, succéda à Mre Léonard Cluzeau, abbé de Sainct-Martial, Mre Pierre Verdier, filz du trésorier Verdier, en rangt des abbés 60 (1). Lequel print pocession de ladite abbaye.

(2).

(3).

[Pierre Verdier, abbé de Saint-Martial.]

---

(1) Pierre XI Verdier (1598-1652) est le 56ᵉ abbé d'après l'abbé Roy-Pierrefitte; il prit possession le 12 août 1599.

(2) L'élection des consuls n'eut pas lieu en 1599 à l'époque habituelle (le 7 décembre); elle fut reportée au 18 janvier 1600. Le *Deuxième Registre consulaire* (fº 30 vº) parle de deux lettres adressées à ce sujet par Henri IV aux consuls, l'une du 8 novembre et l'autre du 2 décembre 1599. Nous n'avons pas pu trouver ces lettres. Déjà, en 1596, Henri IV change le mode d'élection des consuls, se réservant la nomination pendant trois ans seulement. La nomination des consuls se fait ainsi pour les années 1596-97, 1597-98 et 1598-99. Les pouvoirs que s'est donné le roi sont expirés et il semble qu'à la date où nous sommes arrivés, 1600, il y ait encore un nouveau mode d'élection. D'abord le jour traditionnel de l'élection (7 décembre) est passé, ensuite il paraît résulter du texte du *Deuxième Registre consulaire* que l'élection s'est faite sur une liste dressée par le roi sur une autre liste envoyée par la ville. L'année suivante 1601, un autre changement a lieu, le roi dresse une liste de trente notables parmi lesquels devront être élus les dix consuls des cantons, lesquels éliront eux-mêmes les deux consuls des Croissancés. Les élections du 7 décembre 1601 eurent lieu suivant l'ancien mode de nomination des consuls. Voici ce que le P. Bonaventure (t. III, p. 110) raconte : « L'an 1600 [lisez 1601] il y eut à Limoges grand conteste pour l'élection des consuls. M. le duc d'Espernon et le baron de Chasteauneuf ne les pouvant accorder, en écrivirent au roy, lequel ordonna qu'on les choisit à l'accoutumée. Ceux du parti des Huguenots appelèrent à la maison de ville plusieurs artisans (A) auxquels ils avaient donné des pièces de dix sols avec la liste des consuls qu'ils voulaient, et ainsi par cette fraude, ils l'emportèrent sur les autres et prêtèrent le serment. »

(3) V. le *Deuxième Registre consulaire*, fº 35, rº, et suiv., pour le récit des réjouissances qui eurent lieu à Limoges au mois d'octobre 1601 à l'occasion de la naissance de Louis XIII. M. Laforest a reproduit le récit des *Registres consulaires* dans son ouvrage (*Limoges au xviiᵉ siècle*, p. 25 et suiv.).

(A) Legros ajoute : « Epingliers et autres gens de sac et de corde nommés *Gazis*.

Eslèvement du Peuple pour le sol pour livre ; les Consulz desmis, et de 12 réduits à 6.

[Émeute à l'occasion de l'impôt du sou pour livre. — Destitution des douze consuls et nomination de six.]

L'an 1602 (1), Lambert, chevallier du gué d'Orléans, aveq ses archers arriva à Lymoges, et voullant publier au Gras l'imposition du sol pour livre où pancarte, fust empesché par le peuple, qui le fist fuyr aveq ses archers et courir risque de sa vie dans le Brueil, où il fust assiégé avec le sieur de C[h]asteauneuf par plus de quatre mille personnes, mais délivrés par le moyen des consulz et présidant Martin, qui empescha et appaisa par quelque moyen le peuple (2). Et fust conduit hors la ville, et s'en alla à Beauvais appartenant à l'abbé de S^{nt}-Martial, et fist son procès-verbal de tout, qu'il envoya au Roy, comme aussy firent les consulz. Sa Majesté envoya le sieur de Jambeville (3) pour connoistre de tout, lequel, le 29e avril, en la maison de ville, osta les chapperons aux douze consulz qui estoient en charge, sçavoir (4) Monsr

---

(1) « Le samedi 20 avril. » (LAFOREST, *Limoges au* XVIIe *siècle.*) Cet ouvrage donne beaucoup plus de détails que notre manuscrit sur l'émeute de 1602.

(2) L'émotion fut très grande, ainsi que le remarque le P. Bonaventure de St-Amable (t. III, p. 811 et suiv.), qui ne fait en quelque sorte qu'étendre le récit de notre manuscrit.

(3) Le Camus de Jambeville. (*V.* le P. ANSELME, *Généal. hist.* t. IV, p. 32.)

(4) Voici la liste que contient le *Deuxième Registre consulaire* (f° 40, r°) : « Du canton des Taules : Sire François Nantiac, bourgeois et marchant ; Du canton de la Porte : Sire François Seliere, bourgeois et marchant ; Du canton de Magninie : Sire Guillaume Roulhac, bourgeois et marchant ; Du Marché : Honorable Me Jehan de Douhet, président en l'eslection ; Du canton de la Fourie : Sire Gerald de Proges, bourgeois et marchant ; Du canton du Clocher : Sire Pierre Martin, bourgeois et marchant ; Du canton de Boucherie : Honorable Me Ysaac Cybot, advocat du Roy ; Du canton de Lansecot : Sire Jehan Navieres, bourgeois et marchant ; Du canton des Combes : Me Jacques Guyneau, procureur ; Du canton du Vieux-Marché : Sire Jacques Besse, marchant et bourgeois ; De Croissances : Honorable Me Guillaume Garreau, conseiller du Roy aud. siège ; Honorable Me Mathieu de Champagnac, visceneschal. »

Garreau, conseilher, Guilhaume Rouillac, François Nantiac, P. Martin, F. Cellière, J. Navières, Champagnac, Vissénéchal, Cibot, advocat du Roy, Duchambon, J. Progit, J. Tournion et Jean Guineau, procureur; et mist en leur place les six qui ensuivent, sçavoir : Mre Jean Mauple, thrésorier, Jean de Petiot, juge, Gaspard Benoist, esleu, Durand Brugière, bourgeois et marchand, Pierre Dubois sieur du Bouscheron, aussy bourgeois et marchand, et Jean Bonnin, procureur du Roy. Et ayant faict recherche des autheurs de la sédiction, furent exécutés en peinture, et les nommés Nambot et La Rocque en effect. Et ainsin fust la pancarte establie et levée jusques au mois de janvier et suivant, que le Roy ayant pitié de son peuple, la révoqua par édit du 27 novembre (1). [Abolition de l'impôt du sou pour livre.]

Ladite année 1602, le jour de la Feste-Dieu, furent prins certains habittans, lesquelz, convaincus d'assassinat, furent condamnés à estre pandus. Et, après leur condampnation, ayantz déclaré quelque temps auparavant avoir desrobé la custode où reposoit le Sainct-Sacrement, croyantz estre d'argent, dans l'église de S^{nt}-Michel-de-Pistorie, et mis le Sainct-Sacrement dans le mur de la guirlande des Fossés, devant la croix de S^{nt}-Gérald, auquel lieu ilz furent conduitz, puis de nouveau condampnés à estre rompus tous vifs, ce qui fust exécuté en la place S^{nt}-Michel, devant le Palays, le 10e juin; et fust porté le S^{nt}-Sacrement en procession solempnelle par l'évesque Henry de La Marthonie à S^{nt}-Estienne. Et [fut décidé] pour mémoire qu'il y auroit un petit armoire et une croix dedans audit lieu. [Exécutions de plusieurs assassins et voleurs.]

Le premier janvier 1603 (2), les six consulz cy-devant créés par le sieur de Jambeville furent confirmés et continués pour la présante année, en laquelle manda que, pour fère la nomination des nouveaux consulz, sera faict eslection de cent preud'hommes, ce qui fust faict le 7e de décembre et depuis a continué. [Continuation des pouvoirs des six consuls.—Changements introduits dans le mode d'élection des consuls, 1602 (3)]

---

(1) « Et fust la ville de Lymoges taxée pour lad. abolition à la somme de v^c lx l/. » (*Deuxième Registre consulaire*, f° 44, r°.)
(2) « Le 9 décembre 1602. » (*Deuxième Registre consulaire*, f° 43, r°.)
(3) Le règlement du mode d'élection des consuls arrêté par Henri IV au mois d'août 1602, se trouve en entier dans le *Deuxième*

La foudre tombe sur Saint-Michel-des-Lions.

Le jour de S^{nt}-Marc, icelle année, le tonnère tumba sur le clocher de Sainct-Michel-des-Lions. Ayant faict beaucoupt de dégast dans le clocher, rompist l'horloge, entra dans l'église, tua quelques personnes devant le bénistier ; puis entra dans la sacristie, brulla toutes les plus riches chappes et ne toucha à celles de dessus, fust aux fontz baptismales, et [fist] autres maux. Il paroist encores des merques au dehors du clocher (1). (2).

Entrée faicte au roy Henri 4°, à Lymoges.

[Entrée d'Henri IV à Limoges, 1605 (3).]

L'année 1605, Henry-le-Grand, roy de France et de Navarre, ayant faict donner advis à Limoges de son voyage, arriva à

Registre consulaire (f° 41, r°). Ce règlement a été reproduit dans le *Bull. de la Soc. arch. et hist. du Lim.*, t. VII, p. 147 et suiv. — D'après ce règlement, les consuls en charge nommaient, le 6 décembre de chaque année, avant midi, cent citoyens soumis à la taille, c'est-à-dire dans le commerce ou la bourgeoisie, dix pour chaque canton, qui élisaient le lendemain, 7, les six consuls pour l'année suivante. Les bourgeois électeurs appelés prud'hommes étaient tenus de satisfaire à leur mandat sous peine d'*amende arbitraire*, à la discrétion des consuls. Une mesure analogue avait été prise en 1470, par Louis XI. (V. LEYMARIE, *Lim. hist.*, p. 515). — Le lecteur qui tiendra à se mettre au courant de cette affaire, qui eut de si funestes résultats pour nos libertés municipales, ne pourra mieux faire que de lire le chapitre III de *Limoges au XVIIe siècle*, par M. P. Laforest.

(1) D'après le *Deuxième Registre consulaire*, f° 44, r°, les consuls de l'année 1603 s'occupèrent activement de la réparation des murailles. La peste fit une courte apparition dans la ville et les environs. Malgré leurs priviléges, les monnayeurs furent forcés de contribuer à la taxe de mille écus.

(2) Le *Deuxième Registre consulaire*, f° 47, v°, donne la liste des vingt conseillers répartiteurs (deux pour chaque canton de la ville) élus par les cent prud'hommes le 18 mars 1604. Cette élection était faite auparavant par les habitants, suivant l'ancienne coutume. Les lettres patentes du mois d'août 1602 ne concernent que l'élection des consuls, qui devait être faite par cent prud'hommes. Nous n'avons pû trouver l'acte qui étendit aux répartiteurs ce nouveau mode d'élection. Le 27 avril 1608, les habitants nommèrent les vingt conseillers répartiteurs comme par le passé.

(3) V. *Deuxième Registre consulaire* (f° 51, r°) : Discours de l'antique

Lymoges le 14ᵉ octobre, et n'y voulust entrer ce jour là que comme vicomte, et donner quelques jours aux habittans de se disposer à le recevoir comme roy, si bien qu'il sortist le 20ᵉ et ala disner à Monjauvy, où estoit dressé un magnifique théatre sur lequel le roy fust placé pour voir passer et recépvoir les honneurs des compagnies de la ville. Premièrement les ecclésiastiques aveq leurs croix, au nombre de 1500, conduitz par le Sʳ Dupuy Moulinier, esleu, qui arrangua ; en suitte 50 jeunes hommes richement vestus et montés à l'advantage, conduitz par le sieur de Compreignac, qui fist aussy son arrangue ; après le vissénéchal aveq ses archers ; en suitte Monsieur le présidant aveq messieurs du présidial, qui harrangua ; en fin messieurs les consulz aveq les plus nottables bourgeois, et fust harrangué par monsieur Mᵉ Jean Martin, procureur, prévost consul. Et incontinant, le roy descendant fust conduit par les consulz. Le chemin par où le roy passoit estoit tandu de tapisserie jusques à son logis et bordé d'un costé du régiment de ses gardes, et de l'autre, des compagnies de la ville. A la porte Montmallier y avoit quantité de représantations, emblesmes et belles devises, comme aussy la musique. A ladite porte, le roy receut les clefs de la ville, qui luy furent présantées par un jeune enfant nommé Jean André Vidaud, descendant dans une nue, de la valleur de 500 livres. Puis, entrant dans la ville, fust reçeu, et mis sur luy un riche pouelle, qui cousta 1800 livres, porté par quatre consulz. Cependant l'artilherie jouoit. Et fust conduit à Sⁿᵗ-Martial, où il fust reçeu par le sieur évesque, et fust chanté : *Te Deum laudamus*. Les chapses ouvertes, il baisa dévottement le chef de Martial, aposte de la Guienne, puis, sortant de l'église, reentra soubz son pouelle, et fust conduit, à lueur des flambeaux, par les rues de Manigne, Bancz et Ferrerie, à son logis du Brueil. Et, le lendemain, les consulz furent aveq leurs merques consulaires luy porter deux médalles d'or pesant deux marcz ; et d'autant qu'elles estoient impar-

---

fondation de la ville de Limoges et entrée de Sa Majesté en icelle, faict par Mʳᵉ Simon Descoutures, advocat du Roy (1605), reproduit dans le *Lim. hist.*, t. II, p. 84 et suiv. — *V.* aussi Laforest, *Limoges au xvııᵉ siècle*, p. 48 et suiv.

faictes, n'ayantz eust le temps, le roy les remist pour les faire achever et les luy envoyer. Et furent faictes par les Masbareaux (1), enfans de Lymoges, qui après furent apelés pour aller demeurer aux Thuilheries du Louvre, à Paris ; lesquelz ont faict les plus belles et rares pièces de leur temps, en or, argent, assier, fer, ivoire et autres métaux et bois.

Sur la requeste de Messieurs les consulz présantée au roy, luy requerant l'exemption des tailles et francz-fiefz, il partit de Lymoges le 28ᵉ [23] dudit octobre, et leur promist d'en communiquer à son conseil, estant fort content de Lymoges.

[Condamnations pour lèse-majesté.] Le 23ᵉ décembre ensuivant, furent condampnés comme criminelz de lèze-Majesté et exécutés au Pillory de Lymoges cinq gentilhommes, scavoir : Calveyrac, Grispelz, Duchassaingt, Puigaudon et Mathelin, frère bastard de Calveyrac (2). Leurs testes furent mises sur les quatre tours des portes de la ville.

(3).
(4).

---

(1) M. l'abbé Texier (*Dict. d'orfévrerie chrétienne*, Paris, 1857, gr. in-8°), les appelle les *Mabereaux* ; M. Maurice Ardant (*Bull. de la Soc. arch. du Lim.*, t. XIII, p. 93), opte avec Nadaud pour *Marbreaux*. Nous croyons que l'orthographe de notre ms. est la bonne ; nous avons à Limoges des familles *Masbaraud*. Il est à noter que la relation si détaillée de la réception d'Henri IV, qui se trouve aux *Registres consulaires*, ne nomme pas l'habile ouvrier qui avait fait les deux médailles.

(2) « Le baron de Calvayrac, du Quercy; le capitaine Mathelin ; les sieurs du Chassein et de Pénigourdon, du Périgord; et Louis Renaud de Gris, du Limousin. » (LAFOREST, *Limoges au XVIIᵉ siècle*, p. 65 et suiv.)

(3) Les consuls de l'année 1605 distribuèrent, par un contrat du 14 août de cette année, entre les mains des personnes solvables, les sommes provenant de la souscription pour le collége des Jésuites, à la charge par ces personnes de rembourser ces sommes à leurs successeurs.

(4) On lit en marge du *Deuxième Registre consulaire* (f° 59, r°) : « L'arrest contre les coureurs de pavés est du 3ᵉ febvrier 1607, donné » à Bourdeaux. Et fust publyé ycy le 22ᵉ dud. moys par Chapoulaud. » Nous n'avons pu nous procurer cet arrêt et nous en ignorons la teneur.

L'année 1608, le 7ᵉ avril, monsieur de Schombergt fist son entrée à Lymoges, et fust receu lieutenant de monsieur d'Espernon, gouverneur. [Réception du lieutenant de Schomberg (1).]

Le 24ᵉ avril, furent pandus les nommés Lafaye, Petit, Marsaut, du Cros et autres coquins, qui fesoient des larcins par les maisons et boutiques de la ville, Sⁿᵗ-Léonard et autres lieux (ils se servaient d'une chandelle ensorcellée); et aveq eux, Firminet et Pataque, recelleurs. C'estoient une bande de larrons qui fesoient de grandz larcins. (2). [Exécution de plusieurs voleurs.]

Le 14ᵉ may 1610, le roy Henry 4ᵉ estant décédé, fust envoy les députtés de la ville pour asseurer Sa Majesté de fidélité des habittans de Lymoges (3). [Mort d'Henri IV, Limoges envoie deux délégués à Paris.]

---

(1) « Henri de Schomberg, comte de Nanteuil et de Durestal, marquis d'Espinay en Bretagne, chevalier des ordres du roi, lieutenant général de ses armées, conseiller en ses conseils d'état et privé, etc., né au mois de juillet 1575, succéda à son père au gouvernement de la Haute et Basse-Marche, et à sa charge de maréchal de camp général des troupes allemandes pour le service du roi; fut lieutenant du roi en 1608..... Il fut pourvu des gouvernements des pays de Limousin, Saintonge et Angoumois, en 1622. » (Le P. ANSELME, *Généal. hist.*, t. VII, p. 469.) — *V.* aussi LAFOREST, *Limoges au xviiᵉ siècle*, p. 159 et suiv.

(2) Le *Deuxième Registre consulaire* (fᵒ 62, vᵒ) dit que les consuls de cette année (1608) eurent à soutenir et gagnèrent le procès qu'ils avaient avec le général Mauple. Ils déléguèrent le Sʳ du Puymoulinier vers le comte de Schomberg afin d'obtenir que ses compagnies passent à quatre lieues de Limoges pour se rendre à Tulle. Ils organisèrent la réception du comte de Schomberg, lieutenant du duc d'Epernon, ainsi que les réjouissances qui eurent lieu à Limoges le 11 mai, à l'occasion de la naissance du duc d'Anjou.

(3) Les consuls choisirent pour cette mission : « Simon Descoutures, avocat du roi, et Pierre Duboys du Boucheyron. » Ceux-ci rapportèrent de la cour à leurs collègues une lettre de remerciements de la reine mère, du 10 juin 1610, et des lettres de félicitations de d'Epernon et de Schomberg. Un service funèbre pour le repos de l'âme du roi fut célébré à la cathédrale, le 15 juillet 1610. (*Deuxième Reg. consul.*, fᵒ 96, rᵒ, et suiv.)

[Réception du gouverneur, M. de Candalle.]

L'an 1611, le 20º décembre arrivast à Lymoges monsieur de Candalle, lequel fust reçeu comme gouverneur, et ne voulust recepvoir le pouelle qui luy fust présanté, mais le fist passer devant luy par Messieurs les consulz. A son entrée, y avoit 1,400 hommes conduitz par monsieur le juge Petiot, colomnel, lesquelz furent au devant. Et fust reçeu à Sⁿᵗ-Martial par Monsieur l'abbé et chapitre, où fust chanté : *Te Deum laudamus*, et de là conduit chez monsieur le général Benoist ; et, le lendemain, partit.

[Froid excessif, 1610.]

Le dit jour, commança à faire sy grand froid et néger si fort qu'on ne sçauroit d'en avoir tant veu, car pendant six sepmaines, il ne cessa de néger, aveq un froid excessif sy fort que plusieurs en moururent.

Venue des Pères Bénédictins en l'Abbaye de Sainct-Augustin-lez-Limoges.

[Les Bénédictins.]

L'année 1612 (1), les révérends pères Bénédictins, de l'ordre de Sainct-Benoist, vindrent à Lymoges en l'abbaye de Sainct-Augustin, et réformèrent les antiens religieux qui se voulurent joindre à eux à la raigle de Sᵘᵗ Benoist, et les autres jouirent de leurs pansions, estant abbé de ladite abbaye Mᵉ Jean Renault, qui procura ladite réforme, lequel, après son décedz [1622], fust ensepvely dans ladite église, à costé du grand autel, comme se void par un épitaphe. Et depuis, les abbés sont triannelz, nommés entre les religieux. Ilz ont faict de très beaux bastimentz. Lequel lieu estoit l'antien cimetière des Lémoviques, comme il est dit ci-devant [p. 52], et [église] fondée par Sⁿᵗ-Rorice, évesque de Limoges [p. 86], estant destruite par les guerres, restaurée par l'évesque Turpin [p. 113] ; et dans laquelle église sont ensepvelis des évesques et autres, et mesme Pétronille Rotilde, royne d'Angleterre, sous le clocher dudit lieu, comme est dit cy-devant

---

(1) Jean Reynaud, l'abbé réformateur, avait été nommé abbé commendataire, le 10 mai 1594. (LAFOREST, *Limoges au xviiᵉ siècle*, p. 98.) Lisez dans cet ouvrage l'historique de l'abbaye de Saint-Augustin-lez-Limoges.

[p. 156. *V.* surtout la note]. Lesquelz religieux prindrent toutes les pierres des tumbeaux antiens qui estoient dans le pred, mesme celluy de ladite royne, dans lequel trouvèrent des dorures qu'ilz en firent plus de mille escus, comme dit est.

L'an 1613 [1614], suivant les ordres du roy, furent députtés pour assister aux Estatz Mre Henry de La Marthonie, évesque de Lymoges [pour le clergé], Monsr de Bonneval, pour la noblesse, et Monsr de Chastenet, lieutenant général, pour le tiers-estat ; et, pour la ville, sieur Grégoire Decordes, bourgeois (1). [Députés aux États.]
(2).

L'an 1614, pour les appréhensions qu'on avoit de Monsieur le prince, qui menassoit fort Limoges, certains de la ville firent faire un cierge en roue de la pesanteur de 120 livres de cire, qui fust offert à S^{nt} Martial, contenant en longueur le circuit de la ville, qui est de 705 brasses (3). [Cierge offert à saint Martial.]

L'an 1615, Monsr le prince ayant prins les armes contre Sà Majesté, obligea les consulz et habittans de fère bonne garde, fortiffier les murailhes et fère plusieurs plattes-formes, mesmes une palissade hors la ville, tout autour du fort Saint- [Les consuls mettent la ville en état de défense.]

---

(1) « Seigneur du Haut-Ligoure. » (LAFOREST, *Limoges au XVIIe siècle*, p. 87.)

(2) *V.* le *Deuxième Registre consulaire* (f°s 89 et 90) pour les lettres patentes de Louis XIII (d'avril 1613), par lesquelles il accorde aux enfants mâles des consuls la transmission des priviléges à eux accordés.

(3) En souvenir du cierge offert à saint Martial en 1183 et de la levée du siége de Limoges par Henri-le-Vieux. (*V.* ci-dessus p. 165). Remarquons que l'annaliste dit à la page citée : « que le circuit de la ville était de 1816 brasses. » La brasse avait environ 6 pieds ou deux mètres, ce qui aurait fait pour le circuit de la ville, non comprise la Cité, environ 3 kilomètres et demi, ce qui n'est pas possible. Le chiffre de 705 brasses, ou environ 1 kilomètre et demi, se rapprocherait assez de la vérité.]

Martin, laquelle fust faite des arbres qui estoient au cimetière Sainct-Pol ; ensemble, la porte des Arrennes fust fortiffiée ostant l'entrée qui regarde le faux bourgtz. Et fust faite une platte-forme ainsin qu'il se void. Et fust faite l'entrée du costé du cimetière. Lequel prince estoit à Argenton, place forte et non loingt de Limoges.

[Le duc de Nevers] (1).

Le 21e novembre audit an 1615, monsieur de Nevers allant à Bourdeaux passa par Lymoges ; lequel fust bien receu. Il alloit trouver le roy audit Bourdeaux pour moyenner la paix entre les princes.

[Le duc de Nemours.]

Le 26e dudict novembre, arriva à Lymoges monsieur le duc de Nemours, et logea chez monsieur Petiot près les Arrennes.

[Le prince de Joinville.]

Le lendemain, arriva monsieur le prince de Jonville, au devant duquel furent 350 habittans conduitz par monsieur Benoist assesseur. Et fust l'antrée en la porte Manigne, où il fust bien receu.
(2).

[Cadran de Saint-Martial.]

L'an 1617, fust faite la monstre ou cadran du clocher de Snt-Martial, regardant à la porte Poulalière, et ce aux despantz des voisins, qui l'entretenoient.

---

(1) Charles de Gonzague, duc de Nevers, puis duc de Mantoue.
(2) Le *Deuxième Registre consulaire*, fos 98 et suiv., dit que les consuls de l'année 1615 s'opposèrent vainement à l'établissement de blanchisseries de toiles par Jean Martin le jeune, qui avait obtenu le privilége de cet établissement de Louis XIII, le 24 avril 1615 ; ces consuls réglèrent la quantité d'eau afférente aux fontaines des Barres, du Chevalet et de La Claustre. Les eaux qui alimentaient ces fontaines provenaient du lieu dit de La Roche-Ferrière. Par accord intervenu le 31 août 1508, les eaux avaient été divisées par moitié entre les fontaines du Chevalet et des Barres d'une part, et la fontaine de La Claustre, appartenant aux religieux de Saint-Martial, d'autre part. (*Premier Registre consulaire*, t. I, p. 9 et suiv.)

Venue des Carmélites.

L'année 1617, fust achetté du sieur Pierre Decordes, sieur de Balezis, la maison scituée devant l'arbre de Beauvais, descendant du portal Nimbert la somme de six mille cinquante livres, pour placer les religieuses Carmélites, dont la suppérieure estoit espagnolle. [Les Carmélites.]

Le dimanche, 3e novembre 1618, l'église où chappelle fust sacrée par monseigneur Raymond de La Marthonie, évesque de Lymoges, et, le 6e décembre ensuivant, furent mises en pocession six religieuses, le susdit évesque portant le Snt-Sacrement en procession géneralle depuis l'église Snt-Estienne jusques à leur église aveq mesme solempnité que le jour de l'Octave-Dieu ; où assistèrent les six religieuses, tous les corps de la ville, aveq grand affluence de peuple.

Le 10e octobre 1618, décéda en la Cité de Lymoges Mre Henry de la Marthonie, évesque de Lymoges, et, fust ensepvely à l'église Snt-Estienne devant le grand autel. Et luy succéda son nepveu et coadjuteur ayant la survivance.

Raymond de La Marthonie, en rangt des évesques de Lymoges 83 (1). [Raymond de la Marthonie, évêque.]

Ladite année, parust une très grande et prodigieuse comette, et fust aussy bien vue à Lymoges qu'alheurs ; laquelle dura longt temps. Elle estoit estrangement longue, faite en forme de sabre ou coustelas, dont le pommeau estoit l'estoille, qui estoit clère, et le restant tout en feu rouge. Et en suitte, furent vus divers prodiges en l'air. [Comète de 1618.]

Réformation de l'Abbaye de Solomniac.

Le 26e juingt 1619, monsieur de Baraud (2), abbé de So- [Réforme de l'abbaye de Solignac.]

---

(1) 82e, d'après le tableau de Nadaud. Cet évêque, sacré en 1615, mourut en 1627.

(2) Jean Joubert de Barraud, évêque de Bazas, abbé commendataire de Solignac. (ROY-PIERREFITTE, *Les Monastères du Lim.*, Solignac, p. 13 ; *Gall. Christ.*, t. II, col. 574.)

lompniac, mist en pocession six religieux de l'ordre de S^{nt}-Benoist pour réformer ledit couvent; et les antiens moynes qui ne voulurent suivre la réforme jouyrent de pansion durant leur vie. Lequel sieur abbé et archevesque d'Arles décéda en ladite abbaye.

[Réforme du couvent des Carmes des Arènes.]

Laditte année, Mre Jean Tuaud, provincial de l'ordre des P. Carmes, réforma les religieux du couvent des Carmes des Arrènes de Lymoges (1).

[Les religieuses de sainte Claire.]

Le mercredi, 19e novembre 1619 (2), arrivèrent les religieuses de Sainte-Claire en la Citté de Lymoges, et se retirèrent pour faire leur office dans l'église appellée de Sainct-Genier et maison auprès, où elles demeurèrent jusques à l'année   , que leur bastiment et église furent bastis (3).

[Les habitants de Limoges se tiennent sur leurs gardes et s'approvisionnent.]

L'année 1619, la royne mère s'estant retirée à Engoulesme, à l'ayde de monsieur d'Espernon, obligea les habittans de Lymoges à faire bonne garde et provision de vivres, bledz, farines et autres.

---

(1) *V.* BONAVENTURE, t. III, p. 828.

(2) « 1619 ou 1620 (ms. de Lépine, note ms. sur cet endroit). » (Note ms. de Legros, à la page 828 du P. Bonaventure.)

(3) « Elles sont sous la direction des FF. Mineurs Cordeliers. François de La Fayette, évêque de Limoges, la bénit (l'église) et célébra le premier la messe, le 5 juin, jour de la Fête-Dieu 1649. (NADAUD, *Mém. manusc. lim.*, t. II, p. 434) ». (Note ms. de Legros, à la page 828 du P. Bonaventure.) Le *Manuscrit de Pierre Mesnagier* dit : « Et en cette année 1641, les dames religieuses de Sainte-Claire de la cité de Limoges ont fait bâtir leur église, et Monsieur de Châteauneuf leur a baillé tout le bois à bâtir, et Mme de La Feuillade fut fondatrice de l'église et la fit bâtir à ses dépens, et se fit recevoir religieuse et fut abbesse dudict couvent ; et [après] quelques quatre ans qu'elle demeura religieuse (A), elle se maria avec Monsieur le marquis de Saint-Maixant. Et quelque temps après il fut empoisonné à Paris. »

(A) Jacqueline d'Aubusson de La Feuillade, née le 21 mars 1621, prit l'habit de Sainte-Claire le 16 octobre 1635 et fit profession le 19 mars 1637; mais ses vœux furent déclarés nuls en 1641. (*V.* sur cette affaire le *Nobiliaire de Nadaud*, t. I, p. 75.)

Le sieur de Schombergt fesoit grand levée de gens de guerre, aveq lesquelz il print Userche. [Prise d'Uzerche par le lieutenant de Schomberg.]

Le 12ᵉ avril suivant, la paix fust faite, et publiée le 26ᵉ juin, qui resjouit grandement les habittantz. [Publication de la paix.]

L'année 1620, la royne mère ayant reprins les armes, les habittans de Lymoges creignants monsieur d'Espernon qui sçavoit les deffences de la ville et forteresse des murailles, demandèrent secours au roy, qui leur envoya monsieur le prince de Jo[i]nville aveq 4,000 hommes ; lequel estant arrivé à Sⁿᵗ-Léonard le 4ᵉ aoust, receut les nouvelles de la paix et arriva à Lymoges le 16ᵉ dudict, qui resjouit grandement les habittaus, et y demeura jusques au 20ᵉ. [Le prince de Joinville vient défendre Limoges.]

Au commencement dudit trouble, fust commis six bourgeois pour faire réparer les murailles, qui coustèrent 1,900 livres. [Réparations aux murailles.]

Le dimanche, 4ᵉ octobre, monsieur le prince de Condé estant sorti de la Bastille, où il estoit prisonnier, arriva à Lymoges en poste, et assista à vespres à Sⁿᵗ-Martial, où luy fust faict ouverture de la châsse de Sⁿᵗ Martial et luy fust monstré le saint chef qu'il ne voulust baiser, descouvert par révérance. Et, le lendemain, partit pour aller à Sⁿᵗ-Léonard, où il ouyt messe et communia, et luy fust monstré aussy le chef de saint Léonard ; et donna cent escus de présent. [Le prince de Condé.]

Venue des Religieuses Urselines.

Le lundy, 13ᵉ (1) novembre 1620, arrivèrent les religieuses de saincte Ursulle, et furent logées dans la maison de chez Dupeyrat, devant la fontaine du cloistre Sⁿᵗ-Martial ; dans l'estage de laquelle maison firent leur chapelle, et y demeurèrent jusques au mois de mars ensuivant, qu'elles se retirèrent près l'Andeix du Vieux-Marché, où elles sont de présant. (2). [Les religieuses de sainte Ursule.]

---

(1) « Le 15, » d'après les chroniques inédites de la communauté. (LAFOREST, *Limoges au xviiᵉ siècle*, p. 114.)

(2) « L'an mil six cent vingt, il fit un si grand éclat de tonnerre qui vint du côté de la Mauvendière, près des Arènes, lequel tonnerre

[Réception du lieutenant de Pompadour.]

Le 21 [23] juin 1621, Philipes de Pompadour fist son entrée à Lymoges, comme lieutenant de Monsr le gouverneur. Et furent au devant 1,100 hommes, conduitz par Mr Martial Benoist Sr du Montin, colonnel. Et le 25e, ledit sieur de Pompadour monta à l'audiance pour faire publier ses lettres, où assistèrent les députtés de tous les corps de ville. Il estoit assis en la place du président.

Venue des Pères Feuillantz.

[Les Feuillants.]

Le 25e (1) juillet 1622, les révérandz Pères Feuillantz furent mis en pocession de l'abbaye de Sainct-Martin-lez-Lymoges, estant pour lors abbé M[re] [N.] Marchandon et chanoine de Sainct-Estienne. Les antiens moynes qui ne voulurent suivre leur raigle jouyrent de leur pension durant leur vie, comme aussy ledit S[r] abbé et prévost. Et apprès le décedz dudit abbé, il fust ensepveli dans l'église, comme se void par son épitaphe. Et l'abbaye demeura ausditz religieux, qui nomment leur abbé triannellement entre eux. L'abbaye est fort bonne. Le bastiment fust démoly par les guerres, comme dit est cy-devant, [et reconstruite] par les Vénitiens, ayant esté destruite par les Danois [p. 127], et puis destruite du temps d'Henri-le-Vieux [p. 164], puis remise par l'évesque Hildoin [p. 133].

Voyez au nom des abbés, ci-dessus [p. 119], et la dernière destruction ci-dessus [p. 358], du temps des guerres civilles, l'an 1574.

---

traversa la ville de Limoges et vint tomber sur le haut du clocher de l'église Saint-Etienne, et abattit un des petits clochers de pierre qui était demeuré depuis que le grand aiguillon était brûlé aussi par le feu du tonnerre [1571]. Lequel tonnerre ayant laissé encore deux des petits clochers que l'on y voit encore et ayant abattu l'autre ; il renvoya la plupart des quartiers de pierre de taille au dessus de la maison de Monsieur l'évêque, qui lui portèrent grande perte. Lequel évêque s'appelait François de Lafayette, enfant de l'Auvergne, lequel n'était que reçu évêque de quatre mois au-devant. » (Ms. de Jean Lavaud, dit de Pierre Mesnagier.

(1) Le P. Bonaventure dit « le 22 juillet » ; mais Legros a biffé ces mots et les a remplacés par ceux-ci : « et par acte du 15 ».

Le dimanche, 7e (1) may 1623, fist son entrée à Lymoges, comme gouverneur, monsieur de Schombergt ; et luy furent au devant 1,100 hommes, conduitz par monsieur le juge Petiot, colomnel. Lequel sieur gouverneur refusa se mettre soubz le pouelle qui luy fust présanté par les consulz.

[Réception du gouverneur de Schomberg.]

Venue des Pères de l'Oratoire.

Le dimanche, 21 juillet 1624 (2), les révérendz Pères de l'Oratoire commencèrent à faire leurs exercices dans la maison chez Dupeyrat, où cy-devant avoient esté les Urselines, puis, près l'Arbre-Peint, finallement près l'Andeix ou Croix de Manigne, où ils sont de présant.

[Les Pères de l'Oratoire.]

La susditte année 1624, se fesoit l'ostension du chef de Monsr Snt-Martial, commançant au mardy de Pasques et finissant au mardy de la Pentecoste, dont y eust affluance d'estrangers. Auquel temps, monsieur Bardon, qui vivoit pour lors en grand austérité de vie, composa les vers qui sont sur le sépulcre de sainct Martial, et une prose en latin

[Ostensions de 1624.]

---

(1) « Le 7 juin, » d'après le *Deuxième Registre consulaire* (fº 125 et suiv.) qui donne un récit très étendu de cette réception.

(2) Voici ce que dit le *Manuscrit de Pierre Mesnagier* : « Et en cette présente année 1640, vinrent à Limoges s'établir les Pères de l'Oratoire, et firent leur première demeure dans la rue de l'Arbre-Peint, proche le logis des Feuillants ; et firent quatre ans de séjour en ce quartier, et après ils achetèrent à l'Andeix de Manigne une maison appartenant à messieurs Le Boyol et ont demeuré là depuis, et sont encore à présent. Et ils disaient la sainte messe dans une chambre sur le derrière de cette maison, et après ils firent leur chapelle sur le devant et ont ainsi demeurés quelque temps. » Il y a entre ces deux dates, 1624 et 40, seize ans de distance. Nous savons que Pierre Mesnagier est un annaliste contemporain des événements dans lequel on peut avoir confiance, aussi croyons-nous qu'il a raison. Nous ne pouvons nous expliquer les erreurs de date que nous rencontrons à la fin de notre manuscrit, qu'en supposant que le compilateur a voulu utiliser les blancs qu'il avait laissés d'abord en certains endroits.

à l'honneur dudict sainct en vers sizains, commançans : *Gaude, sancte Martialis*, et tous les suivants commencent par *Gaude*, etc. Et sont en nombre 34 sizains qui sont cy-devant [p. 247].

Comme aussy Monsieur Dorat, aumousnier du roy, composa des estances à l'honneur de sainct Martial, qui sont cy-devant [p. 250].

Décedz de Monsieur Bardon.

[Mort de Bernard Bardon de Brun.] L'an 1625, le 19ᵉ janvier (1), décéda vénérable Mʳᵉ Bernard Bardon, prestre, dit de Brun, et fust ensepveli le landemain jour de Sⁿᵗ-Sébastien en l'église de Sⁿᵗ-Pierre-du-Queyroir de Lymoges, devant l'hautel de Sⁿᵗ-Fiacre, son corps ayant esté enlevé par les prestres de ladite église et paroissiens, nonobstant la résistance de certains qui voulloient qu'il fust enterré ailheurs et le pensoient fère transporter à certaines maisons religieuses. Et fust mis en terre à la haste. Auquel enlèvement furent plus de mille personnes allantz en désordre, comme l'on peut voir dans le Livre qui en a été composé par le Révérend père Petiot, jésuitte (2).

Lequel, cinq jours après, fust désenterré et mis dans un cercueil de plomb, le corps duquel avoit une odeur suave, la bouche vermeille et les yeux à demy ouvertz aveq la bouche, le restant du corps estant blanc, n'estant en rien corrompu à cause de la terre. L'on peut voir sa vie dans le susdit livre, laquelle est toute admirable. Ceux qui se sont recommandés à ses prières pendant sa vie et après sa mort [sont nombreux].

---

(1) « Le 20 janvier » (note ms. de Legros en marge de la page 833 du P. Bonaventure).

(2) *La vie admirable et exemplaire de M. Bardon de Brun, prêtre...* Par le R. P. Estienne PETIOT... — Bordeaux, Millanges, 1636, in-8°. Le *Catal. de la Bibl. nat.*, t. IX, p. 277, indique trois éditions de cet ouvrage : deux à Bordeaux, en 1636, et une à Limoges, impr. par Chapoulaud, en 1653. Le P. Bonaventure, t. III, p. 833, a donné aussi une vie de ce pieux personnage ; voy. également : *Florilegium sacrum Lemovicense*, operâ J. COLLINI. Lemovicis, Chapoulaud, 1673, in-12, p. 86 ; COLLIN, *Vie des Saints*, Limoges, Barbou, 1672, in-12, p. 12 ; P. LAFOREST, *Limoges au xviiᵉ siècle*, p. 322.

Où, tous les jours, plusieurs personnes vont à son sépulcre, où ilz trouvent soulagement, tant aux malladies que affaires particulières qui arrivent dans les familles, y ayant oraisons et prières en latin et françois pour ce subject.

L'an 1666, le 24ᵉ avril, jour de mercredy de la sepmaine saincte, sur le soir, le corps dudict feu monsieur Bardon fust transféré de son sépulcre et mis dans un sépulcre neuf qu'on fist fère dans le mur du clocher de ladite église Sainct-Pierre, aveq la permission de Monseigneur l'évesque, lequel y envoya Monsʳ son official et greffier.

Venue des Pères Carmes Deschaux.

Le 18ᵉ juillet 1625, les révérends Pères Carmes deschaussez furent mis en pocession de l'église et prioré et aussy paroisse de Sainct-André de la Citté de Lymoges, estant prieur messire François Vidaud, qui prinst l'habit, et un sien frère. Et, le 6ᵉ aoust, la croix y fust plantée, où assista monseigneur Raymond de La Marthonie, évesque de Lymoges. Et après, fust transférée la paroisse à Sⁿᵗ-Dampnolet. La prioré est fort belle et bonne en revenu. Ilz ont faict depuis plusieurs bastimentz. [Les Carmes déchaussés.]

L'an 1626, les pluyes furent si grandes et extraordinaires que les dommages qu'elles portèrent en divers endroitz faisoient perdre espérance de pouvoir recueillir les grains; sy bien qu'après plusieurs processions, jeusne de trois jours, les chapses furent portées, le 24ᵉ juillet, aveq autant d'affluence de peuple que le mardy de Pasques. Et, le mesme jour, le solleil commança à se monstrer, et les grains se levèrent aveq facillité. [Procession pour les récoltes.]

Le 9ᵉ janvier, 1627, la fontaine qui est entre la Citté et fauxbourgtz de Boucherie fust parrachevée. Et fust faite venir aux despans des habittans dudict fauxbourgtz et Haute-Citté. [Achèvement de la fontaine entre la cité et le faubourg Boucherie.]

Le 12ᵉ [14] dudict mois, décéda Mʳᵉ Raymond de la Marthonie, évesque de Lymoges, et fust ensepveli à l'église Sⁿᵗ-Estienne, près son oncle. Et à luy sucéda Mʳᵉ

— 398 —

[François de La Fayette, évêque.]

FRANÇOIS DE LA FAYETTE, en rangt des évesques 84 (1); et, le 25ᵉ aoust, fist son entrée, et le 28ᵉ [fust] mis en pocession.

[Misère et disette — Aumônes.]

Icelle année 1627, au mois de septembre, l'affluance des pauvres fust sy grande, comme aussy la disette telle qu'on fust contrainct de distribuer les pauvres de la ville par les maisons. Laquelle disette dura longt temps et jusques en l'an 1631, le saigle vallant 7 à 8 livres le sestier, et bien aise celluy qui en pouvoit avoir à ce prix. Dont s'en suivit la contagion.

[Feu de joie pour la prise de la Rochelle.]

Le 12ᵉ novembre [1628], fust fait feu de joye pour la réduction de La Rochelle.

[Contestation entre l'abbé et les chanoines de St-Martial (2).]

L'année 1630, le 8ᵉ janvier, arriva dans Sⁿᵗ-Martial, issue de grand messe, contestation entre le sieur abbé et chanoines, telle qu'ilz vindrent aux mains, ledit abbé ayant prévu cet affaire, ayant fait mettre des gens dans le chemin qui va de la sacristie aux cloistres. Tellement qu'il y eut des chanoines blessés et sang respandu, aveq grand scandalle de peuple, qui accourust au bruit. Ce qui donna occasion au seigneur évesque de Lymoges de se transporter dans laditte église, et, sur le soir dudict jour et informations faittes veu le sangt, transporta le Sainct-Sacrement de ladite église à l'église de Sⁿᵗ-Pierre dite du Queyroy, où se trouvèrent à la suitte plus de quatre mille personnes, ce qui touchoit le cœur à tous, dont la pluspart avoient les larmes aux yeux, disantz : quelque malheur devoit arriver. Dont l'église de Sⁿᵗ-Martial, dans laquelle se fesoit le service divin et visitée de la pluspart des habittants, demeura sans aucun service ny cloches sonnées jusques au dimanche ensuivant, que l'église fust réconcilliée solempnellement par ledit seigneur évesque, où il y eust

---

(1) 83ᵉ, d'après le tableau de Nadaud. Cet évêque fut nommé le 27 novembre 1625 et prit possession de son siége en 1628. Il mourut le 3 mai 1676.

(2) V. la note de la page 404, où nous reproduisons le *Manuscrit de Pierre Mesnagier* que possède la bibliothèque de Limoges; ce manuscrit rapporte cette contestation à l'année 1632.

grande multitude de peuple. Cependant les chanoines faisoient leur office dans ladite église Sainct-Pierre. Et de ce fust intenté grand procès, et fust arretté prisonnier ledict sieur abbé et ses deux frères, dont l'un estoit chanoine ; et, enfin, y eust arrest.

A ceste cause lesditz chanoines se soubzmirent à la jurisdiction dudit seigneur évesque, dont, despuis, se sont repantis, car il n'avoit aucun droit ny justice sur eux.

Sorciers et Sorcières exécutés à Lymoges.

Ladite année 1630, au mois d'apvril, furent attaingtz et convaincus de sortilége trois paysantz proches de Lymoges, nommés Jossou, Pautier et Galetou, lesquelz accusèrent trois femmes, et lesquelz furent pandus, et leurs corps brullés au Creux des Arrennes. Jossou et Galetou furent repentans, et Pautier mourust sans repantance, ains demeuroit sans parler, ayant esté exhorté plusieurs fois, son démon ne l'ayant jamais quitté, car, estant à la potence, un gros frelon estoit sur son espaule, et, de temps en temps, alloit voller autour de luy, et passoit devant son visage et autour du bourreau qui le chassoit, et puis retournoit sur l'espaule, et puis retournoit si souvent que le bourreau en fust espouvanté, qui attandoit tousjours un mot de repentance, lequel jamais ne voulust parler. Lequel frelon s'approcha de la bouche dudit Pautier. Le bourreau tout effrayé luy donna le saut, y estant contrainct, criant *Jésus, Maria*! Descendant à grand haste de la potence, criant tousjours *Jésus, Maria*! fust vu, à la vue de tout le peuple, ledit frelon entouré d'une fumée monter en l'air fesant grand bruit, dont les plus proches furent fort effrayés ; et fust vu jusqu'à perte de vue.

Les trois femmes furent exécuttées quelques jours après, dont deux femmes furent brullées au susdit lieu du Creux des Arrennes.

L'un desditz sortiers avoit ensorcellé une fille qui demeuroit servante chez un nommé Roulhact, près l'arbre d'Eigoulène, laquelle estant exorcicée fesoit des extorsions de teste et corps, sortant la langue de sa bouche de façon estrange ; comme aussy tournoit la teste devant dernier, et autres choses effroyables, aveq cris et hurlementz.

[Sorciers et sorcières exécutés à Limoges.]

Il y eust aussy un jeune enfant de ladite maison qui fust aussy ensorcellé. Lesquelz, fille et enfant, après les exorcices et punition desditz, furent délivrés, à la réserve de l'enfant, qui demeura muet et paralitique de tout son corps, estant eagé de 10 ans ou environ ; lequel fust guéri par l'intercession de sainct Martial l'année suivante, qui fust l'ostension, de cette sorte.

La mère dudit enfant porta en dévotion ledit enfant à Sainct-Martial, pour lui faire baiser le sainct chef. Arriva que le vendredi 9ᵉ et sabmedi 10ᵉ de may de l'année 1631, iceux jours ayant esté porté ledit enfant à Sainct-Martial et baisé le chef du glorieux sainct, estant rapporté à la maison le soir du vandredy, la nuit, l'enfant se seroit esveillé et appelé sa mère, la priant de l'apporter de rechef à Sᵗ-Martial, pour baiser son sᵗ chef. La mère, estonnée d'entendre parler son filz, ayant demeuré sy longt temps muet, le lendemain matin, l'auroit porté en chemise, teste nue, aveq un cierge à la main. Où estant, demanda à baiser le chef de Sᵗ Martial, ce qui luy fust ottroyé. Après l'avoir baisé et présanté son cierge, demeura comme pasmé, et après s'estre remis, il se seroit levé et marché sans ses bastons, qui auparavant le supportoient, et seroit allé de ses piedz visitter les autres sainctes reliques qui sont dans et hors la ville. Et fust faict le miracle à la vue de trois de messieurs les chanoines et de plusieurs autres qui estoient là présants, le sabmedy 10ᵉ may 1631.

Commencement de la Contagion.

[Peste de 1630-1631.]

Laditte année 1630, sur la fin de septembre (1), se descouvrit la contagion aux fauxbourgts des Arrennes, ayant esté portée par un estranger qui mourust au logis des Trois-Anges,

---

(1) V. *Ms. de la Confrairie du Saint-Sacrement* que possède la bibliothèque, reproduit en partie dans ALLOU, *Descript. des Mon. de la Haute-Vienne*, p 247, et en entier dans le *Lim. hist.*, t. I, p. 35 et suiv. — V. aussi le *Manuscrit de Jean Lavaud*, dit à tort de Pierre Mesnagier, appartenant à la bibliothèque communale de Limoges. — M. Pierre Laforest, dans son *Limoges au XVIIᵉ siècle*, p. 179 et suiv., donne de grands détails sur cette peste à Limoges.

et sur ce d'autres ; tellement qu'ayant continué peu après tout l'hivert, s'eschauffa à la prime de l'année 1631, sy fort qu'elle donna subject aux habittans de se retirer à la campagne.

Nonobstant la contagion qui s'eschauffoit tous les jours aux sepmaines sainctes de l'année 1631, l'ostension du chef du glorieux sainct Martial fust faicte et des autres sainctes reliques, mais non avec affluance de peuple, à cause de la malladie, qui, au mois de may, fust par tous les cartiers de la ville, qui donna subject aux habittans qui avoient de quoy se retirer à la campagne (1). Nonobstant tout, la closture des sainctes reliques ne fust faite qu'à l'ordinaire, le mardy de la Pentecoste. Auquel temps, la malladie estoit dans une grande viollance et le bled fort cher ; et vallut le seigle 7 à 8 livres le sestiers (2). Dont les consulz, prévoiantz la nécessité de la malladie et pauvres de la ville, comme aussy pour la garde d'icelle, pour laquelle fust commis Guilhaume Pénicaud (3).

---

(1) En présence de ces nombreux départs, les consuls durent prélever sur chaque personne sortant de la ville avec ses meubles une certaine somme pour subvenir aux dépenses que la contagion occasionnait ; cette somme devait leur être remboursée plus tard. (*Deuxième Registre consulaire*, f° 155, v°.)

(2) Le *Deuxième Registre consulaire* (f° 153, r°.) dit que le 18 avril 1631, sur la proposition de Jean Descordes, lieutenant général de la sénéchaussée, les consuls établirent une chambre de santé dont les membres furent pris dans les divers corps de ville. Elle fut composée de quatorze membres. Cette chambre, sur la proposition du prévôt et des consuls, décidait sur toutes les affaires et les règlements concernant la contagion.

(3) Nous avons été assez heureux pour trouver l'acte de nomination du capitaine Guillaume Pénicaud. Il est écrit sur parchemin et porte les signatures des consuls en charge et le sceau de la ville. Nous pensons être agréable à nos lecteurs en reproduisant cette pièce, d'autant plus que le *Deuxième Registre consulaire* parle du capitaine Pénicaud sans donner l'acte de sa nomination :

« AUJOURD'HUI huitième may mil six cent trente-un, en la chambre du Conseil de la Maison de Ville de Limoges, où étoient messieurs Decordes, lieutenant ; monsieur Albiat, prévost ; Benoist, Roger Descordes, David, consuls de ladite ville ; Maledent, Reculès, consuls-magistrats ; Descoutures, avocat du Roy ; de Verthamont, président et consuls ; Maledent-Chastagnac, juge de police ; Jean Jayat et Jacques

pour capitaine aveq cent soldatz pour garder les portes de la ville, fesant pathroulhe la nuit par les rues pour empescher qu'il ne se fist de volleries. Et, outre ce, commirent des médecins de la ville et estrangers, dont l'un se tenoit dans la tour Branland (1), et l'autre au lieu appellé de La Malhiartre, au dessoubz de la Mauvandière, outre ce, des chirurgiens tant habitants qu'estrangers. Et, pour la santé de l'ame, il y eust des prestres qui s'offrirent volontairement, comme aussy des pères Jésuittes, Recoletz et autres. Et furent faites des

---

Martin, sieur du Teillout, bourgeois, assemblés pour les affaires de ladite ville, ont remontré par ledit sieur Albiat, prévost consul, que comme environ depuis huit ou neuf mois en çà, les habitants de la présente ville quoique soit partie d'yceux, ont été frappés de la maladie contagieuse, laquelle c'est tellement augmentée depuis le commencement du printems que plusieurs en sont décédés, ce qui a donné un tel éfroy et épouvante aux autres qu'ils ont depuis peu abbandonné la ville comme font encore tous les jours, de sorte qu'il seroit nécessaire, ainsi qu'il a toujours été usité en pareille occurance, de créer un capitaine avec un nombre de soldats pour la garde de ladite ville et empescher que pendant le tems que les dits habitants demeureront hors et qu'il plaira à Dieu nous affliger de ladite maladie, il ne se commette aucun désordre en icelle par les habitants ou étrangers qui y pourroient arriver, compagnons à pied, et requiert ledit sieur de vouloir délibérer sur ladite proposition et faire choix d'une personne de considération, bonne renommée et qui soit capable de commander auxdits soldats. Sur quoy ouy ledit sieur Decoutures, avocat du Roy, a été arrêté et conclud que pour la garde et conservation de ladite ville, il sera fait choix d'une personne suffisante et capable pour commender à une compagnie de trente soldats et davantage s'il est besoin, tous habitants de la présente ville, et pour empêcher qu'il ne se commette aucun désordre en icelle, et après mure délibération a été trouvé bon de la part de la majeure de faire apeller Guilhaume Pénicaud, marchand de cette ville, pour commender auxdits soldats, ayant été jugé capable de le faire. Et iceluy s'étant présenté et déclaré occuper ladite charge avec honneur, avons fait prêter le serment au cas requis, dont a été consédé acte signé Albiat, prévost consul; Benoist, consul, et de Rogier, consul, Decordes, consul, David, consul, et de Romanet, consul. Et signé pour expédition, David, greffier de l'Hôtel de Ville. »

(1) « D'Amblard. » (LAFOREST, *Limoges au XVIIe siècle.*) Cette tour était indifféremment appelée de l'un ou de l'autre nom.

maisons ou huttes pour loger les pauvres mallades soubz la Maison-Dieu, dans le pred le longt du ruisseau. Pour lesquelz fraitz, lesditz sieurs consulz firent taxe sur ceux qui se retiroient de la ville, pour lesquelz faire payer empeschèrent qu'aucuns meubles ne sortissent. Laquelle somme ne fust bastante [suffisante] pour survenir aux fraitz qui furent faitz pour la solde des soldatz et nourriture des pauvres qui estoient aux huttes, ausquelz on envoyoit alimentz pour les sustenter; tellement que les consulz firent beaucoupt d'advances, desquelles ilz n'ont estés achevés de rembourcer, dont y a eu procès, qui dure encore; ce qui est injuste, car ilz sont louables de ce que, pandant ladite contagion, il n'y eust aucuns larcins ny maisons pilhées, si bien ilz avoient mis ordre. Laquelle malladie commança à cesser après la procession de sainct Roch, où lesditz consulz assistèrent aveq leurs merques; et depuis ont continué d'assister à la procession que les prestres de S^{nt}-Pierre font ledit jour de saint Roch, ensemble les confrères. En laquelle église de S^{nt}-Pierre le S^{nt}-Sacrement est exposé, et aussy à S^{nt}-Michel-des-Lions (1). L'on faict estat qu'il en mourust de personnes dans la ville, Citté et fauxbourgtz et banlieue vingt mille personnes, et plus que moingtz, sans conter ceux des autres villages où ce mal passa. Et depuis, la feste est chommable (2).

Icelle année [1632] fust fort fertille en grains, fruitz et grande quantité de vin, qui soullagea beaucoupt ceux qui avoient beaucoupt despancé, et autres pauvres.

[Abondance des récoltes.]

---

(1) « Le vingt deuxième febvrier de l'année suivante fust indicte procession générale, avec convocation des ordres religieux; et dès lors, *stetit phinees et cessavit quassatio*; et ensuite, le lendemain, de la part de monseigneur le reverendissime évesque François de La Fayette, un service général pour les âmes de ceux qui gisent incognus et inglorieux dans le sépulchre ». (*Deuxième Registre consulaire*, f° 156, v°.)

(2) Après la disparution de la peste, les consuls fondèrent une maison de santé au prieuré de la Maison-Dieu, dépendant de l'abaye de la Règle. (*Ibid.*)

Division entre les Pères Recolletz.

[Division de Récollets.]

En l'année 1632, commança la division ou partage de la province de Guienne entre les Pères Recoletz, qui esclatta à Lymoges grandement. Le subject de la conteste estoit la suppression des discretz, et les autres indiscretz, sy bien qu'en mesme temps on vist deux provinciaux des deux parties, les uns nommés discretz et les autres indiscretz. Et fesoient garde, les uns dans Saincte-Vallérie, et à S^{nt}-François, leur couvent, les uns contre les autres. Et après plusieurs disputes et batteries, les portes de Sainct-François furent rompues par monsieur de Pompadour, lieutenant de la province, qui donna le premier coupt de mail, et ensuitte la noblesse qui estoit aveq luy, qui aydoient à rompre; qui escandaliza plusieurs. Et dura laditte disputte jusques l'an 1634, que Sa Saincteté donna règlement.

Entrée du Roy Louis, XIIIe du nom.

[Passage de Louis XIII.]

Le 9e novembre 1632, le roy Louis, 13e du nom, de France et de Navarre, revenant de Thoulouse (1), arriva à Lymoges en temps fort mauvais, fesant grand pluye, et ne voulust estre receu en magnificence, comme l'on s'estoit préparé. Il eust au devant de luy les députés de la ville aveq plusieurs bourgeois et marchandz à cheval, lesquelz furent au-delà de Sainct-Lazarre (2). Il entra par la porte Manigne, et luy furent présantées les clefs de la ville par un beau-filz nommé Jean Vidaud, filz de monsieur Vidaud, conseilher au siége présidial; et après, sur ledit roy fust porté un beau pouelle porté par quatre consulz ayant des robes de velours aveq les chaperons de damas. Et fust conduit à Sainct-Martial, où il ne voulust entrer. Le seigneur évesque et chanoines estantz soubz le

---

(1) Où il avait fait condamner le duc de Montmorency à avoir la tête tranchée.

(2) « Le lieutenant général ayant commencé une harangue, le roi, d'un ton sec, l'interrompit : « C'est bien ! » dit-il, et l'orateur se tut. » (LAFOREST, *Limoges au* XVIIe *siècle*, p. 207.)

clocher en estat de le voulloir recepvoir, le roy voyant que le sieur évesque avoit quelque différent aveq l'abbé pour ladite reception (1). Quoy voyant, le roy passa outre et alla descendre en son logis du Brueil. Par où le roy passa, les rues estoient tendues de tapisserie jusques sur le pavé. Et, le lendemain matin, partit pour aller tout droit à Paris, après avoir ouy la messe dans l'église de S^{nt}-Michel-des-Lions, qui fust dite par un de ses aumosniers. Ledit sieur évesque y estoit aveq ses habitz pontificaux, pendant la messe, et pour la susdite disputte, le roy ne visita point Sainct-Martial.

Pour faire les fraitz de ladite entrée, il fust fait taxe par les consuls, pour l'advancement de laquelle furent nommés huict bourgeois et marchandz, dont chascun advança trois cens livres, qui depuis furent régallées sur les habitans par

---

(1) « Entre cet abbé et le prélat s'était élevé un conflit sur la question de savoir qui de l'un ou de l'autre ferait à S. M. les honneurs de l'église. » (LAFOREST, p. 208.) L'explication du différend qui empêcha Louis XIII d'entrer à Saint-Martial est donnée par un autre annaliste limousin. Voici ce qu'on lit à la page 219 du *Manuscrit de Pierre Mesnagier* que possède la bibliothèque de Limoges : « L'année mil six cent trente-deux, il arriva en cette ville et église Saint-Martial un grand désordre entre monsieur du Verdier, abbé de Saint-Martial, et Messieurs les chanoines de ladite église. Et se battirent si fort qu'il fut répandu quantité de sang parmi le chœur, ce qui causa qui ne se dit aucune messe dans le chœur de l'église pendant un mois entier, et fallut que monsieur François de La Fayette retourna bénir et sacrer ladite église; et, par ce moyen, il fut reçu des chanoines comme s'il eût été leur abbé. Et du depuis a eu la visite sur eux. Et furent prisonniers une partie des serviteurs de l'abbé l'espace de dix-huit mois. » (V. ROY-PIERREFITTE, *Monastères du Limousin*, St-Martial (p. 81). Cet auteur prétend, d'après le manuscrit de l'évêché, que, quoiqu'en dise Bonaventure, p. 810, l'évêque reçut Louis XIII à Saint-Martial, le 9 novembre 1632. Simple copiste, nous n'avons pas à décider la question, nous ferons seulement remarquer :

1° Que le Père Bonaventure ne fait que reproduire textuellement le récit donné par notre manuscrit;

2° Que l'auteur des annales connues sous le nom de *Manuscrit de Pierre Mesnagier*, et auxquelles nous venons d'emprunter notre dernière citation, est contemporain des faits qu'il raconte.

V. Ce que dit notre manuscrit, p. 398.

ordre du roy. Le roy passant par Argenton fist desmollir la forteresse.

[Mort du gouverneur de Schomberg.]

Le 17e dudict mois et an [novembre 1632], décéda monsieur de Schombergt, mareschal de France et nostre gouverneur, en la ville de Bourdeaux, d'une appoplésie, lequel fust grandement regretté de la ville et plat pays. Les consulz firent fère le service à l'église Sainct-Pierre. L'oraison funèbre fust [dite] par le R. P. Thimottée, recollet, prédicateur, cette année, à S^{nt}-Martial. Et succéda audit gouvernement monsieur le duc d'Aluin [Halluyn], son filz, qui imita le père en son gouvernement (1).

[Mort de M. de Talois, chanoine et official.]

Le premier de septembre 1632, décéda monsieur Talois, chanoine et official de Lymoges, homme de grande érudition et de vie fort exemplaire, et fust ensepvely dans l'église des Carmelites, lesquelles, se retirant aux fauxbourgz de Manigne, où elles sont, transportèrent le corps à leur église, aveq les corps de leurs religieuses à leur couvent.
(2).

[Réception du gouverneur de Ventadour.]

L'année 1634, le 10e décembre, monsieur le duc de Vantadour fist son entrée à Lymoges comme gouverneur. Il y avoit bon nombre d'infanterie et autres. Et fust reçeu à S^{nt}-Mar-

---

(1) V. LAFOREST, *Limoges au XVIIe siècle*, p. 195. — « Le 15 juillet 1633, le duc Halluyn, gouverneur du Languedoc et ci-devant gouverneur du Limousin, et sa femme passèrent à Limoges. » (*Deuxième Registre consulaire*, f° 163.)

(2) Les consuls de l'année 1633 élirent (le 8 décembre 1632) une commission chargée de pourvoir aux besoins des pauvres. Nous remarquons dans la liste des membres élus que huit cantons sont représentés au lieu de dix. Le duc de Pompadour passa par Limoges le 10 juin 1633. Les consuls réélirent le 12 août la commission chargée de pourvoir aux besoins des pauvres; le 18 août, ils reçurent le premier président du parlement de Bordeaux; le 9 juin 1633, les consuls de l'année 1631 leur réclamèrent le remboursement de la somme de 4,938 livres 13 s. 6 d., avancée par eux lors de la contagion. (*Deuxième Registre consulaire*, f° 162 et suiv.)

tial par monseigneur l'évesque, où le *Te Deum* fust chanté; et de là alla descendre au Brueil.
(1).

L'an 1635, décéda monsieur de Pompadour, lieutenant au gouvernement, et fust mis en sa place M° de Laurière, par provision, durant le bas eage de son filz. Et fist son entrée au mois de juin. [M. de Laurière, lieutenant.]

[*Il y a ici une page en blanc dans le manuscrit.*]

Au commencement de cette année 1638, les habittants de Sainct-Léonard ou certains particuliers obtindrent du roy un siége de sénéchaussée pour leur ville, ce qui choquoit fort celle de Lymoges. Par quoy eust opposition et fust faict enqueste et don gratuy par la ville de Lymoges, lequel ne fut bastant [suffisant]. C'est pourquoy Messieurs du siége firent bourse entre eux, et les procureurs le surplus. Et pour eux rembourcer fust taxée chaque presantation 16 livres. Et pour ce fust députté deux procureurs. [Sénéchaussée de Saint-Léonard.]

Au mois d'avril de ladite année, fust députté à S^{nt}-Léonard un chanoine de l'église et un consul pour porter une relique de sainct Léonard à la royne étant enceinte de Monseigneur le Dauphin. Laquelle elle receut honnorablement, et la porta toujours sur elle. [Envoi d'une relique de Saint-Léonard à la reine.]

Icelle année, le mardi de Pasques, commança l'ostension du chef de s^{nt} Martial et des autres saints; et la closture, le mardy de Pantecoste par monseigneur François de La Fayette, évesque de Lymoges, où assista Monsieur l'abbé de S^{nt}-Martial, en ceste sorte : le seigneur évesque portoit les couppes [Ostensions de 1638.]

---

(1) Les consuls de l'année 1634, après avoir constaté une maladie contagieuse dans quelques maisons de la ville, décidèrent, pour éloigner la contagion, le renvoi hors la ville de tous les mendiants. Afin de pourvoir à la nourriture de ces mendiants, ils firent une collecte chez tous les habitants et nommèrent pour collecteurs deux bourgeois par chaque canton. (*Deuxième Registre consul.*, f° 170, r°.)

d'or où est le sainct chef entre les mains, aveq ses habitz pontificaux, et ledit sieur abbé, avec ses habitz et mittre, sans crosse. La procession, sortant dessous le clocher, descendant par la grand rue et, de là, Soubz-les-Arbres, où fust faite la prédication, où estoient les châsses, et dans la grand chaire. Il y eust quelque dispute contre ledit abbé, auquel on fist tumber sa mittre, et fust chassé. Dont y eust grand scandalle, et ensuitte informations et grand procès, qui fust terminé par arrest de la cour de parlement de Thoulouse (1).

[Mort de l'intendant de Conti. M. Fremin le remplace.]

« Audit mois d'apvril, décéda M. de Conti (2), intendant de la générallité de Lymoges. Celluy-ci ne fist grand mal ; toutefois les partizans ou leurs commis venoient en nombre. Il faudroit un gros volume pour escrire ce qui s'est passé despuis, des exactions et logementz dont le pauvre peuple a souffert, enjougnantz à des cantonniers de lever grosses sommes sur les cantons (3) et exempter tous les officiers, jusques aux archiers. Lesquelz cantonniers, ne pouvant tout lever, estoient contraintz par rigueur à payer pour les autres. Et

---

(1) Le ms. de Jean de Lavaud, dit ms. de Pierre Mesnagier, ajoute : « Et les officiers dudit évêque avec le chanoine Dubois furent condamnés à faire réparation audit abbé et lui demander pardon. Ce qui fut exécuté dans la maison dudit abbé, par acte reçu par Constant, notaire royal. »

(2) Le *Manuscrit de Pierre Mesnagier* (f° 221), que possède la bibliothèque de Limoges, dit : « En l'année 1639, est arrivé à Limoges un intendant qui avait femme et enfants, nommé Compty, que le roi avoit envoyé à Limoges, pour demander vingt mille écus, lesquels lui furent délivrés. Et en même temps arriva M. de Fremin, aussy sa fame et famille. Lequel estoit un des plus méchan intandant qui fut arivé an septe ville de Limoges, car il ransonnat de or et argant tous les plus grand de la ville, et après les marchant et artisant. Lesquel artisant luy fesoy la nuict mille égarades an la maison qu'il demeuroy, apartenant à monsieur de Pinot, qui est au devan la fontène de semintierre de l'église de Sainct-Pierre-du-Queyroy. Et demeurat an se lieu quelque troy années, et fu contrent de se retirer à Sain-Junien, car il crenoy for de estre tué dan la maison avect sa famille et par les petit artisant, lesquel lui chantoy tout le jour de injures. »

(3) « L'administration des finances n'était pas seulement dure ; elle était déloyale. » (H. Martin, *Hist.*, t. XI, p. 170.)

après ledit Conti, il en vint un plus meschant et des plus tirantz qu'on [ne] sçauroit dire, nommé Guilhaume Fremin (1), lequel vint, sa femme, enfans, jusques à un Jésuitte. Il fist des volleries, exactions, faussetés et autres meschancetés tant à Limoges, villes et plat pays où s'étandoit sa commission, si grandes que tous en soufroient.

En ce temps, le roy imposa sur la ville en forme de sucistance, vingt mille livres. [Impôt de 20 mille livres sur Limoges.]

En icelle année, le roy ayant demandé par forme d'emprunt sur Limoges la somme de cent trente mille livres, laquelle somme il vouloit estre taxée sur les plus riches et aizés, et pour en avoir diminution, furent députtés deux consulz (2). Laquelle fust réduitte à celle de soixante mille livres. Et, au lieu de la taxer suivant les ordres que Sa Majesté désiroit, iceux consulz taxèrent 150 marchants, artisans et quelques procureurs, pour fornir chascun 400 livres, ayantz lesdictz consulz deschargé tous les officiers et plus riches. Desquelz artisantz il y en eust qui ne peurent payer, ce qui donna subjet de se pourvoir au grand-Conseil. Nonobstant, ilz passèrent outre, les contraignants par toutes rigueurs, qui donna occasion à fermer les boutiques. Cependant, ilz lèvent, par composition, de chascun 200 livres, promettant de regaller le surplus sur les autres habittans. Après plusieurs assemblées de ville et autres rendès-vous, ilz se moquèrent ; enfin, au commencement d'octobre de ladite année, on contrainct lesditz 150 à payer le surplus par plusieurs rigueurs et viollances, mesmes par emprisonnement d'aucuns ; et fust merveilles qu'il n'y eût quelque sédiction, mais, iceux estants les plus faibles, n'ausèrent remuer, les consulz ayantz tous les plus grandz et la justice en main, eux ne desirantz que cella afin d'en faire pendre quelqu'un. Mais Dieu préserve les innocentz, tellement [que], après plusieurs poursuittes au conseil du roi, fust dit que lesditz consulz seroient tenus à fère pied pour le [Emprunt de 130 mille livres sur Limoges.]

---

(1) Le P. Bonaventure (t. III, p. 843), l'appelle Firmin.
(2) « M. Decordes, élu, et Mr Descoutures, avocat du roi. » (Ms. Pierre Mesnagier.)

rembourcement d'iceux 150 et condampnés aux despans. Ce que voyantz, les députtés desditz consulz s'obligèrent vers les députés des 150 en leurs propres et privez noms d'ensuivre la teneur de l'arrest. Et y a encores procès pour en avoir rembourcement. On ne sauroit dire la queue de cette affaire, car les pauvres disoient la faculté des riches publiquement, et mesmes devant l'intendant, et voire jusques au Grand-Conseil. Qui fust cause que plusieurs sommes sont estés mises sur la ville, desquelles les pauvres habitans ont tous souffert et souffrent tous les jours par vengeance, par logementz des gens de guerre, garnisons qu'on donnoit au menu peuple, estappes et autres exactions. Bref, on ne sauroit dire le mal que cela a porté à la foule du pauvre peuple (1).

[Refonte d'une cloche de Sainct-Martial.]

Sur la fin du mois de juin, fut refondue une cloche du clocler de Sainct-Martial, qui estoit fendue, et refaite par les bailles des âmes du purgatoire de ladite église. Et cousta, aveq l'augmentation du métail, 300 livres, et fust nommé Valérie. Ses parrain et marine furent deux pauvres de l'hôpital Sainct-Martial.

[Fermeture des boutiques à l'occasion de la perception des 400 livres.]

Icelluy jour, causant la levée des 400 livres, les boutiques furent fermées tout le jour, et le lendemain, eurent de la peine à les ouvrir, que par composition qui fust fausse.

[Construction du monastère des Augustins.]

Icelle année 1638, les Pères Augustins commancèrent à faire bastir leur église et bastiment, qui avoient été démolis causant la guerre [en 1574], comme dit est [p. 358].

[Construction de l'Église des Pères de Chancelade (2).]

Icelle année, les Pères de Chancelade, qui depuis peu estoient venus au prioré de Snt-Gérald, commancèrent à fère

(1) « Et depuis ce temps ne s'est vu dans ladite ville que malheur et traitresse, les grands se voulant vanger des petits, et plusieurs choses qui se sont commises depuis au détriment du pauvre peuple, ainsy qu'il se pourra voir par les arrest qui depuis s'en sont donnés par le conseil, en faveur des habitans. « (Ms. Pierre Mesnagier.)

(2) Le ms. de Pierre Mesnagier (f° 221) dit : « L'année mil six cent trante-sept, les perres de la Chanselade de Sainct-Gérald vinrent

bastir leur église. Ce qui discontinua, causant quelques disputes qu'ilz eurent entre ceux de S^nte -Geneviefve, desquelz ceux de S^nte - Geneviefve reconnoissent ceux de S^nt -Gérald.

---

demeurer à Limoges. Et l'an tranté huy commensare à bastir leur églisse, à cause de monsieur de Baraut, évesque de Arles, leur avoy presté de l'argant pour bastir, et mourut prontemant. Et demeurat l'églisse à demy-fecte, comme l'on voy encorre à présant. — An la présante année mille six cant trante-neuf, fut fect le clochier des pénitan blant de Sainct-Jehan-Batiste, qui fesoy leur congrégasion en la présante église de Sainct-Julient, aux desoux de la chapelle du Carmerre. Lesquels pénitant fire ferre tout le batiman par avant de fère le clochier. »

FIN DU MANUSCRIT DE 1638.

RECTIFICATIONS

D'APRÈS LE MANUSCRIT LEGROS

Nous avions imprimé jusqu'à la page 289, lorsque nous avons eu connaissance du manuscrit de l'abbé Legros que M. Pierre Laforest a bien voulu nous confier. Nous avons pensé que le lecteur nous saurait gré de compléter la collation de notre manuscrit sur celui de l'abbé Legros, jusqu'à la page 288.

Page 2, ligne 19. *Au lieu de* « 448, » *lisez* [848]. (1)
— ligne 22. [Quatorze ans après cette ville fut vendue aux François, qui la gardèrent jusqu'en 1259, que Limoges retourna aux Anglois, qui la gardèrent jusques l'an 1292, par quoi Limoges retourna aux François, jusques l'an 1361, qu'il retourna encore aux Anglois, qui le gardèrent finalement jusques l'an 1372].
Page 3, ligne 9. *Au lieu de* « 1202, » *lisez* [1200].
— ligne 18. *Au lieu de* « Junius Sillanus, à présent duc Estienne, » *lisez* [Stephanus, duc].
— ligne 24. *Au lieu de* « Martialis Dampnolenus, » *lisez* [Martial et Domnolenus ou Damnolenus].
Page 5, ligne 22. La liste des évêques que donne Legros diffère un peu de celle de notre compilateur et de celle de l'abbé Nadaud, publiée par M. l'abbé Arbellot ; nous avons toujours renvoyé le lecteur à cette dernière.
Page 7, ligne 31. Legros ajoute : [Il demeura 49 ans, mourut le 3 mai 1676, jour de l'invention de Sainte-Croix, environ midi, âgé de 85 ans, avoit été reçu en l'année 1627].

---

(1) Tout ce que nous empruntons au ms. Legros est entre crochets.

Sa liste se termine ainsi :

[86 Louis d'Urfé, mourut le 1er juillet 1695].

[87 François Carbonel de Canysi, arriva à Limoges le 19 mai 1696, à la lueur des flambeaux].

[88 Antoine Charpin de Genetines].

Page 7, ligne 33. La liste des abbés de Saint-Martial donnée par Legros ne ressemble pas complétement à celle de notre compilateur. Nous avons renvoyé le lecteur à la liste donnée par M. l'abbé Roy-Pierrefitte, dans le *Bull. de la Soc. arch. du Lim.*, t. XII, p. 18 et suiv.

Au 39e abbé, 29e d'après lui, Legros place, comme notre compilateur, [Petrus, Anno et III mensis]; il ne parle pas du 59e abbé, Léonard Cluzeau. Voici comment il termine sa liste :

[58 Pierre du Verdier, mourut en octobre 1652].

[59 François-Charles].

[60 De Vieusville fut reçu en février 1653. Le sieur de la Vieusville changeat l'abbaye avec messire de la Mothe Houdancourt, évesque de Rennes, à présent archevesque d'Ausch (*Chron. ms. de D. Col*, bénédictin, au commencement)].

[61 Mr l'archev. d'Auch, obiit en fév. 1684].

[62 Jacques de Courtavel de Pézé].

[63 M. de Barière].

Page 20, ligne 17. [Du depuis, on a ajouté deux lettres auxdittes armoiries, S. d'un côté, M. de l'autre; et ce, à l'honneur de Saint-Martial, fondateur de la spiritualité].

Page 21, ligne 23. *Au lieu de* « 2682 ans apprès la création, » *lisez* [3682 ans].

Page 22, ligne 8. *Au lieu de* « 2482, » *lisez* [2082].

Page 25, ligne 13. Legros ajoute : [*Jogunciat* à deux mille près Limoges, et encore un autre surnommé *le Palais*, à l'honneur d'Auguste-César, lequel il fit paver de marbre et faire construire les bains chauds d'Évaux, avec plusieurs autres grands édifices de grande somptuosité (très probablement celui de Prœtorium à La Jonchère.) (*Chron. de dom Col.*)]

Page 26, ligne 8. Legros ajoute : [Audit amphithéatre restent encore, malgré l'injure de tems, quelques restes de ses vieux murs, comme se voit encore le portrait, et sans la destruction qui fut faite l'année 1368, on en eut vû d'avantage, car ils furent rasés à fleur de terre pour se prévaloir de la pierre, et alors on le fit remplir de terre. Il y avoit un pont (ou pan) de muraille du côté du reclusage, haut d'une pique, et de l'autre, sur le chemin qu'on va de présant au sémitière des Aresnes aux Carmes, y avoit des fossés ou cavernes bâties de même matière que le théatre et palais susdits. Et à présent, ce qui reste sur le mesme chemin, qui est les fondemens, ressemble mieux à un rocher qu'un bastiment, si fort c'estoit ; et dans le milieu dudit emphithéatre, pour grandes et longues pluies qui tombent dans icelui creux, ny demeure aucune goutte d'eau et ne sçait-on qu'elles deviennent. A présent le lieu est appelé le Creux des Aresnes, et s'y tiennent toutes les foires de bestail, estant la place fort commode. (*Chron. de D. Col.* fol. 14)].

Page 27, ligne 1re. Legros ajoute : [Le proconsul Lucius fit construire dans ce même temps un palais somptueux dans ladite cité, qu'il augmenta considérablement, assis entre l'église de Sainte-Valérie et le couvent des Prédicateurs, où se voient encore les fondements].

Page 28, ligne 4. *Au lieu de* « La première citté de sa principauté estoit lors, » *lisez* [Lion].

— ligne 12. *Au lieu de* « Et ceux de Lymoges disent qu'icelluy Leocadius fesoit sa demeure à Chaslux, » *lisez* [chez eux].

Page 29, ligne 35. Legros ajoute : [Avec toute puissance dans ladite contrée, et Étienne fut appelé par les Gaulois, comme ses prédécesseurs, duc d'Aquitaine].

Page 30, ligne 7. [Au château de Toul en Combrailles (et non pas de Tulle, en Bas-Limousin, comme pensent quelques auteurs)].

Page 31, ligne 9. [Saint-Martial vint aux temples de Jupiter, Mercure, Vénus et Diane, et brisa leurs idoles. Il conserva néantmoins le temple de Jupiter Capitolin, qu'il purifia et le consacra à Dieu sous l'invocation de saint Étienne, premier martyr].

Page 42, ligne 11. [Le duc Étienne fut enseveli dans (ou plutôt à côté du) sépulchre de saint Martial].

Page 43, ligne 27. [Saint-Martial mourut le 30 juin de l'année 73, le 40e de la résurrection de Notre-Seigneur J.-C.].

Page 45, ligne 3. *Au lieu de* « Jean 19e, » *lisez* [Jean 22e].

Page 49, ligne 25. *Au lieu de* « du costé d'Orient, » *lisez* [du Midi].

— ligne 26. *Au lieu de* « Rocque, près de Brive, » *lisez* [Roguo].

— ligne 27. Legros ajoute : [dont on retint le chef qui est aujourd'hui conservé dans l'église cathédrale].

Page 50, ligne 9. *Au lieu de* « aux ides de décembre, » *lisez* [d'octobre].

Page 52, ligne 23. *Au lieu de* « Salvius, » *lisez* [Salinus].

— ligne 29. Legros ajoute : [Et fondé l'église d'Hou (ou d'Ahu, ou plutôt d'Evaux, en latin *Evahonum*)].

— ligne 31. *Au lieu de* « l'an de sallut 133 » *lisez* [l'an de l'incarnation de N.-S. 123].

Page 53, ligne 3. *Au lieu de* « du pape Eugène » *lisez* [Higene ou Higennense (ou mieux Higin)].
— ligne 6. *Au lieu de* « 39 ans, » *lisez* [29 ans].
— ligne 7. *Au lieu de* « de leur sorte, » *lisez* [de leur secte (sans doute des Aruspices ou autres pontifes des idoles), furent cause que la sainte foi catholique s'affaiblit beaucoup dans le Limousin].

Page 55, ligne 10. *Au lieu de* « Preciosus, » *lisez* [Banosius].
— ligne 11. *Au lieu de* « l'an 286, » *lisez* [282].

Page 57, ligne 5. Legros ajoute : [Cette figure y avoit resté jusqu'à nos jours ; mais depuis environ 1760, des brigands ou coureurs de nuit l'ayant arrachée et volée parce qu'elle étoit de plomb, on n'y en a pas remis d'autre].

Page 58, ligne 11. Legros ajoute : [L'année suivante fut le 89e jubilé].

Page 62, ligne 6. Legros ajoute : [La Jonchère avoit un château fort à l'emplacement de l'église, près de laquelle était une tour du nom de Sargaric, probablement fort d'Alaric, par corruption ; on en voyait encore les restes au xviie siècle].
— ligne 8. Legros ajoute : [Par Gondebaud].
— ligne 26. Legros ajoute : [Et au lieu du comte Jocundus, on établit à Limoges un autre prince ou comte nommé Martial. Après cela tout le reste de l'Aquitaine jusques à la rivière de Loire fut réduit à l'obéissance d'Alaric. Peu de temps après, Clovis, roi de France, eut guerre contre Gondebaud, et ayant rompu l'armée de Gondebaud, le mit en fuite jusques dans Avignon ; alors Aredius, fils du comte Jocundus, homme prudent et de bon conseil, étant avec Gondebaud, consultant l'affaire de la guerre et siége de Clovis, répondit à Gondebaud qu'il lui falloit abbattre la fierté de ses ennemis en quelque façon, afin qu'il ne pérît lui-même. Alors Gondebaud connoissant que cet avis ou conseil étoit bon, lui donna entièrement la charge de trouver le moyen de faire sa paix avec Clovis, ce que fit Aredius, sortant d'Avignon. Et il fit tant auprès de Clovis, qu'en lui promettant que Gondebaud lui payeroit (à Clovis) un certain tribut chaque année, il (ledit Clovis) le laisseroit vivre en paix].
— ligne 31. Legros ajoute : [de Riez, en Provence].

Page 64, ligne 8. *Au lieu de* « Ambroise de Cahors, » *lisez* [Ambrays].

Page 67, ligne 30. Legros ajoute : [Les villes prises par force furent depuis gouvernées par des coûtumes, comme les François, et celles qui avoient appelé Clovis à leur secours se gouvernèrent par le droit écrit, demeurant comme auparavant dans leurs droits, franchises et libertés. (Il seroit alors à souhaiter que l'auteur de ces mémoires nous eût dit quel fut alors le sort de Limoges en particulier)].

Page 68, ligne 4. Legros ajoute : [s'empara des trésors d'Alaric et les envoya à son père].

— ligne 14. [qui faisoit sa pénitence dans la forêt de Pammeux ou Pamumex (en latin on l'appelle *Pavum*)].

— ligne 17. Legros ajoute : [Dans une maison royale assise sur la rivière de Vienne].

Page 70, ligne 5. Legros ajoute : [dans un ténement, dépendant de l'abbaye de Saint-Martial].

— ligne 7. Legros ajoute : [La même année mourut Thierry, et son fils Théodebert régna en Austrasie].

— ligne 21. *Au lieu de* « Eytier, » *lisez* Astié ou Astier].

— ligne 21. *Au lieu de* « Rancon, » *lisez* [Terrasson, qu'il avoit érigé à la prière de saint Sor, et mise sous l'obédience de ladite abbaye de Saint-Michel-de-Pistorie].

Page 72, ligne 14. Legros ajoute : [On célèbre sa fête le même jour que celle de saint Ferréol de Vienne, martyr, le 18 septembre].

Page 76, ligne 6. Legros ajoute : [Le pays Ramissois (de Reims de la Champagne). Il souffrit le martyr et fut décollé pour soutenir la sainte foi].

Page 75, ligne 24. Legros ajoute : [Auquel lieu il fut intromis par ledit roi].

Page 77, ligne 7. Legros ajoute : [Ceci est confirmé par d'autres anciennes chroniques des rois de France de l'année 1483, où il y a ces mots : « Gontran étant à la chasse, trouva un grand » trésor, et fit faire la châsse de saint Martial de Limoges, qui » est couverte d'or. »]

— ligne 19. Legros ajoute : [l'an 574].

Page 78, ligne 21. Legros ajoute : [« La ditte Citté qui n'étoit, comme on l'a dit, ni bien fermée, ni restaurée des domages et ruines faites par les Gots].

Page 81, ligne 20. Legros ajoute : [Asclepidius fut nommé l'an 597].

— ligne 28. Legros ajoute ; [En ce temps fleurissoit Bolossus, natif du bourg de la Meize, qui fut tué par les Visigots].

Page 82, ligne 25. [Il fut inhumé à St-Michel-des-Lions, l'an 1158].

Page 85, ligne 13. [Il fit réparer le monastère de Saint-Martin où reposent les corps de ses parents, qui étoit alors tout ruiné depuis la destruction de Limoges, faite par Théodeberg. Saint Éloy donna à ce monastère la maison de son père et plusieurs autres biens, pour y entretenir vingt religieux, et en laissa l'administration et le gouvernement à saint Elipeix (ou Alicius), son germain (d'autres disent son frère)].

Page 85, ligne 22. Legros ajoute : [Et un an après sa mort il fut canonisé par l'Église. Il fit bâtir l'église Saint-Paul hors des murs (de Paris), qui est à présent une belle paroisse].

Page 86, ligne 3. Legros ajoute : [Et ce environ l'an 645].

Page 88, ligne 8. [Dont le corps reposa longtems dans son oratoire, au diocèse d'Utrecht, au lieu où il y a maintenant une abbaye de son nom, vivoit dans le même tems].

— ligne 10. Legros ajoute : [L'an 927].

Page 90, ligne 24. *Au lieu de* « Antherius, » *lisez* [Anthenius].

— ligne 30. Legros ajoute : [Et de Mindans (Mondane)].

Page 91, ligne 9. *Au lieu de* « Venant, » *lisez* [Aux champs de Combray (peut-être Cambray), au lieu dit le *Uniaux*].

Page 93, ligne 4. [Et le plus grand à la *Clautre Bourcière* de Saint-Martial (ce dernier est maintenant à côté de la grande porte d'entrée de laditte église, du côté du midi, et sur la pierre où il est posé on a gravé le vers suivant en semblables lettres :

Alma leæna duces sævos parit atque coronat.

Cette pierre ni le vers n'existent plus)].

Page 96, ligne 8. [Waifer envoya contre lui Amingus, comte d'Auvergne, et Comingus, comte de Poitou, avec une grosse bande de gens qui furent défaits par Charles, et les comtes mis à mort. Waifer, indigné, assembla toutes ses forces pour courir sur Charles, mais Pépin, qui en fut averti à propos, entra en Aquitaine avec une grosse armée et marcha jusqu'à Thouars, en Poitou].

— ligne 35. [Pépin revint encore pour la quatrième fois, et y entra par le Berry et l'Auvergne, et se rendit maître de Bourbon, Chantilly et autres places, jusqu'à Limoges, dévastant le pays, où il porta partout le fer et le feu... Il vint encore pour la cinquième fois faire la guerre dans l'Aquitaine, l'an 761. Et l'année d'après 762, il assembla son conseil à Orléans, et pour mettre le Berry à couvert des incursions des Limousins, il fit fortifier le château d'Argenton, sur les confins du Berry. Enfin, l'année suivante, 763, les bleds étant prêts à couper, Pepin vint assiéger Limoges (cette ville étoit alors bien fortifiée); après avoir pris plusieurs autres places, et enfin il s'en rendit maître par force, aussi bien que des châteaux d'Escoraille, de Turenne et de Peyrusse. Ledit Pépin fit tout détruire et brûler, sans en excepter même les églises et les monastères. Pour punir l'opiniâtreté des citoyens de Limoges, il résolut de transférer le siége épiscopal à Uzerche, Elbon étant alors le 33e évêque de Limoges].

Page 97, ligne 13. *Au lieu de* « Encla, » *lisez* [Bancyze].

— 419 —

Page 97, ligne 25. [L'année suivante, 764, les cités (ou villes) d'Angoulême, de Cahors, d'Agen, de Rodez, de Mende et des pays circonvoisins, se rendirent à Pépin. Puis, un an après, en 765, ledit Pépin retourna en Aquitaine, où il soumit à sa domination tout le pays qui est en deça de la Garonne, et se rendit maître de Xaintes. Et ayant pris la mère, les sœurs et les nièces de Waifer, il s'en retourna, jusqu'à l'an 767, qu'il revint donner une bataille à Waifer, près d'Angoulême, et dans laquelle ce dernier fut vaincu et chassé dans Périgueux. L'année suivante, 768, les Aquitains, lassés de toutes ces guerres, dont la longueur leur étoit fort à charge, prirent le parti de tuer Waifer et de se rendre à Pépin, ce qu'ils exécutèrent].

[L'an 769, Charles attaqua Hunaud, frère de Waifer, et le contraignit de se retirer auprès de *Loup* (ou Lopez), duc des Gascons, lequel seigneur, de l'avis de son conseil, le rendit à Charles, avec la femme dudit Hunaud. Mais enfin Hunaud s'évada et se retira vers Didier, roi des Lombards, où enfin il fut lapidé, comme ayant été cause de leur ruine. Et l'Aquitaine étant ainsi pacifiée, Charles rétablit les douze comtés que Pépin avoit donnés à Griffon et à ses enfants. Abbon eut le Poitou, Gureton le comté de Périgueux, Rogier celui de Limoges, Bulle celui de Cahors, Lambert celui de Bourges, Corsun celui de Xaintes, Ithier celui d'Auvergne, etc.].

[Le 34e évêque de Limoges fut Regimpertus (que l'auteur nomme Remigibertus)]

[Après la mort de Hunaud, Roger, comte de Limoges, épousa la fille dudit Hunaud, nommée Ode, seule de sa postérité. De laquelle lui naquirent Druon ou Druamum, et Engelerius, comte de Provence, car Hunaud avoit succédé à son oncle Marancus, comte de Provence. Et Engelerius fut comte de Guienne].

Page 98, ligne 22. Legros ajoute : [Quant aux vers, ils n'y étoient plus dès le milieu du xvie siècle ; mais les anciens de ce tems-là assuroient les y avoir vus, et même André Theret, lorsqu'il passa à Limoges, les copia sur laditte inscription, à ce qu'il dit dans sa relation].

Page 100, ligne 4. *Au lieu de* « 822, » *lisez* [817].
— ligne 6. Legros ajoute : [Engerius, duc d'Aquitaine, reçut le comté de Limoges].
— ligne 21. Legros ajoute : [qui avoit donné au collége (ou chapitre) dudit lieu sept églises, savoir : Paunac, Auzelines et autres].

Page 102, ligne 11. Legros ajoute : [Cela fait, l'empereur Louis vint à Saint-Martial, pieds nuds, portant la haire, visiter le sépulchre du saint, accompagné de 330 chevaliers, puis il tira droit à Poitiers, pour y solemniser la fête de Noël].

Page 103, ligne 8. Legros ajoute : [Quelque tems après ce prince fut tué par Charlemagne, ou sous ses ordres, par Renaud de Bolande, et ses gens taillés en pièces].

— ligne 10. Legros ajoute : [Ayant douze pieds de diamètre, cinq brasses, deux pieds et demi en rondeur. L'eau qui tombe dans sa coupe sort par un gros tuyau, puis elle est rejettée par douze muscles].

Page 106, ligne 21. Legros ajoute : [Et François de Cerliers, en son recueil en forme d'histoire d'Angoulême].

— ligne 23. *Au lieu de* « principal, » *lisez* [épiscopal (c'est-à-dire ducal)].

Page 107, ligne 6. *Au lieu de* « Aucard, » *lisez* [d'Ancard].

— ligne 21. Legros ajoute : [Fait l'an 1427].

Page 110, ligne 3. Legros ajoute : [Les chroniques de France l'appellent Ramnulphe des Aquitains ; d'autres le nomment Rasimond, et d'autres Bosand et Rosetz. Or, il se trouve par la donation qu'il fit à l'abbaye de Saint-Martial du lieu de Ruffec-le-Château sur Creuse, qui était de son patrimoine, à cause de la comté de Berry, qu'il s'appeloit proprement Ramond].

— ligne 21. Legros ajoute : [Pour obvier aux incursions des Danois, plusieurs nobles du Limousin se retirèrent à Ségur, qu'ils fortifièrent aisément, à cause de la force naturelle du lieu, et se défendirent contre ces barbares. Hélimas, roi d'Albanie et de Serte, qui suivoit les Danois, fut pris par l'artifice de la dame Présive, femme du seigneur dudit lieu].

Page 112, ligne 15. *Au lieu de* « 919, » *lisez* [936].

Page 113, ligne 2. Legros donne le texte latin des lignes 13 à 18 de cette page].

— ligne 27. *Au lieu de* « Hélies de Poictiers, » *lisez* [Helienor ou Alienor de Poitiers].

Page 115, ligne 20. *Au lieu de* « Bré, » *lisez* [Brebossat].

Page 116, ligne 2. *Au lieu de* « 935, » *lisez* [995].

Page 117, ligne 8. *Au lieu de* « 662, » *lisez* [660].

— ligne 11. Voici la liste des abbés de Saint-Augustin suivant le ms. de Legros :

[1 Martinus, — 2 Verdindo, — 3 Albertus, — 4 Geraldus, 5 Guido, — 6 Sthephanus, — 7 Philippus, — 8 P. de Barry, 9 Ramondus, — 10 Hugo-Guillelmus, — 11 Hugo-Bucii, — 12 Eymericus, — 13 de Roulhac, — 14 Geraldus-Bonus, — 15 S. Martialis, — 16 Amelius de Montetucli, — 17 P. Berthonius, — 18 Franciscus Berthonius, — 19 Geoffre de Bonneval, — 20 Franciscus de Lavergne, — 21 Martialis

— 421 —

Benedicti, — 22 Joannes de Montcut, — 23 Andreas Auvoisin].

Page 119, ligne 1re. [frère de l'archevêque Varacnisis de Nazareth. (Le mot latin est corrompu et inintelligible)].
— ligne 15. Legros ajoute : [Durant le tems de carême, il expliquoit à tous la règle de saint Benoît. Il a donné à l'église plusieurs livres et autres ornements de son propre trésor. Il a fait à l'abbaye et communauté un fort beau et riche bénéfice, tant pour lui que pour ses successeurs, non sans grande admiration de tout le monde, de sa grande bonté et infinie charité].
— ligne 26. Legros ajoute : [qu'il obtint de Mone, trésorier].
Page 120, ligne 19. *Au lieu de* « trante sols, » *lisez* [trente mille sols].
— ligne 25. *Au lieu de* « chappes, » *lisez* [champs].
— ligne 31. Legros ajoute : [Il paya quatorze mille sols].
— ligne 35. Legros ajoute : [L'an 1253, fut consacré le grand autel de ladite église, par Philippe, archevêque de Bourges].
Page 122, ligne 10. Legros ajoute : [fils d'Ebles, comte de Poitiers, duc de Guienne et frère de Guillaume-Hugues].
Page 123, ligne 5. *Au lieu de* « 790, » *lisez* [970].
— ligne 8. *Au lieu de* « 906, » *lisez* [986].
— ligne 23. *Au lieu de* « d'Escuderie, voire Argoule, » *lisez* [Desendière, Noire, Argoulet].
Page 124, ligne 2. *Au lieu de* « de Cavillat, » *lisez* [de Canillat].
Page 127, ligne 28. [Hildegaire de Ségur (*alias* de Limoges)].
Page 129, ligne 3. Le ms. Legros dit seulement : [En l'année 994, tomba sur les humains une peste de feu si aspre qu'il brûloit les corps indistinctement, tant qu'ils étoient infectés de maladie. Par le conseil du duc Guillaume, l'évêque et l'abbé de Saint-Martial, son frère, firent assembler les reliques de tous les corps saints du Limousin et les firent porter au lieu de Montjauvy, à un stade de Limoges, où se trouvèrent les archevêques de Bourges et de Bourdeaux, avec les évêques de Saintes, Clermont, le Puy, Périgueux, Angoulême et celui de Limoges. On fit une procession, des jeûnes et des prières avec grande dévotion, et dans trois jours ce feu cessa miraculeusement. Du depuis on en a fait une fête et un office exprès (qui subsistent encore cette année 1775)].
Page 135, ligne 5. de l'église [cathédrale].
Page 136, ligne 29. Legros ajoute : [Jordain fut consacré l'an 1020].
Page 137, ligne 23. *Au lieu de* « Eymerie, » *lisez* [Aimard].
Page 138, ligne 18. *Au lieu de* « la 3e, » *lisez* [l'an 3e].

Page 139, ligne 6. *Au lieu de* « Endalcie, » *lisez* [Galiéle].
— ligne 11. Legros ajoute : [sous les orgues, sous une tombe de marbre noir (laquelle tombe n'y est plus)].
— ligne 23. Legros ajoute : [En conséquence il machina avec un cavalier nommé Pierre Escoflier, qui demeuroit dans laditte ville, grand ami d'un nommé Hugo (saint Hugues, abbé de Cluny)...].
Page 141, ligne 17. Legros ajoute : [Son corps repose dans l'église de Saint-Augustin-lez-Limoges].
Page 142, ligne 3. Legros ajoute : [L'an 1064, mourut Aimar II, vicomte de Limoges, auquel succéda Aimar III].
— ligne 9. [Guy de Larou, neveu de Jordain, après la mort d'Ithier, lui succéda dans l'évêché de Limoges, 48e en rang, l'an 1079 et tint le siège jusqu'en 1092. Il fut d'abord enterré dans l'église cathédrale, devant l'autel de Notre-Dame, mais Gérald, abbé de Saint-Augustin, le fit exhumer et porter dans son monastère de Saint-Augustin, en présence du comte de Poitiers, duc d'Aquitaine. Dans le même tems, fleurissoient Odille ou Odon à Cluny, saint Robert à la Chasse-Dieu (*alias* la Chaise-Dieu), et saint Gauthier à Leyterp en Limousin].
Page 143, ligne 5. *Au lieu de* « 1124, » *lisez* [1123].
— ligne 6. Legros ajoute : [Il donna une règle et forme de vie à ses frères, fut canonisé et mis au catalogue des saints confesseurs par Clément, pape, la 3e année de son pontificat, l'an 1189 qui fut le 66e après la mort du saint. L'an 1094, fut trouvée une espèce et genre de poires sauvages par un paysan, au champ duquel le fruit fut appellé vulgairement *poires d'angoisse*, et c'est ainsi qu'on les appelle en Limousin. Cette trouvaille se fit tout près du monastère de Saint-Yrieix, ainsi que l'a écrit Geoffroy, religieux de Saint-Martial, qui vivoit alors].
Page 144, ligne 1re. [Le pape célébra à Limoges la fête de Noël].
— ligne 22. Legros attribue à l'abbé Aimar tout ce que notre compilateur a fait exécuter par l'abbé Mainardus.
Page 145, ligne 15. *Au lieu de* « Farfard, » *lisez* [Jaffa].
Page 147, ligne 4. Legros ajoute : [L'an 1112, un autre incendie désola le monastère de Saint-Martial, et celui de Saint-Martin, avec l'église de Saint-Pierre-du-Queyroix].
— ligne 9. *Au lieu de* « Bernard de Clignact, » *lisez* [Bernard Aly, qui tint l'abbaye deux ans].
Page 148, ligne 5. *Au lieu de* « de l'évêque, » *lisez* [d'Eustorge].
— ligne 9. *Au lieu de* « Guillaume, » *lisez* [Guillaume-Palais].
— ligne 11. [Il fit bâtir dans la cité (d'autres disent dans la ville), la tour d'Amblard (appelée depuis par corruption la tour Branlant)].

Page 149, ligne 3. *Au lieu de* « 1130, » *lisez* [1137].
— ligne 31. *Au lieu de* « Reims, » *lisez* [Clermont en Auvergne].
Page 150, ligne 10. *Au lieu de* « Radulphe 5e, » *lisez* [Radulphe 2e].
Page 151, ligne 25. Legros ajoute : [Ce prince eut de sa femme Aliénor deux filles, à savoir : Marie, l'aînée, et Alix, la plus jeune. Au concile de Boisgency, le roi répudia sa femme, et épousa en secondes noces Constance, fille d'Alfonse, roi d'Espagne, l'an 1150].
Page 152, ligne 17. [Cette séparation déplût beaucoup à la reine Aliénor, qui se conserva la duché de Guienne à elle et aux siens, avec le comté de Poitou et d'autres terres qu'elle avoit dans la seconde Aquitaine, mais à la condition que le roi lui imposa de tenir le tout de la couronne de France à foi et hommage, et que lesdites terres relèveroient nuement de laditte couronne, comme elles faisoient auparavant].
Page 153, ligne 10. Legros ajoute : [Ce mariage a causé de grandes guerres contre les Anglois, car après la mort d'Étienne, roi d'Angleterre, Henry, duc de Normandie, comte de Poitou et d'Anjou, etc., lui succéda, l'an 1154, sous le nom de Henry II].
Page 154, ligne 5. Legros ajoute : [Ce dernier étoit alors mineur et en bas âge].
— ligne 8. *Au lieu de* « 13 ans, » *lisez* [trois ans].
— ligne 10. *Au lieu de* « Eysurat, » *lisez* [Uzurat].
— ligne 21. Legros ajoute : [Au commencement du dix-septième siècle].
Page 155, ligne 14. Legros ajoute : [Cependant le roi Henri en prit deux la première année].
Page 158, ligne 11. *Au lieu de* « Le Clerc, » *lisez* [Le Cerc].
Page 160, ligne 15. *Au lieu de* « de Chartre, » *lisez* [de Castres].
— ligne 16. *Au lieu de* « de Castres, » *lisez* [du Châtenet].
Page 161, lignes 20 et 25. *Au lieu de* « Robert de Berry, » *lisez* [Robert de Bary].
Page 166, ligne 27. [Et s'empara des rétables du grand autel et du sépulchre où il y avoit, en l'un cinq images, et en l'autre la figure de la majesté divine, de pur or, avec les croix, calices et un vase somptueux, magnifiquement travaillé, qu'Arnaud de Montausier avoit donné, ainsi qu'on le disoit alors, le tout estimé à 150 marcs d'or et d'argent, fut évalué à 22,000 sols. Ledit Henry promit de tout restituer et, pour gage de sa promesse, il laissa une cédule signée de sa main. De plus, il emporta l'embrion de Guy de Grandmont, qu'on gardoit au monastère, et tout ceci fut distribué à ses soldats].
Page 168, ligne 5. *Au lieu de* « deux chevailhers, » *lisez* [douze chevaliers].

Page 169, ligne 13. [Henry le Jeune s'étant résolu de venir voir son père, ne le pût].

Page 173, ligne 33. *Au lieu de* « le Pont de Nouaillias, » *lisez* [le Pont, Nouaillhac].

— ligne 34. *Au lieu de* « Clouis, » *lisez* [Blois].

Page 174, ligne 7. Legros ajoute : [L'abbé Richard, de Saint-Martial, paya 150 marcs d'argent].

Page 175, ligne 7. *Au lieu de* « Austriclinien, » *lisez* [Alpinien].

— ligne 9. Legros ajoute : [Il fit de belles fondations dans les abbayes de Saint-Martial, du Bourg-Dieu près Châteauroux en Berry, de Saint-Pierre-de-Pruly, de Sainte-Marie de la Mercy et de Sainte-Marie de la Couronne].

Page 178, ligne 5. *Au lieu de* « Guy de Burcia, » *lisez* [Guy de Bruciers ou de la Brosse].

— ligne 10. [Dans les châteaux d'Aixe, de Chervix, de Nontron, *de Ségur*, d'Excideuil].

— ligne 24. Legros ajoute : [Cette tour n'existe plus, et on a fait à sa place la porte de Tourny, ouverte en 1743].

Page 179, ligne 9. *Au lieu de* « le mas Sainte-Valérie, » *lisez* [le marc de Sainte-Valérie].

— ligne 15. [Mais plusieurs autres y moururent de chagrin de ne pouvoir recouvrer leur liberté].

— ligne 23. *Au lieu de* « Lequel roy Jean, » *lisez* [Mais l'évêque Jean].

Page 180, ligne 2. *Au lieu de* « L'évêque poursuivit, » *lisez* [le vicomte poursuivit].

— ligne 7. *Au lieu de* « le pays, » *lisez* [la paix].

— ligne 24. *Au lieu de* « Petrus de Gersa, » *lisez* [Pierre de Gresa ou de la Griffe].

Page 181, ligne 22. *Au lieu de* « Mortemart, » *lisez* [de Moncocu].

Page 182, ligne 6. *Au lieu de* « leur roi, » *lisez* [le roi Jean].

Page 187, ligne 5. *Au lieu de* « les Ballagiers, » *lisez* [les habitants de Banléger, pour n'avoir fait bon guet].

— ligne 16. [Jordain du Breuïl, Bas Bernard Chaptard, Vigier et Guillaume de Pleinevaire, et la même année, on trouva plusieurs reliques dans le grand autel de l'église de N.-Dame de la Règle. — L'an 1214, il fit à Limoges un si grand vent, que la croix et le coq du clocher de Saint-Martial furent abattus, aussi bien que beaucoup d'arbres dans les forêts].

Page 188, ligne 2. *Au lieu de* « 1213, » *lisez* [1214].

Page 189, ligne 9. *Au lieu de* « Rousiers, » *lisez* [Royère].

Page 190, ligne 9. [L'an 1220, mourut au service du sr du Sault, en Provence, surnommé d'Algout, Anselme Feydit, ancien poëte comique et tragique, natif d'un village du Limousin, surnommé Nosata ou Tesata].

Page 191, ligne 4. *Au lieu de* « 1223, » *lisez* [1228].
Page 193, ligne 16. *Au lieu de* « Menudo, » *lisez* [Menudet].
Page 194, ligne 1. Legros fait précéder cette ligne par celles-ci : [Trois ans après (la construction de l'église d'Aureil en 1230) il y eut une grande cherté de vivres en Aquitaine, où il se parcouroit une espèce de feu, brûlant les corps humains].
Page 195, ligne 12. [Icelle année 1243].
Page 196, ligne 4. [L'an 1247, par Me Guillaume Raffar].
Page 197, ligne 21. Legros ajoute : [Icelle année mourut Pierre Audier, qui en montra la façon de miner pour faire venir les eaux des fontaines dans la ville].
— ligne 22. *Au lieu de* « 1259, » *lisez* [1252].
Page 198, ligne 6. *Au lieu de* « Regnier de Lincestre, » *lisez* [Roger de Lancastre].
Page 199, ligne 23. *Au lieu de* « la maison abbatiale, » *lisez* [la maison de l'abbé au cimetière].
Page 204, ligne 3. *Au lieu de* « Boyer de la Bourdelhe et Hélies, » *lisez* [Boson de Bourdeilles et Hélie Flamarens].
Page 207, ligne 9. [Les possessions rurales].
Page 208, ligne 5. *Au lieu de* « d'Estamines, » *lisez* [de Tamieux].
— ligne 17. *Au lieu de* « 26e septembre, » *lisez* [seizième septembre].
Page 209, ligne 14. *Au lieu de* « Sainct-Louis, » *lisez* [Sainte-Lucie].
Page 213, ligne 1. *Au lieu de* « de Valensa, » *lisez* [de Valence].
— ligne 15. *Au lieu de* « Cidres, » *lisez* [Bridès et Ribaudequins].
Page 217, ligne 18. *Au lieu de* « Gérald Berneyix, » *lisez* [Géral de Bourneys].
Page 220, ligne 18. [L'an 1287, mourut Jean de Bretagne].
Page 221, ligne 27. [Parquoi à l'instant fut élu led. Regnaud de La Porte, natif d'Alassac, le 15 novembre, étant chanoine et archidiacre de Limoges].
Page 223, ligne 1. *Au lieu de* « Berthrand Gotto, » *lisez* [Bertrand Gothe].
Page 226, ligne 4. [Fille de Amaulry, vicomte de Narbonne].
— ligne 11. *Au lieu de* « la comté de Ponthaumur et la seigneurie de Gresse, » *lisez* [la comté de Ponthieu et la seigneurie de Greslo].
Page 227, ligne 16. Legros fait précéder cette ligne de celle-ci : [Auquel temps tomba la tour de Pissevache des murailles de la ville].
Page 229, ligne 2. [Sous Philippe-le-Long, 1321, et l'an 1525...].
Page 230, ligne 6. *Au lieu de* « Bacco, » *lisez* [Bacoy].
— ligne 11. [Environ l'an 1345, à Limoges, envoyèrent au comte d'Aille...].
Page 231, ligne 8. [Natif de Limoges].

Page 231, ligne 18. *Au lieu de* « Chascas, » *lisez* [Rachas].
— ligne 22. *Au lieu de* « Sainct Anneius, » *lisez* [s¹ᵘˢ Amitius (Guillaume Lamy)].
Page 232, ligne 7. *Au lieu de* « 1355, » *lisez* [1356].
— ligne 9. [Et le susd. de Lestrade se mit dans Auch...].
— ligne 12. Une note du ms. Legros porte : [1º Chassain ou Chasseing, alors petite ville ou *bourg fermé*, sur une éminence près d'Hautefort, anciennement administrée par un *consul*. En 1404, d'après d'anciens titres, Peyrot Raynaud était consul de Chasseing. A présent ce n'est plus qu'un petit village. 2º Ou *Moruscles*, dans la paroisse de Génis; alors château fortifié sur un mamelon élevé, escarpé, entouré de tous côtés par le *Dalon*, petite rivière; ayant titre de châtellenie avec haute justice, *mesures particulières*. Il n'en reste que des ruines, couvertes de broussailles et tout à fait inaccessibles. — Hautefort et Génis (Dordogne)].
— ligne 21. A la suite du mot « Lymoges, » Legros a fait un renvoi ainsi conçu : [A la tête de 200 hommes d'armes et de 6,000 archers, ravagea l'Auvergne, le Limosin, le Berri. — Contin-Nangis-Morice, *Hist. de Bretagne*, t. I, p. 287. *apud* Nadaud, *Mém. mss. Lim.*, t. II, p. 456].
— ligne 30. *Au lieu de* « Robert de Donzenac, » *lisez* Brouard de Donzenac].
Page 233, ligne 22. *Au lieu de* « Martial Briselon, » *lisez* [Martial Boisse].
Page 234, ligne 5. *Au lieu de* « Leychousier, » *lisez* [L'Eychoisier].
— ligne 11. [De son temps fut envoyé le joyau et réliquaire pour mettre reposer le chef de St-Martial, et ce par le cardinal de Limoges, évêque jadis, du tems de la destruction de la Cité].
Page 236, ligne 8. [Là, devant la porte de l'église, le duc doit assister, auquel est baillée par l'évêque de l'eau bénite, lequel le vêtit d'un manteau de soye, avec cette oraison :].
Page 237, ligne 39. *Au lieu de* « et soyes sauvement, » *lisez* [et soyez souvenans].
Page 238, ligne 18. Legros place en titre avant cette ligne le mot : [Collecte].
— ligne 23. *Au lieu de* « Autre oraison, » *lisez* [Secrette].
— ligne 28. Legros ajoute : [(La post-communion ne suit pas)].
Page 240, ligne 3. La phrase entre crochets que nous avons reproduite d'après la version de M. Maurice Ardant, se trouve dans le ms. Legros.
Page 242, ligne 13. Legros ajoute : [Ledit sʳ chantre Hélias vivoit du tems de Sᵗ Guillaume, archevêque de Bourges, et furent nourris ensemble. — Il a fait trois choses dignes de mémoire.

— Premièrement, saint Guillaume étant canonisé et mis au nombre des saints par Honorius III, du tems du roi Philippe second, surnommé *Auguste*, autrement *Dieu-Donné*, roi de France, il composa plusieurs belles oraisons en l'honneur dud. saint, et fit que l'on célèbre sa fête en lad. église de Limoges. — Secondement, il assembla beaucoup de gens de bien de Limoges, pour aller quérir le corps de M^r s^t Just, qui étoit en la puissance de certains voleurs, sans honneur et sans service divin, qui enlevoient tous les aus les fruits de l'église St-Just, distante deux lieues de Limoges, avec procession solemnelle, et fit solemniser la fête. Il composa plusieurs belles et dévotes oraisons à l'honneur et dévotion dudit sainct. — Troisièmement, il fit célébrer la fête de s^t Vincent en ladite église, et composa aussi plusieurs oraison en l'honneur et dévotion dudit saint; lequel service se fait encore pour le jourd'hui, et persévère depuis, qui fut environ l'an 1218].

Page 266, ligne 1. [Icelle année (1364), au mois de mai, on commença à bâtir le fondement de l'église Saint-Michel-des-Lions, et l'an 1383, qui fut 19 ans après, fut édifié le grand clocher de laditte église, ainsi que porte une souscription engravée dans une pierre au pied dudit clocher].

Page 268, ligne 2. [De Mallevard, Mareuil et Pierrebuffière].
— ligne 21. [... d'Eissenat, Montagut, Maleval, Mareuil, Boulogne, Uzès, Sally, Taleton, Confolens, de Prochère, d'Achond, Purchin].

Page 270, ligne 27. [Gaillard d'Anglé, Louis, vicomte de Châtelleraud, les seigneurs des Ponts, Partenay, Pinau, Tonay, Boutonne, Persenat, de Coulougne, Prunieres, Mucidam, Lesparre, Chabanois, Rochechouard, Thomas de Percy, les sieurs de Rooz, Guillaume Beauchamps, Michel de La Poulle, Gonsanton, Richard de Ponchardon, et Baudoin de Francville, Simon Burlé, d'Angousse, Jean d'Evreux, Guillaume d'Hérouville, Eustache d'Avrincourt, Perducas d'Albret, Nardon de Bergerac, le bourg de Lesparre, le bourg de Comminges, le bourg de Verteuil, Espiotte, Bernard de Lahuit...].

Page 272, ligne 29. [Accompagné du duc de Lancastre, des comtes de Panebrot et Cantbrige, Gaillard d'Angle et autres gens de guerre].

Page 274, ligne 22. *Au lieu de* « de Vertincourt, » *lisez* [de Bertincourt].

Page 277, ligne 8. *Au lieu de* « Jean de Urnes, » *lisez* [Jean de Bruz].
— ligne 19. *Au lieu de* « Jean Bayard, » *lisez* [Jean Boyol].

Page 279, ligne 23. Legros ajoute : [qui sont douze lettres cachetées de cire verte].

Page 280, ligne 16. *Au lieu de* « pour un an, » *lisez* [par an].
— ligne 26. Legros ajoute : [qui sont onze lettres scellées en cire blanche].
Page 282, ligne 8. *Au lieu de* « du Pontbreton, » *lisez* [du Pont, Breton].
— ligne 11. *Au lieu de* « S^nt-Martin et Mairebuaost, » *lisez*, [Mairebœuf].
Page 283, ligne 2. *Au lieu de* « Olivier Blanchard, » *lisez* [Colinie Blanche].
— ligne 3. *Au lieu de* « Chaslucet, » *lisez* [Châlus].
— ligne 4. *Au lieu de* « Gautier dépassa, » *lisez* [Gaultier de Passat].
— ligne 5. Legros ajoute : [En cas pareil, au seigneur de St-Priest, pour racheter le château de Ségur. Outre les consuls obtinrent lettres pour abbattre les places qui se trouvoient défensibles].
— ligne 7. *Au lieu de* « Jean d'Albret, » *lisez* [Jean de Bret].
— ligne 13. « *Au lieu de* « Jumilhact, » *lisez* [Janailac].
— ligne 18. *Au lieu de* « Chaslucet, » *lisez* [Châlus].
— ligne 23. *Au lieu de* « du Hallier, » *lisez* [du Lys].
Page 284, ligne 11. *Au lieu de* « Peyrot de Béarneix, » *lisez* [Peyrat de Brandis].
— ligne 12. *Au lieu de* « Chaslucet à deux lieues de Limoges, » *lisez* [Châlus à deux (six) lieues de Limoges].
— ligne 18. Legros ajoute : [Il recouvra le joyau et le verger aux moines].
Page 285, ligne 7. *Au lieu de* « Diacre de la sainte Église romaine, » *lisez* [Diacre de la Ste-Église des Utem].
— ligne 8. Legros ajoute : [cardinal de la s^te église romaine sous le titre de St-Laurens en Damaze, vulgairement appelée Deton ; et a baillé et légué beaucoup de biens à ladite église collégiale et canoniale de St-Germain. Il vivoit du tems que les papes tenoient leur siége en Avignon, et pense-t-on qu'il fut parent des papes qui avoient pris leur origine et naissance de Touraine, mieux *Turenne*].
Page 286, ligne 1. Legros fait précéder ce chapitre de ces lignes : [Froissard, aux volumes de ses *Chroniques*, raconte au long les faits d'armes et exploits et entreprises qui arrivoient en Limousin, particulièrement au château du Montvantadour en Limousin ; et comme il fut trahi et rendu aux Bretons et Anglois, le pays reçut un grand dommage].
Page 287, ligne 1. *Au lieu de* « Chaslucet, » *lisez* [Châlus].
— ligne 6. Legros ajoute : [Comme il appert par le livre des *Chroniques* de la maison consulaire].
— ligne 7. *Au lieu de* « Estienne Minonis, *alias* Allumin, na-

tif de Vaublanche, » *lisez* [Etienne Almoine, natif de Bou-
blanche].

Page 287, ligne 20. [Jean de Bretagne, comte de Penthièvre].

Page 288, ligne 19. *Au lieu de* « Chasteauroux, » *lisez* [Chantonceaux].

— ligne 22. *Au lieu de* « du roy de Cecille, » *lisez* [de la reine de Castille].

— ligne 22. Legros ajoute : [En 1406 fut fait le petit ravelin de la porte Montmailler. Le jour de s^t Clément, 1407, commença le grand hiver, qui, sans dégeler, dura jusqu'à la Chandeleur. Au dégel les rivières furent si grandes qu'elles rompirent les ponts].

Page 289, ligne 1. [Hugues de Maignac, près la Porcherie, succéda à l'évêché de Limoges en rang 67, qui décora grandement son église de livres, chappes et ornemens. Il fit faire le joyau du *corpus Dni*. Il institua après son décès, le chapitre son héritier, par testament, en la moitié de ses biens, et le monastère de Saint-Martial en l'autre moitié. Il mourut l'an 1412].

CORRECTIONS ET ADDITIONS

Page 53, note 3. *Au lieu de* Onuphrii Pantinii, *lisez* « Onuphrii Panvinii. »

Page 57, ligne 5. *Fontaine du Chevalet.* — Contrairement à ce que dit notre compilateur, nous voyons figurer la fontaine du Chevalet sur un plan de Limoges dressé vers la fin du xvie siècle, par A. Jouvin de Rochefort, et connu sous le nom de *Plan des Trésoriers de France*. En conférant le ms. Legros, nous avons vu qu'en 1760 seulement des voleurs s'emparèrent de la statue de plomb qui surmontait cette fontaine. Legros ajoute que depuis cette époque on n'a pas remplacé cette statue, ce qui prouve que la destruction de la fontaine est bien postérieure à 1760.

Page 77, ligne 21. *Seconde ruine de Limoges par Théodebert.* — Chilpéric n'a jamais eu de fils du nom de Théodebert. Notre compilateur a voulu sans doute parler de Théodebert, fils de Thierry. Ce dernier avait eu en partage à la mort de Clovis, son père, une partie du pays entre le Rhin et la Meuse, ainsi qu'une partie de l'Aquitaine et de l'Auvergne. Ce qui nous le fait croire, c'est que Labiche de Reignefort (*Vie des Saints du Limousin*, St-Yrieix, t. I, p. 230) dit que c'est en 534 et en 537 que Limoges fut détruit. On a pu voir, page 324, au sujet de la translation de saint Dompnolet, que notre compilateur dit que ce saint fut tué en 537, et non en 577, par Théodebert, lors de la prise de la cité par ce dernier.

Page 105, ligne 1re. *Quatrième ruine de Limoges par les Normands.* — Justel (*Preuves de la maison de Turenne*, p. 18) cite une *Chronique de Limoges* dont il nous donne l'extrait suivant :
« Estoit lors Anselme évesque de Limoges, et passants de
» rechef les Normans infidèles la rivière de Gironde, arri-
» vèrent en grand nombre en Aquitaine, et destruisirent

» Agen, Bourdeaux, Tholose, Caors, Limoges, Périgueux, Ro-
» dez, Xaintes et Poictiers. Et desquelz payens voulant évi-
» ter la furie, les Limousins abandonnèrent leur ville non
» fortifiée et prindrent avec eux le corps s. Martial, et le por-
» tèrent, passans par les montagnes, au fort chasteau de
» Turenne. »

Page 174, note 3. *Au lieu de* 51e abbé, *lisez* « 51e évêque ».

Page 176, note 3. Ajoutez : *V*. aussi *Bull. de la Soc. d'agriculture*, 1822. — *Limoges sous les Anglais*, extrait d'un manuscrit limousin. (*Ibid.*, année 1834.)

Page 192, marginale 3. *Au lieu de* : Louis VII, *lisez* « Louis VIII ».

Page 204, note 3. Ajoutez : *V*. aussi *Notice historique sur la monnaie de Limoges*, au *Calendrier ecclésiastique du Limousin*, année 1784.

Page 241, ligne 40. *Au lieu de* : bailler tteou, *lisez* « bailler toute ».

Page 357, ligne 12. *Le gouverneur de Ventadour tente de piller Limoges*. Le ms. de Jean de Lavaud (fo 220) dit : « A l'an-
» née mille six cant trante et troys, Monsieur Hanne de
» Levict, duct de Vantadour, gouverneur du Haut et Bas-
» Limosin, voulloy establir la gabelle par les villes de son
» gouvernement, avect que Monsieur Biont, qui estoy com-
» miserre du roy. Lequel Biont metoy par les villes du
» resort du Limosin de jehan de guerre an garnison, et se
» croiant estre le plus for. Neanmouin, les petits artisant se
» levarre contre les partisant qui estoy de la ville, avect que les
» harmes an ment, et fire seser leur mauves desaint et entre-
» prinse. Et à l'année mille six cant trante quatre, velle des
» trois roy, furent bruler la prison de la cour presidialle de
» Limoges, qui commansare à bruler à deux heures de nuit
» et durat le feut jusques à douse heures du landement de
» rois. Et sant le secour qu'il fuct mit, les prisonniers se
» fuse tous brullés, que mesmes les grilles de fer qui la
» estoy tonbare toutes par elles mesmes. Seux qui estoy
» danct le cartier de pierre incontinant fire rebatir la prison
» depuis le creux de basse fosses jusques aux aut de tuilles
» le tout de pierre de talle, et sont ancorre an nature comme
» l'on voy à présent. »

Page 374, ligne 14. *Les Croquants*. — Le ms. de Jean de Lavaud (fo 134) appartenant à la bibliothèque communale de Limoges, dit : « Lan 1594, les paisant de la vicomté se ellevare an
» armes et contreniet le hun le autres à l'asistance et fure
» ansanble jusques à Cordellas, estant an nombre de quinze
» mille qui fesoy de grand maut et prinsipallement à la no-
» blesse. Et ne voulloy paier aucune talle avin. Demesme
» an fire seux du aux-Limosin, et venan jusques à la vellee

» de la sainct Jehant 1594, que il fûre defect le jour, auprès
» du bour de Neysont. Et an demeurat sur la plasse de mort
» jusques à dix-hui ou diseneuf cenct, par Monsieur de
» Chamberet, dabin la Chapelle au chan de Froisinet, et au-
» tres senieur et jantillomes. »

Le f° 365 du ms. de Jean Lavaud contient ces lignes :

« La translation du corps de sainte Valérie eut lieu à
» Chambon dans l'église consacrée en 1212.

» Les pères Jacobins de Limoges ont été réformés l'an
» 1219.

» Les Cordeliers furent reçus l'an 1223 à Brive.

» Les Carmes des Arènes furent reçus à Limoges l'an 1264.»

BIBLIOGRAPHIE

LISTE ALPHABÉTIQUE DES AUTEURS OU OUVRAGES ANONYMES
MENTIONNÉS DANS LES NOTES.

ADHÉMAR DE CHABANNES. — V. LABBE, t. II.

ALBERT. — *Galerie de portraits des personnages célèbres de l'ancienne province du Limousin...* — Limoges, 1848-18..., livraisons I à IV, in-4°.

ALBERT. — *Galerie de portraits des Hommes illustres de la Corrèze...* — Limoges, 1862-18..., livraisons I à VI, in-4°.

ALLOU. — *Description des monuments des différents âges observés dans la Haute-Vienne...* — Limoges, 1821, in-4°.

Almanach limousin, 1859-18..... — Limoges, Ducourtieux, 14 vol. in-18.

ARBELLOT (l'abbé). — *Chronique de Maleu*, chanoine de Saint-Junien, mort en 1322..., avec notes explicatives, suivie de documents historiques sur la ville de Saint-Junien. — Saint-Junien, 1847, in-8°.

ARBELLOT (l'abbé). — *Cathédrale de Limoges...* Extrait du *Bull. de la Soc. arch. du Lim.*, t. III. — Limoges, 1848, broch. in-8°.

ARBELLOT (l'abbé). — *Château de Châlusset...* — Limoges, 1851, in-8°.

ARBELLOT (l'abbé). *Revue archéologique et historique de la Haute-Vienne...* — Limoges, 1854, in-18.

ARBELLOT (l'abbé). — *Dissertation sur l'apostolat de Saint-Martial.* Extrait du *Bull. de la Soc. arch. et hist. du Lim.*, t. IV et V. — Limoges, 1855, in-8°.

ARBELLOT (l'abbé). — *Pierre le Scholastique*, fragments du poème de Saint-Martial. Extrait du *Bull. de la Soc. arch. et hist. du Lim.*, t. VI. — Limoges, 1857, in-8°.

ARBELLOT (l'abbé). — *Les trois Chevaliers défenseurs de la Cité...* Extrait du *Bull. de la Soc. arch. et hist. du Lim.*, t. VIII, 1858, in-8°.

ARBELLOT (l'abbé). — *Vie de saint Léonard*, solitaire en Limousin... — Limoges, 1863, in-8°.

ARBELLOT (l'abbé). — *Documents inédits sur l'apostolat de saint Martial.* Extrait du *Congrès scientifique de France*, 26° session. — Limoges, 1860, 2 vol. in-8°.

ARBELLOT (l'abbé). — *V.* DU BOYS (A.) et NADAUD.

ARDANT (Maurice). — *Des Ostensions...* — Limoges, 1848, in-18.

ARDANT (Maurice). — *Saint-Pierre-du-Queyroix de Limoges.* — Limoges, 1851, in-8°.

ARGENTRÉ (D'). — *Histoire de Bretagne.* — Paris, 1604, in-f°.

BAILLET (A.). — *Vie des Saints.* — Paris, 1739, 10 vol. in-4°.

BALUZE. — *Vitæ paparum Avenionensium.* — Paris, 1693, 2 vol. in-4°.

BALUZE. — *Historiæ tutelensis...* — Parisiis, 1717, in-4°.

BANDEL (Jean). — *Traité de la dévotion des anciens chrétiens à Saint-Martial,* 2° édition revue par l'abbé Texier, — Limoges, 1858, in-18.

BARDONNET (A.). — *Procès-verbal de la délivrance à Jean Chandos, commissaire du roi d'Angleterre, des places françaises abandonnées par le traité de Brétigny,* publié d'après le manuscrit du Musée britannique, in-8°.

BARNY (R. P. Albertus). — *Opusculum regulæ et sententiarum... Stephani institutoris ordinis Grandimontis...* — Parisiis, 1650, in-24.

BARNY DE ROMANET. — *Histoire de Limoges et du Haut et Bas-Limousin...* — Limoges, 1821, in-8°.

BESLY (J.). — *Histoire des deux Aquitaines.* — Paris, 1647, in-f°.

BONAVENTURE (R. P. de Saint-Amable). — *Histoire de Saint-Martial...* — Clermont et Limoges, 1676-1683-1685, 3 vol. in-f°.

L'exemplaire du troisième volume (*Annales du Limousin*) que possède la Bibliothèque de Limoges est annoté par l'abbé Legros.

BONNELYE (François). — *Chronique de Geoffroy de Vigeois...* — Tulle, 1864, in-8°.

BOUCHET (Jean). — *Annales d'Aquitaine...* — Poitiers, 1557, in-f°.

BOUHOURS (le P.). — *Histoire de Pierre d'Aubusson...* — Paris, 1676, in-4°.

BROGLIE (Élie de). — *Chronicon... V.* Guigniaut et de Wailly, *Recueil des historiens des Gaules*, t. XXI.

BRUNET (Jac.-Ch.). — *Manuel du libraire et de l'amateur de livres...* — Paris, 1860-65, 6 vol. in-8°.

Bulletin de la Société archéologique et historique du Limousin, t. I à XX. — Limoges, 1846-18..., in-8°.

Bulletin de la Société royale d'Agriculture, des Sciences et des Arts de Limoges. — Limoges, 1822-18..., in-8°.

BOLLANDUS. — *Acta sanctorum...* — Antuerpiæ, 1643-1854, 59 vol. in-f°.

Bibliothèque des Pères. — Lyon, 1677, 30 vol. in-f°.

Calendrier ecclésiastique et civil de Limoges, créé en 1762 par le chanoine Joseph de Voyon. — Limoges, Martial Barbou, 1762-1790, 28 vol. in-18.

(La Bibliothèque de Limoges possède la collection moins l'année 1767.)

Calendrier ecclésiastique, civil et militaire de la sénatorerie de Limoges, rédigé par Guineau et les abbés Nadaud, Legros et Vitrac. — Limoges, L. Barbou, 1806-1813, 8 vol. in-18.

César (Jules). — *Mémoires*. — Paris, Panckouke, 1828, 3 vol. in-8°.

Chaumeau (Jean). — *Histoire du Berry*. — Lyon, Gryphius, 1566, 1 vol. in-f°.

Collin (J.). — *Histoire sacrée de la vie des saints du Limousin...* — Limoges, 1672, in-12.

Collin (J.). — *Florilegium sacrum Lemovicense*, opera J. Collini. — Lemovices, 1673, 1 vol. in-12.

Combet. — *Histoire de la ville et du canton d'Uzerche*. — Tulle, 1853-1856, 1 vol. in-8°.

Compaing. — *Vie de saint Géraud, comte d'Aurillac*, écrite en latin par saint Odon, second abbé de Cluny, et traduite en français par M***. — Aurillac, 1715, in-12.

Congrès scientifique de France, 26° session. — Limoges, 1860, 2 vol. in-8°.

Coral (Pet.). — *Majus chronicon lemovicense*. V. Guigniaut et de Wailly, *Recueil des historiens des Gaules*, t. XXI.

Corpus franciscæ historiæ... — Hanoviæ, MDCXIII, in-f°.

Coudert de Lavillatte (J.). — *Vie de saint Pardoux*, patron de Guéret... — Guéret, 1853, in-8°.

Coudert de Lavillatte (J.). — *Toul et Ahun, le christianisme dans l'Aquitaine*. — Guéret, 1856, in-8°.

Catalogue général des cartulaires des archives départementales, publié par la commission des archives départementales et communales. — Paris, imp. royale, 1847, in-4°.

Deloche (M.). — *Les Lémovices de l'Armorique mentionnés par César...* Extrait du t. XXIII des *Mémoires de la Société impériale des Antiquaires de France*. — Paris, 1856, broch. in-8°.

Deloche (M.). — *Études sur la géographie historique de la Gaule et spécialement sur les divisions territoriales du Limousin au moyen âge*. — Paris, 1864, in-4°.

Deloche (M.). — *Cartulaires de l'abbaye de Beaulieu en Limousin*. Paris, imp. impér., 1859, in-4°. (Collection des documents inédits sur l'Histoire de France.)

Desmarest. — *Éphémérides de la généralité de Limoges pour l'année 1765*. — Limoges, 1765, in-12.

Du Boys (A.). *Poésies de Jacques Dorat*, archidiacre de Reims. — Limoges, 1851, broch. in-8°.

Du Boys (A.) et Arbellot (l'abbé).— *Biographie des Hommes illustres du Limousin*, t. Ier jusqu'à la lettre F inclusivement. — Limoges, 1854, in-8°.

Du Cange. — *Les Familles d'Outre-Mer*, publiées par E.-G. Rey. — Paris, 1869, in-4°. (Collection des documents inédits sur l'Histoire de France.)

Du Cange.— *Glossarium ad scriptores mediæ et infimæ latinitatis.* — Parisiis, 1733-36, 6 vol. in-f°. — *Supplementum*, auctore D. P. Carpentier. — Parisiis, 1766, 4 vol. in-f°.

Duléry (l'abbé). — *Rochechouart…* — Limoges, 1855, in-8°.

Dumont. — *Corps universel diplomatique du droit des gens…* — Amsterdam et La Haye, 1726-1731, 7 vol. in-f°.

Duroux (J^s). — *Essai historique sur la sénatorerie de Limoges…* — Limoges, 1811, in-4°.

Feuille hebdomadaire de Limoges, 1776.

Filleau. — *Recueil des édits.*

Frachet (Gérard de). — *Chronicon…* V. Guigniaut et de Wailly, *Recueil des historiens des Gaules*, t. XXI.

Froissard. — *Chroniques.* V. *Choix des chroniques et mémoires sur l'histoire de France*, avec notes et notices par J.-A. Buchon. — A. — Paris, 1837, 3 vol. in-8°.

Gallia christiana… — Parisiis, 1656, 4 vol. in-f°.

Gallia christiana [nova], *tomus secundus.. continens : Ecclesiam lemovicensem… ecclesiam tutelensem…* — Parisiis, 1740, 1 vol. in-f°.

L'exemplaire que possède la Bibliothèque de Limoges contient de nombreuses notes marginales de l'abbé Nadaud.

Gallia ecclesiastica… — Parisiis, 1773, in-f°.

Gallia purpurata…, par Pierre Frizon…—Parisiis, 1688, 1 vol. in-f°.

Gedebrardus (Gilbert.). — *Chronographia…* — Parisiis, 1567, in-f°.

Geoffroy de Vigeois. V. Labbe, t. II, et Bonnélye.

Gilles (Nicole). — *Les tres elegantes et tres pieuses annales des tres preux, tres nobles, tres chretiens et excellens moderateurs des belliqueuses Gaulles…*, compillees par Maistres Nicoles Gilles… — Paris, 1533, in-f°, 2 tomes en 1 volume.

Godel (Guill.). — *Chronicon ab anonymo continuatum.* V. Guigniaut et de Wailly, *Recueil des historiens des Gaules*, t. XXI.

Guibert (Louis). —*Château de Châlucet.*— Limoges, 1872, 2e édit., grand in-18, avec un plan.

Guidonis (Bernard). — *E floribus chronicorum… — Fragmenta.* — V. Guigniaut et de Wailly, *Recueil des historiens des Gaules*, t. XXI ; et Labbe, t. II.

Guigniaut et de Wailly. — *Recueil des historiens des Gaules et de la France*, t. XXI…, depuis 1226 jusqu'en 1328. — Paris, imp. impér., 1855, in-f°.

Guillaume de Tyr. — *Recueil des historiens des Croisades*... — Paris, imp. royale, 1841-44, 2 vol. in-f°.

Guineau (J.). — *Sur les progrès du commerce à Limoges*. — Limoges, 1822, in-12.

Grellet-Dumazeau. — *De la Domination anglaise sur certaines provinces d'Outre-Loire*, au Bull. de la Soc. arch. et hist. du Lim., t. II.

Histoire littéraire de la France..., par des Religieux bénédictins de la congrégation de Saint-Maur. — Paris, 1733-63, 12 vol. in-4°.

Itier (Bern.). — *Chronicon... continualum a Stephano de Salviniec et Helia de Broglio*... V. Guigniaut et de Wailly, Recueil des historiens des Gaules, t. XXI.

Jarrige (Pierre de), viguier de Saint-Yrieix. — *Journal historique (1560-1574)*, continué par Pardoux de Jarrige, son fils (1574-1591), annoté et publié par H.-B. de Montégut. — Angoulême, 1868, in-8°.

Jouvin de Rochefort (A.). — *Plan de Limoges*. — In-folio plano (s. d., fin du xvi° siècle).

Joullietton. — *Histoire de la Marche et du pays de Combraille*. — Guéret, 1814-15, 2 vol. in-8°.

Justel. — *Histoire généalogique de la maison de Turenne*. — Paris, 1645, in-f° fig.

Labbe (R. P. Phil.). — *Nova bibliotheca manuscriptorum*. — Paris, 1657, 2 vol. in-f°.

Labiche de Reignefort. — *Six mois des Vies des saints du diocèse de Limoges et de tout le Limousin...* — Limoges, 1828, 3 vol. in-12.

Laforest (P.). — *Limoges au xvii° siècle*. — Limoges, 1862, 1 vol. in-8°.

Leclerc (l'abbé). — V. Nadaud.

Legros (l'abbé). — *Recherches historiques sur l'église paroissiale de Saint-Michel-des-Lions*. — Limoges, 1811, in-12.

Legros (l'abbé). — *Mémoire pour l'histoire des abbayes de Limoges*, manuscrit appartenant à la Bibliothèque du Grand-Séminaire de Limoges.

Legros (l'abbé). V. *Manuscrit Legros*.

Le Maitre. — *Maestre del trobadors*.

Levesque (F. Joannis). — *Annales ordinis Grandimontis*... — Trecis, 1662, in-12.

Le Long (le P. Jacques). — *Bibliothèque historique de la France*... — Paris, 1768-78, 5 vol. in-f°.

Leymarie (A.). — *Histoire du Limousin*. — *La Bourgeoisie*. — Limoges, 1845, 2 vol. in-8°.

Leymarie (A.). — *Le Limousin historique*, recueil de toutes les pièces manuscrites pouvant servir à l'histoire de l'ancienne province du Limousin. Le tome Ier et deux livraisons du tome II ont seuls paru. — Limoges, 1837-39, in-8°.

Leymarie (A.). — *Coutumes de Limoges...*, texte roman et latin... — Limoges, 1839, in-8°.

Livre de la recepte et mise pour la frérie du Saint-Sacrement de Saint-Pierre-du-Quéroix (de 1553 à la fin du xvi° siècle), manuscrit sur parchemin appartenant à la Bibliothèque communale de Limoges.

Mabillon. — *Annales ordinis s. Benedicti.* — *Parisiis*, 1707, in-f°.

Martin (Henri). — *Histoire de France depuis les temps les plus reculés jusqu'à 1789.* Quatrième édition. — Paris, 1855, 17 vol. in-8°.

Marvaud. — *Histoire du Bas-Limousin...* Paris, 1842, 2 vol. in-8°.

Maleu (Steph.). — *E chronico comodoliaci...* V. Guigniaut et de Wailly, *Recueil des historiens des Gaules*, t. XXI, et Arbellot (l'abbé).

Manuscrit dit *Premier Registre consulaire.* Ce ms. improprement connu sous le nom de *Premier Registre consulaire* appartient à la Bibliothèque communale de Limoges ; c'est un in-4° sur parchemin, d'une écriture gothique, qui contient plusieurs pièces fort curieuses de 1212 à 1251, assemblées sans ordre chronologique. V. pour les titres des principales pièces la page 281 du vol. *Histoire au Catalogue méthodique de la Bibliothèque communale de Limoges*, par M. Emile Ruben. — Limoges, 1858, in-8°.

Manuscrit de Jean Lavaud. Ce ms. est un petit in-f° papier de 128 pages chiffrées, auquel est attaché, au moyen d'une épingle, un feuillet in-12 relatant des événements postérieurs à 1638. L'ordre chronologique des événements s'arrête à 1370. Ce ms. appartient à M. Pinot, curé de Saint-Michel-des-Lions.

Manuscrit de Pierre Mesnagier. Ce ms., jusqu'à la page 132, est la copie de celui de Jean Lavaud. C'est un in-f° sur papier de 372 pages, qui contient plusieurs pièces sans ordre sur l'histoire du Limousin et s'arrête à l'année 1676. Il appartient à la Bibliothèque communale de Limoges.

Manuscrit de Legros, ayant pour titre : *Mémoire en forme d'histoire de Limoges...* corrigé sur l'exemplaire de D. Col, bénédictin. L'ordre chronologique des événements s'arrête à l'année 1556, pages 1 à 267. Il contient en outre : *Mémoires de la généralité de Limoges*, pages 1 à 96 chiffrées à part ; *Etat ecclésiastique du diocèse de Limoges*, pages 97 à 120, et *Manifeste sur l'apostolat de saint Martial*, pages 1 à 20 chiffrées à part. Ce ms. appartient à M. Pierre Laforest.

Martène. — *Thesaurus novus anecdotorum ; — Thesaurus monumentorum ecclesiasticorum ; — Dacheri spicilegium, passim.* — Paris, 1717, 5 vol. in-f°.

Mémoires de la Soc. des Antiquaires de France. — Paris, 1807-12, 6 v.

Mercure français. — Paris, 1744.

Michaud (L. G.). — *Biographie universelle...* — Paris, 1811 et années suivantes, 82 vol. in-8°.

MILLOT (l'abbé). — *Histoire littéraire des troubadours...* par La Curne de Ste-Palaye, mise en ordre et publiée par l'abbé Millot. — Paris, 1774, 3 vol. in-12.
Missel limousin. — Paris, Jean Dupré, 1483, in-f°.
MONTÉGUT (H.-B. de). V. Jarrige (Pierre de).
MORERI (Louis). — *Grand Dictionnaire historique...* — Paris, édition de 1725, 10 vol. in-f°.
NADAUD (l'abbé). — *Tableau des évêques de Limoges*, publié par M. l'abbé Arbellot. — Limoges, 1860, in-plano.
NADAUD (l'abbé). — *Mémoire manuscrit sur un palais des rois de France de la seconde race en Limousin*; manuscrit appartenant à la Bibliothèque communale de Limoges.
NADAUD (l'abbé). — *Nobiliaire du Diocèse et de la généralité de Limoges*, publié par la Société archéologique et historique du Limousin, sous la direction de M. l'abbé Roy-Pierrefitte et, après sa mort, de M. l'abbé Leclerc. Les tomes I et II ont seuls paru. — Limoges, 1856-18..., in-8°.
NICOT. — *Trésor de la langue française...* — Paris, 1606, 1 vol. in-f°.
NOSTRADAMUS. — *Histoire de Provence...* — Lyon, 1614, in-f°.
Ordonnances des rois de France de la 3e race, recueillies par de Laurière. — Paris, 1623-1847, 23 vol. in-f°.
OROUX (l'abbé). — *Histoire de la vie et du culte de Saint-Léonard du Limosin...* — Paris, 1760, in-12.
PANVINIUS (Omphrius). — *Fastorum, libri V, a Romulo rege usque ad Imp. Cæsarem Carolum V. Austrium Augustum...* — Venetiis MDLVIII, in-f°.
PIRCKHEIMERIUS. — *Interp. Ptolæmæi.* — Basileæ, anno MDXLV, in-f°.
Priores Grandimontis, nomina episcoporum lemovicensium. V. Guigniaut et de Wailly, *Recueil des historiens des Gaules*, t. XXI.
POSTEL (Guillaume). — *Histoire mémorable des expéditions depuis le déluge, faictes par les Gauloys ou Françoys.* — Paris, 1552, in-16.
QUEYRAT. — *Notice historique sur la ville de Fellelin.* — Limoges, 1862, in-8°.
RAYNOUARD. — *Lexique roman...* — Paris, 1864, 6 vol. in-8°.
RAYNOUARD. — *Choix des poésies des troubadours.* — Paris, 1816-21, 6 vol. in-8°.
ROFIAX (Élie de). — V. LABBE, t. II.
ROQUEFORT (J.-B.-B.). — *Glossaire de la langue romane.* — Paris, 1808, 2 vol. in-8°, avec un supplément in-8°.
ROY-PIERREFITTE (l'abbé). — *Histoire de Bellac...* — Limoges, 1851, 1 vol. in-8°.
ROY-PIERREFITTE (l'abbé). — *Notes historiques sur le culte de la Sainte-Vierge dans le diocèse de Limoges.* — Limoges, 1858, in-8°.
ROY-PIERREFITTE (l'abbé). — *Études historiques sur les monastères du Limousin et de la Marche.* — Guéret et Limoges, 1863, 1 vol. in-8°.

Une partie de cet ouvrage a paru par extraits dans le *Bull. de la Soc. arch. et hist. du Lim.*, passim.

Roy-Pierrefitte (l'abbé). — V. Nadaud.

Rougerie (l'abbé). — *Monographie du canton d'Aixe*, extrait du *Bull. de la Soc. arch. et hist. du Lim.*, t. XIV.

Ruben (Émile). — *Registres consulaires de Limoges*, 1504-1791. Trois registres in-f°, sur papier, appartenant à la Bibliothèque de Limoges, publiés par la *Société archéologique et historique du Limousin*, sous la direction de M. Émile Ruben, secrétaire général de cette Société. Le *Premier Registre* (1504-1581, 464 feuillets) a seul paru en deux volumes in-8° (Premier volume, 1504-1552, paru en 1867. — Deuxième volume, 1552-1581, paru en 1869). Le *Deuxième registre* (1592-1662, 239 feuillets), entièrement transcrit et annoté par M. Ruben, formera un volume. Il est à l'impression en ce moment. Le *Troisième Registre* (1662-1791, 411 feuillets) sera publié aussitôt après le *Deuxième*.

Salviniec (Etienne de). — *Chronicon...* V. Guigniaut et de Wailly, *Recueil des historiens des Gaules*, t. XXI.

Saugrain (Cl.-Marin). — *Dictionnaire universel de la France...*

Suétone. — *Œuvres*. — Paris, Panckouke, 1826, 3 vol. in-8°.

Tacite. — *Œuvres*. — Paris, Panckouke, 1824, in-8°, avec atlas in-4°.

Teulet. — *Layettes du trésor des chartes...* — Paris, 1862-18..., in-4°.

Texier (l'abbé). — *Dictionnaire d'orfévrerie, de gravure et de ciselure chrétiennes...* — Paris, Migne, 1857, grand in-8°.

Texier (l'abbé). — *Notice historique et descriptive sur l'abbaye de Solignac...* — Paris, 1860, broch. in-4°.

Texier (l'abbé). — V. Bandel.

Thévet (And.). — *La Cosmographie universelle...* — Paris, 1575, in-f°, 2 tomes en 1 vol.

Trévoux. — *Dictionnaire universel français et latin.* — Paris, 1743, 6 vol. in-f°.

Tripon (J.-B.). — *Historique monumental de l'ancienne province du Limousin...* — Limoges, 1837, 2 vol. in-4° (1 vol. de texte et 1 vol. de planches).

Trithemius. — *Opera historica...* — Francofurti, MDCI. in-f° (2 tomes en 1 vol.).

Verneilh-Puiraseau (de). — *Histoire de l'Aquitaine...* — Paris, 1822-27, 3 vol. in-8°.

Verneilh-Puiraseau (de). — *Chroniqueur du Périgord et du Limousin.* — Périgueux, 1853-56, 4 vol. in-4°.

Vibius Sequester. — *De fluminibus, fontibus, lacubus...* — Taurini, M.CCCCC., in-4°, goth. de 4 ff.

Vinet (Élie). — *L'antiquité de Bourdeaux.* — Bourdeaux, 1574, in-4°.

Vital (Order.). — *Acta sanctorum...* — Lutetiæ, 1619, in-f°.

TABLE ALPHABÉTIQUE

A

Abbés de Saint-Martial, 7-9 (1).
Abbés de Saint-Augustin, 117, 118.
Abbés de Saint-Martin, 119-121.
Abbo, abbé de Saint-Martial, 7, 109, 110.
Actue, évêque (2), 5.
Adalbert, doyen de Saint-Martial, 137.
Adelphius Ier, évêque, 5, 54, 81.
Adelphius II, évêque, 6, 81.
Adelphius, III, évêque, 6, 81.
Adémar, abbé de Saint-Martial, 8.
Agen, ville, 43, 55, 105, 111, 112, 221.
Agénois, province, 11, 39, 89, 127, 198.
Aggericus, évêque, 6, 87.
Agnès, duchesse d'Aquitaine, 126-128.
Ahun, ville, 30, 43, 59, 120, 127, 128, 133, 172.
Aigolant, roi d'Afrique, 102.
Aigoulène (Fontaine d'), 17, 102, 104.
Aixe, ville, 154, 160-163, 167, 178, 189, 203, 204, 207-209, 212, 213, 232, 242, 289, 290, 293, 300, 342, 351.
Alaric II, Visigoth, roi d'Aquitaine, 2, 11, 61, 64-67.
Albertus, abbé de Saint-Augustin, 117.
Albon, évêque de Saintes, 128.
Albret (Alain d'), roi de Navarre, 306, 312, 315.
Albret (Jean d'), roi de Navarre, 283, 306.
Albret (Henri II d'), roi de Navarre, 320.
Albret (Jeanne d'), reine de Navarre, 335-340, 348.
Aldebalde, abbé de Saint-Martial, 8, 137.
Aldo, évêque, 6, 109.

Alelmus, abbé de Saint-Martial, 8, 180, 181.
Alençon (Duc d'), 360.
Alérésia, tour, 167, 272.
Allemands, 55, 79.
Allois (Les), bourg, 359.
Almoyns (Étienne II), abbé de Saint-Martial, 9, 287.
Alpinien, saint, 32, 43, 44, 47, 48, 110.
Alterius Anthonius, 29, 31, 47.
Amalaric, roi des Visigoths, 67.
Amaluin (Guillaume), abbé de Saint-Martial, 8, 196.
Amand, saint, 87.
Amasius, architecte, 41, 42, 47, 49.
Amblard, abbé de Saint-Martial, 8, 147-150.
Amboise, ville, 64.
Ambroise, évêque de Cahors, 62, 64.
Amiens, ville, 378.
Anavalianus, roi d'Aquitaine, 56.
Andeix du Vieux-Marché, 16.
Andreas, disciple de Saint-Martial, 33, 41-43, 47, 49.
Andreas, abbé de Saint-Augustin, 118.
Androchius, saint (voy. Exotius).
Angers, ville, 111, 112.
Anglais, 2, 28, 52, 153, 198, 232, 268, 270, 282, 290, 291.
Angoulême, ville, 43, 79, 97, 105, 128, 161, 167, 221, 269.
Angoulême (Duchesse d'), 373, 392.
Anjou (Marie d'), reine, 302.
Anjou (Duc d'), 351.
Anno (Petrus), abbé de Saint-Martial, 8.
Anselme, évêque, 6, 111.
Anterius, abbé de Saint-Martial, 8, 142.

---

(1) Les chiffres reliés par un trait-d'union indiquent qu'il est question du personnage ou de la ville dans les pages intermédiaires.
(2) Nous n'avons accompagnés les qualités du nom de la ville ou de la province que pour les personnages étrangers à Limoges ou au Limousin.

— 442 —

Antherius, 90.
Antoine de Padoue, saint, 193.
Antonin, empereur, 52.
Apollinaire, comte d'Auvergne, 67.
Aquitaine, 2, 10, 11, 26-29, 47, 55-57, 60, 72, 89, 91, 101, 106, 115, 116, 126, 153, 207, 223.
Arcade, comte de Poitiers, 29.
Archambaud de Comborn, 139, 158.
Ardant, chanoine, 363.
Ardents (Mal des), 129.
Arènes (Creux des), 17, 26.
Arènes (Cimetière et prieuré des), 93, 358, 372.
Arènes (Porte des), 295, 296, 304, 333.
Arfeuille (Guillaume d'), cardinal, 275.
Argenton, ville, 22, 390, 406.
Argolet, porte, 123.
Armagnac (Jacques d'), comte de la Marche, 306.
Armes de Limoges, 20, 22, 26, 293, 301.
Arnac, ville, 139, 147, 329.
Arnault, évêque de Périgueux, 135, 136.
Arnoult, comte de Tours, 40.
Arnuphe, 30.
Arredius (voy. Yrieix, saint).
Arrêt du parlement de Bordeaux, 378.
Asclèpe, saint, évêque, 6, 81.
Astidius, évêque, 5, 55.
Atticus, évêque, 52.
Auberoche, ville, 230, 291.
Aubusson, ville, 113-115, 173.
Auch, ville, 56.
Audachar, évêque, 100.
Audebert, comte de la Marche, 187.
Audier (Pierre d'), sénéchal de la Marche, 120, 189.
Audier (Barthélemy d'), abbé de Saint-Martial, 9, 306.
Auguste, empereur, 25.
Augustins (Les Pères), 221, 265, 358, 410.
Aure, sainte, 85.
Aureil, prieuré, 148, 192.
Aurélien, saint, évêque, 5, 29, 31, 33, 41-44, 47-49, 112, 227.
Aurelius Cotta (voy. Aurélien, saint).
Aureolus (Félix), comte de Périgord, 49.
Ausindus, évêque, 6, 92.
Austriclinien, saint, 30, 32, 43, 47, 50, 165, 175, 190.
Autriche (Anne d'), reine, 407.
Auvergne, 21, 46, 66-68, 112, 130, 172.
Avignon, ville, 190, 231, 235.
Ayen, ville, 232, 290, 291.
Aymard, prieur de Saint-Martial, 107.
Aymard de Ségur, gouverneur, 126.
Aymard Ier, vicomte de Limoges, 137.

Aymard II, vicomte de Limoges, 139, 145.
Aymard III, vicomte de Limoges, 145.
Aymard V, vicomte de Limoges, 153, 154, 158, 160, 161, 169, 170.
Aymard, abbé de Saint-Martial, 8, 147.
Aymard, vicomte de Rochechouart, 219.
Aymeric, abbé de Saint-Martial, 8, 124.
Aymeric, patriarche d'Antioche, 150.
Aymeric II du Breuil de Drouilles, abbé de Saint-Martial, 8, 234.
Aymon, abbé de Saint-Martial, 8, 124.

B

Bachellerie (La), bourg, 114.
Baillot, marchand de Limoges, 358.
Balezis, métairie, 208.
Balsème, saint, 76.
Banc-Léger, quartier, 164, 177, 187.
Bancs (Place des), 18, 164.
Bande joyeuse, 349.
Bar (Bernard), chevalier, 187.
Barbarins, monnaie, 22, 26.
Bardon de Brun (Bernard), prêtre, 247, 378, 393-397.
Barres (Fontaine des), 18.
Barton Ier de Montbas (Jean), évêque, 7, 307.
Barton II de Montbas (Jean), 7, 307, 314, 316.
Barton de Montbas (P.), abbé de Saint-Augustin et de Solignac, 118.
Barton (Roland), abbé de Solignac, 327.
Bayard (Jean), bourgeois, 277.
Bazas, ville, 11, 105, 106.
Bazole, saint, 75.
Beaubreuil, forêt, 320, 329.
Beauchamp, capitaine anglais, 291.
Beaufort (Roger de), chevalier, 270, 274.
Beaulieu, abbaye, 109.
Beaune, bourg, 120.
Beauvais (arbre de), 18, 316.
Beauvais, rue, 197, 310.
Beauvais, bourg, 382.
Bellac, ville, 371.
Bellay (Jean de), évêque, 7, 328.
Bénédictins, 51, 52, 173, 388.
Bénévent, ville, 438.
Benoît, abbé de Saint-Martial, 8, 111.
Benoît, évêque portatif, 122, 126.
Benoît (M.), prieur de Saint-Gérald, 154.
Benoît (Gaspard), consul, 383.
Béranger, abbé de Saint-Martin, 119.
Bermondet (De), lieutenant-général, 331.
Bernard, abbé de Saint-Martin, 120.
Bernard, saint, 149.
Bernard, évêque de Lide, 159.

Berry, province, 27, 130, 172.
Bertincourt (de), sénéchal anglais, 274, 282.
Bertonnet (P.), abbé de St-Augustin, 118.
Besse (Léonard), orfèvre, 160.
Besse, ville, 283.
Besse (Jacques), consul, 383.
Beynac, ville, 203, 213.
Blanchard (Olivier), capitaine, 283.
Blanchard (Jérôme), vicaire, 366.
Blaye, ville, 94.
Blois (Charles de), v^{te} de Limoges, 233, 234.
Bogis, duc de Gascogne, 4, 90.
Boisseuil, ville, 206, 308.
Bolose, saint, 88.
Bonnet (Geraldus), abbé de St-Augustin, 118.
Bonneval (Bernard de), évêque, 7, 284.
Bonneval (Geoffre de), abbé de Saint-Augustin, 118.
Bonneval (de), député, 389.
Bonnin (Jean), procureur, consul, 383.
Bordeaux, ville, 11, 29, 39, 41, 43, 53, 56, 66-68, 92, 94, 104-106, 111, 112, 151, 153, 164, 308, 390.
Borne (Eymeric de La), abbé de St-M^{tin}, 121.
Borgognonibus (César de), évêque, 7, 328.
Bossise (De), maître des requêtes, 375, 376.
Boucherie, quartier, 164.
Bouciquaud, maréchal de France, 233.
Bouha, abbé de Saint-Augustin, 118.
Bouillon (Pierre), bourgeois, 277.
Bourbon (duc de), 318.
Bourbon (Ant. de), roi de Navarre, 335-340.
Bourganeuf, ville, 313.
Bourg-Dieu, ville, 27, 172.
Bourges, ville, 27, 28, 43, 53, 55, 56, 136, 218.
Bourgogne, 28, 62, 72.
Bourse de Limoges, 349.
Boussac, ville, 312.
Bouteiller (Guillaume), capitaine, 286.
Boyer, ou Bozon, de la Bourdeille, 204.
Boyol (Simon), consul, 223.
Boyol, capitaine, 336.
Brabançons, 158, 168-174, 179, 180.
Brancion (Bernard de), abbé de Saint-Martial, 8, 147.
Branthôme, ville, 180.
Bré, château, 115, 139, 195.
Bretagne (Arthur de), vicomte de Limoges, 178, 216-224.
Bretagne (Jean de), vicomte de Limoges, 224, 226, 229.
Bretagne (Guy de), vicomte de Limoges, 227, 229.
Bretagne (Jeanne de), vicomtesse de Limoges, 229, 233, 234, 268, 269, 278, 298.
Bretagne (Jean II de) dit de Laigle, 288-290, 294-306.

Bretagne (Olivier de), 287, 288, 306.
Bretagne (Guillaume de), 306.
Bretagne (Françoise de), vicomtesse de Limoges, 306, 312, 315.
Breuil (Jordan du), chevalier, 187.
Breuil (Aymeric du), abbé de Saint-Martial, 234.
Breuil (le), bourg, 283, 339.
Breuil (le), logis des princes, 317, 339, 385, 405.
Bridier, ville, 115, 211.
Brie (Jean de), 232.
Brigueil, bourg, 115.
Brive, ville, 49, 168, 358.
Brosse, ville, 115.
Brosse (Hugues II de), abbé de Saint-Martial, 175-179.
Brosse (Jean de), seigneur de Boussac, 306, 312.
Brucii (Hugo), abbé de Saint-Augustin, 118.
Brun (Aymeric de), comte de la Marche, 211, 212.
Burcia (Guy de), 178.
Busset (de), sieur de Châlus, 373.

C

Cadilhac (Bertrand de), 201.
Cadran de Saint-Martial, 390.
Cahors, ville, 43, 105, 111, 112, 221, 372.
Calaure (Jacques de), abbé de Saint-Martial, 9, 205, 215-219.
Caligula, empereur, 28.
Callamenea, porte, 44.
Calminius (Sabinus), proconsul, 3, 45.
Candale (De), gouverneur, 388.
Canons de Limoges, 230, 310, 356, 370, 380.
Capelle-Biron (La), 370.
Capraise, saint, 55.
Captar Vigier, chevalier, 187.
Carcassonne, ville, 61.
Caribert, roi d'Aquitaine, 75.
Carmélites, 391.
Carmes déchaussés, 397.
Carmes des Arènes, 199, 264, 316, 392.
Carocus, roi des Vandales, 59, 60.
Cars (Les), château, 283.
Cars (Comte des), gouverneur, 351.
Cavillat (de), maison, 124.
Celse, saint, 47, 49.
Cérémonial de la Bénédiction des ducs d'Aquitaine 236-242.
Cérès, prédicateur catholique, 343.
César, empereur, 2, 10, 29, 22-24.
Césarius, évêque, 6, 86.
Cessateur, saint, évêque, 6, 94.
Chabanais (Stuard de), 158.

— 444 —

Chabot (Sebrand), évêque, 6, 158, 160, 171.
Chabot (Bernard), 139.
Chabrignac (Élie-Geoffroy de), abbé de Saint-Martial, 9, 225.
Châlard-Peyroulier (Le), bourg, 210, 291.
Châlons-sur-Marne, ville, 75.
Châlons-sur-Saône, ville, 77.
Châlus, ville, 27, 28, 77, 173-177, 204, 218-222, 359, 373.
Châlus (Robert de), 232.
Châlusset, château, 28, 148, 189, 204-207, 283, 284, 287, 357, 359.
Chamberet, ville, 283.
Chamberet (De), lieutenant, 358, 359, 371-375.
Chambon-Sainte-Valérie, ville, 131, 172, 192, 303.
Chamborand (Imbert de), 232.
Champagnac, bourg, 274.
Champagnac (Mathieu de), vice-sénéchal, consul, 383.
Champsat, chanoine de Saint-Étienne, 312.
Chanac (Guillaume de), cardinal, 284.
Chancelade (Les Pères de), 151, 410.
Chandos (Jean), connétable d'Angleterre, 233, 242, 269-271.
Chanoines de Saint-Martial, 106-108, 137, 200, 324, 398.
Chanoines de Saint-Étienne, 107, 108, 131, 137, 158, 200, 206, 362, 364, 375.
Chapelle (Raymond de la), consul, 289.
Chaptelat, bourg, 84.
Charbonnières, maison, 124.
Charbonnières (Guillaume de), 143.
Chardonnières, abbé de Saint-Martin, 120.
Charles, Charles-Martel, 10, 91, 92.
Charles Ier, Charlemagne, empereur, 101, 102.
Charles II, le Chauve, roi, 4, 11, 100-106.
Charles III, le Simple, roi, 4, 110-115.
Charles IV, le Bel, roi, 228, 229.
Charles V, le Sage, roi, 268, 269, 276.
Charles VI, l'Insensé, roi, 284, 285.
Charles VII, le Victorieux, roi, 11, 292, 293, 302, 305.
Charles VIII, l'Affable, roi, 5, 313.
Charles IX, roi, 343, 354.
Charroux, monastère, 134.
Chassaigne (A.), marchand, 344.
Chassaingt, bourg, 232.
Chastenet (De), lieutenant, député, 389.
Château (ou ville) de Limoges, 114, 115, 121-125, 146-153, 170, 204, 233, 274, 329.
Château-Chervix, ville, 133, 178, 225, 232, 283.
Châteauneuf (De), gouverneur, 376, 380, 382.
Châtellerault, ville, 66.
Chati (Aymeric), évêque, 7, 275.

Chaume (La), sous-maire, 312.
Chauvigny, ville, 46, 67.
Chenac, collége, 321.
Chevalet (Fontaine du), 17, 56.
Chiche (La), lionne de Saint-Sauveur, 98.
Childebert Ier, roi, 72.
Chilpéric Ier, roi, 77-80.
Chinon, ville, 159, 180.
Chram, fils de Clotaire Ier, 74, 75.
Christianus, évêque, 6, 101.
Cibard, saint, 49.
Cibot (Pierre), prêtre, 366.
Cibot (Isaac), avocat, consul, 383.
Cierge de Saint-Martial, 165, 389.
Cidres, ingénieur, 213.
Cimetière de Saint-Augustin, 52.
Cité de Limoges, 2, 71, 77-79, 114, 121-125, 146, 153, 162, 165, 167, 171-174, 269, 270, 274, 299, 300, 329, 341, 357, 370, 371.
Clairettes (Les), 392.
Clary (Jean), juge, 219.
Claude, empereur, 29, 41, 45.
Clément V, pape, 44, 223, 225.
Clément VI, Pierre Roger, pape, 229.
Clermont, ville, 21, 43, 143.
Clocher (Rue du), 196, 197.
Clodomir, roi, 72.
Cloître (Fontaine du), 147.
Closel (Guy de), évêque, 7, 193.
Clotaire Ier, roi, 72, 74.
Clotaire III, roi, 10, 89.
Clotilde, sainte, 67-72.
Cloud, saint, 74.
Clouzeaud (Léonard), abbé de Saint-Martial, 9, 378.
Clovis Ier, roi, 10, 60, 63-72.
Cluis, ville, 173.
Cognac, ville, 270.
Coiffure des femmes de Limoges, 194, 293.
Collége de Saint-Martial, 231.
Collége de Chenac, 321.
Collége de Limoges, 361, 379.
Combe-Ferrade, fontaine, 419.
Combes (Quartier des), 18, 57, 142, 161.
Combes (Juridiction des), 122.
Comborn, ville, 115, 230.
Comborn (Famille), 139, 158.
Combrailles (Baronnie de), 30, 32, 172.
Comète de 1618, 391.
Compreignac, ville, 274.
Compreignac (De), 385.
Comtes de Limoges, 5, 62, 70, 78.
Conciles de Limoges, 136, 139.
Condé (Prince de), 393.
Confolens, ville, 22.
Confrérie de N.-D. de Saint-Sauveur, 182-186.
Constantin, empereur, 18, 56, 57.

Constance, empereur, 57.
Constant, empereur, 57.
Consuls de Limoges, 137, 202, 208, 213, 223, 267, 277, 282, 288, 293, 314, 326, 340-344, 573, 381-383, 389, 405.
Conti (De), intendant, 408.
Cordeliers, 193, 195, 263, 358.
Costume des consuls, 320, 325, 337, 385, 404.
Coulomb, consul, 358.
Courbefy, ville, 197, 283-285.
Courcillas (Albert de), abbé de Saint-Martial, 8, 154.
Couronne (Abbaye de La), 167.
Courtine (Chapelle de La), 49, 370.
Coutumes de Limoges, 136, 151, 182, 188, 199, 202, 208, 223, 229, 233, 278.
Couzeix, bourg et prieuré, 160, 340, 351, 375.
Croix-de-la-Chèze (La), 216.
Croix de l'Andeix de Manigne, 16.
Croix-Mandonnaud, 162, 355.
Croquants (Les), 374, 375.
Cros (Jean de), évêque, 7, 230, 234, 269, 273.
Crouchat, château, 25.
Cruche-d'Or, rue, 16, 164.
Cubort, ville, 67.
Cyvaux, ville, 67.

D

Dagobert Ier, roi, 83, 84.
Dalon, abbaye, 168.
Dampnoleus (Martialis) (*voy.* Domnolet).
Dativus, évêque, 5, 54.
Decordes (Grégoire), bourgeois, député, 389.
Decordes (Pierre), sieur de Balezis, 391.
Dégets (Tours des), 187.
Delauze (Léonard), maître du *Cheval blanc*, 364-367.
Démolitions du Château de Limoges, 3, 125, 153, 170.
Démolitions de la Cité de Limoges, 2, 172, 270.
Denis, saint, 51.
Députés aux États, 389.
Destructions de Limoges, 2, 62, 77, 95, 105, 111.
Deux-Ponts (Duc des), 351.
Devic de Sarreds, intendant, 359, 363.
Dioclétien, empereur, 55, 57.
Disciples de saint Martial, 47-50.
Disette à Limoges, 194, 320, 321, 340, 347, 357, 361, 362, 398, 401.
Disnematin (Élie), négociant, 312.
Dodo, abbé de Saint-Junien, 110.

Dodon, abbé de Saint-Martial, 7, 107.
Domitien, empereur, 47, 50.
Domnolet, saint, 5, 78, 324.
Donadeus, abbé de Saint-Martin, 119.
Donzenac, ville, 168, 221.
Donzenac (Robert de), 232.
Dorat (Jacques), poète, 250, 396.
Douhet (Jean de), consul, 382.
Drouilles (Pierre de), abbé de Saint-Martial, 9, 293.
Dubois, consul, 358.
Dubois (Pierre), sieur du Boucheron, consul, 383.
Duchambon, consul, 383.
Ducs d'Aquitaine, 4, 11, 91, 104, 109, 115, 116, 122, 123, 126, 138, 151, 153, 158, 177, 192, 196, 198, 201, 204, 220, 223, 305, 308, 313.
Ducs de Guyenne, 13, 210, 211, 220, 232, 305, 308.
Dumnacus, chef gaulois, 23.
Duparc, ministre protestant, 343.
Dupeyrat (Balthazar), prévôt-consul, 311.
Dupont, bourgeois, 291.
Dupuy-Moulinier, prêtre, 385.
Durand-Brugières, consul, 365, 383.
Durand d'Orlhac, évêque, 7, 194.
Duratius, proconsul, 3, 24-26, 176.

E

Ébolus ou Ébles, évêque, 6, 97, 116, 122-126.
Ébolus ou Ébles, duc d'Aquitaine, 4, 113, 116.
Ébolus de Comborn, 139.
Ebbonus, évêque, 6.
Édouard Ier, roi d'Angleterre, 13, 204, 207, 210-212, 220.
Édouard II, roi d'Angleterre, 13, 220, 221, 233.
Édouard III, roi d'Angleterre, 13, 232.
Édouard, prince de Galles, 3, 242, 268-274.
Églises, ville, 67.
Élaphe, saint, 75.
Éléonore d'Aquitaine, 11, 151-161, 165, 168, 177.
Éléonore d'Autriche, reine, 327.
Éleutère, saint, 51.
Élie, comte de Périgord, 122, 126.
Éloi, saint, 83-85.
Émerinus, évêque, 5, 53.
Émilius, évêque, 5, 52.
Émine de Ségur, 126, 127, 134, 138.
Enfants de la Motte, 359.
Enjoumard (Fontaine d'), 124.

Épernon (Duc d'), gouverneur, 370, 371, 377, 392, 393.
Ermenarius, évêque, 6, 87.
Estienne (Duc) (voy. Junius Sillanus).
Étangs de La Motte, 17, 103, 164, 189, 196.
Étienne, abbé de Saint-Martial, 8, 123.
Étienne, abbé de Chartres, 160.
Étienne de Muret, saint, 142.
Eudes Ier, duc d'Aquitaine, 4, 91.
Eudes II, duc d'Aquitaine, 4, 109, 110.
Eugorius, duc d'Aquitaine, 100.
Eulalie, sainte, 75.
Euric, Visigoth, roi d'Aquitaine, 11, 60.
Eustorge, évêque, 6, 148, 149.
Évaux, ville. 51, 52.
Évécaut, 206.
Évêché, 360.
Évêques de Limoges, 5-7.
Évolius, évêque, 5, 48, 51, 52.
Excideuil, ville, 118, 178, 232, 294.
Exécutions à Limoges, 298, 304, 345, 360, 383, 386, 387, 399.
Exotius, évêque, 6, 60-64.
Exuperius, évêque, 5, 55.
Eymeric, comte de Poitiers, 138.
Eymeric, évêque de Clermont, 149.
Eymericus, abbé de Saint-Martial, 8.
Eymericus, abbé de Saint-Augustin, 118.
Eymoutiers, ville. 22, 285, 359, 370.
Eytier, abbé de Vigeois, 70.

F

Fabri (Pierre), chancelier, 222.
Faydit (Gaucelm), troubadour, 190.
Faydit (Gérald), abbé de Saint-Martial, 9, 220-222.
Fayette (François de La), évêque, 7, 82, 380, 398, 407.
Fayette (De La), 331-333.
Felicianus, saint, 109.
Félicien, saint, 55.
Félix, évêque, 6, 81.
Felletin, ville, 197.
Ferréol, saint, évêque, 6, 72, 80, 81.
Feuillants (Les Pères), 121, 394.
Filles-Notre-Dame. 18.
Flamenc (Hélie), 204.
Flavie, sainte, 51.
Foi, sainte, 55.
Foires de Saint-Loup et des Innocents, 349.
Fonsèques (Jean de), abbé de Saint-Martial, 9, 350.
Fontaine (La), ministre protestant, 342.
Fontaines de Limoges, 17, 18, 56, 102, 104, 124, 147, 149, 193, 197, 397.

Fontevrault, abbaye, 176.
Foulques, comte de Limoges, 104, 105.
Fourches patibulaires, 216.
François Ier, roi, 5, 319.
Francs-Fiefs, 293, 386.
Fremin des Couronnes, intendant, 109.
Frères prêcheurs et mineurs, 200, 218, 270.
Frimier, 139.
Frotier, évêque de Périgueux, 128.
Fulbert Ier, abbé de Saint-Martial, 8, 111.
Fulbert II, abbé de Saint-Martial, 8, 111.
Fursac, bourg, 88.
Fustine, porte, 123, 124.

G

Gabelle, 330.
Gaillard de Miraumont, abbé de Saint-Martial, 9, 222-224.
Galiot de La Tour, gouverneur, 319.
Garreau (Le), bourg, 371.
Garreau (Guillaume), conseiller, consul, 383.
Gascogne, province, 130.
Gascons, 329.
Gaubert de Puycibot, troubadour, 204.
Gaucelin (Raymond), abbé de Saint-Martial 8, 191.
Gaucher, saint, 148, 192.
Gaule, 1, 2, 10, 19, 30, 57.
Gauslinus, archev. de Bourges, 135, 136.
Gautier, saint, 139.
Gelées, 375, 388.
Généralité à Limoges, 350.
Genouilhac (Louis Ricard de), abbé de Saint-Martial, 9, 350.
Geoffroy Ier, abbé de Saint-Martial, 8, 132.
Geoffroi II, abbé de Saint-Martial, 8, 138.
Geoffroy, fils d'Henri II *le Vieux*, 155, 159-163.
Geoffroy, fondateur du Châlard, 210.
Geoffroy, abbé de Vigeois, chroniqueur, 107, 244, 246.
Geoffroy-Tête-Noire, 286.
Georges, évêque de Lidde, 159.
Gérald Ier, évêque, 6, 134.
Gérald II (Hector de Cher), évêque, 6, 150, 158.
Gérald, abbé de Saint-Martin, 119.
Gérald, évêque d'Angoulême, 149.
Geraldus, abbé de Saint-Martial, 9.
Geraldus, abbé de Saint-Augustin, 117.
Géraud d'Aurillac, saint, 114.
Gerlo, évêque, 6, 110.
Gimel (Hélie de), 188, 242.
Gimel, château, 375.
Giraud de Borneil, troubadour, 217.

Cirssa (Pierre de), abbé de Saint-Martial, 8, 180, 181.
Goar, saint, 88.
Godegisil, 79.
Gondebaud, lieutenant, 79.
Gombaud, archevêque de Bordeaux, 128.
Gondebaud, roi de Bourgogne, 61.
Gondemar, roi de Bourgogne, 73.
Gontrade, abbesse de La Règle, 97.
Gontran, roi d'Aquitaine, 75-77.
Gontran Bosson, 79.
Gosindus, abbé de Saint-Martial, 8.
Goths, 58.
Goudin (Jean), prêtre, 95.
Goussaut, saint, 89.
Grandmont, abbaye, 142, 159, 167, 201, 211, 288.
Grands jours à Limoges, 326.
Gras, marché, 18.
Grégoire XI, pape, 275, 276.
Grêle, pluie, etc., 314, 326.
Guain, maison, 124.
Gué de Verthamond, 162.
Guéret, ville, 305.
Guesclin (Bertrand du), 269-272, 282, 283.
Guibert, avocat, consul, 358.
Guichelanus (Hugno), abbé de Saint-Augustin, 118.
Guido, abbé de Saint-Martial, 128.
Guidonis, abbé de Saint-Augustin, 118.
Guidonis (Bernard), jacobin, chroniqueur, 231.
Guierche (Sieur de la), 371.
Guiguo, abbé de Saint-Martial, 8, 128.
Guillaume, abbé de Saint-Martin, 120.
Guillaume Ier, le Saint, duc d'Aquitaine, 4, 111, 113, 116.
Guillaume II (-Hugues), duc d'Aquitaine, 3, 4, 116, 123.
Guillaume III, Tête-d'Étoupe, duc d'Aquitaine, 4, 123, 126, 127, 134-137.
Guillaume IV (-Geoffroy), duc d'Aquitaine, 5, 135, 138.
Guillaume V, duc d'Aquitaine, 5, 11, 149-151.
Guillaume-Taillefer, comte d'Angoulême, 134.
Guillaume, évêque de Poitiers, 149.
Guillaume, abbé de Vigeois, 160.
Guillaume, prieur de Grandmont, 171.
Guillelmus-Virgo, abbé de Saint-Martial, 8.
Guineau (Jacques), procureur, consul, 383.
Gunsindus, abbé de Saint-Martial, 111.
Guy, archidiacre, 179.
Guy, gouverneur, 127.
Guy Ier, duc d'Aquitaine, 4.
Guy Ier, vicomte de Limoges, 127, 132-134.
Guy II, vicomte de Limoges, 145.
Guy III, vicomte de Limoges, 177-181, 189, 191.
Guy IV, vicomte de Limoges, 191, 192, 195, 199-202.
Guyenne, 11, 56, 106, 111, 198, 207, 210, 211, 220, 232, 233, 305, 308, 320.

H

Hélie, comte de Poitiers, 113.
Hélie de Gimel, chantre de Saint-Étienne, 188, 242.
Henri II, le Vieux, roi d'Angleterre, 3-5, 11, 12, 152, 153, 155, 158-172.
Henri, le Jeune, 12, 155, 158-171.
Henri III, roi d'Angleterre, 11, 13, 201, 210-213.
Henri II d'Albret, roi de Navarre, 320.
Henri III, roi, 557, 564.
Henri IV, le Grand, roi, 334, 367-369, 373, 374, 384-387.
Hertgenobert, évêque, 6, 83.
Heringue, duc de Gascogne, 4, 91.
Hicterius de Chalas de Fraisengas, évêque, 141.
Hilaire, saint, 57.
Hildebert, 37, 41, 43, 47, 49.
Hildegarius, évêque, 6, 127.
Hilduin, évêque, 6, 119, 128, 133.
Honorius, empereur, 10.
Hôpitaux de Limoges, 18, 35, 36, 57, 124, 343, 344, 403.
Hugues-Capet, roi, 125.
Hugues de Cluny, abbé de Saint-Martial, 8, 140.
Hugues-le-Brun, comte de la Marche, 180.
Humbaud (Hélie), évêque, 142-144.
Hunault, duc d'Aquitaine, 4, 94, 98.

I

Imbert, portail, 17, 57, 93, 124.
Impôts sur Limoges, 80, 155, 177, 178, 330, 354, 382, 383, 386, 409, 410.
Incendies à Limoges, 112, 141, 146, 152, 177, 196, 197, 269.
Innocent II, pape, 149.
Innocent VI, pape, 231.
Inscriptions, 93, 98, 339.
Isambert, évêque de Poitiers, 135, 136.
Isle (Château d'), 162, 208, 233, 234, 291, 307, 335, 351, 365.
Islo, archevêque de Bordeaux, 135, 136.
Itier, évêque, 141.

Isembert Escoblart, abbé de Saint-Martial, 8, 120, 160, 166, 175.

J

Jacobins (Les Pères), 28, 190, 193, 194 264, 309, 317, 358, 380.
Jacques, roi de Majorque, 225.
Jambeville (Le Camus de), 382, 383.
Janbier (Pierre), dit Bouchaud, garde-porte, 359.
Janailhac, bourg, 283.
Jaunac (Guillaume de), abbé de Saint-Martial, 8, 189.
Jauvion (Gérald), abbé de Saint-Martial, 9, 284.
Jauvion (Jacques), abbé de Saint-Martial, 9, 310.
Jauviond (Albert), abbé de Saint-Martial, 9, 317.
Jauviond (Mathieu), abbé de Saint-Martial, 9, 319, 320, 325.
Jauviond (Gérald,) abbé de Saint-Martin, 121, 327.
Jauviond (Jean), abbé de Saint-Martin, 121.
Jean, saint, 51.
Jean-sans-Terre, roi d'Angleterre, 5, 12, 155, 177-181.
Jean XXII, pape, 15, 228.
Jean II, le Bon, roi, 231-233.
Jésuites (Les Pères), 148, 192, 379, 402.
Jocundus, comte de Limoges, 3, 62, 70, 71.
Jocundiac (voy. Palais (Le).
Joinville (Prince de), 390, 393.
Jonchère (La), ville, 88, 131.
Jordan, abbé de Saint-Martin, 119.
Jubilé, 318.
Juges de la Bourse, 349.
Juges de police, 353.
Julius Agricola, proconsul, 3, 46.
Jumilhac, bourg, 283.
Junien, saint, 87.
Junius Sillanus (Duc Estienne), 3, 28, 29, 38, 41, 45, 115.
Jurniac, capitaine, 351.
Just, saint, 57, 60, 133, 165, 188.
Justice des abbés de Saint-Martial, 216, 219, 224, 288.
Justice des consuls, 182, 273, 288, 326.
Justinien, disciple de saint Martial, 49.

L

Laborie, métairie, 189, 343.
Lacouture, métairie, 343.
Ladignac, ville, 370.
Laguène, bourg, 46.
Laigle (Jean de). (voy. Bretagne (Jean II de.)
Lambert, chevalier du guet, 352.
Lamy (Guillaume), patriarche de Jérusalem, 231.
Lamy (Jean), consul, 325.
Landes, 11, 106.
Langeac (Jean de), évêque, 7, 106, 323, 324.
Languedoc, province, 61, 67, 90, 91, 130, 308.
Lartige, prieuré, 160.
Lascaris de Tende (Antoine de), évêque, 7, 323.
Lascaris d'Urfé (Louis de), évêque, 7.
Lastours (Guy de), 139.
Lastours (Gouffiers de), 143, 145, 146.
Lastours (Olivier de), 158, 160.
Lastours (De), 291.
Laubespine (Sébastien de), évêque, 7, 349, 360.
Laubespine (Jean de), évêque, 7, 360.
Laubespine (Jean de), abbé de Saint-Martial, 352.
Laurière (De), lieutenant, 407.
Lautrec (Mme de), 319.
Lavauguyon, bourg, 283.
Lemoux, roi de Barbarie, 22.
Lemovix, fondateur de Limoges, 21.
Lemovix, monnaie, 204.
Lenoncourt (Robert de), abbé de Saint-Martial, 9, 310.
Lenoncourt (Philippe de), abbé de Saint-Martial, 9.
Léobon, saint, 88.
Léocadius, proconsul, 3, 27, 29.
Léon-le-Grand, pape, 62.
Léonard, saint, 68, 69, 407.
Léonie, saint, 58.
Lesparre, ville, 26.
Lesterp, ville, 294.
Lestrade (Hélie de), 232.
Lettres-patentes, 249-278, 293, 314, 354, 367-369.
Lévis (Gilbert de) (voy. Ventadour)
Lheur (Guy de), abbé de Saint-Martin, 121.
Lheur (Pierre de), abbé de Saint-Martin, 121.
Lifart, saint, 69.
Limeuil, ville, 19.
Limoges, 2, 19-22, 51, 53-55, 58, 63, 77, 89, 91, 95, 105, 111, 112.
Limoges, cité (voy. Cité de Limoges).
Limoges, ville (voy. Château (ou ville) de Limoges).

Limousin, province, 11, 22, 51-58, 187, 195, 198, 232, 374.
Lions de pierre, 17, 91, 92, 98.
Lombard, capitaine, 365.
Loppes, duc de Gascogne, 4, 89.
Loron (Jordain de), évêque, 6, 45, 135, 136, 141.
Loron (Guy de), évêque, 6, 142.
Loron (Aymard de), 139.
Lothaire, roi, 123.
Louis Ier, le Débonnaire, 98-100, 104, 132.
Louis VI, le Gros, 146, 149.
Louis VII, le Jeune, 5, 11, 151-153.
Louis VIII, le Lion, 5, 13, 188, 192.
Louis IX, le Saint, 5, 11, 196, 198, 202, 204.
Louis XI, 5, 308, 309.
Louis XII, le Père du peuple, 5, 315.
Louis XIII, le Juste 404.
Loup, saint, évêque, 6, 82, 83, 155.
Lucillius, 27.
Lucius Capreolus, proconsul, 3, 25, 27, 176.
Lumier, saint, 75.
Lusignan (Geoffroy de), 161, 180.
Lusignan (Guy de), 201, 208.
Lussac-les-Châteaux, ville, 66, 67.
Luys ou Lodio (Élie de), abbé de Saint-Martial, 9, 230.

M

Magnac (Hugues de), évêque, 7, 287.
Magnac-Bourg, ville, 362.
Maihat (Étienne), abbé de Saint-Martin, 121.
Mainard de Hisly, abbé de Saint-Martial, 8, 144.
Maine (Duchesse du), 362.
Maire et échevins de Limoges, 311, 313.
Maisons de Limoges (ville), 123.
Maison-Dieu (La), hôpital, 403.
Malacorona, abbé de Saint-Martial, 8, 128.
Maleguise (Guy de), abbé de Saint-Martin, 121.
Malemort (Château de), 94, 146, 158.
Malemort (Élie de), 106.
Malemort (Guy de), sénéchal, 195.
Malemort (Gilbert de), évêque, 7, 205, 209, 218.
Malemort (De), 268.
Maleu (Étienne), chanoine de Saint-Junien, chroniqueur, 108.
Mande, saint, 88.
Manigne, porte, 16, 93, 309.
Manigne, quartier, 16, 164.
Manilius Corintus, 27.

Marc, commissaire, 80.
Marchandon (N.), abbé de Saint-Martin, 394.
Marche (Comte de La), 161.
Mareuil (Guillaume de), abbé de Saint-Martial, 9, 199.
Mareuil (De), 291.
Marguerite, épouse de Henri-le-Jeune, 155, 159-161.
Marguerite de Bourgogne, vicomtesse de Limoges, 201-218.
Marguerite de Valois, reine, 325.
Marie de Ségur, vicomtesse de Limoges, 201, 202, 215-224.
Marin de Monchenu, gouverneur, 322.
Marnueille (De), 268.
Martel, ville, 168.
Marthonie (Henri de La), évêque, 7, 363, 379, 383, 389.
Marthonie (Raymond de La), évêque, 7, 391, 397.
Martial, saint, évêque, 5, 20, 29-44, 105, 106, 112, 137, 148.
Martialis, abbé de Saint-Augustin, 118.
Martialis Benedicti, abbé de Saint-Augustin, 118.
Martin (Jean), bourgeois, 277.
Martin, président, 364, 365, 370, 377, 382.
Martin (Pierre), consul, 383.
Martin (Jean), procureur, consul, 385.
Martinus, abbé de Saint-Augustin, 117.
Masbaraud (Les), graveurs, 386.
Masseret, bourg, 370.
Masset, capitaine, 351.
Masléon, bourg, 220.
Maumond (Aymard de), chevalier, 203, 204.
Maumond (Gérald de), chevalier, 203-205, 210, 211, 215, 218, 222.
Maumond (Élie de), chevalier, 203, 204, 214, 215.
Maumond (Pierre de), chevalier, 224.
Maumond (Guillaume de), chevalier, 224.
Maumond (Jean de), 232.
Maumond (Jacques de), 357.
Maumond (Tour de), 206, 224, 273.
Maupertuis (Bataille de), 232.
Mauple (Jean), trésorier, consul, 383.
Maximin, empereur, 55, 56.
Mazeutin (Pierre), consul, 365.
Mazia, rue, 146.
Mazières (Pierre de), abbé de Saint-Martin, 120.
Médicis (Catherine de), reine, 351.
Melius de Montéluély, abbé de Saint-Augustin, 118.
Mende, ville, 43.
Menudet, fontaine, 193.

31

Milice de Limoges, 336, 347, 353.
Mille-Diables, 319.
Mirebœuf, tour, 178.
Mirebeau, ville, 180.
Monnaie de Limoges, 22, 26, 204, 360.
Montbrun (Pierre de), évêque, 7, 292, 303, 305.
Montbrun (Jean de), 303-305.
Montbrun (Château de), 75.
Montégut (Gautier de), 232.
Montignac (De), 365.
Montjovis, 26, 120, 131, 209, 301, 343, 385.
Montmailler, porte, 17, 142, 291, 372, 385.
Montmorency (Philippe de), évêque, 7, 316.
Montmorency (De), connétable, 331.
Montmorillon, ville, 274.
Montpezat (De), 371.
Montpensier (Duc de), 360.
Montreal (De), gouverneur, 328.
Montruol (Jean de), abbé de Saint-Augustin, 118.
Monuments de Limoges, 16.
Morselle, ville, 232.
Mortagne-sur-Gironde, ville, 39.
Mortemart, ville, 228.
Mortemart (De), 291.
Motte (Place de la), 103.
Motte (De La), gouverneur, 360, 365.
Motte-Chambon-Sainte-Valérie (La), 192.
Motte-Houdancourt (Henri de La), abbé de Saint-Martial, 9.
Moulin-Blanc, métairie, 342.
Murailles de Limoges, 91, 124, 126, 153, 163, 164, 170, 177, 178, 186, 291, 304, 333, 389, 393.
Muret, bourg, 142.
Mutations d'Aquitaine, 10, 23, 60, 67, 89, 94, 106, 151, 153, 177, 198, 306.
Mutations de Limoges, 2, 23, 59, 67, 89, 96, 106, 153, 177, 198, 221, 223, 276.
Mystère joué à Limoges, 319, 324.

N

Nantiat, ville, 294.
Nantiac (François), consul, 383.
Narbonne, ville, 21.
Naugeat, métairie, 162.
Naveix (Port au bois), 71, 167, 344.
Navières (Jean), consul, 383.
Négociants limousins, 312.
Nemours (Duc de), 390.
Néron, empereur, 42, 46.
Nerva, 30.
Nevers (Duc de), 390.
Nexon, bourg, 72, 351.

Nice, disciple de saint Martial, 49.
Noblac (*voy*. Pont de Noblac).
Noménoë, roi des Bretons, 105.
Nontrond, prieuré, 118, 173, 178, 232, 303.
Normands, 3, 105, 110-112.
Notre-Dame-des-Arènes, 162, 164
Notre-Dame-de-la-Règle (*voy*. Règle).

O

Obazine, abbaye, 108.
Ode, sainte, 91.
Odo, abbé de Cluny et de Saint-Martial, 7, 88, 107.
Odoacre, évêque, 6.
Odolric, abbé de Saint-Martial, 8, 141.
Odon, abbé de Cluny, 114.
Odon, abbé de Brantôme, 160.
Oradour-sur-Vayres, bourg, 219.
Oratoire (Les Pères de l'), 395.
Orléans, ville, 73, 91, 112.
Ostensions du chef de saint Martial, 242-247, 327, 376, 395, 401, 407.
Ostrogoths, 58.
Otto, empereur, 5.

P

Palais (Le), château, 25, 37, 77, 99, 176, 227, 329.
Palais de Limoges (*voy*. Peyrusse).
Palvézy, étang, 195.
Panet, porte, 7, 273.
Papon (Thomas), capitaine, 370.
Pardoux, saint, 139.
Pariage de la Cité et de Saint-Léonard, 223.
Paris, ville, 84, 85, 110-112.
Passac (Gautier de), sénéchal, 283.
Pélagie, sainte, 74.
Pénicaud (Guillaume), capitaine, 401.
Pénitents noirs, 70, 97, 378.
Pénitents rouges, 95.
Pénitents bleus, 97.
Penthièvre (Jeanne de) (*voy*. Bretagne (Jeanne de)).
Pepin-le-Bref, roi, 3, 10, 95-97.
Périgord, province, 11, 59, 89, 107, 127, 161, 195, 198, 232, 312, 374.
Périgueux, ville, 22, 43, 105, 111, 112, 221, 357.
Persécutions à Limoges, 31, 46, 50, 51, 54, 55, 60, 64.
Peste à Limoges, 330, 334, 348, 361, 362, 400.
Petiot, juge, consul, 358, 361, 363-367, 383, 390.

Petiot (Le P.), jésuite, 378.
Peyrot-le-Béarnais, 285, 286.
Peyrusse, maison du siège présidial, 124, 227.
Pierre, saint, 31, 32, 38, 41, 42, 45.
Pierre, abbé de Saint-Martin, 120.
Pierre, fondateur du collége de Saint-Germain, 285.
Pierrebuffière, ville, 133, 225, 268, 274, 282, 346.
Pierre de Barry, abbé de Saint-Aug., 118.
Pierre, dit Albert de Cluny, abbé de Saint-Martial, 8, 142.

Pierre, dit Aubon,	d°,	8, 146.
Pierre de Petiviers,	d°,	8, 159.
Pierre del Barry,	d°,	8, 160.
Pierre de Naillac,	d°,	8, 181.
Pierre de Saint-Vaulry,	d°,	9, 217.
Pierre de Drouilles,	d°,	9, 293.
Pierre de Versailles,	d°,	9, 307.
Pierre Verdier,	d°,	9, 381.

Pierre-Léon (Anaclet), pape, 149.
Pinchaud (Étienne), consul, 365.
Pissevache, tour, 177, 187.
Philippe, archevêque de Bourges, 197.
Philippe II, *Philippe-Auguste*, roi, 177, 179.
Philippe III, *le Hardi*, roi, 205, 207, 210-212, 219.
Philippe IV, *le Bel*, roi, 219-221.
Philippe VI, *de Valois*, roi, 229, 230.
Philippus, abbé de Saint-Augustin, 118.
Plenavaire, maison, 124.
Plenavaire (Guillaume de), chevalier, 187.
Poitiers, ville, 21, 23, 29, 41, 43, 46, 60, 66, 67, 77, 79, 92, 111, 112, 137, 152.
Poitou, province, 10, 59, 107, 130, 153, 232.
Pompadour, ville, 180, 371.
Pompadour (Famille de), 321.
Pompadour (Vicomte de), 370, 371.
Pompadour (Lieutenant de), 394, 404, 407.
Pontbriant (François de), gouverneur, 311, 312.
Pontbriant (De), 342.
Pont de Noblac, bourg, 173, 212.
Porcherie (La), bourg, 189.
Porte (Regnaud de la), évêque, 7, 206, 221.
Porte (Guy de la), abbé de Saint-Martial, 9, 221, 222.
Portes de Limoges, 7, 16-18, 44, 123, 124, 153, 163, 227, 273, 282, 295, 390.
Pothon, capitaine, 292, 305.
Poulaillère, porte, 18, 123, 124, 227, 390.
Pouge (La), ministre protestant, 348.
Pousses (Quartier des), 164.
Pousses (Les), bourg, 375.
Pradeau (Gauthier), consul, 294-299.
Prandæum (Le), 101.

Prêches huguenots, 343, 346, 348, 359, 361.
Présidial de Limoges, 227, 334.
Prie (René de), 7, 316.
Primus, saint, 109.
Prince Noir ou de Galles (*voy.* Édouard).
Priviléges de Limoges, 151, 182, 215, 223, 277-281, 308, 314.
Processions à Limoges, 165-190, 200, 322, 375, 378, 380, 397.
Proconsuls d'Aquitaine, 3, 24-28, 45, 46.
Proges (Gérald de), consul, 382.
Prosper, saint, 62.
Prud'hommes, 214, 215, 383.
Puy (Guillaume du), évêque, 7, 194.

Q

Quatre-Temps (Institution des), 41.
Quercy (Province), 67, 89, 127, 195, 198.
Queyroix (Quartier du), 164.
Quintian, évêque de Rodez, 62, 64.

R

Radegonde, sainte, 74, 79.
Radulphe V, patriarche d'Antioche, 150.
Rafard (Guillaume, architecte, 197.
Rafilhoux, quartier, 164.
Ramondus, abbé de Saint-Augustin, 118.
Rancon, bourg, 70, 274.
Ranulphe, duc d'Aquitaine, 4, 11.
Ranulphe, abbé de Saint-Martin, 120.
Ranulphe de Peyrusse, évêque, 6, 289.
Ranulphe du Dorat, évêque, 149.
Raoul, duc des Normands, 111-115.
Rascas (Bernard), troubadour, 231.
Raymond, comte de Provence, 109, 110.
Razès, bourg, 181.
Razès (Élie de), viguier, 181.
Réceptions princières à Limoges, 100, 133, 155, 188, 196, 210, 215, 219, 242, 292, 302, 308, 317, 320, 325, 335, 360, 362, 384, 390, 393, 404.
Récollets (Les), 151, 377, 402, 404.
Récoltes, 375, 397, 403.
Regimpertus, évêque, 6, 98.
Règle (Abbaye de Notre-Dame-de-la), 71, 97, 125, 144, 146, 173, 187, 260, 358, 360, 370, 371.
Regnaud, abbé de Saint-Martin, 120.
Regnaud (Pierre), abbé de St-Martin, 121.
Réjouissances à Limoges, 321, 328, 374, 378, 393, 398.
Reliques des églises de Limoges, 253-265.
Rémacle, abbé de Solignac, 85.

Rémy, saint, 63, 69.
Renaud, comte, 221.
Renaud, abbé de Saint-Augustin, 388.
Revue générale à Limoges, 316.
Rhotilde (Pétronille), reine d'Angleterre, 3, 156, 157, 172, 173.
Ribérac, ville, 303
Richard-Cœur-de-Lion, roi d'Angleterre, 3-5, 12, 155-176.
Rilhac, ville, 310, 329.
Robert, comte de Limoges, 110, 111, 115.
Robert, roi, 136.
Robert, chanoine, 138.
Robert de Berry, chevalier, 161.
Rocamadour, ville, 168, 196.
Roche (Hugues de La), chevalier, 270, 274.
Roche (De La), vice-sénéchal, 364-367.
Roche-au-Got, 25, 125, 161, 162, 209.
Rochechouart, ville, 115, 283.
Rochechouart (Simon de), 205.
Rochechouart (Vicomte de), 232.
Rochefoucauld (De La), 371.
Roche-l'Abeille (Combat de), 351.
Rochelle (La), ville, 398.
Rocque, ville, 49.
Rodez, ville, 43, 75, 111, 112.
Rodrigue de Villandras, cap. espagnol, 301.
Rodulphe, archevêque de Bourges, 110.
Rodulphe, abbé de Saint-Martin, 119.
Roffignac (Hugues de), évêque, 7, 289.
Rois d'Angleterre, 12.
Rois d'Aquitaine, Visigoths, 11, 60-62, 65.
Rois d'Aquitaine, Français, 12.
Rois de France, 13.
Romains, 2, 10, 22, 23, 72.
Romanet, capitaine, 370.
Roseil, couvent, 141.
Rosières, prieuré, 160.
Rouard (Claude), capitaine, 364-367.
Rouergue, province, 67, 68.
Rougier (André), négociant, 312.
Roulhac (Guillaume), consul, 383.
Roussac, prieuré, 160, 234.
Royères, bourg, 189.
Ruffec, ville, 48, 110, 175.
Rurice Ier, saint, évêque, 5, 57, 86.
Rurice II, évêque, 6, 57, 60, 87.
Rustique, saint, 51.

S

Sacerdos, saint, évêque, 6, 90.
Saignac, bourg, 341.
Saint-Amand, bourg, 283.
Saint-André, prieuré, 71, 173, 261.
Saint-Augustin, abbaye, 51, 52, 84, 86, 115, 114, 117-119, 148, 156, 173, 174, 261, 388.

Saint-Aurélien, église, 95, 257, 309.
Saint-Cessateur, église, 48, 94, 162, 295, 310, 343.
Saint-Christophe, église, 262.
Saint-Domnolet, église, 116, 261, 397.
Sainte-Anne, bourg, 359.
Sainte-Croix (Mme de), 321, 360.
Sainte-Félicité, église, 25, 193.
Sainte-Marthe, chapelle, 315.
Sainte-Valérie, église, 151, 162, 377, 401.
Saintes, ville, 43, 97, 104, 105, 111, 112, 221.
Saint-Étienne, église, 33, 41, 97, 108, 124, 133, 137, 144, 174, 196, 206, 259, 287, 301, 309, 314, 321, 352, 357, 362, 370.
Saint-Étienne, pont, 71, 125, 341.
Saint-Genier, église, 146, 392.
Saint-Gérald, prieuré, 150, 154, 162, 164, 263, 270, 317, 333, 344, 358, 377.
Saint-Gérald, hôpital, 151, 311.
Saint-Germain, ville, 283, 362, 370.
Saint-Grégoire, église, 71, 78.
Saint-Hilaire-Bonneval, bourg, 190.
Saint-Hilaire (Clément de), chanoine, 205.
Saint-Jean, église, 71, 146.
Saint-Jean-d'Angély, ville, 135, 137.
Saint-Jean-de-Col, ville, 283.
Saint-Julien-Saint-Affre, église, 72.
Saint-Junien, ville, 87, 107, 134, 173, 309, 321, 342, 362.
Saint-Laurent-sur-Gorre, bourg, 161.
Saint-Léonard, ville, 135, 174, 179, 327, 358, 359, 387, 393, 407.
Saint-Maixent, abbaye, 122.
Saint-Martial, église, 98, 100, 131, 132, 138, 141, 144, 149, 152, 166, 170, 182, 197, 220, 233, 291, 294, 309, 378, 394, 398, 400, 410.
Saint-Martial, abbaye, 110, 122, 124, 133, 139, 140, 144, 159, 160, 166, 191, 197, 199, 310, 351.
Saint-Martial, hôpital, 18, 35, 36, 57, 124, 343.
Saint-Martial, pont, 70, 71, 125, 164, 209, 309, 330, 341.
Saint-Martin, abbaye, 85, 108, 119, 127, 133, 164, 165, 269, 270, 358, 394.
Saint-Martin-de-Tours, église, 69, 70, 133.
Saint-Maurice, église, 71, 72, 146, 161, 260.
Saint-Michel-de-Pistorie, église, 70, 97, 125, 383.
Saint-Michel-des-Lions, église, 17, 82, 93, 152, 159, 256, 266, 301, 342, 364, 383, 403, 405.
Saint-Michel-en-l'Her, abbaye, 122.
Saint-Nicolas, rue, 197.
Saintonge, province, 11, 59, 107, 108.
Saint-Pardoux, bourg, 222, 351.

Saint-Paul, église, 81, 108, 127, 193, 270, 315.
Saint-Paul, ville, 370.
Saint-Pierre-du-Queyroix, église, 40, 41, 48-50, 89, 107, 163, 258, 318, 321, 351, 379, 396, 398, 403.
Saint-Priest-Ligoure, bourg, 375.
Saint-Priest-sous-Aixe, bourg, 161, 208, 307.
Saint-Priest-Taurion, bourg, 212.
Saints du Limousin, 30, 47, 57, 64, 68-74, 75, 78, 81-83, 86, 88, 90, 94, 139, 148, 253-265.
Saint-Santin, ville, 94.
Saint-Savin, ville, 107.
Saint-Sauveur, église, 17, 50, 68, 89, 90, 93, 97, 98.
Saint-Sévère, ville, 144.
Saint-Vaulry, bourg, 97, 114.
Saint-Vaulry (Guillaume de), 219.
Saint-Vic, bourg, 283.
Saint-Yrieix, ville, 150, 290, 291, 293, 364, 371.
Sallagnac, bourg, 88, 97, 131.
Sallagnac (de), lieutenant, 376-378.
Salesses (Les), bourg, 169.
Salut au lecteur, 1.
Salutaris, évêque, 6, 87.
Salvius, légat d'Aquitaine, 52.
Sancerre (De), maréchal de France, 281, 283, 284.
Sarlat, ville, 90.
Sarrazins, 92.
Sarrazin (Laurent), bourgeois, 277.
Savary, duc de Gascogne, 4, 90.
Savarry de Mauléon, 180.
Savène (Bernard de), évêque, 7, 190, 193.
Saxons, 37.
Schomberg (De), gouverneur, 387, 393, 395, 406.
Scuterie, porte, 123.
Séchères, prieuré, 118.
Sedières (De), 358.
Sédulius, prince des Limousins, 22.
Seguin, comte de Bordeaux, 104, 105.
Ségur, ville, 115, 226, 232.
Ségur (Famille de), 126, 127, 134, 137, 139, 145, 153, 170, 177, 191, 202.
Segondelas, bourg, 138.
Selière (François), consul, 383.
Sénéchaussée de Saint-Léonard, 407.
Senobrum, proconsul, 3, 24, 26.
Senon, ville, 66.
Seperit (Pierre de), évêque, 7.
Septime-Sévère, empereur, 54.
Sergius Galba, proconsul, 3, 46, 47.
Serre (Aymeric de), évêque, 7, 196, 202-204.

Siéges de Limoges, 55, 165, 169, 201.
Siége présidial de Limoges, 334.
Sigebert, roi d'Aquitaine, 75-79.
Sigisbert, comte de Bordeaux, 29, 30.
Sigismond, roi de Bourgogne, 61, 72.
Silvain, saint, 59.
Simnacus, pape, 64.
Simplicius, évêque, 81.
Solignac, abbaye et ville, 85, 105, 106, 118, 120, 160, 175, 204, 330, 359, 391.
Sorciers et sorcières, 399.
Soubrevas, bourg, 22.
Sousrue, bourg, 84.
Souterraine (La), ville, 49, 120, 166, 181, 182, 192, 283, 284, 305, 310.
Stephanus, abbé de Saint-Augustin, 118.
Stodilus évêque, 6, 107.
Strelins, 3.
Surprise du Château de Limoges, 177.
Suzanne, 27, 29, 30, 32.
Synode général du diocèse, 341.

T

Talois (De), chanoine et official, 406.
Tamines (Gilbert de), capitaine, 208.
Teau ou Tillon, confesseur, 87.
Temple, rue, 197, 226.
Templiers, 226.
Termes (Des), maréchal de France, 342.
Terrasson, ville, 145, 154.
Terride (Seigneur de), 331.
Théodebert, roi d'Aquitaine, 3, 74, 77-79.
Théodoric Ier, Visigoth, roi d'Aquitaine, 44, 60.
Théodoric II, Visigoth, roi d'Aquitaine, 44, 60.
Théodoric, roi des Ostrogoths, 61-64.
Théodoric, fils de Clovis, 67, 68, 72.
Théodose, empereur, 58-60.
Thibaut, comte de Blois, 155, 191.
Thibaut de la Comblaye, 294.
Thorismond, Visigoth, roi d'Aquitaine, 44, 60.
Tibère, empereur, 27, 28.
Tonnay-Boutonne, ville, 224.
Torte, rue, 164.
Toulouse, ville, 21, 41, 43, 60, 61, 66-68, 111, 231.
Touraine, province, 130, 172.
Tournion, consul, 383.
Tours, ville, 56, 65, 79, 112.
Tours de Limoges, 167, 178, 187, 206.
Trajan, empereur, 51, 53.
Translation des reliques de saint Martial, 99, 105, 106, 112, 137.

Triangle de Manigne, 16.
Trinité (La), 146.
Troubles religieux, 341.
Tulle, ville, 30, 88, 119, 228.
Turenne (Château de), 111, 112, 115.
Turenne (Vicomtes de), 161, 168, 358.
Turpio, évêque, 6, 113, 114.
Turquant (De), intendant, 362, 371, 373.

U

Urbain II, pape, 143.
Urbain V, pape, 234.
Urbice, saint, 69.
Uriel (Guillaume de), évêque, 6, 144.
Ursulines, 393.
Usurat (Terre d'), 154.
Usurpateurs de Limoges, 4, 89-91, 94, 98.
Uzerche, ville, 168, 169, 190, 218, 308, 393.

V

Vaast, saint, 63.
Valence (Guillaume de), 212.
Valérie, sainte, 27, 29-36, 45, 48, 49, 56, 115, 431.
Vallée (Pierre des), abbé de Saint-Martin, 121.
Valois (Charles de), 221.
Valois (Marguerite de), reine, 325.
Vaulry, saint, 70.
Vénitiens à Limoges, 126, 127.
Ventadour (Guillaume de), abbé de Saint-Martial, 9, 229.
Ventadour (Bernard de), troubadour, 190.
Ventadour (Gilbert de Lévis), gouverneur, 342, 352, 356-358.
Ventadour (De), gouverneur, 106.
Ventadour, ville, 115, 286.
Vercingétorix, chef gaulois, 22.
Verdier (Pierre), abbé de Saint-Martial, 9, 381.
Vergne (François de la), abbé de Saint-Augustin, 118.
Verneuil, prieuré, 118, 160, 309.
Verrouillats (Les), 373, 375.
Verthamond (Jeanne de), 324.

Verthamond (Roland), consul, 365.
Vertilhac (De), gouverneur, 350, 351.
Vérulhac (Raymond de), abbé de Saint-Martin, 120.
Vespasien, empereur, 43, 47.
Veyrac (Jean de), évêque, 7, 121, 174, 179-181.
Veyrac, ville, 211, 365.
Viaud (Nicolas), 7, 289.
Vic (De), intendant (voy. Devic).
Vicomtes de Limoges, 100, 104, 111, 115, 127, 134, 145, 153, 177, 191, 202, 218, 224, 226, 227, 235, 287, 288, 306, 312, 315, 320, 335.
Vidal (P.), orfèvre, 234, 276.
Vidaud (François), prieur des Carmes, 397.
Vidaud, conseiller, 404.
Vieuville (Ch. de la), abbé de Saint-Martial, 9.
Vieux-Marché, 16, 164, 177, 194.
Vigeois, abbaye, 139, 145, 168, 222.
Vigier (Bernard), abbé de Saint-Martin, 120.
Vigne-de-Fer, 16.
Viguiers, 16, 133, 154, 178, 181, 188, 189, 199, 200, 215.
Villatte (La), bourg, 311.
Villemur (Jean de), chevalier, 270, 274.
Villers de l'Isle-Adam (Charles de), évêque, 7, 318.
Vinclo, abbé de Saint-Augustin, 117.
Viraclaud, 164.
Viroald (Pierre), 6, 145.
Visigoths, 2, 10, 58, 66, 67.
Vouillé (Bataille de), 65.
Voute (De La), gouverneur, 364.
Vouzelle, capitaine, 357, 359.
Vuaïfre, duc d'Aquitaine, 1, 93-98.
Vualia, Visigoth, roi d'Aquitaine, 10, 11, 60.
Vulgrin, archevêque de Bourges, 148.

Y

Yrieix, saint, 62, 70, 74, 80, 160.

Z

Zizim, 313.

TABLE DES MATIÈRES [1]

	Pages.
Émile Ruben....	1
Préface........	

LIVRE PREMIER.

Années.

Salut au lecteur........	1
Mutations de Limoges.....	2
Destructions de Limoges.....	ibid.
Démolitions de Limoges.....	3
Proconsuls d'Aquitaine.....	ibid.
Comtes de Limoges.....	ibid.
Usurpateurs de Limoges.....	4
Ducs d'Aquitaine.....	ibid.
Évêques de Limoges.....	5
Abbés de Saint-Martial.....	7
Mutations des ducs d'Aquitaine.....	10
Rois d'Aquitaine après les Romains, Visigoths.....	11
— — Français.....	12
Rois d'Angleterre.....	ibid.
Ducs de Guienne.....	13
Rois de France.....	ibid.
Quelques monuments de Limoges : Andeix du Vieux-Marché.....	16
Triangle de Manigne.....	ibid.
Lions.....	17

---

(1) Nous nous sommes efforcés de mettre dans cette table les dates véritables, et nous avons omis volontairement celles qui étaient en désaccord avec l'histoire générale de la France.

Années.		Pages.
	Fontaine d'Aigoulène	17
	Fontaine du Chevalet	ibid.
	Arbre de Beauvais	18
	Origine de Limoges............................	19
	Narbonne, Auvergne, Clermont, Limoges, Toulouse, Poitiers	ibid.
44 Av. J.-C.	Proconsulat de Duratius	24
	Crouchat. Le Palais	25
	Proconsulat de Lucius Capreolus...............	ibid.
	Montjovis, Creux des Arènes.	26
	Châlus.......................................	27
15 Apr. J.-C.	Proconsulat de Léocadius....................	ibid.
42	Proconsulat de Junius Sillanus (duc Estienne).......	28
	Saint Martial.................................	30
	Saint Martial (suite)	31
	Décollation de sainte Valérie..................	32
(S. d.)	Extrait d'un vieux livre en parchemin du monastère de Saint-Martial : martyre de sainte Valérie ; fondation de l'hôpital Saint-Martial	35
	Résurrection de Hildebert, fils d'Arcade, comte de Poitiers, et conversion des Bordelais............	37
	Visite du duc Estienne à saint Pierre............	38
	Guérison miraculeuse de Sigisbert, comte de Bordeaux.	39
	Incendie de Bordeaux arrêté par le bâton de saint Martial	ibid.
	Guérison de neuf démoniaques..................	ibid.
	Consécration de l'église Saint-Pierre.............	40
	Le diable entre dans le corps du comte de Tours, Arnoult, et de Christine, sa femme..............	ibid.
	Organisation du service divin à Saint-Pierre.......	41
	Institution des Quatre-Temps par saint Martial.......	ibid.
	Mort du duc Estienne..........................	ibid.
	Mort de saint Martial	42
54	Proconsulat de Sabinus Calminius	45
68	Proconsulat de Sergius Galba	46
77	Proconsulat de Julius Agricola..................	ibid.
	Saint Aurélien................................	47
	Mort des disciples de saint Martial..............	ibid.
82	Persécution de Domitien, il enlève à Limoges les libertés que lui avait accordées Auguste..........	50
	Sainte Flavie.................................	51
98	Troisième persécution des chrétiens sous Trajan.....	ibid.
110	Cimetière de Saint-Augustin	52

Années.		Pages.
	Evolius (1), évêque de Limoges	52
	Emilius, —	ibid.
	Atticus, —	ibid.
	Emerinus —	53
	Hermogenianus —	ibid.
	Suppression des anciennes prérogatives des évêques de Limoges	ibid.
196	Cinquième persécution des chrétiens sous Septime-Sévère	54
197	Décadence de Limoges	ibid.
	Adelphius Ier, évêque de Limoges	ibid.
	Dativus, —	ibid.
	Adelphius II, —	ibid.
	Exuperius —	55
275	Siége de Limoges par les Allemands	ibid.
286	Capraise, Félicien et sainte Foi	ibid.
	Astidius, évêque de Limoges	ibid.
	Division de l'Aquitaine	ibid.
310	Origine de la fontaine du Chevalet	56
	Rurice Ier, évêque de Limoges	57
337	Constantin, Constance et Constant, empereurs romains.	ibid.
	Rurice II, évêque de Limoges	ibid.
	Saint Hilaire, saint Just	ibid.
	Saint Léonie	58
488	Destruction de Limoges par les Visigoths	ibid.
	Exotius, évêque de Limoges	60
	Prise de Limoges par Théodoric	62
	Saint Prosper	ibid.
481	Clovis	63
	Saint Vaast	ibid.

LIVRE SECOND.

	Clovis (*suite*)	64
	Saint Androchius, martyrisé	ibid.
507	Bataille de Vouillé	65
511	Amalaric	67
	Saint Léonard	68
	Saint Lifard	69
	Saint Vaulry	70
	Jocondus, comte de Limoges, réintégré dans sa charge.	ibid.

---

(1) Nous rétablissons l'orthographe des noms des évêques suivant le tableau de l'abbé Nadaud, publié par M. l'abbé Arbellot, en 1860.

Années.		Pages.
	Saint-Michel-de-Pistorie............................	70
	Enceinte de la Cité.................................	71
	Saint Ferréol, évêque de Limoges	72
	Fin de la domination romaine en Aquitaine.........	ibid.
511	Successeurs de Clovis..............................	ibid.
524	Clodomir...	ibid.
533	Childebert et Clotaire..............................	73
—	Saint Cloud..	74
	Saint Yrieix..	ibid.
	Sainte Pélagie.....................................	ibid.
560	Révolte et mort de Chram...........................	ibid.
566	Saints du Limousin sous Caribert : saint Élaphe.....	75
	Saint Lumier.......................................	ibid.
	Saint Basole.......................................	ibid.
	Saint Balsème.....................................	76
	Rêve de Gontran, découverte d'un trésor...........	ibid.
537	Ruine de Limoges par Théodebert..................	77
—	Mort de saint Domnolet............................	78
	Intervention de sainte Radegonde en faveur de la paix.	79
	Enceinte de la Cité.................................	ibid.
584	Troubles à Limoges au sujet de l'impôt sur le vin ; le commissaire Marc est chassé de Limoges..........	80
	Saint Ferréol, évêque de Limoges...................	ibid.
	Mort de saint Yrieix................................	ibid.
	Mort de saint Ferréol...............................	81
	Saint Asclèpe, évêque de Limoges..................	ibid.
	Simplicius, —	ibid.
	Félix, —	ibid.
	Adelphius III, —	ibid.
	Saint Loup, —	82
	Reliques de saint Loup.............................	83
	Hertgenobert, évêque de Limoges..................	ibid.
635	Saint Éloi..	ibid.
	Cœsarius, évêque de Limoges......................	86
484	Fondation du monastère de Saint-Augustin..........	ibid.
	Saint Amand et saint Junien	ibid.
	Fondation de l'église de Saint-Junien	ibid.
	Rurice II, évêque de Limoges.......................	87
	Ermenarius, —	ibid.
	Teau ou Tillon, confesseur.........................	ibid.
	Ermenus, évêque de Limoges......................	ibid.
	Salutaris, —	ibid.
	Aggericus, —	ibid.
	De quelques saints du Limousin : saint Goar........	88

Années.		Pages.
	Saint Bolose...................................	88
	Odo, abbé de Cluny...........................	ibid.
	Saint Mande..................................	ibid.
	Saint Léobon.................................	ibid.
	Saint Goussaut...............................	89
663	Siége de Limoges par Loppes, duc des Gascons.....	ibid.
	Savary.......................................	90
	Antherius....................................	ibid.
	Saint Sacerdos, évêque de Limoges...............	ibid.
	Bogis..	ibid.
	Héringue.....................................	91
681	Eudes, duc d'Aquitaine........................	ibid.
	Des léopards donnés à Eudes...................	ibid.
	Eudes fait fortifier Limoges...................	ibid.
	Ausindus, évêque de Limoges...................	92
732	Défaite des Sarrazins par Charles-Martel.......	ibid.
	Lions de pierre...............................	ibid.
	Inscription de la porte Manigne................	93
745	Waïfre.......................................	ibid.
	Saint Cessateur, évêque de Limoges.............	94
	Jean Goudin?.................................	95
	Pénitents rouges..............................	ibid.
	Destruction de Limoges par Pepin-le-Bref........	ibid.
	Notre-Dame-de-la-Règle........................	97
	Ébulus, évêque de Limoges.....................	ibid.
768	Mort de Waïfre...............................	ibid.
	Regimpertus, évêque de Limoges................	98
800	Église de Saint-Martial.......................	ibid.
	Lionne de Saint-Sauveur, dite la *Chiche*.......	ibid.
830	Translation du corps de saint Martial..........	99
	Audachar, évêque de Limoges...................	100
	Passage de Louis-le-Débonnaire à Limoges, donations faites à l'église de Saint-Martial............	ibid.
	Christianus, évêque de Limoges................	101
	Charlemagne restitue le lieu de Paulnat à Saint-Martial.	ibid.
	Le *Prandeum*................................	ibid.
838	Guerres en Aquitaine..........................	ibid.
—	Charles-le-Chauve, roi d'Aquitaine, couronné à Limoges.	102
	Origine de la fontaine d'Aigoulène.............	ibid.
	Charles-le-Chauve donne à Foulques les comtés de Sens, de Limoges et de Saintes.................	104
	Charles-le-Chauve met dans un monastère Pepin et Charles, ses neveux...........................	ibid.
849	Quatrième destruction de Limoges par les Normands..	105

Années.		Pages.
	Translation du corps de saint Martial à Solignac	105
	Défaite de Nomenoë, roi des Bretons	ibid.
	Charles-le-Chauve bat les Normands	ibid.
	Le corps de saint Martial rapporté à Limoges	106
877	Le royaume d'Aquitaine érigé en duché	ibid.
	Les chanoines de Saint-Martial adoptent la règle de saint Benoît	107
	Stodilus, évêque de Limoges	ibid.
	Odon (1), abbé de Saint-Martial	ibid.
	Chanoines de Saint-Etienne et de Saint-Martial	ibid.
	Aldo, évêque de Limoges	109
	Abbo, abbé de Saint-Martial	ibid.
	Fondation de l'abbaye de Beaulieu; saints Primus et Félicianus	ibid.
	Couronnement d'Eudes à Limoges	ibid.
	Translation du corps de saint Alpinien	110
	Gerlo, évêque de Limoges	ibid.
885	Siége de Paris par les Normands	ibid.
887	Eudes, roi d'Aquitaine	ibid.
	Anselme, évêque de Limoges	111
	Benoist, Gunsindus, Fulbertus Ier, Fulbertus II, abbés de Saint-Martial	ibid.
911	Cinquième destruction de Limoges, par les Normands.	ibid.
	Le corps de saint Martial porté à Turenne	112
912	Baptême de Rollon, chef des Normands	113
	Turpio d'Aubusson, évêque de Limoges	ibid.
	Restauration du monastère de Saint-Augustin	114
	Guillaume-le-Piteux et Ebbles, ducs d'Aquitaine	ibid.
	Réédification de la Cité	ibid.
920	Charles-le-Simple, roi d'Aquitaine	115
	Réunion du comté de Limoges à la couronne	ibid.
	De quelques ducs de Guyenne : Guillaume-le-Piteux	ibid.
	Ebbles	116
	Guillaume-Hugues	ibid.
	Eubalus, évêque de Limoges	ibid.

LIVRE TROISIÈME.

	Abbaye de Saint-Augustin, noms des abbés	117
	Pierre Barthon, abbé de Saint-Augustin et de Solignac.	118
	Abbaye de Saint-Martin, noms des abbés	119

---

1) Nous avons rétabli l'orthographe des noms des abbés de Saint-Martial d'après la liste de M. l'abbé Roy-Pierrefitte. (*Monastères du Limousin.*)

Années.		Pages.
936	Division de la ville en Château et Cité............	121
	Juridiction des Combes	122
	Ebulus, Ebulo ou Ebbo, évêque de Limoges........	ibid.
	Étienne, abbé de Saint-Martial...................	123
	Construction des murailles et des portes du Château de Limoges...................................	ibid.
956	Nom primitif donné au Château ou ville de Limoges.	ibid.
	Premières maisons du Château de Limoges.........	124
	Aymon, abbé de Saint-Martial....................	ibid.
	Circuit du Château de Limoges...................	ibid.
	Circuit de la Cité de Limoges....................	ibid.
988	Siége et ruine du Château de Limoges sous Hugues-Capet.......................................	125
	Couronnement du duc Guillaume-Tête-d'Étoupe.....	126
	Les Vénitiens à Limoges.........................	ibid.
	Guillaume réduit à son obéissance le Périgord, le Quercy et l'Agénois............................	127
988	Guy Ier, vicomte de Limoges.....................	ibid.
	Hildegarius, évêque de Limoges...................	ibid.
	Mariage du duc Guillaume avec Émine de Ségur.....	ibid.
	Malacorona, abbé de Saint-Martial................	128
	Guigo, —	ibid.
	Guido, —	ibid.
	Hilduin, évêque de Limoges......................	ibid.
994	Mal des Ardents	129
	Geoffroy, abbé de Saint-Martial..................	132
	Guy, vicomte de Limoges........................	ibid.
	Viguiers	133
	Hilduin restaure le monastère de Saint-Martin-lès-Limoges......................................	ibid.
	Réédification du monastère de Saint-Martial........	ibid.
1012	Fondation de la cathédrale de Limoges.............	ibid.
	Translation des reliques de saint Just	ibid.
	Gérald Ier, évêque de Limoges	134
	La duchesse Émine est enlevée par Guillaume Taillefer.	ibid.
	Troubles pour l'élection de l'évêque	ibid.
	Jordain de Loron, évêque de Limoges..............	135
	Difficultés relatives à la consécration de Jordain de Loron..	ibid.
1028	Premier concile de Limoges	136
	Rétablissement des anciennes coutumes. — Abdication du duc Guillaume............................	ibid.
	Aldebalde, abbé de Saint-Martial.................	137
	Aymeric, vicomte de Limoges....................	ibid.

Années		Pages
	Cinquième translation des reliques de saint Martial ..	137
	Couronnement du duc Guillaume-Geoffroy	138
	Geoffroy II, abbé de Saint-Martial................	ibid.
	Fondation du monastère de Bénévent	ibid.
	Saint Pardoux	139
	Saint Gautier.................................	ibid.
1031	Deuxième concile de Limoges...................	ibid.
1063	Les abbés de Cluny s'emparent de l'abbaye de Saint-Martial	ibid.
	Hugues de Cluny, abbé de Saint-Martial	140
	Mort de Jordain de Loron.......................	141
	Hicterius de Chalas de Fraisengas, évêque de Limoges	ibid.
1122	Incendie de l'église de Saint-Martial..............	ibid.
	Odolric, abbé de Saint-Martial...................	ibid.
	Antherius, —	142
	Pierre Albert, —	ibid.
	Guy de Loron, évêque de Limoges...............	ibid.
	Humbauld (Hélie), —	ibid.
1074	Institution de l'ordre de Grandmont..............	ibid.
1096	Le pape Urbain II à Limoges	143
	L'évêque Humbauld est déposé.................	ibid.
	Guillaume de Uriel, évêque de Limoges	144
	Mainard de Hisly, abbé de Saint-Martial..........	ibid.
	Pierre Viroald, évêque de Limoges...............	145
	Guy II, vicomte de Limoges....................	ibid.
1096	Gouffiers de Lastours, son voyage en Terre-Sainte, son lion..	ibid.
1103	Choses remarquables arrivées à Limoges sous Louis-le-Gros. — Incendie de Limoges. — Guerre entre la Ville et la Cité.............................	146
	Pierre II Aubonis, abbé de Saint-Martial...........	ibid.
	Aymeric II du Breuil de Drouilles, abbé de St-Martial.	147
	Bernard de Brancion, abbé de Saint-Martial........	ibid.
	Amblard de Cluny, —	ibid.
	Eustorge, évêque de Limoges...................	148
	Saint Gaucher	ibid.
	Invention du corps de saint Martial..............	ibid.
	Travaux au sépulcre de saint Martial.............	149
	Schisme. — Innocent II et Pierre Léon...........	ibid.
	Aymeric, patriarche d'Antioche,................	150
	Gérald Hector de Cher, évêque de Limoges........	ibid.
	Fondation du prieuré et de l'hôpital Saint-Gérald....	ibid.
1140	Réédification de l'église Sainte-Valérie...........	151
1137	Louis-le-Jeune épouse Éléonore d'Aquitaine	ibid.

Années.		Pages.
1147	Incendie de Limoges	152
1152	Louis-le-Jeune répudie Éléonore	ibid.
—	Henri et Éléonore sont reçus à Limoges	153
	Prise de Limoges; destruction des portes et des murailles	ibid.
	Aymard, vicomte de Limoges	154
	Albert, abbé de Saint-Martial	ibid.
1158	Fondation du prieuré et de l'hospice Saint-Gérald	ibid.
	Translation du corps de saint Loup	ibid.
	Impôt du soû pour livre	155
	Fils d'Henri et d'Éléonore	ibid.
	Réception à Limoges de Thibault, comte de Blois	ibid.
	Mariage d'Henri-le-Jeune et de Marguerite, fille du roi de France	ibid.
	Mariage de Richard-Cœur-de-Lion et de Pétronille Rhotilde	156
	Tombeau de Rhotilde	ibid.
1170	Richard, duc d'Aquitaine, couronné à Limoges	158
	Brigandages des Brabançons	ibid.
	Sebrand Chabot, évêque de Limoges	ibid.
1173	Couronnement d'Henri-le-Jeune	ibid.
	Pierre de Cluny, abbé de Saint-Martial	159
	Georges, évêque de Lidde, reçu à Saint-Martial	ibid.
1181	Henri-le-Jeune se retire à la cour de France	ibid.
	Henri-le-Vieux et Éléonore viennent à Limoges	ibid.
	Mort de Pierre de Barri, abbé de Saint-Martial	160
	Izambert Escoblart, abbé de Saint-Martial	ibid.
	Translation du corps de saint Yrieix	ibid.
	Incendie de l'abbaye de Solignac	ibid.
	Guerre entre Henri-le-Vieux et son fils Henri-le-Jeune	ibid.
	Pont de la Roche-au-Go	161
	Les Limousins repoussent l'armée d'Henri-le-Vieux. — Naugeat	162
	Henri-le-Vieux reçoit très mal, à Aixe, ses fils accompagnés des bourgeois de Limoges	163
1182	Les habitants de Limoges font hommage à Henri-le-Jeune	ibid.
	Reconstruction des murailles, ouvrages de défense	164
	Siége de Limoges par Henri-le-Vieux	165
	Processions, prières, cierge	ibid.
	Levée du siége	ibid.
	Exactions d'Henri-le-Jeune	166
	Henri-le-Jeune pille Angoulême et l'abbaye de La Couronne	167

Années.		Pages.
	Prise d'Aixe par Henri-le-Jeune....................	167
1182	Mort d'Henri-le-Jeune............................	168
—	Obsèques d'Henri-le-Jeune.......................	169
1183	Henri-le-Vieux assiége Limoges...................	ibid.
—	Les habitants de Limoges obtiennent la paix et rendent la ville à Richard-Cœur-de-Lion.............	170
—	Destruction des murailles de Limoges; Henri-le-Vieux s'oppose à la destruction complète de la ville.....	ibid.
—	Service à Saint-Martial pour Henri-le-Jeune........	ibid.
1186	Défaite des Brabançons par l'évêque Sebrand Chabot.	171
	Légende au sujet de la destruction de la Cité par Pétronille Rhotilde.............................	172
	Les Brabançons prennent et pillent plusieurs villes du Limousin.....................................	173
1193	Exactions pour la rançon de Richard...............	174
	Église de Saint-Léonard.........................	ibid.
	Reconstruction de la Cité de Limoges..............	ibid.
	Clocher de Saint-Etienne........................	ibid.
1198	Jean de Veyrac, évêque de Limoges................	ibid.
	Mort d'Izambert Escoblart, abbé de Saint-Martial....	175
	La châsse de saint Austriclinien..................	ibid.
	Hugue II de Brosse, abbé de Saint-Martial.........	ibid.
	Trésor de Châlus...............................	ibid.
1199	Mort de Richard-Cœur-de-Lion...................	176
	Incendie d'une partie de la ville de Limoges........	177
	Troubles à l'occasion de l'impôt du sou pour livre destiné à relever les murailles....................	ibid.
1203	Limoges surpris par le vicomte Guy...............	ibid.
—	Impôt sur les métiers............................	178
—	Autres exactions du vicomte......................	ibid.
1204	Siége de Saint-Léonard..........................	179
	Punition de l'évêque, l'abbé et le vicomte pour les insolences faites à Limoges......................	180
	Alelmus nommé abbé de Saint-Martial, mais non élu. — Pierre de Girssa............................	ibid.
	Pierre de Nailhac, abbé de Saint-Martial...........	181
	Le roi Jean-Sans-Terre dépose les viguiers. Mort d'Élie de Razès.......................................	ibid.
1218	Mort de l'évêque Jean...........................	ibid.
	Confirmation des priviléges de Limoges............	182
	Prise de La Souterraine..........................	ibid.
1212	Notre-Dame de Saint-Sauveur....................	ibid.
	Statuts de la confrérie Notre-Dame................	183
	Tours des Dégets, tour Pisse-Vache...............	187

Années.		Pages.
	Décès de quatre chevaliers...	187
	Invention de reliques à La Règle...	ibid.
1213	Passage à Limoges de Louis, fils de Philippe-Auguste.	188
	Hélie de Gimel. — Translation de saint Just...	ibid.
	Prise par le vicomte de Limoges de La Porcherie, Royères, Châlusset et Aixe...	189
	La Borie, les étangs de la Motte...	ibid.
	Guillaume de Jaunac, abbé de Saint-Martial...	ibid.
	Bernard de Savène, évêque de Limoges...	190
1220	Mort de Gaucelm Faydit...	ibid.
	Mort de Bernard de Ventadour...	ibid.
	Châsse de saint Austriclinien portée à la procession des Rameaux...	ibid.
	Guy IV, vicomte de Limoges...	191
	Raymond Gaucelin, abbé de Saint-Martial...	ibid.
	Cloîtres de Saint-Martial...	ibid.
	Délivrance de La Souterraine...	192
	Saint Gaucher...	ibid.
1224	Louis VIII reçoit le serment de fidélité des Limousins.	ibid.
	Les Jacobins...	193
	Les Cordeliers...	ibid.
1226	Guy de Closel ou Clusel, évêque de Limoges...	ibid.
	Vieux-Marché...	194
	Les femmes de Limoges se coiffent du chaperon...	ibid.
	Guillaume du Puy, évêque de Limoges...	ibid.
	Durand d'Orlhac, — ...	ibid.
	Disette, épidémie...	ibid.
	Prise du château de Bré par le vicomte de Limoges..	195
1243	Guy de Malemort, premier sénéchal du Limousin...	ibid.
	Les Cordeliers s'établissent près de l'étang Palvézy..	ibid.
	Incendie, étangs de la Motte...	196
1244	Passage de saint Louis à Limoges...	ibid.
	Aymeric de Serre de Malemort, évêque de Limoges ..	ibid.
	Guillaume Amaluin, abbé de Saint-Martial...	ibid.
	Incendie de Felletin...	197
	Prise de Courbefy...	ibid.
	Grand autel de Saint-Martial...	ibid.
1255	Incendie...	ibid.
	Autre incendie...	ibid.
1259	Le Limousin, le Périgord, etc., cédés au roi d'Angleterre...	198
	Confirmation des coutumes de Limoges...	199
1260	Les Carmes des Arènes...	ibid.
	Guillaume de Mareuil, abbé de Saint-Martial...	ibid.

Années.		Pages.
1263	Différend au sujet de la procession des Rameaux....	200
	Viguiers...	ibid.
	Mort de Gaubert de Puycibot........................	201
	Henri, roi d'Angleterre, à Grandmont...............	ibid.
	Guerre entre le vicomte de Limoges et les habitants.	ibid.
	Siége de Limoges.....................................	ibid.
	Les parties conviennent de prendre le roi de France pour arbitre...	202
	Mort du vicomte. — Marguerite de Bourgogne......	ibid.
1269	Saint Louis somme les consuls de faire serment de fidélité..	ibid.
	Réponse des consuls...................................	ibid.
	Siége du château d'Aixe..............................	203
	Marguerite de Bourgogne ruine le pays.............	204
	Intervention de l'évêque..............................	ibid.
1271	La vicomtesse Marguerite fait battre monnaie à Aixe. Les bourgeois de Limoges refusent de recevoir cette monnaie..	ibid.
	Jacques de Calaure, abbé de Saint-Martial..........	205
	Gilbert de Malemort, évêque de Limoges...........	ibid.
	Tour de Maumont.....................................	ibid.
	Cathédrale de Saint-Etienne..........................	206
	Rencontre entre les habitants de Limoges et ceux d'Aixe	ibid.
1274	La reine d'Angleterre à Limoges.....................	207
	Rencontre entre Aixe et Limoges....................	208
1273	Sortie des habitants de Limoges contre la garnison d'Aixe..	ibid.
	Gilbert de Malemort, évêque de Limoges...........	209
	Incursion des gens de la vicomtesse au pont Saint-Martial et à Montjovis................................	ibid.
	Le roi de France défend aux habitants de Limoges de continuer la guerre...................................	ibid.
	Le roi de France ordonne au roi d'Angleterre d'abandonner les habitants de Limoges..................	210
	Refus du roi d'Angleterre.............................	ibid.
	Le Chalard...	ibid.
	Passage du roi de France à Limoges................	ibid.
	Le roi d'Angleterre reçu à Limoges.................	211
	Démarches du roi d'Angleterre auprès du roi de France pour obtenir la cessation des hostilités..........	ibid.
	Inutilité de ces démarches............................	ibid.
	Les bourgeois de Limoges insistent auprès du roi d'Angleterre pour obtenir qu'il les défende........	ibid.
	Le roi se rend aux prières des bourgeois............	212

Années.		Pages.
	Sortie de Limoges sur les gens de la vicomtesse.....	212
	Siége d'Aixe.................................	ibid.
	Le roi de France (Philippe III) ordonne aux bourgeois de Limoges de lever le siége d'Aixe.............	213
1275	Division entre les habitants de Limoges au sujet de la réception de la vicomtesse...................	214
	Entrée de la vicomtesse à Limoges................	215
	Opposition des prud'hommes de l'hôpital et des Combes...................................	ibid.
	Franchises et libertés accordées à la ville..........	ibid.
	Départ de la vicomtesse........................	ibid.
	Sentence arbitrale prononcée par Gérald et Hélie de Maumont..................................	ibid.
	Fourches patibulaires à La Croix-de-la-Chèze.......	216
	Jacques de Calaure, abbé de Saint-Martial, se saisit de la juridiction de la ville.......................	ibid.
1277	Dissension à Saint-Martial pour l'élection de l'abbé.	ibid.
	Pierre, prieur de Saint-Vaulry, abbé de Saint-Martial.	217
	Mort de Giraud de Borneil, poète provençal........	ibid.
	Siége d'Uzerche..............................	218
	La vicomtesse excommuniée fait lever son excommunication...................................	ibid.
	Gérald de Maumont, seigneur de Châlus-Chabrol....	ibid.
1284	Réception de Philippe III à Limoges..............	219
	L'abbé de Saint-Martial se saisit de la justice du vicomte...................................	ibid.
	Gérald Faydit, abbé de Saint-Martial..............	220
	Violence du vicomte envers l'abbaye de Saint-Martial.	ibid.
1286	Edouard Ier fait hommage du duché d'Aquitaine à Philippe-le-Bel..............................	ibid.
1289	Masléon.....................................	ibid.
	Guy de La Porte, abbé de Saint-Martial............	221
1294	Reprise des hostilités entre Édouard et Philippe-le-Bel..	ibid.
	Les Augustins s'établissent à Limoges	ibid.
	Regnaud de La Porte, évêque de Limoges..........	ibid.
	Guy de La Porte, abbé de Saint-Martial............	222
	Gaillard de Miraumont, —	ibid.
1300	Date des lettres et contrats.....................	ibid.
1305	Élection du pape Clément V.....................	223
1303	Retour de l'Aquitaine aux Anglais	ibid.
—	Les consuls envoient Simon Boyol à Londres pour obtenir la confirmation des priviléges de la ville...	ibid.
1304	Pariage de la Cité et de Saint-Léonard............	ibid.

Années.		Pages
1306	Tour de Maumont.................................	224
1307	Hommage fait par Jean, duc de Bretagne, à l'abbé de Saint-Martial..	ibid.
1306	Clément V à Limoges; le chef de saint Martial est mis dans une châsse.................................	225
1307	Jacques, roi de Majorque, à Limoges...............	ibid.
	Élie Geoffroy de Chabrignac, abbé de Saint-Martial..	ibid.
	Enfants d'Arthur de Bretagne......................	226
1308	Les Templiers.....................................	ibid.
1315	Translation de saint Aurélien.....................	227
	Maison du présidial de Limoges...................	ibid.
1317	Érection de l'évêché de Tulle.....................	228
	Fondation de couvents à Mortemart................	ibid.
1319	Passage à Limoges du comte de la Marche..........	ibid.
1329	Confirmation des coutumes de Limoges.............	229
1330	Jeanne de Penthièvre..............................	ibid.
	Guillaume de Ventadour, abbé de Saint-Martial.....	ibid.
1342	Clément VI, pape..................................	ibid.
	Prise du château de Comborn.....................	230
	Engins de guerre de Limoges.....................	ibid.
1348	Jean de Cros de Calimafort, évêque de Limoges.....	ibid.
	Élie II de Luys, abbé de Saint-Martial............	ibid.
1352	Innocent VI, pape................................	331
	Bernard Guidonis.................................	ibid.
	Bernard Rascas...................................	ibid.
	Guillaume Lamy, patriarche de Jérusalem..........	ibid.
1356	Les Anglais en Guyenne...........................	232
	Bataille de Maupertuis............................	ibid.
1360	Cession de la Guyenne au roi d'Angleterre.........	233
1361	Délivrance de Limoges à Jean Chandos............	ibid.
—	Confirmation des coutumes.......................	ibid.
—	Charles de Blois fait hommage du Château de Limoges à l'abbé de Saint-Martial.......................	ibid.
—	Château d'Isle...................................	234
—	Aymeric du Breuil de Drouilles, abbé de Saint-Martial.	ibid.
1362	Urbain V, pape...................................	ibid.
	Les vicomtes de Limoges ont le droit de battre monnaie.	235

LIVRE QUATRIÈME.

	Cérémonial de la bénédiction des ducs d'Aquitaine...	236
1363	Le prince de Galles à Limoges....................	242
	Ostensions du chef de saint Martial et processions faites à son honneur............................	ibid.

Années.		Pages.
	Prose en l'honneur de saint Martial, composée par M. Bardon....................................	247
	Stances sur les louanges de saint Martial, composées par Mre Jacques Dorat.......................	250
	État des reliques que possèdent les églises de la Ville et de la Cité de Limoges, en 1666 : Saint-Martial..	253
	Saint-Michel-des-Lions................................	256
	Saint-Aurélien..	257
	Saint-Pierre-du-Queyroix..............................	258
	Cathédrale de Saint-Etienne...........................	259
	Saint-Maurice..	260
	Église de l'abbaye de Notre-Dame-de-la-Règle.........	ibid.
	Saint-Domnolet.......................................	261
	Église du prieuré de Saint-André des PP. Carmes déchaussés..	ibid.
	Église de l'abbaye de Saint-Augustin..................	ibid.
	Saint-Christophe, près l'abbaye de Saint-Augustin ...	262
	Église de l'abbaye de Saint-Martin.....................	ibid.
	Église des Pères Cordeliers............................	263
	Église du prieuré de Saint-Gérald......................	ibid.
	Église des PP. Jacobins...............................	264
	Église des PP. Carmes des Arènes.....................	ibid.
	Église des PP. Augustins, faubourg Montmailler.......	265
1364	Fondation de Saint-Michel-des-Lions..................	266
1367	Les consuls décident qu'il ne sera perçu aucun salaire pour les affaires de la Ville......................	267
1369	Guerre contre les Anglais.............................	268
—	Jeanne de Bretagne cède à Charles V ses droits sur la ville de Limoges................................	ibid.
—	La Cité de Limoges se soumet au roi de France.......	269
—	Incendie du faubourg Saint-Martin...................	ibid.
1370	Siége et destruction de la Cité par le prince Noir....	270
—	Les habitants du château de Limoges rachètent les prisonniers de la Cité................................	274
	Aimeric Chati de la Jauchat, évêque de Limoges.....	275
	Mort de Guillaume d'Arfeuille, cardinal de Saragosse.	ibid.
1370	Grégoire XI, pape, bienfaiteur de l'église de Saint-Martial..	ibid.
1371	Les habitants de Limoges se soumettent au roi de France...	276
—	Priviléges de la ville et du château de Limoges	278
1372	Réception du maréchal de Sancerre..................	281
—	Les Anglais défaits à Pierrebuffière..................	282
1373	Portes de la ville murées.............................	ibid.

Années.		Pages.
	Ordonnances changeant le jour de la nomination des consuls......................................	282
1381	Sacrifices faits par Limoges pour chasser les Anglais.	ibid.
	Prise de La Souterraine et autres places par les Français..	283
	Prise de La Souterraine	284
	Prise de Châlusset par les Anglais................	ibid.
1384	Gérald II Jauviond, abbé de Saint-Martial...........	ibid.
	Mort de Guillaume de Chanac.....................	ibid.
	Bernard de Bonneval, évêque de Limoges..........	ibid.
1384	Eglise de Saint-Germain	285
	Eymoutiers	ibid.
1390	Les neveux de Geoffroy Tête-Noire sont surpris à Ventadour par le duc de Berry....................	286
1393	Rachat du château de Châlusset..................	ibid.
	Etienne II Almoyns, abbé de Saint-Martial..........	287
	Hugues de Magnac, évêque de Limoges............	ibid.
	Procès pour la vicomté	ibid.
	Procès entre les consuls et l'abbé de Saint-Martial...	288
1412	Nicolas Viaud, Ramnulfe de Peyrusse, Hugues de Roffignac, évêques de Limoges.....................	289
1417	Jean de Laigle veut recommencer la guerre.........	ibid.
1416	Sacrifices faits par Limoges pour chasser les Anglais.	290
—	La châsse de saint Martial brûlée................	291
—	Murailles de la ville	ibid.
1420	Courses des Anglais.............................	ibid.
	Prise du Chalard................................	ibid.
	Pierre de Montbrun, évêque de Limoges............	292
1420	Entrée du Dauphin à Limoges....................	ibid.
—	Armes de la ville................................	293
1421	Privilége des francs-fiefs........................	ibid.
—	Coiffure des femmes changée....................	ibid.
	La comtesse de Penthièvre se retire à Saint-Yrieix....	ibid.
	Pierre de Drouilles, abbé de Saint-Martial...........	ibid.
1426	Conspiration de Gauthier Pradeau.................	294
—	Jean de Laigle se retire.........................	299
—	Démolition du palais de l'évêque et autres édifices...	ibid.
1427	Renouvellement de la guerre entre Jean de Laigle et les Limousins..................................	300
1434	Renouvellement de la trève entre Jean de Laigle et les Limousins..................................	301
1436	Les armes de France sont placées sur les quatre portes de Limoges	ibid.
1438	Bande d'écorcheurs, Rodrigue de Villandras	ibid.

Années.		Pages.
1435	Entrée de la reine de France à Limoges	302
1438	Séjour du roi à Limoges	ibid.
1440	Prise et procès de deux espions	303
—	Charles VII dans la Marche	305
1442	Charles VII à Limoges	ibid.
1460	La vicomté de Limoges passe au roi de Navarre	306
	Barthélemy d'Audier, abbé de Saint-Martial	ibid.
	Pierre de Versailles, —	307
1458	Jean Barton, évêque de Limoges	ibid.
1463	Passage de Louis XI à Limoges	308
1464	Chute de l'arceau de la porte Manigne	309
	Eglise Saint-Aurélien	ibid.
	Jacques II Jauviond, abbé de Saint-Martial	310
1474	Six pièces de canon conduites à Bayonne	ibid.
1476	Offices de maire et échevins	311
1479	Procès entre Jean de Brosse et Alain d'Albret	312
—	Négociants limousins envoyés à Arras	ibid.
1481	Zizim	313
1484	Suppression de l'office de maire	ibid.
	La foudre abat la pointe du clocher de Saint-Etienne	314
1488	Baptême d'un Turc	ibid.
1489	Grêle et tremblement de terre	ibid.
1498	Procès au sujet de la vicomté	315
1505	Réédification de la chapelle de Sainte-Marthe	ibid.
1506	Clocher des Carmes	316
1507	Arbre de Beauvais	ibid.
1513	René de Prie, évêque de Limoges	ibid.
1516	Philippe de Montmorency, évêque de Limoges	ibid.
1512	Revue générale à Saint-Gérald	ibid.
—	Albert II Jauviond, abbé de Saint-Martial	317
—	Réception du duc de Bourbon	ibid.
1519	Charles de Villers de l'Isle-Adam, évêque de Limoges	318
1516	Jubilé	ibid.
1517	Saint-Pierre-du-Queyroix	ibid.
1521	Mystère joué à Limoges	319
1522	Les mille diables	ibid.
1523	Réception de Mme de Lautrec	ibid.
—	Mathieu Jauviond, abbé de Saint-Martial	ibid.
1524	Réception du gouverneur Galiot de Las Tours	ibid.
1528	Disette en Limousin	320
1529	Réception de Henri d'Albret, roi de Navarre	ibid.
1530	Fondation du collége de Chenac	321
—	Réjouissances pour le retour d'Espagne de la reine et des princes	ibid.

Années.		Pages.
1530	Disette...	321
1532	Réception du gouverneur Marin de Monchenu. — Conflit de préséance............................	322
1530	Antoine de Lascaris de Tende, évêque de Limoges...	323
1533	Jean de Langeac, évêque de Limoges..............	ibid.
—	Représentation d'un mystère.....................	324
1534	Translation de saint Domnolet....................	ibid.
1537	Sécularisation des religieux de Saint-Martial........	ibid.
—	Réception de Marguerite, reine de Navarre.........	325
1538	Les consuls perdent la justice de la vicomté........	326
1540	Grêle et pluie de pierres	ibid.
1542	Tenue à Limoges des grands jours du parlement de Bordeaux.......................................	ibid.
—	Réception de la reine de France à Limoges.........	327
1543	Réception de M. de Montréal, gouverneur du Limousin...	328
—	Feu de joie pour la naissance du Dauphin.........	ibid.
1541	Jean du Bellay, évêque de Limoges................	ibid.
1547	César de Borgognonibus, évêque de Limoges........	329
1544	Limoges assailli par une bande de Gascons.........	330
1547	Peste...	ibid.
1548	Troubles au sujet de la gabelle...................	ibid.
—	Ordonnance du connétable de Montmorency au sénéchal du Limousin. — Punition des habitants......	331
—	La ville reste trois ans sans cloches. — Une brèche est faite aux murailles, plusieurs tours sont rasées.	333
1549	Peste...	334
1551	Naissance de Henri de Bourbon. — Réjouissances....	ibid.
—	Siége présidial....................................	ibid.
1556	Entrée à Limoges du roi et de la reine de Navarre...	335
1543	Robert de Lenoncourt, abbé de Saint-Martial........	340
1556	Cherté des vivres; mesures prises par les consuls pour l'approvisionnement de la ville..................	ibid.
1557	Passage de neuf enseignes........................	341
—	Synode général du diocèse........................	ibid.
1560	Troubles religieux	ibid.
—	Mesures prises par les consuls....................	342
—	Le ministre La Fontaine..........................	ibid.
—	Le comte de Ventadour est envoyé par le roi........	ibid.
—	Le maréchal des Termes vient s'établir à Saint-Junien.	ibid.
1561	Prêches huguenots................................	343
—	Prédicateur catholique............................	ibid.
1562	Pierre jetée sur la châsse de saint Martial..........	ibid.
—	Guerre civile.....................................	344

Années.		Pages.
1562	Les consuls vendent les joyaux des églises.........	344
—	Extrait du *Liv. ms. de la confrérie du Saint-Sacrement* de Saint-Pierre-du-Queyroix...................	ibid.
1563	Exécution de quatre jeunes gens de Mussidan.......	345
—	Arrestation et mise en liberté de plusieurs huguenots.	346
—	Prêche huguenot.................................	ibid.
1562	Disette..	347
	Un ministre protestant perd la parole en chaire.....	ibid.
1563	Peste..	348
1564	Arrivée de la reine de Navarre qui fait prêcher ses ministres.....................................	ibid.
	La bande joyeuse................................	349
1558	Sébastien de Laubespine, évêque de Limoges........	ibid.
1565	Création des foires de Saint-Loup et des Innocents...	ibid.
—	Bourse et tribunal de commerce...................	ibid.
	Louis de Genouilhac et Jean de Fonsèques, abbés de Saint-Martial..................................	350
1567	Guerre civile...................................	ibid.
1568	Le comte des Cars, gouverneur....................	351
1569	Arrivée du duc d'Anjou...........................	ibid.
—	Arrivée de la reine-mère. — Prise d'Aixe par le duc d'Anjou.......................................	ibid.
—	Combat de La Roche-l'Abeille.....................	ibid.
1570	Paix de Saint-Germain...........................	352
—	Le duc de Ventadour, gouverneur..................	ibid.
1574	Jean de Laubespine, abbé de Saint-Martial..........	ibid.
1571	Foudroiement du clocher de Saint-Etienne..........	ibid.
—	Juges de police.................................	353
—	La ville divisée en huit cantons de police...........	ibid.
—	Nouveaux impôts................................	354
—	Lettres-patentes de Charles IX....................	ibid.
1572	Limoges envoie des canons au duc de Ventadour....	356
1574	La généralité établie de nouveau à Limoges........	ibid.
—	Cherté des vivres	357
—	Prise de Châlusset par Jacques de Maumont........	ibid.
—	Le gouverneur de Ventadour essaie de piller Limoges.	ibid.
—	Démolition de Saint-Gérald, de Saint-Martin et des prieurés des Arènes et des Augustins.............	358
—	Les habitants de Limoges poursuivent les gens de Ventadour.....................................	ibid.
1576	Signature de la paix. — Les huguenots reviennent à Limoges	359
1577	Prise et destruction de Châlusset..................	ibid.
—	Enfants de la Motte..............................	ibid.

Années.		Pages.
1577	Passage du duc d'Alençon....................	369
—	Prime sur la monnaie.........................	ibid.
	Sébastien de Laubespine, évêque de Limoges......	ibid.
1579	Arrivée à Limoges du duc de Montpensier et de Mme de Sainte-Croix, sa fille................	ibid.
—	Arrestations de conspirateurs.................	ibid.
1582	M. de La Motte, gouverneur...................	ibid.
1583	Jean de Laubespine, évêque de Limoges...........	ibid.
—	Collége de Limoges...........................	361
1584	Peste..	ibid.
—	Les huguenots tiennent la campagne............	ibid.
1586	Disette et peste..............................	ibid.
—	Réception de la duchesse du Maine.............	362
—	Les huguenots essaient de s'emparer de Saint-Germain.	ibid.
1587	Les huguenots essaient de s'emparer de Saint-Junien. — Peste, disette, misère.....................	ibid.
—	Les chanoines de Saint-Étienne mettent garnison à Saint-Étienne et officient à Saint-Martial..........	ibid.
—	M. de Turquant, intendant à Limoges.............	ibid.
—	Le sieur d'Hautefort essaie d'entrer dans la ville....	ibid.
—	Henri de la Marthonie, évêque de Limoges.........	363
—	M. Devic, intendant à Limoges...................	ibid.
—	Prodige pour la confirmation de la foi.............	ibid.
—	Les ligueurs surprennent Saint-Yrieix ; le gouverneur de La Voulte essaie de les chasser	364
—	Réception du gouverneur de La Voulte.............	ibid.
—	Les chanoines de Saint-Étienne officient de nouveau à Saint-Martial...............................	ibid.
—	Assassinat de Henri III. — Troubles à Limoges......	ibid.
1596	Lettres-patentes de Henri IV en faveur des habitants de Limoges....................................	368
1589	Le sieur de Pompadour s'empare de la Cité.........	370
—	Le duc d'Épernon chasse le sieur de Pompadour ; ses gens pillent la Cité...........................	ibid.
1590	Thomas Papon, capitaine à Saint-Étienne, et Romanet, capitaine à Limoges........................	ibid.
—	Le duc d'Épernon s'empare d'Eymoutiers, Saint-Germain, Masseret, Saint-Paul, et assiége Ladignac...	ibid.
—	Le sieur de Pompadour bat les gens du gouverneur et s'empare de leur canon........................	ibid.
—	Les consuls font abattre les murailles de la Cité. — Les religieuses de La Règle se retirent dans leur famille.....................................	371
1591	M. de Turquant envoyé de nouveau à Limoges.......	ibid.

Années.		Pages.
1591	Siége de Saint-Yrieix par le sieur de Pompadour....	371
—	Siége de Bellac par le sieur de La Guierche.........	ibid.
—	Épouvante du bétail à la foire.....................	372
—	Le roi donne le gouvernement de Limoges à Mme d'Angoulême...................................	373
—	Troubles pour l'élection des consuls. Les *Verrouillats*.	ibid.
1592	Siége de Châlus par le lieutenant de Chamberet......	ibid.
—	Réception du lieutenant de Chamberet..............	ibid.
1593	Conversion d'Henri IV. — Réjouissances...........	374
—	Scandale causé par le lieutenant de Chamberet......	ibid.
1594	Publication de la conversion du roi................	ibid.
—	Les *Croquants*................................	ibid.
—	Procession pour les récoltes.....................	375
—	Les *Verrouillats* rentrent dans la ville	ibid.
—	Prise de Gimel par le lieutenant de Chamberet......	ibid.
1595	Les chanoines de Saint-Etienne retournent dans leur église...................................	ibid.
—	Gelées..	ibid.
—	Restauration du petit clocher de Saint-Pierre-du-Queyroix.....................................	376
1596	Le vicomte de Châteauneuf fait flotter son bois......	ibid.
—	Ostensions.....................................	ibid.
—	Réception du lieutenant de Sallagnac. — Les ligueurs rentrent à Limoges............................	ibid.
—	Les Récollets..................................	377
1597	Réception du gouverneur d'Épernon..............	ibid.
—	Feu de joie à l'occasion de la reprise d'Amiens......	378
1598	Procession à l'occasion de la paix entre la France et l'Espagne.....................................	ibid.
—	Les pénitents noirs. — Bernard Bardon de Brun.....	ibid.
—	Arrêt du parlement de Bordeaux concernant la messe et le luminaire de Saint-Martial..................	ibid.
1599	Les Jésuites	379
—	Le Saint-Sacrement renversé aux Jacobins..........	380
—	Réception du gouverneur de Châteauneuf..........	ibid.
—	Pierre Verdier, abbé de Saint-Martial..............	381
1602	Émeute pour l'impôt du sou pour livre. — Destitution des douze consuls et nomination de six..........	382
—	Abolition de l'impôt du sou pour livre	383
—	Exécution de plusieurs assassins et voleurs.........	ibid.
—	Continuation des pouvoirs des six consuls. — Changements introduits dans le mode d'élection des consuls......................................	ibid.
1603	La foudre tombe sur Saint-Michel-des-Lions........	384

Années.		Pages.
1605	Entrée de Henri IV à Limoges....................	384
—	Condamnation pour lèse-majesté.................	386
1608	Réception du lieutenant de Schomberg............	387
—	Exécution de plusieurs voleurs...................	ibid.
1610	Mort de Henri IV.— Limoges envoie deux délégués à Paris	ibid.
1611	Réception du gouverneur de Candale..............	388
1610	Froid excessif....................................	ibid.
1612	Les Bénédictins..................................	ibid.
1614	Députés aux États...............................	389
—	Cierge offert à saint Martial.....................	ibid.
1615	Les consuls fortifient la ville.....................	ibid.
—	Le duc de Nevers................................	390
—	Le duc de Nemours..............................	ibid.
—	Le prince de Joinville............................	ibid.
1617	Cadran de Saint-Martial..........................	ibid.
—	Les Carmélites...................................	391
1618	Raymond de la Marthonie, évêque de Limoges......	ibid.
—	Comète..	ibid.
1619	Réforme de l'abbaye de Solignac..................	ibid.
—	Réforme du couvent des Carmes des Arènes.......	392
—	Les religieuses de Sainte-Claire...................	ibid.
—	Les habitants de Limoges se tiennent sur leurs gardes et s'approvisionnent............................	ibid.
—	Prise d'Uzerche par le lieutenant de Schomberg.....	393
—	Publication de la paix............................	ibid.
1620	Le prince de Joinville vient défendre Limoges......	ibid.
—	Réparations aux murailles........................	ibid.
—	Le prince de Condé..............................	ibid.
—	Les religieuses de Sainte-Ursule...................	ibid.
1621	Réception du lieutenant de Pompadour............	394
1622	Les Feuillants...................................	ibid.
1623	Réception du gouverneur de Schomberg...........	395
1610	Les Pères de l'Oratoire...........................	ibid.
1624	Ostensions.......................................	ibid.
1625	Mort de Bernard Bardon de Brun.................	396
—	Les Carmes déchaussés...........................	397
1626	Procession pour les récoltes......................	ibid.
1627	Achèvement de la fontaine entre la Cité et le faubourg Boucherie.......................................	ibid.
—	François de La Fayette, évêque de Limoges........	398
—	Misère, disette, aumônes.........................	ibid.
1628	Feu de joie à l'occasion de la reddition de La Rochelle.	ibid.
1632	Contestation entre l'abbé et les chanoines de St-Martial	ibid.
1630	Sorciers et sorcières exécutés à Limoges...........	399

Années.		Pages.
1631	Peste	400
1632	Abondance des récoltes	403
—	Division des Récollets	404
—	Passage de Louis XIII à Limoges	ibid.
—	Mort du gouverneur de Schomberg	406
—	Mort de M. de Talois, chanoine et official	ibid.
1634	Réception du gouverneur de Ventadour	ibid.
1635	M. de Laurière, lieutenant	407
1638	Sénéchaussée de Saint-Léonard	ibid.
—	Envoi d'une relique de saint Léonard à la reine	ibid.
—	Ostensions	ibid.
1639	Mort de l'intendant de Conti, M. Frémin le remplace.	408
1638	Impôt de 20,000 livres sur Limoges	409
—	Emprunt sur Limoges de 130,000 livres	ibid.
—	Refonte d'une cloche de Saint-Martial	410
—	Fermeture des boutiques à l'occasion de la levée des 400 livres	ibid.
—	Reconstruction du couvent des Augustins	ibid.
—	Construction de l'église des Pères de Chancelade	ibid.

Rectifications d'après le manuscrit de l'abbé Legros......... 413
Corrections et additions.................................. 429
Bibliographie.. 433

TABLE CHRONOLOGIQUE

	Pages.
Époque préhistorique	19
Premier siècle	27
Deuxième siècle	52
Troisième siècle	54
Quatrième siècle	55
Cinquième siècle	58
Sixième siècle	64
Septième siècle	80
Huitième siècle	91
Neuvième siècle	98
Dixième siècle	111
Onzième siècle	132
Douzième siècle	146
Treizième siècle	177
Quatorzième siècle	222
Quinzième siècle	287
Seizième siècle	315
Dix-septième siècle	382

www.ingramcontent.com/pod-product-compliance
Lightning Source LLC
Chambersburg PA
CBHW051133230426
43670CB00007B/789